Andreas Galonsk
Landesparteiensys

Andreas Galonska

Landesparteiensysteme im Föderalismus

Rheinland-Pfalz und Hessen 1945 - 1996

DUV Springer Fachmedien Wiesbaden GmbH

Die Deutsche Bibliothek – CIP-Einheitsaufnahme

Galonska, Andreas:
Landesparteiensysteme im Föderalismus : Rheinland-Pfalz und Hessen 1945 - 1996 / Andreas Galonska. – Wiesbaden : DUV, Dt. Univ.-Verl., 1999
(DUV : Sozialwissenschaft)
Zugl.: Marburg, Univ., Diss., 1998

ISBN 978-3-8244-4329-1 ISBN 978-3-663-08190-6 (eBook)
DOI 10.1007/978-3-663-08190-6

Ursprünglich erschienen bei Deutscher Universitäts-Verlag GmbH, Wiesbaden, 1999.

Lektorat: Claudia Splittgerber / Monika Mülhausen

http://www.duv.de

Verzeichnis der Grafiken, Karten und Tabellen

Grafiken: (jeweils unterteilt zur Stimmen- und zur Mandatsverteilung der betreffenden Wahl)

Karten:

Tabellen:

Abkürzungsverzeichnis

AaK:	Aar-Kurier, Wiesbaden
AdG:	Archiv der Gegenwart
and.	andere Parteien
APuZ:	Aus Politik und Zeitgeschichte, Beilage zur Wochenzeitung "Das Parlament", Bonn
AZMA:	Allgemeine Zeitung/Mainzer Allgemeine
AZMz:	Allgemeine Zeitung Mainz
BaZ:	Badische Zeitung
B'90/GRÜNE	Bündnis'90/DIE GRÜNEN
BVP	Bayerische Volkspartei
CDU	Christlich-Demokratische Union Deutschlands
CSU	Christlich-Soziale Union in Bayern
CWRM	Christ und Welt - Rheinischer Merkur
DDP	Deutsche Demokratische Partei
DE	Darmstädter Echo
DFP	Deutsche Fortschrittspartei
DFU	Deutsche Friedensunion
DKP	Deutsche Kommunistische Partei
DNHVP	Deutschnationale Hessische Volkspartei
DNVP	Deutschnationale Volkspartei
DRP	Deutsche Reichspartei
DVP	Deutsche Volkspartei
EdZ	Echo der Zeit
FAZ	Frankfurter Allgemeine Zeitung
FDP	Freie Demokratische Partei
FdZ	Fuldaer Zeitung
FH	Die Freiheit
FNP	Frankfurter Neue Presse

Andreas Galonska

Landesparteiensysteme im Föderalismus

Rheinland-Pfalz und Hessen 1945 - 1996

DUV Springer Fachmedien Wiesbaden GmbH

Die Deutsche Bibliothek – CIP-Einheitsaufnahme

Galonska, Andreas:
Landesparteiensysteme im Föderalismus : Rheinland-Pfalz und Hessen 1945 - 1996 / Andreas Galonska. – Wiesbaden : DUV, Dt. Univ.-Verl., 1999
(DUV : Sozialwissenschaft)
Zugl.: Marburg, Univ., Diss., 1998

ISBN 978-3-8244-4329-1 ISBN 978-3-663-08190-6 (eBook)
DOI 10.1007/978-3-663-08190-6

Ursprünglich erschienen bei Deutscher Universitäts-Verlag GmbH, Wiesbaden, 1999.

Lektorat: Claudia Splittgerber / Monika Mülhausen

http://www.duv.de

Vorwort

Für Ratschläge und richtungsweisende Betreuung beim Zustandekommen der vorliegenden Studie „Landesparteiensysteme im Föderalismus. Eine vergleichende Analyse der Landesparteiensysteme von Rheinland-Pfalz und Hessen 1945-1996“ danke ich Professor Dr. Theo Schiller, der mein Interesse am Thema der Parteipolitik in einem föderativen Staat weckte und der mich über eine Haus- und eine Diplomarbeit bis zu dieser Dissertation begleitete.
Dank gilt außerdem den Teilnehmerinnen und Teilnehmern von Prof. Schillers Doktorandenkolloquium, denen ich in den Jahren 1994-1997 mehrere Entwicklungsstufen des nun beendeten Projekts referieren konnte und die durch verschiedene Anregungen und Hinweise zur Klärung inhaltlich-konzeptioneller Teile der Arbeit beigetragen haben.

Das Dissertationsvorhaben ist in den Jahren 1994-1996 mit einem Promotionsstipendium aus den Mitteln der Hessischen Graduiertenförderung finanziell unterstützt worden. Auch hierfür spreche ich meinen Dank aus.

Besonderer Dank gilt Petra Paulus und Stefan Shaw, die nicht allein die qualvolle Arbeit des Korrekturlesens einer frühen Fassung meiner Dissertation auf sich genommen haben, sondern die über die Bereinigung sperriger Satzkonstruktionen hinaus wertvolle Hinweise zu Gestaltung und Inhalt der Studie geleistet haben.

Gewidmet ist diese Arbeit in Dankbarkeit meinen Eltern.

Andreas Galonska

Inhalt

Karten:

Tabellen:

Abkürzungsverzeichnis

AaK:	Aar-Kurier, Wiesbaden
AdG:	Archiv der Gegenwart
and.	andere Parteien
APuZ:	Aus Politik und Zeitgeschichte, Beilage zur Wochenzeitung "Das Parlament", Bonn
AZMA:	Allgemeine Zeitung/Mainzer Allgemeine
AZMz:	Allgemeine Zeitung Mainz
BaZ:	Badische Zeitung
B'90/GRÜNE	Bündnis'90/DIE GRÜNEN
BVP	Bayerische Volkspartei
CDU	Christlich-Demokratische Union Deutschlands
CSU	Christlich-Soziale Union in Bayern
CWRM	Christ und Welt - Rheinischer Merkur
DDP	Deutsche Demokratische Partei
DE	Darmstädter Echo
DFP	Deutsche Fortschrittspartei
DFU	Deutsche Friedensunion
DKP	Deutsche Kommunistische Partei
DNHVP	Deutschnationale Hessische Volkspartei
DNVP	Deutschnationale Volkspartei
DRP	Deutsche Reichspartei
DVP	Deutsche Volkspartei
EdZ	Echo der Zeit
FAZ	Frankfurter Allgemeine Zeitung
FDP	Freie Demokratische Partei
FdZ	Fuldaer Zeitung
FH	Die Freiheit
FNP	Frankfurter Neue Presse

Verzeichnis der Grafiken, Karten und Tabellen

Grafiken: (jeweils unterteilt zur Stimmen- und zur Mandatsverteilung der betreffenden Wahl)

FR	Frankfurter Rundschau
GB/BHE	Gesamtdeutscher Block/Block der Heimatvertriebenen und Entrechteten
GDP	Gesamtdeutsche Partei
GeAz:	General-Anzeiger Bonn
GFP	Gießener Freie Presse
GRÜNE	DIE GRÜNEN
HA	Hessische Allgemeine
HBB	Hessischer Bauernbund (1931: Hessisches Landvolk)
HBl	Handelsblatt
HeN	Hessische Nachrichten
HeZ	Hessische Zeitung
HNA	Hannoversche Allgemeine
KON	Konservative
KPD	Kommunistische Partei Deutschlands
KR	Kölner Rundschau
KsP	Kassler Post
LIB	Liberale
LV	Liberale Vereinigung
ME	Main-Echo
MM	Mannheimer Morgen
NaBo	Nassauer Bote, Limburg
NHZ	Nordhessische Zeitung, Kassel
NLP	Nationalliberale Partei
NPD	Nationaldemokratische Partei Deutschlands
NSDAP	Nationalsozialistische Deutsche Arbeiterpartei
NüN	Nürnberger Nachrichten
NV	Neuer Vorwärts
NZ	Neue Zeitung
ÖAZ	Öffentlicher Anzeiger, Bad Kreuznach

OFP	Offenbach-Post
OP	Oberhessische Presse, Marburg
PDS	Partei des Demokratischen Sozialismus
PfM	Pfäzischer Merkur
PfVZ	Pfälzische Volkszeitung
PiZ	Pirmasenser Zeitung
PVS	Politische Vierteljahresschrift, Opladen
REP	Die Republikaner
RhM	Rheinischer Merkur
RhP	Rheinische Post, Düsseldorf
RhPf	Die Rheinpfalz, Ludwigshafen
RhPo	Rhein-Post, Oberlahnstein
RNZ	Rhein-Neckar-Zeitung, Heidelberg
RP	Reichspartei
RZ	Rhein-Zeitung, Koblenz
SbZ	Saarbrücker Zeitung
SlB	Schlitzer Bote
SO	Der Sonntag
SPD	Sozialdemokratische Partei Deutschlands
SPIEGEL	DER SPIEGEL, Hamburg
StN	Stuttgarter Nachrichten
StZ	Stuttgarter Zeitung
SwP	Südwest-Presse
SZ	Süddeutsche Zeitung, München
taz	die tageszeitung, Berlin
Tsp	Der Tagesspiegel, Berlin
USPD	Unabhängige Sozialdemokratische Partei Deutschlands
VoSt	Volksstimme
Völk.	Völkische (NSDAP-Vorläufer)
Wbt.	Wahlbeteiligung

WiTb	Wiesbadener Tagblatt, Wiesbaden
WK	Weser-Kurier, Bremen
Z	Zentrum
ZEIT	Die Zeit, Hamburg
ZParl	Zeitschrift für Parlamentsfragen, Opladen

1. THEMA UND FRAGESTELLUNG DER ARBEIT

In den beiden Ländern Rheinland-Pfalz und Hessen konnte 1995/96 das fünfzigjährige Bestehen zweier Länder der Bundesrepublik Deutschland gefeiert werden, die in ihrer jetzigen Form erst nach dem Ende des Zweiten Weltkriegs 1945 gegründet worden sind. Während in Hessen dabei auf eine mehrhundertjährige Tradition von Ländern und Provinzen mit ähnlichem Namen verwiesen werden konnte, galt Rheinland-Pfalz als reines "Retortenland", als eine von den Alliierten aufgezwungene Neuschöpfung, der keine große Zukunftsperspektive zugebilligt wurde. Aus sehr unterschiedlicher politischer und historischer Tradition heraus wurde das neue Land aus früheren preußischen Gebietsteilen, die zur Provinz Rheinland gehört hatten, aus der früheren bayerischen Exklave der Pfalz und aus ehemals hessischen Kreisen durch die Verordnung Nr. 57 des französischen Generals KOENIG vom 30. August 1946 geschaffen.[1]

Auch auf hessischer Seite wurde das neue und erstmals vereinte Land durch einen Schritt der Alliierten ins Leben gerufen: Die Proklamation Nr. 2 General EISENHOWERS vom 19. September 1945 vereinigte früher zur preußischen Provinz Hessen-Nassau gehörige Landesteile mit Gebieten des vormaligen Volksstaats Hessen und dem bis 1925 unabhängigen waldeckischen Gebiet. Dabei mußte gerade wegen der landespolitischen Neugestaltung in der französischen Zone nach 1945 auf Rheinhessen und auf vier Landkreise im Westerwald sowie in der Rhein-Lahn-Region verzichtet werden, welche dem neuen Rheinland-Pfalz zugeordnet wurden.[2]

Nach 50 Jahren kann für beide von den französischen und amerikanischen Besatzungsmächten geschaffenen Länder konstatiert werden, daß sich jeweils spezifische Landesidentitäten herausgebildet haben, die die Ausgestaltung eigenständiger parteipolitischer Strukturen mit sich brachten. Die in den Landtagen vertretenen Parteien haben als zentrale politische Akteure über 50 Jahre hinweg nicht nur die jeweilige Landespolitik gestaltet und geprägt, sie haben außerdem dank des föderalen politischen Systems der Bundesrepublik Deutschland durch ihre Beziehungen zu den Bundesparteiorganisationen und durch die Mitwirkungsmöglichkeit der Länderexekutiven am Gesetzgebungsprozeß des Bundes - institutionali-

---

[1] Hudemann, Rainer:"Entstehung des Landes und seiner Verfassung", in: Haungs, Peter (Hrsg.):"40 Jahre Rheinland-Pfalz - Eine politische Landeskunde", Mainz 1986, S.65ff

[2] Franz, Eckhart G.:"Einheit aus der Vielfalt - Die geschichtlichen Wurzeln", in: Heidenreich, Bernd/Konrad Schacht (Hrsg.):"Hessen - Eine politische Landeskunde", Stuttgart 1993, S.73-75

siert durch den Bundesrat - ihren Beitrag zur Gestaltung der Bundespolitik geleistet.
Gleichwohl gilt es festzuhalten, daß die Landesparteiensysteme als Interaktion aller in den Parlamenten wirkenden Parteien und deren Beziehungen zueinander wegen besonderer Ausprägungen der Parteiensysteme in Rheinland-Pfalz und in Hessen eine gesonderte Untersuchung verdienen. Erstmals soll dies in Form eines langfristigen Vergleichs des über Jahrzehnte von den Sozialdemokraten regierten Hessens und des über lange Zeit von den Christdemokraten dominierten politischen Kräftespiels in Rheinland-Pfalz analysiert werden.
Die vorliegende Arbeit untersucht die Landesparteiensysteme der beiden Bundesländer von der Wieder- bzw. Neugründung der politischen Parteien Mitte 1945 bis Mitte 1996. Die Entwicklungen zwischen der Bundestagswahl vom Oktober 1994 über die hessische Landtagswahl vom Februar 1995 bis zur rheinland-pfälzischen Landtagswahl vom März 1996 konnten somit als vorläufige wahl- bzw. koalitionspolitische Einschnitte in diese Arbeit einbezogen werden.
Ausgangspunkt der Untersuchung ist die Feststellung, daß die Landesparteiensysteme von Rheinland-Pfalz und von Hessen wegen der langjährigen Dominanz von SPD bzw. CDU über eine sehr unterschiedliche Ausprägung verfügten, die allerdings bei Wahlen der letzten Jahre deutlich abgeschwächt und nahezu eingeebnet wurde. Neben den Differenzen in der Parteistärke von Union und SPD lassen sich aus der Landes- und der Wahlgeschichte der beiden Länder Besonderheiten hinsichtlich kleinerer Parteien festhalten. So spielten in Hessen wie in Rheinland-Pfalz Anfang der 50er Jahre die Liberalen eine bedeutende Rolle auf der landespolitischen Ebene, in Hessen ist mit der langen Präsenz des BHE ("Block der Heimatvertriebenen und Entrechteten") auf die Integration der Bevölkerungsgruppen aus früheren Ostgebieten zu verweisen. In den 80er Jahren schließlich konnten sich in den Landesparteiensystemen neben CDU, SPD und FDP auch die GRÜNEN als vierte Kraft etablieren. Sie sind mittlerweile in Hessen zur drittstärksten, die Landesregierung mittragenden Partei erwachsen, während in Rheinland-Pfalz die Freien Demokraten eine bedeutende Rolle als Koalitionspartner der SPD spielen.
Die vorliegende Arbeit untersucht schwerpunktmäßig diejenigen Faktoren, die zur Herausbildung und zur Beibehaltung der Dominanzpositionen der Volksparteien in den beiden Bundesländern beigetragen haben und die zur Einebnung der dominierenden Stellung von CDU und SPD in den Parteiensystemen von Rheinland-Pfalz und von Hessen seit Mitte der 80er Jahre geführt haben. Dabei sollen neben verschiedenen landespolitischen Faktoren auch die für die Genese von

Landesparteiensystemen bedeutenden Einflüsse von seiten anderer Länder und aus den Bundesparteien analysiert werden.
Bei der Analyse der Parteiensysteme sollen ihre unterschiedlichen Funktionen - im Gegensatz zu einer rein landespolitischen Parteiengeschichte - herausgearbeitet werden.
In dieser Arbeit nimmt die Analyse der Integrations- und der Innovationsfunktion der Parteiensysteme einen zentralen Platz ein: Faktoren, die die besondere Stellung der CDU in Rheinland-Pfalz wie der SPD in Hessen (zusätzlich kann auf die außergewöhnliche Rolle der FDP in Hessen in den 50er Jahren verwiesen werden) und die erst sehr spät zu alternierenden Regierungswechseln führten, sollen ebenso beleuchtet werden wie die Stellung von Verbänden zu den Parteien und die koalitionspolitischen Entscheidungen, die häufig erst einer der beiden großen Volksparteien zu ihrer hegemonialen Stellung im Parteiensystem verhalfen.
Von besonderer institutioneller Bedeutung für die Entwicklung der Parteiensysteme der bundesdeutschen Länder ist die Funktion des Bundesrats als einer an der Bundesgesetzgebung mitwirkenden Länderkammer, in der die Vertreter der Landesexekutiven gestaffelt nach Ländergröße zusammenkommen. Besonders seit Anfang der 70er Jahre hat die Bedeutung von Landtagswahlen für die Bundespolitik wegen dieser institutionellen Besonderheit des bundesdeutschen Verfassungsgefüges zugenommen, da in dieser Zeit die Bundesregierung nicht über eine Mehrheit im Bundesrat verfügte. Während sich die Parteiensysteme im Bund und in den Ländern der Bundesrepublik Deutschland bis zur Wiedervereinigung 1990 im wesentlichen gleichartig ausgestalteten, so können sich demgegenüber in anderen föderativen Staaten westlicher Provenienz abweichende Entwicklungen und Beziehungen zwischen den parteipolitischen Bewegungen auf beiden staatlichen Ebenen erkennen.
Bezüglich der verschiedenen Funktionen von Parteiensystemen[3] sollen in dieser Arbeit die Analyse der Innovations- und der Integrationsfunktion der Parteiensysteme besonderen Stellenwert erhalten, da insbesondere

- der Stellung und der Stärke von Parteien in Parteiensystemen,
- der Möglichkeit von alternierenden Regierungswechseln,
- dem Koalitionsverhalten,
- der Wahlbeteiligung und
- der Mitgliederstärke

[3] Nach: Helms, Ludger:"Parteiensysteme als Systemstruktur. Zur methodisch-analytischen Konzeption der funktional vergleichenden Parteiensystemanalyse", in: ZParl 4/1995, S.642ff, vergl. dazu S.17

eine zentrale Bedeutung zukommt. Für Landesparteiensysteme wie diejenigen von Rheinland-Pfalz und Hessen spielen Faktoren, die die jahrzehntelange ununterbrochene Machtstellung von CDU und SPD in beiden Ländern beleuchten, eine besondere Rolle, da eine hegemoniale Position im Parteiensystem durch bestimmte Wählerstrukturen und ergänzend durch eine hohe Identifikation mit der jeweiligen Regierungspartei bzw. mit der Regierungspolitik vermutet werden kann. Ausbleibende Alternationen - Wechsel von der einen zur anderen großen Partei innerhalb des Parteiensystems - lassen eine geschickte, eventuell auch vorbereitende Koalitionspolitik der jeweils vorherrschenden politischen Kraft vermuten. Eine weitere Dimension von Einflußmöglichkeiten auf die Landesparteiensysteme besteht in der institutionellen Ausgestaltung des politischen Systems der Bundesrepublik Deutschland als föderalem Staat: Durch die Verknüpfung von Landes- und Bundesparteien und durch die politischen Einflüsse anderer Länder auf ein bestimmtes Bundesland sind interdependete Strukturen gegeben, die parteipolitische Entwicklungen eines Landes als Teil eines Geflechts parteipolitischer Beziehungen in einem föderativen Staat erscheinen lassen. Neben der Bundesebene und der Ebene anderer Länder können zudem Einflüsse von der Kommunalpolitik auf die Landespolitik vermutet werden.

Zur Vorgehensweise bei der vorliegenden Untersuchung können die folgenden Schritte umschrieben werden: Neben allgemeinen Darstellungen und Analysen der politikwissenschaftlichen Literatur zu Parteiensystemen, Parteienforschung in der Bundesrepublik und Parteiensystemen in sieben föderativen Staaten[4] wurde historisches und politikwissenschaftliches Material über die Landesgeschichte und -politik in Rheinland-Pfalz und Hessen zusammengetragen. Zum Zeitpunkt des Beginns der Arbeit lagen zum Thema Parteipolitik auf Länderebene erst wenige Arbeiten vor, die über knappe landeskundliche Darstellungen oder zwar umfangreiche, jedoch vom behandelten Zeitraum her eng umrissene Untersuchungen nicht hinausgingen. Mehrere Jahrzehnte umfassende Betrachtungen zu den Parteiensystemen der Länder konnten nicht aufgefunden werden.

Neben mittlerweile erschienenen Untersuchungen etwa zu den hessischen Parteien[5] konnten auch Selbstdarstellungen der Landesparteien zu ihren fünfzigsten Jubiläen[6] verwendet werden. Zu den Landtagswahlen seit Mitte der 70er Jahre liegen kurze Beiträge in der "Zeitschrift für Parlamentsfragen" vor, die neben einem

---

[4] Belgien, Kanada, die Schweiz, Australien, USA, Österreich und Spanien.

[5] Berg-Schlosser, Dirk/Thomas Noetzel (Hrsg.):"Parteien und Wahlen in Hessen1946-1994". Marburg 1994; Heidenreich, Bernd/Konrad Schacht (Hrsg.):"Hessen - Wahlen und Politik". Stuttgart 1996

[6] Heidenreich, Bernd/Werner Wolf (Hrsg.):"Der Weg zur stärksten Partei - 50 Jahre CDU Hessen". Köln 1995; Staudt, Wolfgang:"Liberale in Hessen seit 1945 - Materialien zum 50jährigen Bestehen der F.D.P. in Hessen". St.Augustin 1996

Rückblick über die jeweils vergangene Legislaturperiode schwerpunktmäßig die Parteien in den Wahlkämpfen, das Wahlergebnis, Regierungsbildung und Oppositionsformierung behandeln.

In einem weiteren Schritt wurden aus verschiedenen Zeitungen Artikel zur Landespolitik seit 1945 zusammengetragen und ausgewertet. Die gleichzeitig betriebene Suche in den Archiven der parteinahen Stiftungen nach Akten der Landesparteien muß als wenig ergiebig bezeichnet werden, da neben großen Lücken in den Beständen oftmals nur wenig aussagekräftiges Material vorgefunden wurde. Dennoch führte der Besuch der umfangreichen Zeitungsarchive der Stiftungen zu einer Bereicherung der Presseberichte, so daß insgesamt ca. 1700 Artikel aus rund 40 verschiedenen Zeitungen verwendet werden konnten. Eine Ergänzung der Zeitungsberichte konnte durch einen Besuch beim Rundfunk- und Fernseharchiv des Südwestfunk-Landesstudios in Mainz erreicht werden, aus welchem Radio- und Fernsehbeiträge kopiert werden konnten.

Zur Abrundung der Berichte aus verschiedenen Medien wurden schließlich Experteninterviews hinzugezogen, die mit Vertretern der rheinland-pfälzischen und der hessischen Landtagsparteien geführt wurden und die zur Einschätzung aktueller Entwicklungen wichtige Hintergrundinformationen erbracht haben.

Nach der Verarbeitung aller genannter Materialien aus Fachliteratur, Medienberichten und Experteninterviews wurde folgende Gliederung der Untersuchung ausgearbeitet: Nach einem Überblick über den Stand der Forschung zu Parteiensystemen und Parteipolitik in den Bundesländern erfolgt ein kurzer Vergleich der Parteiensysteme verschiedener föderativer Staaten.

In einem weiteren Kapitel werden die Entwicklungsphasen der Landesparteiensysteme von Hessen und Rheinland-Pfalz den parteipolitischen Gegebenheiten in anderen Bundesländern gegenübergestellt, damit die Besonderheit der nur in den beiden zu untersuchenden Ländern langen ununterbrochenen Dominanzphasen einer Volkspartei beleuchtet werden. Im Anschluß an diesen innerdeutschen Ländervergleich werden die vier Entwicklungsphasen detailliert dargestellt und hinsichtlich der in jeder Phase bedeutenden Einflußfaktoren analysiert. Zum Abschluß wird ein Resümee aus den gewonnenen Erkenntnissen über den Zusammenhang zwischen der Ausgestaltung von Landesparteiensystemen und den sie beeinflussenden Faktoren gezogen.

Eine Dokumentation der Wahlergebnisse aus Hessen und Rheinland-Pfalz sowie aus den Gebieten, die nach 1945 die beiden Länder bildeten, umfaßt Zahlenmaterial von 1871-1996 und dient einer langfristigen Übersicht über elektorale Entwicklungen.

2. ZU THEORETISCHEN GRUNDLAGEN UND DEM STAND DER PARTEIENSYSTEMFORSCHUNG AUF EBENE DER BUNDESLÄNDER

2.1. Zur Parteienforschung auf der Ebene der Länder

Die vorliegende Arbeit orientiert sich - neben analytischen Darstellungen zum Parteiensystem und zur Geschichte der Parteien in der Bundesrepublik Deutschland im allgemeinen - vor allem an einigen neueren Werken, die die Entwicklung von Parteien auf der Ebene der Länder darstellen. Generell kann bezüglich der Erforschung von Parteien und Parteiensystemen in Ländern und Regionen der Bundesrepublik festgehalten werden, daß größere Bereiche gänzlich unbearbeitet sind.

Während sich bezüglich der Bundesebene verschiedene Werke wie z.B. die von OSSIP K. FLECHTHEIM herausgegebene Übersicht über die Parteien in der Bundesrepublik,[1] HEINO KAACKS erste umfassende Analyse des bundesdeutschen Parteiensystems,[2] das von RICHARD STÖSS herausgegebene "Parteien-Handbuch"[3] oder der von ALF MINTZEL und HEINRICH OBERREUTER herausgegebene Band zu den bundesdeutschen Parteien[4] detailliert mit Entstehung, Entwicklung, Organisation, Wahlteilnahme und Wahlerfolgen von Parteien vor allem auf der nationalen Ebene beschäftigen, so blieb die Parteiengeschichte der Bundesländer weitestgehend außerhalb der Betrachtung. Ausnahmen bildeten dabei lediglich die Verweise auf die zum Teil sehr disparaten Wieder- bzw. Neugründungsprozesse der Parteien in den westlichen Besatzungszonen vor Gründung der Bundesrepublik und die Einflüsse der Landespolitik durch die Mitwirkungsmöglichkeit der Länder am Gesetzgebungsprozeß im Bundesrat. KAACK zeigte in seiner Studie zum Parteiensystem deutlich die Interdependenzen zwischen Bundespolitik und Bundestagswahlen und den zwischen den einzelnen nationalen Wahlen liegenden Landtagswahlen auf; innere landespolitische Entwicklungen und spezifische, die Landespolitik beeinflussende Machtfaktoren wurden dabei allerdings nicht beachtet. Auch in Überblicksarbeiten zum politischen System der Bundesrepublik Deutschland bzw. zu Parteien in verschiedenen westlich-parlamentarischen Staaten werden die Parteiensysteme der Bundeslän-

[1] Flechtheim, Ossip K.:"Die Parteien in der Bundesrepublik Deutschland", Hamburg 1973

[2] Kaack, Heino:"Geschichte und Struktur des deutschen Parteiensystems", Opladen 1971

[3] Stöss, Richard (Hrsg.):"Parteien-Handbuch - Die Parteien in der Bundesrepublik Deutschland 1945-1980", 4 Bände, Opladen 1986

[4] Mintzel, Alf/Heinrich Oberreuter (Hrsg.):"Parteien in der Bundesrepublik Deutschland", Opladen 1992

der und der Staaten und Provinzen anderer föderativer Staaten zumeist nur am Rande gestreift oder gar übergangen. Neuere Arbeiten zu den deutschen Parteien, wie beispielsweise HANS FENSKES "Deutsche Parteiengeschichte",[5] und zum deutschen Parteiensystem, wie die Untersuchung von KARLHEINZ NICLAUS[6] oder ein von HEINRICH OBERREUTER veröffentlichter Band,[7] beschränken sich auf die Fokussierung der Perspektive auf das Bundesgeschehen.
Während GERHARD LEHMBRUCH[8] in einer älteren Studie detailliert den Parteienwettbewerb im Bundesstaat analysierte, wurde auf die verfassungsrechtlichen und parteipolitischen Verknüpfungen zwischen Bundes- und Länderebene in Arbeiten von KLAUS VON BEYME[9] oder WOLFGANG RUDZIO[10] nur knapp verwiesen; hier steht vornehmlich die Mitwirkung der Länder an der Bundesgesetzgebung im Bundesrat sowie die "Politikverflechtungs-Falle"[11] und die institutionellen Unterschiede zwischen den Länderregierungen im Vordergrund.
Gerade in jüngeren Arbeiten zur regionalen Parteienforschung werden vormals vernachlässigte Aspekte wie die besonderen politisch-kuturellen Milieus in den Mittelpunkt gestellt, die wegen ihres Einwirkens auf das Parteiensystem der gesamtstaatlichen Ebene von nicht zu unterschätzender Bedeutung sind. Parteien stehen oftmals auf der Ebene eines Landes oder einer Region für bestimmte politische Inhalte und Positionen, die von denen der Bundespartei abweichen. Bei der Darstellung des Bundesparteiensystems werden solche kleinräumigen Spezifika entweder unterschlagen oder sie können wegen der Fülle zu bearbeitender Fakten für die Bundesebene nicht berücksichtigt werden, obwohl sie von konstitutiver Bedeutung für den Aufbau jeder Partei sind.
Besonderheiten regionaler Parteien*systeme* wurden von verschiedenen Autoren in den letzten Jahren in den Mittelpunkt ihrer Betrachtung gestellt. Dabei ist einerseits zwischen Arbeiten zu regionalen politischen Kulturen und -parteien sowie den jeweiligen Beziehungen zur Gesamtkultur bzw. -partei und andererseits Darstellungen, die sich eindeutig auf die Analyse von Parteien eines Bundeslandes konzentrieren, zu unterscheiden. Der erste Ansatz ist maßgeblich von Studien wie

[5] Fenske, Hans:"Deutsche Parteiengeschichte - Von den Anfängen bis zur Gegenwart", Paderborn 1994
[6] Niclaus, Karlheinz:"Das Parteiensystem der Bundesrepublik Deutschland - Eine Einführung", Paderborn 1995
[7] Oberreuter, Heinrich (Hrsg.):"Parteiensystem am Wendepunkt? Wahlen in der Fernsehdemokratie", München/Landsberg am Lech 1996
[8] Lehmbruch, Gerhard:"Parteienwettbewerb im Bundesstaat", Stuttgart 1976
[9] Beyme, Klaus von:"Das politische System der Bundesrepublik Deutschland - Eine Einführung", München 1981(3)
[10] Rudzio, Wolfgang:"Das politische System der Bundesrepublik Deutschland - Eine Einführung", Opladen 1991(3)
[11] nach: Scharpf, Fritz W.:"Die Politikverflechtungs-Falle: Europäische Integration und deutscher Föderalismus im Vergleich", in: PVS 4/1985, S.323ff

KARL-HEINZ NAẞMACHERS Untersuchung zu Bürger- und Bauernparteien in Niedersachsen,[12] dem von DIETER OBERNDÖRFER und KARL SCHMITT veröffentlichten Sammelband zu Parteien und regionalen politischen Traditionen[13] oder KARL ROHES Analyse kultureller Traditionen heutiger Parteien[14] verfolgt worden.
NAẞMACHER stellte die wissenschaftliche Beschäftigung mit größtenteils unbeachteten Kleinparteien, die im Ersten Bundestag und in einigen frühen Landtagen vertreten waren (wie die Deutsche Partei in Niedersachsen) neben der regionalen Struktur einer bundesweit operierenden und bedeutsamen kleineren Partei wie der FDP in den Mittelpunkt der Untersuchung. Dabei wurden eingangs die Einengungen der Wahlforschung auf das jeweilige begrenzte Wahlergebnis der Region einerseits und die zu starke Beschränkung der Parteienforschung auf Parlamentsarbeit, Organisation, Programmatik und Mitgliederstruktur andererseits kritisiert. Seine These bezüglich der Deutung des Konzentrationsprozesses des Parteiensystems besagt, daß sich dieser "nicht nur als Niedergang kleiner Parteien (bedingt durch bundesweite Problemlagen und Institutionen), sondern auch als nachgeholte Einebnung regionaler Besonderheiten"[15] vollzogen habe.
Daß neben dem Verschwinden regional verwurzelter Kleinparteien aus den Landtagen doch bedeutsame regionale politische Traditionen gerade in den größeren Parteien aufzufinden sind, machte die Hinterfragung des Konzepts straff zentralisierter Volksparteien unaufschiebbar. MINTZEL bezeichnet demnach die großen Parteien in der Bundesrepublik als "komplexen Mischtypus",[16] der Merkmale unterschiedlichster Ausformungen von Parteien in sich vereine.
Der Begriff der "Volkspartei", der, wie NICLAUS[17] anmerkt, "der zweite wichtige Beitrag zur Weiterführung der Parteientheorie in der Bundesrepublik"[18] nach der Parteienstaatslehre von LEIBHOLZ sei, wurde nach grundlegenden Darlegungen von OTTO KIRCHHEIMER[19] schließlich von PETER HAUNGS[20] aufgegriffen, der jedoch im Gegensatz zu KIRCHHEIMER die Entwertung des Einzelmitglieds und die Konzentration auf die Parteispitze in Volksparteien bestreitet.

[12] Naßmacher, Karl-Heinz unter Mitarbeit von Rotraud Conrads, Thomas Gers, Waltraud Kreutz-Gers, Ellen-Monika Mosebach-Tegtmeier und Waltraud Rudzio:"Parteien im Abstieg - Wiederbegründung und Niedergang der Bauern- und Bürgerparteien in Niedersachsen", Opladen 1989
[13] Oberndörfer, Dieter/Karl Schmitt (Hrsg.):"Parteien und regionale politische Traditionen in der Bundesrepublik Deutschland", Berlin 1991
[14] Rohe, Karl:"Wahlen und Wählertraditionen in Deutschland - Kulturelle Grundlagen deutscher Parteiensysteme im 19. und 20. Jahrhundert", FfM 1992
[15] Naßmacher 1989, S.3
[16] Mintzel, Alf:"Großparteien im Parteienstaat der Bundesrepublik", in: APuZ B11/1989, S.3ff
[17] Niclaus, Karlheinz:"Das Parteiensystem der Bundesrepublik Deutschland - Eine Einführung", Paderborn 1995
[18] Niclaus 1995, S.24
[19] Kirchheimer, Otto:"Der Wandel des westeuropäischen Parteiensystems", in: PVS 6/1965, S.20ff
[20] Haungs, Peter:"Parteiendemokratie in der Bundesrepublik Deutschland", Berlin 1980

Andererseits wird ein Schwerpunkt der Betrachtung von politischen Landeskunden und landesgeschichtlich-politikwissenschaftlichen Untersuchungen zu Parteien und Parteiensystemen bestimmter Bundesländer auf die inneren Entwicklungen des jeweiligen Landes gelegt. Hier sind die von ULRICH VON ALEMANN herausgegebene Studie zu Landesgeschichte, Parteien und Wahlen in Nordrhein-Westfalen,[21] die von PETER HAUNGS veröffentlichte politische Landeskunde für Rheinland-Pfalz[22] oder der von DIRK BERG-SCHLOSSER und THOMAS NOETZEL herausgegebene Band zur parteipolitischen und wahlgeschichtlichen Entwicklung in Hessen[23] zu nennen.

Außerdem liegt für das Bundesland Hessen eine mittlerweile dreibändige politische Landeskunde[24] vor, die vor allem in ihrem dritten Band Wahlen und parteipolitische Entwicklungen in Hessen genauer beleuchtet.

Für Rheinland-Pfalz liegt die umfangreiche, historisch orientierte Reihe zu Entstehung und Entwicklung des Bundeslandes, seiner Verfassung und seiner Parteien vor, welche bislang die Zeit vom Kriegsende bis Mitte der 50er Jahre behandelt. In ihr befinden sich mit den Arbeiten von KATHRIN KUSCH zur Wiedergründung der SPD und von ANNE MARTIN zur Entstehung der CDU umfassende Untersuchungen zu den beiden großen Parteien in den ersten Nachkriegsjahren.[25]

Eine kurze Darstellung des rheinland-pfälzischen Parteiensystems und der Parteienentwicklung bis Mitte der 80er Jahre findet sich im Beitrag HEINO KAACKS und ULRICH SARCINELLIS zu einem zum 40-jährigen Landesjubiläum herausgegebenen Sammelband.[26]

Allen Untersuchungen liegt die Auffassung zugrunde, daß die Betrachtung von Landes- und Regionalpolitik keinesfalls die Beschäftigung mit (gegenüber der Bundesebene) "zweitrangigen" Entwicklungen darstellt, sondern daß "die Dominanz der gesamtstaatlichen Perspektive der Parteienforschung einer Korrektur bedarf."[27] Regionale Charakteristika wurden in Darstellungen der Bundespar-

---

[21] Alemann, Ulrich von (Hrsg.):"Parteien und Wahlen in Nordrhein-Westfalen", Köln 1985

[22] Haungs, Peter (Hrsg.):"40 Jahre Rheinland-Pfalz - Eine politische Landeskunde", Mainz 1986

[23] Berg-Schlosser, Dirk/Alexander Fack/Thomas Noetzel (Hrsg.):"Parteien und Wahlen in Hessen 1946-1994", Marburg 1994

[24] Heidenreich, Bernd/Konrad Schacht (Hrsg.):"Hessen - Eine politische Landeskunde", Stuttgart 1993; diess. (Hrsg.):"Hessen - Gesellschaft und Politik", Stuttgart 1994; diess. (Hrsg.):"Hessen - Wahlen und Politik", Stuttgart 1996

[25] In dieser Reihe erschienen u.a.: Heyen, Franz-Josef:"Rheinland-Pfalz entsteht - Beiträge zu den Anfängen des Landes Rheinland-Pfalz in Koblenz 1945-1951", Boppard 1984; Küppers, Heinrich:"Staatsaufbau zwischen Bruch und Tradition - Geschichte des Landes Rheinland-Pfalz 1946-1955; Kusch, Katrin:"Die Wiedergründung der SPD in Rheinland-Pfalz nach dem Zweiten Weltkrieg (1945-1951)", Mainz 1989; Martin, Anne:"Die Entstehung der CDU in Rheinland-Pfalz", Mainz 1995

[26] Haungs, Peter (Hrsg.):"40 Jahre Rheinland-Pfalz - Eine politische Landeskunde", Mainz 1986

[27] Schmitt, Karl:"Parteien und regionale politische Traditionen. Eine Einführung", in: Oberndörfer/Schmitt (Hrsg.), 1991

teien und des Bundesparteiensystems zumeist übergangen oder auf die bloße Nennung von elektoralen Hochburgen und Diasporagebieten beschränkt. Eine direkte Umkehrung der Betrachtungsweise, also eine Überbetonung landespolitischer Entwicklungen unter Ausklammerung von Einflüssen der Bundespolitik und gegebenenfalls anderer Länder oder Landesparteien, kann jedoch keine Zusammenhänge zwischen den Ebenen erschließen helfen. Von zentraler Bedeutung für die Konzeption dieser Arbeit sind die Prämissen, daß historisch begründete, dauerhafte regionale politisch-kulturelle Verhaltensmuster zu prägenden politischen Traditionen im Kaiserreich, der Weimarer Republik und in der Bundesrepublik geführt und die Ausgestaltung von Landesparteiensystemen bewirkt haben. Ebenfalls grundlegend erscheinen verschiedene, den inneren Aufbau, die Wählerstrukturen des jeweiligen Landes sowie die Verfahren der politischen Repräsentation betreffende Bedingungen (wie z.B. Wahlsysteme, Kandidatenauslese). Schließlich sollen auch die angesprochenen für die Parteienforschung in einem föderativen Staat bedeutsamen Fragen nach Verknüpfungen von Landes- und Bundesparteien und von Interdependenzen zwischen den Ländern berücksichtigt werden.

2.2. Parteien und Parteiensysteme

Die in dieser Arbeit schwerpunktmäßig betriebene Untersuchung von "Parteiensystemen" verdeutlicht, daß hier nicht die Beschäftigung mit der reinen Parteien- oder Wahlgeschichte zweier Bundesländer im Vordergrund stehen soll, sondern daß stattdessen die Beziehungen der einzelnen (landesparlamentarisch bedeutsamen) Parteien bezüglich ihrer Zahl, ihrer Größe, ihren Beziehungen zu Verbänden und gesellschaftlichen Gruppierungen sowie ihr ideologisch-strategisches Verhältnis zueinander dargestellt werden soll. Anders als bei der eher historischen Darstellung der Gründung, Entwicklung und Geschichte einer bestimmten Partei oder bei der Analyse einzelner Wahlen, werden hier mehrere Ebenen miteinander verbunden: Während im Fall der Parteigeschichtsschreibung oftmals die Verknüpfungen mit den parallel verlaufenden Entwicklungen anderer Parteien zu knapp beleuchtet werden, konzentrieren sich reine Wahlanalysen auf die Betrachtung eines bestimmten Wahlakts (im Vergleich zur vorhergehenden Wahl) und vernachlässigen zuweilen langfristige politische Traditionslinien und die Binnenentwicklung von Parteien.

Erste Typologisierungen von Parteiensystemen konzentrierten sich vor allem darauf, die Zahl der bedeutsamen Parteien im nationalen Parlament als wichtigstes

Kriterium zu wählen und nach den institutionellen und sozialstrukturellen Ursachen für Ein-, Zwei- oder Vielparteiensysteme zu fragen.[28] Nachdem die Ausprägung von Parteiensystemen etwa bei MAURICE DUVERGER streng institutionalistisch mit den jeweils vorliegenden Wahlsystemen erklärt wird,[29] führt GIOVANNI SARTORIS Untersuchung[30] zu einer differenzierteren Klassifizierung von Parteiensystemen. SARTORI hebt neben der Bedeutung von größeren Parteien den koalitionspolitischen Einfluß kleinerer Parteien - der beispielsweise im Falle der bundesdeutschen FDP ganz erheblich ist - sowie den Einfluß von Parteien auf die kompetitive Ausrichtung eines Systems - zentripetal oder zentrifugal - hervor.[31] Nach seiner Einteilung unter Berücksichtigung der strategischen Potentiale von Kleinparteien ergeben sich die folgenden Klassen von Parteiensystemen:

1. Einparteiensysteme
2. Systeme unter der Hegemonie einer Partei
3. Systeme unter der Vorherrschaft einer Partei
4. Zweiparteiensysteme
5. gemäßigter Pluralismus
6. extremer Pluralismus
7. atomisierte Parteiensysteme[32]

Sartoris Beispiele für die von ihm genannten Kategorien von Parteiensystemen können allerdings angesichts der Entwicklungen seit den siebziger Jahren größtenteils als überholt angesehen werden. Das große Verdienst seiner Typisierung liegt jedoch in der Erweiterung des zuvor maßgeblichen - aber zum Teil wenig aussagekräftigen - Kriteriums der Zahl von Parlamentsparteien, das vor allem um die Aspekte Koalitionspotential und den inneren Wandel von Parteiensystemen erweitert wurde.[33]

Abweichend von SARTORIS Kategorisierung unternimmt VON BEYME[34] den Versuch einer Neueinteilung von Parteiensystemen in westlichen Staaten, wobei er die folgenden vier Typen unterscheidet:

---

[28] Nohlen, Dieter:"Wahlrecht und Parteiensystem - Über die politischen Auswirkungen von Wahlsystemen", Opladen 1990, S.49

[29] von Beyme, Klaus:"Parteiensystem", in: Dieter Nohlen (Hrsg.):"Wörterbuch Staat und Politik", München 1991, S.458

[30] Sartori, Giovanni:"Parties and Party Systems - A Framework for Analysis, Vol.I", Cambridge 1976

[31] Sartori 1976, S.122/123

[32] Sartori 1976, S.125

[33] Nohlen 1990, S.50/51

[34] Beyme, Klaus von:"Parteien in westlichen Demokratien", München 1984 (2), S.320ff

1. Zweiparteiensysteme mit alternierender Regierung
2. System des gemäßigten Pluralismus
   a) mit alternierenden Flügelparteien
   b) alternierende Flügelpartei mit Koalitionspartner
   c) Koalitionen der Mitte
3. System des polarisierten Pluralismus
   a) mit die Mitte gefährdenden Flügelparteien
   b) abschwächende Wirkungen der extremen Flügelparteien
4. System einer hegemonialen Partei im polarisierten Pluralismus.[35]

Das Problem der angeführten Typisierungen liegt in der Schwierigkeit begründet, die große Zahl der westlich-parlamentarischen Demokratien mit unterschiedlichsten Parteiensystemen und Koalitionsmustern von Parteien in relativ enge Kategorien zu zwängen. VON BEYME führt zudem nicht nur verschiedene Parteiensysteme westlicher Staaten in seiner Typisierung an, er gibt in der Kategorie des "polarisierten Pluralismus mit Fundamentaloppositionen, die die Mitte zerreiben"[36] zudem mit der Weimarer Republik und der Zweiten Spanischen Republik historische Beispiele, die die Einteilung willkürlich erscheinen lassen. Auch bei aktuelleren Nennungen von Ländern unter den jeweiligen Typen werden wegen zeitlichen Begrenzungen (Staat x befinde sich in der Zeit von 19.. bis 19.. in der Kategorie x) und unzutreffenden Einordnungen Fragen bezüglich der Aussagekraft dieser Übersicht deutlich. So ist beispielsweise die Einstufung Österreichs unter die Kategorie "gemäßigter Pluralismus mit alternierenden Flügelparteien möglichst ohne Koalition" angesichts der langen Phase der Großen Koalitionen in der Alpenrepublik fragwürdig.
Bestimmte Typisierungen, wie beispielsweise diejenige des "Zweiparteiensystems", müssen als realitätsfremd bezeichnet werden,[37] da selbst beim früheren "Musterbeispiel" Großbritannien schlichtweg die Existenz der kleinen Liberal Party im Unterhaus geleugnet werden mußte. Lediglich auf die USA scheint die Bezeichnung zutreffend zu sein, wobei hier die spezifische Beschaffenheit der amerikanischen Parteien im Vergleich zu den europäischen Parteien, der Einfluß direkt gewählter politischer Repräsentanten neben den Parteien und die Beeinflussung finanzkräftiger Einzelbewerber den Vergleich zumindest erschwert.
Neben den angeführten Typisierungen von Parteiensystemen, die Größe und strategisches Potential von Parteien berücksichtigen, muß als bedeutender Ansatz

[35] nach Beyme 1984, S.321
[36] Beyme 1984, S.321
[37] Beyme 1984, S.320

zur Analyse von Parteien das von SEYMOUR MARTIN LIPSET und STEIN ROKKAN entwickelte "cleavage"-Konzept genannt werden.[38] Unter "cleavages" verstehen LIPSET/ROKKAN historisch-sozialstrukturelle Konfliktlinien, die entscheidende Verwerfungen in Gesellschaften hergerufen haben und dadurch maßgeblich die Genese der Parteiensysteme bewirkten. Die vier zentralen Konfliktlinien seien demnach:

1. das Zentrum-Peripherie-cleavage
2. das Staat-Kirche-cleavage
3. das Stadt-Land-cleavage
4. das Kapital-Arbeit-cleavage

LIPSET und ROKKAN folgern, daß die Herausbildung des jeweiligen nationalen Parteiensystems das Resultat der spezifischen Ausprägung der genannten cleavages sei, die vor allem durch das Einwirken der nationalen Elite bestimmt würde. Die Reihe von Entscheidungen der herrschenden Elite für oder gegen die Reformation, für oder gegen ein Bündnis mit agrarischen Gruppen und für oder gegen eine Koalition mit der Arbeiterbewegung bestimmten demnach die Gestalt der Parteiensysteme, die nach diesen grundsätzlichen Umwälzungen - zumindest in Westeuropa - "eingefroren" seien, d.h. in ihrer wesentlichen Ausprägung praktisch unverrückbar feststünden.[39]

Gerade die letztere Annahme kann im Hinblick auf die parteipolitischen Entwicklungen in verschiedenen westeuropäischen Ländern seit Anfang der achtziger Jahre als unzutreffend bezeichnet werden, da das Aufkommen von grünen und alternativen Parteien einerseits (wie z.B. in der Bundesrepublik Deutschland) sowie die zum Teil massiven Erfolge rechtspopulistischer Gruppierungen andererseits (wie in Frankreich oder in Italien) deutliche Bewegungen in die scheinbar "eingefrorenen" Parteiensysteme gebracht haben.

Grundsätzlich ist zu konstatieren, daß Forschungsansätze, die wie das cleavage-Konzept oder wie milieuorientierte Studien sozialstrukturelle Aspekte in den Vordergrund stellen zwar verdienstvolle Grundlagen für die Wahlforschung liefern, hinsichtlich der Gestaltung von Parteiensystemen in den Bundesländern als begrenzt erscheinen, da sie Faktoren, die die Bedeutung politisch-institutioneller Elemente betonen nicht ausreichend berücksichtigen.

DIETER NOHLEN ist in seiner Ablehnung einer deterministischen Beziehung zuzustimmen: "Die Kausalität ist zirkulär oder kreisförmig, d.h. Wirkungen wirken auf

[38] Lipset, Seymour M./Stein Rokkan (Hrsg.):"Party Systems and Voter Alignments", New York 1967
[39] Pappi, Franz Urban:"Konfliktlinien", in: Nohlen (Hrsg.) 1991, S.301; Nohlen 1990, S.53ff

Verursacher zurück, und sie ist relativ in dem Sinne, daß in einem konkreten Kausalverhältnis (die Struktur eines Parteiensystems in einem Land in einer bestimmten Epoche) die Anteile der in Beziehung zueinander gesetzten Faktoren (Parteiensystem, Wahlsystem, Gesellschaftsstruktur) an dem, was Ursache und dem, was Wirkung in der Wechselbeziehung ist, unterschiedlich sind."[40]
Zur Vermeidung eines monokausalistischen Ansatzes bei der Untersuchung von Parteiensystemen müsse die Kombination von verschiedenen Elementen beschritten werden, was gerade wegen der institutionellen Verflechtungen zwischen einzelnen Parteien und ganzen Parteiensystemen in einem föderativen Staat unterstrichen werden muß (s. dazu die Auflistung der Analysefaktoren in Kapitel 2.4.).

Eine grundlegende Auflistung der *Funktionen* von Parteiensystemen hat in letzter Zeit LUDGER HELMS[41] vorgenommen, der eine Differenzierung zwischen der Untersuchung von verschiedenen Parteien und von Parteiensystemen macht, die als "Summe der in einem System wirkenden Parteien und deren Interaktionsbeziehungen"[42] gesehen werden.
Helms unterscheidet dabei hinsichtlich der originär parteiensystemspezifischen Funktionen:

- der Repräsentationsfunktion (Widerspiegelung gesellschaftlicher Konflikte),
- der Legitimationsfunktion (Politikvermittlung),
- der Elitenrekrutierungsfunktion (Personalpolitik, Austausch zwischen Bund und Ländern),
- der Integrationsfunktion (Identifikation, Wahlbeteiligung, Stärke und Stellung im Parteiensystem, Mitgliederstärke) und
- der Innovationsfunktion (Machtstrukturen, Hegemonieposition einer Partei, Alternationen, Koalitionsverhalten, ideologische Positionen).

In dieser Arbeit soll dabei die Analyse der Innovations- und der Integrationsfunktion besonderen Stellenwert erhalten, da gerade den Faktoren, die die Stellung und die Stärke von Parteien im Parteiensystem beleuchten, ein zentraler Platz eingeräumt werden muß. Für Landesparteiensysteme wie diejenigen von Rheinland-Pfalz und von Hessen spielen Faktoren, die die jahrzehntelange ununterbrochene Machtstellung von CDU und SPD in den Ländern beleuchten, eine besondere Rolle, da eine hegemoniale Position im Parteiensystem durch bestimmte

[40] Nohlen 1990, S.54
[41] Helms, Ludger:"Parteiensysteme als Systemstruktur. Zur methodisch-analytischen Konzeption der funktional vergleichenden Parteiensystemanalyse", in: ZParl 4/1995, S.642ff
[42] Helms 1995, S.643

Wählerstrukturen und ergänzend durch eine hohe Identifikation mit der jeweiligen Regierungspartei bzw. der Regierungspolitik vermutet werden kann. Ausbleibende Alternationen (Wechsel von der einen zur anderen großen Partei innerhalb des Parteiensystems) lassen eine geschickte, eventuell auch vorbereitende Koalitionspolitik der jeweils vorherrschenden politischen Kraft vermuten.
Eine weitere Dimension von Einflußmöglichkeiten auf die Landesparteiensysteme besteht in der institutionellen Ausgestaltung des politischen Systems der Bundesrepublik als föderativem Staat: Durch die Verknüpfung von Landes- und Bundesparteien und durch die politischen Einflüsse anderer Länder auf ein bestimmtes Bundesland sind weitere interdependente Strukturen gegeben, die im folgenden umrissen werden sollen.

2.3. Beziehungen zwischen Landes- und Bundesparteien im bundesdeutschen Föderalismus

Bei der Betrachtung der Parteiensysteme eines föderativen Staats wie der Bundesrepublik Deutschland muß auf die besonderen Bedingungen des Parteienwettbewerbs verwiesen werden, die nach LEHMBRUCH[43] auf eine Lähmung des parteipolitischen Wettbewerbs hinauslaufen würden und eine Allparteienregierung entstehen ließen. Der Grund für die Unvereinbarkeit von parteipolitischer Konkurrenz und föderativem politischen System liege dabei in der zunehmenden Politikverflechtung zwischen den verschiedenen staatlichen Ebenen, die einen institutionellen Einigungsdruck erzwingen würden. UWE JUN spricht in seiner Analyse zur Koalitionsbildung in den Ländern in Bezug auf Lehmbruch davon, daß "das System föderativ geformter Parteienkonkurrenz den Föderalismus der Bundesrepublik weiterhin treffend kennzeichne (...), wenn auch mit Einschränkungen."[44]
Eine deutliche Dominanz der bundespolitischen Faktoren auf die Landtagswahlen in der Bundesrepublik sieht GEORG FABRITIUS[45] in einer Untersuchung aus den 70er Jahren, in der er feststellt, daß "die Landtagswahlen seit 1949 bis heute immer mehr mit der Bundespolitik verknüpft wurden und die Konsequenzen dieses Prozesses deutlich sichtbar werden. Jede Bundesregierung sah bisher in den

[43] Lehmbruch, Gerhard:"Parteienwettbewerb im Bundesstaat", Stuttgart 1976, S.125ff
[44] Jun, Uwe:"Koalitionsbildung in den deutschen Bundesländern: theoretische Betrachtungen, Dokumentation und Analyse der Koalitionsbildungen auf Länderebene seit 1949", Opladen 1994, S.90
[45] Fabritius, Georg:"Wechselwirkungen zwischen Landtagswahlen und Bundespolitik", Meisenheim am Glan 1978

Landtagswahlen eher ein Hindernis und eine Bewährungsprobe als eine Hilfe und Unterstützung."[46]
In einem späteren Artikel relativiert er jedoch diese Einschätzung wieder und hebt autonom getroffene Entscheidungen von Landesparteien gegen die Bundespartei hervor. Einzelnen Koalitionsentscheidungen wird dabei eine Vorreiterrolle für die Bundespolitik zugesprochen, so etwa der Bildung der SPD/FDP-Koalition in Nordrhein-Westfalen 1966 für das gleichartige Bündnis in Bonn 1969. Ein weiteres Beispiel stellt die umstrittene Entscheidung der hessischen FDP, nach der Landtagswahl 1982 ein Bündnis mit der CDU eingehen zu wollen, dar, wozu es allerdings - im Gegensatz zu Bonn - wegen des Ausscheidens der Liberalen aus dem hessischen Landesparlament nicht kommen sollte.[47] FABRITIUS' Fazit nach der Betrachtung verschiedener interdependenter Beziehungen zwischen Landtagswahlen und Bundespolitik:
"Insgesamt sind somit die Landtagswahlen ein dynamisches, gewaltenteilendes, machtteilendes und gewaltenbalancierendes bzw. machtbalancierendes Element innerhalb der relativ festgefügten Machtverhältnisse in der Bundesrepublik."[48]
Die Gegenthese bezüglich Zusammenhängen von Bundespolitik und Landtagswahlen ist von REINER DINKEL vertreten worden, der vor allem auf die mid-term elections abstellte und berechnete, daß Bundesoppositionsparteien vor allem gegen Mitte einer Bundestagslegislaturperiode Erfolge bei Landtagswahlen erzielen; die vorherige Bundestagsmehrheit erreicht demgegenüber deutlich weniger Stimmen bei Landtagswahlen.[49] JUN spricht in diesem Zusammenhang von einem Rückkopplungseffekt, der für die Bundesregierung bei Landtagswahlen entstünde, die - ein Scheitern der Landespartei(-en) bei einer Landtagswahl vorausgesetzt - ein Umsteuern in der Bundespolitik bewirkte. Weiterhin erhielten Landtagswahlen den eingeschränkten Charakter von Signalwirkungen bezüglich Koalitionsmodellen, die in den Ländern erprobt werden könnten,[50] wobei aber immer die Spezifika der jeweiligen Wahl, Bedingungen der Parteiensysteme und historische Besonderheiten beachtet werden müßten.
Bevor man sich bei der Untersuchung von Landesparteiensystemen auf die Singularität einzelner Wahlentscheidungen und ihrer Hintergründe zurückzieht, muß festgehalten werden, daß gerade in einem föderativen Staat hinter Landtagswahl-

[46] Fabritius 1978, S.164
[47] Fabritius, Georg:"Landtagswahlen und Bundespolitik - Warum Landtagswahlen ohne bundespolitische Einflüsse und Auswirkungen undenkbar sind", in: Wehling, Hans-Georg (Hrsg.):"Westeuropas Parteiensysteme im Wandel", Stuttgart/Berlin/Köln/Mainz 1983, S.113ff
[48] Fabritius 1983, S.125
[49] Dinkel, Reiner:"Der Zusammenhang zwischen Bundes- und Landtagswahlergebnissen", in: PVS 1977, S.348ff
[50] Jun 1994, S.93

ergebnissen und der Ausgestaltung von Parteiensystemen der Länder landespezifische Faktoren (politische Tradition, Wählerstrukturen) sowie bundespolitische Einflüsse mit von Fall zu Fall unterschiedlichen Gewicht vermutet werden können. Die wesentlichen Entwicklungen in den Parteiensystemen von Rheinland-Pfalz und Hessen lassen sich hypothetisch - hier sei auf die Darstellung WOLFGANG BICKS zu Nordrhein-Westfalen verwiesen[51] - für beide Länder in vier Phasen darstellen, die die wesentlichen parteipolitischen Trends und Umbrüche skizzieren:

1.Gründungsphase (1945-1951): Die SPD in Hessen und die CDU in Rheinland-Pfalz nehmen die Position der jeweils stärksten Partei im Landesparteiensystem ein. Beide Parteien regieren in Großen Koalitionen.

2. Hegemoniephase (1951-1969): Nach Beendigung der Großen Koalitionen können die hessische SPD und die rheinland-pfälzische CDU - teilweise in Bündnissen mit kleineren Partnern - über mehrere Legislaturperioden hinweg ihre Stellung als führende Kraft in den Parteiensystemen der Länder behaupten, die als Drei- (Rheinland-Pfalz) bzw. als Vierparteiensysteme (Hessen) charakterisiert werden können.

3. Polarisierungsphase (1969-1982/83): Mit dem Beginn der sozial-liberalen Regierungsära im Bund kommt es in den Ländern zur Verbesserung der Position der Unionsparteien. Die rheinland-pfälzische CDU erreicht in dieser Phase wiederholt die absolute Mehrheit, während die erstarkte hessische CDU einer SPD/FDP-Koalition auf Landesebene als Opposition gegenübersteht. In beiden Ländern haben sich Dreiparteiensysteme herausgebildet.

4. Öffnungsphase (seit 1982/83): Mit dem Aufkommen und der Etablierung der GRÜNEN in den Ländern entstehen Vierparteiensysteme. In Rheinland-Pfalz und in Hessen kommt es erstmals zu alternierenden Regierungswechseln. Wahlen in den 90er Jahren werden durch ein Anwachsen der Nichtwähleranteile, durch das Abschleifen der Hochburgen beider großer Parteien und durch Stimmengewinne für rechtsextremistische Parteien geprägt, die jedoch nicht die Fünf-Prozent-Hürde überwinden können.

---

[51] Bick, Wolfgang:"Landtagswahlen in Nordrhein-Westfalen von 1947 bis 1985: Trends und Wendepunkte in der politischen Landschaft". in: Ulrich von Alemann (Hrsg.):"Parteien und Wahlen in Nordrhein-Westfalen", Köln 1985, S.189ff

Im folgenden Abschnitt werden die für die Untersuchung der Parteiensysteme in den angeführten Entwicklungsphasen als notwendig erachteten Faktoren dargestellt.

2.4. Faktoren der Analyse

Für die Analyse der Ausprägungen dieser vier Phasen werden verschiedene Faktoren herangezogen, die die Dominanzposition der Volksparteien in früheren Jahrzehnten sowie deren Abflachung seit Ende der 80er Jahre belegen sollen. Forschungstheoretisch wurden dabei sozialstrukturelle und politisch-institutionelle Faktoren miteinander kombiniert, was einer Analyse unterschiedliche Deutungsmuster eröffnen soll.

1. Die politischen Traditionen in Rheinland-Pfalz und in Hessen haben sich von der Nachkriegszeit bis in die 80er Jahre auf die Herausbildung der hegemonialen Stellung der CDU in Rheinland-Pfalz und der SPD in Hessen ausgewirkt.

2. Wählerstrukturen in Rheinland-Pfalz und in Hessen bestimmten maßgeblich den Ausgang von Wahlen in beiden Ländern.

3. Gesellschaftliche Wandlungsprozesse und das Aufkommen Neuer Sozialer Bewegungen wirkten sich entscheidend auf die Landesparteiensysteme aus. Die Veränderung des Wählerverhaltens tritt auf der Kommunal- und auf der Landesebene früher und deutlicher zutage als auf der Bundesebene.

4. Das föderale politische System der Bundesrepublik Deutschland beeinflußt die Ausgestaltung der Landesparteiensysteme in verschiedener Hinsicht:

4.1. Es ergeben sich Interdependenzen zwischen Bundes- und Landesorganisationen von Parteien durch die Strukturierung der Parteien auf den staatlichen Ebenen.

4.2. Politische Entwicklungen in anderen Bundesländern haben Einfluß auf das politische Geschehen in Hessen und in Rheinland-Pfalz.

4.3. Durch die Institution des Bundesrats existiert im internationalen Vergleich föderativer Staaten ein einzigartiges Gremium, das in der Bundesrepublik Deutschland den Landesregierungen und den sie tragenden Parteien die Teilnahme am Gesetzgebungsprozeß des Bundes ermöglicht. Durch den

Bundesrat entsteht eine weitere Verknüpfung zwischen Landes- und Bundesparteiensystem.

5. Personalpolitische Faktoren lassen sich zur Deutung von Stärke und Stellung einzelner Parteien in den Parteiensystemen heranziehen. Dabei sind Bekanntheits- und Beliebtsheitswerte für die oftmals als "Landesväter" bezeichneten Ministerpräsidenten genauso zu beachten wie die Umfragewerte für einzelne Landesminister und Oppositionskandidaten.

6. Die innerorganisatorische Entwicklung der Landesverbände von Parteien bestimmt über ihren Rückhalt in gesellschaftlichen Gruppen, Verbänden und Gewerkschaften. Die jeweilige Programmatik der Parteien determiniert ihre Position im Parteiensystem.

7. Die Stärke und die Stellung der Parteien zueinander ist entscheidend für die Ausprägung der Landesparteiensysteme. Neben der beherrschenden Position der jeweiligen größeren Volkspartei müssen Anzahl und Positionierung kleinerer Parteien betrachtet werden.

8. Landesspezifische Besonderheiten bei den Wahl- und Verrechnungsverfahren haben bei Landtagswahlen in Hessen und in Rheinland-Pfalz zu einer Bevorteilung der stärksten Partei geführt.

9. Die wirtschaftliche Entwicklung in beiden Bundesländern kann als Indikator für die Zufriedenheit der Bevölkerung mit der jeweiligen Landesregierung und den sie tragenden Parteien betrachtet werden.

10. Das Ausbleiben von Regierungswechseln in beiden Ländern über vier Jahrzehnte kann auf personal- und parteipolitische Absicherungsmaßnahmen der jeweils dominierenden Partei zurückgeführt werden.

Für die hier genannten Hypothesen wird eine unterschiedliche Bedeutung in den verschiedenen Entwicklungsphasen vermutet: Sozialstrukturelle Faktoren, die die politische Tradition und gesellschaftspolitische Entwicklungen in Hessen und Rheinland-Pfalz betreffen, dürften vor allem in den ersten beiden Phasen von großer Bedeutung gewesen sein. Auch hinsichtlich der Wählerstrukturen in beiden Ländern ist eine deutliche Prägung der Parteiensysteme inklusive der Erringung dominanter Positionen der jeweiligen Volkspartei in der Nachkriegszeit zu

erwarten. Seit den 70er Jahren wird wegen sozialstruktureller Veränderungen dagegen eine Auflockerung traditioneller Parteipräferenzen durch bestimmte Wählerschichten vermutet. Faktoren wie die Personalpolitik, die innerorganisatorische Ausgestaltung der Parteien, die Zufriedenheit mit der wirtschaftlichen Entwicklung in den Ländern sind den spezifischen Bedingungen jeder Phase unterworfen. Für den Einfluß des Bundesrats und seiner Mehrheitsverhältnisse auf die Gestaltung der Parteiensysteme kann demgegenüber eine gestiegene Bedeutung seit dem Beginn der Polarisierungsphase angenommen werden.
Im folgenden soll - bevor eine Skizze der landesparteipolitischen Entwicklungen in allen Ländern der Bundesrepublik erfolgt - ein kurzer internationaler Vergleich föderativer Staaten auf institutionelle Besonderheiten des deutschen Föderalismus verweisen.

3. EXKURS: PARTEIENSYSTEME AUF NATIONALER UND SUBNATIONALER EBENE FÖDERATIVER STAATEN

Bevor die Parteiensysteme der beiden deutschen Bundesländer Hessen und Rheinland-Pfalz näher untersucht werden, sollen die parteipolitische Entwicklung in sieben westlich-parlamentarischen Demokratien dargestellt werden. Mit diesem internationalen Vergleich sollen Besonderheiten institutioneller Art und spezifische Entwicklungen der Parteiensysteme auf Ebene des Bundes und der Länder herausgearbeitet werden, womit die spezifischen Beziehungen zwischen parteipolitischen Entwicklungen im bundesdeutschen Föderalismus belegt werden sollen. Zu fragen ist bei diesem Vergleich einerseits nach den Typen von Parteiensystemen im Bund und den Gliedstaaten einerseits und nach eventuellen Mitwirkungsmöglichkeiten der Länder bzw. Länderregierungen auf den Gesetzgebungsprozeß des Bundes andererseits.

Von den ausgewählten Ländern sind Kanada, Belgien, die Schweiz, Australien, die USA und Österreich als föderative Staaten zu bezeichnen, Spanien kann hingegen als "Autonomiestaat"[1] knapp skizziert werden. Vorab kann festgehalten werden, daß alle herangezogenen Fälle bei einem Vergleich parteipolitischer Strukturen auf Bundes- und auf Länderebene - mit der Ausnahme Österreichs - über zum Teil wesentlich heterogenere Parteiensysteme als die Bundesrepublik Deutschland verfügen. Zu fragen ist hierbei nach den Ursachen für die relativ homogene Entwicklung der Parteiensysteme im Falle Deutschlands. Dabei will die Bezeichnung "relativ homogen" keinesfalls regionale Hochburgen, Diasporagebiete und Sonderentwicklungen verschweigen, sondern lediglich darauf verweisen, daß die Ausgestaltung eines Parteiensystems mit zwei dominierenden großen Parteien und einer oder mehreren kleinen Parteien, die zumeist als Koalitionspartner der Großparteien fungieren, in der Bundesrepublik sowohl auf der Bundes- wie auf der Länderebene aufzufinden ist.

Bei einem Vergleich der parteipolitischen Entwicklungen in westlich-parlamentarischen Staaten mit föderativer Gliederung fallen Divergenzen hinsichtlich der institutionellen Ordnungen[2] genauso ins Auge wie die Unterschiede bezüglich der Parteiorganisationen[3] und der Parteienkonkurrenz im allgemeinen.[4] Staaten wie

---

[1] Hildenbrand, Andreas/Dieter Nohlen:"Regionalismus und politische Dezentralisierung in Spanien nach Franco", in: Bernecker/Oehrlein (Hrsg.) 1991. Die "Autonomen Gemeinschaften" Spaniens weisen demnach gegenüber Ländern und Provinzen föderativer Staaten zum Teil ähnliche, zum Teil geringere Kompentenzen auf.

[2] Hier sind vor allem die Beziehungen zwischen dem Bund und den Gliedstaaten von Belang.

[3] Dabei soll hinterfragt werden, welche Beziehungen zwischen den Landesorganisationen und der Bundespartei existieren.

Kanada, Belgien und die Schweiz verfügen über erhebliche Abweichungen in der Ausprägung der Parteiensysteme von Bund und Provinzen. Zu der größten Heterogenität kommt es dabei in Kanada, da hier Parteien der Provinzebene überhaupt nicht im Bundesparlament vertreten waren und gleichzeitig bedeutende Bundesparteien in verschiedenen Provinzen zum Teil keine Rolle spielen.[5] In Australien und Spanien scheint das vorherrschende Muster zweier dominierender Parteiblöcke auf Bundesebene auch in allen Einzelstaaten zu bestehen. Diese werden jedoch durch besondere separate Regionalorganisationen bundesstaatlicher Parteien wie durch regionale Hochburgen von Parteien, die auf der Bundesebene zwar vertreten sind, doch nicht über den Status einer Kleinpartei hinauskommen, ergänzt.[6] Die USA bilden wegen ihres "Zweiparteiensystems" aus Demokraten und Republikanern, die nahezu alle Abgeordnete in Repräsentantenhäusern, Senatoren, Gouverneure und Präsidenten des Landes stellen, eine Ausnahme, da die beiden Gruppierungen nur bedingt mit Parteien in den anderen Staaten zu vergleichen sind. Die Unterschiede innerhalb der zwei Großparteien und zwischen verschiedenen amerikanischen Regionen sind zu groß, um von einem relativ einheitlichen "Zweiparteiensystem" zu sprechen.[7]

Die Bundesrepublik Deutschland und Österreich verfügen schließlich über ein großes Maß an Homogenität der Parteiensysteme auf beiden Ebenen der Staaten: Die großen Parteien CDU/CSU und SPD bzw. SPÖ und ÖVP dominieren auch in den Ländern, FDP und B'90/GRÜNE bzw. FPÖ und GRÜNE stellen den Part der kleineren Parlamentsparteien und potentiellen Koalitionspartner dar. In Österreich ist dieses Verhältnis seit den Nationalrats- und Landtagswahlen seit Ende der achtziger Jahre zuungunsten der Großparteien und hauptsächlich zugunsten der "Freiheitlichen" (FPÖ) aufgeweicht worden. Eine institutionelle Besonderheit stellt letztlich der in den meisten Ländern der Alpenrepublik bestehende Porporzzwang bei Bildung der Landesregierung dar, der eine Einbeziehung auch der nicht zur Mehrheitsbildung notwendigen Parteien vorsieht.[8]

---

[4] Hier ist zu untersuchen, welche Parteien überhaupt im Bund und in den Ländern gegeneinander konkurrieren.

[5] Schultze, Rainer Olaf:"Politik und Gesellschaft in Kanada", Meisenheim am Glan 1977, S.95ff; Schultze, Rainer Olaf/Bernhard Keller:"Von Trudeau zu Mulroney: Poltik und Wahlen in Kanada", in: ZParl 2/1990, S.200ff

[6] Hildenbrand, Andreas/Dieter Nohlen:"Regionalismus und politische Dezentralisierung in Spanien nach Franco", in: Walther L.Bernecker/Josef Oehrlein (Hrsg.):"Spanien heute - Politik - Wirtschaft - Kultur", FfM 1991, S.41ff; Jaensch, Dean:"The Australian Party System", Sydney 1983

[7] Wasser, Hartmut:"Die politischen Parteien", in: Adams u.a. (Hrsg.):"Länderbericht USA", 2Bde., Bonn 1990, Hier: Bd.1, Kap. D: "Verfassungsordnung und politisches System"

[8] Dachs, Herbert:"Parteiensysteme in den Bundesländern", in: Dachs u.a.:"Handbuch des Politischen Systems Österreichs", Wien 1991, hier: Kap. VIII:"Bundesländer und Gemeinden", S.785ff

Im folgenden sollen die Parteiensysteme der genannten föderativen Staaten sowie die institutionellen und geschichtlichen Besonderheiten, die zur Ausprägung der jeweiligen Verhältnisse geführt haben, kurz umrissen werden.

3.1. Sprachlich-kulturell fragmentierte Staaten: Kanada, Belgien, die Schweiz

Unterschiedliche Sprach- und Kulturgemeinschaften kennzeichnen neben Kanada auch Belgien und die Schweiz: Während in Kanada das vorwiegend französischsprachige Québéc einer Mehrheit von anglophonen Provinzen gegenübersteht, kann man im Falle Belgiens eine sprachliche Zweiteilung zwischen Wallonen und Flandern (sowie einer kleinen deutschsprachigen Minderheit) vorfinden, die eine staatlich-organisatorische Teilung zwischen französischsprachigen, niederländischsprachigen und gemischten Gebieten (wie der Region Brüssel) mit sich brachte. Verschiedenheiten in der Sprache kennzeichnen ebenfalls die über 700jährige Geschichte der Schweiz, in der neben deutsch- und französischsprachigen Kantonen das italienischsprachige Tessin und Gebiete mit rätoromanischer Kultur bestehen.

In institutioneller Hinsicht fällt bei einem Vergleich zwischen diesen drei sprachlich-kulturell fragmentierten Staaten das Fehlen einer Länderkammer auf Bundesebene im kanadischen Verfassungssystem auf: Der in Kanada neben dem Abgeordnetenhaus, dem "House of Commons", bestehende Senat kann als ein Organ charakterisiert werden, welches lediglich aus vom Premierminister ernannten Honoratioren besteht und machtpolitische Verhältnisse in den Provinzen nicht widerspiegelt.[9]

Auf der Ebene des Bundesparteiensystems sticht im Falle Kanadas die langjährige Dominanz der Liberalen seit dem Ende des Ersten Weltkriegs hervor. Alternierende Wechsel in der Funktion als Mehrheitspartei wurden durch die Siege der "Progressive Conservative Party" (PCP) von 1957-1963 sowie von 1984-1993 ermöglicht. Andere, auf der Bundesebene lediglich als drittstärkste Parteien fungierende Gruppierungen, konnten demgegenüber auch nicht als Koalitionspartner einer der beiden großen Parteien an die Regierung in Ottawa gelangen. Unter den Drittparteien konnte sogar nur die "New Democratic Party" (die bis 1961 als "Co-

[9] Quinn, Dennis:"Dominion of Canada", in: Delary, George A.(Hrsg.):"World Encyclopedia of Political Systems", 2 Bde., Harlow 1983, S.143ff

operative Commonwealth Federation" - CCF - firmierte)[10] kontinuierlich Mandate im Abgeordnetenhaus erringen, während das "Ralliement des Créditistes" als Vertreter der französischsprachigen Provinz Québec oder die konservative "Social Credit Party" aus den Westprovinzen nur mit Unterbrechungen im Parlament vertreten waren (letztere waren zuletzt 1972-1974 und 1979-1980 im Unterhaus vertreten).[11]
In den Parlamenten der einzelnen Provinzen spielten die bundespolitisch minoritären Parteien allerdings streckenweise die Rolle der dominanten Regierungspartei, die das politische Leben mit zum Teil absoluten Mehrheiten bestimmen konnte: Während also die Bundespolitik von Liberalen und Konservativen dominiert wurde (die seit Bestehen des Landes alle Regierungschefs stellte, zuletzt die Konservativen MULRONEY und CAMPBELL von 1984-1993, seither der Liberale CHRÉTIEN), wurden die Provinzen Saskatchewan, Manitoba, British Columbia und Ontario von der CCF/NDP, die Provinzen British Columbia und Alberta von der Social Credit Party und die Provinz Québec von der "Union Nationale" bzw. der "Parti Québécois" alleine regiert.[12] Entsprechend der britischen Tradition wird im Unterhaus sowie in allen Provinzen der Spitzenkandidat der jeweiligen Mehrheitspartei zum Regierungschef, auch, wenn dessen Partei nur über eine relative Mehrheit verfügt.[13]
Verschiedene kanadische Provinzen verfügen über relativ stabile Zweiparteiensysteme, wobei die Rolle einer der größeren Parteien phasenweise oder dauerhaft von unterschiedlichen Gruppierungen übernommen wurde: So wandelte sich das Parteiensystem Saskatchewans von der Dominanz durch die CCF/NDP und die Liberalen in den 70er Jahren zu einem Wechselspiel von NDP und PCP. In den maritimen Regionen, in Québec und in Ontario verfügen die Liberalen über einen starken Rückhalt, die Westprovinzen wurden hingegen entweder von der NDP oder von der Social Credit Party beherrscht.[14] Die bis zur Parlamentswahl von 1993 im House of Commons neben den Liberalen bestimmende Kraft, die PCP, existiert in Provinzen wie Québec und British Columbia überhaupt nicht; lediglich in den Atlantikprovinzen kommt es bei Wahlen zu den Provinzparlamenten und zum Unterhaus zu einem ähnlichen Wahlverhalten.[15] Gründe für das Aufsplitten

---

[10] Jackson, Robert/Doreen Jackson:"Politics in Canada - Culture, Institutions, Behaviour and Public Policy", Scarborough/Ontario 1990 (2), S.451
[11] Schultze/Keller 1990, S.208
[12] Jackson/Jackson 1990, S.441
[13] Kempf, Udo/Gudrun Klee/Hans J.Michelmann:"Strukturvergleich der kanadischen Provinzen", in: Kempf, Udo/Hans J.Michelmann/Theo Schiller (Hrsg.):"Politik und Politikstile im kanadischen Bundesstaat - Gesundheits- und energiepolitische Entscheidungsprozesse im Provinzenvergleich", Opladen 1991, S.53ff
[14] Kempf/Klee/Michelmann 1991, S.61ff
[15] Jackson/Jackson 1990, S.442; Kempf/Klee/Michelmann 1991, S.66

des Stimmverhaltens zwischen Provinz- und Bundesparteien werden von STEVENSON darin vermutet, daß die Interessenkonflikte zwischen einzelnen Provinzen und dem Bund nur von Parteien, die als ausschließliche Vertreter einer der beiden staatlichen Ebene gelten, wahrgenommen werden könnten.[16]
Auseinandersetzungen zwischen einer oder mehreren Provinzen und der Bundesregierung müssen von zum Teil völlig unabhängigen Parteien ohne einen institutionalisierten Konfliktregelungsmechanismus bewältigt werden, wie er in der Bundesrepublik Deutschland durch die Mitwirkung der Länderregierungen am Gesetzgebungsprozeß im Bundesrat und durch die Einsetzung des Vermittlungsausschusses im Falle der Nichtübereinstimmung zwischen beiden Seiten besteht.
Ein anderes Bild ergibt sich bei der Betrachtung der Parteiensysteme in den gleichfalls sprachlich-kulturell fragmentierten Staaten Belgien und der Schweiz. Belgien wurde wegen der zunehmenden Konflikte zwischen flämischen und wallonischen Regionen, die vor allem durch die nach stärkerer Autonomie strebenden Flamen vorangetrieben wurden,[17] seit dem Ende des Zweiten Weltkriegs bezüglich des Staatsaufbaus und der Machtverteilung zwischen Institutionen und Regionen in mehreren Stufen (1970, 1980, 1988 und 1993) von einem zentralisierten in einen föderativen Staat umgewandelt. Bezeichnend für die Auswirkungen des Sprachenstreits zwischen Flamen und Wallonen auf das belgische Parteiensystem ist die Aufgliederung der drei großen Parteien des "versäulten" Landes[18] - den Christdemokraten, den Sozialisten und den Liberalen - in eine separate flämische und eine wallonische Parteiorganisation.[19]
Das gesamtbelgische Parteiensystem wurde in der Zeit nach 1945 von den Christdemokraten ("Christelijke Volksparteij"/"Parti Social-Chrétien", CVP/PSC) dominiert, auf der anderen Seite des politischen Spektrums standen die Sozialisten ("Parti Socialiste"/"Socialistische Partij", PS/SP) als zweitstärkste Kraft, die gemeinsam oder jeweils mit Unterstützung der Liberalen ("Partij voor Vrijheid en Vooruitgang", PVV, "Parti pour la Liberté et le Progrès", PLP, seit 1976: "Parti des Réformes et de la Liberté de Wallonie", PRLW) Koalitionsregierungen bilden konnten. Ab Ende der 60er Jahre gelang es verschiedenen Regionalparteien wie der flämischen "Volksunie" (VU), dem wallonischen "Rassemblement Wallon" (RW) oder der Brüsseler "Front Démocratique des Francophones (Bruxellois)"

---

[16] Stevenson, Garth:"Unfulfilled Union. Canadian Federalism and National Unity", Toronto 1982, S.182, nach: Jackson/Jackson 1990, S.442
[17] Suetens, Louis Paul:"Föderalismus und Regionalismus in Europa - Landesbericht Belgien", in: Ossenbühl (Hrsg.) 1989, S.270
[18] Wende, Frank:"Belgien", in: Wende (Hrsg.) 1981, S.9ff; Lepszy, Norbert/Wichard Woyke:"Belgien - der schwierige Weg zur politschen und wirtschaftlichen Stabilität", in: APuZ Nr.B5/1984, S.3ff
[19] Lepszy/Woyke 1984, S.8ff

(FDF) in immer stärkerem Ausmaß, regionale Interessen zu bündeln und in Wählerstimmen umzuwandeln.[20] In jüngster Zeit konnten neben den genannten Gruppierungen auch die grünen Parteien "Parti Ecologiste" (ECOLO) und "Anders Gaan Leven" (AGALEV) sowie der rechtsradikal-separatistische "Vlaams Blok" Erfolge bei Parlamentswahlen verzeichnen.[21]

Die drei belgischen Regionen - Flandern, Wallonien und Brüssel - weisen unterschiedliche regionale Ausprägungen des Parteiensystems auf: Die flämische christdemokratische CVP dominiert in den niederländischsprachigen Gebieten, die wallonische sozialistische PS in den frankophonen Gebieten; hinzu kommen die Hochburgen der jeweiligen regionalistischen Parteien in den großen Sprachengebieten. Wegen der organisatorischen Auftrennung der großen Parteien und wegen der vierten Staatsreform von 1993, die Belgien vollständig in einen Bundesstaat umgewandelt und den Regionen umfassende Kompetenzen zugesprochen hat,[22] ist die Betrachtung der regionalen Parteiensysteme von zunehmender Bedeutung. Dabei muß zur Erklärung der beiden politischen Kulturen auf die sprachliche Grenzziehung, die in ihrer wesentlichen Linie seit dem 11. Jahrhundert besteht, verwiesen werden. Bis 1814 dominierte Französisch als Handels-, Geschäfts- und Gerichtssprache, während Flämisch mehrheitlich von Arbeitern und Bauern gesprochen wurde. Grundlegend für die belgische Unabhängigkeitsbewegung von 1830 wurde jedoch das Bündnis der frankophonen liberalen Bourgeoisie und traditionellen flämischen Katholiken, die sich gemeinsam gegen die Herrschaft König Wilhelms I. der Niederlande richteten.[23] Pläne der liberalen belgischen Regierung Ende des 19. Jahrhunderts zur Errichtung von staatlichen neben den konfessionellen Schulen führten zur Gründung der katholischen Partei, die vor allem in Flandern an Bedeutung gewann. Die Industrialisierung brachte in Wallonien die Bildung der Sozialisten mit sich, die dort die führende Rolle einnehmen sollten.[24]

Wesentliche Tendenzen in der Ausprägung der Parteiensysteme sind durch diese grundlegenden Konfliktlinien prägend für die Gegenwart geworden, da die Flamen stärker zur katholischen CVP tendieren und das gesamte Parteienspektrum stark vom Gegensatz der katholisch-konservativen gegenüber den laizistischen

[20] Hartmann, Jürgen:"Belgien", in: Raschke (Hrsg.) 1978, S.46ff; Lepszy/Woyke 1984, S.8ff; Smith, Gordon:"Kingdom of Belgium", in: Delary 1983, S.83ff

[21] Fitzmaurice, John:"Belgium", in: Jacobs (Hrsg.) 1989, S.2ff; Döpfner, Mathias:"Wir haben genug von Belgien", FAZ vom 18.1.1992

[22] Bei der Bundesregierung verbleiben dabei im wesentlichen die Außen-, die Sicherheits- und die Steuerpolitik. AdG vom 14.7.1993, Nr.38060 A; "Grenz-Echo - Sonderbeilage zur Staatsreform 1993", Eupen, 13.3.1993

[23] McRae, Kenneth D.:"Conflict and Compromise in Multilingual Societies - Belgium", Waterloo/Ontario 1986, S.17ff, Wende 1981, S.9

[24] Hartmann 1978, S.46; Mc Rae 1986, S.124ff

Parteien geprägt ist, während in Wallonien laizistisch-sozialistische Strömungen vorherrschen.[25]

Die Schweiz schließlich verfügt zwar auf ihrer kantonalen Ebene über eine Reihe von regionalen parteipolitischen Hochburgen, sie ist jedoch auf ihrer Bundesebene von der seit 1959 bestehenden großen Koalition der vier größten Parteien der Alpenlandes geprägt. Die "Freisinnig-Demokratische Partei" (FDP), die "Sozialdemokratische Partei der Schweiz" (SPS), die "Christlich-Demokratische Volkspartei" (CVP) sowie die kleinere "Schweizerische Volkspartei" (SVP) sind die wichtigsten politischen Gruppierungen des als Konkordanzdemokratie bekannten Landes, das mit seiner heutigen bundesstaatlichen Verfassung seit 1848 besteht.[26]

Der Grundsatz, nach dem alle Parteien über einem Wähleranteil von ca. 10% sich nach der "Zauberformel" 2:2:2:1 die sieben Bundesratssitze an der eidgenössischen Regierung unter sich aufteilen (wobei jeweils 2 Sitze auf FDP, SPS und CVP und einer auf die SVP entfallen), hat zu der für die Schweiz charakteristischen "übergroßen" Regierung geführt, die die Berücksichtigung aller großen, in Parteien artikulierten Interessen gewährleisten soll.[27]

In der Schweiz haben - anders als in Belgien - die sprachlichen Grenzen zwischen den 20 Voll- und den 6 Halbkantonen keinen entscheidenden Einfluß auf die Ausprägung des Parteiensystems gehabt, hier sind vor allem die Sozialstruktur und religös-ideologische Faktoren ausschlaggebend für die Genese von Parteien gewesen.[28] Die vier großen politischen Gruppierungen wie auch die kleineren Parteien, die weniger als 10% der Stimmen auf sich vereinigen, sind wie die "Grünen/Grüne Partei", die "Liberale Partei", der "Landesring der Unabhängigen" (LdU), die "Auto-Partei der Schweiz" (APS) oder die rechtsextremen "Schweizer Demokraten" (SD) im Nationalrat vertreten. Sie verstehen und organisieren sich in erster Linie als kantonal verankerte Parteien, die es teilweise erst nach längeren Bemühungen zu bundesweiten Verbänden gebracht haben.[29]

Neben dem Nationalrat, dessen 200 Mitglieder direkt von der Bevölkerung proportional auf kantonaler Basis nach dem Verhältniswahlrecht bestimmt werden, besteht die schweizerische Legislative, die "Vereinigte Bundesversammlung" auch aus dem Ständerat als der Vertretung der Kantone. Jeder Kanton entsendet

---

[25] Fitzmaurice 1989, S.7ff

[26] Pieth, Reto:"Schweiz", in: Raschke (Hrsg.) 1978, S.478; Gruner, Erich:"Schweiz", in: Wende (Hrsg.) 1981, S.599ff

[27] Pieth, in: Raschke 1978, S.481; Neidhart, Leonhard:"Die Schweizer Konkordanzdemokratie - Elemente des schweizerischen Regierungssystems", in: Wehling, Hans-Georg (Hrsg.):"Die Schweiz", Stuttgart/Berlin/Köln 1988, S.128ff

[28] McRae, Kenneth D.:"Conflict and Compromise in Multilingual Societies - Switzerland", Waterloo/Ontario 1983, S.111

[29] Gruner, in: Wende (Hrsg.) 1981, S.601

ungeachtet seiner Größe und Bevölkerungszahl zwei Mitglieder in den Ständerat, die nach dem Mehrheitswahlrecht bestimmt werden, was zur Folge hat, daß die bürgerlichen Parteien aufgrund von Wahlabsprachen deutliche Mehrheiten in dieser Kammer besitzen, während die SPS dort relativ schwach vertreten ist.[30]
Auf der Ebene der einzelnen Kantone errangen von den vier großen Parteien der Schweiz wiederholt die Christdemokraten Resultate um die 50 Prozent (bei bundesweiten Wahlergebnissen um die 20%) in Kantonen wie Luzern, Wallis, Schwyz und Nidwalden, wobei letztere zu den Kantonen mit sehr geringer Bevölkerungszahl zu rechnen sind.[31] Während die Sozialdemokraten in den Kantonalwahlen relativ ausgeglichene Ergebnisse erzielen konnten, entstanden bei den großen bürgerlichen Parteien zum Teil erhebliche Schwankungen in der Präsenz in den kantonalen Parlamenten: Die SVP schaffte in einigen Gebieten nicht den Sprung in die parlamentarische Vertretung, FDP und CVP lagen in ihren Ergebnissen zwischen 5 und über 50 Prozent.[32]
Die Parteiensysteme der meisten Kantone werden jedoch - ähnlich wie das gesamtschweizerische Parteiensystem - von einer Vielzahl von Parteien bestimmt, von denen zumeist keine eine dominierende Position einnehmen kann. Analog zur Entwicklung im Nationalrat arbeiten auch die kantonalen Parteien in großen Koalitionen zusammen, die politische Kompromisse zwischen den größeren politischen Gruppierungen erreichen sollen.[33]
Der traditionelle Wille zur Konkordanz als vorherrschendem Muster zur Bewältigung von Konflikten ist seit Ende der 80er/Anfang der 90er Jahre durch eine stärkere Polarisierung zwischen den Parteien bedroht, da einerseits Divergenzen zwischen FDP, CVP und SVP gegenüber den Sozialdemokraten deutlicher zum Tragen kommen, und da andererseits Blockbildungen zwischen Bürgerlichen und SPS, die ihrerseits mit den Grünen auch auf kantonaler Ebene zusammenarbeiten, deutlich werden.[34]

Als Fazit zur parteipolitischen Entwicklung in Kanada, Belgien und der Schweiz kann festgehalten werden, daß sich in allen drei Staaten mit unterschiedlichen sprachlich-kulturellen Bevölkerungsgruppen zum Teil erhebliche Divergenzen

[30] Neidhart 1988, S.140
[31] Schwyz: 120000 Einwohner, Nidwalden: 36000 Einwohner, Nach: Fischer Weltalmanach '96, FfM 1995 Sp.593/594
[32] Gruner, Erich:"Parteien", in: Klöti, Ulrich (Hrsg.):"Handbuch Politisches System der Schweiz, Band 2: Strukturen und Prozesse", Bern 1984, S.151ff
[33] Gruner 1984, S.153
[34] Klöti, Ulrich/Franz-Xaver Risi:"Neueste Entwicklungen im Parteiensystem der Schweiz", in: Pelinka, Anton/Fritz Plasser (Hrsg.): "Das österreichische Parteiensystem", Wien 1988, S.717ff; Linder, Wolf:"Die Schweiz zwischen Isolation und Integration", in: APuZ Nr.B 47-48/1992, S.20ff

zwischen dem jeweiligen Bundesparteiensystem und den parteipolitischen Konstellationen der Länder oder Provinzen erkennen lassen, die auf die sprachlichen Trennlinien in Verbindung mit politisch-kulturellen und ökonomischen Sonderentwicklungen zurückzuführen sind. Mitwirkungsmöglichkeiten der Länderexekutiven auf der Bundesebene in Kanada, Belgien und der Schweiz und somit eine Verzahnung zwischen Landesparteien(-systemen) und der Bundespolitik sind in keinem der drei Staaten gegeben. Während sich für Kanada eine Zweiteilung des Parteienwettbewerbs zwischen bundes- und provinzpolitischen Gegebenheiten konstatieren läßt, können für Belgien und für die Schweiz die besondere Verankerung auch der Bundesparteien in den Provinzen bzw. Kantonen festgestellt werden.

3.2. Sonderfall Autonomiestaat: Spanien

Das Parteiensystem Spaniens wurde seit dem Ende der Franco-Diktatur 1976 zunächst von der "Unión de Centro Democratico" (UCD) als liberal-konservativer Regierungspartei und von der sozialistischen "Partido Socialista Obrero Espanol" (PSOE) als größter Oppositionspartei bestimmt. Im nationalen Parlament wurden diese beiden großen Parteien, die bei den Wahlen 1977 und 1979 Ergebnisse von 30-35% errangen, von den Kommunisten ("Partido Communista Espana", PCE) und von der konservativen "Alianza Popular" (AP) auf den Flügeln des politischen Spektrums ergänzt. Zusätzlich gelangten kleinere linke und kleinere regionalistische Parteien ins Abgeordnetenhaus, von denen im Laufe der 80er Jahre vor allem die katalonische "Convergència i Unió" (CiU) und die baskische "Partido Nacionalista Vasco" (PNV) von Bedeutung werden sollten. Den zunächst zweitplazierten Sozialisten gelang 1982 nicht nur der Regierungswechsel, sondern auch die Etablierung als dominierende Kraft im spanischen Parteiensystem, da auf der rechten Seite die UCD, die ihrerseits einen Zusammenschluß aus 12 verschiedenen Parteien und Gruppen darstellte, mit der Parlamentswahl von 1982 von 168 auf 11 Mandate zurückfiel und die Rolle der großen Oppositionspartei der AP überlassen mußte. Die AP, die später als "Coalición Democrática" (CD) und heute als "Partido Popular" (PP) firmiert, konnte allerdings bei den Wahlen von 1982, 1986 und 1989 mit jeweils rund 26 Prozent der Stimmen die Mehrheit der PSOE nicht gefährden. Erst mit den Wahlen von 1993 wuchs die PP zum gleichrangigen Konkurrenten gegenüber der nach wie vor regierenden PSOE an.[35]

---

[35] Bernecker, Walther L.:"Spanien und Portugal zwischen Regime-Übergang und stabilisierter Demokratie", in: APuZ Nr. B 51/1990, S.15ff; Herzog, Werner:"Spanien", in: Raschke (Hrsg.) 1978, S.496ff; Buse, Micha-

Bei den Wahlen im Frühjahr 1996 erreichte die PP schließlich mit Hilfe kleinerer Regionalparteien wie der CiU den Machtwechsel in Madrid.[36]
In Spanien wurde nach 1976 dank der Unterschiedlichkeit regionalistischer und zum Teil separatistischer Bewegungen ein ehemals zentralistischer Staat in einen "Autonomiestaat" umgewandelt, der zwar institutionelle Differenzen gegenüber einem Bundesstaat aufweist, aber "kraft seiner Verfassung und Autonomiestatute nach den Verfahrensweisen und Mechanismen eines föderalen Modells funktionieren" kann.[37] Die wesentlichen Unterschiede zwischen Autonomiestaat und Bundesstaat bestehen darin, daß der Autonomiestaat eine einheitsstaatliche Verfassung besitzt, die die Möglichkeit zur Dezentralisierung enthält, daß der Senat nicht als Kammer der Autonomen Gemeinschaften gilt, und daß wesentliche Kompetenzen (wie die Rechtsprechung) dem Gesamtstaat vorbehalten sind.[38]
Regionalistische Tendenzen zeigten sich nach dem Ende der Diktatur am deutlichsten in den "historischen Nationalitäten", dem Baskenland, Galicien und Katalonien, die alle durch die Besonderheit der jeweiligen Regionalsprache sowie durch diverse Repressionsversuche während des Franco-Regimes miteinander verbunden waren. Gerade vom Baskenland und von Katalonien wurde mit der beginnenden Regionalisierung auch die Hoffnung auf größere politische und wirtschaftliche Unabhängigkeit von der neuen demokratischen Zentralregierung erwartet. Verfassungsrechtlich wurde der Dezentralisierungsprozeß durch die Verfassung von 1978 befördert und mit den Wahlen in den siebzehn Autonomen Gemeinschaften 1983 institutionell abgeschlossen. Vor allem in den historischen Regionen bildeten sich dabei "eigene Parteiensysteme unterschiedlicher Struktur und spezifischer Entwicklungstendenzen" heraus.[39] Während das Parteiensystem Kataloniens von der christdemokratischen CiU mit Ergebnissen, die an die absolute Mehrheit heranreichen, beherrscht wurde, sind regionale Parteien wie die PNV, die linke "Euskadiko Eskerra" (EE) und die extrem linke "Herri Batasuna" (HB) im Baskenland, die konservative "Unión del Pueblo Navarro" (UPN) und die HB in Navarra bedeutende Parlamentsparteien neben PSOE und AP/PP. Neben diesen Regionalparteien existieren außerdem regional unterschiedliche Orga-

el:"Die neue spanische Demokratie - Parteiensystem und Wählerorientierungen 1976-1984", Baden-Baden 1985, S.9ff; Kassebeer, Friedrich:"Felipe Gonzáles wiedergewählt", SZ vom 10.7.1993; Lancaster, Thomas D.:"A New Phase for Spanish Democracy? The General Election of June 1993", in: West European Politics, Vol.17, Nr.1, S.183ff

[36] SZ vom 5.3.1996:"Katalanen wollen Wahlsieger Aznar nicht unterstützen"; FAZ vom 12.3.1996:"Kampf um die katalanischen Stimmen"; Friedrich Kassebeer:"Eine Geburt durch Kaiserschnitt", SZ vom 27.4.1996

[37] Hildenbrand, Andreas/Dieter Nohlen:"Regionalismus und politische Dezentralisierung in Spanien nach Franco", in: Bernecker, Walther L./Josef Oehrlein (Hrsg.):"Spanien heute - Politik - Wirtschaft - Kultur", FfM 1991, S.42

[38] Hildenbrand/Nohlen 1991, S.42

[39] Bernecker 1990, S.21; Hildenbrand/Nohlen 1991, S.55ff

nisationen und Zusammenschlüsse der beiden großen Parteien.[40] Gerade die bedeutendsten Regionalparteien Spaniens, die katalanische CiU und die baskische PNV, verfügen durch ihre Position als Mehrheitsbeschaffer der Regierung GONZÁLES von 1989 bis 1996 und in gleicher Funktion für die Regierung AZNAR seit 1996 trotz fehlender institutioneller Eingriffsmöglichkeiten (wie etwa einer direkten Mitsprache der Regierungen der Autonomen Gemeinschaften am Gesetzgebungsprozeß) über Druckmittel gegenüber der Zentralregierung.[41]
Im spanischen Autonomiestaat läßt sich eine spezielle Ausprägung von Parteiensystemen in verschiedenen Regionen des Landes feststellen, wobei sich die hervorgehobene regionale Stellung vor allem der katalonischen CiU auch auf der Ebene des Bundesparteiensystems bemerkbar macht. Die CiU verfügt dank ihrer Funktion als Mehrheitsbeschaffer für die Regierungen GONZALES (nach dem Verlust der absoluten Mehrheit der PSOE) und AZNAR über Einfluß auf Entscheidungen der führenden Regierungspartei in Spanien; sie nimmt diese Stellung allerdings nicht aufgrund ihrer Funktion als Regionalvertreterin in einer speziellen Ländervertretung ein.

3.3. Regionale Organisation von Bundesparteien: Australien

Das Parteiensystem Australiens wird auf seiner Bundesebene von zwei Blöcken bestimmt, die sich aufgrund eines mehrheitsbildenden Wahlsystems (dem Präferenzstimmensystem) als alternierende Regierungsparteien in Canberra abwechseln konnten. Der sozialdemokratischen "Australian Labor Party" (ALP) stehen die liberal-konservative "Liberal Party of Australia" (LPA) und die mit ihr in Wahlen verbündete kleinere konservative "National (Country) Party" (NP) gegenüber. Liberale und die National Country Party konnten durch diese Wahlabsprachen gegenüber der Labor Party in der Nachkriegszeit bis 1972 und erneut von 1975 bis 1983 die Mehrheit der Abgeordneten im Repräsentantenhaus und mit MENZIES und FRASER auch langjährige Regierungschefs stellen. Selbst nach Wahlen, in denen die Liberalen die absolute Mehrheit der Mandate errungen hatten, wurde die Koalition mit der National Country Party fortgeführt, was den Zweck hatte, den kleinen Bündnispartner auch für zukünftige Wahlen an sich zu binden, bei denen die Mehrheit für die LPA wieder verlorengehen könnte.[42]

[40] Buse 1985, S.219ff; Hildenbrand/Nohlen 1991, S.57ff
[41] Lancaster 1993, S.187
[42] Jaensch, Dean:"The Liberal Party", in: Summers, John/Dennis Woodward/Andrew Parkin (Hrsg.):"Government, Politcs and Power in Australia - An Introductory Reader", Melbourne 1990 (4), S.137

Die ALP regierte seit ihrem Wahlsieg von 1983 mit den Premierministern HAWKE und KEATING an ihrer Spitze unangefochten bis Anfang 1996, als sie erneut von den Liberalen und der National Party unter dem neuen Regierungschef JOHN HOWARD abgelöst wurde.[43]
Neben dem House of Representatives mit seinen 147 Mitgliedern existiert im australischen Verfassungsgefüge der Senat (76 Mitglieder), dessen Mitglieder direkt in den einzelnen Staaten gewählt werden. Für das Inkrafttreten von Gesetzesvorlagen des Repräsentantenhauses ist die Zustimmung des Senats erforderlich, was bei identischen politischen Mehrheiten die Rolle des Senats als nahezu überflüssig erscheinen ließ; bei divergierenden Mehrheiten jedoch kam es bereits zur Blockierung der Bundespolitik durch diese zweite Kammer.[44]
In den sechs australischen Staaten und den zwei Territorien haben sich seit der Unabhängigkeit des Landes 1901 unterschiedliche Parteiensysteme entwickelt, die im folgenden kurz beleuchtet werden sollen. Die drei bundesweit bei Repräsentantenhauswahlen wichtigen Kräfte dominieren auch die Parteiensysteme in den Staaten - und das zumeist mit langjährigen Regierungszeiten. Staaten wie Tasmanien und South Australia verfügen über stabile Zweiparteiensysteme (Konkurrenz von ALP und LPA), in den Staaten New South Wales, Victoria und Western Australia haben sich analog zur Bundesebene "Dreiparteiensysteme" mit Labor, Liberalen und der kleineren NP herausgebildet, die aber de facto wegen des gemeinsamen Auftretens der bürgerlichen Parteien als zwei Blöcke zu bezeichnen sind. In Queensland schließlich stehen der Labor Party die liberal-konservativen Parteien LPA und NP ebenfalls gegenüber, wobei in diesem Staat die National Party die Position der führenden Partei auf der Rechten übernehmen konnte.[45]
Herausragend für das australische Parteiensystem ist neben den Kräfteverhältnissen in den Staaten die Rolle der "Australian Democrats" (AD), einer Linksabspaltung der Liberal Party in den 70er Jahren, die wegen der unterschiedlichen Wahlsysteme für Repräsentantenhaus und Senat mit Wahlergebnissen von 6-10 Prozent lediglich Mandate im Senat, für den die Wählerstimmen nach dem Verhältniswahlsystem umgerechnet werden, erhalten konnten.[46] Die AD haben seit Anfang der 80er Jahre wiederholt die Rolle des Zíingleins an der Waage im Senat

[43] Erhard Haubold:"Ein konservativer Erdrutsch in Australien", FAZ vom 4.3.1996
[44] Jaensch, Dean:"The Australian Party System", Sydney 1983, S.26ff; Parkin, Andrew:"Commonwealth of Australia", in: Delary 1983, S.34ff; Summers, John:"Parliament and Responsible Government in Australia", in: Summers/Woodward/Parkin (Hrsg.) 1990, S.7ff
[45] Jeansch 1983, S.150ff
[46] Shamsullah, Ardel:"The Australian Democrats", in: Summers/Woodward/Parkin (Hrsg.) 1990, S.166ff

übernommen, was liberal-konservative sowie von Labor geführte Regierungen zur Rücknahme von Gesetzesvorlagen gezwungen hat.[47]

Für die parteipolitischen Entwicklungen Australiens kann bilanziert werden, daß es zur Ausgestaltung von besonderen Parteiensystemen auf der Ebene der Staaten gekommen ist, die vor allem die drei bundespolitischen Hauptakteure in veränderter Stärke und Position zeigen. Für die australischen Senatswahlen ergeben sich wegen des differierenden Wahlverfahrens und wegen der speziell auf dieses Gremium ausgerichteten Kandidatur einer Partei (der AD) parteipolitische Gegebenheiten, die mit dem Bundesparteiensystem divergieren. Eine Bundesinstitution zur Gesetzesmitwirkung der Staaten oder ihrer Regierungen ist im australischen Verfassungsgefüge jedoch nicht vorgesehen, da auch die Senatsmitglieder separat zu den Urnengängen auf Staatenebene gewählt werden.

3.4. Parteiensysteme im amerikanischen Föderalismus

Das Parteiensystem der USA scheint auf den ersten Blick von großer Homogenität bestimmt zu sein, da die beiden großen Parteien, die Demokraten und die Republikaner, nahezu alle Sitze im House of Representatives, im Senat, in den Kammern aller State Legislatures (der Parlamente der einzelnen Staaten, die zumeist ebenfalls in Repräsentantenhaus und Senat aufgeteilt sind) sowie die Präsidentschafts- und Gouverneursämter besetzen. Die beiden Parteien unterscheiden sich jedoch in vielerlei Hinsicht von Parteien europäischen Zuschnitts, da sie nicht als bundesweit organisierte Gruppierungen mit fest eingeschriebenen Mitgliedern, sondern als relativ locker organisierte, "dezentrale Wählerkoalitionen"[48] agieren, die zudem in verschiedenen Regionen mit unterschiedlichen politschen Kulturen der USA für divergierende politische Inhalte stehen.

Verglichen mit europäischen Parteien bestehen zwischen Demokraten und Republikanern keine bedeutenden ideologischen Gegensätze; das Hauptaugenmerk beider amerikanischer Parteien ist es, Wahlen zu gewinnen und politische Ämter zu besetzen.[49]

Trotzdem ist für die Entwicklung der US-Parteien seit Anfang der 80er Jahre die Rede vom "Verfall der Parteien"[50] und von der Erosion der traditionellen Partei-

---

[47] Summers, in Summers/Woodward/Parkin (Hrsg.) 1990, S.20ff

[48] Mewes, Horst:"Einführung in das politische System der USA", Heidelberg 1990 (2), S.142

[49] Wasser, Hartmut:"Die politischen Parteien",: in: Adams/Czempiel/Ostendorf/Shell/Spahn/Zöller (Hrsg.):"Länderbericht USA I - Geschichte - Politik - Kultur - Politisches System - Wirtschaft", Bonn 1990, S.438ff; Welz, Wolfgang:"Das amerikanische Parteiensystem im Wandel", in: APuZ Nr. B 37/38/1986, S.31ff

[50] Wattenberg, Martin P.:"The Decline of American Political Parties, 1952-1980", Cambridge/Mass. 1984

bindungen, was besonders im Falle der sich auflösenden "ROOSEVELT-" oder "New-Deal-Coalition" als regionen- und schichtübergreifender Wählergemeinschaft, die seit den 30er Jahren hinter der Demokratischen Partei stand, festgehalten werden kann.[51] Dennoch beherrschen die beiden großen Parteien nach wie vor die Politik in Washington wie in den Staaten. Was jedoch die tatsächliche Macht der Parteien und der "state governments" betrifft, so muß betont werden, daß diese ähnlich wie auf der Bundesebene mehrfach fragmentiert ist. Ebenfalls kann nicht von der Mehrheitsposition einer Partei in den Kammern eines Bundesstaates hinsichtlich der Besetzung politischer Spitzenämter auf Übereinstimmung zwischen Mehrheitspartei und Staatsregierung geschlossen werden.

Ursache hierfür ist die Tatsache, daß neben den Mitgliedern im Repräsentantenhaus und im Senat eines Staates der Gouverneur - und in rund der Hälfte der Staaten zusätzlich ein "Lieutenant Governor" - direkt gewählt wird und parteipolitische Nichtübereinstimmungen zwischen Legislative und Exekutive an der Tagesordnung sind.[52] Vor allem in diesen Fällen vermittelt sich in den US-Bundesstaaten das Bild einer eng begrenzten Exekutivgewalt, die allein auf das politische Management eines Teils der Staatspolitik ausgerichtet ist. Im amerikanischen Föderalismus findet sich zwar die starke Betonung der bundesstaatlichen Ebene bei der Wahl des Präsidenten (Auszählung der Stimmen für die Kandidaten pro Staat, derjenige Kandidat, der die relative Mehrheit erhält, bekommt alle Elektoren zugesprochen), des Repräsentantenhauses (Abgeordnetenzahl richtet sich nach Bevölkerungszahl eines Staates) und des Senats (jeder Staat stellt unabhängig von seiner Größe zwei Senatoren), die Parlamente und die Gouverneure der Staaten bleiben dabei jedoch unberücksichtigt.[53] Gouverneure und Abgeordnete der Staaten haben sich im Zuge des "New Federalism" in Interessengruppen wie der "National Governors Conference" und der "National Conference of State Legislators" zusammengeschlossen[54], jedoch werden die Interessen der Einzelstaaten innerhalb der verfassungsmäßigen Institutionen in Washington durch die Kongreßmitglieder und deren starke Bindung an die heimatlichen Wahlkreise vertreten.[55]

---

[51] Mewes 1990 (2), S.147ff; Welz 1986, S.31

[52] Beyle, Thad L.:"Governors", in: Gray, Virginia/Herbert Jacob/Kenneth N.Vines (Hrsg.):"Politics in the American States - A Comparative Analysis", Boston 1983 (4); Falke, Andreas:"Die föderale Struktur", in: Adams u.a. 1990, S.413ff; Mewes 1990 (2), S.262ff

[53] Mewes 1990 (2), S.181ff; Rosenfeld, Michel:"The Failures of Federalism in the United States", in: Kramer, Jutta (Hrsg.): "Föderalismus zwischen Integration und Sezession - Chancen und Risiken bundesstaatlicher Ordnung", Baden-Baden 1993, S.247ff; Shell, Kurt L.:"Kongreß und Präsident", in: Adams u.a. (Hrsg.) 1990, S.357ff

[54] Mewes 1990 (2), S.260/261

[55] Shell 1990, S.365ff

Für die amerikanischen Parteiensysteme in den Staaten und dem Bund müssen zunächst die wesentlichen Unterschiede zwischen amerikanischen und europäischen Parteien hervorgehoben werden: Hinsichtlich der Mitgliedschaft, der Ideologie bzw. Programmatik und der Stellung im Parteiensystem zeichnen sich die beiden großen Parteien der USA durch einen bestenfalls lokkeren Zusammenhalt auf der Bundesebene, durch relativ geringe Differenzen in ihrer Ausrichtung und durch in den einzelnen Staaten unterschiedliche politisch-kulturelle Ausformungen aus. Einzelne Parlaments-, Gouverneurs- und die Präsidentschaftswahlen werden zudem durch eine starke Personalisierung bestimmt. Trotz der Hervorhebung des föderativen Charakters des amerikanischen Staatsaufbaus bestehen zwar Beziehungen der Repräsentantenhausmitglieder und der Senatoren zu ihren Heimatstaaten, eine verfassungsrechtliche Institution zur Berücksichtigung der Gouverneure bzw. der Regierungen der einzelnen Staaten fehlt allerdings.

3.5. Verfassungsrechtlicher Proporzzwang: Österreich

Das Parteiensystem Österreichs wurde lange Zeit von der dominanten Stellung der beiden großen Parteien, der "Sozialdemokratischen (ehemals: Sozialistischen) Partei Österreichs" (SPÖ)[56] und der "Österreichischen Volkspartei" (ÖVP), sowie der kleinen "Freiheitlichen Partei Österreichs" (FPÖ) bestimmt. Die auf Bundesebene ähnlich starken ÖVP und SPÖ, die jeweils rund 45 % der Stimmen bei Nationalratswahlen auf sich vereinigen konnten, bildeten nach Ende des Zweiten Weltkriegs zunächst eine Allparteienkoalition mit der "Kommunistischen Partei Österreichs" (KPÖ), die in eine bis Mitte der 60er Jahre andauernde Große Koalition mündete. Die Volkspartei stellte als mandatsstärkste Partei in Folge die Bundeskanzler FIGL, RAAB, GORBACH und KLAUS. Ende der 40er bzw. Anfang der 50er Jahre gelang dem traditionellen "Dritten Lager" (dem "national-freiheitlichen" Lager, das Deutschnationale wie Liberale umfaßt) in Form des "Verbands der Unabhängigen" (VdU) der Sprung ins Parlament. Nach internen Auseinandersetzungen gründete die Mehrheit des VdU zusammen mit einer Kleinpartei 1956 die FPÖ, die nach dem Ausscheiden der KPÖ aus dem Nationalrat 1959 die Rolle der dritten Partei neben ÖVP und SPÖ übernahm.[57]

---

[56] Die Namensänderung erfolgte Mitte 1991 aus Überlegungen zur Modernisierung der SPÖ; nach: Ucakar, Karl:"Die Sozialdemokratische Partei Österreichs", in: Dachs u.a. (Hrsg.) 1991, S.210ff

[57] Mommsen-Reindl, Margareta:"Österreich", in: Wende (Hrsg.) 1981, S.441ff; Müller, Wolfgang C.:"Parteiensystem - Politische Bewegungen", in: Dachs u.a. (Hrsg.) 1991, S.179ff; Pelinka, Anton: "Österreich", in: Raschke (Hrsg.) 1978, S.412ff

Nachdem die ÖVP von 1966-1970 mit absoluter Mehrheit regiert und die Phase der Großen Koalitionen beendet hatte, folgte eine Zeit der SPÖ-Alleinregierungen unter Bundeskanzler KREISKY von 1970-1983. Nach dem Verlust der absoluten Mehrheit bildete KREISKYS Nachfolger SINOWATZ ein Regierungsbündnis mit der FPÖ, seit 1986 amtiert in Wien erneut eine Große Koalition aus SPÖ und ÖVP, die von 1986-1996 von Bundeskanzler FRANZ VRANITZKY (SPÖ) geführt wurde und seit 1996 von dessen Nachfolger VIKTOR KLIMA (SPÖ) geleitet wird.

Seit Mitte der 80er Jahre wird das Parteiensystem durch das stetige Anwachsen der sich unter JÖRG HAIDER stärker national-populistisch gebenden "Freiheitlichen" (seit Anfang 1995 bezeichnet sich die frühere FPÖ als Teil einer "Bürgerbewegung"), die Etablierung der Grünen ("Grüne Alternative Liste", GAL) und dem Erfolg der FPÖ-Abspaltung "Liberales Forum" (LiF) gekennzeichnet. Vor allem SPÖ und ÖVP haben ihren Status als alleinige "Großparteien" im österreichischen Parteiensystem gegenüber den "Freiheitlichen" eingebüßt, die bei den beiden Nationalratswahlen 1994 und 1995 mit jeweils über 22% einen starken dritten Rang hinter SPÖ (1995: 38,3%) und ÖVP (1995: 28,3%) erreichen konnten.[58]

Die Parteiensysteme der österreichischen Bundesländer verfügen im Vergleich mit den anderen untersuchten föderativen Staaten über ein hohes Maß an Homogenität gegenüber dem Bundesparteiensystem: Alle neun Länder werden - auch wenn hier seit Mitte der 80er Jahre zum Teil dramatische Verschiebungen zugunsten der FPÖ einsetzten - von der Dominanz durch die großen Parteien SPÖ und ÖVP geprägt. Dabei war die Vorherrschaft der SPÖ in Wien, Kärnten und im Burgenland besonders stark ausgestaltet, während die Volkspartei in allen anderen Regionen die stärkste Partei darstellte (davon in Tirol und in Vorarlberg mit deutlichen absoluten Mehrheiten).[59]

Institutionell sind die österreichischen Bundesländer durch den 58-köpfigen Bundesrat am Gesetzgebungsprozeß beteiligt, wobei jedes Landesparlament einen proportionalen Anteil an Bundesratsmitgliedern (je nach Bevölkerungsstärke des Landes zwischen 3 und 12) entsendet. Im Gegensatz zum Bundesrat der Bundesrepublik Deutschland sind hier nicht die Landesregierungen bzw. Landesregierungsparteien allein vertreten, sondern auch die jeweiligen Minderheitsparteien in den Landesparlamenten. In den Verfassungen aller Länder außer Wien und Vorarlberg ist außerdem die Form der "Proporzregierung" vorgeschrieben, das heißt

[58] "SPÖ und ÖVP zur Fortsetzung ihrer Koalition bereit", SZ vom 11.10.1994; Küppers, Bernhard:"Anders als alle anderen", SZ vom 22.10.1994; SZ vom 19.12.1995:"Wieder Koalition von SPÖ und ÖVP erwartet"

[59] Dachs, Herbert:"Parteiensysteme in den Bundesländern", in: Dachs u.a. (Hrsg.) 1991, S.785ff; Nick, Rainer "Die Bundesländer und das österreichische Parteiensystem", in: Pelinka/Plasser (Hrsg.) 1988, S.401ff

die zwangsläufige Mitbeteiligung von Parteien an der Landesregierung, die nicht zur Mehrheitsbildung gebraucht werden, ist in sieben Ländern verfassungsrechtlich unausweichlich.[60] Die politische Kultur der österreichischen Bundesländer kann aufgrund der starken Stellung der Landeshauptmänner (der Ministerpräsidenten), die häufig über jahrzehntelange Amtszeiten verfügen, als "traditional-paternalistisch" bezeichnet werden; de facto werden Landtagswahlen oftmals als "Landeshauptmannwahlen" begriffen.[61] Durch die konkordanzdemokratische Struktur der Landesregierungen wird ein fundamentales Auftreten einer (größeren) Opposition in den Ländern der Alpenrepublik deutlich erschwert; in der Folge erscheint die Landespolitik immobil, was durch das Fehlen eines Vetos von Ländern im Bundesrat gegenüber dem Nationalrat noch weiter verschärft wird.[62]
Wegen des verfassungsrechtlich vorgeschriebenen Proporzzwangs in den meisten österreichischen Bundesländern ist die Mitwirkung der Landesexekutiven im Bundesrat von abgeschwächter Natur, da mit Ausnahme zweier Länder keine Regierungsmehrheiten an der Spitze der Länderregierungen zusammenkommen, sondern vielmehr ein Spiegel der jeweiligen Landesparlamente gebildet werden muß. Dank der starken Position der Landeshauptmänner bei den Landtagswahlen in Österreich muß der Faktor der Personalisierung von regionalen Wahlentscheidungen besonders hervorgehoben werden.

3.6. Föderalismus und Parteiensysteme in den Ländern der Bundesrepublik Deutschland

Das im Grundgesetz der Bundesrepublik Deutschland in Art. 20 Abs. 1 festgelegte Bundesstaatsprinzip ist eines der Grundbestandteile der bundesdeutschen Verfassungsordnung, in welcher - neben den Ausführungen zur Einwirkung des Bundesrechts auf die Länder (Art.31 GG), dem Grundsatz bundesfreundlichen Verhaltens (Art.35 GG) und der Gestaltung der Kompetenzverteilung zwischen den staatlichen Ebenen (Art. 30 GG)[63] - die Mitwirkung der Länder am Gesetz-

[60] Marko, Joseph: "Die Verfassungssysteme der Bundesländer: Institutionen und Verfahren repräsentativer und direkter Demokratie", in: Dachs u.a. (Hrsg.) 1991, S.729ff; Nick 1988, S.407
[61] Marko 1991; S.735
[62] Dachs 1991, S.786; Nick 1988, S.409; Pernthaler, Peter/Karl Weber: "Landesregierung", in: Dachs u.a. (Hrsg.) 1991, S.755ff;
[63] Neben Art. 30 GG (Hoheitsrechte der Länder) sind hier Art.91a GG (Gemeinschaftsaufgaben), Art. 104a GG (Ausgabenverteilung), 105 GG (Abgrenzung der Gesetzeszuständigkeit), Art.106 GG (Verteilung der Steuern), Art. 107 GG (Finanzausgleich) und Art. 109 GG (Selbständige Haushalte) zu nennen.

gebungesprozeß des Bundes in den Artikeln zum Bundesrat (Art. 50-53 GG) und zum Gemeinsamen Ausschuß (Art. 53a) dargelegt werden.
Die Besonderheit des Föderalismus in der Bundesrepublik Deutschland besteht im Rahmen dieses kurzen Vergleichs der Landes- und der Bundesparteiensysteme in mehreren Staaten vor allem in der Tatsache, daß in den deutschen Ländern neben der Zusammensetzung über das regionale Parlament auch über die Zusammensetzung des Bundesrats als Bundesorgan aus den Länderregierungen mitentschieden wird.

Art. 50 GG: „Durch den Bundesrat wirken die Länder bei der Gesetzgebung und Verwaltung des Bundes mit."

Art. 51 (1): "Der Bundesrat besteht aus Mitgliedern der Regierungen der Länder, die sie bestellen und abberufen. Sie können durch andere Mitglieder ihrer Regierungen vertreten werden."

Die im Anschluß dargelegte Stimmverteilung zwischen den Bundesländern unterstreicht den Kompromißcharakter der Prinzipien einer gleichen Repräsentation der Länder und einer gleichen Repräsentation der darin lebenden Bevölkerung, da jedes Land je nach Größe eine gestaffelte Anzahl von drei bis sechs Sitzen im Bundesrat erhält.
Bei einer Untersuchung der Beziehungen zwischen den Parteiensystemen der Länder und den institutionellen Besonderheiten des Föderalismus der Bundesrepublik Deutschland muß zunächst auf GERHARD LEHMBRUCH verwiesen werden. Seine in den 70er Jahren aufgestellte These lautete, daß der Föderalismus bundesdeutschen Zuschnitts die Parteienkonkurrenz beschneide und wegen des institutionellen Zwangs zur Zusammenarbeit und zum Aushandeln zwischen den Parteien zu einer Allparteienregierung führe. UWE JUN spricht in seiner 1994 erschienenen Studie zu Koalitionsbildungen in den deutschen Ländern bezugnehmend auf Lehmbruch davon, "daß auch in den letzten Jahren das System föderativ geformter Parteienkonkurrenz den Föderalismus der Bundesrepublik weiterhin treffend kennzeichnet, wenn auch mit Einschränkungen".[64]
Bezüglich der Genese der Bundesparteien der Bundesrepublik Deutschland kann festgehalten werden, daß sich bereits ab 1945 regional sehr unterschiedliche Parteien in den Ländern der westlichen Besatzungszonen herausbildeten, die - nach ihrer Lizensierung durch die Alliierten - an den ersten Landtagswahlen 1946/47 teilnahmen. Bundesweite Zusammenschlüsse haben sich gerade bei einer Neu-

[64] Jun 1994, S.90

gründung wie der CDU erst nach der Verabschiedung des Grundgesetzes und der Gründung der Bundesrepublik ergeben. In allen Ländern der späteren Bundesrepublik war schon in diesen frühen Wahlen ein Trend zugunsten der späteren Mehrheitsparteien SPD und CDU erkennbar, wobei allerdings auf besondere regionale Ausprägungen in den Ländern zu verweisen ist. Nach dem Wegfall des Lizenzzwangs entstanden zahlreiche neue Parteien, die zum Teil - wie im Fall der Flüchtlings- und Vertriebenenpartei GB/BHE - durch erdrutschartige Gewinne die politische Landschaft einzelner Länder veränderten. Außerdem ist bei der parteipolitischen Entwicklung in den 50er Jahren für die Länderparteiensysteme die Existenz einer Vielzahl von Klein- und Regionalparteien zu konstatieren, die erst gegen Ende des Jahrzehnts und zu Beginn der 60er Jahre gegenüber den Volksparteien CDU/CSU und SPD an Wählerzuspruch einbüßten und aufgrund von Parteiübertritten (insbesondere zur Union) und wegen Verfahrensregeln der Wahlgesetzgebung wie der Fünf-Prozent-Hürde zunehmend aus den Landesparlamenten ausschieden. Lediglich die FDP konnte sich in allen Ländern als deutlich kleinere drittstärkste Partei behaupten, im Bund avancierte sie zur langjährigen Koalitionspartnerin der CDU/CSU (von 1949-1955 und von 1961-1966).
Mit der Bildung der sozial-liberalen Koalition in Bonn 1969 rückten die Mehrheitsverhältnisse im Bundesrat und somit die einzelnen Landtagswahlen in der Bundesrepublik stärker in den Blickpunkt als zuvor, da die neue Bonner Koalition über die gesamten 13 Jahre ihrer Amtsdauer über keine Mehrheit von SPD- oder SPD/FDP-regierten Ländern verfügen sollte. Erfolge der Union in den Ländern unterstreichen die These, wonach Landtagswahlen während der laufenden Legislaturperiode des Bundes zu Gegenbewegungen und als Protestwahlen gegen Bonn genutzt werden können.[65]
Seit Mitte der 70er Jahre führte die "Auflockerungsstrategie" der FDP zu vom Bonner Muster abweichenden Länderkoalitionen mit der CDU, deren Zustandekommen gerade das Bündnis mit der Bundes-SPD durch ein "Aufweichen" bisheriger Alleinregierungen der Union ermöglichen sollte.[66]
Bei den Entscheidungen der niedersächsischen und der saarländischen Liberalen, vor der Bundestagswahl 1976 Minderheitskabinette der CDU in ihren Ländern zu unterstützen und Anfang 1977 Koalitionen mit der CDU einzugehen, hatte sich jedoch die Frage nach den Mehrheitsverhältnissen und landespolitischen Faktoren vermischt, so daß der Faktor Bundesrat als bedeutend für Koalitionsentscheidungen auf Landesebene angesehen werden kann. Er kann allerdings nicht als aus-

---

[65] Fabritius 1983, S.121
[66] Jun 1994, S.125-127

schließliches Erklärungsmuster herangezogen werden, da landespolitische Gründe ebenfalls als bedeutend erscheinen.[67]
Nach der Beendigung der SPD/FDP-Koalition und der Begründung einer Regierung aus CDU/CSU und FDP unter HELMUT KOHL ab 1982 entstand von Ende 1982 bis 1990/91 eine Gleichfarbigkeit der Mehrheiten von Bundestag und Bundesrat. In verschiedenen Ländern hatten sich schon Anfang der 80er Jahre die GRÜNEN als neue politische Kraft in den Parlamenten befunden, als 1983 die Ökopartei auch den Sprung in den Bundestag schaffte. Mit zunehmender Dominanz des realpolitischen Flügels der Partei ergaben sich neue Koalitionsmöglichkeiten in den Ländern: So haben die Bonner Oppositionsparteien SPD und GRÜNE seit einem ersten kurzlebigen Versuch zur Zusammenarbeit 1985-1987 in Hessen in mehreren Ländern gemeinsam die Regierung gestellt, was teilweise auch unter Einbeziehung der in Bonn an der Seite der Union mitregierenden FDP passierte. Bei Koalitionsbildungen in den Ländern ist das Denken in Lagerstrukturen (CDU/FDP versus SPD/GRÜNE) offenkundig überwunden worden. Gerade die Liberalen in den Ländern verdeutlichten durch die Bildung (1991) und die Beibehaltung (1996) einer Koalition mit der SPD in Rheinland-Pfalz auch ihre politische Unabhängigkeit in Bündnisfragen gegenüber ihrem Bündnispartner in Bonn.[68]

3.7. Auswirkungen des bundesdeutschen Föderalismus auf die Parteiensysteme der Länder

Landtagswahlen und Entwicklungen in den Landesparteiensystemen in der Bundesrepublik Deutschland können in besonderem Maße als parteipolitische Entscheidungen angesehen werden, die zwar primär über die Zusammensetzung eines Landtags und über die damit verbundene Landespolitik entscheiden, sie sind über die grundgesetzlichen Regelungen zum Bundesrat aber auch mit der Bundesebene verbunden. Hieraus erklärt sich ein Interesse der Bundesparteien, auf Wahlentscheidungen in den Ländern Einfluß zu nehmen mit der Absicht, über Landtagswahlen Unterstützung für den bundespolitischen Gesetzgebungsprozeß zu erhalten. Dies gilt in besonderem Maße im Falle einer fehlenden "eigenen" Mehrheit im Bundesrat. Andererseits können Landtagswahlen, landespolitische Koalitionsentscheidungen und Bewegungen in den Landesparteiensystemen in einem Rückkopplungsprozeß zur Bundesparteienebene stehen, bestimmte Politi-

[67] Jun 1994, S.99
[68] Jun 1994, S.138

ken und Koalitionsmodelle können zunächst hier auf ihre Tauglichkeit für den Bund überprüft werden.
Gerade im Fall differierender Mehrheiten zwischen Bundestag und den im Bundesrat repräsentierten Länderregierungen können sich die Einspruchsmöglichkeiten des Bundesrates erhöhen und diesen als eine „Nebenregierung“ erscheinen lassen.[69] In Praxis und Selbstverständnis erschien der Bundesrat in den ersten zwanzig Jahren seiner Existenz zunächst als ein Gremium, das sich durch seine sachbezogenen Entscheidungen von der parteipolitischen Auseinandersetzung des Bundestages distanzierte. Nachdem es ab 1969 zu unterschiedlichen Mehrheiten zwischen beiden Kammern gekommen war, führte die parteipolitische Konfrontation zwischen SPD/FDP-Mehrheit und CDU/CSU-Opposition im Bundestag zu einer Parteipolitisierung des Bundesrates, in dem die unionsgeführten Länder die Mehrheit besaßen. Trotz der zeitweiligen Durchsetzung der Polarisierung zwischen Bundestagsmehrheits- und -oppositionslager und der damit verbundenen Veränderung von Landtagswahlen zu „Bundesratswahlen“ entstand in der parlamentarischen Praxis keinesfalls eine reine Blockade von Bundestagspolitik durch die Bundesratsmehrheit, sondern es kam vielmehr über Aushandlungsprozesse im Vermittlungsausschuß zu einer Zunahme konkordanzdemokratischer Elemente.[70]
In der Bundesrepublik Deutschland besteht somit eine spezifische Art der Verknüpfung parteipolitischer Entwicklungen der Bundes- und der Landesebene, die in dieser Form in keinem anderen oben dargestellten Land aufzufinden ist. In den deutschen Ländern existieren weder ausschließliche Regionalparteien, die im Bund keine Rolle spielen würden, noch lassen sich Konstellationen in den Landesparteiensystemen feststellen, die fundamental (im Sinne anderer Mehrheiten) von den Gegebenheiten im Bund abweichen würden. Für die Neuen Länder muß dabei allerdings auf die starke Position der PDS als starker dritter Partei hinter CDU und SPD verwiesen werden. Bezüglich der westlichen Länder läßt sich jedoch eine relativ konforme Ausgestaltung der Länderparteiensysteme im Vergleich mit dem Bund festhalten, wobei zwar Hochburgen der Union oder der SPD in verschiedenen Regionen anzutreffen sind, die Grundkonstellation der sich in zwei Blöcken gegenüberstehenden Volksparteien, die von den GRÜNEN und der FDP als möglichen Juniorpartnern begleitet werden, bleibt jedoch bestehen. Im folgenden werden die Parteiensysteme der einzelnen Bundesländer genauer beleuchtet.

[69] Rudzio 1991, S.303
[70] Rudzio 1991, S.303-307

4. ENTWICKLUNGSPHASEN DER PARTEIENSYSTEME IN RHEINLAND-PFALZ UND IN HESSEN IM VERGLEICH ZU ANDEREN LÄNDERN DER BUNDESREPUBLIK DEUTSCHLAND

4.1. Tendenzen parteipolitischer Entwicklung in den Ländern

Die Parteiensysteme der Länder der Bundesrepublik Deutschland weisen in ihrer Entwicklung einige Gemeinsamkeiten und eine Reihe von regionalen Besonderheiten gegenüber der Genese des Bundesparteiensystems auf. Die Ausprägung des Parteiensystems auf der Bundesebene vollzog sich in den folgenden Phasen:

1. Wieder- und Neugründung der Parteien, Vielparteiensystem bei der ersten Bundestagswahl (1945-1953)
2. Parteienkonzentration mit Zuspitzung auf ein Dreiparteiensystem (1953-1969)
3. Dominanz des Dreiparteiensystems (1969-1983)
4. Erweiterung zum Vierparteiensystem (1983-1990)
5. Neuorientierung nach der Wiedervereinigung, Fünfparteiensystem mit besonderer regionaler Ausprägung in Ostdeutschland (seit 1990)

Die einzelnen Entwicklungsphasen sollen im folgenden kurz skizziert werden.

Phase 1: Die Wieder- bzw. Neugründungsphase der Parteien (1945-1953).

Die Phase der Wieder- und Neugründung der politischen Parteien nach dem Ende des Zweiten Weltkriegs über die erste Bundestagswahl 1949 bis zum Ende der ersten Legislaturperiode 1953 wurde geprägt durch eine Vielzahl von in den Parlamenten vertretenen Parteien und diversen regionalen Besonderheiten.
Nachdem in den meisten Bundesländern zunächst nur wenige Parteien zu den ersten Landtags- und Kommunalwahlen zugelassen worden waren, gelangten 1949 schließlich zehn verschiedene politische Gruppierungen und drei parteilose Abgeordnete ins neue deutsche Parlament. Bereits bei dieser ersten Bundestagswahl wurde die führende Stellung der großen Parteien CDU/CSU und SPD mit 31,0 bzw. 29,2% deutlich; ihnen folgten die Liberalen als drittstärkste Kraft mit 11,9%. Für die erste Bundestagswahl wurde per Wahlgesetz der Modus der Repräsentation folgendermaßen geregelt: Rund 60% der mindestens 400 Mandate wurde in 242 Einerwahlkreisen nach relativer Mehrheit vergeben, die restlichen

40% wurden nach Landeslisten besetzt. Eine 5-Prozent-Hürde wurde bereits als Sperrklausel eingeführt, doch mußte diese nicht im gesamten Bundesgebiet, sondern lediglich in einem Bundesland von einer Partei übersprungen werden, um bei der Mandatsverteilung berücksichtigt zu werden (Stimmen, die eine Partei, die 5% in einem Land übersprang, in einem anderen erhielt und dort nicht über die Hürde kam, wurden bei der Vergabe der Mandate nicht berücksichtigt).
Die bundesdeutsche Politik wurde nach der ersten Bundestagswahl von einer Koalition aus CDU/CSU, FDP und der kleinen "Deutschen Partei" (DP, 4,0%) unter Bundeskanzler KONRAD ADENAUER (CDU) bestimmt.[1]

Phase 2: Parteienkonzentration mit Zuspitzung zu einem Dreiparteiensystem (1953-1969).

Schon mit der zweiten Bundestagswahl schnellte die CDU/CSU von 31% auf über 45% der Wählerstimmen und in den Bereich der absoluten Mehrheit der Mandate im Bundestag. Es gelang ihr, diese führende Position im Parteiensystem noch weiter auszubauen (1957: 50,2% der Stimmen) und mit Werten zwischen 45-48% zu halten. Die Union unter Bundeskanzler ADENAUER schaffte es in dieser Zeit, verschiedenen kleineren und regionalen Parteien Wähler zu entziehen. Die Sozialdemokraten verbessern sich demgegenüber nach dem Rückschlag von 1953 (-0,4 Prozentpunkte) von Wahl zu Wahl; sie überschritten 1969 erstmals die 40-Prozent-Marke klar mit 42,7%, blieben aber zweitstärkste Partei. Die FDP hielt sich als kleine drittstärkste Kraft mit Resultaten zwischen 12,8% (1961) und 5,8% (1969). Die Liberalen fungierten nach dem Verlust der absoltuen Mehrheit der CDU/CSU 1961 erneut als Koalitionspartner der Christdemokraten, doch im Gegensatz zu 1949 und 1953 wurden sie von keiner weiteren kleinen Partei in dieser Funktion ergänzt. Nach dem Ende von ADENAUERS Amtszeit bildeten sie mit der Union unter Kanzler LUDWIG ERHARD von 1963-1966 die Fortsetzung der christlich-liberalen Koalition, die von 1966-1969 von einer Großen Koalition unter Bundeskanzler KURT-GEORG KIESINGER abgelöst wurde.
Mit dem Wahlgesetz von 1953 (das nur für die Bundestagswahl des gleichen Jahres galt) wurden das Zweitstimmensystem und die Ausdehnung der 5-Prozent-

[1] Kaack, Heino:"Geschichte und Struktur des deutschen Parteiensystems", Opladen 1971, S.155ff; Projektgruppe Parteiensystem: "Bundesrepublik Deutschland", in: Raschke (Hrsg.) 1978, S.70ff; Ritter, Gerhard A./Merith Niehuss:"Wahlen in der Bundesrepublik Deutschland. Bundestags- und Landtagswahlen 1946-1987", München 1987, S. 62ff; Rudzio, Wolfgang:"Das politische System der Bundesrepublik Deutschland", Opladen 1991 (3), S.95ff; Stöss, Richard:"Einleitung: Struktur und Entwicklung des Parteiensystems der Bundesrepublik Deutschland - Eine Theorie", in: Stöss, Richard (Hrsg.):"Parteien-Handbuch. Die Parteien der Bundesrepublik Deutschland 1945-1980", 4Bde., Opladen 1986, hier: Bd.1, S.169ff

Hürde auf das gesamte Bundesgebiet durchgesetzt. Zur Verbesserung der Chancen von regional begrenzten Parteien wurde die Regelung eingeführt, daß Parteien, die ein Direktmandat erzielen (ab 1956: drei Direktmandate) mit der ihrer Stimmenzahl entsprechenden Größe in den Bundestag einziehen konnten.[2]

Phase 3: Deutliche Ausprägung des Dreiparteiensystems von 1972-1983.

In der Zeit nach Bildung der sozial-liberalen Koalition in Bonn mit den SPD-Bundeskanzlern WILLY BRANDT und HELMUT SCHMIDT wurde das Parteiensystem eindeutig von den Regierungsparteien SPD und FDP auf der einen und der oppositionellen CDU/CSU auf der anderen Seite des Parteienspektrums beherrscht. Kleine Parteien wie die rechtsextremistische NPD, die 1969 mit 4,3% fast den Einzug in den Bundestag bewältigt hätte, fanden in dieser Phase nur noch den Zuspruch von weniger als einem Prozent der Wählerschaft. Das Kräfteverhältnis zwischen den drei Parlamentsparteien blieb konstant: Mit Ausnahme der Bundestagswahl von 1972 bleiben die Christdemokraten stärkste Partei, die SPD erreichte 1972 mit 45,8% ihr bislang bestes Resultat bei Bundestagswahlen und fiel danach auf knapp 43% zurück. Die FDP schwankte zwischen 7,9 und 10,6% und blieb auch in der Koalition mit den Sozialdemokraten der deutlich kleinere Partner.[3]

Phase 4: Umgestaltung zum Vierparteiensystem (1983-1990)

Mit dem Wahlerfolg der GRÜNEN bei der Bundestagswahl 1983 (5,6%) schaffte erstmals nach dem GB/BHE 1953 eine weitere kleine Partei den Einzug in den Deutschen Bundestag. Im Gegensatz zur kurzfristigen Präsenz der Vertriebenenpartei etablierten sich die GRÜNEN dauerhaft als (zunächst) viertstärkste Partei neben CDU/CSU, SPD und FDP. Mit dem Wahlsieg der Unionsparteien unter Bundeskanzler HELMUT KOHL 1983 wurde die neue Koalition zwischen der

---

[2] Fenske, Hans:"Deutsche Parteiengeschichte", Paderborn 1994, S.255ff; Kaack 1971, S.207ff; Ritter/Niehuss 1987, S.64ff; Stöss 1986, S.204ff

[3] Bermbach, Udo:"Stationen der Regierungs- und Oppositionsbildung 1976", in: ZParl 2/1977, S.159ff; Feist, Ursula/Klaus Liepelt:"Stärkung und Gefährdung der sozialliberalen Koalition. Das Ergebnis der Bundestagswahl von 5.Oktober 1980", in: ZParl 1/1981, S.34ff; Fenske 1994, S.255ff; Jäger, Wolfgang:"Die Innenpolitik der sozial-liberalen Koalition 1974-1982", in:"Geschichte der Bundesrepublik Deutschland", Bd.5/II; Wolfgang Jäger/Werner Link:"Republik im Wandel 1974-1982", Stuttgart 1987; Jesse, Eckhard: "Parteien in Deutschland. Ein Abriß der historischen Entwicklung", in: Mintzel/Oberreuter (Hrsg.)
1992, S.41ff; Kaltefleiter, Werner:"Vorspiel zum Wechsel - Eine Analyse der Bundestagswahl 1976 - Verfassung und Verfassungswirklichkkeit, Jahrbuch 1977", Berlin 1977; Kolinsky, Eva:"Das Parteiensystem der Bundesrepublik: Forschungsthemen und Entwicklungslinien", in:Niedermayer/Stöss (Hrsg.) 1993, S.35ff; Stöss 1986, S.222ff

CDU/CSU mit 48,8% und der FDP mit 7,0% gefestigt; die Sozialdemokraten fielen gegenüber ihren Resultaten aus den 70er Jahren weiter auf 38,2% zurück. In der Bundestagswahl 1987 erhielten die beiden kleineren Parteien stärkere Unterstützung als zuvor: Die FDP erlangte 9,1%, die GRÜNEN 8,3%.[4]

Phase 5: Neue Konstellationen nach der Wiedervereinigung (seit 1990)

Mit der Wiedervereinigung Deutschlands kam es nicht zu einer denkbaren völligen Umgestaltung des Parteiensystems der Bundesrepublik etwa durch spezifisch ostdeutsche Parteigründungen, die ausschließlich in den Ländern der ehemaligen DDR die Mehrheit der Bevölkerung vertreten hätten, sondern im wesentlichen zur Übernahme des westdeutschen Parteiensystems. Gleichwohl wurde das Parteiensystem durch die SED-Nachfolgepartei PDS auch auf Bundesebene um eine fünfte Partei erweitert. Als zum Teil in der Wählerresonanz schwankende, zum Teil praktisch gleichgroße Konkurrenten etablieren sich CDU und SPD als große Parteien auch in Ostdeutschland. Erstmals seit Gründung der Bundesrepublik kann mit der PDS die Existenz einer bislang politisch ausgegrenzten, regional erfolgreichen Partei, die in manchen ostdeutschen Wahlkreisen zur stärksten Partei wurde, konstatiert werden.
Anders als bei CDU, SPD und FDP kandidierten die westdeutschen GRÜNEN und das ostdeutsche "Bündnis'90" (als Zusammenschluß verschiedener Bürgerbewegungsgruppierungen der DDR) bei der Bundestagswahl 1990 noch getrennt, was Bündnis'90 wegen der Bewältigung der Fünf-Prozent-Hürde in den neuen Ländern acht Mandate einbrachte, während die West-GRÜNEN daran scheiterten. Erst im Januar 1993 wurde die Vereinigung beider Parteien zu Bündnis'90/DIE GRÜNEN beschlossen. Gleichzeitig ist bei der FDP - nach teilweise sehr großen Erfolgen bei Bundestags- und Landtagswahlen 1990 - ein dramatischer Wählerschwund in den neuen wie in den alten Ländern bei den Wahlen 1994/95 festzuhalten. Bündnis'90/DIE GRÜNEN etablieren sich demgegenüber als drittstärkste Kraft in den meisten westlichen Ländern und (1994) auch im Bundestag.[5]

---

[4] Bohnsack, Klaus:"Die Koalitionskrise 1981/82 und der Regierungswechsel 1982", in: ZParl 1/1983, S.5ff; ders.:Regierungsbildung und Oppositionsformierung 1983", in: ZParl 4/1983, S.476ff; Fenske 1994, S.255ff, Forschungsgruppe Wahlen:"Die Konsolidierung der Wende. Eine Analyse der Bundestagswahl 1987", in: ZParl 2/1987, S.253ff; Jesse in: Mintzel/Oberreuter (Hrsg.) 1992, S.41ff; Kolinsky in: Niedermayer/Stöss (Hrsg.) 1993, S.35ff; Sandschneider, Eberhard:"Regierungsbildung 1987: Koalitionsverhandlungen und Personalentscheidungen", in: ZParl 2/1987, S.203ff

[5] Bürklin, Wilhelm/Dieter Roth (Hrsg.):"Das Superwahljahr - Deutschland vor unkalkulierbaren Regierungsmehrheiten?", Köln 1994; Fenske 1994, S.316ff; Hofmann, Gunter:"Die Macht am Rhein verflüchtigt sich", in: ZEIT vom 21.10.1994; Leicht, Robert:"Der Auftakt zum Abgesang", in: ZEIT vom 18.11.1994; Mintzel,

Die Entwicklungslinien der Parteiensysteme der einzelnen Bundesländer folgten regionalen politischen Besonderheiten, wurden aber andererseits auch von bundespolitischen Trends beeinflußt. Während in manchen Ländern große Umbrüche und mehrfache Wechsel in grundlegenden Konstellationen der politischen Parteien zueinander zu konstatieren sind, herrschen in anderen Ländern parteipolitische Kontinuität und bestenfalls ein allmählicher Wandel im Parteiensystem vor. Rheinland-Pfalz und Hessen zeichnen sich in vergleichender Perspektive als Länder aus, in denen sich schon bei den ersten Wahlen nach dem Ende des Zweiten Weltkrieges klare parteipolitische Präferenzen zugunsten einer großen Volkspartei ergaben, die in beiden Fällen (nach relativ kurzen Phasen der Gemeinsamkeit mit der jeweils zweitplazierten Volkspartei) zu ununterbrochenen hegemonialen Stellungen im Parteiensystem und den Regierungen der Länder führten. Das Faktum der jeweils über vierzig Jahre andauernden Vorherrschaft einer Partei, die zum Teil durch Koalitionen mit wesentlich kleineren Partnern gestützt wurde, verdient besondere Beachtung, da in keinem anderen Land eine vergleichbare parteipolitische Konstanz gepaart mit der Beherrschung der Exekutive, ohne Beteiligung der jeweils zweitstärksten Partei vorzufinden, ist. Ein kurzer Überblick über die Parteiensysteme der anderen Bundesländer soll diese These untermauern.

Der heutige Eindruck, daß vor allem die größeren Länder der alten Bundesrepublik (außer Niedersachsen) als klassische Domänen einer bestimmten Volkspartei gelten, ist, wenn man die Parteiensysteme und die Entwicklung der Parteien auf Landesebene seit den ersten Wahlen 1946/47 betrachtet, nur mit großen Einschränkungen aufrechtzuerhalten: So konnte die SPD in Nordrhein-Westfalen erst in den 60er Jahren die Union an Rhein und Ruhr überrunden, die CDU in Baden-Württemberg erst zu Beginn der 70er Jahre die absolute Mehrheit bei Landtagswahlen erringen, und selbst die CSU in Bayern war in den 50er Jahren unter die 30-Prozent-Marke gefallen und sah sich einer SPD-geführten Regierung als Opposition gegenüber.

Alf/Heinrich Oberreuter:"Zukunftsperspektiven des Parteiensystems", in: Mintzel/ Oberreuter (Hrsg.) 1992, S.485ff; Schultze, Rainer-Olaf:"Widersprüchliches, Ungleichzeitiges und kein Ende in Sicht: Die Bundestagswahl vom 16.Oktober 1994", in: ZParl 2/1995, S.325ff; Süskind, Martin E.:"Der aufreizende Swing um die Macht", in: SZ vom 21.10.1994; Vorbeck, Antje:"Regierungsbildung 1990/91: Koalitions- und Personalentscheidungen im Spiegel der Presse", in: ZParl 3/1991, S.377ff

4.2. Nordrhein-Westfalen

In Nordrhein-Westfalen konnte sich schon bei der ersten Landtagswahl die CDU als stärkste Partei mit 37,5% vor den Sozialdemokraten mit 32,0% behaupten. Neben den großen Parteien waren die KPD (14,3%), das Zentrum (10,2%) und die FDP (5,9%) im Landtag vertreten; Union und SPD bildeten unter Führung von Ministerpräsident KARL ARNOLD (CDU) ein gemeinsames Kabinett.[6] Bei den folgenden Wahlen erlebte das nordrhein-westfälische Parteiensystem einen Konzentrationsprozeß, der zu Lasten der Kommunisten und des Zentrums und zu Gunsten der SPD und in viel stärkerem Maße der Christdemokraten verlief, die 1958 (nachdem eine zuvor existierende Koalitionsregierung mit den Freien Demokraten und dem Zentrum von den kleineren Partnern, die sich der SPD zuwandten, gestürzt worden war) mit 50,5% ihr bislang bestes Ergebnis bei Landtagswahlen erringen konnten. Nach diesem Triumph fiel die CDU, die ab 1962 erneut in einer kleinen Koalition unter der Leitung von FRANZ MEYERS (CDU) mit der FDP weiterregieren konnte, in der "Wendephase" des Parteiensystems zweimal in der Wählergunst zurück, während den Sozialdemokraten 1966 mit 49,5% nahezu die Erringung der absoluten Mehrheit im Düsseldorfer Landtag möglich wurde.[7] Sie gewannen nach diesem Erfolg, der ihnen jedoch nicht die absolute Mehrheit der Mandate eingebracht hatte, die FDP als Koalitionspartner und ermöglichten dadurch die Bildung der gemeinsamen Landesregierung (mit HEINZ KÜHN als Ministerpräsidenten), die sich auch gegen eine in den 70er Jahren erneut zur stärksten Partei anwachsende CDU behaupten konnte ("Konkurrenzphase"). Mit der Landtagswahl 1980, bei der die FDP knapp an der 5-Prozent-Hürde scheiterte, dominierten die Sozialdemokraten (48,4%) den nordrhein-westfälischen Landtag zunächst mit der absoluten Mehrheit der Mandate,[8] 1985 (52,1%) und 1990 (50,0%) auch mit der absoluten Mehrheit der abgegebenen Stimmen. Die CDU nahm mit Resultaten um 37% deutlich abgeschlagen den zweiten Platz ein, FDP und B'90/DIE GRÜNEN gelangten 1985 bzw. 1990

---

[6] Boldt, Hans/Roland Lhotta:"Nordrhein-Westfalen", in: Esche, Falk/Jürgen Hartmann (Hrsg.):"Handbuch der deutschen Bundesländer", FfM/NY 1990, S.329ff

[7] Bick, Wolfgang:"Landtagswahlen in Nordrhein-Westfalen von 1947 bis 1985: Trends und Wendepunkte in der politischen Landschaft", in: Alemann, Ulrich von (Hrsg.):"Parteien und Wahlen in Nordrhein-Westfalen", Köln 1985, S.189ff, Boldt/Lhotta 1990, S.329ff

[8] Alemann, Ulrich von:"Parteien und Wahlen in Nordrhein-Westfalen 1985: Aufforderung zu einer Neuorientierung?", in: v.Alemann (Hrsg.) 1985, S.211ff; Bick 1985, S.196ff; Feist, Ursula/Klaus Liepelt:"Die nordrhein-westfälische Landtagswahl vom 11.Mai 1980", in: ZParl 1980, S.237ff; Winkler, Hans-Joachim:"Die nordrhein-westfälische Landtagswahl vom 4.Mai 1975. Stabilisierung der Regierungskoalition?", in: ZParl 1975, S.487ff

knapp ins Parlament.[9] Die Landtagswahl 1995 beendete die lange Phase der Alleinregierung der Sozialdemokraten unter Ministerpräsident JOHANNES RAU durch den Verlust der absoluten Mehrheit; nach geringen Stimmengewinnen der CDU und dem erneuten Ausscheiden der FDP aus dem Landtag bildeten SPD (46,0%) und B'90/GRÜNE, die mit 10,0% ihr bestes Landtagswahlergebnis in Nordrhein-Westfalen erzielten, eine gemeinsame Landesregierung.[10]

4.3. Baden-Württemberg

In Baden-Württemberg hatte - im Gegensatz zu Nordrhein-Westfalen - die heute noch führende Partei seit der ersten Landtagswahl 1952 eine Spitzenposition im Parteiensystem einnehmen können: Die CDU lag zwar mit 36,0% auf dem ersten Rang, die Landesregierung wurde jedoch von SPD (28,0%), FDP/DVP (18,0%) und dem GB/BHE (6,3%) unter Ministerpräsident REINHOLD MAIER (FDP/DVP) gebildet.[11] Schon 1953 gelangte die baden-württembergische Union in einer Allparteienkoalition an die (Mit-)Regierung des Landes. Sie stellte bis 1972 in wechselnden Bündnissen mit der FDP/DVP, dem GB/BHE und der SPD als stärkste Partei die Ministerpräsidenten GEBHARD MÜLLER, KURT-GEORG KIESINGER und HANS FILBINGER.[12] Die Landtagswahl von 1972 bedeutete den Beginn einer langen Phase der Alleinherrschaft der CDU in Stuttgart. Sie errang mit 52,9% eine klare absolute Mehrheit, die bis zur Landtagswahl 1988 mit den Regierungschefs FILBINGER und LOTHAR SPÄTH verteidigt werden konnte. 1988 fiel die Union zwar auf 49,1% der Stimmen, sie bewahrte aber weiterhin ihre absolute Mandatsmehrheit. Die SPD schwankte bei Landtagswahlen zwischen 29 und 37 Prozent der Stimmen, die Liberalen konnten in den 70er Jahren ihren zuvor hohen Anteil von 13-18 Prozent nicht mehr halten, ihre Werte sanken von 8,9% (1972) zusehends in Richtung der Fünf-Prozent-Hürde.[13]

---

[9] Feist, Ursula/Hans-Jürgen Hoffmann:"Die nordrhein-westfälische Landtagswahl vom 13.Mai 1990", in: ZParl 1990, S.429ff

[10] Hofmann, Gunter:"Die Lethargie nimmt kein Ende", ZEIT vom 19.5.1995; Jakobs, Walter:"SPD braucht etwas Zeit für die Trauerarbeit", taz vom 16.5.1995; Schäffer, Albert:"Jeanne d'Arc gegen Citizen Kane?", FAZ vom 25.10.1995

[11] Schneider, Herbert:"Baden-Württemberg", in: Esche/Hartmann (Hrsg.) 1990, S.73ff

[12] Biege, Hans-Peter/Hans-Joachim Mann/Hans-Georg Wehling:"Die Landtagswahl vom 23.April 1972 in Baden-Württemberg", in: ZParl 1972, S.331ff

[13] Biege, Hans-Peter/Hans-Joachim Mann/Hans-Georg Wehling:"Die Landtagswahl vom 4.April 1976 in Baden-Württemberg. Bewährungsprobe für die Thematik des Bundestagswahlkampfes?", in: ZParl 1976, S.329ff; dies.:"Die baden-württembergische Landtagswahl vom 16.März 1980", in: ZParl 1980, S.211ff; Biege, Hans-Peter:"Die baden-württembergische Landtagswahl vom 25.März 1984: Die Grünen etablieren sich als dritte Kraft", in: ZParl 1984, S.254ff

Mit der Landtagswahl 1992 ergab sich ein deutlicher Einbruch bei der CDU, die auf 39,6% absackte und unter Ministerpräsident ERWIN TEUFEL zusammen mit der SPD, die erstmals seit den 70er Jahren wieder unter die 30%-Marke gerutscht war, eine Große Koalition einging. Neben den "Republikanern", die 1992 offenbar einen großen Teil unzufriedener Wähler an sich binden konnten und mit 10,9% erstmals in den Landtag einzogen, konnten sich die baden-württembergischen GRÜNEN seit ihrem Sprung ins Parlament 1980 vor allem 1996 verbessern: Sie erreichten mit 12,1% ihr bestes Resultat bei Landtagswahlen in einem Flächenland. TEUFEL bildete 1996 mit der deutlich erstarkten FDP die neue Landesregierung in Stuttgart.[14]

4.4. Bayern

Das bayerische Parteiensystem wird seit den 60er Jahren eindeutig von der überragenden Position der CSU dominiert: Bei der Landtagswahl von 1962 gewann sie eine absolute Mehrheit der Mandate im Landtag; seit 1970 verfügen die Christlich-Sozialen auch über die Mehrheit der abgegebenen Stimmen bei Landtagswahlen. Mit den Regierungschefs HANS EHARD und HANNS SEIDEL führte die CSU von 1946-1954 und von 1957-1962 in wechselnden, zum Teil auch großen Koalitionen die bayerische Staatsregierung. Die Sozialdemokraten wurden zumeist deutlich auf den zweiten Rang verwiesen, ihre Landtagswahlresultate pendelten sich bei rund 30% ein. Dennoch gelang es der SPD bei den Wahlen vom November 1950, mit 28,0% knapp stärkste politische Kraft in Bayern zu werden (CSU: 27,4%); von 1954-1957 regierte eine Vier-Parteien-Koalition unter dem sozialdemokratischen Ministerpräsidenten WILHELM HOEGNER.[15] Die Freien Demokraten erreichten in Bayern zumeist nur Ergebnisse knapp über der Fünf-Prozent-Hürde, von 1966-1970, von 1982-1990 und erneut seit 1994 sind sie nicht im Parlament des Freistaates vertreten. Lediglich temporäre Erfolge konnten die Bayernpartei (von dem deutlichen Einbruch der CSU zwischen den Wahlen 1950 und 1954 konnte vor allem sie profitieren) und der GB/BHE erreichen.[16]

---

[14] Biege, Hans-Peter:"Die baden-württembergische Landtagswahl vom 20.März 1988. Ein strahlender Verlierer und keine Gewinner", in: ZParl 1988, S.468ff; Feist, Ursula:"Rechtsruck in Baden-Württemberg und Schleswig-Holstein", in: Starzacher, Karl/Konrad Schacht/Bernd Friedrich/Thomas Leif (Hrsg.):"Protestwähler und Wahlverweigerer - Krise der Demokratie?", Köln 1992, S.69ff; Sturm, Roland:"Die baden-württember-gische Landtagswahl vom 5.April 1992: Rechtsruck oder Protestwahl?", in: ZParl 1992, S.622ff; SZ vom 6.5.1996:"Regierung von CDU und FDP in Stuttgart steht"

[15] Ismayr, Wolfgang/Gerhard Kral:"Bayern", in: Esche/Hartmann (Hrsg.) 1990, S.112ff; Mintzel, Alf:"Die Christlich-Soziale Union in Bayern e.V.", in: Stöss (Hrsg.) 1986, S.661ff; ders.:"Die Christlich Soziale Union in Bayern", in: Mintzel/Oberreuter (Hrsg.) 1992, S.217ff

[16] Ismayr/Kral 1990, S.118ff; Mintzel, Alf:"Die Bayernpartei", in: Stöss (Hrsg.) 1986, S.395ff

Mit der Landtagswahl 1986 gelang erstmals den GRÜNEN mit 7,5% der Sprung in den Münchner Landtag, sie mußten jedoch bei den folgenden Landtagswahlen 1990 und 1994 leichte Verluste hinnehmen. Trotz eines ständigen langsamen Abschmelzens des CSU-Potentials von 62,1% (1974) auf 52,8% (1994) ist die Christlich-Soziale Union mit den Ministerpräsidenten ALFONS GOPPEL (1962-78), FRANZ-JOSEF STRAUß (1978-88), MAX STREIBL (1988-93) und EDMUND STOIBER (seit 1993) die dominierende Partei in Bayern.[17]

4.5. Niedersachsen

Niedersachsen weist unter den großen Bundesländern eine Reihe von Besonderheiten und Umbrüchen bezüglich der Parteienkonstellation auf: Bei den ersten Landtagswahlen konnte die SPD zwar einen führenden Rang unter den acht ins Parlament gelangten Parteien einnehmen, doch konnte die führende Stellung der SPD mit zunächst 43,4%, 1951 und 1955 aber nur noch mit 33,7% bzw. 35,2% keinesfalls als überragend angesehen werden. Auf der konservativen Seite sah sich die niedersächsische CDU mit 20-26% der Konkurrenz durch die regional erfolgreiche "Deutsche Partei", die auf Werte zwischen 12-18% kam, ausgesetzt. Außerdem befanden sich die FDP mit rund 8%, 1951-1963 der GB/BHE (1951: 14,8%, 1959: 7,5%), die Zentrumspartei und die KPD im Landtag (die Fünf-Prozent-Klausel wurde erstmals 1959 angewandt, so daß die beiden letztgenannten Parteien in den 50er Jahren mit nur einem oder zwei Abgeordneten vertreten waren).[18] Zusätzlich konnten die rechtsextremistischen Gruppierungen DRP und SRP[19] 1951 in den Hannoveraner Landtag einziehen. Die DRP schaffte bei der Landtagswahl 1955 die Wiederkehr, während die SRP aufgrund des Verbotsurteils des Bundesverfassungsgerichts vom Oktober 1952 alle ihre Mandate verlor und nicht erneut kandidieren durfte.[20]

Nachdem die Sozialdemokraten von 1946-1955 unter Ministerpräsident HINRICH WILHELM KOPF in Koalitionen unter Einschluß aller bürgerlicher Parteien - anfangs auch der KPD - regiert hatten, folgte 1955-1959 mit HEINRICH HELLWEGE

[17] Falter, Jürgen:"Die bayerische Landtagswahl vom 15.Oktober 1978: Anti-Strauß-Wahl oder Mobilisierungsschwäche einer 'Staatspartei'?", in: ZParl 1979, S.50ff; ders.:"Die bayerische Landtagswahl vom 10.Oktober 1982. Im Süden - beinahe - alles beim alten", in: ZParl 1983, S.82ff; Jung, Gabriele/Günter Rieger:"Die bayerische Landtagswahl vom 25.September 1994. Noch einmal gelang der CSU ein machiavellisches Lehrstück", in: ZParl 1995, S.232ff; Schultze, Rainer-Olaf:"Die bayerische Landtagswahl vom 12.Oktober 1986: Stabile Verhältnisse wie nachhaltige Veränderungen", in: ZParl 1987, S.38ff; ders.:"Die bayerische Landtagswahl vom 14. Oktober 1990: Bayerische Besonderheiten und bundesrepublikanische Normalität", in: ZParl 1991, S.40ff

[18] Mann, Günter:"Niedersachsen", in: Esche/Hartmann (Hrsg.) 1990, S.289ff

[19] DRP: "Deutsche Reichspartei", SRP: "Sozialistische Reichspartei"

[20] Schmollinger, Horst W.:"Die Sozialistische Reichspartei", in: Stöss (Hrsg.) 1986, S.2274ff

ein DP-Regierungschef, der zunächst eine bürgerliche, 1957-1959 eine SPD/CDU/DP-Koalition leitete. Nach einer kurzzeitigen Rückkehr KOPFS ins Regierungsamt prägte sich in Niedersachsen erst in den 60er Jahren zur Amtszeit des SPD-Ministerpräsidenten GEORG DIEDERICHS ein Dreiparteiensystem aus, da SPD, CDU und FDP die einzigen Fraktionen im Parlament darstellten. Die Präsenz der NPD im Landtag (1967-1970) hatte diese Konstellation nur vorübergehend gestört; bei der Landtagswahl 1970 scheiterte die rechtsextreme Partei genau wie die FDP an der Fünf-Prozent-Hürde.[21] Die FDP gelangte 1974 zwar wieder ins Parlament an der Leine, doch verfehlten die Liberalen 1978 erneut die Hürde für den Wiedereinzug. Das Parteiensystem glich in den 70er Jahren einem Zweiparteiensystem, das bestenfalls zeitweilig von der FDP ergänzt wurde.
Der CDU gelang durch ein allmähliches Aufholen gegenüber der SPD (1970: SPD 46,3%, CDU 45,7%) 1974 die Überrundung der Sozialdemokraten und Anfang 1976 die Ablösung des Ministerpräsidenten ALFRED KUBEL (SPD) durch ERNST ALBRECHT (CDU), ohne dabei über eine eigene Mehrheit im Landtag zu verfügen.[22] Mit ALBRECHT bauten die Christdemokraten ihre Spitzenposition bis auf 50,7% (1982) aus und verloren sie erst bei der Landtagswahl 1990, bei der sie zusammen mit ihrem Koalitionspartner FDP (1986-1990) SPD und GRÜNEN unterlagen. GERHARD SCHRÖDER wurde daraufhin Ministerpräsident eines rot-grünen Bündnisses, das 1994 von einer Alleinregierung der SPD abgelöst wurde. Mit der 1994er Landtagswahl fiel die CDU in Niedersachsen erstmals seit 1967 wieder unter die 40-Prozent-Marke, die SPD erzielte nahezu das gleiche Resultat wie vier Jahre zuvor (44,3%), was nun allerdings zum Erreichen der absoluten Mandatsmehrheit genügen sollte. B'90/GRÜNE kamen mit 7,4% auf ihr bestes Ergebnis bei niedersächsischen Landtagswahlen, die FDP schied mit 4,4% abermals aus dem Parlament aus.[23]

---

[21] Mann 1990, S.292ff

[22] Czerwick, Edwin:"Die niedersächsische Landtagswahl vom 21.März 1982. Erfolg der CDU im Bundestrend", in: ZParl 1983, S.53ff; Jüttner, Wolfgang/Klaus Wettig:"Die niedersächsische Landtagswahl am 4.Juni 1978: Wem schadeten die 'Grünen', wem die Nichtwähler?", in: ZParl 1979, S.17ff; Wettig, Klaus:"Die niedersächsische Landtagswahl vom 9.Juni 1974. Entscheidung der mittelständischen 'Nichtwähler' zugunsten der CDU?", in: ZParl 1975, S.S.404ff

[23] Roth, Reinhold:"Die niedersächsische Landtagswahl vom 15.Juni 1986: Normalität des Wählerverhaltens", in: ZParl 1987, S.5ff; ders.:"Die niedersächsische Landtagswahl vom 13.Mai 1990", in: ZParl 1990, S.449ff; ders.:"Die niedersächsische Landtagswahl vom 13.März 1994: Rot-grün honoriert und doch beendet", in: ZParl 1995, S.204ff

4.6. Schleswig-Holstein

Schleswig-Holstein, das von seiner Größe her unter den alten Bundesländern am ehesten mit Rheinland-Pfalz und Hessen verglichen werden kann, verfügt über ein Parteiensystem, das zwei markante Umbrüche aufweist: Nach dem deutlichen Sieg der SPD bei den ersten Wahlen 1947 - die Partei erlangte mit 43,8% aufgrund des Wahlrechts mit 43 von 70 Sitzen eine komfortable Mehrheit - sanken die Sozialdemokraten 1950 dramatisch auf 27,5% und wurden an der Regierung von CDU (19,8%), GB/BHE (23,4%), DP (9,6%) und FDP (7,1%) abgelöst. In den Landtagswahlen 1954 und 1958 verbesserte sich die Union bis auf 44,4%, sie stellte mit Friedrich Wilhelm Lübke, Kai-Uwe von Hassel und Helmut Lemke die Ministerpräsidenten des nördlichsten Bundeslandes, das nach dem Ausscheiden der DP aus dem Landtag von einer CDU/FDP/GB/BHE-Koalition, nach dem Scheitern der Flüchtlingspartei 1962 schließlich von einer christlich-liberalen Koalition regiert wurde.[24]

Von 1971 bis 1987 dominierte die CDU mit zum Teil sehr knappen absoluten Mehrheiten die Landespolitik (1975 und 1979 betrug der Vorsprung vor den Oppositionsparteien lediglich ein Mandat) und stellte mit Gerhard Stoltenberg und Uwe Barschel die Ministerpräsidenten in Kiel. Die SPD stagnierte demgegenüber bei konstanten Werten um 40-42% als Oppositionspartei, die Freien Demokraten scheiterten 1971 und 1983 an der Sperrklausel.[25] Als regionale Besonderheit kann die Existenz der Partei der dänischen Minderheit in Schleswig-Holstein gewertet werden, der "Südschleswigsche Wählerverband" (SSW) ist von der Fünf-Prozent-Hürde befreit und benötigt lediglich die Anzahl an Stimmen, die rechnerisch zur Erlangung eines Mandats erforderlich ist.

Als Auswirkung der Affäre um Minsterpräsident Barschel fiel die CDU 1987 auf den zweiten Rang hinter die SPD zurück, 1988 wurde der Landtag wegen der Pattsituation zwischen CDU/FDP und SPD/SSW aufgelöst. Die Sozialdemokraten gingen bei der Neuwahl mit ihrem Spitzenkandidaten Björn Engholm und einem Ergebnis von 54,8% als haushohe Sieger aus der Wahl hervor, die Union stürzte auf 33,3%, die FDP verfehlte die Fünf-Prozent-Marke.[26] Bei der folgen-

[24] Schüttemeyer, Suzanne S.:"Schleswig-Holstein", in: Esche/Hartmann (Hrsg.) 1990, S.434ff

[25] Schumacher, Martin:"Die schleswig-holsteinische Landtagswahl vom 13.April 1975. In der Trendwende Entscheidung für den Kanzlerkandidaten der Opposition?, in: ZParl 1975, S.475ff; ders.:"Die schleswig-holsteinische Landtagswahl vom 29.April 1979", in: ZParl 1980, S.181ff

[26] Bürklin, Wilhelm P.:"Die schleswig-holsteinische Landtagswahl vom 13.September 1987: Politische Affäre und parlamentarisches Patt", in: ZParl 1988, S.43ff; ders.:"Die schleswig-holsteinische Landtagswahl vom 8.Mai 1988. Eine grundsätzliche Wahl zur politischen Erneuerung", in: ZParl 1988, S.482ff; Sahner, Heinz:"Die schleswig-holsteinische Landtagswahl vom 13.März 1983: Wahl im politischen Umbruch", in: ZParl 1983, S.531ff

den Landtagswahl erreichten die Sozialdemokraten mit 46,2% nur den Stand vor 1988, sie konnte jedoch eine knappe absolute Mehrheit der Mandate bewahren.[27] 1996 entstand eine weitere Annäherung der Ergebnisse von SPD (39,8%) und CDU (37,2%); die Sozialdemokraten verloren ihre absolute Mehrheit und bildeten mit den erstmals ins Kieler Parlament gelangten GRÜNEN (8,1%) eine Koalition unter Ministerpräsidentin HEIDE SIMONIS, die das Land seit ENGHOLMS Rücktritt (1993) führt.[28]

4.7. Die Stadtstaaten Hamburg, Berlin, Bremen

Die drei Stadtstaaten Hamburg, Bremen und Berlin zeichneten sich über mehrere Jahrzehnte durch die überaus dominierende Stellung der Sozialdemokraten in den Parteiensystemen aus. In allen drei Ländern gelang es der SPD, absolute Mehrheiten von zum Teil über 60 Prozent der Wählerstimmen einzufahren. Bürgermeister wie ERNST REUTER, OTTO SUHR, WILLY BRANDT und KLAUS SCHÜTZ in Berlin, WILHELM KAISEN und HANS KOSCHNICK in Bremen sowie MAX BRAUER, PAUL NEVERMANN, HERBERT WEICHMANN und PETER SCHULZ in Hamburg standen an der Spitze der SPD-geführten Senate. Doch trotz der allgemeinen Vorherrschaft der Sozialdemokraten ließen sich auch Regierungswechsel hin zu CDU-geführten Landesregierungen wie von 1953-1957 in Hamburg (unter dem "Hamburg-Block" aus CDU, FDP und DP) mit dem Christdemokraten KURT SIEVEKING oder von 1953-55 in Berlin unter dem Regierenden Bürgermeister WALTER SCHREIBER (CDU, in einer Koalition mit der FDP) verzeichnen. In der Hansestadt Bremen konnte die SPD in der Nachkriegszeit noch nie von der Regierung abgelöst werden, sie mußte aber von 1951-1959 die Macht nicht nur mit den Freien Demokraten, sondern auch mit der CDU teilen.[29]

Ende der 80er bzw. Anfang der 90er Jahre veränderten sich die Bedingungen für die Parteiensysteme der Stadtstaaten durch den zunehmenden Erfolg von Bündnis'90/GRÜNE, kleineren neuen bürgerlichen Gruppierungen und Parteien vom rechten Rand des politischen Spektrums wie den Republikanern oder der DVU. Für Berlin trat eine doppelte Veränderung ein durch die Etablierung der CDU als

[27] Bürklin, Wilhelm/Stephan Layritz:"Die schleswig-holsteinische Landtagswahl vom 5.April 1992: Knappe SPD-Mehrheit bei andauernder Schwäche der CDU", in: Zparl 1992, S.604ff; Feist, Ursula:"Rechtsruck in Baden-Württemberg und Schleswig-Holstein", in: Starzacher u.a. (Hrsg.) 1992, S.69ff

[28] Cornelia Bolesch:"Heide Simonis hat die Qual der Wahl", SZ vom 26.3.1996; Cornelia Bolesch:"Mund halten, Frosch küssen", SZ vom 11.4.1996; Kersten Kampe:"Grüne Einsprengsel im Kieler Koalitionsvertrag", taz vom 13.5.1996

[29] Esche, Falk/Jürgen Hartmann:"Hamburg", in: Esche/Hartmann (Hrsg.) 1990, S.219ff; Massing, Peter:"Berlin", in: Esche/Hartmann (Hrsg.) 1990, S.153ff; Roth, Reinhold:"Bremen", in: Esche/Hartmann (Hrsg.), S.188ff

deutlich stärkster Partei (sie stellte die Regierenden Bürgermeister RICHARD VON WEIZSÄCKER und EBERHARD DIEPGEN) ab 1981 und durch die Wiedervereinigung mit dem Ostteil der Stadt, in dem die PDS eine dominierende Stellung aufbauen konnte. In Bremen glichen sich die Ergebnisse für SPD und CDU bis 1995 immer stärker einander an. In Hamburg fiel die SPD 1993 dagegen von 48,0% auf 40,4% zurück und bildete mit der "Statt-Partei", die von CDU-Dissidenten gebildet wurde, einen gemeinsamen Senat. In allen drei Stadtstaaten sind die Freien Demokraten, die Resultate von über 10% erringen konnten, nach den Wahlen von 1993-1995 nicht mehr in den Parlamenten vertreten. Die GRÜNEN haben sich demgegenüber in Hamburg und Bremen als dritt- und in Berlin als viertstärkste Partei (mit 13,2%) hinter der PDS etabliert.[30]

4.8. Das Saarland

Das Parteiensystem des Saarlands weist eine Reihe von Besonderheiten und Umbrüchen auf: Bedingt durch den besonderen Status zwischen 1948 (der Begründung einer Zollunion mit Frankreich) und dem Beitritt zur Bundesrepublik 1957 bildete die Frage der nationalen Zugehörigkeit des Saargebietes eine Trennlinie zwischen den frankreichfreundlichen Parteien CVP und SPS und den prodeutschen Parteien CDU, DSP ("Deutsche Sozialdemokratische Partei") und DPS ("Demokratische Partei Saar"). Nach der Ablehnung des Saarstatuts 1955 kam es bei vorgezogenen Landtagswahlen im gleichen Jahr zu einem drastischen Aufschwung der prodeutschen Oppositionsparteien, die nach dem Beitritt des Saarlands zur Bundesrepublik zu den bestimmenden politischen Kräften wurden.[31] Bei der ersten Landtagswahl nach 1957 bildete sich eine Polarisierung zwischen CDU (36,6%) und SPD (30,0%) heraus. Die Christdemokraten, in die inzwischen der

---

[30] Feist, Ursula/H.-J. Hoffmann:"Die Hamburger Bürgerschaftswahl vom 19.September 1993: Rundumangriff auf die Etablierten", in: ZParl 1994, S.217ff; Jesse, Eckhard:"Die Wahl zum Abgeordnetenhaus vom Berlin am 2.Dezember 1990: Die Korrektur der Korrektur von 1990", in: ZParl 1991, S.390ff; Roth, Reinhold:"Die Bremer Bürgerschaftswahl vom 25.September 1983: Regierbarkeit schon durch Regierungsmehrheit?", in: ZParl 1984, S.226ff; ders.:"Die Bremer Bürgerschaftswahl vom 13.September 1987: Die SPD als Regierungspartei ohne Alternative?", in: ZParl 1988, S.59ff; ders.:"Die Bremer Bürgerschaftswahl vom 29.September 1991: Ende der SPD-Alleinherrschaft durch eine Ampelkoalition", in: ZParl 1992, S.281ff; Saretzki, Thomas:"Die Wahl zur Hamburger Bürgerschaft vom 9.November 1986: Ende des Traums von der eigenen Mehrheit oder: Die SPD vor der Bündnisfrage", in: ZParl 1987, S.16; ders.:"Die Wahl zur Hamburger Bürgerschaft vom 17.Mai 1987: Zweite Wiederholungswahl bringt erste sozialliberale Koalition seit der Bonner Wende", in: ZParl 1988, S.26ff; Schmollinger, Horst W.:"Die Wahl zum Berliner Abgeordnetenhaus vom 10.Mai 1981. Einbruch der Sozialliberalen", in: ZParl 1983, S.38ff; ders.:"Die Wahl zum Abgeordneten-haus vom Berlin am 29.Januar 1989. Ein überraschender Wandel im Parteiensystem", in: ZParl 1989, S.309ff;

[31] Paul, Gerhard:"Von der Bastion im Westen zur Brücke der Verständigung - Politische Geschichte 1815-1957", in: Saarland/Chef der Staatskanzlei (Hrsg.):"Das Saarland - Politische, wirtschaftliche und kulturelle Entwicklung", Saarbrücken 1989, S.41ff

größte Teil der früheren CVP aufgegangen war, bildeten danach ein Regierungsbündnis mit der dezimierten liberalen DPS, die von einem knappen Viertel der Stimmen auf 13,8% zurückgefallen war. Unter Ministerpräsident FRANZ-JOSEF RÖDER gelang es den Christdemokraten bei Landtagswahlen eine führenden Stellung im saarländischen Parteiensystem einzunehmen, die erst Anfang der 80er Jahre durch ein stärkeres Anwachsen der SPD bedroht wurde. 1985 gelang der oppositionellen SPD mit ihrem Kandidaten OSKAR LAFONTAINE die Erringung der absoluten Mehrheit der Mandate und damit die Ablösung der CDU/FDP-Koalition unter Röders Nachfolger WERNER ZEYER (CDU).[32] Die Sozialdemokraten wurden als stärkste Partei mit absoluten Mehrheiten auch bei den Wahlen 1990 und 1994 bestätigt. Die gleichzeitig mit der Bundestagswahl 1994 abgehaltene Landtagswahl führte außerdem zum erstmaligen Einzug der GRÜNEN (5,5%) in den Saarbrücker Landtag, die FDP schied mit 2,1% aus dem Parlament aus.[33]

4.9. Die Neuen Länder

In den neuen Bundesländern hat sich nach den Landtagswahlen von 1990 und 1994 aufgrund der starken Stellung der PDS in den Parteiensystemen eine regional besondere parteipolitische Struktur ergeben. Als (relative) Mehrheitspartei konnte die PDS sich gleichwohl nur im Ostteil Berlins vor Sozial- und Christdemokraten positionieren. Eine eindeutige Dominanz der Union in Sachsen (58,1%) und der SPD in Brandenburg (54,1%) kann auf die herausragende Bewertung der Ministerpräsidenten KURT BIEDENKOPF (CDU) bzw. MANFRED STOLPE (SPD) zurückgeführt werden, in Mecklenburg-Vorpommern und in Thüringen wurden CDU/FDP-Regierungen 1994 nach dem Herausfallen der Liberalen aus allen ostdeutschen Parlamenten Große Koalitionen unter den Regierungschefs BERNDT SEITE (CDU) bzw. BERNHARD VOGEL (CDU) eingerichtet. Sachsen-Anhalt stellt nach 1994 bundesweit die einzige Minderheitsregierung aus SPD und B'90/GRÜNEN dar, die parlamentarisch von der PDS unterstützt wird. Das rot-grüne Kabinett in Magdeburg wird seit 1994 von REINHARD HÖPPNER (SPD) geführt.[34]

---

[32] Loth, Wilfried:"'Ein vertracktes Gelände' - Das Bundesland Saarland 1957-1989", in: Saarland/Chef der Staatskanzlei (Hrsg.) 1989, S.111ff

[33] Sandschneider, Eberhard:"Die saarländische Landtagswahl vom 28. Januar 1990: Ein Sieg der SPD ohne bundespolitische Signalwirkung", in: ZParl 1990, S.418ff; Winkler, Jürgen R.:"Die saarländische Landtagswahl vom 16. Oktober 1994: Bestätigung der SPD-Mehrheit, Debakel der FDP", in: ZParl 2/1995, S.249ff

[34] Plöhn, Jürgen:"Die Landtagswahl in Sachsen-Anhalt vom 26. Juni 1994: Die Mehrheitsbildung bleibt dem Landtag überlassen", in: ZParl 2/1995, S.215ff; Schmitt, Karl:"Die Landtagswahlen 1994 im Osten Deutschlands. Früchte des Föderalismus: Personalisierung und Regionalisierung", in: ZParl 2/1995, S.261ff

4.10. Fazit der Entwicklung von Parteiensystemen in den Ländern und Spezifika der parteipolitischen Entwicklungen in Rheinland-Pfalz und in Hessen

Der vorliegende kurze Überblick über die parteipolitischen Entwicklungslinien in den Ländern zeigt, daß diese von zahlreichen Umbrüchen hinsichtlich der Vorherrschaft einer bestimmten Partei gekennzeichnet worden sind. Anders als in den beiden zu untersuchenden Ländern Rheinland-Pfalz und Hessen konnten verschiedene zum Teil nur regional verankerte Parteien vor allem in den ersten Nachkriegsjahren in die Landesparlamente einziehen. Die Landesparteiensysteme von Rheinland-Pfalz und Hessen wurden seit 1946/47 von Vertretern von SPD, CDU und FDP zusammengesetzt. Eine parteipolitische Ergänzung ergab sich durch das langjährige Vorhandensein des GB/BHE im Hessischen Landtag, der allerdings - anders als in anderen Ländern - lediglich Wahlerfolge auf einem Niveau von 6-7% vorweisen konnte, sich aber an der Seite der Sozialdemokraten als stabiler Bündnispartner an der Landesregierung beteiligte.
Nachdem es in den Landesparteiensystemen von Rheinland-Pfalz und Hessen in einem Zeitraum von über 40 Jahren keinen alternierenden Regierungswechsel gegeben hatte, so lassen sich für die Zeit seit 1987 ein solcher Wechsel in Rheinland-Pfalz und deren zwei in Hessen feststellen. Bei einem Vergleich der Wahlergebnisse der großen Parteien in beiden Ländern kann ein Einebnungsprozeß bezüglich der Hochburgen von CDU und SPD konstatiert werden. Die kleineren Parteien B'90/DIE GRÜNEN und die FDP befinden sich dagegen - vor allem seit den Wahlen von 1995/96 - in der Position des Juniorpartners, der sich gegenüber den Sozialdemokraten deutlich verbessern konnte.
Im folgenden sollen die spezifischen Entwicklungen der Landesparteiensysteme beider Länder in vier Entwicklungsphasen aufgezeichnet werden, die sich bereits nach einem ersten Überblick über Wahlergebnisse und grundlegende Verschiebungen in den Parteiensystemen ergeben. Die detaillierte Analyse soll demnach einem Vier-Phasen-Schema folgen, das in Analogie zu BICKS Arbeit[35] zu den parteipolitischen Entwicklungen in Nordrhein-Westfalen erarbeitet wurde. Dabei handelt es sich um

- die Gründungsphase (1945-1951)
- die Phase der Hegemonie (1951-1969)

[35] Bick 1985

- die Polarisierungsphase (1969-1982/83)
- und um die Öffnungsphase (seit 1982/83).

4.10.1. Die Gründungsphase: 1945-1951

In Hessen und in Rheinland-Pfalz kam es nach einer Übergangszeit mit von den Alliierten eingesetzten Regierungen zu den ersten freien Nachkriegswahlen, an welchen sich 1946/47 zunächst nur die vier lizensierten Parteien SPD, CDU, KPD und die Liberalen (als LDP in Hessen, als LP bzw. SV in Rheinland-Pfalz) beteiligen konnten. In beiden Ländern zeichnete sich aufgrund von politischen Traditionen und wegen der Wählerstrukturen eine deutliche Dominanz der Christdemokraten in Rheinland-Pfalz (CDU: 47,2%, SPD: 34,2%) sowie der Sozialdemokraten in Hessen (SPD: 42,7%, CDU: 31,0%) ab. Nach den ersten Landtagswahlen regierten die Ministerpräsidenten Stock (SPD, Hessen) und Altmeier (CDU, Rheinland-Pfalz) mit Großen Koalitionen, die jedoch nur bis zum Ende der ersten Legislaturperioden Bestand haben sollten.[36]

4.10.2. Die Phase der Hegemonie: 1951-1969

In den 50er Jahren gelang es CDU und SPD, sich in Rheinland-Pfalz bzw. in Hessen als eindeutig hegemoniale Kraft im jeweiligen Parteiensystem durchzusetzen: Die hessische SPD gewann bei den Landtagswahlen 1950 die absolute Mehrheit der Mandate im Parlament, 1962 und 1966 erreichte sie sogar die absolute Mehrheit der Stimmen in Hessen; die rheinland-pfälzische Union errang 1955 und 1959 die absolute Mehrheit der Sitze.
In beiden Ländern führten die dominierenden Kräfte im Parteiensystem auch in der Zeit, als sie über absolute Mehrheiten verfügten, Koalitionsregierungen mit einer kleineren Partei, die offensichtlich die Bindung des Koalitionspartners an die führende Partei im Falle des Verlustes der absoluten Mehrheit garantieren sollte. So bildete die SPD in Hessen nach der Landtagswahl von 1954 zusammen mit der Flüchtlings- und Vertriebenenpartei BHE ein Regierungsbündnis, das bis zum Ausscheiden dieser Partei aus dem Wiesbadener Landtag 1966 Bestand haben sollte. In Rheinland-Pfalz regierten CDU und Freie Demokraten gemeinsam von 1951 bis 1971.

---

[36] Kaack, Heino/Ulrich Sarcinelli:"Parteien und Wahlen", in: Peter Haungs (Hrsg.):"40 Jahre Rheinland-Pfalz: Eine politische Landeskunde", Mainz 1986, S.131ff; Lilge, Herbert:"Hessen in Geschichte und Gegenwart", Wiesbaden 1992

Dem Zustandekommen und der Beibehaltung dieser Koalitionsregierungen können entscheidende Wirkungen für die ungebrochene Regierungsdominanz und die führende Stellung im Parteiensystem zugesprochen werden, verhinderten doch die Koalitionsentscheidungen des BHE 1954 und der FDP 1963 ein Alternieren in den Ländern. Hintergründe dieser Entwicklungen sollen in dieser Entwicklungsphase beleuchtet werden.
Wahlgeschichtlich sind in der Phase der Hegemonie von CDU und SPD die großen Erfolge der FDP bei den Landtagswahlen 1950/51 als herausragend zu bezeichnen: In Rheinland-Pfalz avancierte die FDP mit 16,7% in einigen Regionen des Landes zur zweitstärksten Kraft hinter der Union. Die hessische FDP konnte in einem Wahlbündnis mit dem BHE landesweit mit 31,8% sogar den zweiten Rang hinter den Sozialdemokraten einnehmen.
In Rheinland-Pfalz und in Hessen wuchsen die langjährigen Ministerpräsidenten PETER ALTMEIER und GEORG-AUGUST ZINN in die Rolle populärer "Landesväter", die die Landtagswahlen zum Teil ohne klaren Gegenkandidaten der Opposition bestritten und entscheidend zu den Wahlerfolgen ihrer Parteien beitragen konnten.[37]
In beiden Ländern kann in Analogie zur Entwicklung auf der Bundesebene die Tendenz zur Bipolarität zwischen Christ- und Sozialdemokraten festgehalten werden; zwischen ihnen konnten sich die Freien Demokraten als deutlich kleinere Kraft behaupten. Während in Rheinland-Pfalz eine Übernahme des christlich-liberalen Koalitionsmodells der Bundesebene festgestellt werden kann, unterschieden sich die hessischen Liberalen hinsichtlich ihrer Größe und ihrer Stellung im Landesparteiensystem in dieser Zeit zum Teil deutlich von der Bundespartei. Spezifika der landespolitischen Entwicklung gilt es für die Hegemoniephase aber vor allem wegen der unangefochtenen Positionen der rheinland-pfälzischen CDU und der hessischen SPD zu untersuchen.

4.10.3. Die Polarisierungsphase: 1969-1982/83

Nach der Bildung der sozial-liberalen Koalition in Bonn 1969 wurde die Situation im Bundesrat mit größerer Aufmerksamkeit als zuvor betrachtet, da den neuen Regierungsparteien im Bundestag eine Mehrheit von sie unterstützenden Ländern im Bundesrat fehlte. Bundespolitisch wurden Landtagswahlen stärker als vor

---

[37] Behr, Alfred/Gotthard Breit/Herbert Lilge/Jakob Schissler:"Wahlatlas Hessen 1946-1989", Braunschweig 1989, S.56ff; Peckhaus, Doris M.:"Wahlen und Wahlkampf - 1947 bis 1987", in: Doris M.Peckhaus/Robert Hess:"40 Jahre Landtag Rheinland-Pfalz - Parteien - Wahlen - Parlament - Ein politisches Lese- und Bilderbuch zur Ausstellung", Mainz 1987, S.27ff

1969 als "Zwischenwahlen" für die Bundesebene betrachtet, bei denen sich oftmals die beiden Blöcke SPD/FDP versus CDU/CSU gegenüberstanden.
In Rheinland-Pfalz und in Hessen gelang es der Union, ihre Position deutlich zu verbessern: So errang sie unter ALTMEIERS Nachfolger HELMUT KOHL 1971 eine knappe absolute Mehrheit, die sie schließlich bis 1987 bewahren konnte. In Hessen übertrumpften die Christdemokraten 1974 unter ihrem Vorsitzenden ALFRED DREGGER erstmals die SPD als stärkste Partei auf Landesebene; es gelang ihnen jedoch trotz herausragender Ergebnisse in dieser Phase nicht, einen Machtwechsel in Wiesbaden herbeizuführen.
Koalitionspolitisch kam es nach den Landtagswahlen 1970 zur Gründung einer SPD/FDP-Regierung in Hessen und 1971 zum Ende der langjährigen Zusammenarbeit von CDU und FDP in Rheinland-Pfalz. Die hessische Koalition verdeutlichte die programmatische Neupositionierung der Landes-FDP von einer größeren rechtsnationalen Partei der 50er zu einer kleineren linksliberalen Partei der 70er Jahre. Die rheinland-pfälzische FDP schwankte demgegenüber in dieser Phase zwischen der Unterstützung des sozial-liberalen Modells in Bonn und einer Präferenz für die CDU im Land. Die Einstellung der Liberalen in den Ländern zu der Koalitionsfrage bedürfen einer weiteren Untersuchung.
Während die Regierungspolitik von Ministerpräsident ALBERT OSSWALD (SPD) in Hessen in dieser Entwicklungsphase in Themenbereichen wie der Regional- und Verwaltungsreform und der Schulpolitik scharfen Kontroversen ausgesetzt war, wurde der pragmatische Kurs der rheinland-pfälzischen Landesregierung unter Ministerpräsident HELMUT KOHL (CDU) als zukunftsweisend für die Bundesebene empfunden, denn mit KOHL wurde erstmals ein Landesregierungschef zum Bundesvorsitzenden der Union. KOHL und OSSWALD wurden 1976 von BERNHARD VOGEL (CDU) bzw. von HOLGER BÖRNER (SPD) abgelöst, die für die Union (Rheinland-Pfalz) bzw. die SPD/FDP-Koalition (Hessen) für Kontinuität an der Landesregierung sorgten.
In beiden Ländern setzte sich in dieser Phase ein Dreiparteiensystem analog zur parteipolitischen Situation im Bund durch, während rechts- und linksradikale Splitterparteien nur geringe Wähleranteile auf sich vereinigen können, kam es gegen Ende der 70er Jahre zur Gründung neuer Gruppierungen aus der Umwelt- und Friedensbewegung, die zunächst aber ebenfalls nur Ergebnisse weit unter fünf Prozent erzielen konnten.[38]

[38] Behr/Breit/Lilge/Schissler 1989, S.76ff; Peckhaus 1987, S.72ff

4.10.4. Die Öffnungsphase: seit 1982/83

Mit dem Beginn der 80er Jahre erreichten die GRÜNEN als neue politische Kraft aus der Umweltschutz- und Friedensbewegung früherer Jahre in Verbindung mit einem Wertewandel in Teilen der Bevölkerung zunehmende Wahlerfolge und stärkere Repräsentanz in den Landesparlamenten. Seit 1983 ist die Partei auch im Bundestag vertreten. Mit der Etablierung der GRÜNEN entwickelten sich die Landesparteiensysteme von Rheinland-Pfalz und Hessen zu Vierparteiensystemen, die - nach einer Zeit der Fundamentalopposition der GRÜNEN - neue koalitionspolitische Optionen eröffneten: In Hessen entstand nach einem langwierigen Annäherungsprozeß zwischen SPD und GRÜNEN 1985 die erste Koalition beider Parteien auf Landesebene, in Rheinland-Pfalz hatte die 1991 erfolgreiche SPD die Wahl zwischen der FDP und den GRÜNEN als Koalitionspartner.
Charakteristisch für die Öffnungsphase der Landesparteiensysteme sind die erstmaligen alternierenden Regierungswechsel, die in Mainz 1991 zur Ablösung der Union als Regierungspartei und in Hessen 1987 zur erstmaligen Bildung einer Landesregierung ohne die SPD führten. In Hessen wurde jedoch die CDU/FDP-Regierung unter Ministerpräsident WALTER WALLMANN (CDU) bereits 1991 wieder von einer SPD/GRÜNE-Koalition unter der Leitung HANS EICHELS (SPD) abgelöst. In Rheinland-Pfalz wurde nach einer parteiinternen Entscheidung der CDU gegen den langjährigen Ministerpräsidenten VOGEL 1988 dieser von CARL-LUDWIG WAGNER (CDU) im Regierungsamt abgelöst. 1991 mußte die Union erstmals seit 1947 den Rang der stärksten Partei bei Landtagswahlen an die SPD abgeben, die mit ihrem Spitzenkandidaten RUDOLF SCHARPING das Land mit einer sozial-liberalen Koalition bis zu seinem Wechsel als Fraktionsvorsitzender der Bundes-SPD 1994 führte. Anders als in Hessen kam es im Nachbarland nicht zur Wende der Wende von 1991, da 1996 die SPD/FDP-Mehrheit unter Ministerpräsident KURT BECK bestätigt wurde.[39]
Fazit der vier Entwicklungsphasen der Landesparteiensysteme von Rheinland-Pfalz und Hessen: Beide Länder unterscheiden sich zunächst durch die beherrschende Stellung einer großen Partei im jeweiligen Parteiensystem, die zugleich über mehrere Jahrzehnte andauerte und kontinuierliche Machtverhältnisse zur Folge hatte, von anderen Ländern der Bundesrepublik Deutschland. Erst nach 41

---

[39] Behr/Breit/Lilge/Schissler 1989, S.91ff; Billing, Werner:"Die rheinland-pfälzische Landtagswahl vom 21. April 1991: Machtwechsel in Mainz nach 44 Jahren", in: ZParl 4/1991, S.584ff Franz, Gerhard/Robert Danziger/Jürgen Wiegand:"Die hessische Landtagswahl vom 26.September 1982: Unberechenbarkeit der Wählerpsyche oder neue Mehrheiten?", in: ZParl 1/1983, S.62ff; Peckhaus 1987, S.77ff; Schmitt-Beck, Rüdiger:"Die hessische Landtagswahl vom 20. Januar 1991: Im Schatten großer Weltpolitik kleine Verschiebungen mit großer Wirkung", in: ZParl 2/1991, S.226ff

bzw. nach 44 Jahren kam es zur Ablösung der Sozialdemokraten in Hessen und der Christdemokraten in Rheinland-Pfalz. Bei den Landtagswahlen der Jahre 1995/96 ergibt sich sogar eine Angleichung der Wahlergebnisse von CDU und SPD in Rheinland-Pfalz wie in Hessen bei einem Niveau von knapp 40 Prozent der Wählerstimmen. Frühere ausgeprägte Hochburgen der großen Parteien sind in den 90er Jahren weitestgehend abgeschliffen worden. Die kleinen Parteien B'90/GRÜNE und FDP haben sich demgegenüber nicht nur als dritt- bzw. viertstärkste Partei in den Parteiensystemen behaupten können, ihnen ist es im Fall der hessischen Bündnisgrünen und der rheinland-pfälzischen Liberalen 1995/96 gelungen, ihre Position als Koalitionspartner der jeweiligen Landes-SPD deutlich auszubauen.[40]

Nachdem auf die Besonderheiten der Ausformung von Landesparteiensystemen im bundesdeutschen Föderalismus und auf die Entwicklungsphasen der Parteiensysteme von Rheinland-Pfalz und Hessen hingewiesen worden ist, sollen nun vor der detaillierten Untersuchung der beiden Parteiensysteme ein Überblick über die Entwicklung von Landesparteiensystemen im internationalen Vergleich sowie innerhalb der Bundesrepublik Deutschland aufgeführt werden.

[40] SZ vom 21.2.1995:"SPD verliert in allen hessischen Großstädten", FAZ vom 21.2.1995, Bernd Heptner:"In Hessen stärkt Rot-Grün die Grünen"; FR vom 26.3.1996:"Den Erfolg verdankt die FDP der Taktik ihrer Wähler; RZ vom 26.3.1996:"In der Krisensituation wollen die Wähler keine Experimente"

5. GRÜNDUNGSPHASE (1945-1951)

5.1. Zur Gründung der Länder Hessen und Rheinland-Pfalz unter alliierter Besatzung

Die Gestalt der beiden Länder Hessen und Rheinland-Pfalz resultierte aus den Entwicklungen zwischen den Besatzungsmächten USA und Frankreich, die einerseits bei dem Zuschnitt der Länder nach 1945 gewachsene historische Strukturen berücksichtigten, andererseits aber auch recht willkürlich anmutende Grenzziehungen beinhalteten, die allein der Erweiterung des eigenen Territoriums dienen sollten,.

Nach der Befreiung des Gebiets der späteren Bundesländer Rheinland-Pfalz und Hessen, die sich in Osthessen bis zum 10. April 1945 hinzog[1], begann eine Phase der territorialen Neuorientierung und der Neukonstituierung eines Verwaltungsaufbaus im besetzten Gebiet. Eine Aufteilung des Reichsgebiets wurde bereits auf der Konferenz der "großen Drei" ROOSEVELT, STALIN und CHURCHILL in Teheran 1943 diskutiert, doch erst im Laufe des Jahres 1944 fand man eine Übereinkunft bezüglich der Aufteilung der Besatzungszonen, die allerdings nach Kriegsende wegen der französischen Forderungen nach einer eigenen Besatzungszone revidiert werden mußten. Frankreich richtete unter der Führung General de Gaulles sein Hauptaugenmerk auf die westlichen und südwestlichen Teile Deutschlands, die - im Falle des Saarlands - an Frankreich angegliedert werden bzw. - im Falle des Rheinlands - aus Sicherheitsinteressen vom restlichen Gebiet abgetrennt werden sollten.[2]

Die französische Zone war schließlich zweigeteilt: Im Norden umfaßte sie den Südteil der Rheinprovinz, ehemalige Gebiete der preußischen Provinz Hessen-Nassau und des Volksstaats Hessen und die ehemals bayerische Pfalz, der Süden umfaßte die südlichen Gebiete der ehemaligen Länder Baden und Württemberg; die Amerikaner besetzten die nördlichen Hälften dieser beiden Länder, Bayern und das heutige Hessen. Im folgenden sollen die Wechselbeziehungen zwischen amerikanischer und französischer Besatzungsmacht und den deutschen Einflüssen sowie die vorhandenen geographischen und verwaltungstechnischen Strukturen kurz beleuchtet werden.

---

[1] Mühlhausen, Walter:"Hessen 1945-1950 - Zur politischen Geschichte eines Landes in der Besatzungszeit", FfM 1985, S.20

[2] Benz, Wolfgang:"Potsdam 1945 - Besatzungsherrschaft und Neuaufbau im Vier-Zonen-Deutschland", München 1986, S.34ff; Mühlhausen 1985, S.29ff

Vor dem Beginn der nationalsozialistischen Herrschaft war das spätere Land Hessen gegliedert in den Volksstaat Hessen (das frühere Großherzogtum Hessen-Darmstadt) - aus Oberhessen, Starkenburg und Rheinhessen - sowie in die preußische Provinz Hessen-Nassau mit den Regierungsbezirken Kassel und Wiesbaden. Eine Sonderstellung nahmen das 1925 in das Land Preußen (Provinz Hessen-Nassau) eingegliederte Land Waldeck und zwei zur Rheinprovinz gehörige Enklaven um Wetzlar ein. Frühere hessische Exklaven wie Schmalkalden, die Grafschaft Schaumburg oder das Gebiet um Wimpfen wurden im Zuge der Vereinheitlichung hingegen abgetrennt.[3]

Vor 1933 war das Gebiet des späteren Bundeslandes Rheinland-Pfalz aufgeteilt in administrative Einheiten, die (wie die Regierungsbezirke Koblenz und Trier) zur preußischen Rheinprovinz, zur preußischen Provinz Hessen-Nassau (die damaligen Kreise Unterwesterwald, Oberwesterwald, Unterlahn und St. Goarshausen), zum Land Hessen (Rheinhessen) und zum Land Bayern (Pfalz) gehörten. Außerdem befand sich der größere Teil des späteren rheinland-pfälzischen Kreises Birkenfeld als entlegene Exklave beim Land Oldenburg.[4] (Karte 1 gibt einen Überblick über die territoriale Aufteilung der späteren Länder Rheinland-Pfalz und Hessen vor 1933.)

Der Beginn einer Neuordnung der Verwaltung, der als Vorstufe der Herausbildung der späteren Bundesländer angesehen werden kann, ist in der Konstituierung des Oberpräsidiums "Saarland-Pfalz-Südhessen" unmittelbar nach Kriegsende am 10. Mai 1945 zu sehen. An der Spitze dieser von der amerikanischen Militärregierung eingesetzten "provisorischen Provinzialregierung"[5] in Neustadt an der Weinstraße stand mit DR. HERMANN HEIMERICH der frühere sozialdemokratische Oberbürgermeister von Mannheim.[6]

---

[3] Franz, Eckhart G.:"Einheit aus der Vielfalt - Die geschichtlichen Wurzeln", in: Heidenreich, Bernd/Konrad Schacht (Hrsg.):"Hessen - Eine politische Landeskunde", Stuttgart 1993, S.58ff; Mühlhausen, Walter:"Wie Hessen entstand", in: Hessischer Rundfunk (Hrsg.):"Hessen wird 50 - Eine Illustrierte zu Zeitgeist und Geschichte", S.14ff

[4] Faber, Karl-Georg:"Die südlichen Rheinlande von 1816 bis 1956", in: Petri, Franz/Georg Droege (Hrsg.): "Rheinische Geschichte in drei Bänden - Neuzeit", Düsseldorf 1976, S.367ff; Götz, Wolfgang: "Entstehung und politische Entwicklung", in: Staatskanzlei Rheinland-Pfalz (Hrsg.):"Rheinland-Pfalz - Heute und Morgen", Mainz 1974, S.19ff

[5] Faber 1976, S.457; Peckhaus, Doris M.:"Zwischen Trümmern und Aufbruch", in: Peckhaus, Doris M./Robert Hess (Hrsg.):"40 Jahre Landtag Rheinland-Pfalz - Parteien - Wahlen - Parlament - Ein politisches Lese- und Bilderbuch zur Ausstellung", Mainz 1987, S.9ff

[6] Böhn, Friedrich:"Wiederaufbau der Verwaltung", in: Heyen, Franz Josef (Hrsg.):"Rheinland-Pfalz entsteht - Beiträge zu den Anfängen des Landes Rheinland-Pfalz in Koblenz 1945-1951", Boppard am Rhein 1984, S.6; Peckhaus 1987, S.9

Bereits vor der offiziellen Kapitulation Deutschlands am 8. Mai 1945 wurde am 14. April der Sozialdemokrat LUDWIG BERGSTRÄßER von den Amerikanern mit der Verwaltung der vormaligen Provinz Starkenburg beauftragt.[7]
Das Gebiet von "Saarland-Pfalz-Südhessen", das dem amerikanischen Wunsch nach einer administrativen Zusammenfassung der Region zwischen Rhein und Saar entsprach, umfaßte neben dem Saarland die Pfalz ohne die von den Franzosen direkt besetzten Kreise Speyer, Germersheim, Landau und Bergzabern, sowie Rheinhessen. Eine Ausdehnung dieser administrativen Region auf das rechtsrheinische Starkenburg wurde durch Zwistigkeiten zwischen lokalen amerikanischen Militärbefehlshabern vereitelt.[8] Bereits im Juni 1945 wurde durch eine Verfügung der amerikanischen Militärregierung dieses Gebiet um die Regierungsbezirke Koblenz und Trier zur Verwaltungseinheit "Mittelrhein-Saar" erweitert.[9]
Im Juni hatten sich die Amerikaner zur Wiedergründung des Volksstaats Hessen entschlossen, wobei allerdings das rheinhessische Gebiet nicht mehr in diese Planungen einbezogen, sondern der französischen Zone überlassen wurde[10], das Gebiet um Montabaur gehörte zu dieser Zeit gleichwohl noch zur US-Zone. Die Kreise Oberwesterwald, Unterwesterwald, Unterlahn und St. Goarshausen wurden nach langwierigen Verhandlungen im Alliierten Kontrollrat den Franzosen überlassen, sie wurden am 3. August zunächst dem Regierungsbezirk Koblenz als rechtsrheinischer Brückenkopf der französischen Zone angeschlossen.[11] Am 25. Juli verkündeten die Franzosen die Herauslösung des Saargebiets, das Frankreich selbst angegliedert werden sollte, aus "Mittelrhein-Saar", das am 28. Juli für aufgelöst erklärt wurde.[12] In der amerikanischen Zone liefen die Überlegungen im Juni/Juli 1945 auf die Gründung zweier hessischer Länder hinaus: Nach einer Direktive vom 24. Juni sollte neben dem "Land Hessen" (aus Oberhessen und Starkenburg) das "Land Hessen-Nassau" (aus den Regierungsbezirken Kassel, Wiesbaden und dem neuen Bezirk Frankfurt) entstehen. Innerhalb der amerikanischen Verwaltung wurden solche Pläne aber bald zugunsten der Vereinigung der hessischen Regionen zurückgedrängt.

---

[7] Mühlhausen 1985, S.26
[8] Faber 1976, S.457; Springorum, Ulrich:"Entstehung und Aufbau der Verwaltung in Rheinland-Pfalz nach dem Zweiten Weltkrieg (1945-1947)", Berlin 1982, S.67. Eine Bereitschaft zur Zusammenarbeit mit Heimerich soll demnach bei Bergsträßer bestanden haben, er habe sich aber auf Druck der Militärregierung von dem Vorhaben distanziert.
[9] Böhn 1984, S.9; Springorum 1982, S.80ff
[10] Mühlhausen 1985, S.26
[11] Faber 1976, S.458; Mühlhausen 1985, S.31; Peckhaus 1987, S.10
[12] Peckhaus 1987, S.10; Springorum 1982, S.110ff

Karte 1: Gebietszugehörigkeit der späteren Länder Rheinland-Pfalz und Hessen vor 1933[13]

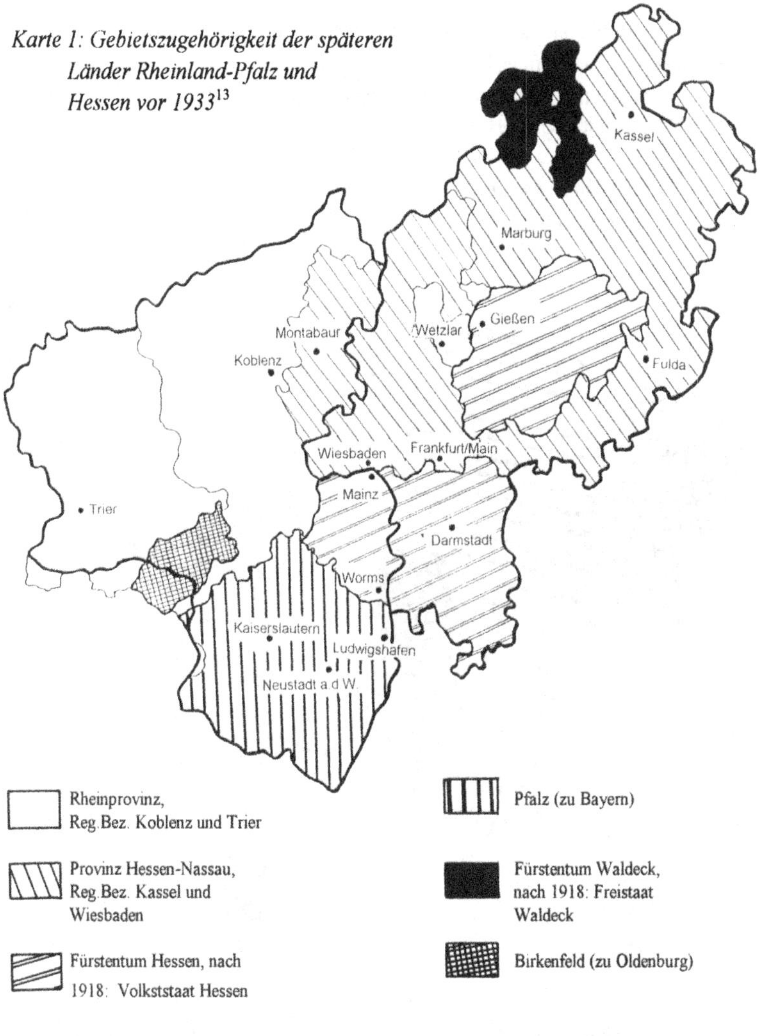

In der Frage nach der Hauptstadt des Landes bestanden weiterhin Differenzen zwischen der Präferenz von Marburg oder von Frankfurt.[14] Nachdem die Militärregierung unter General LUCIUS D. CLAY historische und ökonomische Gegebenheiten unter Zusammenarbeit mit Gewerkschafts-, Industrie und Parteivertretern

[13] nach: Lilge 1992; Springorum 1982
[14] Mühlhausen 1985, S.33ff

und unter Befragung der Bevölkerung erkundet hatte, konnte die Zustimmung der Bevölkerung zu einem einheitlichen Hessen im September 1945 ermittelt werden. Am 19. September ließ General EISENHOWER in der Proklamation Nr.2 die Gründung des Landes "Groß-Hessen" bekanntgeben.[15]

Karte 2: Zuschnitt der Länder Rheinland-Pfalz und Hessen 1945/46[16]

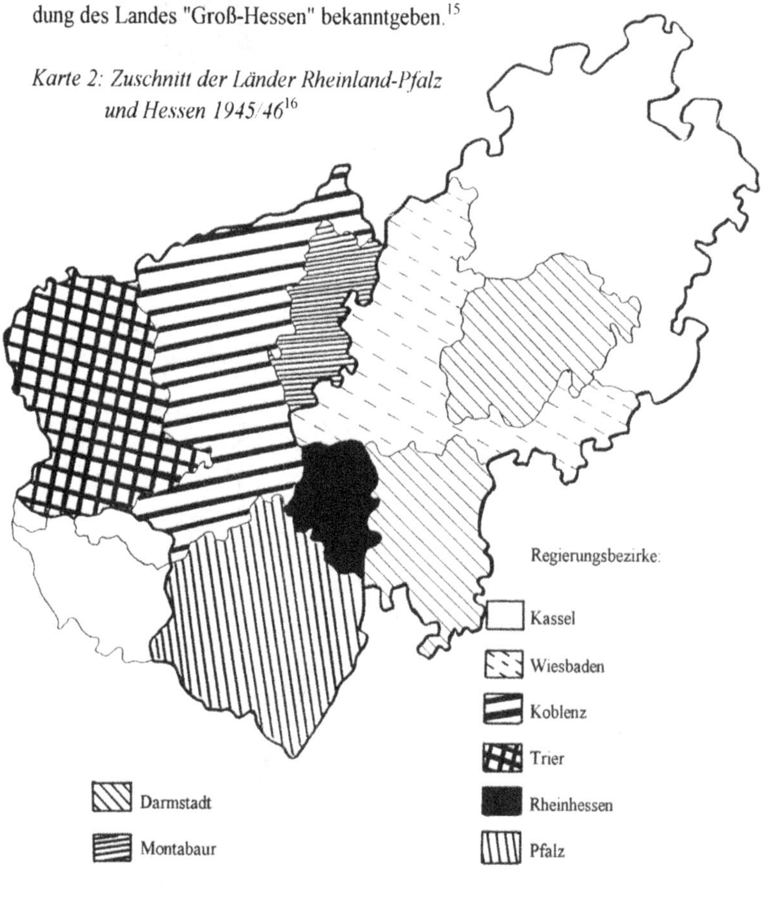

In der französischen Zone erfolgte Anfang Januar 1946 die Bildung des "Oberpräsidiums Rheinland-Hessen-Nassau", das den Bezirk Trier und den um Montabaur erweiterten Bezirk Koblenz umfaßte. Zum Oberpräsidenten als Verwaltungsleiter wurde der vorherige Regierungspräsident von Koblenz, WILHELM

[15] Franz 1993, S.74/75; Mühlhausen 1985, S.40/41
[16] nach: Lilge 1992; Springorum 1982

BODEN, ernannt. Am 30. August 1946 wurde von der französischen Besatzungsmacht schließlich die Bildung eines "rheinpfälzischen Landes" unter Einbeziehung von "Rheinland-Hessen-Nassau" und "Hessen-Pfalz" (aus der Pfalz und Rheinhessen) verkündet.[17]
Damit waren im August 1946 die Bundesländer Hessen und Rheinland-Pfalz in ihrem noch heute gültigen Zuschnitt nach einer Phase der Umorientierung und der Neuaufteilung der Besatzungszonen wie der Verwaltungseinheiten gebildet worden. So sehr sich die Amerikaner um die Bildung eines zusammenhängenden Landes Hessen auch unter Konsultierung deutscher Experten, Interessen- und Parteivertreter gekümmert hatten, so disparat erschien die Zusammensetzung rheinländischer, bayerischer, hessischer und hessen-nassauischer Gebietsteile in der Nordhälfte der französischen Zone, in welcher politische Traditionen unterschiedlichster Art in einer neuen Verwaltungseinheit zusammengefaßt wurden.
In der Zeit nach 1945 wurden mit den neuen Ländern nicht allein neue Verwaltungseinheiten geschaffen. Neu- bzw. wiedergegründeten Parteien gelang es, an parteipolitische Strukturen aus der Zeit vor 1933 anzuknüpfen.

5.2. Politische Traditionen in Rheinland-Pfalz und in Hessen

Die sich in der Nachkriegszeit herausbildende dominierende Stellung der Sozialdemokraten im erstmals aus den Teilen des früheren Volksstaats und der ehemaligen preußischen Provinz vereinigten Hessens einerseits sowie der Christdemokraten in der landesgeschichtlichen Neuschöpfung Rheinland-Pfalz andererseits wurde von verschiedenen parteiorganisatorischen und personellen Faktoren beeinflußt; von herausragender Bedeutung waren jedoch neben den Wählerstrukturen die politischen Traditionen in den einzelnen Gebietsteilen.
Auf dem Gebiet des Großherzogtums Hessen konnte die "Hessische Fortschrittspartei", die bereits bei den Landtagswahlen von 1862 demokratische Kräfte unter der Führung des Rechtsanwalts AUGUST METZ gesammelt und die Mehrheit der Mandate gewonnen hatte, bei der Reichstagswahl 1871 sieben von neun Mandaten erringen. Die "Hessische Fortschrittspartei" ging danach in der nationalliberalen Partei auf, die - mit kurzer Unterbrechung bei der 1881er Reichstagswahl, bei der die "Liberale Vereinigung" des Mainzers LUDWIG BAMBERGER den Stimmenanteil der Nationalliberalen von über 53 auf 15,4% reduzierte - ihre Stellung als stärkste Partei im Großherzogtum bis 1893 bewahren

[17] Böhn 1984, S.17/18; Faber 1976, S.458/459; Springorum 1982, S.170ff

konnte.[18] Nach der Aufhebung des Sozialistengesetzes 1890 erfolgte bei den Sozialdemokraten ein stetiges Anwachsen ihrer Wahlerfolge in vielen Teilen des Reichs.[19] Im Großherzogtum steigerte sich die SPD von Werten um die 10% vor 1890 auf ein gutes Drittel der Stimmen 1898 und schließlich auf 39,3% bei der Reichstagswahl von 1912.[20] Erste sozialdemokratische Reichstagsabgeordnete konnten 1881 in Hanau und 1884 in Frankfurt verzeichnet werden,[21] was auf die sprunghafte industrielle Entwicklung in der Rhein-Main-Region zurückzuführen ist. Neben der SPD blieb die Nationalliberale Partei mit Resultaten zwischen 25,5% und 35,5% eine bedeutende Kraft im Großherzogtum, das Zentrum hielt sich relativ stabil mit rund 10 bis 13 Prozent der Stimmen (1903 erreichte es mit 17,1% den besten Wert bei den Reichstagswahlen nach 1890). Bemerkenswert sind weiterhin die Erfolge der Antisemiten, die bei den Reichstagswahlen 1898 auf 13,4% kamen und auch im Darmstädter Landtag Mandate zu Lasten der Nationalliberalen erringen konnten. Auslöser für diese Wahlerfolge waren der Gewinn eines Reichstagsmandats für die antisemitische "Deutsche Reformpartei" im benachbarten kurhessischen Marburg durch den Bibliothekar OTTO BÖCKEL 1887. Die antisemitische Bewegung weitete sich nach dem anfäglichen Erfolg Böckels auf Oberhessen und auf Starkenburg aus, der Wahlkreis Gießen-Büdingen sollte bis 1912 Hochburg dieser Partei bleiben.[22]

In der preußischen Provinz Hessen-Nassau wiesen die beiden Regierungsbezirke Kassel und Wiesbaden unterschiedliche parteipolitische Schwerpunkte auf: Im Regierungsbezirk Kassel dominierten die Nationalliberalen bei den Reichstagswahlen der 1870er Jahre; auf sie folgte eine Zeit der Vorherrschaft der Konservativen bis 1890. In Wiesbaden lagen hingegen das Zentrum und die "Deutsche Fortschrittspartei" abwechselnd mit Wahlergebnissen um die 30 Prozent an der Spitze (mit der Ausnahme eines punktuellen Wahlerfolgs der Nationalliberalen 1874). Nach 1890 wuchs in beiden Bezirken der Provinz der Anteil der SPD bis auf 34,1% (Kassel) bzw. 35,1% (Wiesbaden) im Jahre 1912.[23] Grund für die relativ guten Werte des Zentrums im Regierungsbezirk Wiesbaden war die beson-

---

[18] Franz, Eckhart G.:"Politische Parteien im Großherzogtum und im Volksstaat Hessen", in: Berg-Schlosser, Dirk/Thomas Noetzel (Hrsg.):"Parteien und Wahlen in Hessen 1946-1994", Marburg 1994, S.34ff; Ritter, Gerhard A./Merith Niehuss:"Wahlgeschichtliches Arbeitsbuch - Materialien zur Geschichte des Kaiserreichs 1871-1918", München 1980, S.90

[19] Franz 1994, S.40; Grebing, Helga:"Arbeiterbewegung - Sozialer Protest und kollektive Interessenvertretung bis 1914", München 1985, S.83ff

[20] Ritter/Niehuss 1980, S.90

[21] Schüler, Winfried:"Kaiserherrlichkeit und Siegeszug der Technik 1871-1918", in: Franz, Eckhart G.(Hrsg.): "Die Chronik Hessens", Dortmund 1991, S.264

[22] Franz 1994, S.40-42

[23] Klein, Thomas:"Parteien und Wahlen in der preußischen Provinz Hessen-Nassau 1867-1933", in: Berg-Schlosser/Noetzel (Hrsg.) 1994, S.12ff; Ritter/Niehuss 1980, S.78/79

dere Art der Arbeiterrekrutierung, die "im Rhein-Main-Gebiet im Laufe der Jahre starke katholische Bevölkerungsteile hinzutreten ließ"[24], während die schwächer verlaufende Industrialisierung im Regierungsbezirk Kassel keine ähnliche Mobilität verursachte.

Der Katholikenanteil an der Gesamtbevölkerung lag im Wiesbadener Regierungsbezirk mit 38% (gegenüber 58% Protestanten) von allen Gebietsteilen des späteren Bundeslandes Hessen am höchsten; im Regierungsbezirk Kassel dominierte der evangelische Anteil mit 81% gegenüber 17% der Katholiken deutlich.[25]

Nahezu entgegengesetzte Verhältnisse bezüglich der Konfessionsstruktur und der politischen Mehrheiten herrschten in der preußischen Rheinprovinz, insbesondere in den Regierungsbezirken Koblenz und Trier: Der Anteil der Katholiken lag hier bei 65% (Koblenz) bzw. bei 81% (Trier). In beiden sehr schwach industrialisierten Bezirken dominierte das Zentrum mit überragenden Mehrheiten das politische Geschehen. In der Koblenzer Region erreichte es von 1874 bis 1903 bei den Reichstagswahlen hohe absolute Mehrheiten, im Regierungsbezirk Trier erhielt es mehrfach über 2/3 der Stimmen.[26]

Die Nationalliberalen kamen demgegenüber in beiden Gebieten zumeist nicht über 25% hinaus. Die Sozialdemokraten, denen aufgrund des schwachen Anteils der Arbeiterschaft in der Region die Basis fehlte, blieben mit Reichstagswahlresultaten von unter 10% weit unter dem Durchschnitt.

Wiederum andere Schwerpunkte wurden in der bayerischen Pfalz gesetzt, wo sich konservativ-klerikale Strömungen im Gegensatz zu Altbayern nicht durchzusetzen vermochten und sich bei den Reichstagswahlen des Kaiserreichs die Nationalliberalen als stärkste Partei etablieren konnten. Entscheidend für den bis 1983 anhaltenden Erfolg war die außenpolitische Ausrichtung der Partei, da sich in der Pfalz seit 1866 unter dem Eindruck der äußeren Gefährdung die Nationalliberalen eindeutig national gerierten. Der Aufschwung der SPD setzte in der Pfalz erst mit zeitlicher Verzögerung und in geringerem Maße als beispielsweise im benachbarten Rheinhessen ein, da sich die Liberalen auch für die Interessen der Arbeiter eingesetzt hatten. Erst 1912 wurde die SPD mit 32,2% stärkste Kraft in der Pfalz vor den Nationalliberalen und dem Zentrum.[27]

In der Weimarer Republik wurden die politischen Traditionen in den bestehenden und in den zum Teil neu gegründeten Parteien fortgesetzt.

---

[24] Klein 1994, S.15

[25] Ritter/Niehuss 1980, S.78/79

[26] Martin, Anne:"Die Entstehung der CDU in Rheinland-Pfalz", Mainz 1995, S.17ff; Ritter/Niehuss 1980, S.79/81; Sander, Hartmut: "Die politischen Wahlen im Regierungebezirk Koblenz 1918 bis 1924", in: Jahrbuch für westdeutsche Landesgeschichte, 1980, S.331

[27] Faber 1976, S.412ff; Martin 1995, S.21 Ritter/Niehuss 1980, S.85

Ein bestimmendes Ereignis der Jahre nach dem Ende des Ersten Weltkriegs wurde die französische Besatzung (bis 1923 hielten die Amerikaner den Nordwestabschnitt besetzt) der linksrheinischen Gebiete des späteren Rheinland-Pfalz und zweier Brückenköpfe, die sich von Koblenz und Mainz nach Osten erstreckten. Durch verkehrstechnische Absperrungsmaßnahmen versuchten die Franzosen autonomistische und separatistische Strömungen auf deutscher Seite zu verstärken. Überlegungen zur Neuordnung wurden in den Nachkriegsjahren auch auf der der anderen Rheinseite publik: Der "Hessische Volksbund" propagierte die Vereinigung aller althessischen Gebiete zu einem Land, was aber in Starkenburg und in Rheinhessen auf Skepsis stieß, da man von seiten der Sozialdemokraten die starke Stellung in den südlichen Landesteilen durch eine Vereinigung nicht "verwässern" wollte. In Südhessen wurden demgegenüber Pläne von Zentrumspolitikern zur Bildung eines mittelrheinischen Landes bekannt, wobei das ökonomische Zentrum Frankfurt (als SPD-Hochburg) aus reinen wahltaktischen Gründen ausgeklammert werden sollte. Diese Vorstellungen wurden nach Intervention Preußens, Badens und Württembergs jedoch bald fallengelassen.[28]
Auch im Gebiet um Trier unterstützten Mitglieder des Zentrums die "Rheinstaatsproklamation" der Kölner Parteifreunde vom 4.12.1918. Sämtlichen Sympathien für separatistischen Bewegungen im Rheinland wurde jedoch von seiten der Rheinischen Zentrumspartei Anfang 1920 Einhalt geboten, da die Mehrheit der Partei die gleichzeitige Mitgliedschaft in der von HANS DORTEN gegründeten "Rheinischen Volksvereinigung" für ausgeschlossen erklärte. DORTEN sollte im Weimarer Krisenjahr 1923 zusammen mit Separatistenführern und mit Hilfe französischer Offiziere übergangsweise die Regierungsgewalt im Rheinland übernehmen.[29]
Im Großherzogtum Hessen wurde am 9.11.1918 vom Arbeiter- und Soldatenrat der Großherzog für abgesetzt erklärt. Auf ihn folgte als oberster Repräsentant im Weimarer "Volksstaat Hessen" der langjährige SPD-Landtagsabgeordnete CARL ULRICH als Staatspräsident, der von BERNHARD ADELUNG 1928 abgelöst wurde. Im Volksstaat konnte die Weimarer Koalition aus Sozialdemokraten, Zentrum und Deutscher Demokratischer Partei (DDP) gemeinsam bis zur Landtagswahl 1931 die absolute Mehrheit der Mandate erringen, was die herausragende Position dieser drei Parteien unterstreicht.
Die SPD, die bei der ersten Landtagswahl vom 28.1.1919 auf 44,5% der Stimmen angestiegen war, mußte sich allerdings bei den folgenden Urnengängen wieder mit dem Vorkriegsmaß von einem guten Drittel der Stimmen zufrieden geben.

[28] Faber 1976, S.427ff
[29] Martin 1995, S.21/22

Während die Zentrumspartei bei Landtags- wie bei Reichstagswahlen im Volksstaat mit 14-17% stabil blieb, mußten die beiden liberalen Parteien Weimars, die linksliberale "Deutsche Demokratische Partei" (DDP) und die rechts angesiedelte "Deutsche Volkspartei" (DVP) nach anfänglichen Erfolgen herbe Verluste hinnehmen; vor allem im Zuge des Aufstiegs der NSDAP ab 1931 fielen die liberalen Parteien auf jeweils unter drei Prozent zurück. Neben den bei den hessischen Landtagswahlen bis 1931 stetig zulegenden Kommunisten konnten die Nationalsozialisten auch im Volksstaat Hessen große Gewinne verzeichnen: 1931 wurden sie mit 37,1% stärkste Partei, dieses Ergebnis konnte bei der letzten Landtagswahl 1932 noch auf 44,0% gesteigert werden.[30]

In der preußischen Provinz Hessen-Nassau ergaben sich in den beiden Regierungsbezirken 1919 Umstrukturierungen in der Fortführung parteipolitischer Strukturen, da die im Kaiserreich bedeutenden Antisemiten nicht von einer der rechtskonservativen Partei, sondern von der DDP und hauptsächlich von der SPD beerbt wurden, die ihre Stellung in Nordosthessen damit erheblich verbessern konnte. Bereits 1920 wurde dieser Linksrutsch zugunsten der DVP und der "Deutschnationalen Volkspartei" (DNVP) korrigiert; im Regierungsbezirk Wiesbaden konnten die rechten Parteien sich ebenfalls zu Lasten von SPD und DDP verbessern. Insgesamt konnten sich die Parteien der Weimarer Koalition in Hessen-Nassau bis zur Reichstagswahl 1930 knappe Mehrheiten gegenüber der extremen Linken und der extremen Rechten sichern.[31]

Einen besonders guten Nährboden für rechtskonservative Kräfte bot während der Weimarer Jahre der Freistaat Waldeck: Hier wurde bereits die Niederschlagung der Monarchie im November 1918 vorwiegend vom Arbeiter- und Soldatenrat des banachbarten Kassel betrieben. Die Absetzung des bei der großen Mehrheit der Waldecker unumstrittenen Fürsten wurde verständnislos hingenommen; die starken antidemokratischen und antirepublikanischen Ressentiments drückten sich in der hohen Zustimmungsrate für die "Deutschnationale Volkspartei" (DNVP) aus, die in Waldeck weit überdurchschnittliche Reichstagswahlergebnisse von bis zu 46% erringen konnte. Neben dem Fortbestand monarchistischer Strömungen machte sich vor allem die Unterstützung des Waldeckischen Landbundes, dem die Mehrheit der ansässigen Landwirte angehörte, für die Deutschnationalen bezahlt.[32]

---

[30] Falter, Jürgen/Thomas Lindenberger/Siegfried Schumann:"Wahlen und Abstimmungen in der Weimarer Republik - Materialien zum Wahlverhalten 1919-1933", München 1986, S.39ff,S.86ff; Franz 1994, S.43ff

[31] Falter/Lindenberger/Schumann 1986, S.39ff; Klein 1994, S.25ff

[32] Steiner, Günter:"Waldecks Weg ins Dritte Reich - Gesellschaftliche und politische Strukturen eines ländlichen Raumes während der Weimarer Republik und zu Beginn des Dritten Reichs", Marburg 1990, S.21ff

In den Regierungsbezirken Koblenz und Trier gelang es der Zentrumspartei, ihre überragende Stellung vor allem in den Reichstagswahlen der Weimarer Jahre zu sichern. Sie errang hier wiederholt absolute Mehrheiten[33] und kam bei den letzten freien Reichstagswahlen vom 6. November 1932 noch auf 45,8%. Das beste Resultat der SPD lag in Koblenz und Trier 1928 bei 12,4%, sie stagnierte damit nahezu gegenüber dem Vorkriegsergebnis von unter zehn Prozent.[34]
In der Pfalz lagen demgegenüber die liberalen Parteien, vor allem die DVP, wesentlich höher in der Wählergunst: Die sich als Nachfolgerin der Nationalliberalen verstehende DVP konnte mit Ergebnissen zwischen 23-29% in den 20er Jahren herausragende Erfolge verzeichnen. Ähnlich stark wurden in dieser Periode die Sozialdemokraten und die Bayerische Volkspartei, die sich ihren Stimmenanteil zuweilen mit der gegen sie konkurrierenden Zentrumspartei teilen mußte, wobei sich als regionaler Schwerpunkt des politisch organisierten Katholizismus die Südpfalz von Speyer bis Pirmasens herausbildete.[35]
Die Phase von 1930 bis zum Ende der Weimarer Republik war in den späteren hessischen und rheinland-pfälzischen Gebieten gekennzeichnet durch das Anwachsen der NSDAP, das sich allerdings in den verschiedenen Regionen unterschiedlich gestaltete. Schwerpunkte des Erfolgs der Nationalsozialisten waren Mittel- und Oberhessen, der Südteil Starkenburgs, die nördliche Pfalz und große Teile Rheinhessens.
Im Volksstaat Hessen gelang es der NSDAP bei der Reichstagswahl vom September 1930 zur zweitstärksten Partei hinter der SPD aufzusteigen. Die Landtagswahlen vom 5. November 1931 ließen sie sogar mit 37,1% zur stärksten Kraft im Darmstädter Landtag werden (die SPD erhielt demgegenüber noch 21,4%, das Zentrum 13,6% und die KPD 13,6%).[36] Die Nationalsozialisten waren bei den Wahlen nach 1930 besonders in ländlichen Gebieten mit überwiegend protestantischer Wählerschaft erfolgreich; sie profitierten hier vornehmlich vom Niedergang der DNVP, der DVP, der DDP bzw. der "Deutschen Staatspartei" (DStP), der kurzfristig erfolgreichen "Wirtschaftspartei" und dem Landvolk.[37]
Eine besondere Hochburg für die NSDAP stellte der am 1. April 1929 aus finanziellen Gründen in die preußische Provinz Hessen-Nassau eingegliederte Freistaat

[33] Die Wahlerfolge des Zentrums sind besonders bemerkenswert angesichts der Tatsache, daß die Partei im gesamten Reichsgebiet lediglich Resultate von 12-13% erreichen konnte.
[34] Falter/Lindenberger/Schumann 1986, S.67ff
[35] Faber 1976, S.438ff; Falter/Lindenberger/Schumann 1986, S.67ff
[36] Franz 1994, S.49; Berg-Schlosser/Noetzel (Hrsg.) 1994, S.302/303
[37] Hennig, Eike:"Das hessische Parteiensystem 1932 und 1949: Kontinuität im Wandel und beim Neubeginn", in: Heidenreich/Schacht (Hrsg.) 1996, S.116-118

Waldeck dar, in welchem sie bei den preußischen Landtagswahlen vom 24. April 1932 über 62% erreichte (gegenüber 36,3% im Land Preußen insgesamt).[38]
Auf dem Gebiet des späteren Rheinland-Pfalz erreichte die NSDAP Resultate von einer sehr großen Spannweite: Während sie bei der Reichstagswahl im Juli 1932 in den stark katholisch geprägten Regierungsbezirken Koblenz und Trier unter 30% blieb, erlangte sie in Rheinhessen und im späteren Regierungsbezirk Montabaur rund 40%, in der Pfalz mit 43,7% den besten Wert. Regionale Hochburgen konnten die Nationalsozialisten hauptsächlich in den durch Kleinlandwirtschaft und Edelsteinindustrie bestimmten und ökonomisch schwachen Kreisen um Nahe und die Nordpfalz herausbilden.[39]
Bei der letzten freien Reichstagswahl am 6. November 1932 blieben die regionalen Unterschiede im Bereich der beiden späteren Bundesländer bestehen. Die NSDAP erreichte im Wahlkreis Koblenz-Trier mit 26,1% einen unterdurchschnittlichen Wert (sie kam im Reichsgebiet auf 33,1%), in Hessen-Nassau und im Volksstaat Hessen lag sie bei über 40%, in der Pfalz bei 42,6%. Während das Zentrum trotz Verlusten noch immer im Wahlkreis Koblenz-Trier mit 45,8% das beste Resultat aller Wahlkreise erreichte, konnten sich die Sozialdemokraten vor allem im Wahlkreis 33/Hessen-Darmstadt mit 23,3% behaupten.[40]
Die anschließende, nicht mehr völlig freie Reichstagswahl vom 5. März 1933 brachte die NSDAP in den Wahlkreisen Hessen-Nassau, Hessen-Darmstadt und in der Pfalz jeweils in die Nähe der absoluten Mehrheit; im Wahlkreis Koblenz-Trier blieben die Nationalsozialisten mit 38,4% knapp hinter dem Zentrum (40,9%). Im Volksstaat Hessen wurde am 6.3.1933 die Regierungsgewalt durch den Reichsinnenminister auf den NSDAP-Abgeordneten HEINRICH MÜLLER übertragen; am 13.3.1933 wurde FERDINAND WERNER (NSDAP) im Landtag, aus dem bereits viele SPD- und KPD-Abgeordnete im "Schutzhaft" genommen worden waren, zum neuen Staatspräsidenten gewählt. Mit dem Machtantritt der Nationalsozialisten wurden Abgeordnete der Arbeiterparteien verfolgt und verhaftet, die nicht-nazionalsozialistischen Parteien wählten bis zum Juni 1933 den Weg der Selbstauflösung. Die freie Existenz demokratischer Kräfte erfuhr während der nationalsozialistischen Diktatur ein jähes Ende, das erst nach der Befreiung 1945 zu neuem Leben erweckt werden sollte.[41]
Dieser kurze Abriß über die politischen Traditionen in den Gebieten, die nach 1945 die Länder Rheinland-Pfalz und Hessen bilden, verdeutlicht, daß die ameri-

[38] Steiner 1990, S.179ff
[39] Martin 1995, S.22/23
[40] Falter/Lindenberger/Schumann 1986, S.74
[41] Franz 1994, S.48-50; Falter/Lindenberger/Schumann 1986, S.75

kanischen und französischen Alliierten nach Ende des Zweiten Weltkriegs Gebietseinheiten mit sehr unterschiedlicher parteipolitischer Vergangenheit zusammenfügen sollten. Dabei zeichnete es sich bereits durch die Vorherrschaft der Sozialdemokraten im früheren Volksstaat Hessen und in weiten Teilen der preußischen Provinz Hessen-Nassau ab, daß in der rechtsrheinischen Länderneuschöpfung Traditionen und durch die starke Industralisierung vorgegebene Wählerstrukturen eine dominante Position der SPD begünstigen würden. In dem mittelrheinischen Gebiet, dem späteren Rheinland-Pfalz, wurde dagegen ein Land mit einem übergroßen Anteil an katholisch-ländlicher Bevölkerung im Norden geschaffen, der wahrscheinlich nach der Dominanz des Zentrums in der Weimarer Republik der gleichen Partei oder einer die katholische Klientel besonders ansprechenden Nachfolgerin herausragende Wahlergebnisse ermöglichen würde, die durch die Liberale und Sozialdemokraten bevorzugenden politischen Traditionen der Pfalz abgeschwächt werden könnten.
Im folgenden sollen die Wiedergründung von SPD und KPD sowie die Neugründungsprozesse auf seiten liberaler und christdemokratischer Parteien dargestellt werden.

5.3. Die Wieder- und Neugründungsprozesse der politischen Parteien

Nach dem Ende des Zweites Weltkriegs erhielten demokratische Parteien aufgrund einer Übereinkunft der Alliierten bei der Konferenz von Potsdam die Lizenz zur politischen Betätigung im besetzten Nachkriegsdeutschland. Nachdem die Gründung politischer Parteien zunächst in der sowjetischen Besatzungszone erfolgt war, folgten Amerikaner und Briten bis zum September 1945; in der französischen Zone kam es erst am 13. Dezember 1945 zur offiziellen Zulassung von Parteien.[42] In den späteren Ländern Rheinland-Pfalz und Hessen gestaltete sich der Gründungs- bzw. Wiedergründungsprozeß der Parteien sehr unterschiedlich. Die Gründe dafür lagen in

a) verschiedenartigen politischen Traditionen in den einzelnen Gebieten
b) personellen und programmatischen Differenzen zwischen einzelnen Parteigründern
c) der unklaren Situation bezüglich der Ausgestaltung der Länder und in
d) dem Einfluß der französischen und der amerikanischen Militärregierungen auf die Parteien.

[42] Benz 1994, S.135ff; Martin 1995, S.42

Im folgenden soll auf die Gründungsprozesse der Sozialdemokraten, der Christdemokraten, der verschiedenen liberalen Gruppierungen und der Kommunisten eingegangen werden.

5.3.1. Die Sozialdemokraten

SPD und KPD gelang die Wiederbelebung ihrer politischen Organisationen nach Kriegsende am schnellsten. Vor allem bei den Sozialdemokraten hatten oftmals nachbarschaftliche Kontakte gerade in den früheren Hochburgen der Partei, in den Arbeitervierteln der Industriestädte, die Zeit der nationalsozialistischen Diktatur überdauert, während andere Mitglieder und Funktionäre nach 1945 aus der Emigration zurückkehrten und sich am Wiederaufbau der SPD beteiligten.
Bezüglich organisatorischer Basis und grundlegender programmatischer Linie der SPD muß in der Gründungsphase zwischen den vielen lokalen (Wieder-) Gründern der Partei und der überregionalen Parteileitung unterschieden werden: Vor Ort wurde das Netz einer funktionierenden und vergleichsweise mitgliederstarken Organisation ausgebreitet, die programmatische und strategische Ausrichtung - vor allem was das Verhältnis zur KPD betrifft - sollten stärker "von oben" bestimmt werden.[43]
Während im Sommer 1945 noch "Überparteiliche Ausschüsse" zur häufigen Zusammenarbeit von SPD und KPD führen, sollte bis zum Ende des Jahres der antikommunistische Kurs KURT SCHUMACHERS bei den Sozialdemokraten der Westzonen die Oberhand gewinnen. Am 30. August 1945 wendete sich die provisorische Landesparteileitung Hessen und Hessen-Nassau, bestehend aus WILLY KNOTHE, FRANZ ULRICH, RUDI MENZER, JOHANNES MAAß und HEINRICH ZINNKANN, an die SPD-Funktionäre in der Region und rief dazu auf, "sofort alle Voraussetzungen für eine gut organisierte Partei" im Lande zu schaffen. Bezüglich des Verhältnisses zu den Kommunisten wurde in einem weiteren Papier ausgeführt:"Die Sozialdemokratische Partei steht ideologisch gesehen im Gegensatz zur Kommunistischen Partei grundsätzlich auf dem Boden der sozialistischen Demokratie. Die Genossen von der Kommunistischen Partei betrachten die Demokratie nur als Etappenziel."[44]
Bereits vor der offiziellen Zulassung von politischen Parteien in den Ländern der amerikanischen Besatzungszone am 23. November 1945 organisierten die Sozialdemokraten Veranstaltungen in Frankfurt, Offenbach, Wiesbaden, Kassel und in

---

[43] Kusch, Katrin:"Die Wiedergründung der SPD in Rheinland-Pfalz nach dem Zweiten Weltkrieg (1945-1951)", Mainz 1989, S.47
[44] nach Beier, Gerhard:"SPD Hessen - Chronik 1945 bis 1988", Bonn 1989, S.27

anderen hessischen Städten; nach Anzahl der Mitglieder verzeichnete vor allem die Frankfurter SPD mit 5500 Genossen im November 1945 ein Vielfaches der Mitglieder der drei anderen Parteien zusammen.[45]
Die Sozialdemokraten genossen gerade in Hessen wegen ihrer Rolle als Partei im Widerstand gegen das Hitler-Regime das Vertrauen der amerikanischen Militärregierung, die Sozialdemokraten wie LUDWIG BERGSTRÄSSER in Darmstadt und FRITZ HOCH in Kassel als Regierungspräsidenten einsetzte.[46]
Auf dem Gebiet des späteren Bundeslandes Rheinland-Pfalz entstanden die ersten Nachkriegsgründungen der Sozialdemokraten in Regionen, die vor 1933 bereits ein stärkeres Fundament für die SPD gebildet hatten: in Rheinhessen und in der Pfalz. In Kaiserslautern wurde bereits vier Wochen vor dem Einmarsch amerikanischer Truppen im Februar 1945 zur Gründung von SPD-Ortsgruppen aufgerufen; im April 1945 traf sich ein Kern früherer sozialdemokratischer Parteisekretäre in Ludwigshafen, das zu dem organisatorischen Zentrum der SPD in der Pfalz aufsteigen sollte. Am 16. September 1945 wurde FRITZ SCHOTT mit dem Aufbau einer überregionalen Parteiorganisation in der Pfalz beauftragt; neben ihm sollten FRIEDRICH PROFIT und ERNST LORENZ Delegierte auf der von SCHUMACHER einberufenen Konferenz in Wennigsen bei Hannover werden.[47]
In Rheinhessen war es seit Juni 1945 zur Wiederbelebung der Sozialdemokratie gekommen; hier wurde im Gegensatz zur benachbarten Pfalz zunächst ein engerer Kontakt zu KPD-Mitgliedern aufgebaut. Durch die Verstrickungen der Kommunisten in der Sowjetischen Besatzungszone und wegen der späteren Zwangsvereinigung von SPD und KPD blieben solche Kontaktversuche jedoch ergebnislos und im Herbst 1945 gewannen die Befürworter der Wiedergründung der ältesten deutschen Partei an Unterstützung. Am 10. November 1945 wurde die erste Nachkriegskonferenz der rheinhessischen SPD in Mainz von ALFRED FREITAG und KARL ZÖRGIEBEL einberufen, die Konferenz wählte den Hechtsheimer Bürgermeister WILLY HITTER zu ihrem Bezirksvorsitzenden.[48] Die offizielle Zulassung durch die Franzosen erfolgte im Februar 1946, am 14. April 1946 wurde der Gründungsparteitag der Sozialdemokraten für den Bezirk Rheinhessen abgehalten.[49]

---

[45] Beier 1989, S.35/36
[46] Kropat, Wolf-Arno:"Hessens Weg in die Bundesrepublik Deutschland", in: Heidenreich/Schacht (Hrsg.) 1993, S.81
[47] Kohl, Helmut:"Die politische Entwicklung in der Pfalz und das Wiedererstehen der Parteien nach 1945", Heidelberg 1958, S.121ff; Kusch 1989, S.48; Weitzel, Kurt:"Vom Chaos zur Demokratie - Die Entstehung der Parteien in Rheinland-Pfalz 1945-1947", Mainz 1989, S.127ff
[48] Kusch 1989, S.49; Weitzel 1989, S.159
[49] Kusch 1989, S.50; Weitzel 1989, S.160/161

Deutlich schwieriger als in den südlichen Bezirken des späteren Rheinland-Pfalz mit starker sozialdemokratischer Vorkriegstradition gestaltete sich die Wiedergründung der Sozialdemokraten in den Regierungsbezirken Koblenz und Trier, die im Kaiserreich und in der Weimarer Republik als Diasporagebiete der Partei gegolten hatten. Hier war wegen der Aufteilung der Rheinprovinz der frühere organisatorische Bezug zur Kölner Zentrale abgeschnitten worden, so daß bei der Organisation der SPD neue Wege beschritten werden mußten. Zu einem größeren Zusammentreffen von Sozialdemokraten kam es in Koblenz erst Ende November unter Leitung von JOHANN DÖTSCH, am 16. Januar 1946 wurde die SPD Rheinland-Hessen-Nassau von der französischen Militärregierung genehmigt.[50] Problematisch gestaltete sich die Wiedergründung der SPD im Trierer Raum wegen der schwächeren Basis, parteinternen Querelen und nicht zuletzt wegen der Bemühungen, sich organisatorisch wieder an den Bezirk oberes Rheinland in Köln anschließen zu wollen, was jedoch von Genossen des Unterbezirks Koblenz unterbunden wurde.[51]

Gerade für die Sozialdemokraten im späteren Rheinland-Pfalz beinhaltete der Wiedergründungsprozeß wegen des veränderten Zuschnitts der Gebiete im Nordteil der französischen Zone erhebliche Schwierigkeiten, da zwar einerseits an die Vorkriegsorganisationen lokal angeknüpft werden konnte, sich aber andererseits traditionelle Bindungen aufgelöst hatten. So kann auf seiten der Christdemokraten, die sich mit ihrer Neugründung sofort an die territorrialen Nachkriegsgegebenheiten anpassen konnten - wenngleich auch dieser Prozeß mit zahlreichen Hürden versehen war (vergl. Kap. 5.3.2.) - ein rein organisationstechnischer Vorsprung gegenüber der SPD in Rheinland-Pfalz konstatiert werden. Frühere (preußisch-) rheinländische, (preußisch-) hessische, rheinhessische und (bayerisch-) pfälzische Bindungen sollten aufgrund der durch die Besatzungsmächte festgelegten Grenzziehungen schnell überwunden werden, was insbesondere der traditionsreichen SPD Probleme bereitete.

Zudem mußten die Sozialdemokraten in Rheinhessen und in der Pfalz befürchten, in einem neugeschaffenen Land, das wegen der Bezirke Koblenz und Trier über eine stark landwirtschaftlich geprägte, katholische Bevölkerungsmehrheit verfügte, in landesweiten Wahlen dauerhaft ins Hintertreffen zu geraten.[52]

Am 5. September 1946 legten deshalb die SPD-Bezirke Hessen-Pfalz und Rheinland-Hessen-Nassau ihre Ablehnung des Landes Rheinland-Pfalz dar. In dieser Deklaration heißt es:"Die Schaffung des Landes Rheinland-Pfalz stellte eine poli-

---

[50] Kusch 1989, S.50/51; Weitzel 1989, S.171ff

[51] Kusch 1989, S.51; Weitzel 1989, S.180/181

[52] Kusch 1989, S.104

tische Maßnahme dar, die getroffen wurde ohne jede Fühlungsnahme mit allen politischen Kräften des Landes, zumindest aber ohne Fühlungsnahme mit der Sozialdemokratischen Partei. (...) Die jetzige Organisation der Länder schafft Staatengebilde, die der deutschen Reaktion im Vorhinein die politische Mehrheit der Gesamtgestaltung der deutschen Politik und Wirtschaft sichert."[53]

5.3.2. Die Christdemokraten

Anders als bei den Sozialdemokraten waren auf der bürgerlichen Seite des Parteienspektrums in den rheinland-pfälzischen wie in den hessischen Gebieten stark differierende Konzepte zur Gestaltung einer Partei in der Diskussion. Neben Kräften, die für eine Wiederbelebung des Zentrums eintraten, gab es Vorschläge zur Gründung einer christlich-demokratischen Partei, die allerdings auch Protestanten offen stehen sollte, daneben Gedanken zu einer Verbindung mit früheren Sozialdemokraten in einer großen Mitte-Links-Partei und schließlich Vorstellungen zu einer Gruppierung zusammen mit konservativen und liberalen Bürgerlichen in einer Mitte-Rechts-Partei.

In den früheren Hochburgen des Zentrums, in Koblenz und in Trier, wurde bereits im Sommer 1945 an die Neubelebung der Partei des politisch organisierten Katholizismus gedacht. Dennoch wurde in Koblenz ein Programmentwurf für eine überkonfessionelle "Deutsche christliche demokratische Partei" (DCDP) durch den Rechtsanwalt FRANZ HENRICH publik, der Vorsitzender eben dieser christlich-demokratischen Partei wurde. Widerstand gegen den überkonfessionellen Charakter der Partei mobilisierte der frühere Zentrumsabgeordnete JAKOB DIEL, der eine christliche Gruppierung lediglich konservativen Protestanten öffnen und für evangelische Liberale keinen Platz sehen wollte.

Am 20. Oktober wurde ein Antrag auf Genehmigung einer christlich-demokratischen Partei (CDP) von HENRICH und weiteren Unterstützern - darunter auch dem späteren Regierungschef PETER ALTMEIER - an die französische Militärregierung übergeben; General HETTIER DE BOISLAMBERT genehmigte die CDP am 16. Januar für die Provinz Rheinland-Hessen-Nassau.[54] Im Trierer Raum wurde zwischen einer Wiedergründung des alten Zentrums, die vom früheren Bezirksvorsitzenden HEINRICH KEMPER vorgebracht wurde, und einer interkonfessionel-

[53] nach: Brommer, Peter (Bearb.):"Quellen zur Geschichte von Rheinland-Pfalz während der französischen Besatzung, März 1945 bis August 1949", Mainz 1985, S.200/201; Kusch 1989, S.105

[54] Martin 1995, S.53ff; Weitzel 1989, S.56-61; Wieck, Hans-Georg:"Christliche und Freie Demokraten in Hessen, Rheinland-Pfalz, Baden und Württemberg 1945/46", Düsseldorf 1958, S.77ff

len Partei, die von den späteren rheinland-pfälzischen Ministern ALOIS ZIMMER und AUGUST WOLTERS und der späteren Staatssekretärin MATHILDE GANTENBERG betrieben wurde, gestritten. Von den Franzosen, die hier wie in den anderen Gebieten ihrer Zone für die Genehmigung nur einer sich christlich nennenden Partei sorgten, wurde für den Regierungsbezirk Trier am 4. Dezember 1945 das Plazet für die CDP erteilt, die sich vergleichbar der Entwicklung im Koblenzer Raum herausbildete.[55]

Komplizierter gestaltete sich die Gründungsphase der Christdemokraten in der Pfalz, da hier während der Weimarer Jahre Zentrum und Bayerische Volkspartei (BVP) miteinander konkurrierten und weil daher frühere Mitglieder beider Gruppierungen nach 1945 Vorstellungen zu getrennten Parteigründungen vortrugen. Persönlichkeiten wie der Landauer Bürgermeister GUSTAV WOLFF, Pfarrer-JOHANNES FINCK (vormals Vizevorsitzender des pfälzischen Zentrums) und ADOLF BAUMANN (ehemaliger 2. Vorsitzender der BVP/Pfalz) suchten nach einer Übereinkunft in den eigenen Reihen. Währenddessen wurde in einzelnen Städten der Pfalz die Gründung einer interkonfessionellen Partei genauso vorangetrieben wie die Erneuerung des Zentrums bei gleichzeitiger Bildung einer rein protestantischen Partei, die zu einer erneuten Zersplitterung des bürgerlichen Lagers hätten führen können. Nach der kurzfristigen Koexistenz einer Christlich-Sozialen Union als rein katholischer Partei sowie einer weiteren überkonfessionellen Partei sollte durch die von WOLFF und BAUMANN in Neustadt a.d.W. einberufene "Turmzimmer-Konferenz" für die Einigung auf eine gemeinsame Gruppierung sorgen, bei der man sich auf den Namen Christlich-Demokratische Partei (CDP) unter dem Vorsitzenden FINCK einigte.

Eine Minderheit brachte im Januar aber doch einen Genehmigungsantrag für die katholische CSU bei der Militärregierung ein; neben der interkonfessionellen CDP bewarb sich außerdem der protestantische Christlich-Soziale Volksbund (CSV). Die Akzeptanz von General BOULEY fand nach längeren Unterredungen schließlich im Januar 1946 die überkonfessionelle Gruppe, die nun als CDU antrat. Die liberalen Protestanten wählten danach die Bezeichnung "Sozialer Volksbund" für ihre Partei, die später in der FDP aufgehen sollte (vergl. Kap. 5.3.3.).[56]

In Rheinhessen wurde der ehemalige Zentrumspolitiker LORENZ DIEHL, der von seiner Tätigkeit in katholischen Arbeitervereinen geprägt war, Motor der Bewegung, die nicht allein interkonfessionell sein, sondern auch eine "christliche Arbeiterpartei mit sozialistischen Einschlag"[57] darstellen sollte, woraufhin hier im

[55] Martin 1995, S.64/65; Weitzel 1989, S.70-72
[56] Martin 1995, S.68ff; Weitzel 1989, S.19-26; Wieck 1958, S.63ff
[57] Weitzel 1989, S.31

Januar 1946 die Christlich-soziale Volkspartei (CSVP) in Mainz gegründet wurde. In der programmatischen Gestaltung der CSVP setzten sich aber bald konservativere Kreise durch, die neben der christlichen Soziallehre den Schutz des Privateigentums und die Unterstützung des Mittelstands befürworteten. Demgegenüber kamen liberalere Vorstellungen in rheinhessischen Kreisen in der Alzeyer CDU deutlich zu Wort, die in den stärker evangelisch besiedelten Gebieten fußte.[58]

Die französische Militärregierung beschleunigte durch ihre restriktive Lizensierungspraxis für den Bereich Hessen-Pfalz die Einigung auf einen gemeinsamen Parteivorschlag, der am 22. Februar 1946 auf den Namen Christlich-Demokratische Union (CDU) lautete. Die Gründung einer gemeinsamen CDU-Landespartei zog sich über die ersten Wahlen, über eine gemeinsame christlich-demokratische Fraktion aus CDU und CDP in der Beratenden Landesversammlung und über die Umgliederung Rheinhessens (vom Oberregierungspräsidium Hessen-Pfalz nach Rheinland-Hessen-Nassau) bis zum 14. Februar 1947 hin.[59]

Anders als in den späteren rheinland-pfälzischen Bezirken entstanden auf hessischer Seite keine anhaltenden Konflikte um die Gründung verschiedener Parteien christlich-demokratischer Couleur, aber die inhaltliche Ausrichtung der CDU war in verschiedenen Orten Hessen ebenfalls von großen programmatischen Auseinandersetzungen begleitet. Von besonderer Bedeutung wurde der Einfluß des "Frankfurter Kreises", der maßgeblich von den beiden Publizisten EUGEN KOGON und WALTER DIRKS geprägt wurde. Die von ihnen im September veröffentlichten "Frankfurter Leitsätze" sollten zum späteren Programm der hessischen Christdemokraten erwachsen. Sie beinhalteten neben der Betonung des überkonfessionellen Gedankens und Vorstellungen zum Aufbau des Staates nach christlichen Maßgaben auch einen Abschnitt über "Sozialismus und Eigentum", mit dem sich die Frankfurter Christdemokraten deutlich links von anderen CDU-Verbänden positionierten, was sich aus der Weimarer Tradition des Frankfurter Zentrums herleiten läßt, das zum linken Flügel der Gesamtpartei gerechnet wurde.[60]

In den Frankfurter Leitsätzen hieß es:"Wir bekennen uns zu einem wirtschaftlichen Sozialismus auf demokratischer Grundlage, und zwar in folgender Form: Wir erstreben die Überführung gewisser großer Produktionen, Großindustrien und Großbanken in Gemeineigentum. Wir wollen ferner, daß die Wirtschaft im großen einheitlichen Plan voll gelenkt werde, weil nur dadurch Fehlanlagen und

---

[58] Martin 1995, S.78ff; Weitzel 1989, S.27ff; Wieck 1958, S.66ff

[59] Weitzel 1989, S.47-56,S.56-81

[60] Sütterlin, Sabine/Werner Wolf:"Die Christlich-demokratische Union in Hessen 1945-1991", in: Berg-Schlosser/Noetzel (Hrsg.) 1994, S.111

Verschwendung volkswirtschaftlichen Gutes verhindert und ein Wiederaufbau nach sozialen und gesamtwirtschaftlichen Produktivitätsgesichtspunkten und nicht nur nach privatwirtschaftlichen Rentabilitätsgrundsätzen gesichert werden kann."[61]

Ein Teil der Frankfurter Gruppe um KARL SPIECKER arbeitete 1945 durch die Aufnahme von Kontakten zu Sozialdemokraten auf die gemeinsame Gründung einer deutschen Labour-Party hin, in der auch frühere Zentrumsanhänger und linksliberale Bürgerliche eine politische Heimat hätten finden können.[62]

In anderen hessischen Städten wurde demgegenüber der Freiheit der Wirtschaft absoluter Vorrang vor staatlicher Lenkung eingeräumt, so lehnten die Christlich-demokratische Partei (CDP) in Wetzlar wie die CDU in Gießen die Grundsätze des "christlichen Sozialismus" aus Frankfurt ab.[63]

In Wiesbaden orientierten sich die Gründer der Christdemokraten unter HEINRICH ROOS hingegen an den Leitsätzen der Berliner CDU und befürworteten einen politischen Zentralismus.[64] In Darmstadt wurde die Partei (die hier zunächst als "Deutsche Aufbaubewegung" firmierte) von der früheren Kommunistin und späteren Sozialdemokratin MARIA SEVENICH mitbegründet und stand hier für die Verbindung christlicher wie konservativer Prinzipien.[65] In Kassel wurde die CDU anders als in anderen vorherrschend protestantischen Gebieten bereits am 20. August 1945 (und damit vor dem Landesverband) gegründet. Sie wurde vom ehemaligen CSVD-Mitglied DR. WILHELM ROHRBACH geleitet und wies einen hohen Anteil an protestantischen Mitgliedern auf. Inhaltlich setzte man sich in Kassel vom wirtschaftlichen Teil der Frankfurter Leitsätze ab. Zwar sollte "das Allgemeinwohl den Vorrang vor den Privatinteressen haben", doch war bei der Kasseler CDU nie vom christlichen Sozialismus die Rede gewesen; vielmehr wurden im Norden Hessens konservativere Töne vor allem bezüglich der Gestaltung des Wirtschaftslebens (Protektion des Mittelstands) deutlich.[66]

Die Gründung der groß-hessischen CDU erfolgte - verglichen mit den anhaltenden Auseinandersetzungen in Kreisen rheinland-pfälzischen Christdemokraten - relativ reibungslos am 25. November 1945: Vorsitzender der Union wurde DR.

---

[61] nach: Sütterlin/Wolf 1994, S.114

[62] Wieck 1958, S.36/37

[63] Rüschenschmidt, Heinrich:"Gründung und erste Jahre - Die CDU Hessen unter Werner Hilpert 1945-1952", in: Heidenreich, Bernd/Werner Wolf:"Der Weg zur stärksten Partei 1945-1995. 50 Jahre CDU Hessen", Köln 1995, S.16

[64] Sütterlin/Wolf 1994, S.111

[65] Rüschenschmidt 1995, S.14; Sütterlin/Wolf 1994, S.112

[66] Rüschenschmidt 1995, S.15; Sütterlin/Wolf 1994, S.112/113 Wolf, Werner/Sandra Schmitt:"Die Christlich-Demokratische Union in Nordhessen: Gründung, Wahlergebnisse und Perspektiven", in: Schiller/von Winter (Hrsg.) 1993, S.227/228

WERNER HILPERT, ein katholisches früheres Zentrumsmitglied. Zu seinem Stellvertreter wurde DR. ERICH KÖHLER, ein Protestant und ehemaliger DVP-Mann, gewählt.[67]

5.3.3. Die Liberalen

Bei den Liberalen entstanden ähnlich wie bei den Gründerkreisen der späteren CDU in beiden Bundesländern inhaltlich stark divergierende politische Formationen mit zunächst unterschiedlichen Namen in den einzelnen Regionen. Während die Christdemokraten einen großen Teil ihres politischen Personals in der Nachkriegszeit vornehmlich aus den Reihen ehemaliger Zentrumsmitglieder, in Nordhessen wegen des hohen protestantischen Bevölkerungsanteils auch aus CSVD-Kreisen rekrutierten, waren die früheren liberalen Parteien DDP und DVP in unterschiedlichen sozialen Milieus beheimatet und in den hessischen und rheinland-pfälzischen Regionen sehr ungleichmäßig vertreten: Während die DDP stärker in den größeren Städten wurzelte, war die DVP vor allem in den ländlich-konservativen Kreisen aufzufinden. Im Norden des späteren Rheinland-Pfalz mußten sich beide Parteien während der Weimarer Republik mit einem Schattendasein begnügen.

In Frankfurt setzten sich Mitte 1945 ehemalige DDP- und DVP-Mitglieder unter der Führung des Fabrikanten GEORG-LUDWIG FERTSCH zusammen, um eine gemeinsame "Liberal-Demokratische Partei" (LDP) in strikter Abgrenzung zum christlichen Sozialismus der dortigen Christdemokraten als nichtsozialistische Partei zu gründen.[68]

In Kassel übernahmen nach kurzzeitiger Vorherrschaft der Linksliberalen ehemalige DVP-Anhänger um FRITZ CATTA die Führung der Partei, ebenso wurde die LDP im Kreis Hersfeld von rechtsgerichteten früheren Mitgliedern der Deutschen Volkspartei dominiert. Zu einer bestimmenden Figur für den Landesverband der Liberalen sollte der von den Amerikanern eingesetzte Hersfelder Landrat AUGUST MARTIN EULER werden, der einen straff rechtskonservativen Kurs vertrat.[69] In Marburg dominierten in der Nachkriegszeit - trotz der vormaligen starken Position der Rechtsparteien in der Universitätsstadt - frühere DDP-Vertreter, die am 27. Oktober mit der "Demokratischen Volkspartei" eine dezidiert links orientierte

[67] Rüschenschmidt 1995, S.17; Sütterlin/Wolf 1994, S.114

[68] Luckemeyer, Ludwig:"Liberale in Hessen 1848-1980", FfM 1980, S.124ff; Staudt, Wolfgang:"Liberale in Hessen seit 1945 - Materialien zum 50jährigen Bestehen der F.D.P. in Hessen", Wiesbaden 1996, S.14

[69] Luckemeyer 1980, S.131f; Schiller, Theo:"Die FDP in Nordhessen", in: Schiller/von Winter (Hrsg.) 1993, S.247; Staudt 1996, S.14/15

Partei begründeten, die beispielsweise für die Verstaatlichung des Bergbaus und der Schlüsselindustrien eintrat.[70]

In der Pfalz schien hingegen nach Kriegsende wenig auf die Wiederbelebung der großen liberalen Parteitraditionen hinzudeuten, da hier zunächst die Vereinigung aller bürgerlichen Kräfte in einer Partei angestrebt wurde. Um eine Sammlung christlicher (d.h. vor allem protestantischer) sowie liberaler Vorstellungen bemühte Politiker wie der Neustadter Präsidialdirektor FRANZ ZAPF und der frühere Ministerialrat im Reichsministerium für die besetzten Gebiete, ADOLF MÜLLER, beantragten im Januar 1946 die Zulassung der "Deutschen Allgemeinen Sozialen Arbeiterpartei christlich-demokratischer Prägung" (DASAP). Unter dem Namen "Christlich-Sozialer Volksbund" trat man im gleichen Monat in Konkurrenz zu zwei christlich-demokratischen Gruppierungen um die Zulassung durch die Franzosen (vergl. Kap. 5.3.2.). Nachdem die Militärregierung verdeutlicht hatte, daß sie lediglich eine sich "christlich" nennende Partei genehmigen würde, reichten die Vertreter der protestantischen und liberalen Strömungen einen Zulassungsantrag für einen "Sozialen Volksbund" ein, der am 11. Mai 1946 von den Franzosen genehmigt wurde.[71]

Bereits im November 1945 wurde vom ehemaligen DDP-Abgeordneten WILHELM RAUTENSTRAUCH und dem Kaufmann PETER WOLF, der in Berlin am Programm der dortigen LDP mitgearbeitet hatte, die Genehmigung einer "Liberal-Demokratischen Partei" beantragt, deren Name auf Betreiben der französischen Behörden, die die Gruppierung erst am 21. September 1946 zuließen, in "Liberale Partei Rheinland-Pfalz" abgeändert wurde (bei den am 15. September 1946 abgehaltenen Gemeindewahlen kandidierten Anhänger der Liberalen als "Demokratische Wählergruppe Rautenstrauch").[72]

Problematischer gestaltete sich die liberale Parteigründung in Rheinhessen, da sich hier mit der konkurrierenden Existenz von Sozialem Volksbund (SV), der durch das Oberregierungspräsidium für Rheinhessen-Pfalz lizensiert worden war, und der vom Mainzer Druckereibesitzer RICHARD SCHELLER vorangetriebenen Gründung der "Liberalen Partei Rheinhessen" (LPR) sich der Dualismus liberaler Parteien Weimarer Jahre fortzusetzten drohte: Während der SV als rechts von der Union stehendes politisches Sammelbecken fungierte, positionierte sich die LPR als Nachfolgerin der DDP links von der CDU.[73] Eine später gebildete Arbeitsgemeinschaft der beiden liberalen Parteien wurde in Rheinhessen erst am 8. Fe-

[70] Staudt 1996, S.15

[71] Kohl 1958, S.95/96; Lerch, Helga/Michael Lerch:"40 Jahre F.D.P. in Rheinland-Pfalz", Mainz 1989, S.13ff; Weitzel 1989, S.96-104

[72] Lerch/Lerch 1989, S.10/11; Weitzel 1989, S.88/89

[73] Weitzel 1989, S.110-114

bruar 1947 mit der Gründung der "Demokratischen Partei" (DP) überwunden. Die am 19./20. April 1947 von einem gemeinsamen Delegiertentag in Bad Kreuznach geplante Vereinigung der DP (im Norden und in Rheinhessen) mit dem SV (Pfalz) zog sich über die Abstimmung zur Landesverfassung und die erste Landtagswahl wegen unterschiedlicher programmatischer Schwerpunkte und persönlicher Differenzen bis zum 27./28. September 1947 heraus, als in Bad Kreuznach der erste Parteitag der "Demokratischen Partei Rheinland-Pfalz" stattfinden konnte, der DR. JOSEF DOHR zu ihrem Vorsitzenden wählte.[74]

5.3.4. Die Kommunisten

Ähnlich wie die Sozialdemokraten knüpften auch die Kommunisten an ihren alten Namen und die alte Organisationsstruktur an. Sie folgten aber anders als die SPD dem Organisationsmodell des demokratischen Zentralismus. Die KPD hatte in den späteren hessischen und rheinland-pfälzischen Gebieten bei den Wahlen der Weimarer Republik insgesamt nur unterdurchschnittliche Resultate errungen. Ausnahmen bildeten hauptsächlich Mörfelden, Langenselbold und Bergen-Enkheim, Ludwigshafen, Frankenthal, Speyer, Neustadt a.d.W. und Kaiserslautern.[75]

Im August 1945 wurde HERBERT MÜLLER, ein früherer bayerischer KPD-Landtagsabgeordneter, zum Vorsitzenden der KPD Hessen-Pfalz gewählt. Die mit dem Berliner ZK der Partei in enger Verbindeung stehenden pfälzischen Kommunisten organisierten im Laufe des Jahres illegale Ortsgruppen, ihre offizielle Zulassung durch die französische Militärregierung erhielt die KPD dann bereits am 4. Februar 1946, was - nach WEITZEL - auf den Einfluß der französischen Kommunisten auf die in der Pfalz ansässigen Behörden zurückzuführen sei.[76] Auf dem am 18./19. Mai 1946 stattfindenden 14. Parteitag der pfälzischen Kommunisten wurden von MÜLLER Vorstellungen zur Vereinigung mit den Sozialdemokraten in den Mittelpunkt gestellt. 37 anwesende SPD-Mitglieder, die unter der Führung von ERNST BIERBAUM Zustimmung zur Bildung einer gemeinsamen sozialistischen Partei bekundeten, wurden wenige Tage später vom SPD-

[74] Lerch/Lerch 1989, S.13ff; Weitzel 1989, S.114-126. Zu den Programmen von DP und LDP s. ADL 33, 35. Hier wird neben dem Bekenntnis zur freiheitlich-demokratischen Idee die unternehmerische Freiheit propagiert.

[75] Fülberth, Georg:"Die Kommunistische Partei Deutschlands (KPD) und die Deutsche Kommunistische Partei (DKP) in Hessen 1945-1992", in: Berg-Schlosser/Noetzel (Hrsg.) 1994, S.188; Kohl 1958; S.110

[76] Weitzel 1989, S.188

Bezirksvorstand aus der Partei ausgeschlossen, was nochmals die Trennungslinie zwischen SPD und KPD in den Westzonen verdeutlicht.[77]
In Hessen wurde die Entwicklung der Kommunisten durch die 1945 nach Frankfurt zurückkehrenden Emigranten LEO BAUER, ERNST EICHELSDÖRFER und WALTER FISCH, den ersten Nachkriegsvorsitzenden der KPD in Hessen, bestimmt. Von den amerikanischen Militärbehörden wurde die KPD am 12. September 1945 zugelassen. Die Zusammenarbeit mit Sozialdemokraten in "Aktionsausschüssen" wurden auch in Hessen bis spätestens Anfang 1946 eingestellt.[78]

5.3.5. Zusammenfassung: Anknüpfung der Parteien an parteipolitische Vorkriegstraditionen

In Hessen und in Rheinland-Pfalz bilden sich nach 1945 je vier politische Parteiströmungen heraus, wobei Sozialdemokraten und Kommunisten an ihre Vorkriegstraditionen anknüpfen und im wesentlichen die alten Organisationen unter den veränderten landespolitisch-geographischen Gegebenheiten wiederaufleben lassen. Auf seiten der bürgerlichen Parteigründer wird das Bemühen um einen parteipolitischen Neuanfang deutlich, da man aus der Zersplitterung des bürgerlichen Lagers und wegen der historischen Belastung der früheren Parteien, die zu Beginn der nationalsozialistischen Diktatur keine wirksame Opposition bildeten bzw. sogar zur Unterstützung des Hitler-Regimes bereit gewesen waren, Konsequenzen zog und die Bildung neuer christlich-demokratischer und liberaler Parteien betrieb. Dieser Prozeß wurde durch die Lizensierungspolitik der französischen und amerikanischen Besatzungsmächte forciert, da diese lediglich eine christdemokratische und eine weitere bürgerliche Partei, die die Bezeichnung "christlich" nicht in ihrem Namen tragen durfte, genehmigte. Anders als bei SPD und KPD stellten die frühen Christdemokraten beispielsweise in Frankfurt, in Koblenz und in Kassel sehr unterschiedliche Parteien dar. Ein vergleichbares Bild boten die liberalen Parteien, die - wie in Rheinhessen - teilweise sogar gegeneinander antraten. Im folgenden soll auf die strukturellen Ursachen der Erfolge bzw. Mißerfolge der Parteien bei den ersten Wahlen eingegangen werden.

---

[77] Weitzel 1989, S.189
[78] Fülberth 1994, S.189

5.4. Die ersten Landesregierungen und die Parteien in den ersten Nachkriegswahlen

5.4.1. Die Regierungen GEILER und BODEN und die Beratungen zu den Landesverfassungen

Vor den ersten landesweiten Wahlen, den Wahlen zu Landesversammlungen zur Ausarbeitung von Landesverfassungen und schließlich den ersten Landtags- und Bundestagswahlen, wurden provisorische Landesregierungen durch die Besatzungsmächte zusammengestellt, die sich nur zum Teil an den politischen Schwerpunkten in der Parteienlandschaft nach den Kommunalwahlen orientierten. Wegen des länger andauernden Landesgründungsprozesses auf der linksrheinischen Seite konnte in Hessen durch die Amerikaner bereits im Oktober 1945 der Anfang gemacht werden, als Special Attorney HEINRICH KRONSTEIN, der der Militärregierung als Berater für deutsches Wirtschaftsrecht zugeteilt wurde, PROF. DR. KARL GEILER zum Ministerpräsidenten nominierte. Der Emigrant KRONSTEIN hatte vor 1935 mit dem Wirtschaftswissenschaftler GEILER eng in Mannheim zusammengearbeitet. Da KRONSTEIN nach 1945 zunächst die Wirtschaftsverhältnisse in der amerikanischen Zone zu überprüfen hatte, hatte er GEILER, PROF. DR. FRANZ BÖHM (Prorektor an der Universität Freiburg) und DR. PETERSEN (Präsident der Industrie- und Handelskammer Frankfurt) zu Beratern gemacht.

Als im Oktober sehr schnell eine Landesregierung zusammengestellt werden sollte, unterbreitete KRONSTEIN Oberst JAMES NEWMAN, dem Direktor der Militärregierung in Hessen, eine Namensliste, auf der außer GEILER und dem CDU-Mitglied BÖHM auch der von PETERSEN vorgeschlagene spätere hessische CDU-Vorsitzende und damalige Geschäftsführer der Frankfurter IHK, WERNER HILPERT, auftauchten.

Die Kabinettsliste unter dem parteilosen, als rechtsliberal eingestuften GEILER umfaßte Anfang November 1945 neben HILPERT als stellvertretendem Ministerpräsidenten und BÖHM als Kultusminister HANS VENEDEY (SPD) als Innenminister, WILHELM MATTES (LDP) als Finanzminister, ROBERT FRITZ (LDP) als Justizminister, der aber bald von GEORG AUGUST ZINN (SPD) abgelöst wurde, OSKAR MÜLLER (KPD) als Minister für Arbeit und Wohlfahrt, GEORG HÄRING (SPD) als Minister für Ernährung und Landwirtschaft, RUDOLF MÜLLER (LDP)

für die Ressorts Wirtschaft und Verkehr und GOTTLOB BINDER (SPD) als Minster für Wiederaufbau und politische Bereinigung.[79]
KARL GEILER, der sich nicht an Mehrheitsbeschlüsse der provisorischen Regierung gebunden fühlen wollte, sah seine Minister folgerichtig als bloße Berater an; der Ministerpräsident allein hatte nach seiner Auffassung die Verantwortung gegenüber den Amerikanern zu tragen. SPD und KPD hielten ihren Anteil an der großhessischen Regierung für zu gering und betonten, daß sie die Regierung GEILER nicht unterstützen würden, wenn der Ministerpräsident keine eindeutig demokratische und antifaschistische Haltung beweisen würde.[80]
Den ersten Anhaltspunkt für die parteipolitischen Strukturen in Hessen sollten für die Militärregierung und die eingesetzte GEILER-Regierung die für Januar 1946 angesetzten Kommunalwahlen geben. Die Wahlen in Gemeinden mit bis zu 20.000 Einwohnern am 20. bzw. am 27. Januar, die Kreistagswahlen am 28. April und die Stadtverordnetenwahlen vom 26. Mai 1946 machten die Sozialdemokraten (mit Werten zwischen 41 und 44,5%) zu stärksten Partei vor der CDU. Mit deutlichem Abstand folgten KPD und LDP, die vor allem bei den Januarwahlen nur in wenigen Gemeinden aufgrund organisatorischer Schwierigkeiten überhaupt kandidieren konnten.[81] Diese Wahlen sind wegen der Aufsplittung der einzelnen Wahltermine, wegen des Ausschlusses von rund 156.000 Personen aus Entnazifizierungsgründen und wegen des Ausschlusses von Flüchtlingen, die noch keine sechs Monate in Hessen gelebt hatten, nur eingeschränkt mit späteren Kommunalwahlen zu vergleichen. Außerdem galt hier eine 15-Prozent-Hürde für die Erlangung von Mandaten, was vor allem für die kleineren Parteien eine schwerwiegende Belastung darstellte.[82]
Nach diesen für sie positiv verlaufenen Wahlen versuchten SPD und CDU, bei GEILER eine günstigere Besetzung für den Beratenden Landesausschuß, der zunächst von allen vier Parteien paritätisch besetzt werden sollte, zu erwirken. Als GEILER diesem Wunsch nicht nachkommen wollte, erklärten die Sozialdemokraten, daß der Ministerpräsident nicht die politische Mehrheit in Groß-Hessen repräsentiere und zurücktreten solle. Diese Aussage wurde umgehend von Oberst NEWMAN zurückgewiesen, er verdeutlichte in einer Stellungnahme im Februar

[79] Dörr, Manfred:"Restauration oder Demokratisierung? Zur Verfassungspolitik in Hessen 1945/46", in: ZParl 1/1971, S.99/100; Kropat 1993, S.80
[80] Dörr 1971, S.100/103
[81] Bick, Wolfgang:"Kommunalwahlen in Hessen 1946-1993, Trends und Wendepunkte in der kommunalpolitischen Landschaft", in: Heidenreich/Schacht (Hrsg.) 1996, S.195ff; Dörr 1971, S.105; Rupp, Hans Karl: "Die hessische Parteienlandschaft", in: Böhme/Mühlhausen (Hrsg.) 1995, S.114/115
[82] Behr, Alfred/Gotthard Breit/Herbert Lilge/Jakob Schissler:"Wahlatlas Hessen 1946-1989", Braunschweig 1989, S.5/6

1946, daß die Amerikaner keine Umbesetzung im Amt des Ministerpräsidenten wünschten.[83]
Am 30. Juni 1946 wurde die Verfassungberatende Landesversammlung mit der ersten gleichzeitigen Wahl im gesamten Landesgebiet bestimmt: Die SPD konnte dabei ihre führende Stellung bestätigen und kam bei einer Wahlbeteiligung von 71,0% auf 44,3%, die CDU folgte mit 37,3%, die KPD erhielt 9,7% und die LDP 8,1%. Die Sozialdemokraten erhielten danach 42 Abgeordnete, die Union 35, die KPD 7 und die Liberalen 6.[84] Die 90 Abgeordneten wählten einen 29köpfigen Verfassungsausschuß unter der Leitung von PROF. BERGSTRÄßER. Dieses Gremium wurde mit der eigentlichen Ausarbeitung der Landesverfassung betraut.
Neben den Abgeordneten CASPARY (SPD), SELBERT (SPD), KANKA (CDU), KÖHLER (CDU), STEIN (CDU), BLEEK (LDP) und BAUER (KPD) beeinflußten die Anregungen v.BRENTANOS (CDU) und GEORG AUGUST ZINNS (SPD) die Arbeit an der Landesverfassung,[85] auf die hier im Detail nicht eingegangen werden soll.
Bedeutsam für die Entwicklung des hessischen Parteiensystems war neben den sich schon bei der Wahl zur Verfassungberatenden Landesversammlung herauskristallisierenden Strukturen (mit der SPD als eindeutig stärkster Partei vor der CDU und einer stark aufholenden LDP) der sich nach einer Phase der Konfrontation zwischen SPD/KPD einerseits und CDU/LDP andererseits herausbildende Verfassungskompromiß zwischen Sozial- und Christdemokraten. Die CDU hoffte vor allem über die Zustimmung zum Sozialisierungsartikel 41, über den von der amerikanischen Militärregierung eine gesonderte Abstimmung verlangt wurde, eine strikt sozialistische Verfassung verhindern zu können und sich gegenüber der SPD als Partner in einer späteren gemeinsamen Landesregierung zu empfehlen.[86]
Vor allem die CDU hatte bei den Beratungen zur Landesverfassung mit Unterstützung der LDP die "Forderung eines ständestaatlich durchwirkten parlamentarischen Regierungssystems"[87] propagiert. In diesem System sollten verschiedene gesellschaftliche Stände ihre Vertreter in einer Zweiten Kammer im Land für eine sechsjährige Legislaturperiode wählen und durch ein Vetorecht gegenüber den direkt gewählten Abgeordneten für Besitzstandswahrung eintreten können.[88]
Wichtig für den Kompromiß zwischen SPD und CDU bei der Verabschiedung der Hessischen Verfassung waren neben dem wahltaktisch bedingten Einschwen-

[83] Dörr 1971, S.105-107
[84] Dörr 1971, S.109/110; Lilge, Herbert:"Hessen in Geschichte und Gegenwart", Stuttgart 1992, S.18/26
[85] Dörr 1971, S.110ff; Lilge 1992, S.18
[86] Dörr 1971, S.122; Lilge 1992, S.18
[87] Dörr 1971, S.112
[88] Von seiten der Bürgerlichen wurde eine Dominanz der linken Parteien in der Ersten Kammer prognostiziert. Dörr 1971, S.113-115

ken der Union auch die sich auf seiten der Sozialdemokraten durchsetzende Einsicht, daß eine ausschließlich von SPD und KPD befürwortete Verfassung wahrscheinlich von der Bevölkerung abgelehnt worden wäre. Vor allem LUDWIG BERGSTRÄßER, der als ein auf Distanz zur KPD bestehender Sozialdemokrat galt, bewegte seine Parteifreunde zum Kompromiß in Richtung CDU, der bezüglich der Etablierung von Konfessionsschulen Zugeständnisse gemacht wurden.[89]
In der schließlich von SPD und CDU (unter Zustimmung der KPD) verabschiedeten Fassung der Landesverfassung spielten Vorstellungen von einer ständestaatlichen Zweiten Kammer, mit denen sich die bürgerliche Minderheit zuvor nicht durchzusetzen vermochte, dann keine Rolle mehr. Dafür wies die Hessische Landesverfassung einen umfangreichen Grundrechtekatalog, Elemente direkter Demokratie (Volksbegehren und Volksentscheid) sowie soziale Grundrechte und Staatszielbestimmungen auf, die jedoch nach dem Inkrafttreten des Grundgesetzes zum Teil stark relativiert werden mußten.[90]
In dem am 30. August 1946 von General KOENIG in Baden-Baden proklamierten neuen Land Rheinland-Pfalz wurde bezüglich der Ausarbeitung der Landesverfassung ein anderer Weg beschritten: Mit der Verordnung Nr. 57 zur Landesgründung wurde gleichzeitig der Modus für die Zusammensetzung der Beratenden Landesversammlung (BLV) festgelegt, deren Mitglieder proportional aus den am 15. September bzw. am 13. Oktober zu wählenden Gemeinderäten und Kreistagen des Landes gewählt werden sollten. Zwischenzeitlich war es schon am 3. September 1946 zu ersten Beratungen in einer Kommission aus Mitgliedern aller rheinland-pfälzischen Landesteile unter Vorsitz von Generalgouverneur HETTIER DE BOISLAMBERT gekommen.[91] Nach den kommunalen Wahlgängen erhielt die CDU bzw. CDP 70 Mandate (55,1%), die Sozialdemokraten 41 Mandate (32,2%), die Kommunisten 9 Sitze (7,1%), die Liberalen insgesamt 7 Sitze (davon 5 für den SV (3,9%) und 2 für die DP (1,6%)).[92]
Die Beratende Landesversammlung (BLV) konstituierte sich am 22. November 1946, am 5. Dezember wurde der BLV eine von den Franzosen nach Vorbild der eigenen Regierung aus Kommunisten, Sozialisten und Christdemokraten zusammengesetzte provisorische Landesregierung präsentiert. Die BLV wurde nun da-

[89] Rüschenschmidt 1995, S.23-25
[90] Lange, Klaus:"Die Landesverfassung - Fundament des politischen Lebens", in: Heidenreich/Schacht (Hrsg.) 1993, S.95ff; von Zezschwitz, Friedrich:"Die Hessische Verfassung - ein Markstein der Verfassungsgeschichte nach 1945", in: Böhme/Mühlhausen (Hrsg.) 1995, S.82ff
[91] Brommer, Peter:"Die Entstehung der Verfassung", in: Heyen (Hrsg.) 1984, S.60. Der am 21. September 1946 erstmals zusammentretende Verfassungsausschuß sollte nach Weisung der Franzosen den Verfassungsentwurf bis Ende Oktober 1946 fertiggestellt haben.
[92] Hudemann, Rainer:"Entstehung des Landes und seiner Verfassung", in: Haungs (Hrsg.) 1986, S.75/76; Kusch 1989; S.217/218; Weitzel 1989, S.196

mit beauftragt, die Regierung zu beraten und mit der Ausarbeitung einer Verfassung für Rheinland-Pfalz zu beginnen, die in Absprache mit der provisorischen Landesregierung zustande kommen sollte.[93] Bezüglich der Aufteilung der Ressorts war von Anfang an klar, daß der Posten des Regierungschefs den Christdemokraten als weitaus stärkster Partei gehören sollte; strittig war demgegenüber die Besetzung des Innenministeriums, das von CDU/CDP und SPD gleichermaßen beansprucht wurde.

Die Sozialdemokraten erhielten schließlich nach schwierigen Verhandlungen mit der CDU/CDP das Innenressort; dafür mußten sie allerdings ihren Anspruch auf ein drittes Ministerium (neben dem Innen- und dem Arbeitsministerium) aufgeben. Die Kabinettsliste der provisorischen Regierung sah letztlich folgendermaßen aus: Ministerpräsident wurde der frühere Zentrumspolitiker WILHELM BODEN (CDP), der ab November 1945 von der Besatzungsmacht mit dem Amt des Oberpräsidenten in der Provinz Rheinland-Hessen-Nassau ausgestattet worden war.[94] Zum Innenminister wurde nach Auseinandersetzungen um diese personalpolitische Frage zwischen den Sozialdemokraten und den französischen Behörden JAKOB STEFFAN; sein Parteifreund PAUL RÖHLE übernahm das Arbeitsressort.[95] Die Christdemokraten erhielten mit ERNST LOTZ (CDU) das Kultusministerium, mit ADOLF SÜSTERHENN (CDP) das Justizministerium, mit HANS HABERER (CDU) das Minsterium für Wirtschaft und Finanzen. Sie konnten außerdem mit HANS JUNGLAS (CDP) und mit OSKAR STÜBINGER (CDU) die Bereiche Wohlfahrt sowie Ernährung und Landwirtschaft besetzen. Für die Kommunisten trat WILLY FELLER als Wiederaufbau- und Verkehrsminister in die provisorische Landesregierung ein.[96] Die Christdemokraten erhielten somit fünf Ministerämter und den Posten des Regierungschefs zugesprochen, was zwar - gemessen an ihrer Stellung in der BLV - einen sehr hohen Anteil darstellte, aber gleichzeitig vor allem wegen der Übernahme des Innenministeriums durch den Sozialdemokraten STEFFAN und wegen regionalpolitischer Unausgewogenheiten bei den christdemokratischen Ressorts interne Streitigkeiten bei der CDU/CDP auslöste.[97]

[93] Kusch 1989, S.218ff; Peckhaus 1987, S.12; Weitzel 1989, S.196/197

[94] Heyen, Franz-Josef:"Wilhelm Boden (1890-1961). Erster Ministerpräsident von Rheinland-Pfalz", in: Heyen (Hrsg.) 1984, S.185ff

[95] Kusch 1989, S.219/220. Die SPD bestand zunächst auf der Nominierung des von den Franzosen abgesetzten früheren Oberregierungspräsidenten Hans Hoffmann. Nachdem dieser abgelehnt wurde, brachte die SPD mit Adolf Ludwig einen zweiten Kandidaten ins Gespräch, der von den Franzosen ebenfalls mit unklaren Begründungen abgelehnt wurde, Steffan wurde schließlich als Kompromißkandidat akzeptiert.

[96] Kusch 1989, S.220/221; Martin 1995, S.253-257; Weitzel 1989, S.197

[97] Martin 1995, S.256. Die rheinhessische CDU hatte kein Ministeramt besetzen können.

Die Ausarbeitung der Landesverfassung wurde maßgeblich von einem Entwurf ADOLF SÜSTERHENNS geprägt, der den christlichen Naturrechtsgedanken[98] zur Richtschnur der Verfassung machte, der Gott als "Urgrund des Rechts und Schöpfer aller menschlichen Gemeinschaften"[99] ansieht. In der BLV entstand im Gegensatz zu den hessischen Verhandlungen kein Kompromiß zwischen den größten politischen Kräften des Landes: Strittig blieben bis zur endgültigen Abstimmung Fragen der Schulpolitik, der Wirtschafts- und Sozialordnung und zur Stellung der Pfalz innerhalb des Landes. Während SPD und KPD im Wirtschaftsbereich umfassende Mitbestimmungsrechte auch im Bereich wirtschaftlicher Planung durchgesetzt sehen wollten, sollte dieses nach Auffassung der CDU/CDP nur in einem eingeschränkten Rahmen ermöglicht werden. Neben umstrittenen Sonderrechten für den Bezirk der Pfalz war vor allem die Schulfrage umstritten: Nach Meinung der CDU/CDP sollte das Christentum alle Unterrichtsfächer als übergeordneter Leitgedanke durchziehen; die Bekenntnisschule und die christliche Simultanschule sollten nebeneinander existieren.[100]
SPD, KPD und SV/LP vertraten in diesem Punkt gemeinsam mit der französischen Administration die Position, daß die Simultanschule zu favorisieren sei, vor allem die Sozialdemokraten traten dabei für die christliche Gemeinschaftsschule und die christlich-simultane Ausbildung der Lehrer ein.[101] Da sich die Sozialdemokraten in diesen umstrittenen Abschnitten der Verfassung nicht oder nicht ausreichend durchsetzen konnten, lehnte der Fraktionsvorsitzende HOFFMANN im Namen der SPD am 25. April 1947 die Verfassung ab und empfahl den sozialdemokratischen Wählern, in der gleichzeitig mit der ersten Landtagswahl anberaumten Abstimmung über die Verfassung und die Schulartikel mit "nein" zu stimmen.[102] In der Schlußabstimmung votierten SPD und KPD gegen die Verfassung, SV und LP, die zwar weiterhin gegen die Schulartikel argumentierten, aber dem größten Teil des Entwurfs trotz einiger Bedenken ihr Plazet erteilten, und die CDU/CDP stimmten für die Landesverfassung.[103]

---

[98] Baumgart, Winfried:"Voraussetzungen und Wesen der rheinland-pfälzischen Verfassung", in: Klaas, Helmut (Bearb.):"Die Entstehung der Verfassung für Rheinland-Pfalz. Eine Dokumentation", Boppard 1978, S.24/25; Küppers, Heinrich:"Staatsaufbau zwischen Bruch und Tradition - Geschichte des Landes Rheinland-Pfalz 1946-1955", Mainz 1990, S.122ff

[99] So die spätere Präambel der Landesverfassung

[100] Brommer 1984, S.68/69; Kusch 1989, S.223ff; Martin 1995, S.258ff; Peckhaus 1987, S.16/17 Weitzel 1989, S.203-208

[101] Klaas, Helmut:"Die Verfassung für Rheinland-Pfalz. Entstehungsstufen und Beratungen", in: Klaas (Bearb.) 1978, S.62ff; Kusch 1989, S.227ff; Weitzel 1989, S.207

[102] Brommer 1984, S.70/71; Küppers 1990, S.138ff; Kusch 1989, S.239/240; Weitzel 1989, S.207/208

[103] Brommer 1984, S.71/72; Lerch/Lerch 1989, S.26-28; Weitzel 1989, S.208/209. Von 127 BLV-Abgeordneten stimmten 70 für, 31 gegen die Verfassung, 26 Abgeordnete blieben der Abstimmung fern.

Verfassung und Schulartikel sollten in einer gleichzeitig mit der ersten Landtagswahl am 18. Mai 1947 stattfindenden Volksabstimmung eine kontroverse Aufnahme in den einzelnen Landesteilen finden. Doch in der Zwischenzeit hatte auf der anderen Rheinseite bereits die Wahl zum hessischen Landtag stattgefunden, auf die nun eingegangen werden soll.

5.4.2. Die Landtagswahlen 1946/47

Die Hessische Landtagswahl vom 1. Dezember 1946, für die lediglich die vier bereits zugelassenen Parteien SPD, CDU, LDP und KPD antraten, unterstrich die schon bei den Kommunalwahlen und der Wahl zur Verfassungberatenden Landesversammlung (VLV) deutlich gewordene politische Führungsrolle, die die Sozialdemokraten im Land Hessen eingenommen hatten.

Grafik 1.1.: Stimmenverteilung bei der Hessischen Landtagswahl am 1.12.1946

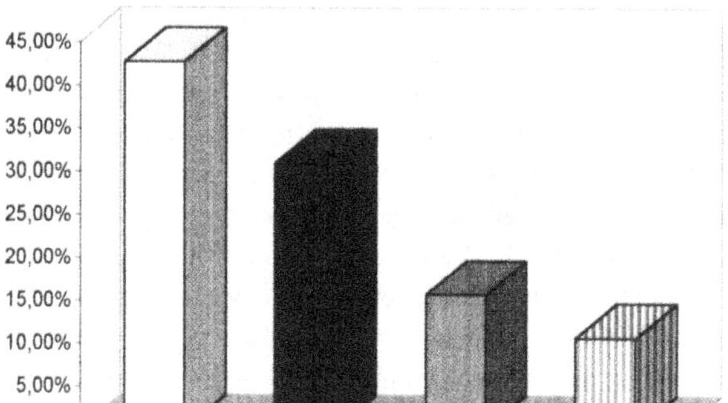

Grafik 1.2.: Mandatsverteilung bei der Hessischen Landtagswahl am 1.12.1946

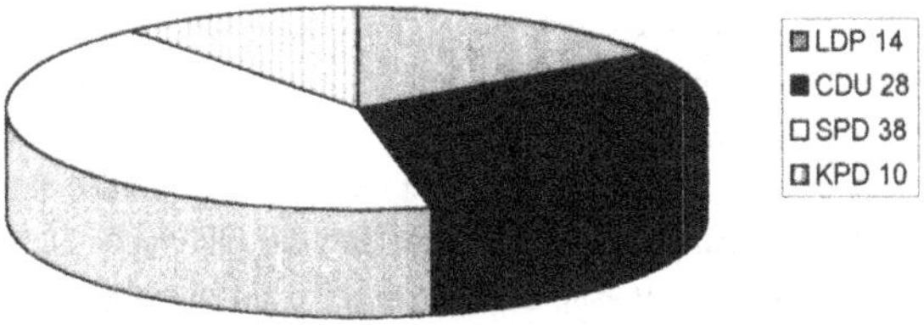

Die SPD wurde mit 42,7% wiederum stärkste Partei, die CDU, die bei der Wahl zur VLV auf immerhin 37,3% gekommen war, rutschte dagegen auf 30,9% ab. Leicht verbessern konnten sich die Kommunisten, die einen Stimmenanteil von 10,7% erreichten. Der größte Gewinner waren allerdings die Liberalen, die sich bei einer Wahlbeteiligung von 73,2% von 8,1% auf 15,7% steigern konnten. Von den 90 Mandaten erhielten die SPD 38, die CDU 28, die LDP 14 und die KPD 10.[104]

Die Verteilung der Mandate erfolgte nach einem Wahlquotienten, der aufgrund des Wahlgesetzes vom 14. Oktober 1946 festgelegt worden war. Dabei mußten zunächst die Zahl der abgegebenen gültigen Stimmen durch die Gesamtzahl der zu vergebenden Mandate (90) geteilt werden. Der so errechnete Wahlquotient von 17882 wurde ausschlaggebend für die Vergabe von Mandaten in einem der 15 Großwahlkreise, in die das Land Hessen für die erste Landtagswahl aufgeteilt worden war: So oft eine Partei in einem Kreis den Wahlquotienten erreichte, so viele Mandate entfielen auf sie. Verbleibende Reststimmen wurden nach dem gleichen Verfahren mit der Landesliste der jeweiligen Partei verrechnet. Bei der Wahl waren 5,3% der Einwohner Hessens aus politischen Gründen nicht wahlberechtigt; 7,6% der Wahlberechtigten gaben ungültige Stimmen ab.[105]

Bei den gleichzeitig mit der ersten Landtagswahl stattfindenden Volksentscheiden zur Annahme der Landesverfassung und des separat zur Wahl gestellten Artikels 41 kam es hessenweit zur Zustimmung von 76,8% der Wahlberechtigten zur Verfassung, dem Sozialisierungsartikel stimmten 71,9% zu. Von allen Land- und

[104] Behr/Breit/Lilge/Schissler 1989, S.53; Rüschenschmidt 1995, S.27/28; Staudt 1996, S.23; Steinseifer, Anita:"'Ohne mich? Nein! Mit mir!' - Wahlkämpfe und Wahlkampfthemen in Hessen", in: Heidenreich/Schacht (Hrsg.) 1996, S.245

[105] Behr/Breit/Lilge/Schissler 1989, S.54

Stadtkreisen ergab sich lediglich im Kreis Marburg-Stadt eine Mehrheit gegen Landesverfassung und Artikel 41.[106]
Bereits bei der Landtagswahl vom 1. Dezember 1946 wurden regionale Schwerpunkte der Parteien deutlich, die sich zum Teil bei folgenden Wahlen dramatisch verändern sollten: Vor allem in den nord- und oberhessischen Gebieten gelang es der LDP, die CDU als zweitstärkste Partei hinter den Sozialdemokraten zum Teil deutlich zu überflügeln; in der Stadt Marburg wurden die Liberaldemokraten sogar mit 45,4% stärkste Partei. Weitere Hochburgen der LDP lagen in den osthessischen Kreisen Eschwege (29,9%), Melsungen (20,6%), Rotenburg (19,3%) und Hersfeld (hier kam die LDP sogar auf 30,6%); außerdem wurde sie in Kassel-Stadt (21,3%), Alsfeld (19,9%), Ziegenhain (22,6%) und in Fritzlar-Homberg (20,1%), in Frankenberg (24,0%) und vor allem im Kreis Waldeck (mit 34,0%) besonders stark (vergl. zu den Wahlergebnissen Karte 3).[107]
Die LDP konnte in Kreisen mit einem hohen protestantischen Bevölkerungsanteil und mit einem hohen Anteil an Landwirten Beschäftigten Erfolge erzielen. In Nordhessen wurde der rechtskonservative Kurs des zunächst von den Amerikanern eingesetzten Hersfelder Landrates AUGUST-MARTIN EULER goutiert, der durch seine Kontakte zu Landwirtschaft und mittelständischen Betrieben für eine feste Verwurzelung der LDP in den entsprechenden Milieus sorgte.[108]
In der gleichen Region konnten sich die Sozialdemokraten mit zumeist hohen absoluten Mehrheiten als dominierende Partei etablieren. So gewann die SPD in Hersfeld 52,3%, in Hofgeismar 53,9%, in Rotenburg 56,3% und in Kassel-Land sogar 64,2%.
Als stärkste Partei überrundet wurde die SPD bei der Landtagswahl 1946 (neben dem regionalen Ergebnis der Marburger Liberalen) von den Christdemokraten in Kreisen mit einem hohen katholischen Bevölkerungsanteil. So lag die CDU in Fulda-Stadt, Fulda-Land und in Hünfeld mit Resultaten zwischen 58 und 70,7% weit vor den Sozialdemokraten. Auch die an den Kreis Fulda angrenzenden Regionen Lauterbach und Schlüchtern wiesen die Christdemokraten als (relative) Sieger aus, während die CDU in Limburg und im Rheingaukreis mit 61,2% bzw. 51,6% die absolute Mehrheit der Stimmen erreichte.

---

[106] Beier 1989, S.64; Rüschenschmidt 1995, S.27
[107] Wahlergebnisse nach:Hessisches Statistisches Landesamt (Hrsg.):"Beiträge zur Statistik Hessens: Hessen wählt zum Bundestag - Das amtliche Ergebnis der Wahl zum ersten Bundestag in Hessen am 14. August 1949", Wiesbaden 1950, S.13ff
[108] Schiller 1993, S.246/247

Karte 3: Landtagswahlen 1946/47[109]

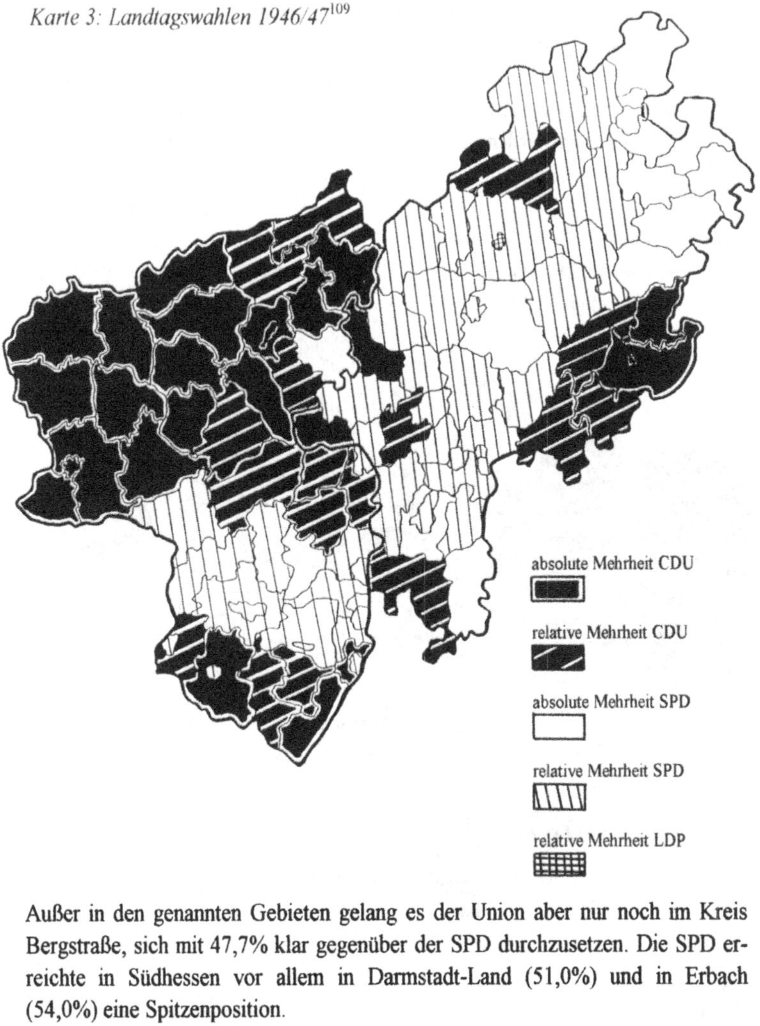

Außer in den genannten Gebieten gelang es der Union aber nur noch im Kreis Bergstraße, sich mit 47,7% klar gegenüber der SPD durchzusetzen. Die SPD erreichte in Südhessen vor allem in Darmstadt-Land (51,0%) und in Erbach (54,0%) eine Spitzenposition.

Die Kommunisten waren bei der Landtagswahl in Nordhessen mit Ausnahme des Stadt- und des Landkreises Kassel schwach vertreten; oft erzielten sie hier lediglich Wahlergebnisse von unter fünf Prozent. Hochburgen der KPD lagen vor al-

---

[109] nach: Hessisches Statistisches Landesamt (Hrsg.) 1950, S.19ff; Statistisches Landesamt Rheinland-Pfalz (Hrsg.):"Die Wahlen und Abstimmungen in Rheinland-Pfalz in den Jahren 1946/47", Bad Ems 1948, S.40ff

lem in Hanau-Stadt (27,7%) und Hanau-Land (24,4%), sowie in Darmstadt-Land (19,1%), Offenbach-Stadt (18,9%) und in Groß-Gerau (18,7%).[110]
Hinsichtlich der Hochburgen der Parteien muß für die ersten Landtagswahlen der Faktor Konfessionszugehörigkeit als bedeutsam für die Erfolge von CDU und SPD hervorgehoben werden. Die folgende Karte verdeutlicht die hohe Übereinstimmung zwischen konfessioneller Struktur und Wahlentscheidung.

Karte 4: Konfessionelle Zugehörigkeit in den Landkreisen von Hessen und Rheinland-Pfalz[111]

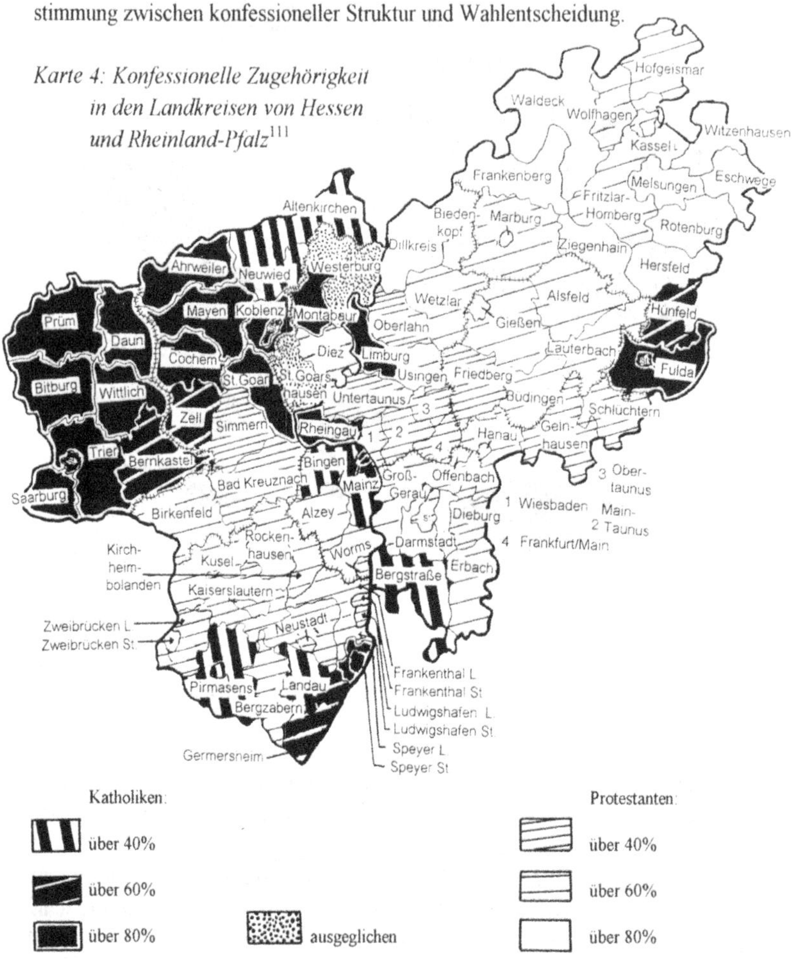

[110] Wahlergebnisse nach: Hessisches Statistisches Landesamt (Hrsg.), 1950, S.19-21
[111] nach: Hessisches Statistisches Landesamt (Hrsg.) 1950; Statistisches Landesamt Rheinland-Pfalz (Hrsg.) 1948

Das hessische Parteiensystem wies bei der ersten Landtagswahl regionale Ausprägungen und Charakteristika auf: Während im Norden die SPD den Rang der eindeutig stärksten Partei einnahm, war das bürgerliche Lager stark gespalten, wobei oft die LDP gleichauf mit der CDU lag oder diese sogar überflügelte.
Im Süden lag die SPD mit geringerem Abstand vor der Union, die LDP und die KPD (die letztere vor allem im süd-/südosthessischen Raum) erreichten zum Teil herausragende dritte Positionen. Von der CDU auf Platz zwei verdrängt wurden die Sozialdemokraten in den durch einen hohen Katholikenanteil geprägten Regionen Fulda, Limburg und Bergstraße.
Auch bei der ersten rheinland-pfälzischen Landtagswahl vom 18. Mai 1947 kam es wie in Hessen zu prozentualen Verschiebungen bei den Resultaten für die Landtagsparteien. Doch sollte die bereits bei den Kommunalwahlen deutlich gewordene Tendenz - die CDU wurde mit weitem Abstand vor der SPD stärkste Partei, Liberale und Kommunisten erreichten weniger als 10% - hier bestätigt werden, wenngleich die Christdemokraten keine absolute Mehrheit mehr erringen konnten. Wesentlich knapper als in Hessen endeten in Rheinland-Pfalz jedoch die Volksabstimmungen zur Landesverfassung und zu den zuvor zwischen den Parteien besonders umstrittenen Schulartikeln.
In dem neugeschaffenen Land Rheinland-Pfalz wurden - ähnlich wie zuvor in Hessen - politische Traditionen auch unter zum Teil veränderten parteipolitischen Vorzeichen fortgeführt. Die Befürchtung der Sozialdemokraten, daß mit dem von der Besatzungsmacht gebildeten Land die strukturelle Mehrheit der Bürgerlichen festgeschrieben würde, bewahrheitete sich zunächst durch die außerordentlich starke Stellung der Christdemokraten in den von der katholischen Bevölkerungsmehrheit dominierten früheren Zentrumshochburgen in den Regierungsbezirken Koblenz und Trier.
Die Christdemokraten erreichten bei der ersten Landtagswahl mit 47,2% den ersten Rang vor den Sozialdemokraten, für die sich ein gutes Drittel der Wähler entschieden hatten. Die Liberalen und die KPD kamen auf Werte von unter zehn Prozent.[112]
Während die CDU im Regierungsbezirk Koblenz in einzelnen Kreisen deutlich vor der SPD lag, aber die absolute Mehrheit in Altenkirchen, Simmern, Kreuznach und Neuwied verfehlte, errang sie in anderen Kreisen überragende Mehrheiten (vergl. Karte 3). So erzielte sie mit 68,5% in St.Goar, 74,5% in Ahrweiler und mit 79,4% in Cochem die besten Resultate. Lediglich im protestantisch dominierten Kreis Birkenfeld konnten sich die Sozialdemokraten mit 44,7%

[112] Weitzel 1989, S.213. Die LP erreichte 6,1%, der SV 3,6%.

an die Spitze setzen; hier überschritt auch die KPD die 10-Prozent-Marge, was eine Einmaligkeit im nördlichen Teil von Rheinland-Pfalz darstellte. Die Liberale Partei konnte ebenfalls in Birkenfeld mit 15,3% ein sehr gutes Resultat erzielen; sie erreichte jedoch ihren Spitzenwert mit 27,9% als zweitstärkster Partei hinter der Union und vor der SPD mit nur 19,9% im Kreis Simmern.

Grafik 2.1.: Stimmenverteilung bei der rheinland-pfälzischen Landtagswahl am 4.5.1947

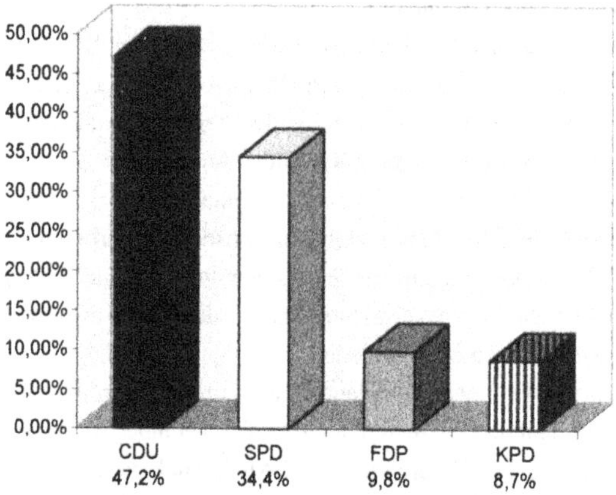

Grafik 2.2.: Mandatsverteilung bei der rheinland-pfälzischen Landtagswahl am 4.5.1947

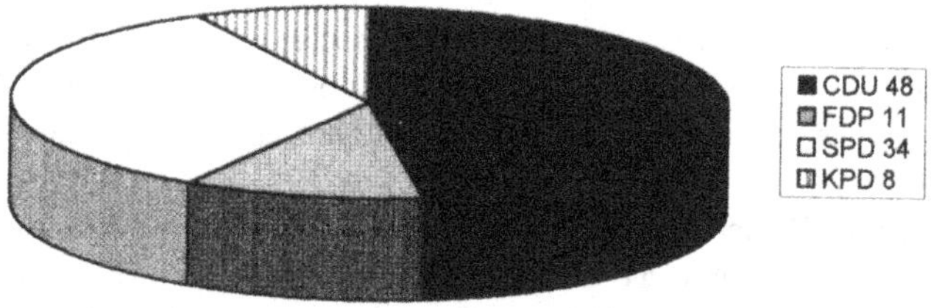

Der Regierungsbezirk Trier schließlich wurde noch eindeutiger von der CDU dominiert: Sie erzielte hier im Schnitt 71,6% bei der ersten Landtagswahl, die Sozialdemokraten folgten darauf mit ganzen 15,6%. Den absoluten Spitzenreiter

in dieser christdemokratischen Hochburg stellte der Landkreis Prüm dar, denn hier votierten 86,6% der Wähler für die Union.
Anders stellten sich die Verhältnisse im ehemals preußisch- hessischen Regierungsbezirk Montabaur dar, denn hier wurden die Christdemokraten zwar auch mit 46,8% stärkste Partei, die Sozialdemokraten kamen aber auf immerhin 39,5%. Differenziert betrachtet wird der Nordteil des Gebietes im Westerwald klar von der CDU beherrscht. Im Kreis St.Goarshausen liegen die großen Parteien jedoch gleichauf und im Kreis Diez (Unterlahnkreis) erreichte die SPD mit 53,9% sogar eine deutliche absolute Mehrheit.
Auch im früher hessischen Regierungsbezirk Rheinhessen gestalteten sich die Kräfteverhältnisse nicht so eindeutig zugunsten der CDU wie in den Kreisen um Westerwald, Eifel und Hunsrück: Stärkste rheinhessische Partei wurde 1947 die SPD mit 38,8% vor der CDU mit 37,0%, LP (12,7%) und KPD (11,5%) kamen zwischen Bingen, Mainz und Worms über die 10-Prozent-Marke.
In der Pfalz votierte eine Wählermehrheit in den meisten Kreisen und kreisfreien Städten für die SPD, die auf insgesamt 41,1% kam und im Kreis Kirchheimbolanden die absolute Mehrheit erzielen konnte. Die CDU war in den großen Städten wie Ludwigshafen oder Kaiserslautern um rund 20 Prozentpunkte schwächer als die Sozialdemokraten, doch konnte sie diese Rückstände im Regierungsbezirk Pfalz durch herausragende Werte in den südlichen Kreisen abmildern: In Germersheim, Pirmasens-Land und Speyer-Land erreichte sie klare absolute Mehrheiten. Der Soziale Volksbund konnte in der Pfalz ebenso an liberale Traditionen anknüpfen wie die KPD an kommunistische: Beide Parteien erreichten Resultate über 10 Prozent, wobei der SV vor allem in der Stadt Kaiserslautern (mit 17,2%) und im Kreis Rockenhausen (mit 19,8%) erfolgreich war. Die Hochburgen der KPD lagen hingegen allesamt in den großen Städten mit starkem Arbeiteranteil, so kam sie in Frankenthal, Pirmasens, Ludwigshafen, Kaiserslautern und Zweibrücken auf Ergebnisse um 20 Prozent.[113]
Durch die Umgliederung des Kreises Saarburg nach Rheinland-Pfalz erhöhte sich die Mandatszahl auf 101; das zusätzliche Mandat erhielt die CDU, die in dem neuen Kreis am 21. September 1947 79,5% der Stimmen erhielt.[114]
Anders als in Hessen, wo der Verfassungsentwurf von SPD, CDU sowie der KPD unterstützt wurde, entstand bei den Volksabstimmungen zur Landesverfassung und zu den Schulartikeln in Rheinland-Pfalz ein wesentlich gespalteneres Bild: Im Wahlkampf hatte sich lediglich die Union für die Annahme von Verfas-

[113] Wahlergebnisse nach: Statistisches Landesamt Rheinland-Pfalz (Hrsg.):"Die Wahlen und Abstimmungen in Rheinland-Pfalz in den Jahren 1946/1947", Bad Ems 1948, S.40-43
[114] Peckhaus 1987, S.34; Statistisches Landesamt Rheinland-Pfalz (Hrsg.) 1948, S.40/41

sung und Schulartikeln ausgesprochen hatte, die liberalen Gruppierungen hatten sich für die Verfassung und gegen die Schulartikel entschieden,[115] SPD wie KPD plädierten in beiden Punkten für Ablehnung. Verfassung und Schulartikel wurden schließlich nur von 53,0% bzw. von 52,4% der gesamten rheinland-pfälzischen Bevölkerung angenommen.[116]

Die Rate der Zustimmung zu den beiden zur Abstimmung gestellten Gesetzeswerken differierte zwischen den einzelnen Regierungsbezirken erheblich. Die Zahl der gültigen Ja-Stimmen lag in den Hochburgen der Christdemokraten, in Koblenz (61,3% Zustimmung zur Verfassung, 65,0% zu den Schulartikeln) und Trier (76,5% und 82,8%) am höchsten. In Montabaur näherte sich die Zustimmungsquote dem Landesdurchschnitt (52,4% und 55,5%), während Rheinhessen und die Pfalz mehrheitlich gegen die Entwürfe votierten: Hier betrug die Mehrheit der Nein-Stimmen gegen die Verfassung 53,2% (Rheinhessen) bzw. 59,7% (Pfalz), gegen die Schulartikel stimmten 67,0% (Rheinhessen) bzw. 63,2% (Pfalz). Auffällig ist hinsichtlich der Spaltung bei diesem Referendum zwischen dem Nord- und dem Südteil von Rheinland-Pfalz zweierlei: Zum einen existierten bezüglich der Volksabstimmungen ähnliche regionale Besonderheiten wie auch bei der ersten Landtagswahl. So wurden die Entwürfe in den zu Koblenz bzw. zu Montabaur gehörenden Kreisen Birkenfeld und Diez mit deutlichen Mehrheiten verworfen, beide Landkreise waren regionale Hochburgen der SPD (und in eingeschränktem Maße auch der LP) in ansonsten christdemokratisch dominierten Regierungsbezirken. In den pfälzischen Landkreisen Germersheim, Pirmasens-Land und Speyer-Land läßt sich ähnliches unter umgekehrten Vorzeichen (hohe Zustimmungsraten in CDU-Enklaven in der Südpfalz) konstatieren.[117]

Andererseits muß festgehalten werden, daß die Höhe der Zustimmung in den einzelnen Gebieten nicht deckungsgleich mit den Wahlergebnissen für die CDU bzw. für CDU plus LP/SV war, denn vor allem bei den umstrittenen Schulartikeln, für die die Union allein im Wahlkampf eingetreten war, ergaben sich zum Teil deutlich größere Zustimmungsraten als CDU-Wähleranteile. Somit dürften die Entwürfe auch Unterstützung bei den Wählern anderer Parteien gefunden haben, wenngleich die deutliche Trennung zwischen Nord und Süd bestehen geblieben war.[118]

[115] In Wahlplakaten, die von beiden liberalen Gruppierungen gemeinsam gestaltet wurden, erklärten LP und SV:"Ja zur Verfassung, die aufbaut - Nein zum Schulentwurf, der niederreißt", s. Lerch/Lerch 1989, S.28

[116] Kusch 1989, S.242; Lerch/Lerch 1989, S.26/27; Weitzel 1989, S.214-216

[117] nach: Statistisches Landesamt Rheinland-Pfalz (Hrsg.) 1948, S.44-47

[118] Martin 1995, S.266/267

5.4.3. Die Bildung von Regierungen auf parlamentarischer Grundlage

In beiden Ländern führten die ersten Wahlen zu nun auf parlamentarischer Grundlage gebildeten Regierungen: Während in Hessen die konstruktive Zusammenarbeit von SPD und CDU zu einer Großen Koalition führte, wurde in Rheinland-Pfalz nach personellen Streitigkeiten um die Besetzung des Ministerpräsidentenamtes zunächst eine Allparteienregierung installiert, die jedoch bald zu einem ebenfalls auf der Unterstützung von CDU und SPD fußenden Kabinett der Großen Koalition umgebildet werden sollte.
In Hessen bildeten SPD und CDU am 3. Januar 1947 die Landesregierung unter Führung des sozialdemokratischen Ministerpräsidenten CHRISTIAN STOCK, dessen Stellvertreter und Finanzminister der CDU-Vorsitzende WERNER HILPERT wurde. Die hessische KPD hatte sich für eine rechnerisch mögliche Koalition mit den Sozialdemokraten dadurch disqualifiziert, daß sie überraschend durch ihren Fraktionsvorsitzenden LEO BAUER den FGB-Vorsitzenden und SPD-Abgeordneten WILLY RICHTER gegen dessen Willen für das Amt des Ministerpräsidenten vorgeschlagen hatte, was von dem Sozialdemokraten mißbilligt wurde.[119]
Zu weiteren Regierungsmitgliedern in der Großen Koalition wurden in Wiesbaden zum Innen- und Wiederaufbauminister HEINRICH ZINNKANN (SPD), zum Justizminister GEORG AUGUST ZINN (SPD) und zum Minister für Landwirtschaft und Ernährung KARL LORBERG (CDU) ernannt. Die Ressorts Wirtschaft und Verkehr wurden von HARALD KOCH (SPD) geführt, JOSEF ARNDGEN (CDU) übernahm die Bereiche Arbeit und Wohlfahrt, ERWIN STEIN (CDU) diejenigen für Kultus und Unterricht. Bis Ende März 1949 amtierte außerdem GOTTLOB BINDER (SPD) als Minster für Politische Befreiung; HERMANN BRILL (SPD) übernahm die Leitung der Hessischen Staatskanzlei.[120]
Die Bildung der rheinland-pfälzischen Landesregierung nach der Wahl vom 18. Mai 1947 wurde wegen des Streits um die Verabschiedung der Verfassung von Schwierigkeiten begleitet, wobei die französische Militärregierung die Bildung einer Landesregierung auf möglichst breiter parlamentarischer Grundlage erhoffte, jedoch diesbezüglich keinen Druck auf die Abgeordneten ausübte. Aufgrund des Ergebnisses der Landtagswahl war eine Koalitionsregierung unumgänglich. Der Verlust der absoluten Mehrheit der CDU (verglichen mit den Kommunalwahlen und der Zusammensetzung der BLV) wurde von manchen Christdemo-

[119] Beier 1989, S.65; Langer, Ingrid/Ulrike Ley/Susanne Sander:"Alibi-Fauen? Hessische Politikerinnen II - Im 1. und 2. Hessischen Landtag 1946-1954", FfM 1995, S.11/12; Rüschenschmidt 1995, S.30
[120] Beier 1989, S.66; Rüschenschmidt 1995, S.30; Storbeck, Anna Christine:"Die Regierungen des Bundes und der Länder seit 1945, Deutsches Handbuch der Politik, Bd.4", München 1970, S.210

kraten als Niederlage betrachtet, obwohl die Partei weiterhin die führende Rolle im rheinland-pfälzischen Parteiensystem einnahm.[121]
Während in Hessen die LDP aufgrund ihres scharfen nationalkonservativen Kurses eine Beteiligung an dem von der SPD geführten Kabinett selbst unmöglich gemacht hatte und eine dauerhafte Koalition aus SPD und KPD wegen innerer Widerstände bei den Sozialdemokraten gegen ein Linksbündnis scheiterte, entstand im Nachbarland zunächst eine Allparteienkoalition. Rein rechnerisch wäre neben einer Großen Koalition auch ein Bündnis aus Christdemokraten und Liberalen denkbar gewesen; es hätte im Landtag mit 58 Mandaten eine sichere Mehrheit besessen und wurde auch von einer Minderheit in der Union - darunter auch Ministerpräsident BODEN - präferiert.[122] Durchgesetzt hatte sich allerdings die Meinung der CDU-Mehrheit, die einerseits wegen der starken Stellung der Sozialdemokraten in der Pfalz und in Rheinhessen, andererseits wegen der Bewältigung der anstehenden gewaltigen Wiederaufbaumaßnahmen eine möglichst breite Unterstützung der Regierung für notwendig erachtete. Zudem hielten starke Kräfte in der CDU-Führung, zu denen auch der spätere Ministerpräsident ALTMEIER gerechnet wurde, das "soziale Verantwortungsbewußtsein" der im neugewählten Landtag als "Demokratische Partei" auftretenden geeinten Liberalen für zu schwach ausgeprägt und plädierten deshalb für die Weiterführung eines Allparteienkabinetts.[123] Für den Fall der Bildung einer CDU/DP-Koalition wären weiterhin - aus regionalpolitischer Sicht betrachtet - Proteste wegen der strukturellen Bevorteilung des christdemokratischen Nordens des Landes von seiten der Pfälzer und der Rheinhessen sehr wahrscheinlich gewesen; diese sollten gerade in der Aufbauphase des neuen Landes vermieden werden.[124]
Problematischer als in Hessen gestaltete sich die Regierungsbildung in Rheinland-Pfalz aber nicht allein wegen des Regionalproporzes, sondern weil sich Ministerpräsident BODEN zunächst weigerte, die SPD erneut in die Regierung aufzunehmen und weil sich die Sozialdemokraten schon im Wahlkampf gegen ein Verbleiben BODENS im Amt ausgesprochen hatten. Auch bei der SPD erschwerten personalpolitische Vorstellungen den Fortgang der Koalitionsverhandlungen, da man auf die Besetzung des Innenministeriums mit JAKOB STEFFAN pochte, was bei der Union auf Widerstände traf, da sie STEFFAN und die SPD als erklärte Gegner der rheinland-pfälzischen Verfassung nicht mit dem für Verfassungsfragen zuständigen Ressort betrauen wollte.[125]

[121] Kusch 1989, S.243-245; Weitzel 1989, S.216/217
[122] Küppers 1990, S.147
[123] Martin 1995, S.281; Weitzel 1989, S.217
[124] Küppers 1990, S.147
[125] Kusch 1989, S.244/245; Martin 1995, S.280-282; Weitzel 1989, S.219/220

Am 24. Juni 1947 votierten die CDU-Abgeordneten mit 22 zu 22 Stimmen bei einer Enthaltung gegen die von BODEN wegen der Reibereien mit der SPD bevorzugte kleine Koalition mit der DP.[126]
Am 9. Juli erklärte BODEN nach Gesprächen der CDU-Politiker ALTMEIER, ZIMMER, ZIEGLER und BIEROTH mit der SPD-Führung um HOFFMANN, BÖGLER und BETTGENHÄUSER über die Fortsetzung der gemeinsamen Regierung seinen Rücktritt als Ministerpräsident von Rheinland-Pfalz; er zog sich damit aber nicht aus der Landespolitik zurück, sondern arbeitete danach zunächst als einfacher Abgeordneter, von 1951 bis zu seinem Tod 1961 als Vorsitzender der CDU-Fraktion im Landesparlament mit.[127]
Der Streit zwischen den beiden großen rheinland-pfälzischen Parteien um die Besetzung des Innenministeriums wurde schließlich mit dem Koalitionsabkommen vom 8. Juli 1947 dahingehend entschieden, daß die Sozialdemokraten zwar ihren Kandidaten STEFFAN als Minister durchsetzen konnten, der Bereich der Verfassungspolitik allerdings dem CDU-geführten Justizministerium zugeschlagen wurde. Der an die Stelle BODENS tretende frühere Montabaurer Regierungspräsident PETER ALTMEIER stand damit an der Spitze eines Allparteienkabinetts, das jedoch trotz eines "Toleranzabkommens" zwischen den vier Parteien bereits nach einem dreiviertel Jahr auseinanderbrechen sollte.[128]
Neben ALTMEIER stellte die CDU die Minister für Justiz, Erziehung und Kultus (ADOLF SÜSTERHENN), für Gesundheit und Wohlfahrt (HANS JUNGLAS) sowie für Landwirtschaft, Ernährung und Forsten (OSKAR STÜBINGER). Die SPD vertraten neben STEFFAN im Innenressort HANS HOFFMANN als Finanz- und WILHELM BÖKENKRÜGER als Arbeitsminister, WILLY FELLER von der KPD blieb Minister für Wiederaufbau und der Liberale FRITZ NEUMAYER komplettierte das Kabinett als Minister für Wirtschaft und Verkehr. Die Umbesetzungen bei CDU und SPD entsprangen vorwiegend internen strategischen Überlegungen der beiden großen Parteien, die neben rein personalpolitischen Vorstellungen[129] auch den regionalpolitischen Proporz zwischen den einzelnen Landesteilen zu wahren hatten. Dabei konnten die pfälzischen Politiker ihre Position deutlich gegenüber ihrer Stellung in der Provisorischen Landesregierung ausbauen und waren mit fünf Ministern gegenüber drei Rheinländern und einem Rheinhessen sehr gut vertreten.[130]

---

[126] Heyen, Franz-Josef:"Wilhelm Boden (1890-1961) - Erster Ministerpräsident von Rheinland-Pfalz", in: Heyen (Hrsg.) 1984, S.195; Martin 1995, S.285/286
[127] Heyen 1984, S.196; Martin 1995, S.289/290
[128] Das "Toleranzabkommen" sollte gemeinsame Regierungsziele der vier Bündnispartner und Forderungen gegenüber den Franzosen regeln. Kusch 1989, S.245-247; Martin 1995, S.286/287 Weitzel 1989, 239/240
[129] Der frühere SPD-Arbeitsminister Röhle wurde beispielsweise Leiter des Landesarbeitsamtes.
[130] Küppers 1990, S.152; Weitzel 1989, S.243/244

Bereits im April 1948 wurde das Allparteienkabinett im Zuge veränderter außenpolitischer Determinanten in eine Große Koalition umgewandelt. Grund dafür waren die anhaltenden Auseinandersetzungen um die Haltung des KPD-Ministers FELLER zum Marshallplan, der von diesem vehement bekämpft worden war. Die Fraktion der CDU beantragte am 7. April im noch in Koblenz zusammenkommenden Landtag, FELLER das Vertrauen zu entziehen. Sie begründete ihren Vorstoß folgendermaßen:"Wir sehen ... keine Möglichkeit, daß ein Minister im Kabinett bleibt, der gleichzeitig in der Regierung sitzen soll und gleichzeitig die grundsätzliche Politik dieser gleichen Regierung bekämpfen muß."[131]
Der Antrag der Union wurde mit großer Mehrheit angenommen (74 Ja-Stimmen, 6 Nein-Stimmen, 8 Enthaltungen), die Liberalen zogen jedoch daraufhin ihren Minister NEUMAYER ebenfalls aus dem ersten Kabinett ALTMEIER zurück. Als vorgeschobenen Grund für das Verlassen der gemeinsamen Regierung betonten die DP-Vertreter, daß durch die Art und Weise der Entmachtung der Kommunisten das Toleranzabkommen verletzt worden sei. Die tatsächlichen Motive haben aber in der Ablehnung der von Sozial- wie von Christdemokraten getragenen Sozialstaatspolitik des Landes gelegen. Die aus den Rücktritten der beiden Minister resultierende Koalition aus CDU und SPD setzte ihre Arbeit ohne zusätzliche Regierungsmitglieder fort; Ministerpräsident ALTMEIER übernahm ab April 1948 das Wirtschaftsressort, Finanzminister HOFFMANN führte zusätzlich das Ressort für Wiederaufbau.[132]
Weder die Große Koalition in Koblenz noch das ebenfalls aus SPD und CDU bestehende Regierungsbündnis in Wiesbaden überstand die bis Ende 1950 (in Hessen) bzw. bis Anfang 1951 (in Rheinland-Pfalz) laufende erste Legislaturperiode ohne Blessuren. Am Ende der gemeinsamen Regierungen unter Beteiligung der großen Parteien[133] konnten zwar zahlreiche in der Nachkriegszeit drängende Probleme in den Bereichen Ernährung, Versorgung und Wiederaufbau zumindest angegangen werden, doch verdeutlichten Auseinandersetzungen zwischen den Regierungspartnern den Wunsch auf Ablösung des Koalitionspartners in der Zukunft. Von besonderer Bedeutung sollten dabei Gegner der Großen Koalitionen in den Landesparteien wie bei den sich herausbildenden Bundesorganisationen der Parteien werden.

---

[131] nach: Weitzel 1989, S.245

[132] Küppers 1990, S.152/153; Kusch 1989, S.248/249; Martin 1995, S.286/287, Weitzel 1989, S.244/245

[133] Die rheinland-pfälzische Allparteienregierung 1947/48 muß im Zusammenhang einer langfristigen Betrachtung der Parteiensysteme als Übergangskabinett gesehen werden.

5.4.4. Erosionsprozesse in den Regierungen STOCK und ALTMEIER

Krisen in der Regierung STOCK ergaben sich durch ein zeitweilig von der Koalitionsdisziplin abweichendes Abstimmungsverhalten der SPD im Wiesbadener Landtag, die bei Gesetzesvorhaben wie der Wiedererrichtung der Verbrauchergenossenschaften auf die parlamentarische Unterstützung der Kommunisten einging, nachdem die CDU zur Revision verschiedener Änderungsanträge zuvor nicht bereit gewesen war.[134] Ein kommunalpolitisches Ausscheren der SPD nach der Kommunalwahl vom 25. April 1948 sorgte ebenfalls für Verstimmung zwischen den Koalitionspartnern im Land, da SPD und CDU in einem Koalitionsgespräch am 26. Mai eine Abmachung zur Besetzung der Landratssitze in Hessen getroffen hatten, wonach die Wahl von Landräten möglichst einvernehmlich zwischen den beiden Parteien - also ohne kommunale "Abweichler" - stattzufinden habe. Die hessische Union sollte demnach 18 Landratssitze erhalten, die SPD 21. Da sich die Sozialdemokraten jedoch im Kreis Bergstraße mit KPD und LDP (!) zur gemeinsamen Wahl eines SPD-Landrates durchgerungen hatten, obwohl die CDU stärkste Partei im Kreis geworden war, reagierte der Landesvorsitzende HILPERT mit der Bemerkung, die CDU werde sich nunmehr koalitionspolitisch "völlig freie Hand vorbehalten."[135]

In Rheinland-Pfalz gerieten die Koalitionspartner wegen des "Falls BÖGLER" und wegen der Hauptstadtfrage aneinander, was hier sogar zum Rücktritt der SPD-Minister aus dem Kabinett ALTMEIER führte, welches allerdings kurze Zeit danach eine Neuauflage unter erneuter Beteiligung der SPD erlebte. Die Schwierigkeiten der ALTMEIER-Regierung mit dem pfälzischen Regierungspräsidenten FRANZ BÖGLER, der "sein Amt als Leiter der pfälzischen Verwaltung vorrangig nicht als administrative, sondern als politische Aufgabe auffaßte",[136] ergaben sich einerseits aus personalpolitischen Problemen mit den von BÖGLERS CDU-Vorgänger EICHENLAUB übernommenen Mitarbeitern. Andererseits war Ablehnung durch die Landesregierung wegen BÖGLERS offen bekundeter Sympathie für pfälzische Organisationen entstanden, da diese für die Abtrennung der Pfalz vom Rheinland und statt dessen für eine landespolitische Orientierung zugunsten Bayerns oder des süddeutschen Raumes eintraten.

BÖGLER, der sich selbst als "Landessprengmeister" bezeichnete, machte die schlechte Versorgungslage in der Pfalz verantwortlich für separatistische Organisationen und führte heftige Anklagen gegen die Franzosen. Trotz der deutlichen

---

[134] NZ vom 19.2.1948, Ludwig Steinkohl:"Brüchige Koalition in Hessen"
[135] FR vom 1.6.1948:"Regierungskrise in Hessen?"; Beier 1989, S.92/93
[136] Küppers 1990, S.160

Worte gegen die französische Besatzungsmacht wurde BÖGLER nicht direkt von HETTIER DE BOISLAMBERT abgesetzt. Dieser versuchte vielmehr über Intervention bei Innenminister STEFFAN eine Absetzung zu erreichen, was aber mißlang. Vollends zum landespolitischen Konfliktthema wurde der Fall BÖGLER durch dessen Beitritt zum separatistischen "Verein Kurpfalz" und aufgrund BÖGLERS Weigerung, einer Landesverfügung zur Umformung von Gemeinschafts- in Konfessionsschulen beizukommen. Daraufhin entließ ALTMEIER BÖGLER, was die SPD im Landtag wiederum zum Anlaß nahm, die Koalitionsfrage zu stellen und ihre Minister aus dem Koblenzer Kabinett abzuziehen. Der Schritt der Landesminister muß als zögerlich und halbherzig bezeichnet werden, da BÖKENKRÜGER, HOFFMANN und STEFFAN nur aufgrund einer Entscheidung der SPD-Landesdelegiertenkonferenz im Oktober 1949 von ihren Ämtern zurücktraten und dies mit der ausdrücklichen Bekundung verbanden, nach einer "Denkpause" wieder ins Kabinett zurückkehren zu wollen.[137]
Nach dem Wiedereintritt in die Regierung am 14.12.1949 ohne jegliche Vorbedingungen mußten sich die Sozialdemokraten dann mit einer deutlich geschwächten Repräsentation zufrieden geben, da sie im Zuge einer Kabinettsverkleinerung lediglich die Ressorts Finanzen und Wiederaufbau (HOFFMANN) und Soziales (STEFFAN) erhielten. Da von Ministerpräsident ALTMEIER zwischenzeitlich der CDU-Politiker PFEIFFER zum neuen Verwaltungschef der Pfalz berufen worden war, war der Rücktritt der drei SPD-Minister völlig wirkungslos gewesen und offenbarte die innere Zerrissenheit bei den Sozialdemokraten, die sich zwischen Regierungsmitgliedern und Vertretern des Bezirksvorstands Rheinland-Hessen-Nassau und Gegnern der Großen Koalition im Bezirksvorstand Pfalz um den Chefredakteur der SPD-Zeitung "Die Freiheit", GÜNTER MARKSCHEFFEL, offenbarte.[138]
Große Differenzen taten sich zwischen den Regierungspartnern in der Frage nach dem Umzug des Landtags von der provisorischen Hauptstadt Koblenz in die vorgesehene Landesmetropole Mainz auf, da sich zunächst Ende 1949 eine knappe Mehrheit von 48 zu 46 Stimmen bei zwei Enthaltungen für den Verbleib in Koblenz ausgesprochen hatte und sich erst im Mai 1950 eine Mehrheit der Landtagsabgeordneten für den Umzug bereitfinden konnte. Ausschlaggebend für den langen Entscheidungsprozeß waren erneute erhebliche Abstimmungsschwierigkeiten bei den Sozialdemokraten, die erst im dritten Anlauf zur Abstimmung einen größeren Teil der Fraktion für ein Votum pro Mainz überzeugen konnten.[139]

[137] Kusch 1989, S.205-212, S.289/290; Küppers 1990, S.160-164
[138] Kusch 1989, S.290-292; Küppers 1990, S.163/164
[139] Kusch 1989, S.279-285; Küppers 1990, S.168-178

5.5. Die Landesparteien bei der ersten Bundestagswahl 1949

Das Jahr 1949 brachte mit der Gründung der Bundesrepublik Deutschland die erste Bundestagswahl, die am 14. August stattfand und in den Ländern Hessen und Rheinland-Pfalz Wahlergebnisse erbrachte, die sehr drastisch vom bundesweiten Gesamtergebnis abwichen. Wahlsieger wurde bundesweit die CDU/CSU, die auf ein Resultat von 31,0% kam, sie wurde gefolgt von der SPD, die 29,2% erreichte. Die FDP landete mit 11,9% auf dem dritten Platz, die KPD kam insgesamt auf 5,7%. In Hessen wurden die Sozialdemokraten mit 32,1% stärkste Partei, auch wenn sie im Vergleich zu den ersten landesweiten Wahlen deutlich unter der 40-Prozent-Marge lagen. Zur zweitstärksten Kraft war die FDP aufgestiegen; auch in Hessen hatten sich die Liberalen nach langen innerparteilichen Auseinandersetzungen zur Übernahme des auf dem ersten Bundesparteitag in Heppenheim Ende 1948 beschlossenen Namens durchringen können. Sie erreichte mit 28,1% ein mehr als doppelt so gutes Resultat wie im Bund und überflügelte die CDU, die lediglich 21,3% erhielt.[140] Anläßlich der Bundestagswahl hatte die hessische FDP ein Wahlbündnis mit der rechtsradikalen "Nationaldemokratischen Partei" (NDP) geschlossen, was zum Einzug des hessischen Parteigründers, HEINRICH LEUCHTGENS, in den Deutschen Bundestag führte.[141]
In Rheinland-Pfalz triumphierte die Union mit einem Resultat von 49,1%, dem mit weitem Abstand besten Einzelresultat einer Unionspartei in einem Bundesland bei der ersten Bundestagswahl;[142] sie lag somit um 18,1 Prozentpunkte über dem Gesamtergebnis der Union.
Die SPD kam mit 28,6% auf ein durchschnittliches Ergebnis, verglichen mit der Wahl von 1947 mußte sie einen Rückgang um 5,7 Prozentpunkte hinnehmen. Klar zulegen konnte auch hier (im Vergleich zur ersten Landtagswahl) die FDP, die sich auf 15,8% verbesserte. Die seit Ende Mai 1949 als Freie Demokraten firmierenden Vertreter der vormaligen LP und des früheren SV waren zusammengerechnet in Rheinland-Pfalz auf 9,8% gekommen. Die KPD erreichte mit 6,7% in Hessen und mit 6,1% in Rheinland-Pfalz etwas bessere Resultate als im Bundesdurchschnitt; verglichen mit den Landtagswahlen machte sich die außenpolitische Lage der Konfrontation zwischen Ost und West und der abschrecken-

[140] Beier 1989, S.113; Ritter, Gerhard A./Merith Niehuss:"Wahlen in der Bundesrepublik Deutschland - Bundestags- und Landtagswahlen 1946-1987", München 1987, S.95; Rüschenschmidt 1995, S.30/31
[141] Schmollinger, Horst W.:"Die Nationaldemokratische Partei", in: Stöss (Hrsg.) 1986, S.1892ff; Staudt 1996, S.30
[142] In den Gebieten des späteren Landes Baden-Württemberg erreichte die CDU umgerechnet nur 39,6%, die CSU kam in Bayern lediglich auf 29,2%. Vergl. Ritter/Niehuss 1987, S.97/98

den Wirkung der Etablierung der SBZ/DDR unter sowjetischen Vorzeichen besonders negativ für sie bemerkbar.
Während in Rheinland-Pfalz nur ein minimaler Prozentanteil bei der Bundestagswahl auf die Gruppe der "Sonstigen" entfiel, erhielten in Hessen 11,5% parteilose Bewerber des Zuspruch des Wahlvolkes.[143]
Nach der Bundestagswahl bildete sich in Bonn eine kleine Koalition aus CDU/CSU, FDP und der vor allem in Norddeutschland verankerten "Deutschen Partei" (DP) heraus, die von Bundeskanzler KONRAD ADENAUER (CDU) angeführt wurde, der als Gegner einer Großen Koalition galt. Die Installierung einer Bundesregierung ohne sozialdemokratische Beteiligung blieb nicht ohne Auswirkungen auf die Großen Koalitionen in mehreren Ländern. Mitte 1949 war nicht nur in Hessen und in Rheinland-Pfalz das Bündnis aus CDU und SPD als Länder-Regierungsmodell anzutreffen: Mit Nordrhein-Westfalen wurde auch das größte Bundesland von CDU und SPD unter dem CDU-Ministerpräsident KARL ARNOLD (CDU) gemeinsam regiert, in Bayern existierte ein Bündnis aus CSU und SPD unter der Führung von HANS EHARD (CSU), in Niedersachsen regierte der Sozialdemokrat HINRICH WILHELM KOPF mit einem Kabinett aus SPD, CDU, DP, Zentrum und KPD.[144]
Nach 1949 erhielten die Landeskabinette ALTMEIER und STOCK zusätzliche Einflüsse durch die Bundesebene, auf welcher durch die kleine Koalition der bürgerlichen Parteien CDU/CSU, FDP und DP ein von den Großen Koalitionen in den Ländern abweichendes Bündnismuster etabliert wurde. Gerade die hessische CDU hätte nach Meinung von Kritikern der Großen Koalition nach dem schwachen Abschneiden am 14. August 1949 nach dem bundespolitischen Vorbild auf eine Umorientierung setzen sollen, sie blieb jedoch unter HILPERTS Führung in der Koalition.
Die rheinland-pfälzische CDU konnte hingegen nicht nur ein ausgezeichnetes Gesamtergebnis aufweisen, sie konnte auch in den SPD-Hochburgen in Rheinhessen und in der Pfalz zulegen, was allerdings die Zusammenarbeit im gemeinsamen Landeskabinett erschwerte.[145]
Bedingt durch das Überwechseln von Landesministern in den neuen Bundestag mußte der Hessische Ministerpräsident STOCK Ende Oktober sein Kabinett umbilden; ähnlich wie bei der rheinland-pfälzischen Regierungsumbildung nach dem Rücktritt der drei SPD-Minister kam es ebenfalls in Wiesbaden zu einer deutli-

[143] Martin 1995, S.356/357; Ritter/Niehuss 1987, S.95/96
[144] Esche/Hartmann (Hrsg.) 1990, S.91ff, S.273ff, S.309ff; Storbeck 1970, S.97ff, S.224ff, S.246ff
[145] Kusch 1989, S.287/288; Küppers 1990, S.159; Rüschenschmidt 1995, S.30/31

chen Verkleinerung der Landesexekutive, der neben STOCK nur noch vier Minister angehörten.[146]
Neben den in beiden Ländern gewählten Parlamentariern veränderten sich die Einflußmöglichkeiten der Landesregierungen von Hessen und von Rheinland-Pfalz vor allem durch die Errichtung des Bundesrates als einer dem Bundestag untergeordneten Kammer, in der die Länderregierungen am bundespolitischen Gesetzgebungsprozeß mitarbeiten konnten und gestaffelt nach ihrer Größe mit drei bis fünf Sitzen vertreten waren; Hessen und Rheinland-Pfalz erhielten je vier Sitze in dem neuen Bundesorgan.
Außer Streitigkeiten zwischen den Koalitionspartnern in Mainz und in Wiesbaden,[147] den Wahlerfolgen der in beiden Ländern oppositionellen Freien Demokraten und dem Druck der Bonner Unionsführung gegen die Fortsetzung der Großen Koalitionen in den Ländern,[148] wurden die Regierungsbündnisse 1950 durch parteipolitische Entwicklungen in anderen Ländern beeinflußt. Hier ist in erster Linie auf die großen Erfolge des "Blocks der Heimatvertriebenen und Entrechteten" (BHE) zu verweisen, der nach Aufhebung des Lizenzzwanges durch die Alliierten am 14. Januar 1950 bei der Landtagswahl in Schleswig-Holstein am 9. Juli 1950 aus dem Stand ein Ergebnis von 23,4% erreichte. Die als Interessenvertretung der Flüchtlinge aus den früheren deutschen Ostgebieten auftretende Partei fand in Schleswig-Holstein die Unterstützung der Vertriebenenverbände in einem wirtschaftlich schwachen Land, das eine große Zahl von Vertriebenen aufzunehmen hatte. Der Erfolg des BHE ging in Kiel hauptsächlich zu Lasten von SPD (-16,3 Prozentpunkte) und CDU (-14,3 Prozentpunkte); die neue Partei bildete mit CDU, FDP und DP eine gemeinsame Regierungskoalition.[149]
Die Gründung von BHE-Landesverbänden in weiteren Ländern sollte sich nach diesem spektakulären Anfangserfolg im wesentlichen auf die hessische Landtagswahl im November auswirken.
In Rheinland-Pfalz mehrten sich vor der Landtagswahl im April 1951 Stimmen im Lager der SPD, die pauschal die gesamte Politik der rheinland-pfälzischen Landesregierung als sich im krassen Widerspruch zu den Prinzipien der Sozialdemokratie befindend bezeichneten.[150] In der rheinland-pfälzischen CDU-Führung

---

[146] Beier 1989, S.114; NP vom 10.11.1948:"Stock stellt sein neues Kabinett vor"
[147] Neben den Auseinandersetzungen um Bögler in Rheinland-Pfalz ist für Hessen auf Probleme der kommunalen Ebene und auf das Scheitern der Sozialisierungsvorlage im Landtag hinzuweisen. s. Beier 1989, S.125
[148] Küppers 1990, S.159; Sontheimer, Kurt:"Die Adenauer-Ära - Grundlegung der Bundesrepublik", München 1991, S.127
[149] Kaack, Heino:"Geschichte und Struktur des deutschen Parteiensystems", Opladen 1971, S.207/208; Stöss, Richard:"Der Gesamtdeutsche Block/BHE", in: Stöss (Hrsg.) 1986, S.1424ff
[150] Kusch 1989, S.296/297

wurde die Frontstellung des Koalitionspartners gegenüber der Bundesregierung zunehmend als Belastung für die Regierungsarbeit empfunden.[151]
Tatsächlich sollten die Landtagswahlen 1950/51 zum Ende der Zusammenarbeit der beiden großen Parteien führen und den Beginn langer Phasen der sozial- bzw. der christdemokratischen Herrschaft in Hessen bzw. in Rheinland-Pfalz einläuten, wobei allerdings die Haltung der Liberalen und der Vertriebenenpartei ausschlaggebend für die Erringung einer hegemonialen Stellung der jeweils größeren Volkspartei werden sollte.

5.6. Fazit zur Entwicklung der Landesparteiensysteme 1945-1951

Zusammenfassend ist für die Gründungsphase der Landesparteiensysteme von Rheinland-Pfalz und Hessen festzuhalten, daß sich insbesondere Faktoren wie die politische Tradition der Regionen vor 1933 und der Landeszuschnitt nach 1945 maßgeblich auf die Gestaltung der Parteiensysteme auswirkten. Während die Sozialdemokraten an ihre parteipolitischen Traditionen aus der vor-nationalsozialistischen Zeit anknüpfen konnten, gelang es der neugegründeten CDU in den nördlichen Landesteilen von Rheinland-Pfalz unter Fortführung der Zentrumstradition starke Elektorate hinter sich zu bringen, was auf die große Bedeutung der Wählerstrukturen für die Gestaltung der neuen Landesparteiensysteme verweist. Katholische Bevölkerungsmehrheiten vor allem im nördlichen Rheinland-Pfalz, dem durch seine ländliche Struktur bestimmten Gebiet zwischen Koblenz und Trier waren ebenso ein sicherer Garant für hohe Stimmenanteile der Union wie die industriellen Ballungsräume Hessens mit ihrem großen Anteil an Arbeitern einen klaren Stimmenvorsprung der Sozialdemokraten sicherten. Bereits in den ersten Kommunal- und Landtagswahlen nach dem Zweiten Weltkrieg wurde die Stellung der SPD in Hessen und der CDU in Rheinland-Pfalz als stärkster Partei im Landesparteiensystem deutlich. In den zunächst von vier Parteien bestellten Landtagen wurden die KPD und die liberalen Gruppierungen zumeist auf die Oppositionsrolle verwiesen. Lediglich in einer Übergangszeit konnten die kleineren Fraktionen Positionen in den Landesregierungen übernehmen.
Was die Zusammenarbeit der Parteien in den beiden Landtagen angeht, so überwiegen neben der Gemeinsamkeit der Bildung von Großen Koalitionen aus SPD und CDU die Unterschiede zwischen beiden Ländern. Während in Rheinland-Pfalz der Wille der CDU im ersten Landtag zur Zusammenarbeit mit der in der

[151] Küppers 1990, S.182

Nordpfalz dominierenden SPD für eine größere Akzeptanz des neugeschaffenen Landes in der Bevölkerung diente, so bereitete in Hessen die Kooperation zwischen Sozialdemokraten und Union bei der Ausarbeitung der Landesverfassung die spätere Koalition der beiden Volksparteien vor. Die Koalition beider Volksparteien in Rheinland-Pfalz wurde während der Gründungsphase der Parteiensysteme durch die ablehnende Haltung der SPD zum neugeschaffenen Bundesland und die damit einhergehenden Auseinandersetzungen mit den Christdemokraten belastet, die ihrerseits mit Koordinationsschwierigkeiten innerhalb der aus verschiedenen politischen Gruppierungen neu gegründeten Partei zu kämpfen hatten. Die Übergangszeit der Allparteienregierung wurde in Koblenz wegen veränderter weltpolitischer Determinanten durch das Ende der Beteiligung der KPD an der Landesregierung besiegelt, auf das der Austritt der Liberalen folgte. Deutlicher als in Rheinland-Pfalz, wo die Liberalen vornehmlich wegen ihrer Haltung in sozialpolitischen Fragen als rechts von der Union angesehen wurden, war die Position der LDP/ FDP im hessischen Parteiensystem, in dem sie die Position der rechten Flügelpartei einnahmen.
Die Einflüsse von seiten anderer Länder oder durch die Bundesebene können während der Gründungsphase als relativ gering angesehen werden, da sich die Bundesrepublik erst im Jahre 1949 durch die Verabschiedung des Grundgesetzes und durch die erste Bundestagswahl konstituiert hatte.
Im folgenden wird zu klären sein, wie die hessische SPD und die rheinland-pfälzische CDU nach den Wahlen von 1950 und 1951 eine hegemoniale Stellung im jeweiligen Parteiensystem aufbauen konnten und welche Faktoren entscheidend für die Festigung dieser Position über zwei Jahrzehnte hinweg gewesen sind.

6. DIE PHASE DER HEGEMONIE (1951-1969)

6.1. Ende der Großen Koalitionen und Etablierung von SPD bzw. CDU als hegemonialer Kraft im Parteiensystem

Mit den Landtagswahlen vom 19. November 1950 und vom 29. April 1951 endeten in Hessen bzw. in Rheinland-Pfalz die Großen Koalitionen der ersten Legislaturperiode. Zu schwer hatten sich die Regierungsparteien in dieser Zeit wegen unterschiedlicher Fragen voneinander entfernt, zu groß wurde der Druck von seiten Adenauers und Schumachers auf die Führungen der großen Volksparteien in den beiden Bundesländern, sich aus primär bundespolitischen Überlegungen aus den Bündnissen zu lösen und ebenso wie im Bund auf eine prononciertere Konfrontation zwischen SPD und CDU zu setzen. Eine besondere Rolle spielten bei den Landtagswahlen von 1950/51 die Liberalen, die in Wiesbaden und in Mainz dank deutlicher Stimmengewinne kräftig zuzulegen vermochten und sich als Koalitionspartner (in Rheinland-Pfalz) bzw. als zweitstärkste politische Kraft (in Hessen) präsentieren konnten.

Unterschiedlich ist allerdings die Rolle der nach Aufhebung des Lizenzzwanges gegründeten Vertriebenpartei BHE in beiden Ländern zu sehen: In Hessen verhalf der BHE im Wahlbündnis mit der FDP dieser zu ihrem bislang höchsten Wahlerfolg; er bildete jedoch nach der Wahl eine eigene Fraktion im Hessischen Landtag und sollte sich fortan stärker der Regierungspartei SPD annähern.

In Rheinland-Pfalz erreichte der BHE wegen des geringeren Flüchtlingsanteils 1951 nur einen bescheidenen Wahlerfolg und damit keine Repräsentation im Landtag; er sollte auch bei folgenden Landtagswahlen nicht ins Mainzer Parlament einziehen können.

Neben dem Ausscheiden der KPD aus den Landesparlamenten in Wiesbaden und in Mainz ist bei beiden Parteiensystemen im Vergleich zu anderen Ländern oder dem Bundestag die Zuspitzung des politischen Wettbewerbs auf vier Gruppierungen in Hessen (nach Abspaltung der BHE-Abgeordnaten von der FDP) bzw. auf sogar nur drei Fraktionen in Rheinland-Pfalz festzustellen. Zum Vergleich: In Bayern und in Nordrhein-Westfalen existierten nach 1950 jeweils fünf Fraktionen im Landtag, in Niedersachsen waren ab 1951 acht Parteien im Parlament, im ersten Bundestag sogar neun Parteien vertreten.

In Hessen und in Rheinland-Pfalz begannen unter überschaubareren parteipolitischen Verhältnissen Anfang der 50er Jahre lange andauernde Phasen der deutlichen Vorherrschaft der jeweils größeren Partei.

6.1.1. Die hessische Landtagswahl 1950

Entscheidend für den Wahlausgang bei der hessischen Landtagswahl vom 19. November 1950 wurde neben den internen Auseinandersetzungen zwischen den Koalitionspartnern und dem externen Einfluß durch die gegen Große Koalitionen gerichtete Bonner CDU einerseits die Veränderung des Wahlsystems und andererseits die zwischen FDP und BHE getroffene Absprache für die Bildung einer gemeinsamen Wahlliste.

Mit einer Verfassungsänderung wurde durch eine Volksabstimmung am 9. Juli 1950 die zuvor in Hessen bestehende Bindung an das Verhältniswahlsystem gelockert; der Landtag konnte 1950 frei über das Verfahren zur Umrechnung von Wählerstimmen in Landtagsmandate entscheiden.[1] Nachdem eine Wählerinitiative für die Einführung des relativen Mehrheitswahlrechts[2] und die hessische FDP für das absolute Mehrheitswahlrecht[3] eingetreten waren, hatte der Hessische Landtag am 13. September 1950 gegen die Stimmen der Kommunisten ein neues Wahlrecht beschlossen, das Mehrheits- und Verhältniswahlsystem zu verbinden suchte.[4] Danach sollten 48 von jetzt nur noch 80 zu vergebenden Mandaten durch die einfache Mehrheit in den 48 Wahlkreisen Hessens bestimmt werden und die restlichen 32 Mandate unter Verrechnung der Reststimmen (der unterlegenen Bewerber) sowie der Überschußstimmen (die bei den Siegern in einem Wahlkreis über der erforderlichen Stimmenzahl lagen) nach dem Höchstzahlverfahren von d'Hondt über eine Landesliste vergeben werden. Berücksichtigt werden sollten dabei aber nur Parteien, die landesweit die Fünf-Prozent-Hürde bewältigt hatten. Beabsichtigt wurde mit diesem Verfahren, daß kleine radikale Parteien vom parlamentarischen Leben in Wiesbaden ausgeschlossen werden sollten.[5]

Die hessische Landespartei des BHE wurde durch das Wahlgesetz vor die Frage gestellt, ob sie entweder über den Gewinn von Direktmandaten oder über die Verrechnung von Reststimmen mit einer Landesliste in den Landtag gelangen würde. Da die hessische Vertretung der Vertriebenenpartei sich erst im August konstituiert hatte, traute man sich weder den schnellen Aufbau einer flächendekkenden Organisation und die Präsentation von attraktiven Direktkandidaten bis zur Wahl im November zu, noch war an eine landesweite Sammlung von minde-

[1] Beier 1989, S.121

[2] Danach sollten Wahlkreismandate an die relativ stärkste Partei vergeben werden; ein Ausgleich für kleinere Parteien durch eine Landesliste war dabei nicht vorgesehen.

[3] Ein Mandat sollte nur bei Erringung der absoluten Mehrheit in einem Wahlkreis vergeben werden. Falls kein Kandidat mehr als 50% der Stimmen erhielte, so würde eine Stichwahl zwischen den beiden Bestplazierten stattfinden müssen.

[4] NZ vom 6.7.1950, Konrad Mommsen:"In zwei Ländern hat am Sonntag der Wähler das Wort"

[5] Behr/Breit/Lilge/Schissler 1989, S.56; Langer/Ley/Sander 1995, S.294

stens 300 Unterschriften pro Wahlkreis zu denken, die zur Anrechnung von Reststimmen auf eine Landesliste notwendig waren.[6]
Diese mißliche Lage sorgte beim BHE dafür, daß politische Gespräche mit SPD, CDU und FDP zur Bildung eines Wahlabkommens geführt wurden, die schließlich im Falle der Freien Demokraten positiv endeten, wobei eine rechtsnationale Minderheit im BHE gegen den Kurs der Mehrheit opponierte und sich als "Block der Vaterländischen Vereinigung" an der Wahl (erfolglos) beteiligte.[7]

Grafik 3.1.: Stimmenverteilung bei der hessischen Landtagswahl am 19.11.1950

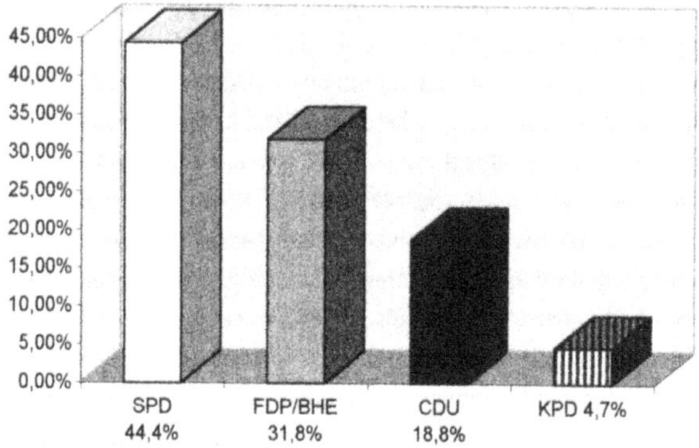

Grafik 3.2.: Mandatsverteilung bei der Hessischen Landtagswahl am 19.11.1950

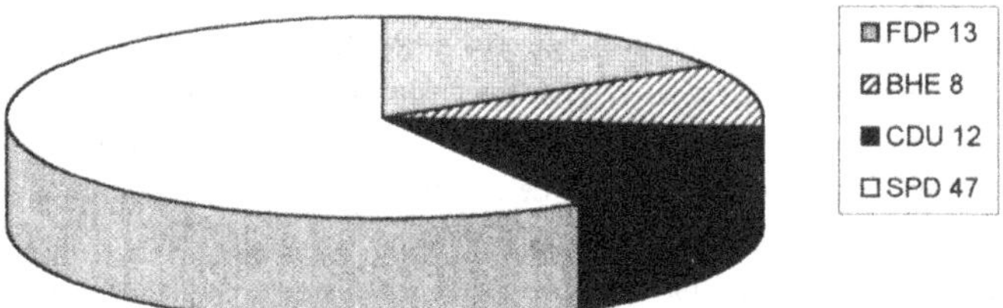

[6] NZ vom 5.10.1950, Kurt v.Gleichen:"Hessische Parteien vor Eröffnung des Wahlkampfes"; Langer/Ley/ Sander 1995, S.294
[7] Stöss 1986, S.1434

Das Wahlsystem begünstigte eindeutig diejenige Partei, die in den hessischen Wahlkreisen die meisten Direktmandate gewinnen konnte: So konnten die Sozialdemokraten mit einem Stimmenanteil von lediglich 44,4% bei einer stark gesunkenen Wahlbeteiligung von 64,9% bei der Landtagswahl vom 19. November 1950 47 Mandate erringen (davon 36 in den Wahlkreisen), was einem Mandatsanteil von 58,7% entspricht.
Überaus erfolgreich gestaltete sich die gemeinsame Kandidatur von FDP und BHE, die mit 31,8% der Stimmen 21 Mandate erhielten (davon 8 in den Wahlkreisen), während die hessische CDU mit ganzen 18,8% der Stimmen und 12 Mandaten eine verheerende Niederlage erlitt. Aus dem Wiesbadener Parlament ausscheiden mußten die Kommunisten, deren Stimmenanteil unter fünf Prozent gesunken war und die damit nicht an der Berechnung der Reststimmen teilnahmen.[8]
Anders als zu späteren Zeiten wurde der Wahlkampf 1950 stärker von Themen als von den Spitzenkandidaten der großen Parteien beherrscht, wobei gerade für die erfolgreichen Sozialdemokraten festzuhalten ist, daß sich neben Ministerpräsident STOCK und den SPD-Ministern auch die Vorsitzenden der Bezirke Hessen-Süd, WILLY KNOTHE, und Hessen-Nord, GEORG-AUGUST ZINN, an vorderster Stelle im Wahlkampf engagierten.[9]
Regional konnte die gemeinsame Liste von FDP und BHE in Nord- und Mittelhessen besonders stark auftrumpfen und in den Wahlkreisen Waldeck (Wahlkreis Nr.3, 53,4%), Frankenberg-Ziegenhain (Nr.10, 51,1%) und Alsfeld-Gießen-Land-Ost (Nr.20, 53,5%) klare absolute Mehrheiten erzielen. Daneben setzten sich FDP und BHE in Kassel-West (47,4%), Hünfeld-Lauterbach (37,1%), im Untertaunus-Rheingaukreis (34,8%) und in zwei Wahlkreisen der Stadt Wiesbaden (38,6% bzw. 44,6%) mit relativer Mehrheit durch. Die FDP/BHE-Verbindung deklassierte in weiten Teilen Hessens die Christdemokraten und wurde zweitstärkste Partei hinter der SPD. Die Sozialdemokraten konnten sich allerdings außer in den genannten FDP/BHE-Hochburgen und in den vier überwiegend katholischen Kreisen, in welchen sich die CDU erneut als stabil erwies (Schlüchtern/Fulda-Land-Süd: 41,1%, Fulda-Stadt/Fulda-Land-Nord: 53,2%, Limburg: 46,6% und Bergstraße-West: 37,9%), landesweit erneut als stärkste Partei durchsetzen.
Die Sozialdemokraten konnten absolute Mehrheiten in den Kreisen Wolfhagen-Kassel-Land-Süd (53,1%), in Kassel-Stadt-Ost (57,2%), Eschwege-Rotenburg-

[8] FR vom 21.11.1950:"Sozialdemokraten erringen absolute Mehrheit im neuen Hessischen Landtag"; Behr/Breit/Lilge/Schissler 1989, S.56-59; Rüschenschmidt 1995, S.34; Staudt 1996, S.32/33; Steinseifer 1996, S.246-248
[9] Steinseifer 1996, S.247

Ost (50,7%), Hersfeld-Rotenburg-West (54,8%), Wetzlar-Nord (53,5%) und vor allem im Raum um Frankfurt, Offenbach und Groß-Gerau (mit Ergebnissen bis zu 55%) erringen (s. Karte 4).[10]

Gründe für die hohe Niederlage der hessischen Union können in der Abwanderung von CDU-Wählern zur FDP/BHE-Liste, die wegen ihrer oppositionellen Haltung zur Großen Koalition als wirkliche antisozialistische Kraft empfunden wurde, ebenso gesehen werden wie in der Tatsache, daß die Union bundesweit durch die beginnende Debatte um die Wiederbewaffnung der Bundesrepublik Unterstützung in der Bevölkerung verloren hatte.[11]

Die KPD, die ebenfalls deutliche Stimmenverluste erlitt - sie hatte verglichen mit 1946 über 83000 Stimmen eingebüßt - konnte vor allem in verschiedenen südhessischen Wahlkreisen Resultate weit über der Fünf-Prozent-Marke erlangen, wobei die Kreise Offenbach-Land-West/Groß-Gerau-Ost und Hanau-Land mit 12,1% bzw. mit 14,2% herausragten. Doch bewirkten die Zuspitzung des Ost-West-Konflikts und die damit einhergehende Ablehnung des sowjetischen Gesellschafts- und Staatsideals in weiten Teilen der westdeutschen Bevölkerung eine breite antikommunistische Strömung, die den elektoralen Niedergang der KPD in der Bundesrepublik mit sich brachte.[12]

Der Wahlerfolg der FDP/BHE-Liste stellte sich bereits während der Konstituierung des neuen Landtags als zweischneidig heraus, da der FDP-Vorsitzende AUGUST MARTIN EULER nicht nur den Wahlausgang falsch eingeschätzt hatte - EULER war vor der Landtagswahl fest davon überzeugt gewesen, nach dem Urnengang Nachfolger STOCKS werden zu können -, auch die Gemeinsamkeiten mit der hessischen Vertriebenenpartei endeten mit der Etablierung der 8 BHE-Abgeordneten als eigener Fraktion im Landtag. Die FDP konnte mit ihren verbliebenen 13 Mitgliedern trotzdem den zweiten Rang knapp vor der CDU (12 Mandate) behalten.[13]

Überraschend verliefen die internen Verhandlungen beim Wahlsieger SPD: Auf einer gemeinsamen Sitzung von Landtagsfraktion und erweiterten Bezirksvorständen kam es am 6. November 1950 - nach einer Intervention KURT SCHUMACHERS[14]- zur Kampfabstimmung um die Besetzung des Ministerpräsi-

---

[10] Behr/Breit/lilge/Schissler 1989, S.56-59; Hessisches Statistisches Landesamt (Hrsg.):"Statistisches Handbuch für Hessen 1953", Wiesbaden 1953, S.105

[11] Frommelt, Reinhard:"Mitregieren-Wollen und Opponieren-Müssen. Die CDU Hessen unter Wilhelm Fay 1952-1967", in: Heidenreich/Wolf (Hrsg.) 1995, S.40; Steinseifer 1996, S.248

[12] Behr/Breit/Lilge/Schissler 1989, S.59; Hessisches Statistisches Landesamt (Hrsg.) 1953, S.105; Steinseifer 1996, S.248/249

[13] Behr/Breit/Lilge/Schissler 1989, S.58/59; Staudt 1996, S.33

[14] so ein Tagebucheintrag Troegers, nach: Beier 1989, S.127

dentenamtes zwischen CHRISTIAN STOCK und GEORG AUGUST ZINN, wobei letzterer mit der knappen Mehrheit von 47 zu 42 Stimmen nominiert wird.[15]

Karte 5: Die Landtagswahlen 1950/51

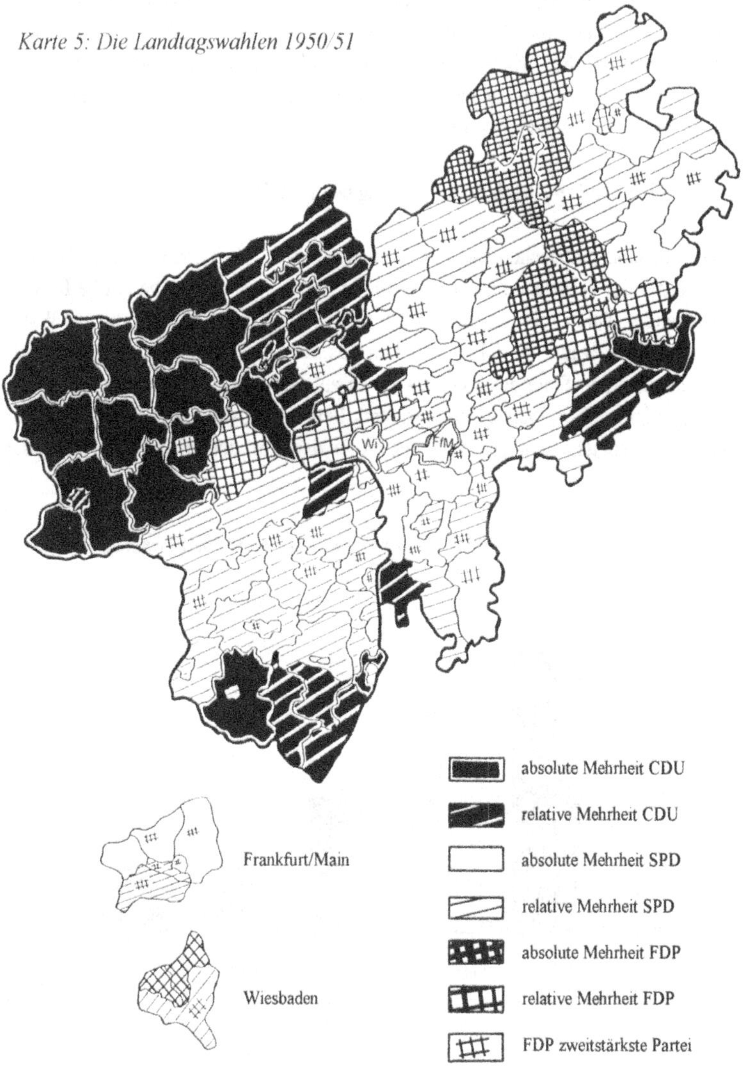

[15] Beier 1989, S.127; Kropat, Wolf-Arno:"Von Zinn bis Eichel - Die hessische Landespolitik im Wandel der Zeit", in: Böhme/Mühlhausen (Hrsg.) 1995, S.68; Langer/Ley/Sander 1995, S.300

Der im Januar 1951 vom Landtag gewählte neue Ministerpräsident konnte wegen der absoluten Mehrheit der Sozialdemokraten seine Regierung ausschließlich mit Mitgliedern seiner eigenen Partei besetzen: So wurden HEINRICH ZINNKANN Innenminister, HEINRICH TROEGER Finanzminister, HEINRICH FISCHER übernahm das Ministerium für Arbeit, Landwirtschaft und Verkehr und LUDWIG METZGER das Ressort für Erziehung und Volksbildung. ZINN selbst leitete neben seiner Aufgabe als Regierungschef noch zusätzlich das Justizministerium.[16]

6.1.2. Die rheinland-pfälzische Landtagswahl 1951

Die rheinland-pfälzischen Landtagswahlen vom 29. April 1951 weisen Ähnlichkeiten mit der hessischen Landtagswahl auf, da auch in Mainz die Große Koalition beendet wurde, die Liberalen nach Stimmengewinnen der eigentliche Wahlgewinner waren und die KPD auch hier aus dem Parlament ausscheiden mußte. Auf der anderen Seite des Rheins kam es aufgrund eines Wahlsystems, das die relativ stärkste Partei jedoch nicht so stark bevorteilte, wie es 1950 in Hessen der Fall gewesen ist, nicht zur Alleinregierung der hier dominierenden Partei, der CDU.

Grafik 4.1.: Stimmenverteilung bei der rheinland-pfälzischen Landtagswahl am 29.4.1951

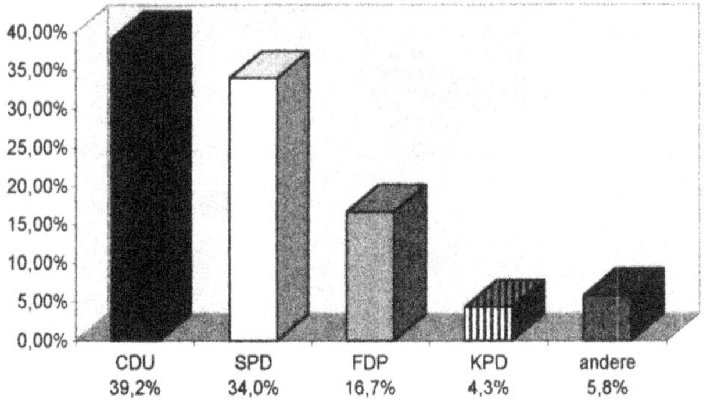

[16] Beier 1989, S.128/129; Storbeck 1970, S.210/211

Grafik 4.2.: Mandatsverteilung bei der rheinland-pfälzischen Landtagswahl am 29.4.1951

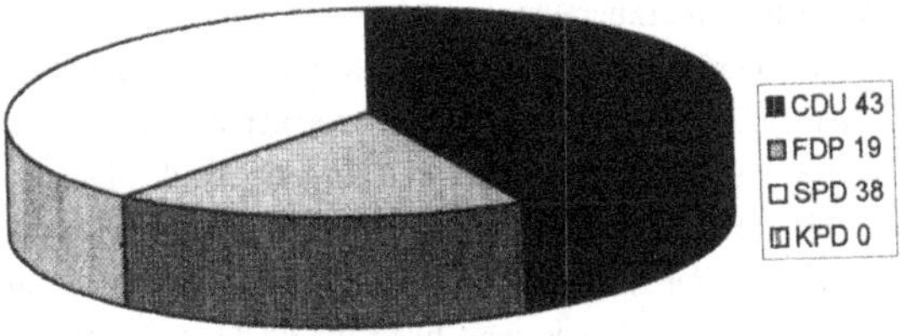

Die Christdemokraten mußten vielmehr deutliche Stimmenverluste hinnehmen und erreichten nur noch 39,2% der Stimmen, was einen Verlust von 8,0 Prozentpunkten bedeutete. Die SPD in Rheinland-Pfalz schaffte es demgegenüber, ein vergleichbares Resultat wie 1947 zu erzielen, sie konnte sich im Vergleich zur ersten Bundestagswahl sogar etwas verbessern. Klarer Gewinner wurde jedoch die FDP, die von 9,8% auf 16,7% anstieg und 19 Mandate erhielt. Rechnerisch hätte die FDP nach diesem Wahlerfolg zwischen CDU (43 Sitze) und SPD (38 Sitze), die ihre konfliktbeladene Koalition nicht fortsetzen wollten, als möglichen Regierungspartnern entscheiden können, doch stellten sich bald die Gemeinsamkeiten zwischen Union und Liberalen alleine als tragfähig für ein Regierungsbündnis heraus.[17]

Die KPD verfehlte mit 4,3% den Wiedereinzug in den rheinland-pfälzischen Landtag, da auch in Mainz erstmals die Fünf-Prozent-Hürde als Sperrklausel eingeführt worden war. An ihr scheiterten neben Splitterparteien auch das Zentrum und der rheinland-pfälzische BHE.[18]

Betrachtet man die einzelnen Regionen in Rheinland-Pfalz, so kann eine Beibehaltung der 1947 aufgezeigten Strukturen konstatiert werden, wobei die CDU auch in ihren Hochburgen im Nordteil des Landes Verluste hinnehmen mußte und sich die FDP gerade in vielen Landkreisen der Großwahlkreise 2 und 5[19] spiegelbildlich verbessern konnte. Hervorzuheben sind hier die FDP-Ergebnisse in den Landkreisen Birkenfeld (wo sie 31,5% erzielte, hier hatten die Liberalen schon bei der Bundestagswahl 1949 mit über 30% zur SPD aufgeschlossen),

[17] Küppers 1990, S.183; Kusch 1989, S.297/298; Lerch/Lerch 1989, S.49; Martin 1995, S.361

[18] Peckhaus, Doris M./Robert Hess:"Parteien, Wahlen, Parlament 1947 bis 1987 - Ein Überblick", in: Peckhaus/Hess (Hrsg.) 1987, S.168; Statistisches Landesamt Rheinland-Pfalz (Hrsg.):"Die Wahlen zum Landtag und Bundestag in Rheinland-Pfalz 1947-1955", Bad Ems 1956

[19] Südlicher Teil des Regierungsbezirks Koblenz sowie Rheinhessen.

Kreuznach (28,4%), Zell (27,6%), Alzey (27,2%), Mainz (21,1%), Worms (22,9%) und insbesondere Simmern, wo die FDP bei der Landtagswahl 1951 mit 40,6% der Stimmen zur stärksten Partei wurde. In den genannten ländlich strukturierten Gebieten konnten die Liberalen ihren Anteil verglichen mit 1947 größtenteils verdoppeln (was Gewinnen von 10-15 Prozentpunkten entspricht), während die CDU Einbußen von 12-14 Prozentpunkten hinnehmen mußte. Außer in diesen Kreisen ragte in der Pfalz hinsichtlich der FDP-Ergebnisse der Landkreis Rokkenhausen mit 31,7% (+11,9) heraus; der südliche Landesteil wies weiterhin neben der starken Stellung der SPD auch die Kommunistische Partei mit Werten deutlich über 5 Prozent aus.[20] Landesweit blieb die CDU trotz der Verluste jedoch stärkste Partei vor der SPD.

Ausschlaggebend für dieses Wahlergebnis war ein Wahlkampf, in dem die SPD vorwiegend bundespolitische Themen anführte und sich gegen die Politik ADENAUERS, die Wirtschaftspolitik ERHARDS und gegen den Schumanplan aussprach, während die Christdemokraten ihren Anteil an der Aufbauarbeit im neuen Bundesland kaum betonten.[21] Das sehr gute Resultat der FDP konnte auf die starke Berücksichtigung der Interessen der Bauern und Winzer in Rheinland-Pfalz zurückgeführt werden. Im Januar 1951 hatte der Bauernverband Rheinhessens die FDP darum gebeten, "auf Ihrer Kandidatenliste genügend bäuerliche Abgeordnete an aussichtsreiche Stellen zu setzen",[22] was die Liberalen ohne Schwierigkeiten beherzigen konnten: Auf Flugblättern präsentierte sie der bäuerlichen Klientel neben gut plazierten Kandidaten auf den Listen für die sieben rheinland-pfälzischen Großwahlkreise[23] Angriffe gegen die Große Koalition im Lande, wobei sich die FDP über die Nichteinhaltung von Beschlüssen zur Weinabgabe, zu geringe Zuschüsse zur Landwirtschaftskammer und die Beschlagnahme von Weinen beklagte. Die FDP empfahl sich im gleichen Atemzug als Hüterin des Privateigentums und erklärte die Landes-CDU als Hauptschuldige für die Versäumnisse in der Landwirtschaftspolitik von Rheinland-Pfalz, was zahlreiche Beschäftigte in dieser Branche zur Wahl der FDP bewogen hatte.[24]

Von Interesse ist bei der 1951er Landtagswahl eine Untersuchung des Statistischen Landesamtes, in der die Verteilung der Stimmen für die größeren Parteien gestaffelt nach dem Prozentsatz der katholischen Bevölkerung in der jeweiligen Gemeinde dargestellt wird: Danach erhielt die SPD in Gemeinden mit einem Ka-

[20] Kusch 1989, S.298; Statistisches Landesamt Rheinland-Pfalz (Hrsg.) 1956, S.16ff

[21] Kusch 1989, S.297; Martin 1995, S.361

[22] Zitat nach: Lerch/Lerch 1989, S.49

[23] Ausführungen zum Wahlsystem befinden sich in Kapitel 6.6.

[24] Flugblätter der FDP:"Bauern und Winzer, seid wachsam!" und "An alle Bauern und Winzer!", in: Lerch/Lerch 1989, S.52/53

tholikenanteil von bis zu 25% die höchste Zustimmung (mit über 46% der Stimmen), ihr Anteil sank jedoch mit zunehmend stärkerem katholischen Bevölkerungsanteil (bis auf 21% bei Gemeinden mit mehr als 90% katholischer Bevölkerung). Die Werte der CDU verhielten sich spiegelbildlich: sie erhielt unter 20% in protestantischen Gemeinden, aber über 60% in den stark katholischen Gemeinden. Da die Gemeinden mit überwiegend katholischer Bevölkerung die Mehrheit der rheinland-pfälzischen Orte ausmachte, unterstützen diese Daten die zuvor von sozialdemokratischer Seite angeführte These des strukturell zu Gunsten der Christdemokraten zugeschnittenen Landes Rheinland-Pfalz.[25]

In den Koalitionsverhandlungen, die von seiten der Liberalen zunächst mit der CDU wie mit der SPD geführt wurden, zeichneten sich zunächst Gemeinsamkeiten für ein sozial-liberales Bündnis ab, da beide Parteien in der Schulfrage wie im nach wie vor umstrittenen Status des Landes Anknüpfungspunkte für eine gemeinsame Politik erkannten. Dennoch liefen die Gespräche auf eine Koalition nach Bonner Muster hinaus, da einerseits die Bundespolitiker BLÜCHER und EULER für die FDP und ADENAUER für die Union intervenierten und die Landesparteien auf die Errichtung einer CDU/FDP-Koalition drängten, andererseits überschätzten die Sozialdemokraten offenbar diejenigen Felder, in denen Konsens mit den Freien Demokraten hergestellt werden konnte. Der Landesparteitag der FDP Ende Mai 1951 sprach sich wegen politischer Gemeinsamkeiten mit der Union und aus der Absicht, die christlich-liberale Bundesregierung zu unterstützen für ein Bündnis mit ALTMEIERS Partei aus.[26]

In der neuen Regierung stellte die CDU mit ALTMEIER weiterhin den Regierungschef, der auch als Wirtschafts- und Verkehrsminister fungierte, die weiteren CDU-Minister waren ALOYS ZIMMER (Inneres und Soziales), ALBERT FINCK (Unterricht und Kultus) und OSKAR STÜBINGER (Landwirtschaft, Weinbau und Forsten), die Liberalen stellten mit BRUNO BECHER den Justiz- und mit WILHELM NOWACK den Finanz- und Wiederaufbauminister.[27]

Diese Ressortaufteilung verwundert angesichts der Tatsache, daß die rheinland-pfälzische FDP die ihrer Meinung nach verfehlte Landwirtschaftspolitik der Union zum Schwerpunkt des Wahlkampfes gemacht hatte, nach Kontakten mit Bauernverbänden fast die Hälfte ihrer 19 Abgeordneten dieser Berufsgruppe zurechnen konnte und schließlich nicht das Ministerium für Landwirtschaft, Weinbau

---

[25] Tabelle nach: Schmitz, Kurt Thomas:"Opposition im Landtag - Merkmale oppositionellen Verhaltens in Länderparlamenten am Beispiel der SPD in Rheinland-Pfalz 1951-1963", Hannover 1971, S.29

[26] FR vom 1.5.1951, Hans Henrich:"Wahlen in Rheinland-Pfalz und Schleswig-Holstein", Freiheit vom 28.5.1951:"FDP verlangt Koalition mit CDU zur Stützung der Bundesregierung"; Kusch 1989, S.298/299; Martin 1995, S.362

[27] Kusch 1989, S.299; Lerch/Lerch 1989, S.56; Storbeck 1970, S.275

und Forsten besetzen konnte. Außerdem verfügte die CDU über das wegen der umstrittenen Schulpolitik zwischen CDU und FDP bedeutsame Kultusressort. Die FDP mußte zusätzlich eine Beschneidung der Funktionen des von ihr gestellten Finanzministers hinnehmen, da Ministerpräsident ALTMEIER im Finanzausschuß des Bundesrats das Land anstelle von Minister NOWACK vertrat.[28]
Fazit der Strukturierung des ersten CDU/FDP-Kabinetts in Mainz: Der Wahlverlierer CDU ringt dem Wahlsieger FDP hohe Zugeständnisse hinsichtlich der Besetzung einzelner wichtiger Ministerien ab, vor allem die Kulturpolitik sollte dabei weiterhin zwischen den Koalitionspartnern umstritten bleiben. Die Einigung mit dem Koalitionspartner auf einen christdemokratischen Landwirtschaftsminister kann nach den heftigen Attacken der Liberalen gegen die vorherige CDU-Landwirtschaftspolitik und nach den großen Wahlerfolgen in vornehmlich ländlichen Gebieten nur als schwerer personalpolitischer wie struktureller Fehler bewertet werden, denn die FDP konnte in einer für sie im Wahlkampf elementaren Frage kaum glaubwürdig wirken, wenn sie nach der Wahl die zuvor bekämpfte Politik jetzt mit unterstützte.
Konsens bestand zwischen CDU und FDP bezüglich der Verwaltungsreform für Rheinland-Pfalz und der beabsichtigten Beibehaltung des Berufsbeamtentums. Auch in der Frage nach dem Fortbestand des Landes stimmten die Liberalen "in verklausulierter Form" dem großen Partner zu. Was das Abstimmungsverhalten der Mainzer Landesregierung im Bundesrat betrifft, so kann konstatiert werden, daß sich die ALTMEIER-Regierung ausgesprochen loyal gegenüber der Bundesregierung unter ADENAUERS Führung verhielt.[29]
Die Wahl des Ministerpräsidenten endete mit einem überraschenden Votum: ALTMEIER erhielt von 95 abgegebenen Stimmen zwar 58 (und damit wahrscheinlich das geschlossene Votum der anwesenden Mitglieder von CDU und FDP) und hatte damit die erforderliche Mehrheit erreicht. Von den restlichen Stimmen lauteten bei nur einer Nein-Stimme jedoch 36 auf Enthaltung, was hinsichtlich des zuvor getroffenen Beschlusses der SPD-Fraktion, ALTMEIER und seine Minister geschlossen ablehnen zu wollen, erstaunt, da die Sozialdemokraten einen nicht unerheblichen landespolitischen Entschluß anscheinend in allerkürzester Zeit (die Beratung hatte einen Tag vor der Wahl des Regierungschefs stattgefunden) revidiert hatten und somit ein unklares Bild im neuen Landesparlament abgaben.[30]

---

[28] RZ vom 14.6.1951:"Zweites Kabinett Altmeier bestätigt", Freiheit vom 25.6.1951:"Für ein Linsengericht"
[29] Küppers 1990, S.183; Peckhaus, Doris M.:"Wahlen und Wahlkampf - 1947 bis 1987", in: Peckhaus/Hess (Hrsg.) 1987, S.38-40
[30] RZ vom 14.6.1951:"Zweites Kabinett Altmeier bestätigt"; Schmitz 1971, S.30

6.1.3. Fazit zu den Landtagswahlen 1950/51

Subsumierend kann zu den Landtagswahlen 1950/51 festgehalten werden, daß sich nach dem Wegfall des Lizenzzwanges deutliche Verschiebungen in den Parteiensystemen ergaben. Dies ist besonders bei der hessischen Landtagswahl spürbar geworden, bei der sich die Liberalen durch ihr Listenbündnis mit dem GB/BHE und wegen der Unzufriedenheit konservativer Wählerschichten auf den zweiten Rang hinter der SPD bewegen konnten, während die hessische Union dramatische Einbußen erlitt. In Rheinland-Pfalz erreichten die dortigen Liberalen ohne ein Wahlbündnis einzugehen wegen des Umschwungs großer Teile der Winzer- und Bauernschaft ebenfalls eine deutliche Verbesserung ihres ersten Landtagswahlresultats.
Gleichwohl konnten sich die hessische SPD und die rheinland-pfälzische CDU ihren Spitzenplatz bewahren, wobei die hessischen Sozialdemokraten wegen den Besonderheiten des Wahlrechts sogar eine absolute Mandatsmehrheit für sich gewinnen konnten. Die Reaktion der Wählerschaft auf die neu auftretende Flüchtlings- und Vertriebenenpartei GB/BHE sollte aufgrund des höheren Anteils der entsprechenden Gruppen in der hessischen Bevölkerung bei der Landtagswahl 1954 eine bedeutsame Rolle spielen.

6.2. Zum Ausbleiben eines Regierungswechsels (I): Hessen 1954

Die hessische Landtagswahl 1954 bedeutete einen Einschnitt in die in den fünfziger und sechziger Jahren deutliche Vormachtstellung der Sozialdemokraten im Parteiensystem auf Landesebene, da die SPD bei dieser Landtagswahl im Gegensatz zu den Wahlen von 1950, 1962 und 1966 nicht die absolute Mehrheit erringen sollte und auch nicht wie 1958 wenigstens genau die Hälfte der Mandate im Landesparlament erhielt. Nach dem 1954er Ergebnis hätte es also für die vorherige Opposition aus FDP, CDU und BHE die Chance zum Regierungswechsel gegeben, für den neben der bundespolitischen Lage (alle drei Parteien waren nach der Bundestagswahl von 1953 an der Bundesregierung beteiligt) auch inhaltliche Anknüpfungspunkte gesprochen hätten.
Dennoch kam es nicht zu einer solchen Ablösung im Wiesbaden; die SPD bildete vielmehr mit der Vertriebenenpartei eine kleine Koalition auf Landesebene, die länger als andere Bündnisse unter Einschluß des BHE in anderen Ländern Bestand haben sollte.

Bevor die Umstände dieser Koalitionsbildung dargestellt werden, muß zunächst auf die Veränderung der Wahlgesetzgebung vor der Landtagswahl am 28. November 1954 verwiesen werden: Mit dem "Gesetz zur Änderung des Landtagswahlgesetzes vom 18. September 1950", das am 15. Juli 1954 vom Landesparlament beschlossen wurde, wurde die Bevorteilung der stärksten Partei bzw. Liste in den Wahlkreisen durch Änderung der Relation zwischen Direkt- und Listenmandaten von 60:40 auf 50:50 beendet. Die Gesamtzahl der Abgeordneten stieg durch dieses Gesetz von 80 auf 96 Sitze an.[31]

Die Zustimmung der sozialdemokratischen Mehrheitsfraktion zu diesem für sie ungünstigen Wahlgesetz kann durch die Gespräche auf seiten der Opposition zur Bildung eines gemeinsamen "Wahlblocks" für die anstehende Landtagswahl erklärt werden. Bei der Addition der bürgerlichen Stimmen hätten sich CDU und FDP Chancen ausrechnen können, die SPD in den Wahlkreisen zu schlagen und somit selbst vom Wahlgesetz von 1950 profitieren zu können. Diese Überlegungen waren allerdings innerhalb der Oppositionsparteien umstritten; bereits vor der Bundestagswahl vom 6. September 1953 hatte sich der neue hessische CDU-Vorsitzende WILHELM FAY gegen eine von Bundeskanzler ADENAUER gewünschte Blockbildung mit FDP und DP ausgesprochen, da er befürchtete, daß zahlreiche in der Mitte verwurzelte CDU-Wähler einen solchen Pakt mit den weit rechts stehenden Parteien als "Verrat" ansehen und die Union mit Wahlenthaltung strafen würden.[32]

Die Bundestagswahl vom 6. September 1953 hatte bundesweit der CDU/CSU mit 45,2% der Stimmen und einer knappen absoluten Mehrheit der Mandate im Bundestag einen überragenden Erfolg erbracht. Auch der bei verschiedenen Landtagswahlen siegreiche GB/BHE schaffte mit 5,9% den Sprung ins Bundesparlament und wurde neben der Union, der FDP und der DP Partner in einer übergroßen Koalition in Bonn.[33] Das hessische Resultat der Bundestagswahl zeigte SPD und CDU bei je einem Drittel der Stimmen, die FDP verlor gegenüber 1949 beträchtlich (-8,4) und kam nur noch auf 19,7%. Der BHE zeigte mit einem leicht überdurchschnittlichen Ergebnis von 6,4%, daß er auch in Hessen die Fünf-Prozent-Hürde alleine meistern kann. Die FDP konnte sich trotz des enttäuschenden Ergebnisses jedoch dank einer Wahlabsprache mit der CDU fünf Direktmandate sichern.[34]

---

[31] Behr/Breit/Lilge/Schissler 1989, S.60; Beier 1989, S.170

[32] FAZ vom 16.2.1954:"Wahlgesetz-Kompromiß in Hessen?"; Frommelt 1995, S.40

[33] Sontheimer, Kurt:"Die Adenauer-Ära - Grundlegung der Bundesrepublik", München 1991, S.44f; Richard Tüngel:"Klare Entscheidung", ZEIT vom 10.9.1953

[34] Staudt 1996, S.39; Ritter/Niehuss 1987, S.95

In die Überlegungen zur wahltaktischen Blockbildung in Hessen ist allerdings der BHE vor der Landtagswahl 1954 nicht mit einbezogen worden, da er sich schon im März 1954 unmißverständlich für eine eigenständige Kandidatur bei der bevorstehenden Landtagswahl ausgesprochen hatte.[35] Die Sozialdemokraten hatten die Gefahr einer bürgerlichen Blockbildung auch ohne den BHE Anfang 1954 als ernstzunehmend eingestuft und von sich aus Ende April auf die Ausarbeitung des neuen Wahlgesetzes, das die Stimmenproportionen zwischen den Parteien stärker berücksichtigen sollte als die Zahl der Direktmandate, hingewirkt.[36]
Am 28. November verlor die SPD aufgrund des von ihr zuvor initiierten Wahlgesetzes die Mehrheit der Mandate im Landtag: Sie erhielt bei einer Wahlbeteiligung von 82,4% zwar über 240.000 Stimmen mehr als 1950, was aber dennoch wegen der weitaus höheren Wahlbeteiligung einen prozentualen Rückgang von 44,4% auf 42,6% bedeutete. Der CDU gelang es, die FDP wieder als zweitstärkste Kraft zu überrunden. Die Liberalen hielten auch ohne die Unterstützung des BHE auf ihrer Liste ein im Vergleich mit anderen Länderwahlen außerordentlich gutes Resultat mit 20,5%.

Grafik 5.1.: Stimmenverteilung bei der Hessischen Landtagswahl am 28.11.1954

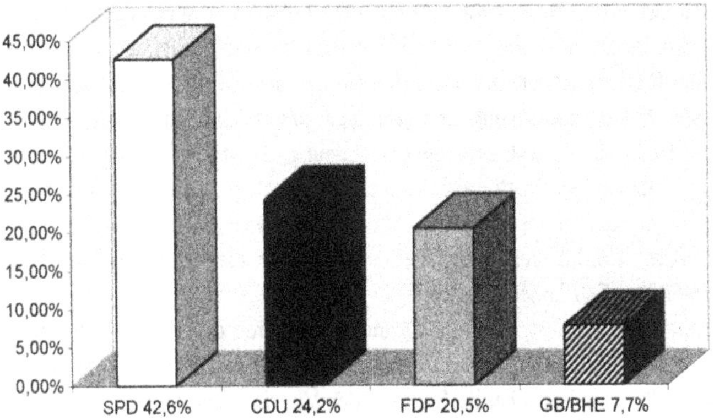

[35] BdAZ vom 18.3.1954:"Um ein neues hessisches Wahlgesetz"
[36] Beier 1989, S.166

Grafik 5.2.: Mandatsverteilung bei der Hessischen Landtagswahl am 28.11.1954

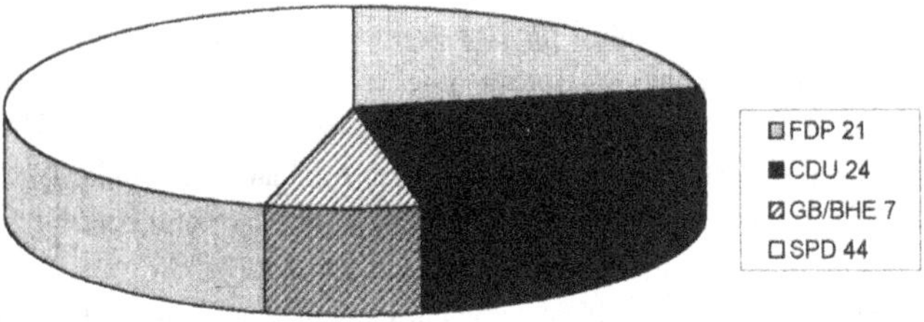

Der erstmals eigenständig bei einer Landtagswahl antretende BHE, der auf beachtliche Stimmenerfolge bei den hessischen Kommunalwahlen am 4. Mai 1952 verweisen konnte (er hatte in mehreren Kreisen die 20-Prozent-Marke im ersten Anlauf gemeistert) erreichte über 192.000 Stimmen und damit einen Anteil von 7,7%.[37]

Koalitionspolitisch ergaben sich nach diesem Resultat die folgenden Optionen: Bildung einer bürgerlichen Koalition nach Bonner Muster aus CDU, FDP und BHE (52 Mandate), Zusammengehen von SPD und BHE (51 Mandate) oder Wiederaufleben der Großen Koalition aus SPD und CDU (68 Mandate).

Bundeskanzler ADENAUER sah mit dem hessischen Wahlergebnis seine Außenpolitik bestätigt; er und Vertreter des Bonner BHE sprachen sich für die Bildung einer Regierung ohne die Sozialdemokraten aus.[38] Politische Beobachter in Wiesbaden hielten demgegenüber gleich nach dem Wahlabend die Koalition aus SPD und BHE für die wahrscheinlichere Lösung, da beide Parteien in der vorherigen Legislaturperiode häufig auf den Feldern der Sozial- und der Vertriebenenpolitik zusammengearbeitet hatten und da die SPD dem BHE in einer Koalition einen größeren Einfluß zukommen lassen könne, als dies in einem Dreierbündnis mit Union und FDP möglich wäre.[39]

Die Annäherung zwischen SPD und BHE wurde durch eine der sozialdemokratischen Alleinregierung in der Legislaturperiode von 1950-54 freundlich und tolerierend gegenüberstehende Fraktion der Vertriebenenpartei im Landtag vorbereitet. Nach der Abstimmung über Zinns erste Regierungserklärung entschloß sich

[37] Behr/Breit/Lilge/Schissler 1989, S.14/15, S.60; FAZ vom 30.11.1954:"Eine Koalitionsregierung in Hessen notwendig"; FR vom 30.11.1954:"Erste Gespräche über Regierungsbildung in Hessen"
[38] FAZ vom 30.11.1954:"Adenauer sieht seine Politik bestätigt"; Steinseifer 1996, S.249
[39] FR vom 30.11.1954:"Weitreichende Folgen der Landtagswahlen"

der BHE für Stimmenthaltung, der Kabinettserweiterung ZINNS stimmte der BHE mit Ausnahme ihres Fraktionsvorsitzenden DR. CZERMAK sogar zu.[40]
Im April 1951 einigten sich SPD und BHE auf ein Abkommen bezüglich einer Bundestagsnachwahl im Wahlkreis Hofgeismar, wobei der BHE nach Gesprächen mit Ministerpräsident ZINN seinen Kandidaten und Landesvorsitzenden KUNZ zugunsten des SPD-Kandidaten zurückzog.[41] Im Jahre 1952 wurde die Politik der Annäherung beider Parteien durch Gespräche ZINNS mit DR. ANNO VON GEBHARDT, dem Fraktionssekretär des BHE in Wiesbaden, sogar zu einer schriftlich festgelegten Kooperation verdichtet. GEBHARDT sprach in diesem Zusammenhang von der "Schaffung einer sozialen Front" zugunsten der Vertriebenen in Hessen.[42]
Die Verhandlungen, für die auf sozialdemokratischer Seite der Sudetendeutsche WENZEL JAKSCH als wichtiger Verbindungsmann fungierte,[43] konnten im Laufe des Jahres 1952 unter Billigung des BHE-Bundesvorsitzenden WALDEMAR KRAFT weitergeführt werden[44] und fanden im Dezember 1952 mit der Vergabe der Stellen des Staatsbeauftragten für die Notstandsgebiete in Nordhessen sowie des Direktorenamts der Flüchtlingssiedlung in Allendorf an die BHE-Abgeordneten ZIEGLER bzw. DRAUB ihren personalpolitischen Niederschlag.[45]
Der BHE stimmte außer dem "Großen Hessenplan", der Sozialpolitik der Landesregierung ebenso zu wie dem Schulkosten und dem Schulverwaltungsgesetz.[46] Gemeinsam von SPD und BHE abgelehnt wurde ein Antrag der FDP-Fraktion auf Neuordnung des Landesamtes für den Verfassungsschutz.[47] Dieses häufige Einschwenken des Blocks auf SPD-Linie, die der Fraktionsvorsitzende CZERMAK als "durchaus positive und konstruktive Oppositionspolitik" bezeichnete, wurde vom CDU-Abgeordneten DR. GROẞKOPF im Januar 1953 im Landtag mit dem Zwischenruf "Das war schon bald keine Opposition" bedacht, was die unterschiedlichen Positionen bei den Nicht-Regierungsparteien in Hessen beleuchtet.[48]
Die Kooperation der SPD mit der Vertriebenenpartei kann in der zweiten Legislaturperiode, in der die Sozialdemokraten über die absolute Mehrheit der Man-

[40] Langer/Ley/Sander 1995, S.386; NZ vom 15.1.1953:"Zinn stellt Vertrauensfrage"; OfP vom 15.1.1953:"BHE im Tor: 54:25 für Zinn"
[41] FAZ vom 6.4.1951:"Wechsel des Bündnispartners"; Neumann, Franz:"Der Block der Heimatvertriebenen und Entrechteten 1950-1960 - Ein Beitrag zur Geschichte und Struktur einer politischen Interessenpartei", Meisenheim am Glan 1968, S.132
[42] Beier 1989, S.141/145
[43] Rupp 1994, S.85
[44] Beier 1989, S.152
[45] FAZ vom 22.12.1952:"Zusammenarbeit des Gesamtdeutschen Blocks mit den Sozialdemokraten"
[46] FNP vom 3.7.1952:"Schulgesetze vom Landtag beschlossen"
[47] FAZ vom 17.12.1953:"Debatte über das Verfassungsschutzamt"
[48] Drucksache des Hessischen Landtags, Abt.III, S.1453 (14.1.1953); Neumann 1968, S.132

date im Landtag verfügten, als umfassend und vorbereitend für eine möglicherweise nach zukünftigen Wahlen notwendig werdende Koalition angesehen werden.

Nach dem 28. November 1954 wurden trotz dieser deutlichen Zeichen einer Annäherung zwischen SPD und BHE zwischen diesen beiden Parteien wie zwischen den Oppositionsparteien FDP und CDU verhandelt.[49] CDU und FDP boten dem BHE in einer gemeinsamen Regierung ein Ministerium und Stellen in der Ministerialbürokratie an,[50] bei den Verhandlungen mit der SPD wurden hingegen das Wirtschafts- und das Landwirtschaftsministerium gehandelt.[51] Auch nach der direkten Intervention des GB/BHE-Bundesvorsitzenden und damaligen Vertriebenenministers THEODOR OBERLÄNDER, der seine hessischen Parteifreunde zu einer Koalition nach Bonner Vorbild bewegen wollte, war noch keine Entscheidung gefallen, da der hessische BHE auf der Eigenständigkeit seiner Entscheidung pochte.[52] Diese fiel endgültig am 12. Dezember 1954 zugunsten der SPD. An diesem Tag wurde auch bekanntgegeben, daß eine grundsätzliche Einigung zwischen den Landesausschüssen von SPD und BHE schon am 1. Dezember gefallen war. Beide Partner vereinbarten, daß der BHE-Landesvorsitzende GOTTHARD FRANKE als Minister für Arbeit, Wirtschaft und Verkehr und der vorherige Oberregierungsrat im Landesflüchtlingsamt GUSTAV HACKER als Landwirtschaftsminister fungieren sollten. Neben diesen zwei von insgesamt sechs Ministerposten erhielt der BHE noch den neugeschaffenen Posten eines Staatssekretärs, so daß der kleine Koalitionspartner gegenüber den Sozialdemokraten, die sich parlamentarisch im Verhältnis 1:6 gegenüberstanden, ein Vielfaches an hochdotierten und einflußreichen Ämtern zugesprochen bekam.[53]

ZINN wurde nach diesem Abkommen am 17. Dezember mit den Stimmen von SPD und BHE zum Regierungschef gewählt, die CDU gab bei der Wahl weiße Stimmzettel ab, was als Zeichen für ihre Kooperationsbereitschaft und eine mögliche spätere Beteiligung an der Landesregierung gewertet wurde.[54]

Die zu Beginn des Jahres 1955 diskutierte Erweiterung der hessischen Koalition um die Christdemokraten sollte erst nach den Landtagswahlen in Niedersachsen

---

[49] OfP vom 30.11.1954:"Sieben Abgeordnete entscheiden über Hessen"; Welt vom 30.11.1954:"In Hessen kämpfen CDU und SPD um die Regierung"; MEc vom 1.12.1954:"Was wird in Hessen werden?"

[50] FR vom 2.12.1954:"Die Pläne der FDP und CDU zur Regierungsbildung in Hessen"

[51] Beier 1989, S.177

[52] FR vom 3.12.1954:"BHE in Hessen entscheidet selbständig"; Frommelt 1995, S.42

[53] FR vom 8.12.1954:"Koalitionsgespräch SPD-BHE in Hessen"; FR vom 11.12.1954:"Offene Aussprache SPD-CDU in Hessen"; FAZ vom 13.12.1954:"Zinn bleibt Ministerpräsident"; FR vom 13.12.1954:"SPD und BHE bestätigen Regierungsbildung in Hessen"; DEc vom 13.12.1954:"Neue Hessen-Regierung wird endgültig von SPD und BHE gebildet"

[54] FR vom 18.12.1954:"Zinn wieder Ministerpräsident", Beier 1989, S.178

und in Rheinland-Pfalz im Frühjahr 1955 zu einem Ende kommen. Grund dafür waren das schwache Abschneiden der SPD und der hohe Wahlsieg der CDU in Mainz, der vor allem auf außenpolitische Entwicklungen zurückgeführt werden kann.
Das Zustandekommen der Koalition aus SPD und BHE in Hessen läßt sich in erster Linie auf die vorausschauenden Maßnahmen der Sozialdemokraten in der Legislaturperiode von 1950-54 zurückführen. Bei der Berücksichtigung von BHE-Vertretern für Posten, die von der SPD-Landesregierung zu besetzen waren und die einen Bezug zur Hauptklientel des BHE, den Flüchtlingen und Vertriebenen, hatte, war die Einbindung dieser "Neubürger" in die hessische Bevölkerung genauso bedeutsam wie parteipolitischen Entwicklungen in anderen Ländern, in denen der GB/BHE zum Teil über 20% der Stimmen auf sich vereinigen konnte (so z.B. in Schleswig-Holstein 1950). Die Annäherung zwischen SPD und BHE 1950-54 war für die Bildung der Koalition genauso nützlich wie das großzügige personalpolitische Aushandeln zweier Ministerposten für den kleineren Koalitionspartner.
In diesem Fall konnte auch die Intervention des Bonner GB/BHE nicht die Entscheidung der hessischen Parteifreunde zur Bildung des Bündnisses mit den Sozialdemokraten verhindern, was eine alternierende Regierungsbildung und die Übertragung des Bonner Musters auf Wiesbaden verhinderte.

6.3. Außenpolitik und ihre Auswirkungen auf Landespolitik: Die Saarfrage und die rheinland-pfälzische Landtagswahl 1955

Bestimmend für den Ausgang der rheinland-pfälzischen Landtagswahl vom 15. Mai 1955 und dem damit einhergehenden Ausbau der Vormachtstellung der CDU im Parteiensystem des Landes wurden neben der Aufbauarbeit im Lande und dem personellen Prestige von Ministerpräsident ALTMEIER die großen außen- und verteidigungspolitischen Weichenstellungen der Bundesrepublik Deutschland, die unter Führung Bundeskanzler ADENAUERS durch die Pariser Verträge vom Oktober 1954 die Westintegration und den Wehrbeitrag der Bundesrepublik bedeuteten. Nachdem der Beitritt der Bundesrepublik zu NATO und WEU im Dezember 1954 auch von der französischen Nationalversammlung gebilligt worden war, stand dem Inkrafttreten der Verträge zum 5. Mai 1955, die neben den verteidi-

gungspolitischen Bündnissen auch das Ende der Besatzungsherrschaft für die Bundesrepublik bedeuteten, nichts mehr im Wege.[55]
Bei der Bundestagswahl vom 6. September 1953 hatte sich Rheinland-Pfalz erneut als Hochburg der Christdemokraten erwiesen: Mit 52,1% konnte die Union einen eindrucksvollen Sieg einfahren, die Ergebnisse von SPD (27,2%) und FDP (12,1%) bewegten sich im Bundestrend; der GB/BHE erzielte in Rheinland-Pfalz mit nur 1,5% der Stimmen das schlechteste Landesergebnis bei der Bundestagswahl 1953.[56]
Auseinandersetzungen um die bereits bei der Hessenwahl des Vorjahres umstrittene Außenpolitik ADENAUERS wirkten sich schon vor dem 5. Mai bei den Landtagswahlen in Niedersachsen am 24. April 1955 aus, da es hier einer neuen Koalition aus CDU, DP, BHE und FDP gelang, den DP-Politiker HEINRICH HELLWEGE zum Ministerpräsidenten eines Kabinetts ohne Beteiligung der SPD zu wählen und somit nicht nur für die landespolitische Unterstützung von ADENAUERS Politik zu sorgen, sondern diese auch im Bundesrat wirksam zur Geltung kommen zu lassen.[57]
Vor der rheinland-pfälzischen Wahl hatten sich allerdings zwischen den Koalitionsparteien CDU und FDP Dissonanzen wegen ADENAUERS Haltung zur Saarfrage ergeben, der Kurs der Westintegration stand zwischen Liberalen und Christdemokraten hingegen nicht zur Debatte. Ministerpräsident ALTMEIER war wegen seines eindeutigen Eintretens für eine "deutsche Saar" in Widerspruch zum Bundeskanzler getreten, der die Lösung des Saarproblems als zweitrangig gegenüber der Westintegration erachtete und sich mit der französischen Regierung auf einen europäisierten Status des Saarlands einigte. Nachdem daraufhin die Sozialdemokraten im rheinland-pfälzischen Landtag einen Antrag auf Ablehnung des Saarabkommens durch Rheinland-Pfalz im Bundesrat stellten, dessen vier Stimmen für einen Mehrheitsentscheid gebraucht wurden, entstanden langwierige Auseinandersetzungen zwischen den Koalitionsparteien, da die Mainzer FDP-Fraktion dem SPD-Antrag größtenteils zustimmen wollte. Erst nach Verhandlungen ALTMEIERS mit ADENAUER, in denen der Mainzer Ministerpräsident dem Kanzler für die Zustimmung zu den Pariser Verträgen (deren west- und militärpolitische Passagen ALTMEIER nie hatte scheitern lassen wollen) das Zugeständnis abtrotzte, daß die

---

[55] Herbst, Ludolf:"Option für den Westen - Vom Marshallplan bis zum deutsch-französischen Vertrag", München 1989, S.105ff
[56] Ritter/Niehuss 1987, S.96
[57] ZEIT vom 28.4.1955:"Hinrich Kopf in der Krise"; FAZ vom 17.5.1955, Hans Baumgarten:"Das feste Fundament des Kanzlers"

Bundesregierung keine Verhandlungen mit saarländischen Autonomisten führen würde, konnte die Zustimmung auch der Liberalen erreicht werden.[58]
Die Verhandlungen bewirkten zweierlei: Rheinland-Pfalz konnte sich erneut als stabiler Pfeiler der CDU-geführten Bundesregierung im Bundesrat in der Außenpolitik erweisen und dennoch auf Berücksichtigung seiner eigenen Schwerpunkte in der Saarpolitik verweisen. Genau diese Linie führte am 15. Mai zu einem triumphalen Wahlergebnis für ALTMEIER und die rheinland-pfälzische CDU, die zwar nicht nach Stimmen, aber nach Landtagsmandaten die absolute Mehrheit für sich gewinnen konnte.
Die Union konnte zwar das Resultat der Bundestagswahl 1953 (52,3%) nicht wiederholen, sie legte aber gegenüber der Landtagswahl von 1951 7,6 Prozentpunkte zu und kam auf 46,8% der Stimmen. Die Sozialdemokraten, die sich aus den Schwierigkeiten ALTMEIERS, seinen saarpolitischen Kurs zu verdeutlichen, Erfolge erhofft hatten, mußten einen Rückgang ihres Stimmenanteils um 2,3 Prozentpunkte hinnehmen. Größte Verliererin der im Landtag vertretenen Parteien wurde aber die Freie Demokratische Partei, die auf 12,7% zurückfiel und die somit 4,0 Prozentpunkte eingebüßt hatte.[59]

Grafik 6.1.: Stimmenverteilung bei der rheinland-pfälzischen Landtagswahl am 15.5.1955

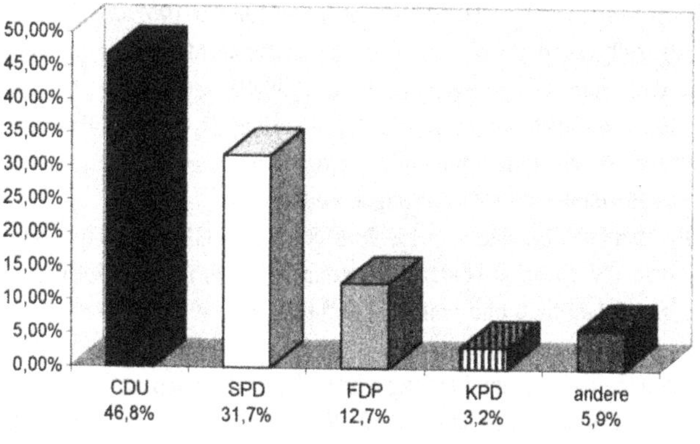

[58] Küppers 1990, S.258-262
[59] Peckhaus 1987, S.41-45; FAZ vom 17.5.1955:"Acht neue Sitze für die Union"; FR vom 17.5.1955:"CDU erhielt absolute Mehrheit"

Grafik 6.2.: Mandatsverteilung bei der rheinland-pfälzischen Landtagswahl am 15.5.1955

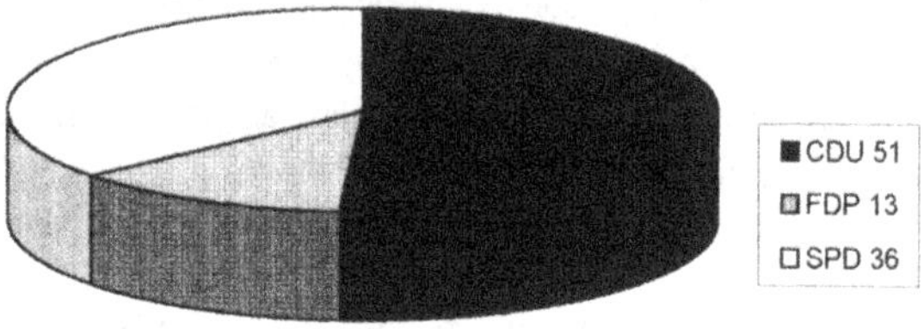

Vor der Wahl hatten vor allem die Sozialdemokraten auf große Ressentiments in der Bevölkerung gegen die Politik der Einbindung der Bundesrepublik in die westlichen Militärallianzen gehofft. HERBERT WEHNER, der Vorsitzende des Bundestagsausschusses für gesamtdeutsche Fragen bezeichnete die Landtagswahl als Entscheidung "zwischen sozialer Sicherheit und weiterer Aufrüstung".[60] Der SPD-Bezirk Pfalz erprobte bei der Landtagswahl auf Betreiben ihres Vorsitzenden FRANZ BÖGLER die Zusammenarbeit mit der maßgeblich vom früheren CDU-Innenminister GUSTAV HEINEMANN initiierten "Gesamtdeutschen Volkspartei" (GVP) in Form einer Listenverbindung in den Wahlkreisen West- und Vorderpfalz (Wahlkreise 6 und 7).[61] Die GVP war im November 1952 von HEINEMANN als Partei, die sich gegen die Wiederaufrüstung in Deutschland richtete, aufgebaut worden, da diese ihrer Überzeugung nach einer Wiedervereinigung Deutschlands große Hürden in den Weg legen würde. Sie hatte bei der Bundestagswahl 1953 jedoch in einem Wahlbündnis mit Splittergruppen nur einen Stimmenanteil von 1,2% der Zweitstimmen auf sich vereinigen können.[62]

Die Listenverbindung brachte am 15. Mai SPD und GVP statt der erhofften Stimmengewinne Verluste in beiden Wahlkreisen: die SPD-Liste fiel von 42,2% auf 38,1% im Wahlkreis 6 und von 41,0% auf 38,0% im Wahlkreis 7 (zur Aufteilung der Großwahlkreise s. Karte 5).[63]

Da neben den drei schon im Landtag vorhandenen Parteien keine weitere die Fünf-Prozent-Hürde meistern konnte (die KPD scheiterte mit 3,2%, eine rechtsge-

---

[60] Peckhaus 1987, S.43

[61] PiZ vom 28.3.1955:"Wahlbündnis mit der Gesamtdeutschen Volkspartei"; PfMk vom 16.4.1955:"Bögler lehnt Aufrüstung in jeder Form ab"; Rpf vom 16.4.1955:"Bögler betont Wahlbündnis mit GVP"

[62] Heimann, Siegfried:"Die Gesamtdeutsche Volkspartei", in: Stöss (Hrsg.) 1986, S.1478ff

[63] nach: Kaack, Heino/Ulrich Sarcinelli:"Parteien und Wahlen", in: Haungs, Peter (Hrsg.):"40 Jahre Rheinland-Pfalz - Eine politische Landeskunde", Mainz 1986, S.163

richtete "Freie Wählergemeinschaft" mit 2,9%), entfielen auf die CDU 51 Mandate, die SPD erhielt 36, die Liberalen 13 Sitze.[64]
Die rheinland-pfälzische Union hatte damit erstmals die absolute Mehrheit der Mandate im Mainzer Parlament errungen und hätte ohne Koalitionspartner die neue Regierung bilden können, sie hatte jedoch vor der Wahl erklärt, daß sie auch beim Erreichen der absoluten Mehrheit weiter mit der FDP koalieren wolle.[65] Trotz Überlegungen ALTMEIERS, die Große Koalition mit den Sozialdemokraten wiederaufleben lassen, um eine breit angelegte Verständigung in weiterhin umstrittenen schulpolitischen Fragen zu erreichen,[66] verdeutlichte der Ministerpräsident die Absicht seiner Partei, die christlich-liberale Koalition weiterzuführen.[67] Die FDP billigte trotz der absoluten Mehrheit ihres Koalitionspartners das Bündnis, das sie - in den Worten ihres Fraktionsvorsitzenden FRITZ GLAHN - als "echte Partnerschaft"[68] verstanden wissen wollte.[69]
Ministerpräsident ALTMEIER äußerte sich später zur Weiterführung der Koalition mit den Liberalen folgendermaßen:"Nach dieser absoluten Mehrheit hätte die CDU die Landesregierung allein bilden können. Wir haben das bewußt nicht getan, weil wir keine Veranlassung sahen, den Koalitionspartner, der in diesen 4 Jahren aktiv mitgearbeitet hatte, von der zukünftigen Verantwortung auszuschließen."[70]
Die übergroße Koalition[71] zwischen CDU und FDP, deren Weiterführung durch den Ministerpräsidenten aus der harmonischen Zusammenarbeit der vorhergehenden Legislaturperiode begründet wurde, kann auch als parteistrategische Maßnahme der Christdemokraten gesehen werden: Bei einem möglichen Verlust der absoluten Mehrheit der Mandate bei der folgenden Landtagswahl hätte die Einbindung der Liberalen in die Regierungsmehrheit eine Koalitionsentscheidung zugunsten der Union wenn nicht garantieren, so doch merklich erleichtern können, da man auf vorhandene Gemeinsamkeiten verweisen konnte. Der Preis für eine solche, spätere notwendige Koalitionen vorbereitende Maßnahme bestand in der

---

[64] Statistisches Landesamt Rheinland-Pfalz (Hrsg.):"Die Wahlen zum Landtag und Bundestag in Rheinland-Pfalz 1947-1955", Bad Ems 1956; Peckhaus 1987, S.45; FAZ vom 13.5.1955, Erich Dombrowski:"Wieder eine Landtagswahl"; FAZ vom 14.5.1955:"Rheinland-Pfalz wählt am Sonntag"; FAZ vom 17.5.1955:"Acht neue Sitze für die Union"
[65] FAZ vom 17.5.1955:"Acht neue Sitze für die Union"
[66] FNP vom 17.5.1955:"Demokratische Konzentration"
[67] PfVz vom 17.5.1955:"Altmeier: CDU will nicht allein regieren"; ZEIT vom 19.5.1955:"CDU-Mehrheit in Rheinland-Pfalz"
[68] ADL, Sig.12573. In diesem FDP-Bericht über die Legislaturperiode 1955-59 wurde erklärt, daß die FDP aufgrund der Koalitionsvereinbarung mit der CDU den 2. Vizepräsidenten des Landtags und jeweils einen zusätzlichen Sitz in drei Landtagsausschüssen erhielt, obwohl ihr diese rechnerisch nicht zugestanden hätten.
[69] nach: Lerch/Lerch 1989, S.63
[70] LHA KO, Best.986, Rede Altmeiers zum 9.6.1956
[71] vergl. Jun 1994, S.107 zur "überdimensionierten Koalition"

Überlassung wenigstens eines Ministeramtes für die Liberalen, die 1955 sogar die Posten ihrer beiden Minister BECHER und NOWACK behaupten konnte.

6.4. Spannungen zwischen Rheinland-Pfalz und Hessen: Die Volksbegehren zur Landeszugehörigkeit 1956

Das Land Rheinland-Pfalz wurde - wie bereits in den Kapiteln 5.1. und 5.2. kurz dargestellt - nach 1945 aufgrund alliierter Beschlüsse aus historisch höchst unterschiedlichen Gebieten zusammengestellt, was in den ersten Jahren der Existenz des Landes nicht nur zu parteipolitisch disparaten Ausprägungen in den verschiedenen Regionen führte, sondern auch Bewegungen ins Leben rief, die eine Umorientierung bezüglich der Landeszugehörigkeit befürworteten. Innerhalb des parteipolitischen Spektrums von Rheinland-Pfalz hatten sich verschiedene Persönlichkeiten der Sozialdemokraten wiederholtermaßen gegen den Fortbestand von Rheinland-Pfalz ausgesprochen. Neben der Absicht, alte historische Bindungen wiederbeleben zu wollen sprachen sich SPD-Politiker wegen der "strukturellen konservativen Mehrheit" eines Großteils der Bevölkerung vor allem in den Regierungsbezirken Koblenz und Trier gegen das Land aus (vergl. Kap 5.3.1.). Sie befürchteten dadurch trotz ihrer relativ starken Stellung in Rheinhessen und in der Pfalz auf Dauer von einer politischen Führungsrolle in Mainz ferngehalten zu werden, was durch die Wahlergebnisse der 40er und der 50er Jahre nur unterstrichen wurde.

Rechtlicher Bezugspunkt für mehrere Bewegungen der 50er Jahre, die einzelne Regionen von Rheinland-Pfalz (wieder) anderen Ländern angliedern wollten, war der Artikel 29 GG, der dem Gesetzgeber die Möglichkeit zur Umgestaltung des Bundesgebiets eröffnete. Dabei sollten die "landsmannschaftliche Verbundenheit, die geschichtlichen und kulturellen Zusammenhänge, die wirtschaftliche Zweckmäßigkeit sowie die Erfordernisse der Raumordnung und der Landesplanung"[72] beachtet werden. In den Absätzen 2 und 3 des Art. 29 GG wird dazu ausgeführt, daß Neugliederungsmaßnahen durch bundesgesetzliche Regelungen ergehen sollten, die einer Bestätigung durch Volksentscheid in einem betroffenen, d.h. in einem nach 1945 neu gebildeten Land, bedurften. Da die Alliierten die Länderneugliederung erst nach Abschluß eines Friedensvertrags behandelt wissen wollten - eine Ausnahme stellt diesbezüglich die Neugliederung des späteren Baden-Würt-

[72] Art.29 GG, Abs.1

tembergs dar - sollten Fragen der inneren Gestaltung der Bundesrepublik erst nach Erlangung der Souveränität aktuell werden.[73]
Initiativen, die auf eine Neugliederung im rheinland-pfälzischen Raum hindeuteten, waren bereits Anfang der 50er Jahre entstanden: In der Pfalz, wo der Widerstand gegen das neue Land besonders kräftig war, bildete sich bereits 1950 der Bund "Bayern und Pfalz" unter dem Vorsitz des CDU-Landtagsabgeordneten SCHULER, dessen Organisation vielfältige Unterstützung auch von der bayerischen Staatsregierung erhielt. Die bayerischen Ministerpräsidenten EHARD (CSU) und HOEGNER (SPD) äußerten öffentlich ihre Sympathie für die Pläne, die Pfalz wieder mit Bayern zu vereinigen; sie konnten dabei durch den "Pfalzausschuß" des bayerischen Landtags Unterstützung erwarten. Eine Gruppe um den Mannheimer Oberbürgermeister HEIMERICH und den pfälzischen SPD-Mann BÖGLER fand sich im "Verein Kurpfalz" zusammen und trat für die Vereinigung der Pfalz mit den rechtsrheinischen badischen Gebieten, nach Gründung des Südweststaats für die Vereinigung mit Baden-Württemberg ein.[74]
In den früheren hessischen Gebieten entstanden später ebenfalls Organisationen, die die Rückgliederung der Regierungsbezirke Montabaur und Rheinhessen an das Bundesland Hessen forderten. 1954 bildete sich der maßgeblich von SPD-Politikern wie dem früheren Mainzer Minister STEFFAN und dem Redakteur der sozialdemokratischen Zeitung "Die Freiheit" unterstützte "Rheinhessenbund", in Diez kam es zur Gründung des "Heimatbundes Hessen-Nassau" unter der Leitung von WILHELM SCHÄFER.[75] Diese Heimatbünde fanden Unterstützung bei der hessischen Landesregierung, die sich nicht so explizit wie die bayerischen Rückgliederungsbekundungen ausnahmen,[76] die aber parteitaktische Überlegungen in Wiesbaden auslösten. Hessische SPD-Politiker wie HEINRICH TROEGER nutzten Mitte 1955 Unruhen in der kleinen Koalition mit dem BHE zu Gesprächen mit der hessischen Union, die eine Neuauflage der Großen Koalition im Land vorbereiten sollten. TROEGER verknüpfte diese Koalitionsoption deutlich mit der Möglichkeit zur Umgestaltung des Landesgebiets und mit dem Hinweis auf den Machtverlust Sozialdemokraten in einem anderen Bundesland:"Wir brauchen die CDU 1. wegen Artikel 29 des Grundgesetzes, 2. wenn wir das Schicksal der SPD in Niedersachsen vermeiden wollen."[77]

---

[73] Hrbek, Rudolf:"Das Problem der Neugliederung des Bundesgebietes", in: APuZ Nr. B 46/13.11.1971, S.11
[74] Fenske, Hans:"Rheinland-Pfalz und die Neugliederung der Bundesrepublik", in: Haungs (Hrsg.) 1986, S.114-116
[75] Fenske 1986, S.116/117
[76] Fenske 1986, S.117. Ein Ausschuß des Bezirksvorstands der rheinhessischen SPD führte Ende 1955 Verhandlungen mit Zinn und Birkelbach über die Neugliederung.
[77] Beier 1989, S.184; vergl. Fenske 1986, S.117. Mit Erlangung der Souveränität am 5.5.1955 begann eine Dreijahresfrist für die Länderneugliederung in der Bundesrepublik abzulaufen.

Troegers Auffassung konnte sich jedoch nicht durchsetzen; die SPD/BHE-Koalition blieb in Wiesbaden bestehen. Da nach einem entsprechenden Gesetz des Bundes auf Durchführung der Volksbegehren zur Ländergliederung insgesamt sieben Volksbegehren für den April 1956 genehmigt wurden - davon fünf allein für die verschiedenen Rück- und Umgliederungebestrebungen in Rheinland-Pfalz - verstärkten Heimatverbände sowie Landespolitiker pro und kontra Umgliederung zu Beginn des Jahres ihre Aktivitäten.[78] Neben zwei Volksbegehren in Niedersachsen, die die Selbständigkeit von Oldenburg und Schaumburg-Lippe befürworteten, ergaben sich in Rheinland-Pfalz fünf Volksbegehren auf Umgliederung

- des Regierungsbezirks Montabaur an Hessen
- des Regierungsbezirks Rheinhessen an Hessen
- des Regierungsbezirks Pfalz an Bayern
- des Regierungsbezirks Pfalz an Baden-Württemberg und
- der Regierungsbezirke Koblenz und Trier an Nordrhein-Westfalen.[79]

Neben den auch im Art. 29 GG angeführten "landsmannschaftlichen" und historischen Gründen für eine Umgliederung der rheinland-pfälzischen Landesteile sind auch macht- und parteipolitische Überlegungen als Faktoren der Entscheidung für oder gegen die Neugliederung bedeutsam gewesen,[80] da sich vor allem Sozialdemokraten in den ehemals hessischen Gebieten durch das Auseinanderbrechen des von ihnen bekämpften Rheinland-Pfalz den Wechsel von dem Diasporagebiet in die (zu diesem Zeitpunkt lediglich relative) hessische Hochburg erhofft haben dürften. Ähnliches galt für die pfälzischen Genossen, die die Optionen auf den Übertritt in das Anfang 1956 SPD-geführte Bayern bzw. in ein noch nicht klar von der CDU dominiertes Baden-Württemberg verlockender war als der Verbleib in einem Land mit absoluter CDU-Mehrheit.
Zu beachten ist ferner die Stellung von Rheinland-Pfalz im Bundesrat: Hier standen sich Anfang 1956 die unionsgeführten Länder Hamburg, Niedersachsen, Schleswig-Holstein, Baden-Württemberg und Rheinland-Pfalz mit 21 Stimmen den SPD-Ländern Nordrhein-Westfalen, Bayern, Bremen und Hessen mit 17

[78] Fenske 1986, S.120
[79] Fenske 1986, S.121; Hrbek 1971, S.13/14; Peckhaus 1987, S.49; Zeit vom 23.2.1956, H.David:"Sieben Volksbegehren"; Statistisches Landesamt Rheinland-Pfalz (Hrsg.):"Die Volksentscheide in Rheinland-Pfalz am 19. Januar 1975", Bad Ems 1975. Für die Umgliederung von Koblenz und Trier hatte es im Vorfeld der Begehren nur relativ geringes Interesse gegeben.
[80] vergl. Hrbek 1971, S.13

Stimmen gegenüber.[81] Rheinland-Pfalz war zu diesem Zeitpunkt das einzige Land, in dem die CDU mit absoluter Mehrheit regieren konnte; bei einem etwaigen Auseinanderbrechen dieses Bundeslandes im Falle erfolgreicher Volksbegehren und -entscheide hätte es zu einer Beeinträchtigung der Unterstützung der ADENAUERSCHEN Bundesregierung kommen können.

Bundeskanzler ADENAUER hatte zuvor die rheinland-pfälzische Landesregierung als eine der "wichtigsten Stützen der Bundesregierung"[82] bezeichnet und demonstrativ geringes Interesse an Fragen der Länderneugliederung bekundet.[83]

Vor den Volksbegehren bemühten sich die Ministerpräsidenten der umworbenen Länder, HOEGNER (SPD/Bayern), MÜLLER (CDU/Baden-Württemberg) und ZINN (SPD/Hessen), die rheinland-pfälzischen Stimmberechtigten für die Eintragung in Listen für die jeweiligen Volksbegehren zu bewegen. HOEGNER versprach dabei umfangreiche Sonderrechte für die Pfalz und die Installation eines speziellen Pfalz-Ministeriums, ZINN hingegen kündigte an, daß im Falle des Wechsels von Rheinhessen und Montabaur Mainz und Wiesbaden die "Doppelhauptstadt" des erweiterten Hessen bilden würden.[84]

Neben historischen wie aktuellen machtpolitischen Gründen wurden in den Wahlkämpfen auch Argumente wie die Vereinfachung von Verwaltungsstrukturen, die engere wirtschaftliche Anbindung namentlich Rheinhessens an das Rhein-Main-Gebiet sowie die Sicherung der in Rheinhessen favorisierten christlichen Gemeinschaftschule für den Übertritt zum Land Hessen angeführt.[85]

Die rheinland-pfälzische Landesregierung reagierte auf die Versuche, den Bürgern der verschiedenen Regionen einen Übertritt in ein anderes Land schmackhaft zu machen mit der Gründung des "Bundes Rheinland-Pfalz", der die Neugliederungsfrage nicht pauschal zurückweisen wollte, sondern sie auf die Zeit nach der Wiedervereinigung Deutschlands hinauszögern wollte.[86] Die Landesregierung als Veranstalterin der Volksbegehren kam zwar ihrer Verpflichtung zur Organisation der Abstimmung nach, die Heimatbünde beklagten jedoch eine zu geringe Zahl von Eintragungslokalen mit zu kurzen Öffnungszeiten sowie hinsichtlich der Be-

[81] vergl. Zeit vom 23.2.1956:"Düsseldorf und Bundesrat"

[82] vergl. Rundfunkansprache Adenauers am 13.5.1955 (SWF 795 0732 001)

[83] Hrbek 1971, S.13

[84] Fenske 1986, S.120/121

[85] FR vom 14.4.1956, Volker Brand:"Plakate werden abgerissen"; FR vom 16.4.1956, Volker Brand:"Angst vor dem Namen in der Liste"

[86] Fenske 1986, S.121; LZ vom 29.2.1956 und vom 13.3.1956:"Bund Rheinland-Pfalz keine Tarnorganisation der Landesregierung"

richterstattung in den Medien die zu geringe Berücksichtigung ihrer Aktivitäten durch den Südwestfunk.[87]
Die Resultate des Volksbegehrens überraschten die politische Öffentlichkeit am Abend des 22. April allerdings, da sich in Montabaur 25,3%, in Rheinhessen 20,2% und in Koblenz-Trier 14,2% der Wahlberechtigten für die Einleitung eines Volksentscheids eingetragen hatten und somit das nötige Quorum von 10% der Wahlberechtigten zum Teil deutlich überschritten wurde. In der Pfalz, wo wegen der besonders aktiven Tätigkeit der Umgliederungsvereine zuvor mit dem höchsten Zuspruch gerechnet wurde, scheiterte das Volksbegehren zur Umgliederung nach Baden-Württemberg mit 9,3% und das Volksbegehren zur Rückkehr der Pfalz nach Bayern mit 7,6% der Wahlberechtigten.[88]
Gerade in der Pfalz wurde das "staatspolitische Versagen" der Bevölkerung von der "Stimme der Pfalz", dem Organ der Anhänger eines Wechsels nach Bayern, zunächst mit Resignation zur Kenntnis genommen. Ein späterer Einspruch beim Wahlprüfungsausschuß des Bundestages zwecks Anfechtung des Volksbegehrens wurde 1957 zurückgewiesen.[89]
Der hessische Ministerpräsident ZINN zeigte sich nach Bekanntwerden der Resultate aus Montabaur und Rheinhessen, in denen die Landkreise Unterlahn und Oberwesterwald mit 37,7% bzw. 33,3% die höchsten Eintragungsergebnisse in ganz Rheinland-Pfalz verzeichneten,[90] überrascht und erfreut und sprach von einer "Entscheidung gegen Rheinland-Pfalz".[91]
Die angeführten Kreise in der Nähe zur hessischen Landesgrenze können als SPD-Hochburgen bezeichnet werden, so daß eine Mobilisierung SPD-naher Wähler zugunsten des Nachbarlandes wegen der Tatsache der strukturellen CDU-Mehrheit durch die katholische Bevölkerungsmehrheit an Eifel und Hunsrück erklärt werden kann. Bei den Landkreisen im Norden von Rheinland-Pfalz können diese Faktoren jedoch nicht zur Deutung des Abstimmungsergebnisses herangezogen werden, da hier die traditionell-historische Ausrichtung in den Kölner Raum ausschlaggebend für den Wechsel nach Nordrhein-Westfalen gewesen sein dürfte.
Ministerpräsident ALTMEIER und weitere Vertreter des Landes Rheinland-Pfalz äußerten sich demgegenüber zurückhaltend; man betonte die "angenehmen Sei-

[87] Fenske 1986, S.121; FR vom 16.4.1956, Volker Brand:"Angst vor dem Namen in der Liste"; FR vom 21.4.1956, Helmut Rödler:"Kein freier Tag für Namenszeichnung"
[88] Fenske 1986, S.121; FR vom 23.4.1956:"Volksbegehren brachten Überraschungen"; Statistisches Landesamt Rheinland-Pfalz (Hrsg.) 1975
[89] Fenske 1986, S.122. Eine daraufhin eingeleitete Verfassungsbeschwerde wurde 1960 ebenfalls abgewiesen.
[90] Statistisches Landesamt Rheinland-Pfalz (Hrsg.) 1975. In zahlreichen einzelnen Gemeinden wurde dabei sogar die absolute Mehrheit der Wahlberechtigten für einen Übertritt nach Hessen erreicht.
[91] FR vom 24.4.1956:"Bonn will Neugliederungsgesetz mit Saarfrage koppeln"

ten" der gescheiterten Volksbegehren in der Pfalz und bekundete seinen Willen, die Wünsche der Bevölkerung in den anderen Regionen des Landes stärker als bisher zu berücksichtigen.[92]

Da die Dreijahresfrist für die Behandlung der Neugliederung des Bundesgebiets erst mit dem 5. Mai 1955 und der damit verbundenen Erlangung der Souveränität begonnen hatte, hätten die auf die Volksbegehren folgenden Volksentscheide in Rheinhessen, Montabaur und Koblenz-Trier bis zum Mai 1958 erfolgen müssen. Die Bundesregierung beharrte jedoch darauf, die Neugliederungsfrage erst zusammen mit der vollständigen Klärung der Saarfrage behandeln zu wollen, was nach Verstreichen der Frist zu einer Klage des Landes Hessen beim Bundesverfassungsgericht führte, die der Bundesregierung einen Verstoß gegen Art. 29 GG und den Grundsatz des bundesfreundlichen Verhaltens vorwarf. Diese Klage, wie auch die Verfassungsbeschwerden der Heimatbünde in der gleichen Sache, wurden am 11. Juli 1961 im "Hessen-Urteil" des Bundesverfassungsgerichts zurückgewiesen mit der Begründung, die Länder besäßen keinen eigenen Anspruch auf Neugliederung, diese solle im "Interesse des Ganzen" aber "ohne Rücksicht auf die Wiedervereinigung" betrieben werden.[93]

Nach erneuten Diskussionen um die Neugestaltung des Bundesgebietes Ende der 60er und Anfang der 70er Jahre[94] wurden Volksentscheide für die rheinland-pfälzischen Gebiete auf das Jahr 1975 festgelegt; dabei ergaben sich bei mäßiger Abstimmungsbeteiligung nur noch Anteile von 14,3% der Wahlberechtigten in Montabaur, von 13,1% in Koblenz-Trier und vom 7,1% in Rheinhessen für den Wechsel nach Hessen bzw. nach Nordrhein-Westfalen.[95] Nach einer fast dreißigjährigen Existenz hatte sich in dem ehemals als "Retortenland" verschrienen Rheinland-Pfalz anscheinend ein Zusammengehörigkeitsgefühl entwickelt, das den Bemühungen zur Umgliederung von Landesteilen anders als Mitte der 50er Jahre nur noch geringen Zuspruch zuteil werden ließ.

Entscheidend für den Fortbestand des Landes Rheinland-Pfalz dürften neben der Rechtssprechung des Bundesverfassungsgerichts die abwartende Haltung der Bundesregierung gewesen sein, die aus Angst um die Gefährdung der inneren Stabilität und aus machtpolitischen Gründen die Neugliederungsfrage so lange

---

[92] FR vom 24.4.1956:"Bonn will Neugliederungsgesetz mit Saarfrage koppeln"; LZ vom 24.4.1956

[93] Fenske 1986, S.124/125

[94] Fenske 1986, S.127; Hrbek 1971, S.19ff; Zeit vom 23.2.1973, Eduard Neumaier:"Zauberstück auf dem Papier", Hans Schueler:"Leidensgeschichte mit Happy-End?" Nach den Vorschlägen der Ernst-Kommission sollte Rheinland-Pfalz entweder vollständig oder wenigstens mit seinen nördlichen Landesteilen zusammen mit Hessen zu einem neuen Bundesland verschmelzen.

[95] Fenske 1986, S.124-127; Statistisches Landesamt Rheinland-Pfalz (Hrsg.) 1975

hinausschob, bis sich die Heimatbünde der 50er Jahre unter der normativen Kraft des Faktischen aufgelöst hatten.
Die Frage der Umgliederung von Landesteilen in Rheinland-Pfalz nimmt sich aus heutiger Sicht zwar wie eine Marginalie in der Landesgeschichte aus, sie verdeutlicht jedoch, daß Mitte der 50er Jahre die Landestraditionen früherer Tage noch in Teilen der Bevölkerung virulent gewesen sind. Parteipolitische Mehrheiten in den verschiedenen Regionen von Rheinland-Pfalz hätten im Falle einer tatsächlichen Rückgliederung - ein nicht abweichendes Wählerverhalten der pro-rheinland-pfälzischen Bevölkerung vorausgesetzt - in den Ländern Hessen oder NRW zugunsten von SPD bzw. CDU ausfallen können. Vor allem war bei der langwierigen Behandlung der Neugliederung durch den Bund neben der nicht erwünschten inneren Instabilisierung der Bundesrepublik durch eine Neugliederung auch der Faktor bedeutsam, daß mit Rheinland-Pfalz ein wichtiges CDU-Land im Bundesrat weggefallen wäre. Die Parteiensysteme der Länder hätten durch eine Umgliederung wesentlich beeinflußt werden können; die Bemühungen der Ministerpräsidenten Hessens, Bayerns und Baden-Württembergs zur Unterstützung der Umgliederungsbewegungen in Rheinland-Pfalz lassen sich vor allem im Zusammenhang mit der dadurch erhofften Festigung ihrer Machtpositionen erklären.

6.5. Einbruch einer liberalen Hochburg bei verstärkter SPD-Dominanz: Die Hessische Landtagswahl 1958

1956 erfuhr das Parteiensystem der Bundesrepublik mit der Gründung der "Freien Volkspartei" (FVP) durch die Mehrheit der FDP-Mandatsträger im Deutschen Bundestag eine Veränderung, die in Hessen zu Vermutungen über einen eigenständigen Erfolg der FVP führten, da der für die Entwicklung der FDP zu einer rechtskonservativen Kraft im hessischen Parteiensystem bestimmende AUGUST MARTIN EULER im April 1956 hessischer Landesvorsitzender der FVP wurde. Hintergrund dieser Entwicklung waren die Haltung der Bundes-FDP zur Saarfrage sowie die von Adenauer damit verknüpfte Frage des Wahlrechts für den Bundestag: Bundeskanzler ADENAUER versuchte Ende 1954, über die Androhung, das Mehrheitswahlrecht einzuführen, die Fraktion der FDP im Bundestag zu einer Zustimmung zu seiner Saarpolitik zu bewegen. Der Bundesvorsitzende der Liberalen, THOMAS DEHLER, verdeutlichte jedoch die Unabhängigkeit seiner Partei durch vom Bundesmuster abweichende Koalitionen in Ländern wie Bayern (ab 1954) oder Nordrhein-Westfalen (ab 1956), wodurch der Union nicht nur die führende Rolle in den Landesregierungen entzogen wurde, sondern auch die für die

Einführung einer Wahlrechtsänderung nötigen Stimmen im Bundesrat abhanden gekommen waren.
Zuvor hatte die Abstimmung über die Saarfrage im Bundestag wegen des ablehnenden Votums der FDP-Fraktion bei gleichzeitiger Zustimmung der FDP-Minister zum Ende der Koalition zwischen CDU/CSU und FDP geführt. Mit ihm einher ging der Bruch zwischen der Mehrheit der FDP-Fraktion und der ein Drittel der Abgeordneten umfassenden Minderheit, der auch alle FDP-Minister angehörten. Die abgespaltene Gruppe wurde aus der Partei ausgeschlossen und bildete unter der Führung VIKTOR EMANUEL PREUSKERS die im Bundestag weiterhin die Union stützende FVP.[96]
Für die Situation der hessischen FDP, insbesondere im nordhessischen Raum, ergab sich weniger durch diese Abspaltung, sondern dadurch, daß der Hessische Bauernverband der FDP seine bisherige massive Unterstützung versagte und sich der CDU zuwandte, eine deutliche Benachteiligung für die kommenden Wahlen.[97]
Während die FDP 1956 auf kommunaler Ebene Verluste in unterschiedlicher Höhe hinnehmen mußte, die nicht den Gewinnen der FVP entsprachen,[98] so kam es bei den Bundestagswahlen vom 15. September 1957 und bei den Landtagswahlen vom 23. November 1958 zu einer drastischen Reduzierung des liberalen Stimmenanteils in Hessen. 1957 errang die FDP in Hessen lediglich 8,5% der Stimmen, bei der Bundestagswahl 1953 hatte ihr Anteil mit 19,7% noch mehr als doppelt so hoch gelegen. Die Liberalen hatten damit nach den herausragenden Werten bei den ersten beiden Bundestagswahlen nun nahezu ihren Bundesdurchschnitt von 7,7% erreicht.
Stark profitieren konnten neben den Sozialdemokraten (38,0%) vor allem die Christdemokraten, die in Hessen 7,7 Prozentpunkte zulegen konnten und mit 40,9% erstmals stärkste Partei vor der SPD wurden. Die gemeinsam mit der DP antretende FVP übersprang 1957 mit 5,5% knapp die Fünf-Prozent-Hürde.[99]
Die Landtagswahl vom November 1958 stand ganz im Zeichen der Bundes- und der Außenpolitik, da die Berlin-Krise und die heftig umstrittene atomare Aufrüstung von den Parteien im hessischen Landtagswahlkampf kontrovers behandelt wurden. Die SPD griff das Thema Aufrüstung analog zur Bundespartei auch im

[96] Dittberner, Jürgen:"FDP - Partei der zweiten Wahl. Ein Beitrag zur Geschichte der liberalen Partei und ihrer Funktionen im Parteiensystem der Bundesrepublik", Opladen 1987, S.34-37; Staudt 1996, S.38-40
[97] Schiller 1993, S.249
[98] Staudt 1996, S.40/41. Die FDP fiel am deutlichsten in den kreisfreien Städten zurück, wo ihr Stimmenanteil 1956 nahezu halbiert wurde.
[99] Behr/Breit/Lilge/Schissler 1989, S.114/115; Staudt 1996, S.69-71; Zeit vom 3.10.1957, Heinrich David:"Georg August I. ante portas"

Land auf und sprach sich gegen die Einführung atomarer Waffen aus.[100] Ministerpräsident ZINN wurde außerdem als Identifikationsfigur eines wirtschaftlich aufstrebenden Bundeslands präsentiert.[101]
Die CDU hingegen, in der es zu Dissonanzen zwischen dem Landesvorsitzenden FAY und Bundeskanzler ADENAUER gekommen war,[102] versuchte ihren Anteil am Wirtschaftsaufschwung hervorzuheben,[103] ihr fehlte jedoch im Gegensatz zu den Sozialdemokraten ein zugkräftiger Spitzenkandidat, der als neuer "Landesvater" hätte präsentiert werden können.[104]
Das Wahlergebnis führte zur deutlichen Bestätigung der SPD/BHE-Koalition und zur Einebnung der bisherigen liberalen Spitzenposition.
Mit der Landtagswahl setzte sich der Abwärtstrend der hessischen FDP fort; das hessische Parteiensystem, das sich wegen den überdurchschnittlichen Resultaten einer nationalkonservativen FDP deutlich von den Parteiensystemen anderer Länder abgehoben hatte, glich sich nun anderen Systemen an. Regional verglichen verloren die Freien Demokraten mit ihrem Spitzenkandidaten, dem Fraktionsvorsitzenden DÖRINKEL,[105] an die DP, die in Nord- und Mittelhessen auf Resultate zwischen 6-10% schnellte, und an die Union, die in allen Landesteilen kräftig zulegen konnte und zum Teil ihre Ergebnisse verdoppelte.[106]

Grafik 7.1.: Stimmenverteilung bei der Hessischen Landtagswahl am 23.11.1958

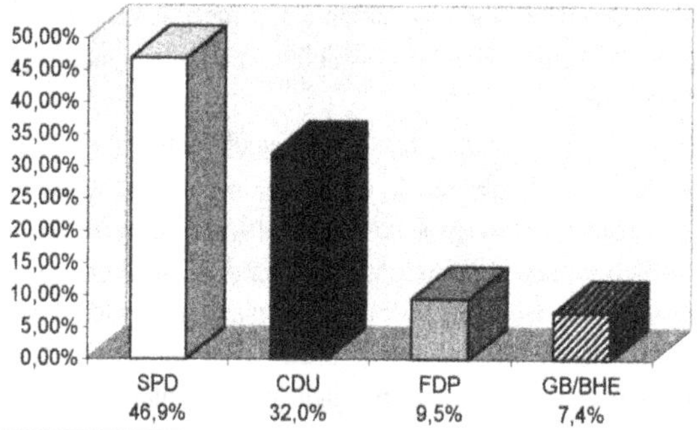

[100] Beier 1989, S.211-213. Eine vom Land Hessen angestrebte Volksbefragung zur Atombewaffnung wurde am 25.6.1958 durch das BVG per einstweiliger Anordnung gestoppt.
[101] Behr/Breit/Lilge/Schissler 1989, S. 64-67; Steinseifer 1996, S.251/252
[102] FR vom 20.10.1958, Hans Henrich:"Ein fauler Landtagswahlzauber"
[103] FR vom 20.11.1958:"Adenauer macht Hessen Vorwürfe"
[104] Frommelt 1995, S.51; Steinseifer 1996, S.252
[105] Steinseifer 1996, S.252
[106] Handbuch des Hessischen Landtags, Wiesbaden 1959, S.202ff. Die DP sprang z.B. im Wahlkreis Marburg-Stadt/Marburg-Land-Ost von 0,3 auf 10,4%, die FDP fiel von 26,3% auf 8,6%. In Alsfeld/Gießen-Land-Ost übertrumpfte die DP mit 16,0% die FDP, die 1954 noch bei 32,8% gelegen hatte, und die nur noch 10,5% erreichte.

Grafik 7.2.: Mandatsverteilung bei der Hessischen Landtagswahl am 23.11.1958[107]

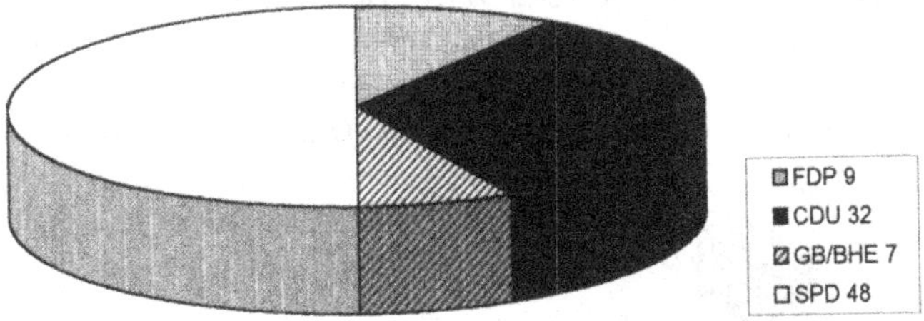

Den Sozialdemokraten war der Ausbau ihrer Spitzenstellung im Parteiensystem des Landes gelungen: Nach der Schlappe bei der Bundestagswahl 1957, bei der die SPD trotz Stimmengewinnen von der CDU überrundet worden war, untermauerte sie nun mit dem Gewinn genau der Hälfte der Mandate des Wiesbadener Landtags ihre dominierende Position, deren Erringung vorwiegend der Aufbauleistung der Landesregierung und dem als charismatischen Landesvater auftretenden GEORG AUGUST ZINN zugeschrieben wurden.[108]

6.6. Besonderheiten der Wahlgesetzgebung in Rheinland-Pfalz am Beispiel der Landtagswahl 1959

Bei der Analyse des Parteiensystems von Rheinland-Pfalz muß aufgrund einer in diesem Bundesland angewendeten Methode zur Ermittlung der Mandatszahlen für die Parteien, die landesweit die Fünf-Prozent-Hürde überschritten hatten, wegen Abweichungen von den in anderen Ländern oder bei Bundestagswahlen üblichen Verfahren genauer auf den Charakter des "Wahlschlüsselverfahrens" eingegangen werden.

Gerade in den 50er Jahren gelang es der rheinland-pfälzischen CDU, herausragende Ergebnisse bei Landtagswahlen einzufahren: mit 46,8% (1955) und 48,4% (1959) kam sie der 50-Prozent-Marke bereits sehr nahe - der Anteil der errungenen Mandate der dominierenden Partei in Mainz lag jedoch bei beiden Wahlgängen mit 51 bzw. 52 von 100 Mandaten jeweils bei einer knappen absoluten Mehrheit. Während die CDU 1955 mit 46,8% mehr Stimmen auf sich vereinigen konnte als SPD (31,7%) und FDP (12,7%) gemeinsam - andere Parteien hatten

[107] Behr/Breit/Lilge/Schissler 1989, S.60/64
[108] Behr/Breit/Lilge/Schissler 1989, S.67; FAZ vom 25.11.1958:"Zinn verstärkt seine Position"

die Fünf-Prozent-Hürde nicht überwunden - gestaltete sich das Ergebnis des Urnengangs von 1959 anders, da SPD, FDP und die neu ins Mainzer Parlament gewählte rechtsradikale "Deutsche Reichspartei" (DRP) zusammen mehr Stimmen erhielten als die Union.

Grafik 8.1.: Stimmenverteilung bei der rheinland-pfälzischen Landtagswahl am 19.4.1959

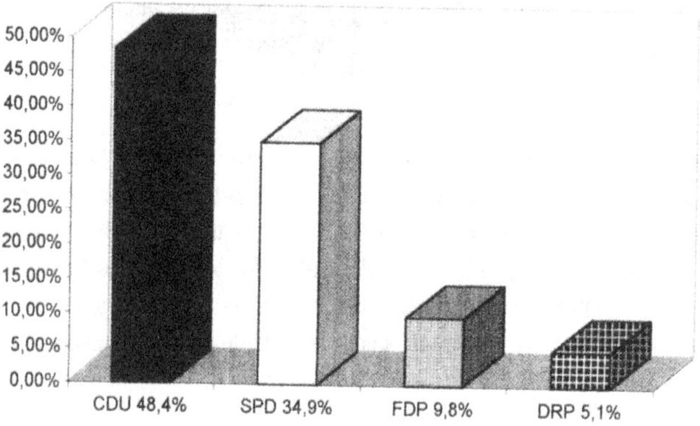

Grafik 8.2.: Mandatsverteilung bei der rheinland-pfälzischen Landtagswahl am 19.4.1959[109]

Bemerkenswert an diesem Ergebnis ist die Tatsache, daß die rheinland-pfälzische CDU trotz Vorhaltungen, Ministerpräsident ALTMEIER habe sein Privathaus in Koblenz weit unter dem Verkehrwert aus Staatbesitz erworben, offenkundig in

[109] nach: Statistisches Landesamt Rheinland-Pfalz (Hrsg.):"Die Wahl zum Landtag in Rheinland-Pfalz am 19. April 1959", Bad Ems 1959

der Wählergunst nicht gelitten hatte.[110] Anders erging es ihrer Koalitionspartnerin FDP,die Anschuldigungen gegen ihren Landesvorsitzenden und Finanzminister NOWACK hinnehmen mußte, die sich im Vorwurf der persönlichen Bereicherung bezüglich NOWACKS Aufsichtsratsposten in einer zu 75% landeseigenen Fabrik konzentrierten.[111]

Während ALTMEIER von einem parlamentarischen Untersuchungsausschuß noch vor der Landtagswahl entlastet wurde,[112] mußte der FDP-Minister im September 1958 auf Druck des Regierungschefs von seinem Posten zurücktreten. Die FDP-Fraktion brüskierte den Koalitionspartner durch ein Votum gegen den von ALTMEIER bestellten parteilosen Nachfolger NOWACKS, gegen welchen Widerstände in der FDP bestanden hatten, der aber wegen der absoluten Mehrheit der Union dennoch gewählt werden konnte.[113]

Auch bei der oppositionellen SPD hatte der Mißbrauch eines Aufsichtsratspostens durch den pfälzischen SPD-Vorsitzenden BÖGLER für Aufsehen gesorgt.[114] Trotz dieser Affären konnten sich die beiden großen Parteien verbessern, während die Liberalen Einbußen hinnehmen mußten. Der Erfolg der DRP kam relativ unerwartet und wurde vorwiegend einer Proteststimmung in den vom Weinbau dominierten ländlich-protestantischen Kreisen der Pfalz zugeschrieben, in denen Winzer einer für sie ungünstig verlaufenden Preispolitik und der ungewissen Zukunft im Europäischen Markt durch ihr Votum Ausdruck verleihen wollten.[115]

Regional betrachtet schnitt die DRP extrem unterschiedlich bei der Landtagswahl ab: In den katholischen CDU-Hochburgen um Eifel, Hunsrück und Westerwald im Norden und in der Südpfalz lag sie zumeist deutlich unter der 5-Prozent-Grenze, in den Landkreisen Birkenfeld, Kusel, Zweibrücken, Kirchheimbolanden, Rockenhausen, Alzey und Worms überschritt die DRP hingegen die 10-Prozent-Marke.[116]

---

[110] SPIEGEL vom 28.1.1959:"Zum halben Preis"; FR vom 6.3.1959:"Zusammenhang mit Fall Nowack?"; FR vom 12.3.1959, Botho Kirsch:"Die billige 'Generalsvilla' des Ministerpräsidenten"; FR vom 30.3.1959, Botho Kirsch:"Als Ministerpräsident und Privatmann korrekt"; FAZ vom 15.4.1959, Walter Kopp:"Nach Affären eine Wahl"

[111] SPIEGEL vom 11.6.1958:"Läßt sich nicht verkommen"; MM vom 26.6.1958, Gerhard Rietz:"Ein Finanzminister in schiefem Licht"; Zeit vom 31.10.1958, Theodor Eschenburg:"Nicht jeder hat das Zeug zum Minister"; FAZ vom 10.11.1958:"Die Nachfolge Nowacks weiter umstritten"

[112] FR vom 20.3.1959, Botho Kirsch:"Als Ministerpräsident und als Privatmann korrekt"; FAZ vom 15.4.1959, Walter Kopp:"Nach Affären eine Wahl"

[113] FAZ vom 12.11.1958:"Altmeier bestimmt Nowacks Nachfolger"

[114] FAZ vom 15.4.1959, Walter Kopp:"Nach Affären eine Wahl"

[115] FR vom 21.4.1959, Hans Henrich:"Mainzer Menetekel"; Zeit vom 30.4.1959, Heinrich David:"Wein, Soldaten und Korruption"; SWF-Hörfunkreportage:"Die Augen rechts! Rechtsradikale, laut und leise" (SWF 7950946000)

[116] Statistisches Landesamt Rheinland-Pfalz (Hrsg.) 1959, S.18ff. Die Spitzenwerte lagen in den Kreisen Kirchheimboladen mit 15,8% und in Rockenhausen mit 16,9%.

Trotz der zum Teil hohen Erfolge der rechtsradikalen Partei erhielt sie nur ein einziges von insgesamt 100 Mandaten, Grund hierfür ist das kleine Parteien benachteiligende und große bevorzugende "Wahlschlüsselverfahren", das einen Wahlschlüssel festlegt als die "Gesamtzahl der Stimmen, die im Wahlkreis auf die von der Sperrklausel nicht betroffenen Kreiswahlvorschläge entfallen sind, geteilt durch die Zahl der zu wählenden Abgeordneten; eine Bruchzahl wird hierbei auf die nächst höhere Zahl aufgerundet. Jeder Kreiswahlvorschlag erhält so viele Sitze, als der Wahlschlüssel in der Zahl der für ihn abgegebenen Stimmen enthalten ist. Verbleiben Restsitze, so werden diese den Wahlvorschlägen mit den nächst höchsten Reststimmen zugeteilt."[117]
Diese Vorschrift des Wahlgesetztes besagt somit, daß jede Partei die in einem der sieben rheinland-pfälzischen Großwahlkreise nötige rechnerische Hürde zur Erlangung eines Mandats zusätzlich zur Überschreitung der Fünf-Prozent-Hürde auf Landesebene überwinden muß, gelingt dies nicht, so wird der Anteil einer kleinen Partei nicht zu einem Mandat aufgerundet, sondern er kommt den großen Parteien zugute.
Diese Hürde erwies sich als deutliche Erschwernis für die kleineren Parteien im Lande: So erhielt beispielsweise die FDP 1959 im Wahlkreis Montabaur mit 10,3% kein einziges Mandat, der DRP gelang trotz Überschreitug der Fünf-Prozent-Hürde lediglich der Erwerb ihres einzigen Mandats im Kreis 7/Westpfalz. Bei Anwendung der d'Hondt'schen Methode auf das Landesergebnis hätte die DRP fünf Mandate erhalten müssen, die CDU hätte dann nur 50 von 100 Mandaten bekommen.[118]

Tabelle 1: Mandatsverteilung in rheinland-pfälzischen Wahlkreisen

Wahlkreis	Koblenz (Nord)	Koblenz (Süd)	Trier	Montabaur	Rheinhessen	Pfalz (Ost)	Pfalz (West)
Mandate	18	12	14	8	13	19	16
rechner. Hürde	5,5%	8,3%	7,1%	12,5%	7,7%	5,3%	6,3%

[117] nach: Kaack, Heino/Ulrich Sarcinelli:"Parteien und Wahlen", in: Haungs (Hrsg.) 1986, S.161
[118] Eigene Berechnungen. Die SPD hätte dabei 35, die FDP 10 Sitze erhalten; bei Anwendung der Methode Hare/Niemeyer hätte die CDU 49, die SPD 36, die FDP 10 und die DRP 5 Mandate erhalten. Vergl. Kaack/ Sarcinelli 1986, S.160ff; Zeit vom 24.4.1959, Heinrich David:"Die letzte Adenauer-Wahl"

Das Wahlschlüsselverfahren muß als Faktor für Mehrheitsbildung auf Landesebene angesehen werden, da es kleine Parteien - zumal in Wahlkreisen, in denen nur wenige Mandate zu vergeben waren - deutlich benachteiligt und die großen Parteien bezüglich der Sitzverteilung im Landtag bevorzugt.
Für die rechtsradikale Deutsche Reichspartei gelangte aufgrund des Wahlverfahrens somit lediglich der Landesvorsitzende HANS SCHIKORA in das Mainzer Landesparlament. Seine Präsenz war jedoch nur von kurzer Dauer, da nach verschiedenen Ausfällen von DRP-Vertretern gegen bundesdeutsche Politiker und gegen die Verfassungsordnung der Bundesrepublik und verharmlosenden Äußerungen über das nationalsozialistische Regime[119] Anfang 1960 ein Zitat SCHIKORAS Proteste bei Vertretern der demokratischen Landtagsparteien und Überwachungsmaßnahmen beim rheinland-pfälzischen Verfassungsschutz auslöste. SCHIKORA wurde beschuldigt, auf einer Funktionärstagung der DRP in Rockenhausen ein eindeutiges Bekenntnis zur Wiedererrichtung des NS-Systems abgelegt zu haben[120] und die Demokratie als "Futterkrippe des Pöbels" und "Inbegriff der politischen Heuchelei" bezeichnet zu haben.[121]
Beide Zitate wurden von Ministerpräsident ALTMEIER in einer Regierungserklärung aufgegriffen und SCHIKORA zugewiesen, der daraufhin eine Einstweilige Verfügung gegen die Weiterverbreitung der Behauptungen durch den Regierungschef beim Koblenzer Landgericht beantragte. Nach Aussprechung der Einstweiligen Verfügung durch das Gericht am 16. Januar 1960 mißbilligten die Fraktionen von CDU, SPD und FDP diese Entscheidung.[122] Nachdem die Verfügung durch das Gericht nach einer Woche wieder aufgehoben worden war,[123] kam es am 28. Januar zum Verbot des Landesverbandes der DRP durch den rheinland-pfälzischen Justizminister WOLTERS (CDU) wegen der Unterwanderung der Partei durch Neofaschisten und wegen Weiterführung wesentlicher Ziele der 1952 vom Bundesverfassungsgericht verbotenen "Sozialistischen Reichspartei" (SRP).[124]

---

[119] So verwendete die DRP bei Veranstaltungen Anfang 1960 die schwarz-weiß-rote Flagge. Ihr Geschäftführer Adolf von Thadden sprach davon, "daß es dem vergangenen Reich immerhin gelang, die junge Generation für sich zu begeistern", nach: Zeit vom 8.1.1960, Robert Strobel:"Die Erinnerungslücken der DRP"

[120] Nach einer Mitteilung des Leiters des rheinland-pfälzischen Verfassungsschutzes, Kaesberger, lautete das Zitat Schikoras: "Kameraden! Wir sind für die Wiederherstellung des Nationalsozialismus. Wir bekennen uns zu Hitler!", nach: FR vom 12.1.1960:"Mainz nimmt DRP unter die Lupe"

[121] nach: FR vom 20.1.1960:"Mainzer Landtag greift Gericht an"

[122] FR vom 20.1.1960:"Mainzer Landtag greift Gericht an"

[123] FR vom 26.1.1960:"Koblenzer Verfügung außer Kraft"; SPIEGEL vom 27.1.1960:"Hipp-hipp-Schikora"

[124] FR vom 28.1.1960:"Mainz verbietet die DRP"; FR vom 29.1.1960, Botho Kirsch:"Die Kriminalpolizei kam um acht Uhr in der Frühe"; SPIEGEL vom 3.2.1960:"Schikoras Regiment"; Schmollinger, Horst W.: "Die Deutsche Reichspartei", in: Stöss (Hrsg.) 1986 (1986a), S.1164; ders.:"Die Sozialistische Reichspartei", in: Stöss (Hrsg.) 1986, S.2275

SCHIKORA selbst hatte 1950-1952 als Führer des SRP-Bezirks Mittelrhein amtiert, er blieb auch nach dem Verbot Mitglied des Landtags und gelangte 1962 in den Vorstand der rechtsradikalen "Deutschen Freiheits-Partei", die 1965 in der "Aktionsgemeinschaft Unabhängiger Deutscher" (AUD) aufging.[125]
Bemerkenswert an der Episode des ersten Eindringens einer rechtsradikalen Partei in den rheinland-pfälzischen Landtag ist die Tatsache, daß hier der DRP in alleiniger Kandidatur, also ohne auf ein Wahlbündnis mit anderen Kleinparteien gesetzt zu haben, der Sprung über die Fünf-Prozent-Marke gelang. In anderen Ländern war die DRP zuvor allein bzw. im Bündnis mit anderen an der Sperrklausel gescheitert.[126]
Die DRP blieb jedoch in Rheinland-Pfalz wegen ihrer wahlrechtsbedingten personell schwachen Repräsentanz im Parlament bei gleichzeitigem provokanten Auftreten ihres einzigen Abgeordneten, das schließlich zum Verbot der Landespartei führte, zum Scheitern verurteilt. Ein zweiter und dann größerer Wahlerfolg sollte aber ihrer Nachfolgeorganisation NPD in der zweiten Hälfte der 60er Jahre gelingen.
Das Wahlverfahren bei rheinland-pfälzischen Landtagswahlen stellte aufgrund der Benachteiligung kleinerer Parteien eine Besonderheit dar, die erst nach der schweren Wahlniederlage der FDP bei der Landtagswahl 1971 rechtlich modifiziert werden sollte (vergl. Kap. 7.2.).

6.7. Zum Ausbleiben eines Regierungswechsels (II): Die rheinland-pfälzische Landtagswahl 1963

Vor der rheinland-pfälzischen Landtagswahl vom 31. März 1963 wurde in der politischen Öffentlichkeit die Bestätigung der deutlichen Mehrheit für die Koalitionsparteien CDU und FDP erwartet. Der SPD, die erstmals vor einem Urnengang auf ihre Forderung nach der Auflösung von Rheinland-Pfalz verzichtet hatte, wurden leichte Stimmengewinne prophezeit; die wieder antretende DRP sahen die Beobachter der Landespolitik klar unter fünf Prozent.[127]
Bereits vor der Wahl hatten die Freien Demokraten, die aufgrund der Mehrheitsverhältnisse lediglich einen Landesminister stellten,[128] erklärt, daß sie auch in der Legislaturperiode 1963-1967 erneut mit den Christdemokraten koalieren woll-

[125] Schmollinger, 1986a, S.1164-1166
[126] Schmollinger, 1986a, S.1160ff
[127] Peckhaus 1987, S.51; FR vom 27.3.1963, Lothar Schwarz:"Hohe Wahlkampfwogen im Weinland"
[128] Für die FDP war Fritz Glahn als Minister für Finanzen und Wiederaufbau im Kabinett vertreten.

ten.[129] Während die CDU PETER ALTMEIER als bekannten "Landesvater" in den Mittelpunkt des Wahlkampfs rückte, betonten die Sozialdemokraten Fehlleistungen in der Agrar- und insbesondere in der Schulpolitik, wo sie weltanschauliche Verkrustungen und eine schlechte schulische Versorgung des ländlichen Raums der CDU-Kultuspolitik anlasteten. Gerade hinsichtlich der Kultuspolitik erhielt die SPD dabei Unterstützung von den Freien Demokraten.[130]

Auf einem bundespolitischen Feld war es im Laufe der rheinland-pfälzischen Legislaturperiode 1959-63 zu einem Konflikt zwischen den Interessen der Bundesländer und den Vorstellungen der ADENAUER-Regierung zur Errichtung eines zweiten Fernsehprogramms gekommen, der nach einer Entscheidung des Bundesverfassungsgerichts zum Aufbau des Zweiten Deutschen Fernsehens (ZDF) in Mainz führte. Durch das Engagement ALTMEIERS war es zur Entscheidung für die rheinland-pfälzische Landeshauptstadt als Sitz des neuen Senders gekommen; die ersten Sendungen des ZDF wurden vom Land Rheinland-Pfalz vorfinanziert.[131]

Das Wahlergebnis vom 31. März wurde als sensationell empfunden, da die Sozialdemokraten 5,8 Prozentpunkte zulegten und mit 40,7% der Stimmen erstmals bei einer Landtagswahl in Rheinland-Pfalz die 40-Prozent-Marke überschreiten konnten. Die CDU verlor hingegen 4,0 Prozentpunkte und erreichte nur noch 44,4%, die Liberalen verbesserten sich geringfügig, die DRP scheiterte an der Sperrklausel.[132]

Grafik 9.1.: Stimmenverteilung bei der rheinland-pfälzischen Landtagswahl am 31.3.1963

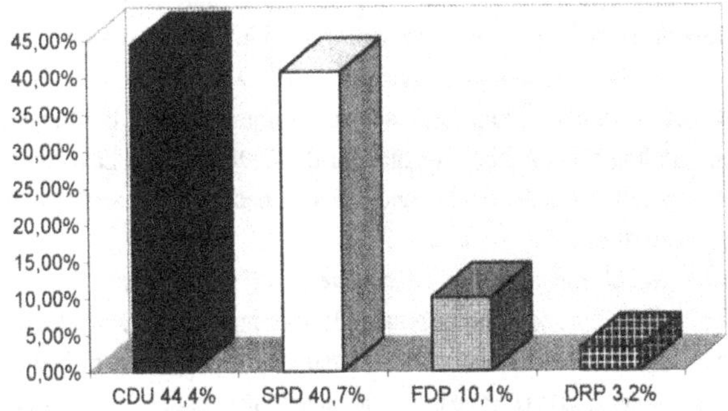

[129] Lerch/Lerch 1989, S.69-73

[130] FR vom 27.3.1963, Lothar Schwarz:"Hohe Wahlkampfwogen im Weinland"

[131] Haungs, Peter:"Rheinland-Pfalz im Bundesstaat", in: Haungs (Hrsg.) 1986, S.627

[132] Peckhaus 1987, S.53-55; Statistisches Landesamt Rheinland-Pfalz (Hrsg.):"Die Wahl zum Landtag in Rheinland-Pfalz am 31.März 1963", Bad Ems 1963

Grafik 9.2.: Mandatsverteilung bei der rheinland-pfälzischen Landtagswahl am 31.3.1963

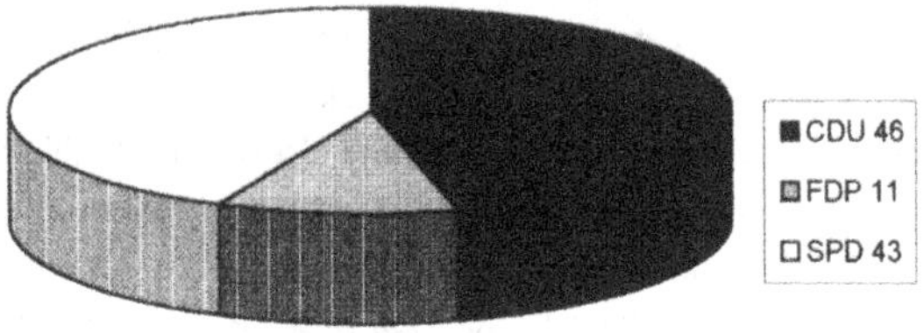

Den Sozialdemokraten waren Stimmengewinne in allen Regionen des Landes zugekommen; sie konnten offenbar von den mit der Schulpolitik der Landesregierung unzufriedenen CDU-Wählern wie von zahlreichen DRP-Protestwählern von 1959 Stimmen an sich ziehen. Dennoch blieb die rechtsradikale Partei in ihren Hochburgen in der Nahe-Region und der Nordpfalz größtenteils deutlich über der Fünf-Prozent-Grenze, was erneut die starke regionale Verankerung der DRP verdeutlicht.[133]

Als wichtigster Faktor für den Verlust der absoluten Mehrheit der Mandate im Landtag wurde auf seiten der Christdemokraten die Unzufriedenheit mit dem bundespolitischen Erscheinungsbild der Partei angeführt: Im Frühjahr 1963 war in der Bundes-CDU der Streit um das Ende der Kanzlerschaft KONRAD ADENAUERS und um dessen Nachfolge voll entbrannt. Die Unklarheit um den möglichen Nachfolger und die Auseinandersetzungen ADENAUERS mit von BRENTANO, SCHRÖDER und ERHARD wirkten sich auf das Stimmverhalten bei der rheinland-pfälzischen Landtagswahl ähnlich negativ für die CDU aus wie zuvor bei der Abgeordnetenhauswahl in West-Berlin und bei der hessischen Landtagswahl Ende 1962 (vergl. Kap. 6.8.).[134]

Da nach der Wahl rechnerische Mehrheiten zur Fortsetzung der bisherigen CDU/FDP-Koalition wie zur Bildung einer Regierung aus SPD und FDP bestanden, ergriffen die Sozialdemokraten die Initiative und wandten sich durch ihren Fraktionsvorsitzenden OTTO SCHMIDT und den Fraktionsgeschäftsführer JOCKEL

[133] Die höchsten Werte für die DRP gab es 1963 in den Landkreisen Kirchheimbolanden mit 9,6% und Kusel mit 10,6%. Statistisches Landesamt Rheinland-Pfalz (Hrsg) 1963, S.18/19

[134] Schwarz, Hans-Peter:"Adenauer, Band 2:Der Staatsmann 1952-1967", München 1994, S.826-832; Kaack 1971, S.277-279; FAZ vom 2.4.1963:"Niederlage in Rheinland-Pfalz bedrückt die Kanzlerpartei"

FUCHS an FRITZ GLAHN. Die beiden SPD-Vertreter machten dem Landesvorsitzenden der FDP das überraschend großzügige Angebot, in einer Koalition beider Parteien das Amt des rheinland-pfälzischen Ministerpräsidenten zu übernehmen, was dieser aus gesundheitlichen Gründen und "aus Loyalität zu Ministerpräsident ALTMEIER" ablehnte.[135]

GLAHN willigte jedoch in Koalitionsverhandlungen mit der SPD ein, die den Freien Demokraten daraufhin öffentlich vier (von insgesamt sechs) Ministerien in einer gemeinsamen Regierung anbieten: Unterricht und Kultus, Justiz, Landwirtschaft, Weinbau und Forsten sowie Wirtschaft und Verkehr.[136] Dieses den Liberalen weit entgegenkommende taktische Angebot der SPD, das mit dem Bonner Parteivorstand abgestimmt worden war und das der FDP ein Vielfaches des ihnen zahlenmäßig zustehenden Anteils in einer SPD/FDP-Koalition ermöglicht hätte,[137] blieb Bestandteil von Koalitionsspekulationen im April 1963. GLAHN hob auch nach der sozialdemokratischen Offerte die gute Zusammenarbeit zwischen den Partnern in der alten Koalition hervor.[138] ALTMEIER betonte, daß Koalitionsverhandlungen primär sachorientiert verlaufen sollten und keinesfalls zu einem "Ministerschacher" geraten dürften.[139]

Die parallel verlaufenden Verhandlungen zwischen CDU und FDP bzw. zwischen SPD und FDP - eine Große Koalition wurde von den Vertretern der Christ- und der Sozialdemokraten nicht in Betracht gezogen - wurden von den Bonner Parteiführungen beeinflußt, was sich insbesondere im Falle der FDP in einem Fernschreiben des Bundesvorsitzenden ERICH MENDE an den rheinland-pfälzischen Finanzminister und Landesvorsitzenden GLAHN manifestierte. MENDE berichtete darin von einer Unterredung mit den Führungsgremien der Bundes-CDU und stellte folgendes fest:

"Koalitionen müssen dem Wählerwillen entsprechen! Die stärkste Partei hat daher die Initiative, und es wäre gegen den Wählerwillen, sie auszuschalten. (...) Es wäre verhängnisvoll, wenn in der Öffentlichkeit der Eindruck entstünde, die FDP entscheide sich aus Opportunismus ja nach Zahl der angebotenen Ministersitze und nicht nach grundsätzlichen Überlegungen."[140]

---

[135] Lerch/Lerch 1989, S.73; vergl. Selbstportrait Hermann Eicher (SWF 7954201102); FR vom 2.4.1963:"SPD will Mainzer Regierung bilden"

[136] Peckhaus 1987, S.53; FAZ vom 2.4.1963:"Niederlage in Rheinland-Pfalz bedrückt die Kanzlerpartei"; FR vom 2.4.1963:"SPD will Mainzer Regierung bilden"

[137] FAZ vom 2.4.1963:"Niederlage in Rheinland-Pfalz bedrückt die Kanzlerpartei"

[138] Lerch/Lerch 1989, S.73

[139] FAZ vom 5.4.1963:"Altmeier verhandelt mit der FDP"; FR vom 5.4.1963:"Altmeier gegen 'Ministerschacher'"

[140] nach: Lerch/Lerch 1989, S.75

Nach dieser Stellungnahme des Bundesvorsitzenden rückte in Mainz die Schulpolitik bei den Koalitionsverhandlungen Mitte April stärker in den Vordergrund langfristiger Überlegungen der Freien Demokraten: Befürworter einer sozialliberalen Koalition hoben das Angebot der SPD auf Übernahme des Kultusressorts hervor; zudem waren die schulpolitischen Positionen von FDP und SPD nahezu deckungsgleich, so daß sich aus ihrer Perspektive eine Zusammenarbeit mit der SPD angeboten hätte. Anhänger des bestehenden christlich-liberalen Bündnisses verwiesen demgegenüber auf die Tatsache, beim Zusammengehen mit den Sozialdemokraten die gewünschte Kultuspolitik nicht realisieren zu können, da diese nur mit einer verfassungsändernden Zweidrittelmehrheit der Abgeordneten durchzusetzen sei, SPD und FDP gemeinsam aber nur über 54 von 100 Mandaten verfügten.

Nach Interventionen Bonner Unionspolitiker zeigten sich am 12. April auch die rheinland-pfälzischen Christdemokraten zu großen Zugeständnissen gegenüber der FDP in der Kultuspolitik bereit. Eine gewichtige Rolle spielte bei diesen Eingeständnissen auch die Position von Rheinland-Pfalz im Bundesrat, in welchem sich im Falle eines Koalitionswechsels der Liberalen hin zur SPD die Front der sozialdemokratisch regierten Länder auf fünf Länder mit 19 Stimmen gegenüber fünf CDU-Ländern mit 22 Stimmen vergrößert hätte.[141]

Die Freien Demokraten entschieden sich

- erstens wegen der angeführten verfassungsrechtlichen Schwierigkeiten bezüglich der Durchsetzung grundsätzlicher schulpolititischer Änderungen,
- zweitens aus bundespolitischen Erwägungen und
- drittens wegen des deutlichen Entgegenkommens der Landes-CDU in der Sitzung des Landeshauptausschusses am 27. April 1963 mit 49 Stimmen für die Fortsetzung der Koalition mit der Union, wobei 24 Delegierte für ein Bündnis mit der SPD stimmten und sich drei Delegierte bei der Abstimmung enthielten.[142]

Zentrale Positionen der FDP wie die Einführung der simultanen Lehrerbildung (Änderung der Art. 36 LV RLP) und der Zusammenfassung vor allem ländlicher Volksschulklassen, die an die Stelle einklassiger Zwergschulen treten sollen (Änderung des Art. 29 LV RLP) fanden ihre Berücksichtigung in der Koalitions-

[141] Bei dieser Kalkulation ist West-Berlin wegen des eingeschränkten Stimmrechts seiner Vertreter nicht berücksichtigt worden. FR vom 10.4.1963:"Erstes Koalitionsgespräch in Mainz"; FR vom 11.4.1963:"Koalitionsgespräche unterbrochen"; FAZ vom 13.4.1963:"Die FDP fordert liberale Kulturpolitik in Mainz"

[142] Lerch/Lerch 1989, S.74; Peckhaus 1987, S.53; FAZ vom 29.4.1963:"Die Regierungskoalition in Mainz wird fortgesetzt"; FR vom 29.4.1963:"Neue CDU/FDP-Koalition in Mainz

vereinbarung mit der CDU.[143] Die Abwendung von primär konfessionell begründeten Prinzipien in der Schulpolitik, die zuvor von FDP, SPD und liberalen Medien als "erzkonservativ" eingestuft worden waren, führten innerhalb der rheinland-pfälzischen Union zu Unmutsäußerungen einzelner Vertreter gegenüber Ministerpräsident ALTMEIER, dem eine zu große Kompromißbereitschaft in den Koalitionsgesprächen vorgeworfen wurde.[144]

Die Freien Demokraten mußten sich in der Neuauflage der Regierung mit einem deutlich geringeren Anteil an Ministerposten zufrieden geben als mit den vier Ämtern, die ihnen vorher die Sozialdemokraten offeriert hatten. Dennoch erreichte die FDP gegenüber der vorherigen Legislaturperiode eine personelle Verstärkung in der Landesregierung: In ALTMEIERS neuem Kabinett stellte die FDP mit FRITZ GLAHN erneut den Minister für Finanzen und Wiederaufbau, hinzu kam FRITZ SCHNEIDER als Minister der Justiz. Außerdem stellte der kleine Koalitionspartner mit HERMANN EICHER und mit FRIEDRICH BUCHHEIM zwei Staatssekretäre in den Ministerien für Wirtschaft und Verkehr bzw. im Kultusresssort, das weiterhin vom Christdemokraten EDUARD ORTH geleitet wurde.[145]

Eine zukunftsträchtige Entscheidung fiel zu Beginn der neuen Legislaturperiode bei der Wahl des neuen Vorsitzenden der CDU-Fraktion im rheinland-pfälzischen Landtag: Die trotz ihrer Verluste 1963 stärkste Fraktion im Parlament wählte den erst 33jährigen Abgeordneten DR. HELMUT KOHL, der 1959 erstmals in den Landtag gewählt worden war und der ab 1961 bereits als stellvertretender Fraktionsvorsitzender fungiert hatte, zu ihrem neuen Vorsitzenden.[146] Der Einfluß KOHLS und weiterer jüngerer Mandatsträger der Union sollte im Laufe der 60er Jahre richtungsweisende Veränderungen in der Landes-CDU erbringen, die schließlich zur Wahl KOHLS in das Amt des Ministerpräsidenten 1969 führten.

Bei der Koalitionsentscheidung der rheinland-pfälzischen Liberalen ist als wichtigster Faktor für die getroffene Entscheidung zugunsten der CDU der bundespolitische Einfluß, manifestiert durch die Stellungnahme des Bundesvorsitzenden, zu nennen. Eine SPD/FDP-Koalition in Mainz wurde von der Spitze der Bundes-Liberalen aus koalitionstaktischen Erwägungen nicht gewünscht und ist schließlich - trotz des erstaunlich weiten Entgegenkommens der SPD im Lande hinsichtlich der Zusammensetzung der Landesregierung - aufgrund der Tatsache, daß ge-

---

[143] Lerch/Lerch 1989, S.74; Peckhaus 1987, S.53; FR vom 29.4.1963, Lothar Schwarz:"Neue Kulturpolitik im alten Ministerium"; SPIEGEL vom 8.5.1963:"Die Macht und ihr Preis"

[144] FR vom 29.4.1963, Lothar Schwarz:"Neue Kulturpolitik im alten Ministerium"

[145] Lerch/Lerch 1989, S.76; Storbeck 1970, S.276/277; FR vom 29.4.1963:"Neue CDU/FDP-Koalition in Mainz"; Selbstportrait Hermann Eicher (SWF 7954201102)

[146] Fuchs, Jockel:"Rheinland-pfälzische Jahre", in: Appel, Reinhard (Hrsg.):"Helmut Kohl im Spiegel seiner Macht", Bonn 1990, S.152/153

rade wichtige schulpolitische Fragen nur mit einer Zweidrittelmehrheit geändert werden konnten, zurückgewiesen worden.
Somit ist die Verbindung von bundespolitischem Einfluß und landespolitischen Gegebenheiten ausschlaggebend gewesen für die Beibehaltung der CDU/FDP-Koalition, die auch in Rheinland-Pfalz ein Alternieren in dieser Phase verhinderte.

6.8. Stabilität und Konzentration in den Parteiensystemen Anfang der 60er Jahre

Die rheinland-pfälzische Landtagswahl vom 31. März 1963 hatte trotz der Option für einen Regierungswechsel auf Landesebene, der den Freien Demokraten durch das großzügige Angebot der SPD, die Mehrzahl der Ministerien im Lande übernehmen zu können, schmackhaft gemacht wurde, schließlich aus bundes- und aus landespolitischen Gründen zur Weiterführung der CDU/FDP-Koalition geführt. Die Union konnte sich damit - obwohl sie auf ihren Partner in schulpolitischen Fragen stärker Rücksicht nehmen mußte als zuvor - in Rheinland-Pfalz als vorherrschende politische Kraft im Landesparteiensystem behaupten.
In Hessen gelang der dominierenden Kraft, der Sozialdemokratie, bei der Landtagswahl 1962 nicht allein die Behauptung, sondern der Ausbau ihrer Vormachtstellung durch Erringung der absoluten Mehrheit der Stimmen. Ebenso wie bei der Wahl im Nachbarland im März 1963 hatten auch beim hessischen Urnengang vom 11. November 1962 bundespolitische Themen den Wahlausgang stark beeinflußt. Dabei ist vor allem auf die "SPIEGEL-Affäre" zu verweisen, in welcher die Bundesregierung nach Veröffentlichung einer Titelgeschichte über das NATO-Manöver "Fallex 62" und damit verbundene Schwächen in der Verteidigungsbereitschaft der Bundeswehr die Redaktionsräume des SPIEGEL in Hamburg durchsuchen ließ; der verantwortliche Redakteur AHLERS und Herausgeber AUGSTEIN wurden im Zuge dieser Maßnahmen verhaftet.
Die SPIEGEL-Affäre fand nicht nur starke Resonanz in den Medien und bei weiten Teilen der Bevölkerung, sie führte - vor allem nachdem Adenauer im Bundestag noch vor einer gerichtlichen Überprüfung den SPIEGEL des "Landesverrats" beschuldigt hatte - zu Protesten des Bonner Koalitionspartners FDP gegenüber der CDU/CSU, die sich gegen Verteidigungsminister STRAUß konzentrierten und zum Rücktritt der FDP-Minister aus dem Bundeskabinett am 19. November 1962 führten.[147]

[147] Frommelt 1995, S.52/53; Schwarz 1994, S.769ff; Sontheimer 1991, S.62-65; Steinseifer 1996, S.253/254

Noch vor diesem Termin wirkte sich die Affäre auf die hessische Landtagswahl am 11. November aus, bei der die Sozialdemokraten einen klaren Sieg erringen konnten, da sie mit 50,8% erstmals die absolute Mehrheit der Stimmen in einem Flächenland der Bundesrepublik Deutschland erreichten. Die CDU fiel bei einer Wahlbeteiligung von 77,7% (-4,6% gegenüber 1958) um 3,2 Prozentpunkte zurück, die FDP verbesserte sich leicht, blieb aber nach wie vor weit von ihren überdurchschnittlichen Resultaten vom Anfang der 50er Jahre entfernt.[148]

Grafik 10.1.: Stimmenverteilung bei der Hessischen Landtagswahl vom 11.11.1962

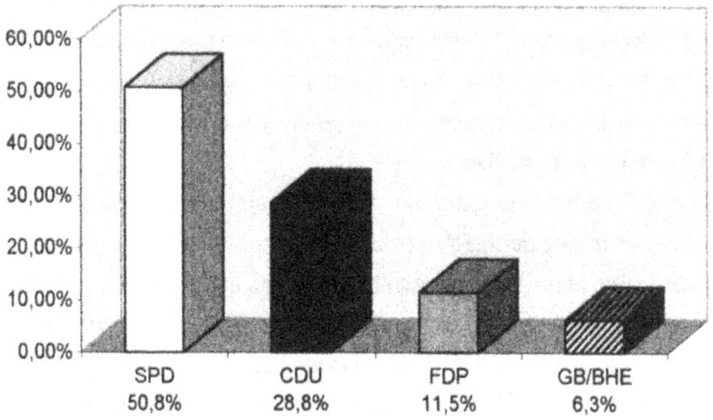

Grafik 10.2.: Mandatsverteilung bei der Hessischen Landtagswahl vom 11.11.1962

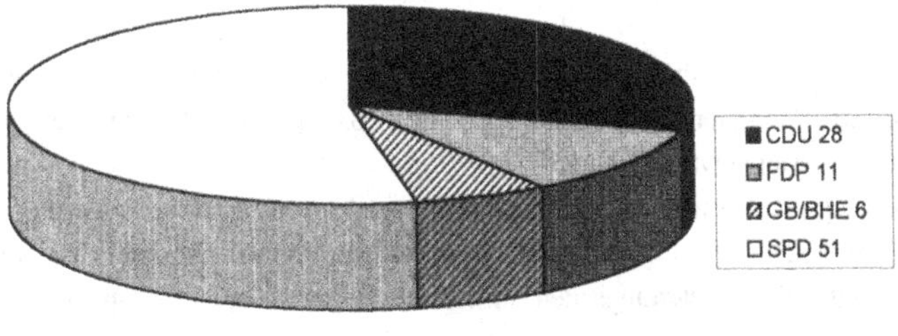

Die nun als "Gesamtdeutsche Partei/BHE" (GDP/BHE) antretende Vertriebenenpartei konnte sich mit im Wiesbadener Landtag behaupten. Damit hatte der kleine

[148] Behr/Breit/Lilge/Schissler 1989, S.68ff; FAZ vom 8.11.1962:"Die Bonner Krise belebt den Wahlkampf in Hessen"; FR vom 12.11.1962:"SPD erringt absolute Mehrheit"

Koalitionspartner eine Ausnahmestellung im Landesparteiensystem eingenommen, da andere Landesorganisationen des BHE bzw. der GDP bei Landtagswahlen Anfang der 60er Jahre an der Fünf-Prozent-Hürde scheiterten und sich wegen der fortgeschrittenen Integration der Flüchtlingen und Vertriebenen als eigenständige Organisation auflösten.[149]
Bemerkenswert an der parlamentarischen Vertretung des BHE bzw. der GDP in Hessen ist weiterhin, daß die Partei nach ihrer ersten Legislaturperiode in der Opposition (1950-54) in den drei folgenden Perioden (1954-66) als Regierungspartei an der Seite der SPD auch an der Exekutive beteiligt war; ab 1962 wurde die GDP Koalitionspartner im Bündnis mit einer SPD, die über die absolute Mehrheit verfügte. Obwohl die Sozialdemokraten mit 51 von 96 Mandaten in Wiesbaden problemlos alleine hätten regieren können, kamen nach der Wahl Gerüchte über Koalitionen der CDU bzw. mit der FDP auf, die zwar von seiten der Union schnell zurückgewiesen wurden, die aber von den Freien Demokraten zunächst nicht kommentiert wurden.[150]
Eine sozial-liberale Koalition oder die Ausdehnung der bisherigen SPD/GDP-Koalition auf die FDP wurde in Hessen einerseits aus bundespolitischen, andererseits aus landespolitischen Erwägungen in Betracht gezogen. Am 19. November traten die Bonner FDP-Minister wegen der SPIEGEL-Affäre zurück, eine Beteiligung der Liberalen an der Landesregierung hätte ein deutliches Zeichen der Mißbilligung des Bonner CDU-Kurses und für ein Zusammenrücken von SPD und FDP setzen können. Daß überhaupt an ein Zusammengehen von Sozialdemokraten und Freien Demokraten in Hessen gedacht werden konnte, lag an der ideologischen Umorientierung der hessischen Liberalen, die sich Ende der 50er Jahre von der rechtskonservativen EULER-Partei zunächst unter ihrem Vorsitzenden HEINRICH KOHL (1962-67), der als "Garant eines konservativen und nationalliberalen Kurses"[151] galt, weiter zur rechten Mitte des Parteienspektrum bewegt und sich ab 1967 unter KOHLS Nachfolger WOLFGANG MISCHNICK zu einer sozial-liberalen Partei gewandelt hatten.[152]
Die Führung der hessischen SPD hätte 1962 im Falle eines Bündnisses mit der FDP zwar wegen ihrer eigenen Mehrheit unnötige Kompromisse eingehen müssen, sie hätte damit allerdings den strategischen Vorteil einer Aufspaltung des

---

[149] Stöss, Richard:"Die Gesamtdeutsche Partei (GDP bzw. GPD)", in: Stöss (Hrsg.) 1986, S.1460ff. Die GDP übersprang bei der bayerischen Landtagswahl vom 25.11.1962 mit 5,1% zwar knapp die Sperrklausel, sie war jedoch aufgrund zusätzlicher wahlgesetzlicher Hürden im neuen Landtag nicht mehr vertreten.
[150] WiTb vom 11.11.1962:"Alle Koalitionsgerüchte sind graue Theorie"; GFP vom 14.11.1962, Hans Rahm:"Will Zinn die Oppositionsfront spalten?"; FR vom 15.11.1962:"Hessen-Koalition"
[151] Staudt 1996, S.77
[152] Schiller 1994, S.170; Staudt 1996, S.76/77, S.82/83

Oppositionslagers besessen, da eine bei rund 30% stagnierende CDU nur mit Hilfe der Liberalen eine Chance zur Ablösung der Sozialdemokraten gehabt hätte.[153]

Innerhalb der hessischen Union bildete sich nach der verlorenen Landtagswahl Unmut über die ungeklärte Kanzlerfrage in Bonn, der sich in einer weiteren Verschlechterung des Verhältnisses FAYS gegenüber Adenauer manifestierte. Die Unzufriedenheit des hessischen Landesvorsitzenden mit der Situation an der Spitze der Bundespartei wurde besonders deutlich, als von FAY berichtet wurde, er habe "nicht ein Wort zugunsten des Bundeskanzlers gefunden, sondern kühl erklärt, er sei, wie man ja wisse, Landespolitiker und für Bonn nicht verantwortlich".[154]

WILHELM FAY bezog nach der Krise Ende 1962 bundespolitisch klar Position für LUDWIG ERHARD, mit dem er auch bezüglich der Beibehaltung der christlich-liberalen Koalition übereinstimmte.[155]

Die hessischen Sozialdemokraten, die im Wahlkampf mit der griffigen Parole "Hessen vorn" eigene Leistungen beim Aufbau des Landes verdeutlichen wollten,[156] warben zugleich mit dem als überparteilicher "Landesvater" auftretenden Ministerpräsidenten ZINN für sich,[157] während bundespolitisch neben der SPIEGEL-Affäre auch innere Umorientierungen in der Bundes-SPD wie das Godesberger Programm, die Rede HERBERT WEHNERS zur außenpolitischen Annäherung der SPD an den Kurs der Westintegration sowie die Nominierung WILLY BRANDTS zum Kanzlerkandidaten 1961 für die Erschließung von weiteren bürgerlichen Wählerschichten geführt hatten.[158]

Die neue Landesregierung wurde schließlich erneut aus SPD und GDP gebildet; mögliche Bündnisse mit FDP oder CDU wurden Anfang Dezember vom Landesvorstand der SPD als "nicht akut" zurückgewiesen.[159] Die GDP stellte in ZINNS neuem Kabinett mit dem Landwirtschaftsminister GUSTAV HACKER schließlich nur noch einen Minister, was auf dem Landesparteitag der GDP in März 1963 für Auseinandersetzungen sorgte, da Gegner des Koalitionsabkommens der Mehrheit der Fraktion vorwarfen, sich an die SPD "verkauft" zu haben. Die Streitigkeiten führten zum Wechsel im Landesvorsitz der Partei, der von GOTTHARD FRANKE zu

---

[153] FR vom 17.11.1962:"Hessens SPD sieht Absage der CDU"; AaK vom 23.11.1962:Jetzt ist die Zeit der Kombinationen"

[154] Frommelt 1995, S.54

[155] Frommelt 1995, S.54

[156] Steinseifer 1996, S.253/254

[157] SZ vom 10.11.1962, Paul Trunk:"Das Musterland der Sozialdemokraten"

[158] Behr/Breit/Lilge/Schissler 1989, S.71; Heimann, Siegfried:"Sozialdemokratische Partei Deutschlands", in: Stöss (Hrsg.) 1986, S.2054-2072

[159] NHZ vom 1.12.1962:"Ein Minister für die GDP/BHE"

GUSTAV HACKER überging. Der vormalige Wirtschafts- und Verkehrsminister FRANKE, der auf eine Gegenkandidatur zu HACKER verzichtet hatte, kehrte seiner Partei nach dem Parteitag den Rücken und wechselte zur FDP-Fraktion im hessischen Landtag.[160]

Die Landtagswahl 1962 sollte die letzte Wahl in einem Bundesland werden, bei der die politische Organisation der Vertriebenen über fünf Prozent der Stimmen erhielt und somit Mandatsträger in ein Landesparlament entsenden konnte. Die Landtagswahlen 1962/63 folgten dem Trend der Bundestagswahl 1961, bei der die Konzentration des Parteiensystems auf Bundesebene weiter fortgeschritten war: Neben der CDU/CSU, die am 17. September 1961 ihre absolute Mehrheit verloren hatte und auf 45,3% kam, waren nur noch die SPD (36,2%) und der eigentliche Wahlsieger, die FDP (12,8%) im Deutschen Bundestag vertreten. In Hessen waren die Christdemokraten (34,9%) dabei wieder auf den Rang der zweitstärksten Partei hinter der SPD (42,8%) zurückgefallen. In Rheinland-Pfalz hatte die CDU die zuvor zweimal errungene absolute Mehrheit 1961 knapp verfehlt (48,9%). Erfolgreich abgeschnitten hatte die FDP bei der Bundestagswahl in beiden Ländern: In Rheinland-Pfalz erzielte sie 13,2%, in Hessen sogar 15,2%, was einen deutlichen Aufwärtstrend gegenüber ihrem zwischenzeitlichen Absakken auf unter zehn Prozent bedeutete, aber in Hessen weiterhin klar unter den überdurchschnittlichen Werten der ersten Wahlen lag.[161]

1961 konnten weder die GDP, die nur noch auf 2,8% kam, noch kleine regional verankerte Parteien oder die rechtsradikale DRP bundesweit die Sperrklausel überspringen. Durch die Konzentration auf Union, SPD und FDP entstand somit ein Dreiparteiensystem im Bund, das wegen des Regierungsbündnisses der Liberalen mit den Christdemokraten sogar den Charakter eines Zwei- bzw. Zweieinhalbparteiensystems annahm.[162]

Auch in anderen Bundesländern setzte sich durch die Fünf-Prozent-Hürde und wegen der großen Integrationsfähigkeit der Volksparteien eine forcierte Konzentration in den Parteiensystemen Anfang der 60er Jahre ein, da neben den letzten Wahlerfolgen der GDP in Hessen und in Baden-Württemberg (1960) nur noch die Bayernpartei im bayerischen Landtag (bis 1966) und eine rechtslastige DP-Gruppe in der Bremer Bürgerschaft (bis 1967) als weitere Parteien neben SPD,

---

[160] Behr/Breit/Lilge/Schissler 1989, S.71; FAZ vom 25.3.1963:"Hacker löst Franke im Parteivorsitz ab"; FR vom 25.3.1963, Günter Zander:"Neuer hessischer GDP-Vorsitzender"

[161] Kaack 1971, S.254ff; Ritter/Niehuss 1987, S.95/96; Stöss, Richard:"Einleitung - Struktur und Entwicklung des Parteiensystems der Bundesrepublik - Eine Theorie", in: Stöss (Hrsg) 1986, S.222ff; FR vom 19.9.1961: "Adenauers Position gefährdet" und Volkmar Hoffmann:"Nebel in der Entscheidungsschlacht"; ZEIT vom 6.10.1961, Robert Strobel:"Adenauer ist seiner Sache sicher"

[162] Kaack 1971, S.260-262

CDU bzw. CSU und FDP vertreten waren. Ende 1966 sorgten jedoch die verbreitete Unzufriedenheit in der Bevölkerung mit dem als Kanzler unglücklich agierenden LUDWIG ERHARD in Verbindung mit der ersten Wachstums- und Wirtschaftskrise in der Bundesrepublik zum Aufkommen der "Nationaldemokratischen Partei Deutschlands" (NPD) bei verschiedenen Landtagswahlen. Im folgenden sollen die Erfolge der NPD in den Ländern, die während der ökonomischen Krisensituation ab 1966 eintraten und deren Auswirkungen auf die Landesparteiensysteme von Rheinland-Pfalz und Hessen dargestellt werden.

6.9. Parteipolitische und personelle Umbrüche Ende der 60er Jahre

6.9.1. NPD-Erfolge bei den Landtagswahlen 1966/67

Die Bundestagswahl vom 19. September 1965 brachte - nachdem zuvor von der Demoskopie ein Kopf-an-Kopf-Rennen zwischen CDU/CSU und SPD erwartet worden war - einen klaren Sieg für die Unionsparteien, die sich auf 47,6% verbessern konnten (+2,3), die Sozialdemokraten legten ebenfalls bundesweit zu (+3,1), sie blieben mit 39,3% der Stimmen jedoch unter der 40-Prozent-Marke. Verluste hinnehmen mußten die Freien Demokraten, die bundesweit 3,3 Prozentpunkte verloren und auf nur noch 9,5% kamen. Dieses Resultat brachte zunächst eine politische Stabilisierung für Bundeskanzler ERHARD mit sich, der sich gegen seinen Gegenkandidaten, den neuen SPD-Vorsitzenden BRANDT behaupten konnte; die Kanzlerschaft ERHARDS sollte aber bereits rund ein Jahr nach dem Wahlerfolg wegen mangeldem Rückhalt des Kanzlers in seiner Partei zu einem Ende kommen.[163]

Auf der Ebene des Bundesparteiensystems schienen die Entwicklungen der Bundestagswahl 1965 die Stabilisierung des Dreiparteiensystems zu begünstigen, da die drei im Bundestag vertretenen Parteien nun insgesamt 96,4% statt 94,3% wie bei der Bundestagswahl 1961 auf sich vereinigen konnten.[164] Unter den nicht über die Sperrklausel gelangten Parteien befand sich allerdings mit der Nationaldemokratischen Partei Deutschlands (NPD) eine Neugründung, die aus verschiedenen rechtsextremistischen Gruppierungen auf Betreiben und mit Beteiligung der DRP entstanden war und die knapp ein Jahr nach ihrer Gründung bei der Bundestagswahl immerhin 2,0% der Stimmen erreichte. Die NPD präsentierte sich als

---

[163] Ellwein, Thomas:"Krisen und Reformen - Die Bundesrepublik seit den sechziger Jahren", München 1989, S.38ff; Kaack 1971, S.283ff

[164] vergl. Kaack 1971, S.295; Ritter/Niehuss 1987, S.74/75

eine auf mittelständische Wählerschichten ausgerichtete Partei, die im Gegensatz zu früheren neutralistischen Vorstellungen ihrer Vorgängerin DRP einen proeuropäischen Kurs verfolgte, wobei aber einzelne NPD-Vertreter im Widerspruch dazu auf außenpolitischer Neutralität beharren wollten. Die NPD wollte sich als national-konservative Partei am rechten Rand des Parteienspektrums etablieren und neben expilzit extremistischen Wählern auch bürgerlich-nationale Gruppen ansprechen.[165]

Bei der Bundestagswahl 1965 erreichte die NPD in Hessen und in Rheinland-Pfalz (wie auch in einzelnen Wahlkreisen Bayerns, Baden-Württembergs und Niedersachsens) zum Teil überdurchschnittliche Erfolge: So überschritt sie im Wahlkreis 157 (Worms) mit 5,9% die Fünf-Prozent-Marke, in den Wahlkreisen 158 (Frankenthal, 4,9%) und 161 (Kaiserslautern, 4,9%) blieb sie nur knapp darunter.[166]

Im April 1966 geriet der rheinland-pfälzische FDP-Vorsitzende FRITZ GLAHN wegen der Behauptung, er habe angeblich mit NPD-Vertretern schon im Mai 1965 Gespräche geführt, in die Schlagzeilen. GLAHN wurde dabei bezichtigt, sich nach den Unterredungen mit dem Vizevorsitzenden der rheinland-pfälzischen NPD, GERALD HAMMER, Schonung seiner Partei beim Bundestagswahlkampf erbeten zu haben, da die Mainzer FDP eine "breite nationale Plattform" habe und für die NPD daher "kein Bedarf besteht".[167] Die NPD sollte danach von den Liberalen zwar als Konkurrenz, aber nicht als rechtsradikale Partei bezeichnet werden. Publik wurden die Kontakte GLAHNS nachdem sich dieser abfällig über die neue Rechtspartei geäußert hatte, was NPD-Vertreter dazu provozierte, die Gespräche öffentlich zu machen.[168]

Nach Bekanntwerden der Kontaktversuche verurteilte Ministerpräsident ALTMEIER alle Versuche, die darauf abzielten, Übereinkünfte mit Rechtsradikalen zu erreichen. Nach Gesprächen mit dem Regierungschef bot GLAHN diesem daraufhin seinen Rücktritt an, was von ALTMEIER akzeptiert wurde.[169] Nach dieser Entscheidung des FDP-Vorsitzenden veröffentlichten Landesvorstand und Landtagsfraktion der FDP am 18. April 1966 eine Pressemitteilung, in der das Gespräch GLAHNS als Versuch der Verhinderung von NPD-Aktivitäten bezeichnet wurde

---

165 Schmollinger, Horst W.:"Die Nationaldemokratische Partei Deutschlands", in: Stöss (Hrsg.) 1986, S.1922ff

166 vergl. Kaack 1971, S.290

167 SPIEGEL vom 25.4.1966:"Zeche gezahlt"

168 Lerch/Lerch 1989, S.78; Welt vom 16.4.1966:"Vertrauenskrise in der Mainzer Koalition"; SPIEGEL vom 25.4.1966:"Zeche gezahlt"

169 Lerch/Lerch 1989, S.78

und in der GLAHNS "demokratische Gesinnung außer jede(n) Zweifel" gestellt wurde.[170] Nachfolger GLAHNS wurde DR. HERMANN EICHER.[171]
Für Bundeskanzler ERHARD verschlechterte sich die Situation an der Spitze der Bundesregierung drastisch mit der Mitte 1966 ungünstig verlaufenden Konjunktur, die sich innenpolitisch im Erfolg der SPD bei der nordrhein-westfälischen Landtagswahl vom 10. Juli 1966 ausdrückte, bei welcher die Sozialdemokraten die absolute Mehrheit der Mandate nur knapp verfehlten. Die Position des Bundeskanzlers wurde in der zweiten Hälfte des Jahres auch innerhalb der Koalition und der eigenen CDU/CSU-Fraktion zunehmend problematischer, da sich einerseits der Koalitionspartner FDP gegen geplante Steuererhöhungen für den Haushalt 1967 aussprach und andererseits offenbar wurde, daß die Unterstützung für ERHARD in der Unionsfraktion stärker von dessen Wahlerfolgen als von einer ihn stützenden "Hausmacht" in den eigenen Reihen abhing.[172]
Die bundespolitische Entwicklung, die nach kurzzeitigen Überlegungen zur Errichtung einer sozial-liberalen Koalition in Bonn[173] und nach dem Rücktritt der FDP-Minister am 27. Oktober schließlich zur Bildung der Großen Koalition aus CDU/CSU und SPD Anfang Dezember führte, hatte abermals Auswirkungen auf eine hessische Landtagswahl: Die am 6. November 1966 stattfindende Wahl fiel in eine Phase des bundespolitischen Umbruchs. Sie verdeutlichte durch einen überraschend hohen Wahlerfolg der NPD die verbreitete Unzufriedenheit vieler Bürger mit der Wirtschaftspolitik und der unklaren Lage um Gestaltung und Ausrichtung einer neuen Bundesregierung.[174]
Am Wahlabend des 6. Novembers konnten sich die Sozialdemokraten als Sieger fühlen, denn sie bauten ihre absolute Mehrheit auf 51,0% der Stimmen aus (+0,2 Prozentpunkte). FDP und CDU mußten demgegenüber Verluste hinnehmen; während die Liberalen mit einem Minus von einem Prozentpunkt leicht zurückfielen, erreichten die Christdemokraten mit 26,4% das schlechteste Landtagswahlergebnis seit 1954. Eindeutiger Verlierer wurde die GDP, die aus dem hessischen Parlament ausschied. Demgegenüber kam die NPD bei ihrer ersten Landtagswahlteilnahme in Hessen auf 7,9% und damit auf 8 Mandate. SPD und CDU standen

[170] nach: Lerch/Lerch 1989, S.79
[171] Selbstportrait Eicher (SWF 7954201102); Lerch/Lerch 1989, S.78
[172] Ellwein 1989, S.41ff; Kaack 1971, S.303-307; FR vom 26.10.1966:"Koalition droht zu zerbrechen"; ZEIT vom 28.10.1966, Hans Gresmann:"Scheidungs-Zwist in Bonn"
[173] FR vom 3.11.1966, Karl-Hermann Flach:"Es gibt eine sozial-liberale Alternative"
[174] Ellwein 1989, S.43-47; Kaack 1971, S.307-321; FAZ vom 5.11.1966:"Koalitionsverhandlungen mit den Sozialdemokraten erwartet; ZEIT vom 11.11.1966, Kurt Becker:"Des Kanzlers stiller Abgang"; ZEIT vom 18.11.1966, Theodor Eschenburg:"Röntgenbild einer Parteikrise"

sich nach den Verlusten der Christdemokraten nunmehr im Landtag in der Größenordnung 2:1 gegenüber.[175]

Grafik 11.1.: Stimmenverteilung bei der Hessischen Landtagswahl am 6.11.1966

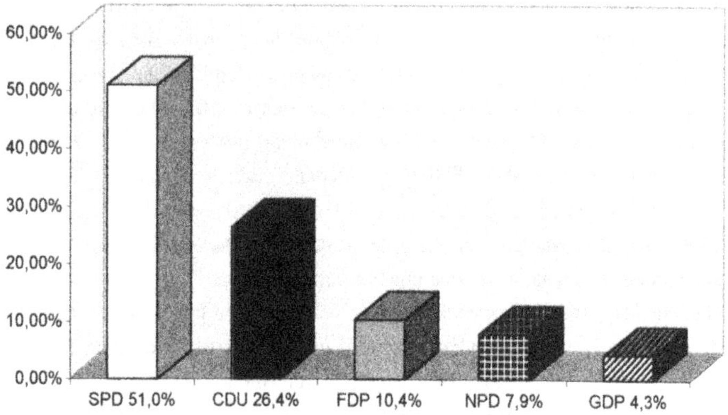

Grafik 11.2.: Mandatsverteilung bei der Hessischen Landtagswahl am 6.11.1966

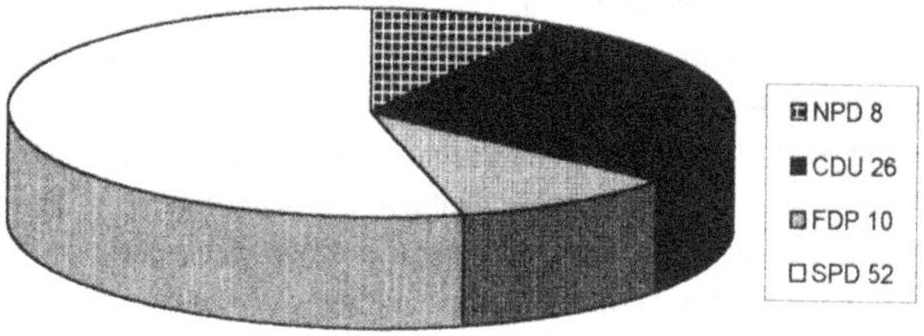

In Bonn wurde das Abschneiden der rechtsradikalen NPD als "Alarmzeichen" empfunden, Vertreter der drei Bundestagsfraktionen bezeichneten die NPD als "Nutznießer der Bonner Krise" und zeigten sich überrascht, daß in einem wirtschaftlich florierenden Land wie Hessen ein "derartiger Radikalismus" möglich sei.[176] Der NPD-Erfolg in Hessen brachte zahlreiche bestürzte und verunsicherte Kommentare von ausländischen Medien und Politikern mit sich, die ein Wieder-

[175] Behr/Breit/Lilge/Schissler 1989, S.72ff; Kaack 1971, S.307-312; Steinseifer 1996, S.254-256
[176] alle Zitate nach: FR vom 7.11.1966:"Bonn spricht von Alarmzeichen"

aufleben nationalistischer oder sogar nationalsozialistischer Tendenzen in der Bundesrepublik befürchteten.[177]
Bei einer Analyse der Ergebnisse aus den 48 Wahlkreisen zeigte sich, daß die NPD regional sehr unterschiedliche Ergebnisse erreicht hatte: sie lag 1966 nahezu flächendeckend bei über fünf Prozent der Stimmen - Ausnahmen bildeten dabei die Wahlkreise 14 (Fulda-Stadt und Fulda-Land-Nord), 21 (Limburg) und 47 (Bergstraße-West). In verschiedenen Wahlkreisen Nord- und Mittelhessens lag die Partei bei über 10 Prozent der gültigen Stimmen: ihre Spitzenwerte lagen mit 11,3% im Wahlkreis 3 (Waldeck) und mit 12,0% im Wahlkreis 20 (Alsfeld/Giessen-Land-Ost).[178]
Die Hochburgen der NPD weisen damit Übereinstimmungen mit denjenigen Gebieten auf, in denen die wichtige Vorgängerorganisation der NPD, die DRP,[179] ebenso wie die NSDAP Anfang der 30er Jahre erfolgreich abgeschnitten hatten: Es handelte sich vornehmlich um teils ländlich, teils kleinstädtisch geprägte Gebiete mit einem deutlichen Übergewicht des protestantischen Bevölkerungsanteils. Besonders schwach blieben die Rechtsradikalen in den genannten Wahlkreisen, die alle über einen besonders hohen katholischen Wähleranteil verfügten (vergl. Karte 6).[180]
In einer Analyse des hessischen Wahlergebnisses belegten CALOT und BOHLEY, daß die NPD bei der Bundestagswahl 1965 aus dem Wählerreservoir der GDP, die bei dieser Wahl selbst nicht angetreten war, einen Großteil ihrer Wähler schöpfte, und daß die NPD auch bei der Landtagswahl 1966 neben kleineren Anteilen von früheren SPD-, FDP-Wählern und Nichtwählern erneut von der GDP gewinnen konnte.[181] Insbesondere der Schwenk ehemaliger FDP-Anhänger verdeutlicht die Umorientierung der Liberalen in Hessen, die sich Mitte der 60er Jahre durch Persönlichkeiten wie WOLFGANG MISCHNICK und HEINZ HERBERT KARRY stärker als linksliberale Kraft im Parteiensystem zu etablieren versuchten und dabei an Rückhalt bei national-liberalen Wählerschichten in Nord- und Mittelhessen einbüßten. Gerade in den früheren Hochburgen fielen die Verluste der

---

[177] Kaack 1971, S.308; FAZ vom 8.11.1966:"Bestürzung über Neo-Nazismus"; FR vom 8.11.1966:"Durchbruch der Rechten in Hessen"; ZEIT vom 11.11.1966, Theo Sommer:"Sind die Nazis wieder da?"
[178] nach: Statistische Berichte des Hessischen Statistischen Landesamtes, Wiesbaden 1967
[179] Kaack 1971, S.308; Schmollinger 1986b, S.1922/1923
[180] Behr/Breit/Lilge/Schissler 1989, S.72-74; Fack, Alexander:"Die Gruppe der 'sonstigen' Parteien in Hessen", in: Berg-Schlosser/Noetzel (Hrsg.) 1994, S.208; Statistische Berichte des Hessischen Statistischen Landesamtes, 1967; FAZ vom 10.11.1966, Helmut Herles:"Den Ton geben die Radikalen an"; ZEIT vom 11.11.1966, Rolf Zundel:"Lange Gesichter im Hessenland"
[181] Calot, Gérard/Peter Bohley:"Die Wechselwähler in Hessen - Die Anwendung eines Regressionsmodells", in: Zeitschrift für die gesamte Staatswissenschaft, Nr.126 (1970), S.126ff. Zu den Beziehungen zwischen NSDAP- und FDP-Hochburgen: Hennig, Eike:"Das hessische Parteiensystem 1932 und 1949: Kontinuität im Wandel und beim Neubeginn", in: Heidenreich/Schacht (Hrsg.) 1996, S.112ff

FDP 1966 stärker aus als im Landesdurchschnitt. In den städtischen, vornehmlich südhessischen Wahlkreisen konnten sich die Liberalen dagegen sogar verbessern, was ebenfalls die Umstrukturierung der FDP-Wählerschaft verdeutlicht.[182]
In die Verhandlungen zur Bildung der neuen Landesregierung in Hessen fiel die Wahl des neuen Bundeskanzlers KURT-GEORG KIESINGER (CDU) durch die ihn stützende Große Koalition aus CDU/CSU und SPD am 1. Dezember 1966. In Wiesbaden wurde ein Positionspapier junger Abgeordneter von SPD und FDP bekannt, die für eine gemeinsame Regierung beider Parteien als "hessisches Gegengewicht"[183] und gleichzeitig als Modell gegen die Große Koalition (nach dem Vorbild der Düsseldorfer SPD/FDP-Koalition) plädierten. Die bundespolitische Lage und die Gerüchte aus Wiesbaden hatten wiederum Auswirkungen auf ein denkbares Bündnis im Mainzer Landtag, da der SPD-Landesvorsitzende JOCKEL FUCHS Anfang Dezember ein Zusammenwirken von SPD und FDP als wünschenswert für die Regierungsbildung nach der im Frühjahr 1967 anstehenden Landtagswahl bezeichnete.[184]
Die GDP hielt nach ihrem Scheitern in Wiesbaden am 3. Dezember 1966 einen außerordentlichen Landesparteitag in Friedberg ab, bei dem über den Fortbestand der Partei beraten wurde. Während eine Mehrheit für die Vertagung der Entscheidung votierte, verdeutlichte eine Gruppe um FRANK SEIBOTH, daß sie zum Übertritt in die SPD bereit sei.[185] Das Absinken der GDP in Hessen unter die Fünf-Prozent-Marke verdeutlichte, daß die Partei als politische Vertretung von Vertriebenen dank der mittlerweile fortgeschrittenen Integration dieser Gruppe in die Bevölkerung von einem Teil der früheren Wähler als nicht mehr zeitgemäß angesehen wurde. Der BHE bzw. die GDP hatte im hessischen Parteiensystem über lange Jahre auch für eine Bindung nationalistischer Wähler gesorgt,[186] die sich 1966 offenkundig der NPD zuwendeten. Insofern hatte die Vertriebenenpartei, die mit ihrer Regierungstätigkeit in Hessen eindeutig die sozialpolitische Komponente ihres Programms betonte, für eine Absorption entscheidender Wählerschichten gesorgt und diese eindeutig rechtsradikal auftretenden Parteien entzogen.[187]

---

[182] Schiller 1994, S.173-175; Staudt 1996, S.82/83; ZEIT vom 11.11.1966, Rolf Zundel:"Lange Gesichter im Hessenland"
[183] FR vom 5.12.1966:"Hessen wartet auf eine Entscheidung aus Wiesbaden"
[184] RZ vom 6.12.1966:"Kohl: Wichtige Vorklärung"; FR vom 7.12.1966:"SPD auch in Mainz mit der FDP?"
[185] Beier 1989, S.283
[186] Behr/Breit/Lilge/Schissler 1989, S.74
[187] GDP-Funktionäre, die sich nach 1966 nicht der SPD angeschlossen hatten, trafen sich 1971 mit aus der FDP ausgetretenen Mitgliedern der "Nationalliberalen Aktion" (NLA) in der "Deutschen Union" (DU). vergl. Stöss 1986b, S.1464/1465

Der frühere GDP-Fraktionsvorsitzende SEIBOTH wurde am 10. Januar 1967 bei der Berufung der Staatssekretäre der neuen Regierung ZINN in das Landwirtschaftsministerium berufen. Am gleichen Tag kam es zur überraschenden Berufung von HILDEGARD HAMM-BRÜCHER zur Staatssekretärin im Kultusministerium, was wegen ihrer Mitgliedschaft in der FDP zu Widerständen im Bezirksvorstand Hessen-Süd der SPD führte.[188] Die Berufung HAMM-BRÜCHERS, die schließlich genehmigt wurde, kann als weiteres Indiz für eine Annäherung zwischen SPD und linksliberalen Vertretern der FDP in Hessen gesehen werden.
In Rheinland-Pfalz blieben Annäherungen zwischen Sozialdemokraten und Freien Demokraten zu Beginn des Jahres 1967 aus. Die Offerte JOCKEL FUCHS' zur Bildung einer sozial-liberalen Regierung blieb ohne eindeutige Antwort von seiten der FDP, die allerdings auch ihren Koalitionspartner CDU durch das Offenhalten der Koalitionsabsicht im Wahlkampf[189] irritierte. Der rheinland-pfälzische Wahlkampf wurde im Frühjahr 1967 durch betont milde Umgangstöne zwischen CDU, SPD und FDP bestimmt, da die beiden großen Parteien wegen der gemeinsamen Koalition ihrer Bundesparteien auf Mäßigung aus waren, die Freien Demokraten jedoch aus taktischen Gründen beiden zur Bildung einer kleinen Koalition notwendig erschienen.[190]
Unklar blieb, ob die NPD ihre Erfolge in Hessen, bei der Bayerischen Landtagswahl vom 20. November 1966 (7,4%), bei den Kommunalwahlen in Schleswig-Holstein 1966 sowie den relativen Erfolg bei der Hamburger Bürgerschaftswahl vom 27. März 1966 (3,9%) auch in Rheinland-Pfalz wiederholen könnte.[191]
Der Mainzer Wahlgang, der gleichzeitig mit der schleswig-holsteinischen Landtagswahl am 23. April 1967 stattfand, wurde von der Großen Koalition in Bonn als Test für Regierungsarbeit und gemeinsame Vorhaben in Bonn angesehen. Bundeskanzler KIESINGER und Außenminister BRANDT waren daher im Wahlkampf der schwierigen Rolle ausgesetzt, für das Zusammenwirken mit dem großen bisherigen Konkurrenten in Bonn Sympathie zu erlangen und gleichzeitig genügend Unterschiede zwischen CDU und SPD in den beiden Ländern zu verdeutlichen, die für die Stimmabgabe für eine der Volksparteien motivieren sollte.[192]

---

188 Beier 1989, S.284; ZEIT vom 27.1.1967, Thilo v.Uslar:"Rückgrat, Charme - und nun ein Amt"
189 Lerch/Lerch 1989, S.85
190 Peckhaus 1987, S.56/57; StN vom 22.2.1967:"Die Mainzer Politiker proben den Wahlkampf"; FAZ vom 12.4.1967, Walter Fröhder:"Einer saß mitten unter den anderen"; FAZ vom 14.4.1967, Walter Kopp:"Reiner Wein, eingeschenkt von Freien Demokraten"
191 Kaack 1971, S.309; FAZ vom 14.4.1967, Walter Kopp:"Reiner Wein, eingeschenkt von Freien Demokraten"; FAZ vom 19.4.1967, Walter Kopp:"Bald ist die Schlacht geschlagen"
192 Kaack 1971, S.321ff; SZ vom 17.4.1967, Hans Ulrich Kempski:"Kühle Köpfe beim Versteckspiel um die Macht"

Die FDP in Rheinland-Pfalz versuchte mit Slogans wie "Mainz ist nicht Bonn" auf die Gefahr der Verdrängung kleiner Parteien aus dem Parlament durch das von der Bonner Koalition geplante Mehrheitswahlrecht hinzuweisen.[193]
Überschattet wurden die beiden Wahlen vom Tod KONRAD ADENAUERS am 19. April, der insbesondere die Sozialdemokraten in Mainz einen deutlichen Last-Minute-Swing zugunsten der Union - man sprach von einer "ADENAUER-Gedächtnis-Wahl" - befürchten ließ.[194]
Die Vorahnungen der Sozialdemokraten bewahrheiteten sich schließlich am Abend des 23. April: Die CDU konnte sich in Rheinland-Pfalz gegenüber 1963 auf 46,7% der Stimmen verbessern (+2,3) und erreichte mit 49 Mandaten fast die Hälfte der Sitze im Landtag. Die SPD fiel hingegen auf 36,8% zurück (-3,9), auch die Liberalen mußten sich mit einem bescheideneren Stimmenanteil zufrieden geben. Die NPD gelangte mit 6,9% auch ins Mainzer Parlament; aufgrund der die kleinen Parteien benachteiligenden Wahlgesetzgebung (s. Kap. 6.6.) erhielt sie jedoch nur vier von 100 Mandaten. SPD und FDP konnten 1967 nicht einmal rechnerisch eine Mehrheit der Sitze auf sich vereinigen, etwaige Koalitionsgespräche hatten sich damit erübrigt.[195]

Grafik 12.1.: Stimmenverteilung bei der rheinland-pfälzischen Landtagswahl am 23.4.1967

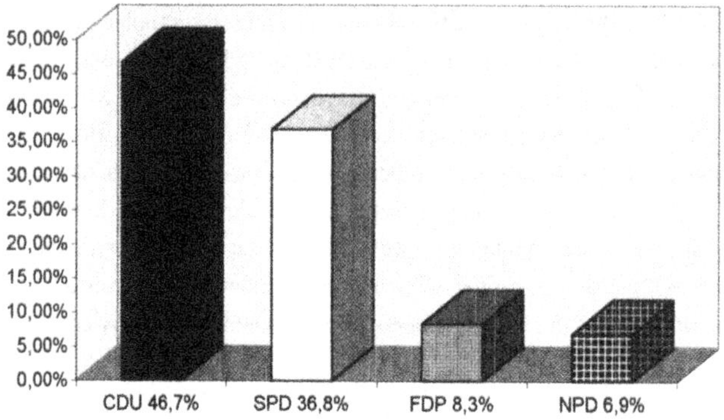

[193] Lerch/Lerch 1989, S.85; Peckhaus 1987, S.57
[194] Peckhaus 1987, S.60; Schwarz 1994, S.979/980; FR vom 21.4.1967, Gerhard Rietz:"Christdemokratische Mehrheit in Rheinland-Pfalz?"
[195] Peckhaus 1987, S.60; Statistisches Landesamt Rheinland-Pfalz (Hrsg.):"Landesinformationssystem: Landtagswahlen 1967-1991", Bad Ems 1994; FAZ vom 24.4.1967:"Die CDU erzielt Stimmengewinne in Mainz und Kiel"; FR vom 24.4.1967:"Stabilisierte Union"

Grafik 12.1.: Mandatsverteilung bei der rheinland-pfälzischen Landtagswahl am 23.4.1967

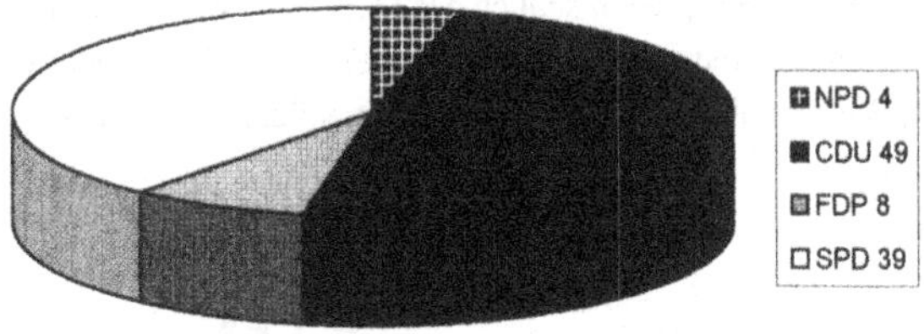

Bei den Wahlen in Schleswig-Holstein kam es bei minimalen Veränderungen bei den großen Parteien und Verlusten der FDP ebenfalls zum Einzug der NPD, die 5,8% erreichte, in den Landtag.[196]

Neben einem emotionellen Effekt durch die Trauer um ADENAUER schrieben viele rheinland-pfälzische Wähler Verdienste um die wirtschaftliche Stabilisierung den Bonner CDU-Ministern und dem Kanzler (und nicht etwa dem SPD-Wirtschaftsminister KARL SCHILLER) zu, außerdem wurden bei den Mainzer Christdemokraten Initiativen zur innerparteilichen Modernisierung und Reform - repräsentiert durch den Fraktionsvorsitzenden KOHL - honoriert. Bereits vor der Landtagswahl war in Mainz bekanntgeworden, daß der langjährige Regierungschef ALTMEIER im Falle eines Wahlsieges lediglich für die Hälfte der Legislaturperiode erneut als Ministerpräsident bereitstünde; nach zwei Jahren sollte dann HELMUT KOHL zu seinem Nachfolger gewählt werden.[197]

Die CDU erneuerte nach der Landtagswahl das Bündnis mit der FDP, deren Fraktionsvorsitzender STORCH bekannte, daß das Wahlergebnis der Liberalen ohne den Einfluß der bundespolitischen Ereignisse hätte besser ausfallen müssen, "...wenn nur die Arbeit hier im Lande gewertet worden wäre, die Arbeit, die unsere Minister und Staatssekretäre in der Landesregierung geleistet haben und die Arbeit, die diese FDP-Fraktion in diesem Landtag hier vollbracht hat (...)".[198]

Die regionalen Ergebnisse der NPD wiesen in Rheinland-Pfalz eine wesentlich stärkere Differenzierung bezüglich Hochburgen und Diasporagebieten auf als in Hessen: Die elektoralen Schwerpunkte der Rechtsradikalen waren größtenteils

[196] Kaack 1971, S.323-326; FR vom 25.4.1967, Gerhard Rietz/Lore Lorenzen:"Zug zum Zweiparteiensystem hat aufgehört"

[197] Peckhaus 1987, S.61; FAZ vom 25.4.1967:"Kultusminister Orth kehrt in Mainz nicht wieder"; FR vom 25.4.1967, Gerhard Rietz/LoreLorenzen:"Zug zum Zweiparteiensystem hat aufgehört"

[198] nach:Lerch/Lerch 1989, S.87

identisch mit denen ihrer Vorgängerin DRP, sie befanden sich ebenfalls in den Landkreisen der nordwestlichen Pfalz bis hin zum südlichen Rheinhessen. Hier erreichte die NPD 1967 Wahlresultate von zum Teil über 15 Prozent (Kusel, Kirchheimbolanden). In den Gebieten südlich der Mosel war sie hingegen nur mit durchschnittlichen Werten vertreten, in dem gesamten nördlichen Landesteil von der Eifel bis zum Westerwald blieb die NPD dagegen auf einem Niveau von unter fünf Prozent (vergl. Karte 5).[199]

Karte 6: Ergebnisse der NPD bei den Landtagswahlen 1966/67

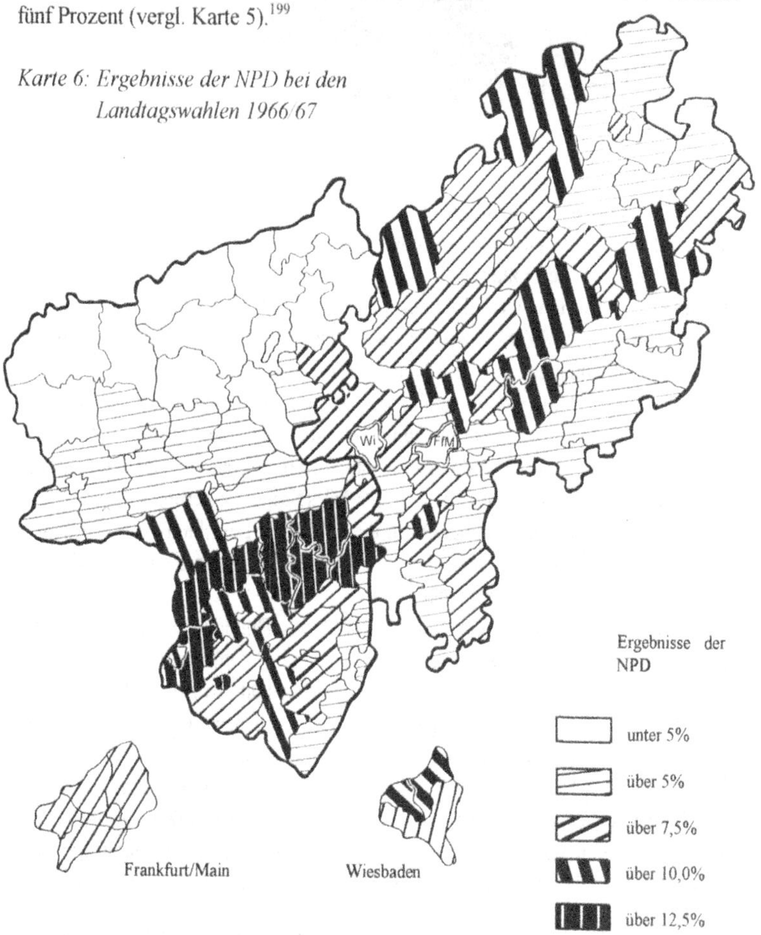

[199] Statistisches Landesamt Rheinland-Pfalz (Hrsg.) 1994; FAZ vom 25.4.1967, Günther von Lojewski:"Angleichung von Stadt und Land"; AZ/MA vom 25.4.1967, Fritz Kozelsky:"SPD an schwachen Stellen am schwächsten"

6.9.2. Das Ende der Ära ALTMEIER und ZINN

Bei der Regierungsbildung 1967 in Mainz wurde der Einfluß HELMUT KOHLS durch die Umsetzung der von ihm getragenen personellen Vorschläge für zwei Ministerämter besonders deutlich: Neuer Minister für Unterricht und Kultus wurde der 35jährige DR. BERNHARD VOGEL, neuer Minister für Soziales der 37jährige DR. HEINRICH GEIBLER.[200] VOGEL und GEIBLER sollten nicht allein in der rheinland-pfälzischen Landespolitik für eine Politik der Modernisierung sorgen, sondern auch auf der Ebene der Bundes-CDU in der Folgezeit maßgeblich an Einfluß gewinnen.

HELMUT KOHL, der bereits 1967 nicht allein über Personalfragen, sondern auch über das Sachprogramm der neuen Landesregierung mitbestimmte - wobei vor allem die Verwaltungsreform und der Abschied von als überholt angesehenen Positionen in der Schulpolitik hervorzuheben sind - schien sich durch diese Veränderungen in der Politik der rheinland-pfälzischen CDU zwar als "Ministerpräsident im Wartestand" Gegner in den eigenen Reihen zu schaffen, die sich gegen die vehementen Innovationen wehrten.[201] Dennoch wurden sie von der CDU-Fraktion getragen, die KOHL gemeinsam mit dem Koalitionspartner FDP am 19. Mai 1969 zum neuen Ministerpräsidenten von Rheinland-Pfalz wählte. Die Zusammensetzung des ersten Kabinetts KOHL war identisch mit ALTMEIERS letzter Regierungsmannschaft in Mainz.[202]

PETER ALTMEIER, der zu diesem Zeitpunkt dienstälteste Ministerpräsident der Bundesrepublik, verabschiedete sich am 16. Mai 1969 mit einer Rede, in der sein Nachfolger KOHL nicht einmal erwähnt wurde, was nicht allein auf ein unterkühltes Verhältnis zwischen dem alten und dem neuen Regierungschef schließen läßt, sondern auch den Gegensatz zwischen zwei politischen Kulturen in einer Partei deutlich werden läßt.[203]

Ein wichtiger Verdienst ALTMEIERS bestand neben der Aufbauleistung im Land in der Zusammenführung der 1947 politisch-kulturell noch sehr unterschiedlich wirkenden Landesteile von Rheinland-Pfalz zu einem Ganzen.[204] Mit der Übernahme des Amts durch HELMUT KOHL ging nicht nur ein Generationswechsel einher. KOHL stellte beispielsweise in seiner ersten Regierungserklärung Ziele wie die Modernisierung der Bildungspolitik des Landes, mit der sich die Christdemokra-

---

[200] Peckhaus 1987, S.61; FR vom 12.5.1967:"Altmeier wieder Ministerpräsident"
[201] FR vom 16.5.1967, Gerhard Rietz:"Helmut Kohls Stern beginnt zu verblassen"
[202] Peckhaus 1987, S.61
[203] Fuchs 1990, S.155
[204] Grass, Karl Martin:"Politiker-Porträts", in: Haungs (Hrsg.) 1986, S.259

ten von einer allzu engen Bindung an katholisch-konservative Grundsätze früherer Jahre distanzierten, ins Zentrum seiner Politik. Daneben wurde die Verwaltungsreform und der Ausbau von deutsch-französischen Städtepartnerschaften, die in den 70er Jahren auch zu einer Partnerschaft des Landes Rheinland-Pfalz mit der französischen Region Burgund führten, hervorgehoben.[205]

Der Aufstieg KOHLS bewirkte für die Stellung der Union im rheinland-pfälzischen Parteiensystem die Stabilisierung der CDU gegenüber den konkurrierenden Sozialdemokraten. Die SPD, die nicht nur 1963 fast bis zur Stärke der CDU aufgeschlossen hatte, sondern 1966 auch erstmals einen rheinland-pfälzischen Landesverband gegründet hatte[206] und damit organisatorische Defizite wettmachen wollte, war 1967 gegenüber der Union wieder zurückgefallen. Die CDU sorgte hinsichtlich ihrer Organisation ebenfalls im Jahre 1966 für die Verlegung ihrer Landesgeschäftstelle von Koblenz nach Mainz und für die Installierung eines hauptamtlichen Landesgeschäftsführers.[207]

Auch auf der anderen Seite des Rheins kommt es 1969 zu einem Wechsel im Amt des Ministerpräsidenten; die Ablösung GEORG AUGUST ZINNS durch den früheren Gießener Oberbürgermeister und früheren hessischen Wirtschafts- und Finanzminister ALBERT OSSWALD am 3. Oktober 1969 war auf einen Schlaganfall ZINNS am 10. April zurückzuführen.[208] Im Gegensatz zu ALTMEIER wurde ZINN noch Ende März 1969 zugetraut, für die Regierungspartei bei den kommenden Landtagswahlen erneut die absolute Mehrheit im Wiesbadener Landtag sichern zu können; erst nach der Landtagswahl 1970 sollte dann im hessischen Kabinett gleichfalls ein Generationswechsel an der Spitze der Exekutive vollzogen werden.[209]

Nach ZINNS Schlaganfall wurde über eine mögliche Wiederaufnahme der Amtsgeschäfte bis Ende August diskutiert. Dabei beharrte der langjährige Regierungschef zunächst auf der Vorstellung, in die 1970er Wahl zu gehen und wenn möglich bis 1972 zu amtieren. Erst am 27. August 1969 richtete ZINN angesichts seines weiterhin problematischen Gesundheitszustands ein Rücktrittsschreiben an OSSWALD, der nach der Bundestagswahl vom 28. September schließlich am 3. Oktober 1969 zum neuen Ministerpräsidenten Hessens gewählt wurde.[210]

---

[205] Fuchs 1990, S.155; ZEIT vom 23.5.1969, Carl-Christian Kaiser:"Vom Landeskind zum Landesvater"
[206] Kaack/Sarcinelli 1986, S.146
[207] Kaack/Sarcinelli 1986, S.140
[208] Beier 1989, S.317-323
[209] ZEIT vom 21.3.1969, Gerhard Ziegler:"Georg August ist der Größte"
[210] Beier 1989, S.320-323; ZEIT vom 6.6.1969, Gerhard Ziegler:"Die Wahrheit über Zinn"; SZ vom 1.9.1969, Olaf Ihlau:"Hessens SPD-Spitze einmütig hinter Osswald"; SPIEGEL vom 1.9.1969:"Völlig unabhängig"

ZINN führte wie sein Amtkollege ALTMEIER die Landesregierung in der Phase des wirtschaftlichen Wiederaufbaus und der Prosperität und sorgte für das Zusammenwachsen der Bevölkerung aus den unterschiedlichen Landesteilen durch die von ihm seit 1961 initiierten volksfestartigen Hessentage. Auch konnten die nach Kriegsende zugewanderten Flüchtlinge aus den früheren deutschen Ostgebieten dank der Integrationspolitik der Landesregierung in die Gesellschaft eingebunden werden; bereits seit 1951 wurde das Ziel der Integration im ersten "Hessenplan" aufgestellt, der allgemein der Steuerung der öffentlichen Investitionen dienen sollte.[211]

Bei der oppositionellen hessischen CDU war es bereits am 2. Dezember 1967 zur Ablösung des Vorsitzenden FAY durch den Fuldaer Oberbürgermeister ALFRED DREGGER gekommen, der sich mit weiteren jüngeren Bewerbern um Spitzenposten in der hessischen Union auf eine einvernehmliche Lösung bezüglich der Besetzung von Positionen verständigt hatte: Neben DREGGER wurde CHRISTIAN SCHWARZ-SCHILLING "hervorgehobener stellvertretender Landesvorsitzender",[212] der junge Bundestagsabgeordnete WALTHER LEISLER KIEP Landesschatzmeister und HANS WAGNER weiterer Stellvertreter DREGGERS, wodurch Kampfabstimmungen zwischen den Bewerbern vermieden werden konnten.[213]

Bei den Liberalen in Hessen stand das Jahr 1967 ebenfalls für personelle Neubesetzungen, da mit WOLFGANG MISCHNICK als neuem Landesvorsitzenden und mit HEINZ HERBERT KARRY als neuem Fraktionschef im Landtag die Durchsetzung der reformorientierten und auf eine Koalition mit der SPD drängenden Kräfte innerhalb der hessischen Liberalen manifest wurde.[214]

Das Ende der durch Persönlichkeiten wie GEORG AUGUST ZINN und PETER ALTMEIER bestimmten Phase der Politik, in der die Regierungsparteien SPD und CDU in den Ländern Hessen und Rheinland-Pfalz über eine deutliche Vormachtstellung verfügten, fiel 1969 in eine Zeit des bundespolitischen Umbruchs: Nach der Bundestagswahl vom 28. September 1969 konnten SPD und FDP eine gemeinsame Bundesregierung unter Bundeskanzler WILLY BRANDT (SPD) bilden; die Union wurde erstmals auf Bundesebene in die Opposition gedrängt. Diese Entwicklung resultierte aus der Annäherung beider Koalitionsparteien in wichtigen Fragen der Außen- wie der Innen- und Rechtsstaatspolitik. Der Wahl des Sozialdemokraten HEINEMANN zum Bundespräsidenten am 5. März 1969 durch

---

[211] Kropat 1995, S.72/73; SPIEGEL vom 1.9.1969:"Völlig unabhängig"

[212] Wolf, Werner:"Neubeginn und Kampf um die Mehrheit - Die CDU Hessen unter Alfred Dregger 1967-1982", in: Heidenreich/Wolf (Hrsg.) 1995, S.61

[213] Wolf 1995, S.59-62; FR vom 7.9.1967, Günter Zander:"Hessens CDU auf der Suche nach einer 'Lokomotive'"; RhM vom 6.10.1967, Karl Freier:"Alles spricht für Dregger"

[214] Staudt 1996, S.83/84

SPD und FDP wurde eine Signalwirkung bezüglich einer sozial-liberalen Koalition zugesprochen. Das Bündnis wurde im Herbst erst möglich durch deutliche Stimmengewinne der Sozialdemokraten, die 42,7% erreichten, und die damit das schwache Abschneiden der Liberalen (5,8% der Stimmen, die FDP verlor 3,7 Punkte) kompensieren konnten. Während die CDU/CSU nur geringe Verluste hinnehmen mußte (-1,5) und auf 46,1% kam, wurde die Mehrheit im Bundestag für SPD und FDP durch das Scheitern der NPD an der Sperrklausel (mit 4,3%) rechnerisch möglich, da SPD und FDP mit zusammen 48,5% der Stimmen eine knappe Mehrheit der Mandate erhielten.[215]

Die Ergebnisse der Länder Hessen und Rheinland-Pfalz wiesen durch ihren höheren NPD-Anteil deutliche Unterschiede zum Bundesdurchschnitt auf, da die rechtsradikale Partei in Hessen mit 5,1% und in Rheinland-Pfalz mit 5,2% knapp die entscheidende Sperrklausel gemeistert hatte, was ihr ansonsten bei der Bundestagswahl nur noch in Bayern und im Saarland glückte. Vor allem ihr schwaches Resultat in Nordrhein-Westfalen (3,1%) bewirkte ihr Bonner Scheitern an der Fünf-Prozent-Hürde. Hervorzuheben gilt, daß sich die Sozialdemokraten in Hessen auf 48,2% und in Rheinland-Pfalz auf 40,1% verbessern konnten. Die CDU behauptete in Rheinland-Pfalz ihre führende Position auch 1969 (47,8%), in Hessen gelang ihr mit 38,4% sogar eine leichte Verbesserung des Resultats von 1965 (+0,6). Die FDP errang mit 6,3% (Rheinland-Pfalz) bzw. 6,7% (Hessen) in beiden Ländern überdurchschnittliche Werte.[216]

Die Bildung der sozial-liberalen Bundesregierung bewirkte für die Parteiensysteme in Rheinland-Pfalz und in Hessen die Umkehrung ihrer bisherigen Position im Bundesrat, was aufgrund der Mehrheitsverhältnisse und des Koalitionsverhaltens die Mainzer FDP vor das Problem stellte, das Bündnis mit der SPD in Bonn und das Zusammengehen mit der CDU in Rheinland-Pfalz vor den Wählern vertreten zu müssen. Ihr Vorsitzender EICHER hob dabei die Eigenständigkeit der Liberalen hervor:"Die F.D.P. Rheinland-Pfalz bleibt die liberale F.D.P., durch ihren Partner kann sie nicht verändert werden. Wir wollen gewählt werden, weil wir liberale Politik machen..."[217]

Die Entwicklungen bei den Landtagswahlen 1970/71 sollten die 20 Jahre an der Seite der CDU mitregierende FDP in Mainz jedoch als Koalitionspartner überflüssig machen, die seit Bestehen des Landes Hessen in der Opposition verharrenden Liberalen in Wiesbaden jedoch erstmals an die Regierung bringen.

---

[215] Ellwein 1989, S.68ff; ZEIT vom 5.9.1969, Rolf Zundel:"Die Signale der Liberalen"; ZEIT vom 19.9.1969, Theo Sommer:"Der lange Marsch zur Macht"

[216] Beier 1989, S.323; Ritter/Niehuss 1987, S.95/96; Staudt 1996, S.85/86; Wolf 1995, S.67/68; FR vom 30.9.1969:"Mainz: Mehr als 5 Prozent für NPD"

[217] Lerch/Lerch 1989, S.93

6.10. Fazit zur Entwicklung der Landesparteiensysteme 1951-69

Die Entwicklung der Landesparteiensysteme von Hessen und Rheinland-Pfalz ist in der Zeit von 1951 bis 1969, die von der beherrschenden Stellung der SPD im hessischen und der CDU im rheinland-pfälzischen Parteiensystem bestimmt wird, von verschiedenen Faktoren beeinflußt worden. In der Hauptsache stehen hier sozialstrukturelle Faktoren im Vordergrund, da neben den Wählerstrukturen, die weiterhin für die bestimmende Stärke der jeweils größeren Volkspartei sorgen, auch die politischen Traditionen in Hessen und Rheinland-Pfalz fortlebten und die parteipolitische Gewichtung zugunsten von Union bzw. SPD begünstigten. Landespolitische Faktoren, wie die Zufriedenheit mit den parteipolitischen Akteuren ZINN und ALTMEIER, trugen ebenfalls zur Erringung der hegemonialen Position ihrer Parteien bei, die zudem durch das Fehlen von Oppositionskandidaten für das Amt des Ministerpräsidenten unterstützt wurden. Erst ab 1967 deuteten Neuformierungsprozesse bei den größeren Oppositionsparteien in Hessen und in Rheinland-Pfalz, die mit einer Erneuerung von Führungsämtern einherging, auf eine Zeit stärkerer Konfrontation mit der Landesregierung hin.

In der Entwicklungsphase zwischen 1951 und 1969 ist ein stärker werdender Einfluß der Bundesebene auf die Landesparteien festzustellen: So lassen sich Wahlausgänge wie bei der Landtagswahl 1955 in Rheinland-Pfalz (Zustimmung zur Westbindung der Bundesrepublik) oder die unzufriedenen Reaktionen von CDU-Anhängern auf die unentschiedene Kanzlernachfolge, die sich auf die 1963er Landtagswahl in Rheinland-Pfalz ausgewirkt hat, nicht allein mit landespolitischen Gründen erklären. Bei der Landtagswahl 1963 in Rheinland-Pfalz führten die bundespolitische Einflußnahme auf eine Landespartei (der FDP) in Verbindung mit sachpolitischen Issues (Schulpolitik) letztlich zur Beibehaltung der CDU/FDP-Koalition, obwohl ein Zusammengehen von SPD und FDP ernsthaft erwogen wurde. Ebenso läßt sich das Zustandekommen der Koalition aus Christ- und Freidemokraten 1951 durch den Einfluß von Bundespolitikern zur Errichtung einer Koalition nach Bonner Muster erklären, die aber andererseits durch landespolitische Faktoren wie die andauernden Auseinandersetzungen zwischen den früheren Partnern CDU und SPD beflügelt wurde.

Die Bundespolitik wirkte sich auch auf hessischer Seite auf den Ausgang verschiedener Landtagswahlen aus: Durch schwache Wahlergebnisse nach der SPIEGEL-Affäre 1962 und dem Zusammenbruch der ERHARD-Regierung 1966 wurden die Landes-Christdemokraten gestraft für Entwicklungen der Bundesebene. Umgekehrt konnte ein positiver Trend für die SPD bei beiden Wahlen konstatiert werden, da sie bei den Urnengängen 1962 und 1966 die absolute Mehrheit der

Stimmen erreichte. Landtagswahlen wirkten bezüglich der 1966/67er Erfolge der NPD auch als Signal für Unzufriedenheit in der Bevölkerung durch die Wahl der Rechtsradikalen als Protestpartei. Die Intervention Bonner BHE-Spitzen in die Koalitionsverhandlungen zwischen der Vertriebenenpartei und den Sozialdemokraten in Wiesbaden führten nicht zu dem von der Bundespartei erwünschten Resultat, da sich ihre Landesorganisation nicht von der beabsichtigten Koalition abbringen ließ. Das lange Verweilen des BHE im hessischen Landtag, wo er anders als in anderen Bundesländern bis zur Landtagswahl 1966 vertreten war, stellt eine Besonderheit des Landesparteiensystems dar, die auf die Regierungstätigkeit in für die Klientel der Vertriebenen wichtigen Feldern zurückzuführen ist.

Seit Beginn der 60er Jahre vollzog sich in den Parteiensystemen der Länder ein Vereinheitlichungsprozeß, der vor allem zu Lasten der kleinen regionalen Parteien ging und der die bundespolitische Tendenz zum Dreiparteiensystem aus CDU/CSU, SPD und FDP begleitete. Auch ein landespolitisch bedingte Sonderrolle einer Bundespartei - wie im Falle der hessischen FDP - führte im Laufe der Hegemoniephase zur Angleichung sowohl der Position im Parteiensystem wie zum Abschmelzen der zunächst sehr hohen Wahlergebnisse. Die Erfolge der rechtsradikalen Parteien DRP und NPD in beiden Ländern waren zeitlich befristeter Natur und ließen sich als Protestwahlen auf landespolitischer Ebene gegen bundespolitische Verhältnisse ansehen. In Rheinland-Pfalz führten die Besonderheiten des Wahlrechts außerdem zu einer minimierten Präsenz dieser Parteien im Landtag, die - genau wie in Hessen - schon nach einer Legislaturperiode aus dem Parlament ausscheiden mußten.

Mit der Bildung der SPD/FDP-Regierung in Bonn ändern sich Ende der 60er Jahre die Fronten der Länder Hessen und Rheinland-Pfalz im Bundesrat: aus dem früheren Opponenten gegen die Bundesregierung sollte nun eine Stütze derselben werden und umgekehrt. In den Parteiensystemen verdeutlichen einige personalpolitische Wechsel auch ideologische Neupositionierungen der Landesparteien: So wird beispielsweise mit der Wahl DREGGERS in Hessen einerseits ein konservativerer Kurs als zuvor angeschlagen, andererseits bewirkt der neue Vorsitzende auch eine organisatorisch-personalpolitische Mobilisierung der Union. Bei den hessischen Liberalen wird hingegen eine Neupositionierung im Parteiensystem durch die Wahl von sozial-liberal orientierten Vertretern wie KARRY oder MISCHNICK unterstrichen, wodurch eine Zusammenarbeit mit den Sozialdemokraten im Lande eine Grundlage erhält. In Rheinland-Pfalz macht dagegen die Wahl KOHLS zum Ministerpräsidenten, der für organisatorische Auffrischung und Pragmatismus steht, die Lage für die oppositionelle Landes-SPD schwieriger als zuvor.

7. POLARISIERUNGSPHASE (1969-1982/83)

7.1. Die Länder als Gegengewichte zu Bonn? Zur Verknüpfung von Landtagswahlen und den Mehrheitsverhältnissen im Bundesrat

Die Zeit von 1969 bis Ende 1982/Anfang 1983 ist gekennzeichnet durch die von SPD und FDP gestellten Bonner Regierungen der Kanzler BRANDT und SCHMIDT, denen die CDU/CSU erstmals als Opposition gegenüber saß. Innenpolitische Reformen wie neue Wege in der Außenpolitik - hier ist vor allem die neue Ostpolitik der sozial-liberalen Regierung zu nennen - führten in den 70er Jahren zu scharfen Kontroversen zwischen Regierung und Opposition, die sich vielfach auch auf die Parteiensysteme der Länder auswirkten. Dabei wurden die bundespolitischen Determinanten allerdings von länderinternen Faktoren begleitet, die - wie etwa die veränderte personelle Lage in den Parteien (OSSWALD, KOHL, DREGGER, DRÖSCHER, KARRY), die auch inhaltliche Neupositionierungen bedeutete - ihrerseits zu einer schärferen Kontrastierung im Verhältnis der Parteien zueinander führten.

Dabei sollten vor allem hinsichtlich der Unterstützung der Außenpolitik der Bundesregierung die Mehrheitsverhältnisse in der Bonner Länderkammer bei Landtagswahlen in der sozial-liberalen Ära ein noch stärkeres Gewicht erhalten als bereits zuvor.

Mit der Übernahme der Bundesregierung durch SPD und FDP änderte sich die Bedeutung der Verhältnisse im Bundesrat, da sich die neue sozial-liberale Bundestagsmehrheit nicht - wie zuvor die unionsgeführten Regierungen ADENAUERS und ERHARDS oder wie die Große Koalition - auf eine Mehrheit der von Regierungsparteien gebildeten Länderregierungen stützen konnte. Ende 1969 standen sich (bei Ausklammerung der nur eingeschränkt stimmberechtigten Vertreter West-Berlins) 21 Vertreter CDU- oder CSU-geführter Länder 20 Abgeordneten von SPD-geführten Länderregierungen gegenüber. Dabei müssen diese Zahlen freilich differenziert werden hinsichtlich der Zusammensetzung der einzelnen Exekutiven:

- Bayern wurde dabei von einer CSU-Alleinregierung vertreten (5 Stimmen)
- Rheinland-Pfalz, Schleswig-Holstein und das Saarland verfügten über CDU/FDP-Koalitionen (insgesamt 11 Stimmen)
- in Baden-Württemberg regierte eine Große Koalition unter einem CDU-Ministerpräsidenten (5 Stimmen)

- in Niedersachsen amtierte ebenfalls ein Bündnis aus SPD und CDU, hier jedoch unter einem sozialdemokratischen Regierungschef (5 Stimmen)
- in Nordrhein-Westfalen und in Bremen gab es sozial-liberale Landesregierungen (8 Stimmen)
- Hessen und Hamburg verfügten schließlich über SPD-Alleinregierungen (7 Stimmen)[1]

Es erscheint daher grob vereinfacht, bei diesen parteipolitischen Hintergründen Ende 1969 etwa vom Aufeinandertreffen einer "Unionsmehrheit" gegenüber "sozial-liberalen Minderheit" zu sprechen, da der Bundesrat zwar (nach Art.51 Abs.1 Satz 1 GG) aus Mitgliedern der einzelnen Landesregierungen gebildet wird, die in der Abgabe ihrer Stimmen (die nicht unter Koalitionsparteien "aufgespalten" werden können) durch die Landesregierungen instruiert werden können; diese hat allerdings auch auf den Willen der sie stützenden Parteien im Landesparlament zu achten.[2]

Auf der Ebene der Landesparteiensysteme in Hessen und in Rheinland-Pfalz ist für die Phase der 70er Jahre neben dem Wechsel der "Fronten" beider Länder durch den sozial-liberalen Regierungswechsel 1969 auch die zunehmende Polarisierung im Bundestag wie in den Landesparlamenten festzuhalten. Gerade auf dem Gebiet der neuen Ost- und Deutschlandpolitik der Regierung BRANDT/SCHEEL ergab sich eine scharfe Gegenüberstellung zwischen SPD/FDP einerseits und CDU/CSU andererseits. Dabei spielte hinsichtlich der Verabschiedung verschiedener Vertragswerke die Situation im Bundesrat eine größere Rolle bei Landtagswahlen als zuvor. Die Hoffnung der sozial-liberalen Bonner Koalitionäre, die Ende 1969 von der CDU nur in Koalitionsregierungen mit der FDP bzw. mit der SPD regierten Länder für sich gewinnen zu können erfüllte sich allerdings im Laufe der 70er Jahre nicht; im Gegenteil verbesserte die Union ihre Position durch die Erringung der absoluten Mehrheit in vier Ländern.[3]

Der Bundesrat erzwang mit der Mehrheit der unionsregierten Länder in den 70er Jahren über das Instrumentarium des Vermittlungsausschusses etwa bei dem Steueränderungsgesetz, bei der Strafrechtsreform 1973 oder bei der gesetzlichen Regelung zum Schwangerschaftsabbruch 1974 Kompromisse von der sozial-

[1] Fabritius, Georg:"Wechselwirkungen zwischen Landtagswahlen und Bundespolitik", Meisenheim am Glan 1978, S.40ff; Fromme, Friedrich Karl:"Gesetzgebung im Widerstreit. Wer beherrscht den Bundesrat? Die Kontroverse 1969-1976", Stuttgart 1976, S.16/17; ZEIT vom 10.10.1969:"Der Bundesrat - Instrument der CDU?"

[2] vergl. Halstenberg, Friedrich:"Die Fortentwicklung der bundesstaatlichen Struktur seit 1949 und ihre Auswirkungen auf den Bundesrat" und Kisker, Gunter:"Die Beziehungen des Bundesrats zu den Ländern", beide in: Bundesrat (Hrsg.):"Der Bundesrat als Verfassungsorgan und politische Kraft - Beiträge zum fünfundzwanzigjährigen Bestehen des Bundesrates der Bundesrepublik Deutschland", Bad Honnef/Darmstadt 1974

[3] Fromme 1976, S.16/17

liberalen Bundestagsmehrheit,[4] was als Einwirkungsmöglichkeit der Bundestagsopposition in einem - zumindest in dieser Konstellation - der Unitarisierung dienendem Geflecht von Institutionen zu sehen ist.[5]
Mitte 1975 keimte Hoffnung im Lager von SPD und FDP bezüglich der Lage im Bundesrat auf, da bei den saarländischen Landtagswahlen vom 4. Mai 1975 eine Pattsituation zwischen SPD/FDP einerseits und der CDU andererseits entstanden war.[6] Die Union bewegte jedoch mit geschicktem Taktieren die saarländische FDP zunächst zur Unterstützung einer Minderheitsregierung, die Anfang 1977 in eine Koalition beider Parteien mündete.[7] Zudem waren Hoffnungen auf den Gewinn einer Mehrheit von sozial-liberalen Ländern Anfang 1976 mit der Wahl ERNST ALBRECHTS zum niedersächsischen Ministerpräsidenten - durch ein Parlament, in dem SPD und FDP über eine knappe gemeinsame Mehrheit verfügt hatten - zunichte gemacht worden.[8] Auch in Niedersachsen kam es nach der Tolerierung einer CDU-Minderheitsregierung 1977 zur Bildung eines CDU/FDP-Bündnisses, wodurch sich die Bundesratsmehrheit für die unionsgeführten Länder vergrößerte.[9]
In Rheinland-Pfalz war während der 70er Jahre vor allem innerhalb der Freien Demokraten die Position zwischen den beiden großen Parteien sehr umstritten: Während der Landesvorsitzende beispielsweise nach der schweren Niederlage der FDP von 1971 für die Weiterführung der Koalition plädierte, wollten linksliberale Mitglieder und die Jungdemokraten für die Trennung von der CDU sorgen und eine Hinwendung zur SPD im Lande erreichen.[10] Bezüglich Koalitionsaussagen und innerparteilicher Mehrheitsverhältnisse mußten die Liberalen jedoch den Spagat zwischen der Unterstützung der sozial-liberalen Bundesregierung und der Absicht, landespolitisch mit der reformorientierten CDU (die gleichwohl in dieser Zeit über die absolute Mehrheit verfügte) zusammengehen zu wollen, bewältigen.
In Hessen bildete sich unter den gleichen parteipolitischen Mehrheiten wie in Bonn "eine sehr klare Polarisierung zwischen dem sozialliberalen und dem kon-

---

[4] Fromme 1976, S.35ff

[5] Abromeit, Heidrun:"Korrektive parlamentarische Mehrheitsherrschaft: Ein Überblick", in: ZParl 3/1987, S.425

[6] Kimmel, Adolf:"Die saarländische Landtagswahl vom 4. Mai 1975. Erosionen im sozial-liberalen Bündnis?", in: ZParl 4/1975, S.498ff

[7] SZ vom 6.12.1976, Heiko Flottau:"Saar-FDP für Verhandlungen mit CDU"; FAZ vom 24.2.1977:"Nach zwei Jahren Minderheitsregierung an der Saar gibt es jetzt eine Koalition von CDU und FDP"

[8] FAZ vom 16.1.1976:"Nach seiner Wahl sucht Albrecht die Basis für ein neues Kabinett in Hannover"

[9] FAZ vom 6.12.1976:"CDU und FDP einig über Regierungsbündnis in Niedersachsen"

[10] FAZ vom 24.3.1971:"Kohl will der FDP entgegenkommen"; SPIEGEL vom 29.3.1971:"Fast ohnmächtig", vergl. Kap.7.2.

servativen Lager heraus":[11] Bei der Landtagswahl 1970 mußten die Sozialdemokraten mit ZINNS Nachfolger OSSWALD versuchen, sich gegenüber einer wesentlich selbstbewußteren Union mit ihrem Spitzenkandidaten DREGGER zu behaupten.

7.2. CDU-Gewinne 1970/71: Aufholen in Hessen, absolute Mehrheit für KOHL

Mit dem Beginn der Amtszeit der ersten SPD/FDP-Regierung in Bonn im Oktober 1969 verfügte die hessische SPD ihre 1966 erworbene absolute Mehrheit; in Mainz regierte hingegen die dortige FDP mit der nun in Bonn in die Opposition gelangten Union, was vor der Landtagswahl 1971 zu einer Kontroverse zwischen FDP und CDU führen sollte. In Hessen versuchte die Union unter Führung ALFRED DREGGERS zu Beginn des Jahres 1970 Kontakt mit den Freien Demokraten mit dem Ziel einer gemeinsamen Ablösung der SPD von der Regierungsmacht aufzunehmen.[12] DREGGER bezeichnete die hessischen Liberalen dabei als den "natürliche(n) Partner für die CDU"[13] und gab durch das Auslassen eines möglichen CDU-Innenministers in seiner Wahlkampfmannschaft zu erkennen, daß dieser Posten in einer christlich-liberalen Koalition von der FDP besetzt werden könnte.[14] Gleichzeitig wurde von ihm jedoch die Ostpolitik der Bundesregierung attackiert, so daß die Differenzen zu den Liberalen in einem zentralen, wenngleich bundespoltischen Politikfeld klar hervortraten.[15]
Vor den Wahlgängen Ende 1970 in Hessen und Anfang 1971 in Rheinland-Pfalz hatten am 14. Juni 1970 in der "Dreiländerwahl", den gleichzeitig abgehaltenen Landtagswahlen in Nordrhein-Westfalen, in Niedersachsen und im Saarland rund 40 Prozent der Bundesbürger Gelegenheit, neben den landespolitischen Akteuren auch in Richtung Bonner Koalition abzustimmen. Die drei Ergebnisse brachten die Bestätigung für die sozial-liberale Landeskoalition in Düsseldorf, und knappe absolute Mandatsmehrheiten für die SPD in Hannover bzw. für die CDU in Saarbrücken. Die FDP konnte sich dabei nur in Nordrhein-Westfalen knapp behaupten, bei den beiden anderen Urnengängen scheiterte sie an der Sperrklausel, was in Bonn wie in Wiesbaden und in Mainz zu Rückschlüssen auf die jeweilige

[11] Hohmann, Eckart/Konrad Schacht:"Landtagswahlen in Hessen", in: Heidenreich/Schacht (Hrsg.) 1996, S.169
[12] BaZ vom 4.2.1970, Horst Köpke:"Die CDU Hessens umwirbt die FDP"; HA vom 10.6.1070:"Hessische CDU nahm Kontakt zur FDP auf"
[13] Staudt 1996, S.90; FR vom 10.6.1970:"Dregger: Natürlicher Partner FDP"
[14] HA vom 10.6.1970:"Hessische CDU nahm Kontakt zur FDP auf"
[15] Staudt 1996, S.90

Bündnispolitik führte: Das Scheitern in Niedersachsen und im Saarland wurde auch den fehlenden Koalitionsaussagen in beiden Ländern zugeschrieben.[16] HEINZ HERBERT KARRY und HERMANN EICHER hoben Ende Juni hervor, daß die Landesverbände ihrer Partei nach Bildung der Koalition mit den Sozialdemokraten in Bonn nun in den Ländern für klare Verhältnisse bezüglich zukünftiger Regierungsbündnisse zu sorgen hätten. Dabei zeichnete sich in Wiesbaden die Neigung zur SPD - trotz zum Teil harter Auseinandersetzungen mit dem neuen Ministerpräsidenten OSSWALD - ab. EICHER betonte dagegen, daß man sich in Rheinland-Pfalz mit der Union in einer "gut funktionierenden Koalition befinde".[17]
Die Liberalen, die bei der Dreiländerwahl die eigentlichen Verlierer der in Bonn vertretenen Parteien waren, konnten sich mit den Landtagswahlen am 8. November in Hessen und am 22. November 1970 in Bayern wieder deutlich stabilisieren. Während in München die FDP in einen weiterhin von der CSU beherrschten Landtag zurückkehrte, gewann sie in Hessen über 22.000 Stimmen hinzu und errang mit 10,1% nahezu das gleiche Ergebnis wie 1966.

Grafik 13.1.: Stimmenverteilung bei der Hessischen Landtagswahl am 8.11.1970

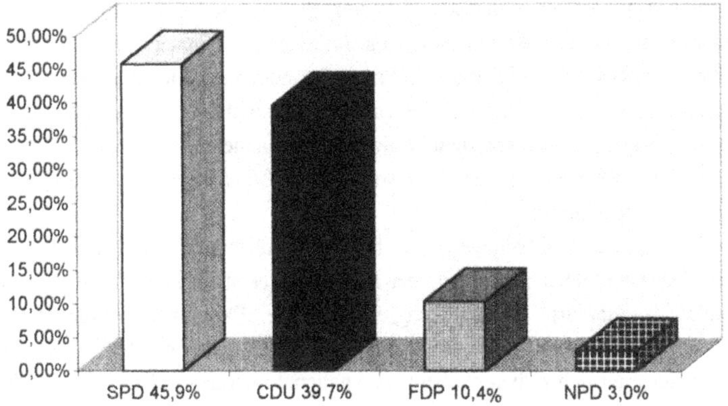

[16] ZEIT vom 12.6.1970, Carl-Christian Kaiser:"Wie werden sie wählen?"; ZEIT vom 19.6.1970, Carl-Christian Kaiser:"Wahlen ohne Paukenschlag"
[17] Staudt 1996, S.92; Hbl vom 1.7.1970:"Liberale in Hessen und Rheinland-Pfalz wollen klare Koalitionsaussage machen"

Grafik 13.2.: Mandatsverteilung bei der Hessischen Landtagswahl am 8.11.1970

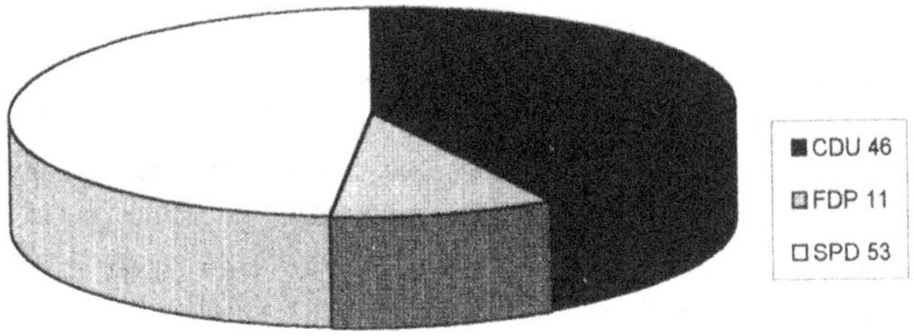

Da sich die CDU auf ihr bestes Resultat bei Landtagswahlen zu steigern vermochte - sie erreichte mit 39,7% der Stimmen einen Zuwachs von 13,3 Prozentpunkten - konnte die hessische Union sich als Wahlsieger fühlen. Die Sozialdemokraten mußten demgegenüber mit über fünf Prozentpunkten Verlust einen deutlichen Rückschlag verkraften. Die NPD schaffte auch in Hessen die Rückkehr ins Landesparlament nicht mehr.[18]

Vor dieser Wahl war nach einer Volksabstimmung am 8. März 1970 das aktive Wahlrecht auf 18 Jahre abgesenkt worden; die Zahl der Wahlberechtigten hatte dadurch um über 280.000 zugenommen. Im Landtag sahen sich die Sozialdemokraten erstmals seit 1958 einer Mehrheit der anderen Parteien gegenüber: Sie verfügten im neuen Parlament, dessen Mitgliederzahl wegen besonders starker Bevölkerungszuwächse vor allem in den Ballungsgebieten von 96 auf 110 erhöht worden war, über 53 Mandate (+1), während die CDU 46 (+20) und die FDP 11 Sitze (+1) erhalten hatten.[19]

Große regionale Wählerbewegungen fanden vor allem zwischen SPD und FDP statt: Der neue linksliberale Kurs der FDP fand vor allem in Südhessen - insbesondere in Frankfurt - Unterstützung, während die SPD gerade hier die deutlichsten Einbußen hinnehmen mußte. Die CDU konnte landesweit Wähler der anderen Parteien an sich ziehen, wobei neben national-liberalen früheren FDP-Anhängern im Norden des Landes auch die ehemaligen BHE- und NPD-Wähler zu nennen sind. Der SPD gelang es, trotz ihrer Einbußen ihre absoluten Mehrheiten im Raum Groß-Gerau-Darmstadt-Dieburg-Odenwald sowie in Nordhessen zu bewahren.[20]

---

[18] Behr/Breit/Lilge/Schissler 1989, S.76; Beier 1989, S.333; Wolf 1995, S.68; Staudt 1996, S.92

[19] Behr/Breit/Lilge/Schissler 1989, S.76

[20] Behr/Breit/Lilge/Schissler 1989, S.79/80; ZEIT vom 13.11.1970, Dieter Buhl:"Alfred Dreggers halber Sieg" und Gerhard Ziegler:"Die Wähler waren besser als ihr Ruf"

Die hessische Landtagswahl vom 8. November 1970 führte insgesamt zu einer Annäherung der Wahlergebnisse der beiden großen Parteien, was auf den kämpferischen wie prononciert konservativen Kurs DREGGERS zurückzuführen ist. DREGGER ging trotz einiger gemäßiger Wahlkampfslogans die sozial-liberale Bonner Reformpolitik an und präsentierte sich damit für potentielle CDU-Wähler als Gegenkandidat zum amtierenden Ministerpräsidenten.[21] Markante Plakate unter der Überschrift "Wir kommen" präsentierten DREGGERS mögliche Regierungsmannschaft und verdeutlichten die Alternative zur SPD,[22] die ihrerseits nach dem Wechsel an der Führungsspitze Sympathien einbüßen mußte.
Die Sozialdemokraten bildeten am 28. November 1970 eine Koalition mit den Freien Demokraten, die somit erstmals an der hessischen Landesregierung beteiligt wurden. Für die FDP übernahmen HEINZ HERBERT KARRY das Amt des Ministers für Wirtschaft und Technik; der damalige Bürgermeister der oberhessischen Gemeinde Schlitz, HANNS-HEINZ BIELEFELD, wurde Innenminister.[23] Die neuen Koalitionspartner bestärkten ihre Absicht, die sozial-liberale Bundesregierung im Bundesrat zu unterstützen. Sie erklärten weiterhin, daß sie sich im Rahmen einer Neugliederung des Bundesgebiets für die Zusammenlegung der Länder Hessen, Rheinland-Pfalz und Saarland einsetzen wollten. Wichtige Projekte der anstehenden Legislaturperiode wurden in der Bildungspolitik (gemeinsame Hochschulpolitik aller Länder, Ausbau der Gesamtschulen im Land) und in einer umfassenden Verwaltungsreform gesehen.[24] Gerade die von den Freien Demokraten in die Koalitionsverhandlungen eingebrachte Frage einer Territorial- und Verwaltungsreform, die nun von einem freidemokratischen Innenminister umgesetzt werden sollte, brachte in verschiedenen Regionen durch eine allzu unsensible Umsetzung bedingt Unmut in der Bevölkerung hervor, der sich bei späteren Wahlen zuungunsten der Koalitionäre auswirken sollte.[25]
Ende 1970 wurde das Resultat der hessischen Landtagswahl bundespolitisch als eine Bestätigung der Regierung BRANDT/SCHEEL gewertet. Bei der christlich-liberalen Mainzer Regierung häuften sich demgegenüber die Schwierigkeiten vor der Landtagswahl 1971, noch zu einem gemeinsamen Nenner zu finden. Bei einem zwischen den Partnern strittigen Punkt, der geplanten Verabschiedung des Hochschulgesetzes, waren die acht FDP-Abgeordneten nicht auf einen Vorschlag der Union eingegangen und stimmten mit der SPD gegen den Entwurf, der aller-

[21] Steinseifer 1996, S.255/256
[22] Wolf 1995, S.68; ZEIT vom 13.11.1970, Dieter Buhl:"Alfred Dreggers halber Sieg"
[23] Staudt 1996, S.94
[24] Beier 1989, S.333/334; Staudt 1996, S.94; SPIEGEL vom 30.11.1970:"Hessen-Koalition - Schrittweise aktiv"
[25] Kropat 1995, S.75

dings von der Union zusammen mit den vier NPD-Abgeordneten verabschiedet werden konnte. Trotz dieses abweichenden Stimmverhaltens innerhalb der Koalition beteuerten die Liberalen ihre Absicht, auch nach der Landtagswahl 1971 wieder mit HELMUT KOHL regieren zu wollen.[26]

Im Frühjahr 1971 rückte die Rolle des Landes im Bundesrat wegen der anstehenden Abstimmung über die Ostverträge in den Mittelpunkt der Auseinandersetzungen zwischen FDP und CDU in Mainz. Auf dem Landesparteitag der Liberalen am 27./28.3.1971 in Worms entschloß sich eine Mehrheit für die Fortsetzung des Bündnisses mit der Landes-CDU, wobei man diese Position allerdings mit der Haltung des langjährigen Regierungspartners zur Bundesratsabstimmung verknüpfen wollte. HERMANN EICHER betonte, daß "die Bonner Friedenspolitik gegenüber dem Osten im Bundesrat nicht blockiert"[27] werden dürfe und daß es bei Ablehnung der Ostverträge durch die Union keine Koalition mit der rheinland-pfälzischen FDP mehr geben könne.[28]

Die SPD präsentierte ihren Landes- und Fraktionsvorsitzenden WILHELM DRÖSCHER als Spitzenkandidaten und hob neben der Betonung der nach Sicht der SPD schwachen wirtschaftlichen Lage des Landes im Vergleich zu anderen Bundesländern auch die Situation im Bundesrat hervor. Die Sozialdemokraten forderten in ihrem Landeswahlprogramm, daß die neue Landesregierung vor allem die Ostpolitik der Bonner SPD/FDP-Koalition stützen müsse.[29]

Grafik 14.1.: Stimmenverteilung bei der rheinland-pfälzischen Landtagswahl am 21.3.1971

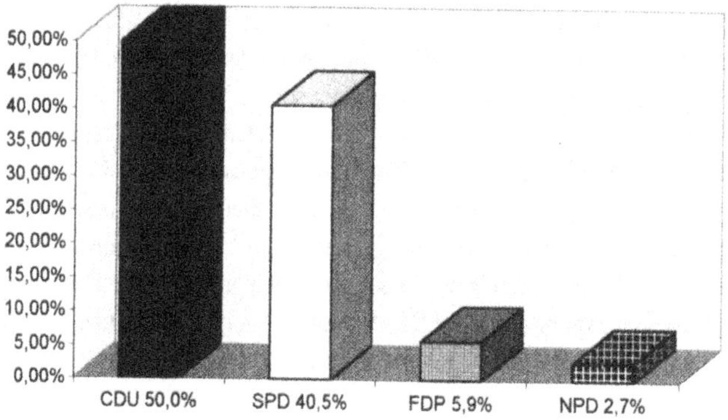

[26] SbZ vom 31.12.1970, Gerhard Rietz:"Kohl hat nicht nur Ärger mit dem Koalitionspartner"
[27] nach: Lerch/Lerch 1989, S.93
[28] Hbl vom 2.3.1971, Reinhard Noll:"Kohl will auch seine Position in der CDU stärken"; FAZ vom 16.3.1971, Peter Diehl-Thiene:"Koalitionsprobleme der Freien Demokraten"; Selbstporträt Eicher (SWF 7954201102)
[29] Peckhaus 1987, S.68; ZEIT vom 19.3.1971, Carl-Christian Kaiser:"Ohne Stuck und Schnörkel"

Grafik 14.2.: Mandatsverteilung bei der rheinland-pfälzischen Landtagswahl am 21.3.1971

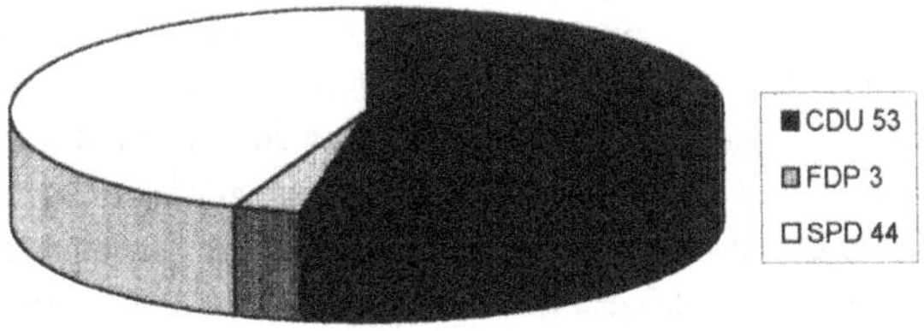

Die Hoffnungen der rheinland-pfälzischen SPD erfüllten sich nicht, denn die Landtagswahl vom 21. März 1971 brachte HELMUT KOHL und der rheinland-pfälzischen CDU einen Triumph und bescherte der FDP aufgrund des eigentümlichen Wahlrechts eine schwere Niederlage: Die Union konnte mit der knappen Hälfte der Stimmen[30] 53 der 100 Mandate gewinnen, die SPD wuchs auf über 40 Prozent an, die FDP fiel mit auf ihr schlechtestes Ergebnis bei Landtagswahlen in Rheinland-Pfalz, die NPD schied mit 4,2 Punkten Verlust aus dem Parlament aus. Wegen der zusätzlichen Hürde der Mandatsvergabe durch das Wahlschlüsselverfahren (vergl. Kap. 6.6.) erhielten die Liberalen statt rechnerischer sechs nur drei Mandate und verloren damit ihren Status als Fraktion.[31]

In den im Vergleich zu 1967 anders zugeschnittenen sieben Wahlkreisen des Landes hatte die FDP lediglich in den Kreisen II (Ahrweiler/Bad Kreuznach/Birkenfeld), IV (Rheinhessen) und V (Frankenthal/Südpfalz) je ein Mandat erringen können,[32] was wegen des offensichtlichen Mißverhältnisses zwischen Stimmenzahl und der Anzahl der Mandate zu einer Anrufung des Wahlprüfungsgerichts des Landes Rheinland-Pfalz führte.[33]

Ministerpräsident KOHL versuchte, die FDP trotz ihres enttäuschenden Abschneidens zum Verbleib in der Koalition zu bewegen, er gab dazu an, daß es "in landespolitischen Fragen kaum große Schwierigkeiten" zwischen CDU und FDP geben würde.[34] EICHER und sein Stellvertreter HANS FRIDERICHS befürworteten

---

[30] Das Ergebnis der CDU wird meistens aufgerundet mit 50,0% angegeben, ihr fehlten jedoch rund 350 Stimmen zur Erringung der tatsächlichen absoluten Mehrheit. Statistisches Landesamt RLP (Hrsg.) 1994; SPIEGEL vom 29.3.1971:"Fast ohnmächtig"

[31] Lerch/Lerch 1989, S.96/97; Peckhaus 1989, S.66; FAZ vom 23.3.1971, Peter Jochen Winters:"Die großen Parteien teilen den Kuchen immer gleichmäßiger"

[32] Kaack/Sarcinelli 1986, S.161-164; FAZ vom 19.3.1971:"Besonderheiten des Wahlrechts"

[33] Lerch/Lerch 1989, S.100

[34] FAZ vom 24.3.1971:"Kohl will der FDP entgegekommen"

daraufhin die weitere Zusammenarbeit nicht trotz, sondern gerade wegen der schwachen Position der Liberalen, da man sich von einer lediglich drei Mann starken Oppositionsgruppe im Landtag keinerlei Nutzen versprach. Außerdem wurde EICHER das Amt des Justizministers und FRIDERICHS der Posten eines Staatssekretärs im Landwirtschaftsministerium von seiten der Union angeboten. Linksliberale Mitglieder und die rheinland-pfälzischen Jungdemokraten, die sich im Wahlkampf trotz der Koalitionsaussage der FDP bei grundsätzlicher Sympathie für eine SPD/FDP-Koalition im Landes zugunsten ihrer Mutterpartei engagiert hatten, befürworteten hingegen den Ausstieg aus dem 20 Jahre dauernden Bündnis.[35]

Ende Mai 1971 entschied der Landeshauptausschuß der FDP mit 41 zu 34 Stimmen gegen die Weiterführung der Koalition, ausschlaggebend war vor allem das mangelnde Entgegenkommen der CDU in der Bundesratsfrage.[36] Obwohl damit der Gang der Freien Demokraten in die Opposition besiegelt wurde, behielt Ministerpräsident KOHL mit HANS FRIDERICHS weiterhin einen FDP-Mann auf dessen bisheriger Position im Amt eines Staatssekretärs im Ministerium für Landwirtschaft, Weinbau und Umweltschutz.[37]

Die Beanstandung der Mandatsverteilung durch die rheinland-pfälzische FDP wurde, nachem sie vom Landeswahlprüfungsausschuß zurückgewiesen worden war, 1972 schließlich durch das Bundesverfassungsgericht behandelt. Das Bundesverfassungsgericht stellte am 11. Oktober 1972 die Verfassungswidrigkeit des rheinland-pfälzischen Landtagswahlrechts fest; es folgte dabei in einem zentralen Punkt der Argumentation EICHERS, der unmittelbar nach Bekanntgabe des Ergebnisses den geringen Erfolgswert einer FDP-Stimme bei der Landtagswahl 1971 bemängelt hatte. Danach benötigten CDU und SPD nur 19.000 bzw. 18.000 Stimmen zur Erringung eines Mandats, während die FDP 40.000 Stimmen aufzubringen hatte, was mit dem Grundsatz der Wahlgleichheit nicht zu vereinbaren sei.[38]

Die Karlsruher Richter verdeutlichten in ihrem Urteil, daß die Fünf-Prozent-Hürde bei Landtagswahlen nicht erhöht werden dürfe, was in Rheinland-Pfalz de facto durch das Wahlschlüsselverfahren zwanzig Jahre lang praktiziert worden war. Das Urteil führte zur Umgestaltung des Landeswahlrechts für die kommenden Landtagswahlen und - was einen einmaligen Vorgang in der Geschichte deut-

---

[35] FAZ vom 16.3.1971, Peter Diehl-Thiene:"Koalitionsprobleme der Freien Demokraten"; FAZ vom 26.3.1971: "FDP in Rheinland-Pfalz noch unschlüssig"; SPIEGEL vom 29.3.1971:"Fast ohnmächtig"

[36] Lerch/Lerch 1989, S.97

[37] SPIEGEL vom 17.5.1971:"Arg komisch"

[38] Lerch/Lerch 1989, S.100; FR vom 23.11.1972:"Sechs Sitze für Mainzer FDP"; FAZ vom 27.11.1972, Rudolf Gerhard:"Ein Wahlschlüssel, der nicht paßte"

scher Landtagswahlen bedeutet - zur nachträglichen Korrektur der Mandatsverteilung im Mainzer Landtag: Sozial- und Christdemokraten büßten zwei bzw. ein Mandat ein, die FDP erhielt im Dezember 1972 drei zusätzliche Mandate zugesprochen, so daß die neue Sitzverteilung CDU 52, SPD 42 und FDP 6 Mandate lautete.[39]
Auch nach dieser Entscheidung änderte sich nichts an den Machtverhältnissen in Mainz: Die Union behielt ihre absolute Mehrheit und war bezüglich der Bundesratsabstimmungen nicht zur Rücksichtnahme auf einen kleineren Partner verpflichtet.
Die Landtagswahlen in anderen Ländern hatten bis zum Zeitpunkt der vorgezogenen Bundestagswahl vom 19. November 1972 zu einer Verstärkung der Position der unionsgeführten Landesregierungen geführt: Nicht nur in Rheinland-Pfalz, sondern auch im Saarland (Juni 1970), in Schleswig-Holstein (April 1971) und in Baden-Württemberg (April 1972) war es zur Ablösung von CDU/FDP bzw. CDU/SPD-Koalitionen durch Alleinregierungen der CDU gekommen. Gemeinsam mit dem CSU-geführten Bayern verfügten diese Länder Mitte 1972 über eine Mehrheit von 21 Stimmen gegenüber 20 für die SPD- bzw. SPD/FDP-Länder im Bundesrat.[40]
Der Erfolg der rheinland-pfälzischen CDU bei der Landtagswahl 1971 läßt sich auch in innerparteilichen Zusammenhängen sehen, da bezüglich personeller Neubesetzungen bei der Union sich HELMUT KOHLS Chancen, Bundesvorsitzender der CDU zu werden, mit diesem Ergebnis verbessert hatten und da die Anhänger des linksliberalen Flügels der FDP nach dem drastischen Absacken der Mainzer Landespartei Argumente gegen eine Koalitionspräferenz ihrer Partei zugunsten der CDU erhielten. Die wenige Tage nach der rheinland-pfälzischen Wahl stattfindende Landtagswahl in Schleswig-Holstein brachte jedoch einem unter neuer Führung stehenden, für eine Koalition mit der SPD eintretenden Landesverband der Liberalen eine eindeutige Niederlage, so daß im Frühjahr 1971 von keiner klaren Neigung der FDP-Wählerschaften in den Ländern hinsichtlich der Koalitionspräferenzen gesprochen werden konnte.[41]

---

[39] Lerch/Lerch 1989, S.100; Peckhaus 1987, S.66; FAZ vom 27.11.1972, Rudolf Gerhard:"Ein Wahlschlüssel, der nicht paßte"; FR vom 5.12.1972, Gerhard Rietz:"Ohrfeige für die Wahlprüfer"; FAZ vom 13.12.1972: "Friderichs nun im Landtag"
[40] Fromme 1976, S.17; ZEIT vom 28.4.1972:"Wer wählte wen am Sonntag?"
[41] Kaack, Heino:"Landtagswahlen und Bundespolitik 1970-1972", in: APuZ, B13/1974, S.39/40

7.3. Von der Bundestagswahl 1972 zur hessischen Landtagswahl 1974: Zenit und Talsohle für SPD und FDP

Das nach der baden-württembergischen Landtagswahl nun einer "einfarbigen" Bundesratsmehrheit der Union gegenüberstehende sozial-liberale Bonner Regierungslager[42] hatte unmittelbar nach diesem Erfolg der Opposition deren Antrag auf ein konstruktives Mißtrauensvotum im Bundestag am 27. April 1972 zu bewältigen. Dabei kam es - obwohl zuvor mehrere Abgeordnete von SPD und FDP zur CDU/CSU übergetreten waren und dieser damit die numerische Mehrheit beschafft hatten - überraschenderweise nicht zum Sturz WILLY BRANDTS, sondern zu dessen knapper Bestätigung im Amt. Wegen der prekären Mehrheitsverhältnisse mußten jedoch vorgezogene Bundestagsneuwahlen für den 19. November 1972 anberaumt werden.[43]

Die kurz zuvor am 22. Oktober 1972 stattfindenden Kommunalwahlen in Hessen wurden auch als Barometer für die bundespolitische Lage angesehen;[44] sie führten zu einem klaren Erfolg der SPD, die in den Gemeinden des Landes mit 49,5% (+6,2) fast die Hälfte der Stimmen gewinnen konnte. Gleichzeitig verbesserte sich jedoch die hessische CDU von 22,6% auf 33,3%, während die Liberalen landesweit nur 4,8% (-1,1) erreichten.[45] Das schwache Abschneiden der hessischen FDP wurde vor allem auf die mangelnde Akzeptanz der sozial-liberal gewandelten Partei in vielen Rathäusern auch kleinerer Gemeinden durch die Wählerschaft zugeschrieben.[46]

Die Bundestagswahl führte bundesweit allerdings zu einem klaren Sieg beider Koalitionspartner, da die Sozialdemokraten mit 45,8% (+3,1) die Unionsparteien, die auf 44,9% (-1,2) zurückfielen, erstmals überflügeln und sich die FDP bundesweit auf 8,4% (+2,5) verbessern konnte. In Hessen fiel das Resultat noch überzeugender für die Koalitionäre aus: Die SPD steigerte sich leicht auf 48,5% (+0,3), die FDP kam mit 10,2% (+3,5) auf ein herausragendes Ergebnis. In Rheinland-Pfalz konnten die Sozialdemokraten nahezu zur CDU aufschließen: Sie blieben mit 44,9% (+4,8) nur knapp einen Prozentpunkt hinter der Union (45,8%). Bemerkenswert ist das Landesresultat der CDU in Hessen, da sie sich ganz im Gegensatz zum bundesweiten Trend in Hessen von 38,4% auf 40,3% der

---

[42] Fromme 1976, S.17; Kaack 1974, S.42/43

[43] Ellwein 1989, S.72-75

[44] FR vom 24.10.1972, Horst Wolf:"Testwahlen"

[45] Behr/Breit/Lilge/Schissler 1989, S.32f

[46] FR vom 24.10.1972, Volkmar Hoffmann:"Scheel greift CDU/CSU hart an" und Horst Wolf:"Testwahlen"

Stimmen verbessern konnte.[47] Der relative Erfolg der CDU wurde der neuen Führung durch ALFRED DREGGER und einer verstärkten Basisarbeit in den Gemeinden zugeschrieben.[48]
Im Laufe der Jahre 1973 und 1974 wurden auf seiten der hessischen CDU zwei unterschiedliche Strategien für den Wahlkampf zur Landtagswahl vom 27. Oktober 1974 diskutiert. Der Mehrheitslinie DREGGERS, die im Falle einer vorzeitigen Beteuerung der Liberalen, die Koalition weiterzuführen, SPD wie FDP gleichermaßen attackieren sollte, stand die Minderheitenposition WALTHER LEISLER KIEPS gegenüber, der sich gegen eine scharf polarisierende Haltung zu den Regierungsparteien aussprach und damit auf eine Annäherung zur FDP hoffte.[49] Da sich die Position DREGGERS wegen der klaren Position der FDP zur Weiterführung des Regierungsbündnisses durchsetzte, verhärteten sich bis zur Landtagswahl die Fronten zwischen CDU und FDP, wobei jedoch die Liberalen ihrerseits deutliche Kritik gegenüber den Sozialdemokraten übten. Zentrale Punkte, die zur Belastung der Koalition führten, waren dabei neben dem Erstarken inhaltlicher Positionen des linken SPD-Flügels vor allem in Südhessen[50] der gesamte Bereich der Bildungspolitik, in welcher die Lehrinhalte der Fächer Deutsch und Gesellschaftslehre durch die Rahmenrichtlinien des Kultusministers VON FRIEDEBURG (SPD) verändert werden sollten. Gerade bezüglich der Rahmenrichtlinien, die eine intensive und kontroverse Debatte in der Öffentlichkeit mit sich brachten, distanzierten sich die Freien Demokraten von den Sozialdemokraten.[51]
Für ein weiteres Problemfeld sorgte die von Innenminister BIELEFELD vorangebrachte Gebietsreform, die nicht allein für die Zusammenfassung von Verwaltungen insbesondere im ländlichen Raum führte, sondern die auch gewachsene und traditionsreiche Gemeinden im Zuge des Reformprojekts beseitigen wollte. Exemplarisch dafür steht der Streit um die Schaffung der "Stadt Lahn" aus Gießen, Wetzlar und etlichen benachbarten Kleingemeinden, der sich sehr zum Nachteil der Regierungsparteien auswirken sollte.[52]
Von besonderer Wichtigkeit wurde für die 1974er Wahl die Helaba-Affäre, bei der die Milliardenverluste der Hessischen Landesbank (Helaba) für eine Belsatung des Regierungschefs sorgten, da Ministerpräsident OSSWALD als Verwal-

---

[47] Behr/Breit/Lilge/Schissler 1989, S.118/119; Staudt 1996, S.95; Wolf 1995, S.68/69; FR vom 20.11.1972:"Hessen trug zum Sieg von SPD und FDP bei"
[48] Wolf 1995, S.68/69; FR vom 20.11.1972:"Hessen trug zum Sieg von SPD und FDP bei"
[49] FAZ vom 10.8.1973, Walter Fröhder:"Die hessische CDU zwischen Dregger und Kiep"
[50] Staudt 1996, S.98; FAZ vom 3.11.1973, Helmut Herles:"Artige Komplimente von hüben und drüben"
[51] Kappmeier, Walter:"Die hessische Landtagswahl vom 27. Oktober 1974. Kein Umschwung nach dem Kanzlerwechsel?", in: ZParl 4/1975, S.420; ZEIT vom 8.2.1974, Rudolf Walter Leonhardt:"Sündenbock für Genossen und Gegner"
[52] Kropat 1995, S.75; Staudt 1996, S.97

tungsratsvorsitzender mitverantwortlich für die hohen Verluste der je zur Hälfte vom Land Hessen und von den hessischen Sparkassen betriebenen Bank war.[53] Aber nicht nur der Ministerpräsident, auch HEINZ HERBERT KARRY war als Wirtschaftsminister und Mitglied im Verwaltungsrat ebenfalls beteiligt an den Verlusten; er stellte aber seinen Verwaltungsratsitz nach Bekanntwerden der Vorwürfe zur Verfügung und beteuerte, über die Transaktionen nicht informiert gewesen zu sein.[54]

Weitere Affären um den 1973 zurückgetretenen SPD-Umweltminister WERNER BEST, dem Vorteilnahme bei privaten Grundstücksgeschäften um eine Giftmüllaffäre vorgeworfen wurde, und um nicht ordnungsgemäß zustande gekommene Großaufträge an eine Gebäudereinigungsfirma in Frankfurt führten zu zahlreichen Angriffen der CDU-Opposition gegen den "Genossenfilz" in Hessen.[55]

Bundespolitisch bedeutsam wurde vor der hessischen Landtagswahl der Wechsel im Bundeskanzleramt von WILLY BRANDT zu HELMUT SCHMIDT, der im Zuge großer ökonomischer Problemlagen mit zunehmender Massenarbeitslosigkeit in Folge der Ölkrise und einer deutlichen Abschwächung der Reformpolitik aus der ersten Phase der sozial-liberalen Regierungsära stattfand und dessen äußerer Anlaß die Affäre um den im Kanzleramt tätigen DDR-Spion GUILLAUME darstellte.[56]

Durch die verschiedenen Affären der regierenden SPD bedingt wurde der Wahlkampf in Hessen mit "harten Bandagen" geführt, er brachte der hessischen Union mit 47,3% (+7,6) ihren bislang größten Wahlerfolg. Bei einer erneut gestiegenen Wahlbeteiligung von 84,8% erreichte sie über 1,5 Millionen Wähler; die CDU überrundete damit unter der Führung DREGGERS erstmals die Sozialdemokraten, die mit dem durch die Helaba-Affäre persönlich belasteten Ministerpräsidenten OSSWALD erstmals bei hessischen Landtagswahlen auf den zweiten Rang zurückfielen. Die FDP hatte mit 7,4% und einem Verlust von 2,7 Prozentpunkten ihr bis dahin schlechtestes Landtagswahlergebnis zu verzeichnen.

Die CDU errang 1974 erstmals mit 35 Direktmandaten wesentlich mehr Direktmandate als die Sozialdemokraten, die sich nur noch in 20 Kreisen direkt durch-

---

[53] Behr/Breit/Lilge/Schissler 1989, S.82; Beier 1989, S.349/350; Kappmeier 1975, S.420; Staudt 1996, S.98. Die Helaba mußte hauptsächlich wegen ihrer Beteiligungen an ausländischen Unternehmen und wegen ungünstiger Entwicklungen im Bau die hohen Verluste hinnehmen.

[54] Staudt 1996, S.98; Steinseifer 1996, S.262

[55] Wolf 1995, S.74; SPIEGEL vom 1.10.1973:"Hier tickt eine Zeitbombe"; ZEIT vom 12.10.1973, Gerhard Ziegler:"Ein Mann der Ordnung"

[56] Ellwein 1989, S.125ff; Haftendorn, Helga:"Sicherheit und Stabilität. Außenbeziehungen der Bundesrepublik zwischen Ölkrise und NATO-Doppelbeschluß", München 1986; ZEIT vom 10.5.1974, Carl-Christian Kaiser:"Blitzkur für Bonns Koalition"

setzen konnten, was ihnen mit absoluter Mehrheit nur in Nordhessen und im Wahlkreis Groß-Gerau-West gelang.[57]
Die gleichzeitig stattfindenden bayerischen Landtagswahlen brachten der CSU mit 62,1% ein geradezu triumphales Ergebnis; in Hessen konnten SPD und FDP mit gemeinsam 57 Mandaten trotz des großen Erfolgs der CDU, ihre Mehrheit behaupten.[58]

Grafik 15.1.: Stimmenverteilung bei der Hessischen Landtagswahl am 27.10.1974

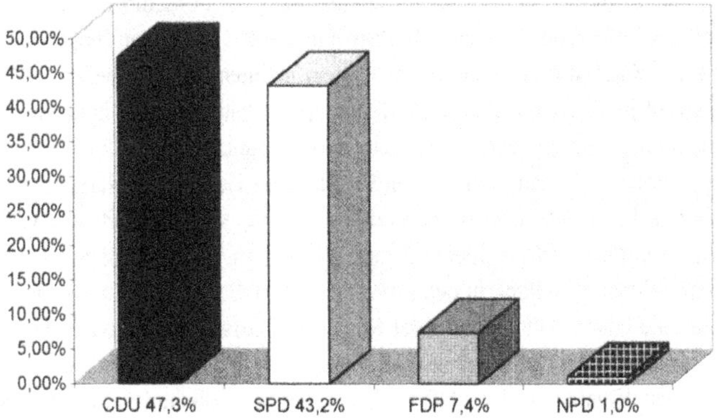

Grafik 15.2.: Mandatsverteilung bei der Hessischen Landtagswahl am 27.10.1974

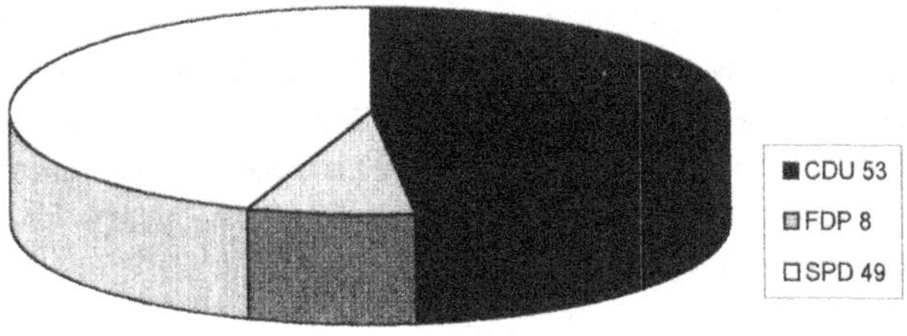

[57] Behr/Breit/Lilge/Schissler 1989, S.82f; Beier 1989, S.353; Wolf 1995, S.76; FAZ vom 28.10.1974:"CDU in Hessen stärkste Partei - Die CSU kommt auf über sechzig Prozent"
[58] Behr/Breit/Lilge/Schissler 1989, S.82; FAZ vom 29.10.1974:"Infas-Analyse: Jungwähler strömen zur CSU - Die SPD verliert in den Großstädten dominierende Rolle"

Die beiden herausragenden Ergebnisse für die Bonner Opposition veranlaßten den neuen Bundesvorsitzenden der CDU und rheinland-pfälzischen Ministerpräsidenten, HELMUT KOHL, zu der Aussage, daß die Union gute Chancen zur Erringung der absoluten Mehrheit bei der nächsten Bundestagswahl habe; Verlierer der Landtagswahlen in Hessen und in Bayern seien nicht allein die SPD-Spitzenkandidaten ALBERT OSSWALD und HANS-JOCHEN VOGEL, sondern auch Bundeskanzler SCHMIDT.[59]

Die deutlichsten Verschiebungen von den Sozialdemokraten zur CDU ereigneten sich 1974 in den Großstädten, die zuvor als parteipolitische Domäne der SPD gegolten hatten. Gerade in der Dienstleistungsmetropole Frankfurt büßte die SPD von 1966 bis 1974 rund 20% ihrer Wähler ein, die CDU gewann hingegen über 50% hinzu.[60] Auch die FDP mußte nach ihrem stabilen Resultat bei der 1970er Landtagswahl in Frankfurt über sechs Prozentpunkte an Einbuße hinnehmen, in einzelnen Kreisen waren sogar bis zu neun Prozentpunkte Verlust für die Liberalen zu verkraften.[61] In den katholischen Landkreisen Hessens, in denen die SPD 1970 überraschend gute Ergebnisse erzielen konnte, wandten sich die Wähler 1974 wieder in großem Maße der CDU zu, gleichzeitig verloren die Sozialdemokraten ihre führende Stellung in den protestantischen Gebieten Mittel- und Oberhessens an die Union. Die Verluste der Regierungsparteien konnten nur dank der relativen Stabilität der SPD in ihren nordhessischen Traditionsgebieten und wegen der guten Ergebnisse der FDP in den früheren ländlichen nationalliberalen Hochburgen in Grenzen gehalten werden (s. dazu auch Karte 7).[62]

Entscheidend für die Verluste der Sozialdemokraten in den Großstädten und dort vor allem bei vielen mittelständischen Wählern ist die Tatsache, daß gerade diese Bevölkerungsgruppe eine zunehmende Flexibilität bezüglich ihrer Wahlentscheidung bewies und daß eine SPD, die einerseits in Affären verstrickt war, andererseits durch eine Überbetonung ideologischer Vorstellungen abschreckend auf Mittelschichtwähler wirkte. Sozialstruktureller Wandel, wie die Verstärkung des Dienstleistungsanteils in einer zuvor durch die traditionelle Arbeiterschaft dominierten Stadt wie Frankfurt bewirkte zudem, daß sich die gesellschaftliche Zusammensetzung in einer Hochburg der SPD änderte.[63]

---

[59] FAZ vom 29.10.1974:"Nach den Wahlsiegen hoffen CDU und CSU auf eine absolute Mehrheit im Bund" und Rüdiger Moniac:"Schulterklopfen im Adenauer-Haus"

[60] Kappmeier 1975, S.423

[61] Behr/Breit/Lilge/Schissler 1989, S.85; FAZ vom 29.10.1974, Walter Fröhder:"Wie lange hält jetzt noch die Hessen-Koalition?"

[62] Staudt 1996, S.99; FAZ vom 29.10.1974, Walter Fröhder:"Wie lange hält jetzt noch die Hessen-Koalition?"

[63] Behr/Breit/Lilge/Schissler 1989, S.85

Nach der Landtagswahl es kam erst nach internen Auseinandersetzungen in der sozial-liberalen Koalition in Wiesbaden zur Erneuerung des Bündnisses, bei der Ministerpräsident OSSWALD auf Drängen der Liberalen schließlich auf den umstrittenen Kultusminister LUDWIG VON FRIEDEBURG verzichten mußte und an seiner Stelle den früheren Minister für Landwirtschaft und Umwelt, HANS KROLLMANN, berief.

Das hessische Ergebnis hatte Auswirkungen auf die strategischen Überlegungen der rheinland-pfälzischen Parteien, denen am 9. März 1975 ein Urnengang bevorstehen sollte: Die rheinland-pfälzische FDP sollte sich dabei nach dem Willen der Fraktionsmehrheit für eine Koalitionspräferenz zugunsten der CDU aussprechen, mit der schon in der Legislaturperiode seit 1971 nur geringe politische Differenzen auszumachen waren.[64] Auf der anderen Seite wurden allerdings von den Anhängern sozial-liberaler Bündnisse die Möglichkeit, im Falle des Verlusts der absoluten CDU-Mehrheit in Rheinland-Pfalz die Bundesregierung mit einer SPD/FDP-Regierung im Bundesrat entlasten zu können, hervorgehoben.[65] Die Kontroverse bei den rheinland-pfälzischen Liberalen führte nach einem Sonderparteitag am 11.1.1975 zu der abgeschwächten Koalitionsaussage, daß die FDP gemeinsam mit der CDU regieren wolle, jedoch nur, wenn diese die absolute Mehrheit verlieren würde.[66]

Diese Aussage zugunsten der CDU provozierte Proteste der rheinland-pfälzischen Jungdemokraten, die im Januar 1975 bekanntgaben, daß sie sich nicht für die FDP im Landtagswahlkampf beteiligen würden.[67] Der mittlerweile zum Bonner Wirtschaftsminister avancierte frühere Mainzer Staatssekretär FRIDERICHS sorgte mit der gleichzeitigen Verteidigung des Beschlusses seiner rheinland-pfälzischen Parteifreunde pro CDU/FDP in Mainz und der Befürwortung der sozial-liberalen Koalition im Bund daraufhin für ein uneinheitliches Bild, da er der Bonner Union die Koalitionsfähigkeit absprach, mit ihrem Bundesvorsitzenden und potentiellen Kanzlerkandidaten KOHL in Rheinland-Pfalz jedoch ein Bündnis eingehen wollte.[68] Die Rolle des rheinland-pfälzischen Ministerpräsidenten in der Wahlentscheidung 1975 wie seine Position in der Bundespartei werden im folgenden näher beleuchtet.

---

[64] FAZ vom 29.10.1974:"Auftrieb für eine Koalition mit der CDU"

[65] Peckhaus 1987, S.68; GeAz vom 9.1.1975, Karl-Heinz Baum:"Koalitionsaussage zugunsten der stärksten Partei?"; RZ vom 13.1.1975, Rolf Mager:"FDP in Mainz: Bonner Koalition nicht betroffen"

[66] Peckhaus 1987, S.68; FAZ vom 4.3.1975, Knut Barrey:"Wahlkampf gegen dunkle Wolken"

[67] Peckhaus 1987, S.68/69; Lerch/Lerch 1989, S.107

[68] ZEIT vom 17.1.1975, Rolf Zundel:"Koalitions-Karneval"

7.4. Aufstieg eines Kanzlerkandidaten der CDU: Die rheinland-pfälzische Landtagswahl 1975

Mit HELMUT KOHL wurde im Juni 1973 erstmals ein Landesregierungschef Bundesvorsitzender der CDU. KOHLS Aufstieg war bis dahin nach den politischen Stationen des Landtagsabgeordneten (1959), des stellvertretenden Fraktionsvorsitzenden (1961), des Vorsitzenden der CDU-Fraktion in Mainz (1963), des Vorsitzenden des CDU-Bezirks Pfalz (1964), des rheinland-pfälzischen Landesvorsitzenden der CDU (1966) bis schließlich zum Ministerpräsidenten des Landes 1969 nach seiner Wahl zum Bundesvorsitzenden von ungebrochener Stetigkeit und enormem politschen Ehrgeiz geprägt. Nach der von der CDU/CSU deutlich verlorenen Bundestagswahl vom November 1972 und dem damit verbundenen Scheitern RAINER BARZELS wurde mit KOHL ein politischer Neuanfang in der Union begangen, für den er sich durch die von ihm propagierte Reformpolitik in Rheinland-Pfalz wie durch umsichtige Personalentscheidungen empfohlen hatte (vergl. Kap. 7.5.).[69]
Mit einem Wahlsieg bei der rheinland-pfälzischen Landtagswahl 1975 wurde eine Verbesserung von HELMUT KOHLS Chancen, Kanzlerkandidat der Unionsparteien für 1976 zu werden, verbunden. Da der rheinland-pfälzische Ministerpräsident mit dem CSU-Vorsitzenden FRANZ-JOSEF STRAUß und dem schleswig-holsteinischen Regierungschef GERHARD STOLTENBERG gegen zwei innerparteiliche Konkurrenten um die Kanzlerkandidatur anzutreten hatte, wäre ein hoher Erfolg in Mainz eine weitere Bekräftigung der Reputation KOHLS gewesen.[70]
Gegenkandidat KOHLS im Landtagswahlkampf war der sozialdemokratische Landes- und Fraktionsvorsitzende WILHELM DRÖSCHER, der, trotz eines ihm bescheinigten hohen Bekanntheits- und Beliebtheitsgrades in der rheinland-pfälzischen Bevölkerung,[71] gegenüber einer übermächtig erscheinenden CDU und zudem ohne potentiellen Koalitionspartner FDP schon lange vor der Wahl als chancenlos erschien.[72] Auch organisatorisch mußte die SPD mit dem erst 1971 gebildeten Landesverband, in welchem die drei zuvor vertretenen Bezirke sich weiterhin in einer eher gegeneinander konkurrierenden Position befanden, ebenfalls eine

[69] ZEIT vom 15.6.1975, Eduard Neumaier:"Nicht mitreißend, doch überzeugend"
[70] Andel, Rüdiger:"Die rheinland-pfälzische Landtagswahl vom 9.März 1975. Erster Test für einen Kanzlerkandidaten der Opposition?", in: ZParl 4/1975, S.464ff; Peckhaus 1987, S.67; SPIEGEL vom 13.1.1975:"Viel zu verlieren"; ZEIT vom 7.3.1975, Eduard Neumaier:"Kampf um Karrieren"
[71] Peckhaus 1987, S.68; ZEIT vom 7.3.1975, Eduard Neumaier:"Kampf um Karrieren"
[72] SBZ vom 25.1.1975, Günter Kleer:"Dröscher glaubt an einen Strohhalm"; HAZ vom 30.1.1975:"Der 'gute Mensch aus Kirn' wartet auf politischen Aufwind"; FAZ vom 1.3.1975, Knut Barrey:"Guter Mensch ohne Chance

schlechtere Ausgangslage im Vergleich zur Regierungspartei hinnehmen.[73] Der Vorsitzende der SPD-Fraktion, WILHELM DRÖSCHER, warf der CDU im Wahlkampf vor allem eine Vernachlässigung der Strukturpolitik vor, was der CDU-Fraktionsvorsitzende KURT BÖCKMANN mit einem Hinweis auf das Aufholen von Rheinland-Pfalz beim Ländervergleich der Bruttosozialprodukte zurückwies.[74]
Das Ergebnis vom 9. März wurde bei dieser Ausgangslage - Siegesgewißheit bei der CDU, Resignation bei der SPD - ohne Überraschungen aufgenommen: Die Union gewann mit 53,9% (+3,9) eine deutliche absolute Mehrheit, die SPD fiel auf unter 40 Prozent zurück, die FDP verschlechterte sich geringfügig.

Grafik 16.1.: Stimmenverteilung bei der rheinland-pfälzischen Landtagswahl am 9.3.1975

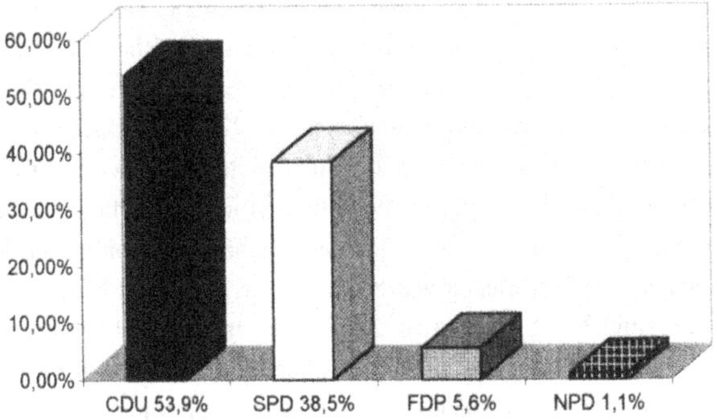

Grafik 16.2.: Mandatsverteilung bei der rheinland-pfälzischen Landtagswahl am 9.3.1975

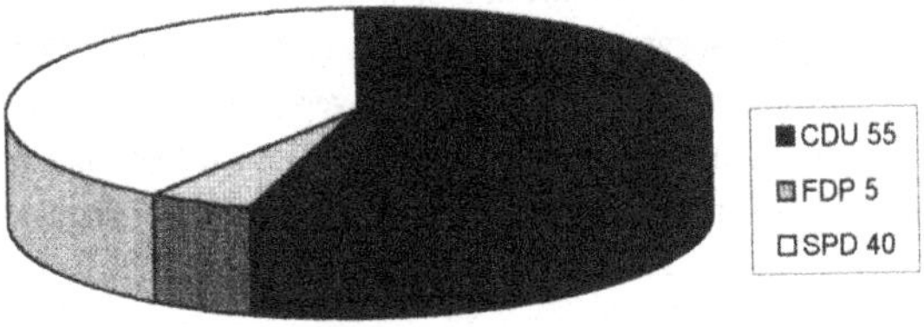

[73] SPIEGEL vom 3.3.1975:"Mehr Schatten"
[74] SWF-Interview vom 1.3.1975, SWF 7950213000

Bedingt durch die Änderung des rheinland-pfälzischen Wahlrechts - die Mandate wurden ab 1975 in vier etwa gleich großen Wahlkreisen über Bezirkslisten ermittelt, das Wahlschlüsselverfahren war abgeschafft worden - erhielten bei einer Wahlbeteiligung von 80,8% die Liberalen fünf Mandate und somit einen angemessenen Anteil an den 100 Sitzen im Mainzer Landtag.[75]
Das bislang beste Ergebnis der CDU bei Landtagswahlen in Rheinland-Pfalz veranlaßte Beobachter aus Kreisen der Union überraschenderweise zum Zweifel an der Befähigung KOHLS, die Kanzlerkandidatur der Union zu erringen, da man doch deutlich unter dem Spitzenresultat der CSU von 1974 (62,1%) geblieben war.[76] Dennoch muß konstatiert werden, daß die rheinland-pfälzische CDU überdurchschnittliche Gewinne in ländlich-protestantischen Gebieten (+4,6 Punkte) und in den größeren kreisfreien Städten des Landes verbuchen konnte (sie erhielt z.B. +6,5 Punkte in Mainz, +6,4 Punkte in Kaiserslautern). Neben dem Erhalt der bisherigen ländlich-katholischen Kreise im Norden von Rheinland-Pfalz trugen die Verschiebungen in den Kreisen und Städten, in denen zuvor die Sozialdemokraten gut abgeschnitten hatten und in denen sie 1975 die stärksten Verluste hinnehmen mußten, zu dem klaren Sieg der Christdemokraten bei (s. Karte 7).[77] Die SPD hob hervor, daß ihre Verluste immerhin geringer ausgefallen seien als bei anderen Landtagswahlen, was dem insgesamt gemäßigten politischen Klima innerhalb der Partei zugeschrieben wurde; es gäbe in Rheinland-Pfalz "kein Frankfurt und kein München", womit zwei Zentren der in den 70er Jahren als radikal links eingestuften Parteigruppierungen (vor allem der Jusos) bezeichnet wurden.[78]
Diese Selbsteinschätzung verdeutlicht die Tendenz zur Mitte in der politischen Kultur von Rheinland-Pfalz, in der auch die Sozialdemokraten in ihrer überwiegenden Mehrheit durch einen pragmatischen Kurs tendierten; gleichwohl erlaubte ein gemäßigtes Auftreten der Sozialdemokraten in Rheinland-Pfalz in dieser Phase keinen Erfolg gegen die im Parteiensystem dominierende CDU, die offenkundig während der Regierungszeit KOHLS in den ländlich-katholischen Traditionsgebieten wie in den durch die Dienstleistungen geprägten Städten bevorzugt wurde. Der Landesvorsitzende der Sozialdemokraten, DRÖSCHER, betonte nach dem enttäuschenden Abschneiden seiner Partei allerdings auch, daß der Landesver-

[75] Peckhaus 1987, S.70; Statistisches Landesamt RLP (Hrsg.) 1994; FAZ vom 11.3.1975, Knut Barrey:"Hat Kohl sein Wählerpotential schon 1971 ausgeschöpft?"
[76] FAZ vom 11.3.1975, Knut Barrey:"Hat Kohl sein Wählerpotential schon 1971 ausgeschöpft?"
[77] Andel 1975, S.471; FAZ vom 11.3.1975:"Verluste der Sozialdemokraten machten die CDU zu einer Stadtpartei"
[78] Andel 1975, S.470

band der SPD nicht effektiv genug aufgetreten sei und daß eine Umstrukturierung der Landespartei unumgänglich sei.[79]

Landesweit betrachtet hatte die CDU neben den Verlusten der SPD auch von weiteren Einbußen der NPD profitieren können, die nur noch 1,1% (-1,6) der Stimmen erhielt. Die CDU wurde 1975 außerdem in allen Altersgruppen stärkste Partei und lag zumeist über 50 Prozent, lediglich bei den Jungwählern verfehlte sie mit 49,5% knapp die absolute Mehrheit.[80]

Karte 7: Die Landtagswahlen 1974/75

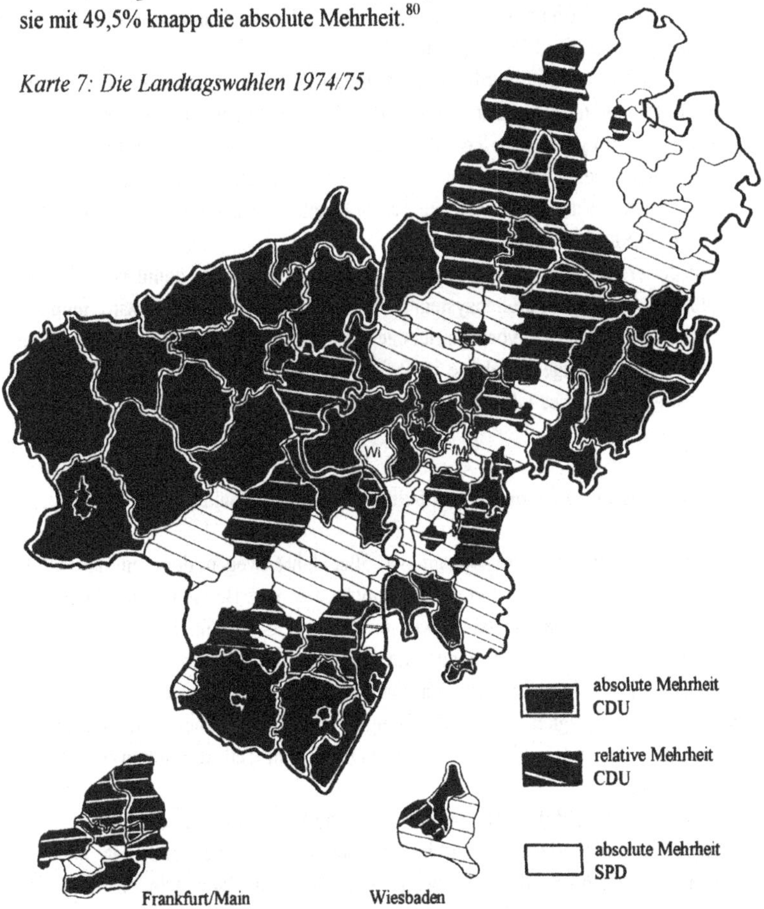

[79] SWF-Interview mit Dröscher, SWF 7953761501

[80] Andel 1975, S.472/473

Nach der Landtagswahl bildete die CDU erneut eine Alleinregierung, die sich personell genauso zusammensetzte wie ihre Vorgängerin. SPD und FDP, die aus unterschiedlichen, aber nicht aus rein landespolitischen Gründen deutlich schwächer abgeschnitten hatten als bei der Bundestagswahl 1972, führten ihre Ergebnisse auf die ungünstige "politische Großwetterlage" zurück - neben der günstigen Ausgangslage für den Ministerpräsidenten ist hier die Entführung des Berliner CDU-Politikers Lorenz zu nennen, die nach Meinung einiger Beobachter zu Stimmabgabe für die CDU beigetragen hatte.[81]
Das Resultat der Union wurde in der weiteren Diskussion um einen Spitzenkandidaten der Union für die Bundestagswahl 1976 wegen der im Vergleich zu Hessen oder Bayern geringeren Zuwachsraten trotz des eindeutigen Erfolgs als "eine Prise Sieg zu wenig" bezeichnet;[82] Mitte 1975 verstärkten sich auch deswegen die Auseinandersetzungen zwischen den präsumtiven Kandidaten STRAUß, KOHL und STOLTENBERG erneut.[83]
Bevor der erste Anlauf KOHLS zum Kanzleramt 1976 mit den damit verbundenen Implikationen für das Parteiensystem in Rheinland-Pfalz hinterfragt wird, muß auf die von HELMUT KOHL vorangetriebene Reformpolitik im Lande sowie auf die seinem Kabinett zugeschriebene hohe Fachkompetenz als ausschlaggebend für die Erfolge der Landes-CDU hingewiesen werden.

7.5. Reformen und Reformer auf beiden Seiten des Rheins

Während Hessen seit dem Beginn der 50er Jahre wegen der von den SPD-geführten Regierungen initiierten Reformplänen in den Bereichen der Regional- und Landespolitik, der Sozial- sowie der Schul-/Hochschulpolitik geradezu als sozialdemokratisches "Musterland" galt, mit dem die SPD im Bund durch eine von ihr gestaltete Landespolitik den Nachweis für die bundesweite Gestaltungs- und Regierungsfähigkeit im Bund erbringen konnte, galt Rheinland-Pfalz lange Zeit als Bundesland, in dem die Beharrung auf zum Teil überholten Strukturen betont wurde.
Gerade auf dem Feld der Schulpolitik wurde die Kluft zwischen den unterschiedlichen Politiken in Wiesbaden und in Mainz deutlich: In Rheinland-Pfalz blieb es in den 50er und 60er Jahren bei der Beibehaltung von Zwergschulen im ländlichen Raum; konfessionelle Determinanten führten zu scharfen Auseinanderset-

[81] Peckhaus 1987, S.70; FAZ vom 11.3.1975:"Die CDU wird in Rheinland-Pfalz weiter allein regieren"
[82] ZEIT vom 14.3.1975, Eduard Neumaier:"Eine Prise Sieg zu wenig"
[83] SPIEGEL vom 12.5.1975:"CDU/CSU: Der Kandidat wird demontiert"

zungen zwischen der dominierenden CDU einerseits und SPD und FDP andererseits. In Hessen wurden hingegen ab Anfang der 60er Jahre Mittelpunktschulen errichtet, die Zwergschulen auf den Dörfern mit der Absicht ersetzten, Landschülern gleiche Bildungschancen zu eröffnen wie Stadtkindern.[84]
Umfassend gestaltete sich die hessische Landes- und Regionalplanung, die vom ersten "Hessenplan" von 1950, der vor allem Fragen der Versorgung und der Flüchtlingseingliederung diente, über Bauleit- und Raumordnungspläne bis zum "Großen Hessenplan" von 1965, der mit seiner Ausrichtung auf einen Zeitraum von zehn Jahren für die Bündelung und Steuerung öffentlicher Investitionen sorgen sollte.[85] Die zum Zeitpunkt der prosperierenden Konjunktur ("Wirtschaftswunder") bis zum Anfang der 60er Jahre entworfenen Hessenpläne sollten Leitlinien einer Landespolitik sein, die Investitionen mit dem Ziel einer Erhöhung des Lebensstandards auch in den ländlichen Räumen Mittel- und Nordhessens verfolgte: Neben Dorfgemeinschaftshäusern, Kindergärten und sozialem Wohnungsbau wurde auch eine Industrieansiedlungspolitk auf Landesebene betrieben. Die Steuerungsmöglichkeiten des Landes erhielten jedoch ab 1973/74 - inzwischen war der Große Hessenplan durch den Landesentwicklungsplan "Hessen '80" abgelöst worden - durch die von der ersten Ölkrise ausgelösten ökonomischen Engpässe verbunden mit dem geringer gewordenen Spielraum durch die Neuordnung des Länderfinanzausgleichs 1969 einen deutlichen Dämpfer. Zahlreiche Erweiterungen sozialer Vorhaben wichen 1973/74 den Zielsetzungen der Arbeitsplatzsicherung und der Abdämpfung des Strukturwandels.[86]
Im Bereich der Schulpolitik profilierten sich hessische Kultusminister wie SCHÜTTE und VON FRIEDEBURG und die FDP-Staatssekretärin HAMM-BRÜCHER als Verfechter einer Bildungspolitik, die für die höchste Zahl an Abiturienten pro Kopf der hessischen Bevölkerung, für Schulgeldfreiheit und für das auf den Prinzipien der Chancengleichheit fußende Modell der Gesamtschule eintraten.[87] Gerade die Rahmenrichtlinien VON FRIEDEBURGS sorgten in der Legislaturperiode 1970-1974 für großen Unmut in der Bevölkerung und führten zu scharfen Angriffen der CDU-Opposition gegen die Regierung, wobei die Frage der zu vermittelnden Werte in den Fächern Deutsch und Gesellschaftslehre im Mittelpunkt der Auseinandersetzung standen ("Marx statt Rechtschreibung").[88]

---

[84] Kropat 1995, S.72
[85] Schiller, Theo:"Die hessische Landes- und Regionalplanung und ihre Grenzen", in: Greven/Schumann (Hrsg.):"40 Jahre Hessische Verfassung - 40 Jahre Politik in Hessen", Opladen 1989, S.119ff
[86] Kropat 1995, S.73-75; Schiller 1989, S.126
[87] Kropat 1995, S.74; vergl. SPIEGEL vom 31.10.1966:"Hessen - Zinn und Zinseszins"
[88] Kropat 1995, S.74/75; Staudt 1996, S.99/100

In Rheinland-Pfalz wurden innere Reformen seit dem Ende der 60er Jahre mit dem Kurs HELMUT KOHLS verbunden, der bereits bei der Kabinettsbildung 1967 maßgeblichen Einfluß auf die Besetzung der Ämter und auf die Durchsetzung von politischen Positionen (auch gegen den Widerstand des langjährigen Regierungschefs ALTMEIER) nehmen konnte.[89] Die Reformpolitik KOHLS war in den Jahren 1969-1976 gekennzeichnet durch die Absicht, neue Strukturen in der Verwaltungsgliederung des Landes, in der Schul- und Hochschulpolitik und in der Sozialpolitik wesentlich behutsamer und gemäßigter als beispielsweise in Hessen durchsetzen zu wollen, wobei allerdings Konflikte mit den Oppositionsparteien und mit gesellschaftlichen Gruppen umgangen werden konnten. Dabei muß die Fähigkeit Kohls zur Zusammenstellung eines hochqualifizierten Minister- und Beraterstabs hervorgehoben werden; zahlreiche der von ihm geförderten jüngeren Kräfte in der CDU sollten nach der Wahl HELMUT KOHLS zum Bundeskanzler 1982 auch in der Bundespolitik eine herausgehobene Stellung einnehmen.
Darunter befanden sich Anfang der 70er Jahre

- BERNHARD VOGEL als Kultusminister (späterer Ministerpräsident in Rheinland-Pfalz und in Thüringen)
- HEINER GEIßLER als Sozialminister
- der spätere Bundespräsident ROMAN HERZOG als Staatsrechtler in der rheinland-pfälzischen Landesvertretung
- der spätere sächsische Ministerpräsident KURT BIEDENKOPF als Generalsekretär der Bundes-CDU.

Weiterhin sorgte KOHL mit rheinland-pfälzischen Bundestagswahlkreisen für den späteren Regierenden Bürgermeister von Berlin und Bundespräsidenten RICHARD VON WEIZSÄCKER und den späteren Bundesarbeitsminister NORBERT BLÜM für deren Präsenz im Bundestag.[90]
Insbesondere der rheinland-pfälzische Weg zur Reformierung des Schulsystems, der von BERNHARD VOGEL verantwortet wurde, kann rückblickend als gemäßigt und vermittelnd zwischen den Extremen in anderen Bundesländern angesehen werden. HAUNGS schreibt auch KOHLS Staatskanzlei ein ähnlich moderates, Kompromisse ermöglichendes Vorgehen in der Steuerpolitik und vor allem in der Medienpolitik zu.[91]

---

[89] Haungs, Peter:"Regierung und Opposition", in: Haungs (Hrsg.) 1986, S.181/182
[90] Haungs 1986a, S.184/185; ZEIT vom 7.3.1975, Nina Grunenberg:"Nageln Sie mal einen Pudding an die Wand"
[91] Haungs 1986b, S.630

7.6. Die Bundestagswahl 1976: Beinahe-Sieg der Union und personelle Neuanfänge in den Ländern

Vor der Bundestagswahl vom 3. Oktober 1976 kam es, bedingt durch die unklaren Mehrheitsverhältnisse im Bundesrat, zu einer Annäherung von Regierung und Opposition. Im Saarland und in Niedersachsen stützte die FDP nach dem Patt von 1975 bzw. nach der überraschenden Wahl ALBRECHTS zum Ministerpräsidenten CDU-Minderheitsregierungen, die wegen der fehlenden eigenen Mehrheit in den Ländern auch in der Bonner Länderkammer nicht kompromißlos gegen zentrale Vorhaben der sozial-liberalen Bundesregierung einschreiten konnte. Die vom FDP-Vorsitzenden und Bundesaußenminister HANS-DIETRICH GENSCHER vertretene innenpolitische "Auflockerungsstrategie" sorgte in Abstimmung mit den saarländischen Liberalen beispielsweise für die Zustimmung der FDP zum Haushalt der CDU-Minderheitsregierung RÖDER; das Saarland stimmte dafür im Bundesrat den von der Union bekämpften Polen-Verträgen zu.[92]
Die nach der Wahl ERNST ALBRECHTS erneut gefährdete Abstimmung führte nach ersten Signalen der niedersächsischen FDP, ALBRECHT eventuell unterstützen zu wollen,[93] zu einem Prozeß des politischen Auslotens von Detailfragen, im März 1976 schließlich zur Zustimmung der unionsgeführten Länder zu den Polen-Verträgen, wobei der CDU-Vorsitzende KOHL offensichtlich die politische Geschlossenheit seiner Partei im Bundestagswahljahr bedeutsamer als die Gruppe der Gegner eines Kompromisses innerhalb der Union bewertete.[94] Weitere landespolitische Entwicklungen, wie etwa das Offenhalten dreier Ministerien in Hannover durch ALBRECHT, die für den erhofften Koalitionspartner FDP reserviert wurden,[95] verstärkten die Tendenz zur Auflockerung zwischen den "Blöcken" SPD/FDP und CDU/CSU.
Nachdem die baden-württembergische Landtagswahl vom April 1976 von der CDU unter Ministerpräsident FILBINGER mit einer hohen absoluten Mehrheit gewonnen werden konnte,[96] erhielten die Befürworter einer klaren Abgrenzung der Union gegenüber SPD und FDP innerparteilich Auftrieb.[97]

---

[92] Fabritius, Georg:"Der Bundesrat: Transmissionsriemen für die Unitarisierung der Bundesrepublik? Geschichte der Koalitionsbildung in den Bundesländern", in: ZParl 4/1976, S.457
[93] FAZ vom 11.2.1976:"Die niedersächsische FDP will zunächst in der Opposition bleiben"
[94] ZEIT vom 19.3.1976, Carl-Christian Kaiser:"Strategen, Taktiker und Glückskinder"; Roth, Reinhold:"Die Bundestagswahl 1976 im Prozeß der machtpolitischen Auseinandersetzung - Wahlkampf und Wahlergebnisse 1976", in: Kaack/Roth (Hrsg.) 1979
[95] Roth 1979, S.29
[96] Roth 1979, S.31ff. Die CDU erzielte mit 56,7% ihren bislang höchsten Sieg bei Landtagswahlen in Baden-Württemberg
[97] Roth 1979, S.38/39

Das Ergebnis der Bundestagswahl vom 3. Oktober 1976 brachte den Regierungsparteien SPD und FDP - bedingt durch die Koalitionsspekulationen um die Liberalen in Niedersachsen und im Saarland und wegen wachsender innerparteilicher Auseinandersetzungen bei den Sozialdemokraten - lediglich einen knappen Sieg vor den Unionsparteien, die die absolute Mehrheit im Bundestag nur um sechs Mandate verfehlten. Im einzelnen entfielen auf die CDU/CSU 48,6% (+3,7), auf die SPD 42,6% (-3,2) und auf die FDP 7,9% (-0,5).[98] In Rheinland-Pfalz erreichte die CDU mit 49,9% nahezu die Hälfte der Stimmen, in Hessen konnte sie sich erstmals seit 1957 mit 44,8% deutlich dem SPD-Resultat annähern; die Sozialdemokraten blieben jedoch mit 45,7% knapp stärkste Partei in Hessen und mit 41,7% in Rheinland-Pfalz überhalb der 40-Prozent-Marke. Die Landesergebnisse der FDP wiesen nur noch relativ geringe Abweichungen zum Bundesdurchschnitt auf (8,5% Hessen, 7,6% Rheinland-Pfalz).[99]

Nach dem 3. Oktober bekräftigten Bundeskanzler SCHMIDT und der FDP-Vorsitzende GENSCHER, daß sie trotz der schmalen Mehrheit ihre Zusammenarbeit fortsetzen wollten, auf seiten der Union kam es aufgrund des "Beinahe-Sieges"[100] zum vorübergehenden Bruch der Fraktionsgemeinschaft durch ein Votum der CSU auf einer Tagung im Wildbad Kreuth, welches die Aufkündigung der bisherigen Fraktionseinheit mit der CDU besiegelte.[101]

Erst am 12. Dezember wurde nach längeren Verhandlungen zwischen KOHL und STRAUß die Gründung einer separaten CSU-Fraktion in Bonn und die damit verbundene Drohung, auch bundesweit als eigenständige Partei anzutreten, abgewendet. Bundeskanzler SCHMIDT wurde im Dezember mit 250 Stimmen - somit lediglich einer Stimme mehr als nötig - wiedergewählt.[102]

In Hessen war es noch am Wahlabend des 3. Oktober direkt nach Schließung der Wahllokale zum Rücktritt des hessischen Ministerpräsidenten OSSWALD gekommen. Der Regierungschef war im Laufe des Jahres 1976 immer stärker wegen des Helaba-Skandals in Bedrängnis auch gegenüber den eigenen Parteigenossen geraten, die unter seiner Führung eine Niederlage bei der hessischen Landtagswahl 1978 befürchteten.[103]

Trotz der massiven Skandale und der innerparteilichen Streitigkeiten bei den Sozialdemokraten um den Kurs der Partei bei einer sich zunehmend problematischer

---

[98] Ritter/Niehuss 1987, S.75

[99] Fack, Alexander (Bearb.):"Wahlen in Hessen", in: Berg-Schlosser/Noetzel (Hrsg.) 1994, S.305; Ritter/Niehuss 1987, S.95/96; Statistisches Landesamt RLP (Hrsg.) 1994

[100] ZEIT vom 8.10.1976, Carl-Christian Kaiser:"Die Beinahe-Sieger der Union"

[101] Bermbach, Udo:"Stationen der Regierungs- und Oppositionsbildung 1976", in: ZParl 2/1977, S.159ff

[102] Bermbach 1977, S.179

[103] Behr/Breit/Lilge/Schissler 1989, S.119/120; Beier 1989, S.368; SPIEGEL vom 4.10.1976:"Am Sensenstein"; ZEIT vom 8.10.1976, Gerhard Ziegler:"Das Ende des Albert Osswald"

gestaltenden Wirtschaftslage hatte die hessische Union zwar fast bis zur SPD aufschließen können, doch war die von ALFRED DREGGER geführte Partei auch 1976 knapp auf den zweiten Platz verwiesen worden.[104] Als Nachfolger OSSWALDS wurde der aus Kassel stammende und dem rechten Parteiflügel zugerechnete damalige Bundesgeschäftsführer der SPD, HOLGER BÖRNER, nominiert, der am 12. Oktober 1976 mit den Stimmen von SPD und FDP zum Ministerpräsidenten gewählt wurde.[105] Ende Oktober sorgte die hessische FDP, die bei der Bundestagswahl überdurchschnittliche Einbußen hinzunehmen hatte, durch die Neubesetzung des Innenministers für die Absetzung des innerhalb der Liberalen umstrittenen HANNS HEINZ BIELEFELD, dem ein zu häufiges Verlassen liberaler Positionen vorgeworfen worden war; sein Nachfolger wurde EKKEHARD GRIES.[106]

Während die hessische Koalition nach der Bundestagswahl und wegen des OSSWALD-Rücktritts zunächst geschwächt war, kam es in Mainz ebenfalls zu einer bedeutsamen personellen Veränderung, die allerdings nur auf den Wechsel KOHLS an die Spitze der CDU/CSU-Bundestagsfraktion zurückzuführen war. Am 2. Dezember 1976 wurde BERNHARD VOGEL zum Nachfolger KOHLS gewählt; der damalige Kultusminister von Rheinland-Pfalz hatte sich bereits 1974 als Vorsitzender der Landespartei gegen Sozialminister HEINER GEIßLER durchsetzen können. Er wurde Ende Oktober 1976 gegen Finanzminister JOHANN WILHELM GADDUM bei einer fraktionsinternen Abstimmung mit 34 zu 20 Stimmen bei einer Enthaltung zum Ministerpräsidenten nominiert.[107] Bei beiden Abstimmungen über seine Nachfolger im Landesvorsitz der CDU wie als Regierungschef hatte KOHL dabei deutlich GEIßLER bzw. zunächst GADDUM unterstützt und die Sympathien in der eigenen Fraktion damit offenbar falsch eingeschätzt.[108]

Mit dem Ende des Jahres 1976 waren damit in Rheinland-Pfalz und in Hessen durch den doppelten Wechsel an der Spitze der jeweiligen Landesregierung durch die Ministerpräsidenten BÖRNER und VOGEL nicht allein neue Personen gewählt worden: In Hessen sorgte BÖRNER für die innere Konsolidierung der durch die Helaba-Affäre und die Auseinandersetzungen um die Schulpolitik und die Verwaltungsneugliederung angeschlagene Regierungskoalition, in Rheinland-Pfalz garantierte VOGEL die Fortführung der bisherigen auf die politische Mitte ausgerichteten CDU-Linie. Im folgenden soll die Entwicklung der Parteiensysteme un-

[104] Behr/Breit/Lilge/Schissler 1989, S.119/120; Wolf 1995, S.78
[105] Beier 1989, S.369; ZEIT vom 8.10.1976, Richard Buchholz:"Fachmann für Schlaglöcher"
[106] ZEIT vom 29.10.1976, Gerhard Ziegler:"Minister zum Nulltarif"
[107] Haungs 1986a, S.185; ZEIT vom 27.6.1975, Karl-Heinz Baum:"Brust an Brust"; SPIEGEL vom 1.11.1976: "Kerze im Dom"
[108] Haungs 1986a, S.185; ZEIT vom 27.6.1975, Karl-Heinz Baum:"Brust an Brust"

ter der Amtszeit der beiden neuen Regierungschefs bei den Landtagswahlen 1978/79 untersucht werden.

7.7. Die hessische Kommunalwahl 1977: CDU-Einbrüche in sozialdemokratisches Wählerreservoir

Bevor sich die neue Landesregierung Hessens mit HOLGER BÖRNER an der Spitze für die Landtagswahl 1978 präsentierte, mußte die hessische SPD am 20. März 1977 einen gewaltigen Rückschlag bei den Kommunalwahlen hinnehmen, die wegen der Bundestagswahl vom Oktober 1976 bis ins Frühjahr 1977 hinausgezögert worden waren. Mit dieser Wahl wurde auch auf der kommunalen Ebene nahezu flächendeckend der Wechsel von einer SPD- zu einer CDU-Dominanz in zahlreichen Rathäusern und Kreistagen vollzogen; besonders einschneidend waren die Veränderungen in Darmstadt, Wiesbaden, Frankfurt und in der künstlichen "Stadt Lahn", wo der Anteil der SPD von über 50 auf 35 Prozent sank. Hier wie in Wiesbaden und Frankfurt verloren die Sozialdemokraten nicht nur ihre absoluten Mehrheiten von 1972, die CDU konnte im Gegenzug aus der Minderheitenrolle Wahlergebnisse von über 50 Prozent erzielen. In Frankfurt gelang es dem Spitzenkandidaten der CDU, WALTER WALLMANN, durch ein Ergebnis von 51,3% (+11,5 Prozentpunkte) die Mehrheitsverhältnisse umzukehren; die SPD fiel in der Mainmetropole von 50,3% auf knapp unter 40 Prozent zurück.[109] WALLMANN konnte dank des freiwilligen Rücktritts des bisherigen Oberbürgermeisters ARNDT (SPD), der in eine Spendenaffäre verwickelt war, zum neuen Frankfurter Stadtoberhaupt gewählt werden.[110] In Folge der politischen Entwicklungen nach dieser Kommunalwahl wurde die Hessische Gemeindeordnung dahingehend geändert, daß zur Abwahl eines Bürgermeisters nicht mehr eine Zweidrittelmehrheit im Stadtparlament benötigt wurde, sondern nur noch eine einfache absolute Mehrheit der Parlamentarier.[111]

Das Resultat der Kommunalwahl, insbesondere im Dienstleistungszentrum Frankfurt, beunruhigte die Sozialdemokraten, die bei einem Anhalten des elektoralen Umschwungs den Machtverlust auch auf der Landesebene befürchteten:[112] Landesweit war die SPD auf 42,1% (-7,4) zurückgefallen, der CDU war hingegen mit einem Zuwachs von 11,5 Prozentpunkten und einem Ergebnis von 44,8% auch

[109] Behr/Breit/Lilge/Schissler 1989, S.36-39; FR vom 22.3.1977:"In Frankfurt wird die CDU regieren"
[110] FR vom 23.3.1977, Reinhard Voss:"Arndt verzichtet auf sein Amt"
[111] Behr/Breit/Lilge/Schissler 1989, S.36/38. Durch die erleichterte Möglichkeit zur Abwahl können Bürgermeister ihre Versorgungsansprüche behalten, bei einem freiwilligen Rücktritt entfallen diese.
[112] FR vom 22.3.1977, Horst Wolf:"Vom Erfolg verlassen"

auf kommunaler Ebene die Überrundung der Sozialdemokraten gelungen. Die FDP mußte sich mit einem unveränderten Anteil von 4,8% zufriedengeben.[113]
Obwohl die CDU zahlreiche Rathäuser nun mit absoluter Mehrheit kontrollieren konnte und obwohl sie auch landesweit stärkste Partei geworden war, wurde die Koalitionsfrage für Vertreter der hessischen CDU zukünftig von größerer Bedeutung: ALFRED DREGGER richtete sich mit dem Angebot, "großzügige Verhandlungen" in denjenigen Kommunen zu führen, in denen die Union die absolute Mehrheit knapp verfehlt hatte, an die Liberalen im Lande.[114] WALTER WALLMANN sprach kurz nach der erfolgreichen Kommunalwahl von seinen Vorstellungen einer "liberalen Erneuerung Hessens"[115] und im Mai 1977 bekräftigte er schließlich seine Auffassung, daß die CDU im Land wie im Bund eine Politik verfolgen solle, die Koalitionen mit der FDP wieder ermögliche.[116]
Die so umworbene hessische FDP wählte allerdings im Juni 1977 EKKEHARD GRIES zum Nachfolger WOLFGANG MISCHNICKS, der wegen Arbeitsüberlastung in seiner Doppelfunktion als Bonner Fraktionschef und hessischer Landesvorsitzender vom Vorsitz der Landespartei zurückgetreten war. GRIES galt als entschiedener Verfechter des sozial-liberalen Bündnisses im Land wie im Bund; er betonte, daß es "zu den Aufgaben der F.D.P. (gehöre), das Parteiensystem in unserem Land funktionstüchtig zu halten. Den Liberalen kommt die Mittlerfunktion zwischen dem konservativen und dem sozialistischen Block zu."[117]
Durch die Hervorhebung der Korrektivfunktion der FDP wie durch die Aussprache für die Koalition mit der SPD verdeutlichte GRIES Funktion wie Position der Liberalen, denen die pragmatisch-gemäßigte Linie des neuen Ministerpräsidenten BÖRNER Argumente gegen den Wechsel zu einer CDU-Koalition eröffnete. BÖRNER ermöglichte im Laufe der Jahre 1977/78 eine nach der kommunalen Schlappe unerwartet deutliche Stabilisierung von SPD und Regierungskoalition in Hessen. Der kleine Koalitionspartner ließ sich zu Beginn des Jahres 1978 zunächst Zeit mit einer offiziellen Koalitionsaussage, da die Führung der hessischen FDP den Ausgang der niedersächsischen Landtagswahlen vom 4. Juni 1978 abwarten wollte.[118] In Niedersachsen hatten sich die Liberalen nach der Bundestagswahl 1976 für den Eintritt in ALBRECHTS Minderheitsregierung ausgesprochen; zusammen mit der saarländischen CDU/FDP-Koalition präsentierten sich die Libe-

---

[113] Behr/Breit/Lilge/Schissler 1989, S.36-39, S.51
[114] FR vom 22.3.1977:"Rudi Arndt erwägt seinen vorzeitigen Abgang"
[115] FR vom 25.3.1977, Bernd Jasper:"Die 'rote Hochburg' ist sein erster Tatort"
[116] Wolf 1995, S.80
[117] nach: Staudt 1996, S.107
[118] SZ vom 12.1.1978, Heiko Flottau:"Hessens FDP hat es mit der Koalitionsaussage nicht eilig"

ralen somit ab 1977 in zwei Ländern in vom Bonner Muster abweichenden Bündnissen.[119]
Für die Bonner FDP ergab sich mit der niedersächsischen Wahl, die zeitgleich mit der Hamburger Bürgerschaftswahl am 4. Juni 1978 abgehalten wurde, bezüglich Koalitionsfragen auf Länderebene kein einheitliches Bild, da die dezidiert linksliberale Hamburger FDP genauso wie die an der Seite der CDU in Hannover regierenden Parteifreunde an der Fünf-Prozent-Hürde scheiterte, ihre früheren Koalitionspartner, die SPD in der Hansestadt und die CDU in Niedersachsen, dabei absolute Mehrheiten errangen.[120]
Im folgenden sollen die Entwicklungen in Hessen nach diesem doppelten Wahldebakel in den Ländern näher beleuchtet werden, das im Bund von den Spekulationen um den Rücktritt des Bundesinnenministers WERNER MAIHOFER (FDP) im Zusammenhang mit der Abhöraffäre um den Atomwissenschaftler Klaus Traube begleitet wurde. Der Rücktritt MAIHOFERS am 6. Juni 1978 besiegelte den politischen Abstieg des zuvor vor allem durch die Ausarbeitung von Grundsatzpapieren und der theoretischen Untermauerung des sozial-liberalen Bündnisses profilierten FDP-Politikers.[121]
Die Äußerungen des in Frankfurt siegreichen WALTER WALLMANNS belegen, daß koalitionspolitische Entscheidungen auf Landesebene - die hier vor allem hinsichtlich der FDP ausgesprochen wurden - neben der Bundesebene und den Entwicklungen in anderen Ländern auch vom kommunalpolitischen Geschehen beeinflußt werden können. WALLMANNS Wort von der "liberalen Erneuerung Hessens" zielte zwar eindeutig auf den gewünschten und mit Blick auf die Landesebene als notwendig erachteten kleinen Koalitionspartner, doch sollte dieses zunächst wegen der auch personellen Bekräftigung der Liberalen des Bündnisses mit der SPD wirkungslos bleiben.

[119] Jüttner, Wolfgang/Klaus Wettig:"Die niedersächsische Landtagswahl am 4. Juni 1978: Wem schadeten die 'Grünen', wem die Nichtwähler?", in: ZParl 1/1979, S.17ff; Kimmel, Adolf:"Die saarländische Landtagswahl vom 27. April 1980: Gefährdung der 'bürgerlichen' Koalition?", in: ZParl 2/1980, S.222ff
[120] SPIEGEL vom 12.6.1978:"FDP: 'Jeder hat mal seine Talfahrt'"
[121] FR vom 7.6.1978:"Innenminister Maihofer zurückgetreten"; Kaack, Heino:"Grundriß und Materialien zu Geschichte, Struktur und Programmatik", Meisenheim am Glan 1978(2), S.63

7.8. Konsolidierung und Stabilität: Die Regierungen BÖRNER und VOGEL in den Landtagswahlen 1978/79

Vor der hessischen Landtagswahl vom 8. Oktober 1978 wurden die im Landtag vertretenen Parteien erneut durch die Bundespolitik bzw. durch Intervention aus den Bundesparteien beeinflußt; zusätzlich spielten Äußerungen und Ereignisse wie die genannten Landtagswahlen in Niedersachsen und in Hamburg eine Rolle im hessischen Wahlkampf.
Nach dem zweifachen Scheitern der Liberalen im Norden wurde von dem Darmstädter FDP-Bundestagsabgeordneten KLAUS-JÜRGEN HOFFIE ein Antrag gegen die Verabschiedung einer Koalitionsaussage zugunsten der SPD vor der Wahl veröffentlicht, dessen Unterschriftenliste allerdings wegen verschiedener formeller Unklarheiten angezweifelt wurde.[122] Eine mißverständliche Äußerung des hessischen Landesvorsitzenden GRIES bezüglich der Fortführung der Koalition mit der SPD in Wiesbaden verstärkte das wenig einheitliche Bild der Liberalen im beginnenden Wahlkampf.[123]
Die Entscheidung der hessischen FDP für oder gegen eine frühzeitige Koalitionsaussage und das Abschneiden der Partei am 8. Oktober erfuhren große bundespolitische Aufmerksamkeit, da die Bonner Parteiführung bei einem Scheitern in Hessen negative Auswirkungen bis hin zum Zusammenbruch der Koalition im Bund befürchtete. Mitte 1978 war die Situation besonders problematisch für die FDP, da sich einerseits die Sozialdemokraten eine Verbesserung ihres schwachen Resultats von 1974 erhofften und nur sehr begrenzt zur Wahlunterstützung des Koalitionspartners bereit waren und da andererseits die Union zwischen der harten Bekämpfung beider Regierungspartner und einer Annäherung an die FDP schwankte.[124]
Die Liberalen sprachen sich schließlich auf ihrem Parteitag am 17. Juni 1978 mit 173 zu 113 Stimmen für die Fortführung der Koalition aus; der unterlegene Teil der Delegierten votierte dabei nicht für den Wechsel zur CDU, sondern für das Offenhalten der Bündnisfrage.[125] In dieser Situation wurden bei der Mainzer FDP Überlegungen zur Behandlung der Koalitionsfrage von der Tagesordnung ihres Parteitags abgesetzt und bis zum Herbst verzögert.[126] Offenkundig sollten zunächst die Entwicklungen in Hessen abgewartet werden, eine klare Aussage zu-

[122] FR vom 10.6.1978, Bernd Jasper:"Zweifel an FDP-Liste gegen Koalitionsaussage"
[123] FR vom 8.6.1978:"Zerreißprobe für Hessens FDP"
[124] ZEIT vom 16.6.1978, Rolf Zundel:"Auf der Suche nach dem Patentrezept"
[125] ZEIT vom 23.6.1978, Gunter Hofmann:"Spricht in Hessen das Orakel?"
[126] FR vom 29.5.1978:"Mainzer FDP vertagt Koalitionsaussage"

gunsten der CDU in Rheinland-Pfalz hätte dabei den Verlauf in Hessen zu sehr beeinflussen können.
Die Hessenwahl wurde zudem von Äußerungen des Hamburger Bürgermeisters KLOSE zu einer Liberalisierung des Radikalenerlasses beeinflußt, die nach Befürchtungen vor allem der hessischen FDP der Union zusätzliche Wählern erschließen konnte.[127] Als weiterer Faktor neben innenpolitischen und innerparteilichen Geschehnissen muß die erstmalige Kandidatur von grünen Parteien in Hessen genannt werden: Mit der "Grünen Liste Hessen" (GLH) und der "Grünen Aktion Zukunft" (GAZ) traten im Zuge einer in den 70er Jahren aufgekommenen Bewegung zum Schutz der Umwelt und zum Protest gegen neue Großtechnologien wie die Kernkraft zwei unterschiedliche Formationen an. Im Gegensatz zu anderen Ländern standen sich in Hessen bürgerliche Ökologen (in der GAZ) und linksalternative Kräfte (in der GLH) gegenüber.[128]
Der mit starker Beteiligung der Bonner Parteien geführte Wahlkampf endete mit einer Bestätigung der SPD/FDP-Koalition unter leichten Gewichtsverschiebungen zugunsten des großen Partners, die CDU mußte sich bei leichten absoluten Gewinnen mit einem geringen prozentualen Verlust zufriedengeben.
Die grünen Gruppierungen erhielten gemeinsam nur 2,0% der Stimmen. Neben der Kandidatur mehrerer Listen gegeneinander, die vielen Befürwortern der neuen Gruppierungen wegen der Sperrklausel als aussichtslos erscheinen mußte, hatte auch die Unsicherheit hinsichtlich der Zuverlässigkeit der neuen Bewerber eine Rolle beim Zustandekommen des enttäuschenden Ergebnisses gespielt.[129]
Bei einer erneut gestiegenen Wahlbeteiligung konnten die Liberalen durch den Sprung über die Fünf-Prozent-Hürde für eine Stabilisierung der sozial-liberalen Bündnisse in Wiesbaden wie in Bonn sorgen, wo der Bundesvorsitzende Genscher das hessische Ergebnis als persönliche Bestätigung auffaßte.[130]
Die zwei Wochen nach dem hessischen Urnengang stattfindende bayerische Landtagswahl führte ebenfalls zu leichten Verbesserungen auf seiten der SPD, wobei hier auch die FDP leichte Zuwächse verzeichnen konnte. Die CSU verlor hingegen drei Prozentpunkte, konnte aber erneut eine klare absolute Mehrheit für sich gewinnen. Aus Kreisen der bayerischen Christsozialen wurde nach dem Scheitern der hessischen CDU die Überlegung zur Gründung einer bundesweiten "Vierten Partei" laut, die ein getrenntes Auftreten gegen die aus CSU-Sicht als

[127] FAZ vom 5.10.1978:"Die Union macht die Radikalen-Frage zum beherrschenden Wahlkampfthema in Hessen"
[128] Kleinert, Hubert:"DIE GRÜNEN in Hessen", in: Berg-Schlosser/Noetzel (Hrsg.) 1994, S.133/134
[129] Behr/Breit/Lilge/Schissler 1989, S.86-90
[130] FAZ vom 9.10.1978, Thomas Meyer:"Nur eine Atempause und kein Sieg" und Alfred Behr:"Für Gries einen hölzernen Hampelmann"

"SPD/FDP-Block" auftretenden Bonner Partner ergeben und damit die separate Ansprache eher liberaler oder eher konservativer Unionsanhänger ermöglichen sollte.[131]

Grafik 17.1.: Stimmenverteilung bei der Hessischen Landtagswahl am 8.10.1978

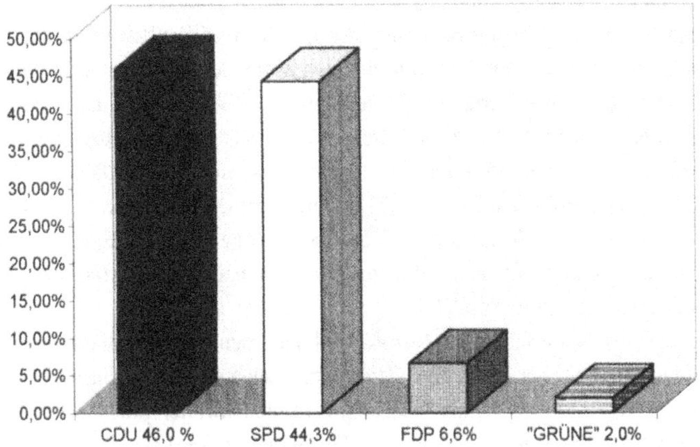

Grafik 17.2.: Mandatsverteilung bei der Hessischen Landtagswahl am 8.10.1978

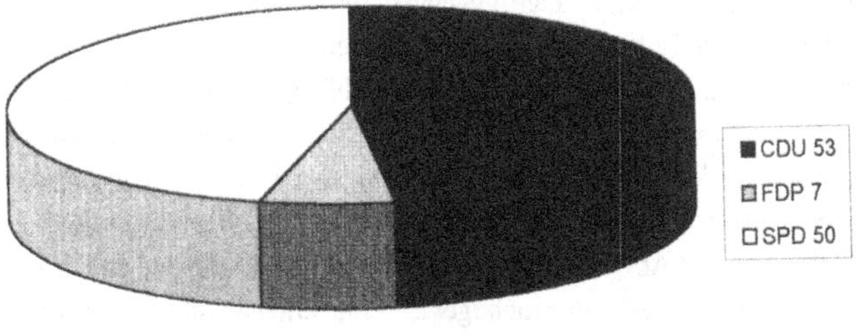

Mit dem hessischen Ergebnis wurde neben dem Wiesbadener auch das Bonner Bündnis auf ein stabileres Fundament gestellt.[132] Das Wählerreservoir der CDU schien dagegen in Hessen erschöpft zu sein, was für das hessische Parteiensystem bedeutete, daß die Union für kommende Wahlen auf eine Linie der stärkeren Annäherung an die Liberalen setzen mußte und daß sich bei der FDP umgekehrt

[131] SPIEGEL vom 16.10.1978:"Die Vierte Partei kommt bestimmt"

[132] Der SPD-Vorsitzende Brandt sprach sich sogar für die Verlängerung der Koalition mit der FDP über das Wahljahr 1980 aus. SPIEGEL vom 23.10.1978:"Koalition: 'Mut zum Unbequemen'"

auch ein größerer politischer Abstand zu den Sozialdemokraten herstellen müßte, sollte es zu einer Ablösung der SPD von der Macht kommen. Doch vor der Bundestagswahl 1980, die eine vorübergehende Stärkung der SPD/FDP-Koalition in Bonn erbringen sollte, stand zunächst die rheinland-pfälzische Landtagswahl vom 18. März 1979. Die bereits 1975 für ein Bündnis mit der CDU eingetretene FDP verzichtete allerdings Ende 1978 auf eine gleichlautende Aussage,[133] was keinesfalls auf eine Neupositionierung der Union unter KOHLS Nachfolger BERNHARD VOGEL zurückzuführen war, der sich gegen den "Untergang der Liberalen" (durch einen rigiden Verdrängungswettbewerb im Bund oder in anderen Ländern) ausgesprochen hatte. Vielmehr hatte der harte Kurs der mit absoluter Mehrheit ausgestatteten Unionsfraktion im Landtag zu einer wesentlichen Klimaverschlechterung zwischen CDU und FDP beigetragen, da man nach Auffassung des FDP-Vorsitzenden SCHOLL, parlamentarische Initiativen der Opposition zunächst nicht behandelte und nach wenigen Monaten nahezu gleichlautende Anträge durch die CDU einbrachte.[134]

Da die rheinland-pfälzischen Sozialdemokraten den früheren Bundesminister für Bildung und Wissenschaft und damaligen Staatsminister im auswärtigen Amt, KLAUS VON DOHNANYI, als Ministerpräsidentenanwärter präsentieren konnten, war die Koalitionsentscheidung der FDP offen für den Fall, daß die Union die absolute Mehrheit verlieren würde, da VON DOHNANYI für die Liberalen einen akzeptablen Bündnispartner darstellte.[135] HANS-OTTO SCHOLL hatte jedoch die Eigenständigkeit seiner Partei auch gegenüber der SPD betont und sich gegen eine "Koalition in der Opposition"[136] ausgesprochen.

Für die rheinland-pfälzische CDU wurde der Wahlkampf Anfang 1979 durch anhaltende interne Streitigkeiten in der Bundes-CDU belastet, wobei die Suche nach einem Kanzlerkandidaten für die Bundestagswahl 1980 um die personellen Alternativen HELMUT KOHL, FRANZ-JOSEF STRAUß, GERHARD STOLTENBERG, ERNST ALBRECHT und ALFRED DREGGER kreisten. Mit der möglichen Kandidatur von STRAUß bzw. dessen Einspruch gegen eine erneute alleinige Kandidatur KOHLS für beide Unionsparteien war zugleich die Ankündigung verbunden, als CSU bundesweit auch gegen die CDU antreten zu wollen. KOHL mußte sich außerdem gegen Äußerungen des früheren CDU-Generalsekretärs BIEDENKOPF

[133] Lerch/Lerch 1989, S.110/111
[134] FR vom 26.10.1978, Reinhard Voss:"Die Mainzer Liberalen und ihr Risiko"
[135] ZEIT vom 16.2.1979, Gunter Hofmann:"Handgestickt, mit Lust an der Nuance"
[136] FR vom 26.10.1978, Reinhard Voss:"Die Mainzer Liberalen und ihr Risiko"

wehren, der sich für eine Neubesetzung der Bonner Fraktionsführung (die von KOHL geleitet wurde) ausgesprochen hatte.[137]

Grafik 18.1.: Stimmenverteilung bei der rheinland-pfälzischen Landtagswahl am 18.3.1979

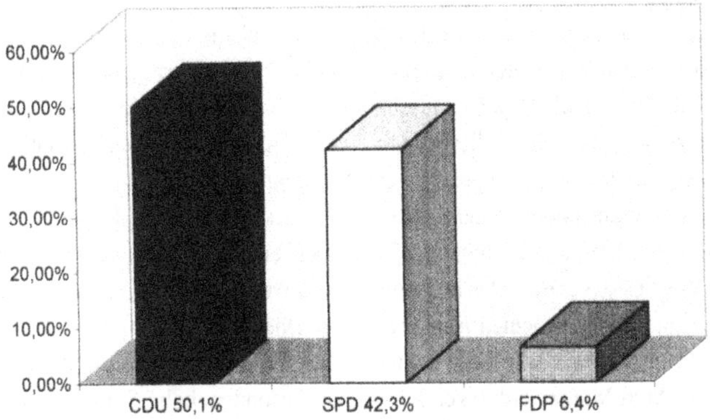

Grafik 18.2.: Mandatsverteilung bei der rheinland-pfälzischen Landtagswahl am 18.3.1979

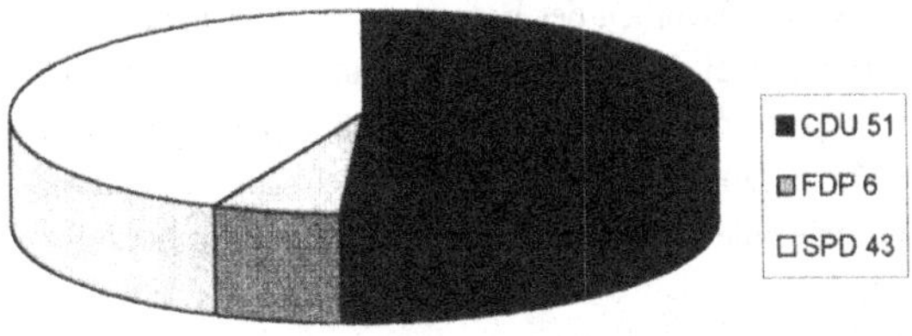

Die in Umfragen vor der Wahl hauptsächlich wegen der Auseinandersetzungen in Bonn belastete CDU konnte sich am 18. März schließlich nur knapp die Alleinregierung in Rheinland-Pfalz sichern: Sie erhielt bei einer Wahlbeteiligung von 81,4% mit 50,1% der Stimmen die absolute Mehrheit, mußte aber damit Verluste von 3,8 Prozentpunkten hinnehmen. Die SPD erreichte damit ihr bestes Ergebnis bei Landtagswahlen, die FDP verbesserte sich erstmals seit 1963 wieder gering-

[137] FAZ vom 9.3.1979, Karl Feldmayer:"Es geht nicht um die Union, sondern um unser Land"; SZ vom 24.3.1979, Hans Reiser: "Opposition im Dilemma" und Klaus Dreher:"Die CDU diskutiert über ein Angebot an Strauß"

fügig. Grüne Parteien waren nicht zur Landtagswahl in Rheinland-Pfalz angetreten.[138]

Die Verluste der Union wurden unisono von verschiedenen Kommentatoren der Bonn "Großwetterlage" zugeschrieben, die zur Verunsicherung und Verärgerung vieler Unionswähler von 1975 beigetragen und diese zur Stimmenthaltung bewogen hatten.[139]

Bei der gleichzeitig stattfindenden Abgeordnetenhauswahl in West-Berlin konnten sich Sozialdemokraten und Freie Demokraten, die dort gemeinsam die Regierung stellten, ebenfalls behaupten bzw. leicht verbessern, hier gelang jedoch der erstmals angetretenen "Alternativen Liste" (AL) mit 3,7% ein weiterer Achtungserfolg für eine Partei aus dem grün-alternativen Lager.[140]

Nach der Wahl bildete BERNHARD VOGEL erneut ein reines CDU-Kabinett, die knappe Ein-Stimmen-Mehrheit engte jedoch einerseits die Durchsetzungsfähigkeit VOGELS gegenüber der Fraktion ein und wirkte andererseits als anregend für Überlegungen zur erneuten Annäherung zwischen CDU und FDP.

Die rheinland-pfälzische SPD konnte, obwohl sie wiederum nicht die Union von der Macht in Mainz verdrängen konnte, auf besonders hohe Stimmenzuwächse in den ländlichen Gebieten im Nordwesten des Landes - also in den besonders ausgeprägten CDU-Hochburgen - sowie bei den Jungwählern und insbesondere bei den jungen Wählerinnen verweisen.[141] Interessanterweise wurde in einer INFAS-Umfrage zur Landtagswahl ermittelt, daß die rheinland-pfälzische FDP im Vergleich zu 1975 von einer Mehrheit der Befragten (55%) deutlich in der Nähe der SPD gerückt wurde, nur 21 Prozent sahen die Landes-Liberalen politisch näher bei der Regierungspartei.[142] Dieses Umfrageergebnis kann, da eindeutige Bekenntnisse der FDP zu DOHNANYI oder der SPD nicht angeführt werden können, vor allem auf die fehlende Koalitionsaussage der FDP gegenüber der CDU zurückgeführt werden.

In den Jahren 1979/80 war bundesweit eine weitere Stabilisierung auf seiten der sozial-liberalen Koalition feststellbar, die sich nach einem nur knappen Scheitern gegenüber der CDU bei der schleswig-holsteinischen Landtagswahl Ende April

---

[138] Peckhaus 1987, S.71-76; Statistisches Landesamt RLP (Hrsg.) 1994; FAZ vom 20.3.1979, Kurt Reumann: "Die Furcht der Spitzenkandidaten vor dem Umziehen"

[139] FAZ vom 19.3.1979; FAZ vom 20.3.1979, Kurt Reumann:"Die Furcht der Spitzenkandidaten vor dem Umziehen"; SZ vom 20.3.1979:"Großwetterlage unterstützte SPD und FDP"

[140] FAZ vom 20.3.1979, Peter Jochen Winters:"Die beiden großen Parteien haben in Berlin ihre Ziele nicht erreicht - Gutes Abschneiden einer bürgerfreundlichen FDP"

[141] Haungs, Peter/Eckhard Jesse:"Die rheinland-pfälzische Landtagswahl vom 18. März 1979. Anfang vom Ende der CDU-Mehrheit?", in: ZParl 2/1980, S.158/159; vergl. INFAS-Politogramm:"Rheinland-Pfalz 1979", Bonn 1979; SZ vom 20.3.1979:"Großwetterlage unterstützte SPD und FDP"

[142] INFAS-Politogramm 1979, S.43

1979 und bei der Bürgerschaftswahl in Bremen im Oktober 1979 zugunsten der SPD ausdrückte. Die Landtagswahl in Nordrhein-Westfalen im Mai 1980, bei der die SPD die absolute Mehrheit der Mandate erringen konnte, die FDP allerdings aus dem Parlament ausscheiden mußte,[143] alarmierte die Bonner Parteileitung der Liberalen, die daraufhin ihre Rolle als Korrektiv gegenüber einer Bundes-SPD betonte, mit der Bundeskanzler SCHMIDT in zunehmende politische Differenzen geriet. Gerade Fragen der Außen- und Verteidigungspolitik (NATO-Nachrüstung) wie der Energiepolitik (Kernkraft) wurden in den Reihen der SPD kontroverser diskutiert, wobei lauter werdende Kritik vom linken SPD-Flügel am Bundeskanzler von der FDP dahingehend aufgegriffen wurde, daß nur ein starkes Ergebnis der FDP bei der Bundestagswahl außenpolitische Stabilität und einen Kurs der Mitte garantiere.

Da die Unionsparteien SPD und FDP durch die Kanzlerkandidatur von FRANZ-JOSEF STRAUß Gelegenheit zur Abgrenzung und zur Profilierung gegeben hatten, brachte der Wahltag des 5. Oktober 1980 die Bestätigung der SPD/FDP-Mehrheit durch einen hohen Sieg der Liberalen. Die FDP erreichte mit 10,6% und einem Zuwachs von 2,7 Prozentpunkten ihr drittbestes Bundestagswahlergebnis, die SPD stagnierte nahezu bei 42,9% (+0,3), die CDU/CSU fiel auf 44,5% (-4,1) zurück, die erstmals bundesweit kandidierenden GRÜNEN scheiterten mit nur 1,5% der Stimmen deutlich an der Sperrklausel. Während in Hessen Gewinne und Verluste für die Bundestagsparteien vergleichbar mit dem bundesweiten Trend waren - SPD 46,4% (+0,7), CDU 40,6% (-4,2), FDP 10,6% (+2,1) - erreichte in Rheinland-Pfalz die SPD mit 42,8% (+1,1) höhere, die FDP mit 9,8% (+2,2) etwas schwächere Zuwächse, die CDU kam hier auf 45,6% (-4,3).[144]

Die Bundestagswahl brachte den Bonner Koalitionsparteien trotz ihrer ausgebauten Mehrheit nur eine vorübergehende Stabilisierung; bedingt durch Ereignisse in mehreren Bundesländern schwand die sicher geglaubte Position der sozialliberalen Koalition in den Jahren 1981 bis 1983 beträchtlich. Durch Verluste nach rechts (zur Union) wie nach links (zu den GRÜNEN) wurde das Lager von SPD und FDP mit politischer Konkurrenz in zwei Richtungen konfrontiert, die ein geschlossenes Agieren der Koalition zunehmend erschwerten. Der Erosionsprozeß in der sozial-liberalen Koalition wurde dabei durch Wechselbeziehungen zwi-

---

[143] Feist, Ursula/Klaus Liepelt:"Die nordrhein-westfälische Landtagswahl vom 11. Mai 1980", in: ZParl 1980, S.237ff; FAZ vom 13.5.1980:"Der Sieger Rau kann jetzt allein regieren" und "Erst das Debakel der FDP macht den Erdrutsch-Charakter der Wahl von Düsseldorf aus"; ZEIT vom 16.5.1980, Gunter Hofmann:"Zu brav, zu bieder"

[144] Behr/Breit/Lilge/Schissler 1989, S.120/121; Ritter/Niehuss 1987, S.95/96; Statistisches Landesamt RLP (Hrsg.) 1994; SZ vom 7.10.1980:"Bereits heute erstes Koalitionsgespräch - Kohl kündigt konstruktive Opposition an" und Martin E. Süskind:"Parolen, Gerüchte und ein Vorausbeben"

schen Bundes- und Länderebene wie durch Interdependenzen zwischen den Ländern und ihren Parteiensystemen beeinflußt.

7.9. Erosionsprozesse in sozial-liberalen Bündnissen (1981/82)

Zum Zeitpunkt der Bundestagswahl vom Oktober 1980 wurde die Bundesregierung SCHMIDT/GENSCHER von lediglich zwei ebenfalls von SPD und FDP regierten Ländern im Bundesrat begleitet, zu denen sich allerdings mit Nordrhein-Westfalen, Hamburg und Bremen drei allein von den Sozialdemokraten geführte Länder gesellten. Die gleiche Bündniskoalition wie in Bonn war jedoch nur noch in West-Berlin und in Hessen zu finden, Bayern, Baden-Württemberg, Rheinland-Pfalz, Niedersachsen und Schleswig-Holstein verfügten über unionsgeführte Landesregierungen, das Saarland stellte mit einer CDU/FDP-Koalition den einzigen Fall einer andersfarbigen Koalition unter Beteiligung einer Bonner Regierungspartei dar.

Diese Lage änderte sich schon Anfang 1981, als nach dem Scheitern einer Kabinettsumbildung im Berliner Senat am 15. Januar[145] und nach Bildung einer Übergangsregierung unter HANS-JOCHEN VOGEL schließlich Neuwahlen für das Abgeordnetenhaus zum 10. Mai 1981 einberufen wurden.[146] Im Wahlkampf hatten sich SPD und FDP für eine Fortsetzung ihres Bündnisses ausgesprochen, die CDU strebte unter ihrem Spitzenkandidaten RICHARD VON WEIZSÄCKER die absolute Mehrheit an, Ungewißheit herrschte über das Abschneiden der AL.[147]

Im Februar 1981 verhärteten sich Gerüchte um eine mögliche Koalition aus FDP und CDU in Mainz. Der rheinland-pfälzische FDP-Vorsitzende SCHOLL, der noch Mitte Mai 1980 erklärt hatte, daß "das Thema Koalition zwischen CDU und F.D.P. in Rheinland-Pfalz (...) weder aktuell noch relevant (sei)"[148] schien Signale von seiten der mit einer Ein-Stimmen-Mehrheit regierenden CDU bereitwillig aufzunehmen. SCHOLL, dem ein Verfahren wegen Veruntreuung von Geldern aus seiner früheren Tätigkeit als Hauptgeschäftsführer der pharmazeutischen Industrie vorgeworfen wurde und der auch wegen dieser persönlichen Belastung in der Ko-

[145] FAZ vom 16.1.1981:"Die Berliner Regierung zurückgetreten - Stobbe mit der Senatsumbildung gescheitert". Verschiedene vom Regierenden Bürgermeister Stobbe (SPD) dem Parlament vorgeschlagene Senatorenanwärter scheiterten trotz vorhandener Stimmenmehrheit von SPD und FDP in geheimer Abstimmung.

[146] ZEIT vom 23.1.1981, Gunter Hofmann:"Auf der Suche nach sich selbst"; Schmollinger, Horst W.:"Die Wahl zum Berliner Abgeordnetenhaus vom 10. Mai 1981: Einbruch der Sozialliberalen", in: ZParl 1/1983, S.38ff

[147] FAZ vom 19.3.1981:"Vogel schließt eine Große Koalition aus"; FAZ vom 20.3.1981:"Berliner FDP-Landesparteitag für Fortsetzung der Koalition"

[148] Lerch/Lerch 1989, S.117

alitionsfrage zunächst vorsichtig agierte, deutete an, daß ein FDP-Sonderparteitag die vor der Landtagswahl 1979 getroffene Aussage, die FDP wolle nicht mit einer Partei zusammenarbeiten, die über die absolute Mehrheit verfügt, durchaus revidieren könne.[149]
Diese Überlegungen wurden auf seiten der CDU vor allem von Ministerpräsident VOGEL vorangetrieben, der sich im Falle einer Koalition eine größere Bewegungsfreiheit gegenüber seiner eigenen Fraktion erhofft hätte.[150] Vor der Umsetzung dieser Planspiele stand aber eine Intervention der Bonner FDP-Führung, die die rheinland-pfälzischen Parteifreunde zu einem Abwarten des Berliner Wahlausgangs bewog, wobei drei mögliche CDU/FDP-Bündnisse (neben dem Saarland eventuell Berlin und Rheinland-Pfalz) den Bonnern als untragbare Belastung für das dortige Bündnis erschienen.[151]
Vor dem Berliner Wahlgang erlitten SPD und FDP am 22. März 1981 zunächst bei der hessischen Kommunalwahl eine weitere Schlappe, denn erneut konnte sich die CDU in vielen Kreisen und kreisfreien Städten gut behaupten oder gegenüber 1977 sogar leicht verbessern, während hauptsächlich die Sozialdemokraten erneute Einbußen hinnehmen mußten. Die noch nicht in allen hessischen Regionen antretenden GRÜNEN verzeichneten deutliche Gewinne und gelangten in mehrere Parlamente. Besonders wurde wiederum das Ergebnis in Frankfurt beachtet, wo die CDU mit ihrem populären Oberbürgermeister WALLMANN die 1977 errungene absolute Mehrheit entgegen den Erwartungen noch ausbauen konnte, die GRÜNEN lösten hier die FDP als drittstärkste Partei im Römer ab.[152]
Besonders drastisch fielen die Verschiebungen zuungunsten der SPD in denjenigen Gebieten aus, wo die Umwelt belastende Großtechnologien geplant waren, hier lagen zugleich die Hochburgen der GRÜNEN, die mit ihrem Erfolg die Wichtigkeit ökologischer Themen offenbarten.[153] Für die hessischen Sozialdemokraten stellte sich der neu auftretende Konflikt zwischen früherer Fortschritts- und Technologiegläubigkeit und der Betonung des Erhalts der Umwelt im Sinne einer ökologischen Politik als interner Streitfall dar, da die traditionell ausgerichtete Mehrheit der Partei mit Ministerpräsident BÖRNER für die Verankerung von Kerntechnologie wie in Biblis oder für Großprojekte wie den Ausbau des Frankfurter Flughafens eintrat. Beide Projekte, aber insbesondere die Kernenergie

[149] StZ vom 10.2.1981, Heidi Parade:"Die rheinland-pfälzische Union wirbt um die Liberalen"; FAZ vom 21.3.1981, Eckart Kauntz:"In Mainz ist das Koalitionsbett bereitet"
[150] FAZ vom 21.4.1981, Eckart Kauntz:"Mainz im Sog Berlins"
[151] Lerch/Lerch 1989, S.120; FAZ vom 13.5.1981, Eckart Kauntz:"Was Berlin mit Mainz zu tun hat"
[152] Behr/Breit/Lilge/Schissler 1989, S.40ff; FAZ vom 23.3.1981:"Die CDU baut ihre Mehrheit in Frankfurt aus - Erfolge der Grünen bei den Kommunalwahlen"
[153] FR vom 24.3.1981, Bernd Jasper:"Die Schwäche der SPD"

sollten durch ihre Umsetzung in Hessen der sozialdemokratisch geführten Bundesregierung und Bundeskanzler SCHMIDT als Unterstützung dienen, da man durch sie als fortschrittlich erachtete und gleichzeitig Arbeitsplätze sichernde Technologien in einem SPD-regierten Land ansiedeln wollte. Verschiedene Gruppierungen außerhalb wie innerhalb der Partei bekämpften die Positionen BÖRNERS und der SPD-Mehrheit: Neben den neu entstandenen Bürgerinitiativen und Umweltschutzgruppen standen in der SPD die Jusos und die südhessischen Genossen mit ihrem starken linken Flügel in zunehmendem Maße gegen den eigenen Regierungschef.[154]

Für das Parteiensystem in Hessen - wie für das bundesdeutsche Parteiensystem insgesamt - deutete sich mit den zunächst punktuellen Erfolgen der GRÜNEN eine umfassende Umstrukturierung an, die vor allem für die SPD wegen ihrer Unentschiedenheit zwischen zwei Ausrichtungen prekär wurde. Sie befand sich zwischen den Optionen, entweder ökologische Themen stärker aufzunehmen und damit traditionelle Wähler der Mitte an die Union zu verlieren, oder andererseits mehrheitlich beim industrie- und atomkraftfreundlichen Kurs zu bleiben, und dadurch Wähler an die GRÜNEN abzugeben und in eine Minderheitenposition gegenüber der CDU zu geraten.[155]

Nach der sechs Wochen nach der hessischen Kommunalwahl stattfindenden Abgeordnetenhauswahl in West-Berlin fand sich die frühere SPD/FDP-Mehrheit als Minderheiten gegenüber CDU und AL wieder. Die CDU verfehlte allerdings die absolute Mehrheit mit 48,0% knapp,[156] es gelang ihr aber durch die Unterstützung von vier FDP-Abgeordneten, ihren Kandidaten VON WEIZSÄCKER Anfang Juni zum neuen Regierenden Bürgermeister von Berlin zu wählen.[157] Die Berliner Liberalen tolerierten daraufhin zunächst die CDU; sie gingen schließlich, nachdem die Partei durch zahlreiche konservativ-liberal eingestellte neue Mitglieder einen internen Wandlungsprozeß vollzogen hatte, ab 1983 eine Koalition mit den Christdemokraten ein.[158]

Noch vor der Wahl VON WEIZSÄCKERS am 11. Juni 1981 sprach sich der hessische FDP-Vorsitzende GRIES für den Fortbestand der nunmehr letzten sozialliberalen Länderkoalition in Hessen aus. Er stellte jedoch auf dem Landesparteitag in Gießen Ende Mai die Frage, "wie lange es der Landesvorsitzende (gemeint

[154] Kropat 1995, S.77; SPIEGEL vom 4.2.1980:"Immer Pioniertaten"; FAZ vom 13.5.1981, Bernd Erich Heptner:"Risse im hessischen Regierungsgebäude"
[155] SZ vom 24.3.1981, Robert Leicht:"Die SPD zerreibt sich zwischen CDU und Grünen"
[156] Schmollinger 1983, S.44/45
[157] FAZ vom 12.6.1981:"In Berlin regiert die CDU - Weizsäcker zum Regierenden Bürgermeister gewählt"
[158] Dittberner, Jürgen:"FDP - Partei der zweiten Wahl - Ein Beitrag zur Geschichte der liberalen Partei und ihrer Funktionen im Parteiensystem der Bundesrepublik", Opladen 1987, S.78ff

ist HOLGER BÖRNER, AG) mit seiner Partei noch erträgt und wie lange die Partei ihren Ministerpräsidenten noch erträgt".[159]
Der auch von den eigenen Genossen immer stärker bedrängte BÖRNER - die südhessische SPD widersetzte sich ihm in der Frage des Flughafenausbaus, die Offenbacher SPD forderte ihn bei weiterer Mißachtung der internen Willensbildung sogar zum Rücktritt als Ministerpräsident auf - berief daraufhin einen Sonderparteitag für den 21. Juni ein, auf dem zentrale landespolitische wie personelle Fragen zur Disposition gestellt werden sollten.[160] Der Sonderparteitag führte zu einer überraschend deutlichen Bestätigung BÖRNERS und zur Unterstreichung der Koalitionsvereinbarungen mit der FDP; die Bestätigung des energiepolitischen Kurses des Ministerpräsidenten wurde als "Triumph und Erlösung" BÖRNERS bezeichnet.[161] In Rheinland-Pfalz waren zuvor unter dem Eindruck der Annäherung von Teilen der FDP mit der CDU in Berlin und wegen des Einflusses aus Bonn alle Koalitionspläne für die bis 1983 laufende Legislaturperiode aufgegeben worden.[162]
Anhand dieser Entwicklungen können die Einflüsse von seiten anderer Länder und durch die Bundesebene als Faktoren, die sich auf parteipolitische Entscheidungen in einem Land auswirken, verdeutlicht werden: Die bei den rheinland-pfälzischen Liberalen bestehende Tendenz zugunsten eines Bündnisses mit der Landes-Union ist nach der schrittweisen Annäherung einer innerparteilich gewandelten Landes-FDP in Berlin und der sich damit ergebenden zweiten Zusammenarbeit zwischen CDU und FDP neben dem Saarland mit Rücksicht auf die Bundesparteiführung und auf die Verhältnisse im Bundesrat zurückgenommen worden. Hatte die Bonner FDP 1976/77 noch die Tolerierung und die sich daraus entwicklenden Koalitionen zwischen FDP und CDU im Saarland und in Niedersachsen mit der Strategie der Auflockerung der Mehrheit der CDU-Länder begründet, so schien ein Bündnis mit einer über eine (wenn auch knappe) absolute Mehrheit verfügende Landes-CDU 1981 nicht akzeptabel.
Mit diesen vorläufigen Klarstellungen auf Landesebene war der Bonner Koalition allerdings keine Erholung vergönnt, da HANS-DIETRICH GENSCHER selbst im August 1981 mit seinem "Wende-Brief", in dem große sozialpolitische Einsparungen gefordert wurden, zu weiteren Spekulationen über das Ende der SPD/FDP-Regierung führte.[163] Weitere Streitpunkte wie die auseinanderdriftenden Positionen von Bundeskanzler SCHMIDT und großen Teilen der SPD um den NATO-

---

[159] SZ vom 25.5.1981, Alexander Hoffmann:"Hessens FDP bekennt sich zur Koalition"
[160] SZ vom 29.5.1981, Alexander Hoffmann:"Dem Prisenkommandanten entgleitet das Ruder"
[161] Beier 1989, S.406-409
[162] SZ vom 11.6.1981:"FDP in Rheinland-Pfalz gibt Koalitionspläne auf"
[163] Bohnsack, Klaus:"Die Koalitionskrise 1981/82 und der Regierungswechsel 1982", in: ZParl 1/1983, S.7ff

Doppelbeschluß oder Differenzen zwischen SPD- und FDP-Ministern um die Beschäftigungspolitik wurden im Juni 1982 von Diskussionen in der hessischen FDP über eine Koalitionsaussage zur Landtagswahl im September und vom Ausgang der Hamburger Bürgerschaftswahl am 6. Juni begleitet. Die Mehrheitsverhältnisse in der FDP Hessens stellten sich dabei bezüglich der Bündnisfrage als völlig unklar dar, der Landesvorsitzende GRIES betonte, daß die Zusammenarbeit vor allem mit BÖRNER auf große Zustimmung in den eigenen Reihen traf, daß man aber das eigene parlamentarische Scheitern bei einer zu eng gefaßten Aussage zugunsten der SPD befürchtete.[164] Andererseits bestanden gegenüber DREGGER als CDU-Spitzenkandidaten weiterhin Aversionen, die eine vorzeitige Koalitionsaussage zugunsten der Union ebenso erschwerten.[165]
Das Resultat der Bürgerschaftswahl in der Hansestadt beschleunigte die Annäherung der FDP an die CDU in Hessen: In Hamburg verfehlte eine sozial-liberal ausgerichtete FDP die Rückkehr ins Parlament, die SPD mußte hohe Verluste verkraften und wurde von der CDU überrundet. Als Zünglein an der Waage fungierte die erstmals ins Stadtparlament gelangte Grün-Alternative Liste.[166]
Nach dieser von SCHMIDT und GENSCHER als "Schicksalswahl" für Bonn apostrophierten Wahl im Stadtstaat verstärkten sich in Wiesbaden die Stimmen zugunsten einer Koalitionsaussage für die CDU bzw. zugunsten eines "Offenhaltungsbeschlusses" für die Landtagswahl am 26. September 1982.[167]
Der Parteitag der hessischen FDP am 17. Juni entschied nach kontroverser Diskussion mit 169 zu 129 Stimmen für eine Koalitionsaussage zugunsten der CDU.[168] Mitentscheidend mag dabei für viele Unentschlossene eine Äußerung MISCHNICKS gewesen sein, der gerade durch eine CDU/FDP-Regierung in Hessen die Absicherung des Bonner Bündnisses für gegeben ansah, da die Liberalen von DREGGER die Stimmführerschaft im Bundesrat verlangen und eine Zwei-Drittel-Mehrheit für die Union damit verhindern würden.[169]
Mit dem Beschluß, die letzte SPD/FDP-Länderkoalition zu beenden, verschärfte sich erneut das Klima zwischen den Bonner Koalitionären.[170] Die Sozialdemokraten konzentrierten sich im beginnenden hessischen Wahlkampf trotz der deutlichen Absage ihres Koalitionspartners auf die CDU als wichtigstem Kontrahen-

[164] FAZ vom 2.6.1982, Bernd Erich Heptner:"Die Koalitionsfrage ist bei der FDP Hessen offener denn je"
[165] Staudt 1996, S.118
[166] Walter, Thomas:"Die Wahl zur Hamburger Bürgerschaft vom 6. Juni 1982. Übergangsergebnis mit weitreichenden Folgen", in: ZParl 4/1982, S.482ff
[167] FAZ vom 7.6.1982:"Rückschlag macht FDP nachdenklich - Koalition mit der CDU in Wiesbaden?"
[168] FAZ vom 18.6.1982:"Die FDP in Hessen mit der CDU - Der Parteitag entscheidet mit schmaler Mehrheit"
[169] Staudt 1996, S.118/119
[170] Staudt 1996, S.119

ten.[171] Nach der Klärung der Bündnisfrage in Hessen meldeten sich auch die rheinland-pfälzischen Liberalen mit ihrer nur unter der vermuteten Belastung Bonns zurückgehaltenen Koalitionsabsicht erneut zu Wort, der Schritt in Richtung CDU solle nach der hessischen Landtagswahl angegangen werden.[172]
Schon vor der Wahl schien ALFRED DREGGER als Nachfolger BÖRNERS so gut wie festzustehen, da verschiedene Umfragen von einem eindeutigen Sieg der Union in Hessen ausgingen. In einer vom SPIEGEL veröffentlichten Emnid-Befragung lauteten die Werte im August 1982: CDU 50%, SPD 34%, FDP 4% und GRÜNE 11%. Bei landespolitischen Themen hatte sich nach der Koalitionsaussage der FDP eine Annäherung zwischen CDU- und FDP-Anhängern bei verschiedenen Fragen ergeben: So befürworteten Mehrheiten von CDU- und FDP-Wählern den Bau des Kernkraftwerks Biblis C und eine Wiederaufbereitungsanlage Frankenberg; bezüglich des Ausbaus des Frankfurter Flughafens zeigten sich die FDP-Anhänger jedoch gespalten. Während alle drei umstrittenen Projekte nahezu geschlossen von den Grün-Wählern abgelehnt wurden, führt die Spaltung der sozialdemokratischen Wählerschaft in allen wichtigen Fragen erneut das Dilemma der langjährigen Regierungspartei vor Augen.[173] Die befragten hessischen FDP-Anhänger hofften in der gleichen Umfrage mehrheitlich auf den Fortbestand der SPD/FDP-Koalition in Bonn bis 1984.[174]
Alle demoskopischen Werte wurden jedoch durch die Veröffentlichung des "LAMBSDORFF-Papiers" durch Bundeswirtschaftsminister GRAF LAMBSDORFF am 9. September und den Rücktritt der vier FDP-Minister aus dem Kabinett SCHMIDT am 17. September 1982 überholt, nachdem SCHMIDT kurz zuvor erklärt hatte, die Minister des Koalitionspartners entlassen zu wollen.[175] Das Ende der Bonner Koalition brachte nicht nur Erleichterungen für BÖRNER und die hessische SPD wegen der Klärung der Bündnisfrage im Bund mit sich, es wurde von den Sozialdemokraten zu einem Wahlkampf unter dem Motto "Verrat in Bonn" benutzt.[176] Die FDP präsentierte sich hauptsächlich mit rein wahltaktischen Motiven im Landtagswahlkampf, ihr Slogan "Wir schaffen den Wechsel" verfing aber offensichtlich bei vielen früheren FDP-Wählern nicht.[177]

[171] FAZ vom 11.8.1982:"Die SPD warnt vor Dregger und einem 'Rechtsruck' im Bund"
[172] FAZ vom 26.7.1982, Eckart Kauntz:"Opposition ist dumm"
[173] SPIEGEL vom 23.8.1982:"Sieg der CDU, Tod der FDP?"; vergl. Behr/Breit/Lilge/Schissler 1989, S.92-95
[174] SPIEGEL vom 30.8.1982:"FDP: Zwei Parteien in einer Partei"
[175] Behr/Breit/Lilge/Schissler 1989, S.91/92; Bohnsack 1983, S.24/25; Steinseifer 1996, S.268; Wolf 1995, S.91
[176] FAZ vom 20.9.1982, Bernd Erich Heptner:"Erleichterter Börner - beschwerter Dregger"
[177] Franz, Gerhard/Robert Danziger/Jürgen Wiegand:"Die hessische Landtagswahl vom 26. September 1982: Unberechenbarkeit der Wählerpsyche oder neue Mehrheiten?", in: ZParl 1/1983, S.70; Steinseifer 1996, S.269

Obwohl der CDU-Spitzenkandidat DREGGER durch eine gemäßigteres Auftreten im Wahlkampf frühere sozial-liberale Wähler für sich zu gewinnen schien - für DREGGER wurde in Umfragen eine höhere Beliebtheitsrate als für BÖRNER ermittelt - sollte auch der vierte Anlauf auf das Ministerpräsidentenamt in Hessen fehlschlagen.[178] Die hessische SPD erreichte unter den Vorzeichen der Bonner "Wende" in Hessen einen last-minute-Swing zu ihren Gunsten, was bei einer separaten Betrachtung des Briefwahlergebnisses im Vergleich zum Resultat der Urnenwahl am 26. September 1982 besonders deutlich hervortritt.

Tabelle 2: Ergebnisse von Brief- und Urnenwahl bei der Landtagswahl 1982[179]

	CDU	SPD	FDP	GRÜNE	andere
Briefwahl	50,4%	34,0%	4,1%	11,0%	0,5%
Urnenwahl	45,0%	44,0%	2,9%	7,6%	0,5%
insgesamt	45,6%	42,8%	3,1%	8,0%	0,5%

Grafik 19.1.: Stimmenverteilung bei der Hessischen Landtagswahl am 26.9.1982

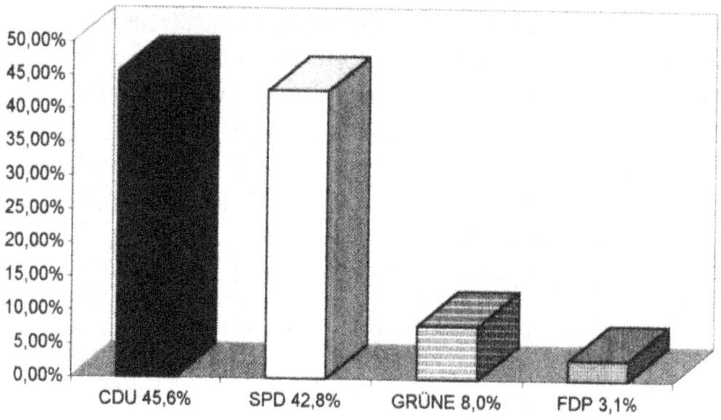

[178] SPIEGEL vom 23.8.1982:"Sieg der CDU, Tod der FDP?", Franz/Danziger/Wiegand 1983, S.67
[179] Behr/Breit/Lilge/Schissler 1989, S.91/95

Grafik 19.2.: Mandatsverteilung bei der Hessischen Landtagswahl am 26.9.1982

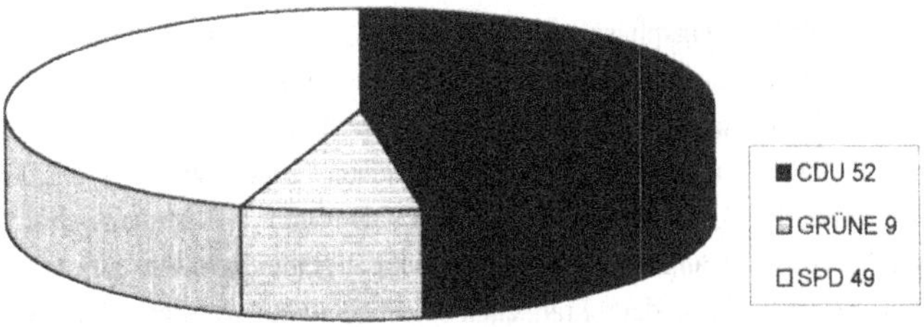

Die Sozialdemokraten konnten sich nach diesem Ergebnis als Wahlsieger fühlen, da die CDU wegen des schwächeren Wählerzustroms am Wahltag die absolute Mehrheit verfehlte und da sie wegen des erstmaligen Scheiterns der Freien Demokraten an der Fünf-Prozent-Hürde keinen Bündnispartner zur Seite hatte. Die hessische FDP war der eindeutige Wahlverlierer, die nun erstmals bei Landtagswahlen in einer Partei antretenden GRÜNEN der klare Gewinner des 26. Septembers. Das für CDU und besonders für die FDP enttäuschende Ergebnis führte zum Rücktritt der Minister GRIES und HOFFIE aus BÖRNERS Kabinett[180] und zum Rücktritt ALFRED DREGGERS vom Landesvorsitz der Union, zu dessen Nachfolger WALTER WALLMANN gewählt wurde.[181]

Die GRÜNEN konnten nach der hessischen Wahl das bis dahin beste Ergebnis bei einer Landtagswahl überhaupt für sich verbuchen,[182] zuvor waren grüne Parteien in Bremen, Baden-Württemberg, Berlin, Niedersachsen und Hamburg in die Landtage gelangt. In Hamburg und in Hessen hätten sie wegen fehlender Mehrheiten für eine der großen Parteien außerdem die Funktion der FDP als Mehrheitsbeschafferin übernehmen können, was jedoch im September 1982 wegen großer innerparteilicher Differenzen zwischen fundamentaloppositioneller Mehrheit und realpolitischer Minderheit, die für eine vorsichtige Annäherung zu den Sozialdemokraten plädierte, noch nicht vorstellbar erschien. Mit dem Einzug der GRÜNEN in die Landesparlamente deutete sich eine grundlegende neue Verwerfung in den Parteiensystemen der Länder und in deren Folge auch des Bundes an, auf die im nächsten Kapitel eingegangen werden soll.

[180] FAZ vom 29.9.1982:"Gries und Hoffie aus dem Kabinett Börner zurückgetreten"
[181] Wolf 1995, S.92/93
[182] Kleinert 1994, S.141

7.10. Fazit zur Entwicklung der Landesparteiensysteme (1969-1982/83)

Für die als Polarisierungsphase bezeichnete Entwicklungsstufe der Landesparteiensysteme von Hessen und Rheinland-Pfalz kann als Fazit festgehalten werden, daß sich für das hessische Parteiensystem über die Jahre 1969-1982 eine tatsächliche Frontstellung analog zur bundespolitischen Lage zwischen SPD/FDP-Regierungsmehrheit und der oppositionellen CDU ergab. In Rheinland-Pfalz muß eine solche zunächst angenommene klare Polarisierung zwischen einem sozialliberalen und einem christdemokratischen Lager relativiert werden, da die dortige FDP sich zwar gemeinsam mit den Sozialdemokraten in der Opposition befand, aber andererseits zwischen der Unterstützung des Bonner Bündnisses und der landespolitischen Präferierung der Union als Koalitionspartnerin schwankte bzw. beide Optionen miteinander zu verbinden suchte.

Als bedeutsamer Faktoren für die weitere Entwicklung der Parteiensysteme muß zunächst die Auflösung traditioneller Parteibindungen durch gesellschaftspolitische Wandlungsprozesse genannt werden. Dienstleistungsberufe ersetzen in ihrer Bedeutung die klassische Arbeiterschaft, die neue Mittelschicht verhält sich zunehmend flexibler bezüglich ihrer Wahlentscheidungen, die traditionellen Hochburgen vor allem der SPD in den Ballungszentren schmelzen dadurch ab. Der CDU gelingt es, von diesem sozialstrukturellen Trend zu profitieren und sich in den Ländern in einer modernisierten Organisation zu präsentieren, was auch durch die drastischen Mitgliederzuwächse verdeutlicht wird, die die Wandlung von einer oftmals durch Honoratioren bestimmten zu einer Mitgliederpartei unterstreichen.

Hinsichtlich der Mitgliederentwicklung sind jedoch bei den Landesorganisationen von Union und Sozialdemokraten unterschiedliche Entwicklungen in Hessen und in Rheinland-Pfalz festzustellen. Analog zur Bundesebene war in Hessen die SPD in der Zeit von 1969 bis 1983 eindeutig die an Mitgliedern stärkste Partei; sie konnte sich zudem von 108.800 Mitgliedern (1969) bis auf 142.850 (1978) verbessern, danach verlor sie stetig an Parteimitgliedern und kam 1983 nur noch auf 126.455. Der hessischen CDU gelang in dieser Phase hingegen die Verdreifachung ihrer Mitgliederzahl: von 23.452 (1969) über knapp 50.000 (1974) bis auf 71.200 (1983).[183]

Noch günstiger verlief die Mitgliederentwicklung auf seiten der rheinland-pfälzischen Christdemokraten, die 1969 mit rund 38.860 hinter der SPD lag, die 55.044 Mitglieder (1970) aufzuweisen hatte. Bis 1976 hatten die beiden großen

[183] Beier 1989, S.472; Angaben des Landesgeschäftsführers der CDU Hessen

Parteien weitere Mitglieder gewinnen können, wobei die CDU aufgrund einer höheren Steigerungsrate nahezu zu den Sozialdemokraten aufgeschlossen hatten (CDU: 71.446, SPD: 74.357). 1980 konnte die CDU sogar mit 77.320 zur mitgliederstärksten Landespartei aufsteigen; die SPD stagnierte demgegenüber bei 74.559 Mitgliedern.[184]

Die Liberalen verfügten im Vergleich zu den beiden großen Parteien zwar über geringere Mitgliederzahlen, doch konnten auch sie sich während der 70er Jahre deutlich verbessern. Dabei erreichten die hessischen Freidemokraten, ausgehend von 5.202 Mitgliedern 1970, annähernd eine Verdoppelung auf 10.290 im Jahr 1981. Die rheinland-pfälzischen Liberalen stiegen von 3.582 (1971) bis auf 6.325 (1980) an. In beiden Landesverbänden setzte nach der koalitionspolitischen Wende der Bundespartei Anfang der 80er Jahre ein Mitgliederschwund ein. Dabei fiel die hessischen FDP auf 7.665, die rheinland-pfälzische Partei bis auf 4.908 Parteimitglieder (beide Werte für 1986) zurück; danach kam es zu einer Stabilisierung.[185]

Bemerkenswert ist hinsichtlich der Mitgliederzahlen vor allem das hohe Anwachsen der Werte für die Landesverbände der Union, das im Zusammenhang mit der bundesweiten Modernisierung der Partei zu sehen ist, die nach 1969 gezwungenermaßen Abschied von ihrer Rolle als "Kanzlerwahlverein" nehmen mußte. Insbesondere in Hessen gelang der CDU unter dem Vorsitz DREGGERS eine landesweite Verankerung durch vermehrte Basisarbeit, was sich im Verhältnis der Mitgliederzahl zum Wert für die Landes-SPD widerspiegelt. Die Größenordnung von 4,6 SPD-Mitglieder zu einem CDU-Mitglied (1969) verbesserte sich für die Christdemokraten auf das Verhältnis 1,8 sozialdemokratische Parteimitglieder zu einem CDU-Mitglied. Bei den rheinland-pfälzischen Sozialdemokraten konnte nach einem Absinken des Mitgliederstands in den 50er Jahren ein stetiges Anwachsen bis zur Mitte der 70er Jahre konstatiert werden, wobei die Landes-CDU allerdings noch stärkere Zuwachsraten verbuchen konnte. Bei beiden FDP-Landesverbänden standen die großen Zuwächse Anfang bis Mitte der 70er Jahre im Zusammenhang mit dem ansprechenden Erscheinungsbild der Liberalen im Bundestag und in der Bundesregierung.

Landespolitische Faktoren nehmen auch in der Polarisierungsphase einen hohen Stellenwert für die Entwicklung der Landesparteiensysteme ein: Landespolitische Fehlentwicklungen und die darauf folgenden Reaktionen durch die Wählerschaft in Hessen manifestierten den Protest gegen die Gebietsreform und erheblichen Unmut mit einzelnen Feldern der Landespolitik (Schulpolitik) gepaart mit Skan-

[184] Kaack/Sarcinelli 1986, S.142/148

[185] Lerch/Lerch 1989; Angaben des FDP-Landesverbands Hessen

dalen wie der HeLaBa-Affäre. In Rheinland-Pfalz schafft es die regierende Union hingegen, sich durch ein moderateres Auftreten in den Bereichen Schulpolitik und Gebietsreform, das gleichzeitig von einem verjüngten politischen Paersonal umgesetzt wurde, ihre führende Stellung im Parteiensystem weiter auszubauen und die absolute Mehrheit im Landtag zu erreichen.

Neben Faktoren, die auf soziokulturelle Umschichtungen verweisen sind in den 70er Jahren weiterhin politische Traditionen vor allem im ländlichen Raum als Faktoren für die nach wie vor hohe Unterstützung der SPD in Nordhessen oder der Union in Eifel und Hunsrück zu nennen.

Bundespolitische Einflüsse können in Verbindung mit den politischen Geschehnissen in anderen Ländern als entscheidend für die ausgebliebene Koalition zwischen FDP und CDU in Rheinland-Pfalz nach 1979 und für den Ausgang der hessischen Landtagswahl 1982 genannt werden, da durch Umfragen und das Briefwahlergebnis vor der Urnenwahl der Sieg der Union festzustehen schien, der erst nach der SPD-Kampagne zum "Verrat in Bonn" vereitelt wurde. Andererseits wurde die Bildung der SPD/FDP-Koalition in Hessen 1970 als Unterstützung der neuen Bonner Koalition gewertet, da vor allem die bei Landtagswahlen nach 1969 gefährdete FDP trotz eines erheblichen innerparteilichen Wandlungsprozesses mit einem beachtlichen Resultat in die Landesregierung einzusteigen vermochte. Auch das hervorragende Ergebnis der rheinland-pfälzischen CDU 1975 wurde wegen Helmut Kohls Involvierung in die Bundespolitik und seiner möglichen Kanzlerkandidatur für 1976 primär bundespolitisch ausgelegt. Die parteipolitischen Verknüpfungen zwischen den staatlichen Ebenen haben in der Polarisierungsphase auch hinsichtlich des Einflusses weiterer Länder auf Rheinland-Pfalz und Hessen zugenommen, da sich unterschiedlichen Koalitionsvarianten der FDP in den Ländern (z.B. dem Saarland und Niedersachsen) und die Kandidatur grüner Listen auswirkten. Den deutlichsten Fall der Einwirkung bundespolitischer Ereignisse auf das Parteiensystem eines Landes bildet - wie bereits kurz erwähnt - die hessische Landtagswahl vom September 1982, deren landespolitischer Rahmen durch den Zusammenbruch der Bundesregierung und durch die Instrumentarisierung der Ereignisse durch die Sozialdemokraten verändert wurde. Die innerhessische Lage des Parteiensystems hatte allerdings schon vorher wegen der Koalitionsentscheidung der Liberalen zugunsten der Union einen entscheidenden landesinternen Impuls erhalten, der zuvor durch Entwicklungen in einem anderen Bundesland (dem Scheitern der sozial-liberalen FDP in Hamburg) beeinflußt worden war.

Die Verflechtung der politischen Entwicklungen zwischen dem Bund, den beiden untersuchten Ländern und weiteren Bundesländern bei besonderer Bedeutung der

Mehrheitsverhältnisse im Bundesrat stellt ein Hauptcharakteristikum für die Entwicklung der Landesparteiensysteme in der Zeit von 1969-1982/83 dar.
Neben sozialstrukturellen sind auch personalpolitische Faktoren mitentscheidend für Ergebnisse bei Landtagswahlen in Hessen und Rheinland-Pfalz gewesen: Aufgrund der Tatsache, daß die hessische CDU und die rheinland-pfälzische SPD mit bekannten und populären Spitzenkandidaten als Alternative zu den amtieren-den Ministerpräsidenten antrat, führte ebenfalls zu Gewinnen der Oppositionsparteien. Spitzenkandidaten wie DRÖSCHER und VON DOHNANYI in Rheinland-Pfalz und DREGGER in Hessen personfizierten den Bedeutungsgewinn landespolitischer Oppositionspolitik auf seiten der langjährig von der Regierungsmacht ausgeschlossenen Parteien.
Im folgenden Kapitel sollen die durch den zunehmenden Wertewandel, und die aus den Bürgerinitiativen der Umweltschutz- und Friedensbewegung hervorgegangene neue Partei der GRÜNEN und ihr Einfluß auf die Landesparteiensysteme beider Länder untersucht werden.

8. ÖFFNUNGSPHASE (seit 1982/83)

8.1. "Hessische Verhältnisse" und letztmalige CDU-Alleinregierung: Die parteipolitischen Entwicklungen 1982/83

Mit der Entstehung der GRÜNEN als neuer politischer Kraft aus der Anti-Atomkraft- und Umweltschutzbewegung sowie aus Teilen der Friedens- und Frauenbewegung der 70er Jahre formierte sich zu Beginn der 80er Jahre nicht allein ein bedeutsames Protestwählerpotential; mit den GRÜNEN manifestierte sich ebenso ein neues Cleavage entlang der Grenze materialistischer versus post-materialistischer Werte. Hinsichtlich der Bewertung von Umweltschutz und Erhaltung der natürlichen Lebensgrundlagen und der stärkeren Betonung von Selbstverwirklichung und Freizeitgestaltung vor eher konsumorientierten Verhaltensweisen wurden Anfang der 80er Jahre andere Lebensvorstellungen und ein neuer Politikstil propagiert.[1]

Durch die zunächst in den meisten Bundesländern stark vertretenen Fundamentalisten ("Fundis"), die beispielsweise in Hessen nach der Septemberwahl die Landtagsfraktion dominierten, gerieten die GRÜNEN in ihren Anfangsjahren in die Rolle einer fundamentaloppositionellen Partei, die sich bewußt von der "Wachstumspolitik der etablierten Parteien" absetzen und "keine Kompromisse in Lebensfragen" akzeptieren wollte.[2] Ihnen stand nach der Hessenwahl ein "realpolitisch" orientierter Flügel um JOSCHKA FISCHER, DANIEL COHN-BENDIT, REINHOLD WEIST und HUBERT KLEINERT gegenüber, die sich für die Duldung einer SPD-Minderheitsregierung aussprachen.[3]

Als regionale Schwerpunkte der GRÜNEN hatten sich am 26. September 1982 neben Standorten geplanter Großprojekte, wie der Wiederaufbereitungsanlage in Frankenberg (21,8%) oder dem im direkten Einzugsgebiet des Rhein-Main-Flughafens liegenden Mörfelden-Walldorf (33,5%) erwiesen, weiterhin waren die südhessischen Wahlkreise Groß-Gerau und Darmstadt-Dieburg, sowie die Städte Frankfurt, Wiesbaden, Darmstadt, Gießen, Marburg und Kassel Hochburgen der GRÜNEN. Insbesondere in den Universitätsstädten stießen die GRÜNEN auf einen wegen der Kongruenz der politisch-kulturellen Werte zwischen akademischen und grünen Milieu sehr hohen Zuspruch, im gesamten Rhein-Main-Gebiet

---

[1] Zu diesbezüglichen Umfrageresultaten: Eck, Rainer:"Lebenssituation, Wertorientierung und politische Kultur. Ergebnisse der Grundauswertung einer Umfrage im Jahre 1979", Speyer 1981, in: Franz/Danziger/Wiegand 1983, S.78

[2] So die in Hessen von Jutta Ditfurth und Manfred Zieran vertretene Linie, vergl. Kleinert 1994, S.142

[3] Kleinert 1994, S.141/142

entstand der größte Wechsel früherer sozial-liberaler Wähler, die entweder von der mehrheitlich nach wie vor traditionalistischen SPD-Linie oder vom rigiden Kurswechsel der FDP enttäuscht waren und sich 1982 den GRÜNEN zuwandten.[4]
Die hessische SPD konnte den Niederlagen im Rhein-Main-Gebiet Zuwächse im Lahn-Dill-Gebiet und auch in Wiesbaden gegenüberstellen, der FDP gelang nur noch in den Wahlkreisen Waldeck-Frankenberg-Nord (5,3%), Wiesbaden I (5,1%) Main-Taunus-Kreis-Nord (5,4%) und Hochtaunuskreis-Süd (5,6%) die Bewältigung der Sperrklausel. Die CDU blieb demgegenüber landesweit nahezu unverändert.[5]
Mit dem September 1982 begann ein sich über mehrere Jahre hinziehender Prozeß der Annäherung zwischen SPD und GRÜNEN in Hessen, wobei zunächst nur vorsichtige Schritte möglich waren und punktuelle Einzelfragen behandelt werden konnten, da die internen Widerstände auf seiten beider Parteien zu groß für ein Bündnis aus rot und grün waren. Die vor der Landtagswahl von BÖRNER für "politikunfähig" erklärten GRÜNEN[6] gerieten nicht allein wegen der einzig denkbaren Koalitionsmöglichkeit - mit den Sozialdemokraten - in eine Schlüsselrolle, sondern auch wegen der völligen Ignoranz von seiten der hessischen Christdemokraten, die schon auf ein Ausloten möglicher Gemeinsamkeiten mit der neuen Partei im Landtag verzichteten.[7] WALLMANN schlug andererseits der SPD vor, aus "staatspolitischen Gründen" einen SPD-Ministerpräsidenten durch die Union mitzuwählen und nach einer begrenzten Kooperation die "hessischen Verhältnisse" einer geschäftsführenden Regierung ohne parlamentarische Mehrheit durch Neuwahlen zu beenden.[8] Das Angebot einer Großen Koalition auf Zeit wurde von HOLGER BÖRNER wegen unüberbrückbarer Positionen in verschiedenen Sachfragen zurückgewiesen; es kam hingegen am 16. Dezember zur Verabschiedung des Bürgschaftsgesetzes für das Haushaltsjahr 1983 durch SPD und GRÜNE.[9] Die Landesversammlung der GRÜNEN in Kassel Ende Januar 1983, die über die Haltung zum Teilhaushalt entscheiden sollte, stimmte gegen den heftigen Widerstand des Fundi-Flügels der rot-grünen Annäherung in diesem Punkt zu.[10]

---

[4] Behr/Breit/Lilge/Schissler 1989, S.96; FAZ vom 27.9.1982:"Mehr als Achtungserfolge bei den Grünen"; FAZ 28.9.1982, Kurt Reumann:"Die FDP scheitert an ihrer Zerstrittenheit und an der Sprachlosigkeit ihrer Anhänger"
[5] Behr/Breit/Lilge/Schissler 1989, S.95/96; Lilge, Herbert:"Hessischer Landtag - 10. Wahlperiode", Rheinbreitbach 1983, S.168ff
[6] Müller, Helmut Georg:"Von der Opposition in die Regierungsverantwortung. Die CDU Hessen unter Walter Wallmann 1982-1991", in: Heidenreich/Wolf (Hrsg.) 1995, S.99
[7] FR vom 19.2.1983, Jochen Siemens:"Walter Wallmann und der lange Atem der Union"
[8] Müller 1995, S.99
[9] Beier 1989, S.418/419
[10] Kleinert 1994, S.143

Vor weiteren Entwicklungen im hessischen Landtag standen Anfang 1983 Wahlkampf und vorgezogene Bundestagswahl auf der politischen Agenda: HELMUT KOHL war nach dem Koalitionswechsel der Freien Demokraten am 1. Oktober 1982 zum Bundeskanzler gewählt worden. Die neue Bundestagsmehrheit hoffte auf die Bestätigung durch die Wähler bei den vorgezogenen Neuwahlen am 6. März 1983, wobei vor allem die FDP Einbußen wegen ihrer politischen Umorientierung befürchten mußte. Nach dem deutlichen Scheitern bei der Hessenwahl hatte die FDP auch bei der bayerischen Landtagswahl am 10. Oktober 1982 mit 3,1% und bei der Bürgerschafts-Neuwahl in Hamburg am 19. Dezember 1982 mit 2,6% die Sperrklausel klar verfehlt.[11]

Die vorgezogene Bundestagswahl brachte der CDU/CSU ein triumphales Ergebnis: Sie verpaßte mit 48,8% der Stimmen die absolute Mehrheit nur knapp, die FDP schaffte mit 7,0% den Wiedereinzug in den Deutschen Bundestag, ihr früherer Koalitionspartner SPD verlor deutlich und kam nur noch auf 38,2%. Erstmals auch im Bundesparlament vertreten waren die GRÜNEN, die bundesweit ein Resultat von 5,6% erreichten. Die Landesergebnisse von Rheinland-Pfalz und Hessen wiesen vor allem in zwei Punkten Besonderheiten auf: In Hessen überholte die CDU (44,3%) die SPD (41,6%) erstmals seit 1957 wieder, hier lagen die GRÜNEN mit 6,0% über dem Durchschnitt; in Rheinland-Pfalz kam die Union mit 49,6% der 50-Prozent-Marke noch näher als im Durchschnitt, die GRÜNEN blieben dort mit 4,5% relativ schwach.[12] Das ungleiche Abschneiden der beiden Landesverbände der Ökopartei läßt sich im Zusammenhang mit der unterschiedlichen Bedeutung umweltpolitischer Themen in den Ländern erklären. Da Hessen eine ganze Reihe ökologisch brisanter Felder aufwies, konnten hier die GRÜNEN ein überdurchschnittliches Ergebnis erreichen, während man im Nachbarland unter fünf Prozent blieb.

Zeitgleich mit der vorgezogenen Bundestagswahl wurde die reguläre Wahl zum rheinland-pfälzischen Landtag durchgeführt, es handelte sich um die "erste Doppelwahl" in der bundesdeutschen Wahlgeschichte.[13] Dabei kam es zu einer wahlkämpferischen Auseinandersetzung der Gebrüder VOGEL, da HANS-JOCHEN VOGEL (SPD) als Spitzenkandidat der Sozialdemokraten für den Bund und sein Bruder BERNHARD VOGEL (CDU) als amtierender Ministerpräsident in Mainz einan-

[11] Falter, Jürgen W.:"Die bayerische Landtagswahl vom 10. Oktober 1982. Im Süden - beinahe - alles beim alten", in:ZParl 1/1983, S.82ff; Müller-Rommel, Ferdinand:"Die Wahl zur Hamburger Bürgerschaft vom 19. Dezember 1982. Die neue alte Mehrheit", in: ZParl 1/1983, S.96

[12] Ritter/Niehuss 1987, S.95/96; FAZ vom 7.3.1983:"Die Regierung Kohl-Genscher bleibt"

[13] Haungs, Peter/Eckhard Jesse:"Die rheinland-pfälzische Landtagswahl vom 6. März 1983: Erste 'Doppelwahl' in der Geschichte der Bundesrepublik", in: ZParl 4/1983, S.517ff

der begegneten.[14] Für die Landes-SPD kandidierte 1983 HUGO BRANDT als neuer Spitzenkandidat, da KLAUS VON DOHNANYI mittlerweile zum Ersten Bürgermeister Hamburgs avanciert war (der nach Auflösung einer Bürgerschaft ohne eigene Mehrheit ein ungeliebtes Bündnis mit CDU oder GRÜNEN durch die Wiedererlangung der absoluten SPD-Mehrheit im Dezember 1982 umgehen konnte). BRANDT konnte nicht die Popularität DOHNANYIS erlangen, so daß der Ministerpräsident in Umfragen nach dem gewünschten Regierungschef des Landes deutlich besser gegenüber seinem Kontrahenten abschnitt.[15] Auch bei den Mainzer Freien Demokraten war es aufgrund des Rücktritts SCHOLLS zu einer personellen Neubesetzung gekommen: HANS-GÜNTER HEINZ ging als neuer FDP-Landesvorsitzender in den Wahlkampf mit einer Koalitionsaussage zugunsten der CDU, falls diese ihre absolute Mehrheit verlieren sollte.[16] Die rheinland-pfälzischen GRÜNEN erklärten vor der Wahl, daß sie keine Koalition mit einer anderen Partei eingehen und die Tolerierung einer SPD-Minderheitsregierung nur bei Erfüllung bestimmter Bedingungen erwägen wollten.[17]

Tabelle 3: Verteilung von Erst- und Zweitstimmen beim Landesergebnis im Vergleich zum Landtagswahlergebnis in Rheinland-Pfalz am 6.3.1983

	CDU	SPD	FDP	GRÜNE	andere
Bundestag: Zweit-stimmen	49,6%	38,4%	7,0%	4,5%	0,6%
Bundestag: Erststimmen	52,8%	40,5%	3,2%	3,0%	0,5%
Landtag	51,9%	39,6%	3,5%	4,5%	0,4%

18

14 FAZ vom 2.3.1983, Kurt Reumann:"Manschettenknöpfe trägt nur mein Bruder"
15 Haungs/Jesse 1983, S.518. Vogel erhielt bis zu 55%. Brandt lediglich 22%.
16 Lerch/Lerch 1989, S.122
17 Peckhaus 1987, S.79
18 Haungs/Jesse 1983, S.529; Statistisches Landesamt RLP (Hrsg.) 1994

Grafik 20.1.: Stimmenverteilung bei der rheinland-pfälzischen Landtagswahl am 6.3.1983

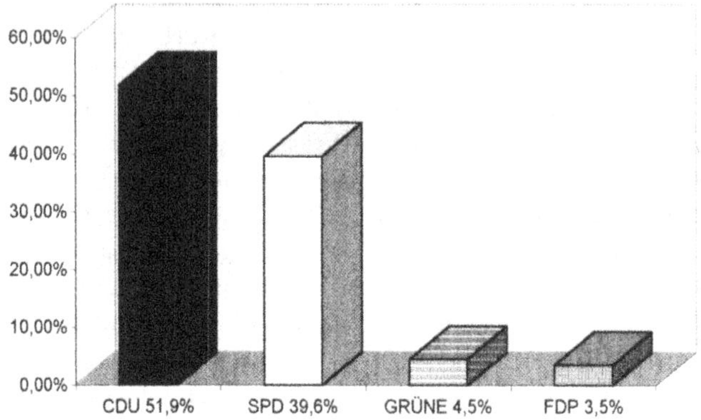

Grafik 20.2.: Mandatsverteilung bei der rheinland-pfälzischen Landtagswahl am 6.3.1983

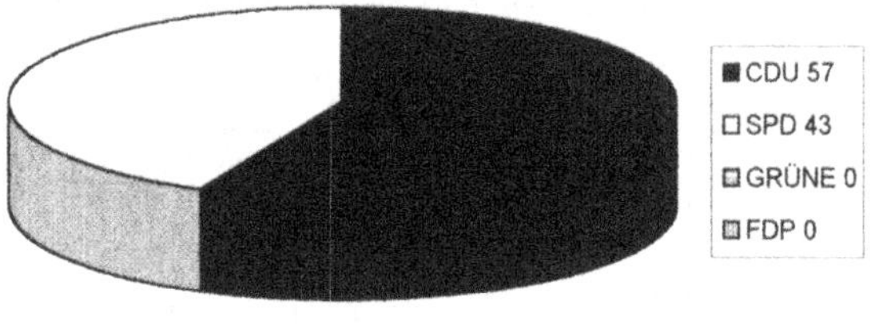

Das Resultat der Landtagswahl verdeutlichte im Vergleich mit dem Landesergebnis zur Bundestagswahl die Funktion der Zweitstimme für die Erfolgsaussichten der Liberalen. Die FDP konnte in Rheinland-Pfalz aufgrund des taktischen Einsatzes der Zweitstimme vieler vermutlich CDU-naher Wähler, die die Mehrheit der neuen Koalition absichern wollten oder die tendenziell für die Union stimmten, aber keine absolute Mehrheit dieser Partei wünschten, ihr bundespolitisches Überleben sichern; da in Rheinland-Pfalz die Möglichkeit des Stimmensplittings nicht gegeben war, votierten diese taktischen Wähler für die CDU.[19]

[19] Peckhaus 1987, S.81; FR vom 8.3.1983, Günter Hollenstein:"Von Hugo Brandt wird eine aggressivere Opposition erwartet"; FAZ vom 8.3.1983, Eckhart Kauntz:"In Rheinland-Pfalz hat Vogel den Trend auf den Kopf gestellt"

Die GRÜNEN konnten bei der Landtagswahl zwar ein herausragendes Ergebnis bei den Jungwählern erzielen (12,8%), sie blieben aber deutlich hinter den Werten anderer Landesverbände zurück, was daran gelegen hatte, daß in der Landespolitik umweltpolitische Probleme keine Rolle spielten.[20]
Nach der Wahl vom 6. März waren erstmals nur noch zwei Parteien im rheinland-pfälzischen Landtag vertreten; für das Scheitern der FDP wurden neben der bundespolitischen Lage die andauernden Auseinandersetzungen zwischen dem Landesvorsitzenden HEINZ und seinem Vorgänger SCHOLL angeführt. Interne Streitigkeiten führten nach dem Wahldebakel schließlich zum Rücktritt des gesamten FDP-Landesvorstands auf dem Trierer Parteitag am 23. April 1983. Erst im Juli 1983 wurde RAINER BRÜDERLE zum neuen Landesvorsitzenden der Freien Demokraten gewählt.[21]
Während BERNHARD VOGEL, nun mit einer komfortablen Mehrheit in Rheinland-Pfalz ausgestattet, erneut eine Alleinregierung bildete,[22] wurden nach dem 6. März die Überlegungen bei den hessischen Sozialdemokraten auf die Herbeiführung von Neuwahlen zum 25. September 1983 konzentriert. Offenkundig hatte vor allem die Parteiführung um HOLGER BÖRNER das Bundestagswahlergebnis abgewartet, um daraus vor allem Entwicklungen bei den kleineren Parteien ablesen zu können. Da jedoch GRÜNE wie FDP überdurchschnittliche Resultate erzielt hatten und da die SPD (trotz eines im Vergleich mit anderen Länderresultaten vom 6. März glimpflichen Ergebnisses) von der CDU überrundet worden war, versprach sich die Führung der Sozialdemokraten mit der Ankündigung von Neuwahlen eine aufrüttelndes Signal gegenüber der eigenen Wählerschaft und mit der Hinauszögerung auf einen relativ späten Termin die Hoffnung, von den bis zum Herbst zu erwarteten Sparbeschlüssen der Regierung KOHL/GENSCHER profitieren zu können.[23]
Nachdem die CDU und die GRÜNEN, die nach der Zustimmung zum Haushalts-Vorschaltgesetz an der "Grenze der Kompromißfähigkeit"[24] gegenüber den Sozialdemokraten angelangt waren, den Haushaltsentwurf in zweiter Lesung am 23. März im Wiesbadener Landtag scheitern ließen,[25] beschlossen die Fraktionen von

[20] Haungs/Jesse 1983, S.531
[21] Lerch/Lerch 1989, S.123/124
[22] Haungs/Jesse 1983, S.529/530
[23] FR vom 8.3.1983, Jochen Siemens:"Holger Börner will heute 'die Karten neu austeilen'"; FAZ vom 9.3.1983: "In Hessen soll am 25. September ein neuer Landtag gewählt werden"; 9.3.1983, Jochen Siemens:"Hessens SPD will Wahlen im September"
[24] Kleinert 1994, S.143
[25] FR vom 24.3.1983, Jochen Siemens:"Holger Börner endgültig gescheitert" und Günter Hollenstein:"Das rot-grüne Techtelmechtel ist zu Ende"

CDU und SPD am 4. August 1983 die Auflösung des hessischen Landtags nach Art. 80 HV gegen die Stimmen der GRÜNEN.[26]
BÖRNER hoffte auf das bei früheren Landtags- und Bundestagswahlperioden erkannte Phänomen, daß die Bundestagsopposition bei Landtagswahlen von unpopulären Entscheidungen der Bundesregierung profitieren konnte, wobei der Beginn einer Bundestagslegislaturperiode - zumal bei einer neu ins Amt gelangten Regierung - als diejenige Phase gilt, in der die meisten notwendigen wie finanzbzw. steuerpolitisch schmerzhaften Entscheidungen gefällt werden.[27]
HOLGER BÖRNER vermied im Wahlkampf harte Attacken gegen den CDU-Spitzenkandidaten WALLMANN, er stellte dafür seine Distanz den GRÜNEN gegenüber klar heraus[28] und hoffte auf ein Scheitern der Ökopartei wie der Liberalen und der Erringung der absoluten Mehrheit der Mandate durch die SPD.[29]
Die hessischen GRÜNEN befanden sich im 1983er Landtagswahlkampf in der Defensive, da inzwischen die Mobilisierungswelle in verschiedenen Regionen mit umstrittenen Projekten abgeflaut war und die GRÜNEN durch die Blutspritzaktion des Abgeordneten SCHWALBA-HOTH gegen einen US-General an Ansehen gemäßigt-realpolitischer Wählerschichten verloren hatten.[30]
Auf seiten der Christdemokraten warb WALTER WALLMANN für die Ablösung BÖRNERS und empfahl CDU-Anhängern die Wahlhilfe für die "gewendete" FDP mit dem Slogan:"Jede FDP-Stimme ist auch eine Stimme für mich".[31] Die hessische FDP hatte nach dem Scheitern 1982 WOLFGANG GERHARDT zu ihrem neuen Vorsitzenden gewählt, im Landtagswahlkampf zeigte man sich bestrebt, das funktionale Argument für die Stimmabgabe zugunsten der Liberalen zu betonen: Aussagen wie "Hessen muß regierbar werden!" und "Die CDU schafft es alleine nicht. Nur eine Stimme für die F.D.P. ist deshalb die Lösung für klare Verhältnisse in Hessen" verdeutlichten, daß die Partei sich nun eindeutig auf der bundespolitisch erfolgreich umgesetzten konservativ-liberalen Linie befand und sich in Parteiensystem Hessens allein ein Bündnis mit der CDU vorstellen konnte.[32]
WALLMANN und GERHARDT warnten vor der Gefahr eines rot-grünen Bündnisses, das zu landespolitischem Stillstand führe.[33] Die Slogans der Liberalen verdeutli-

[26] Beier 1989, S.423; ZEIT vom 12.8.1983, Rolf Zundel:"Flucht in den Optimismus"
[27] Bürklin, Wilhelm P./Gerhard Franz/Rüdiger Schmitt:"Die hessische Landtagswahl vom 25. September 1983: Politische Neuorientierung nach der 'Wende'?", in: ZParl 2/1984, S.237; Dinkel 1977, S.348ff
[28] ZEIT vom 23.9.1983, Gunter Hofmann:"Das Rennen könnte knapp werden"
[29] ZEIT vom 12.8.1983, Rolf Zundel:"Flucht in den Optimismus"
[30] Bürklin/Franz/Schmitt 1984, S.239; FR vom 21.9.1983, Günter Hollenstein:"Gesinnungsgenossen mit dumpfen Gefühlen"
[31] Bürklin/Franz/Schmitt 1984, S.238; FR vom 15.9.1983, Jochen Siemens:"Wallmanns Rechner hoffen nun auf die Liberalen"
[32] Staudt 1996, S.127
[33] FR vom 15.9.1983, Jochen Siemens:"Wallmanns Rechner hoffen nun auf die Liberalen"

chen außerdem die von der FDP angestrebte Funktion als nunmehr kleiner Partner an der Seite der CDU, von welcher Wähler allein zwecks Erringung einer Mehrheit für beide Parteien erhofft wurden.
Die von der hessischen SPD geführte Wahlkampagne richtete sich hingegen gegen die Politik der CDU-geführten Bundesregierung und belebte die Gegengewichtsthese der 50er Jahre wieder: "Macht Hessen stark - gegen die Bonner Wende"[34] und andere SPD-Parolen gegen das "Sparpaket, das den Arbeitnehmern und Rentnern abverlangt wird"[35] fruchteten offenbar am 25. September 1983, denn die Sozialdemokraten konnten wieder zur stärksten hessischen Partei aufsteigen.
Die SPD erhielt dabei mit 46,2% der Stimmen 3,4 Prozentpunkte mehr als 1982. Für die CDU hatte sich demgegenüber WALLMANNS Leihstimmenkampagne zugunsten der Liberalen nicht ausgezahlt, da die FDP zwar wieder in den Wiesbadener Landtag zurückkehrte, die Union sich jedoch erstmals seit der Landtagswahl 1970 wieder mit einem Ergebnis unterhalb der 40-Prozent-Marke zufriedengeben mußte.
Auch die GRÜNEN hatten nach der einjährigen "Hängepartie", die vor allem der SPD genutzt hatte,[36] Verluste hinzunehmen, sie verloren 2,1 Prozentpunkte und fielen hinter die Liberalen zurück.[37]

Grafik 21.1.: Stimmenverteilung bei der Hessischen Landtagswahl am 25.9.1983

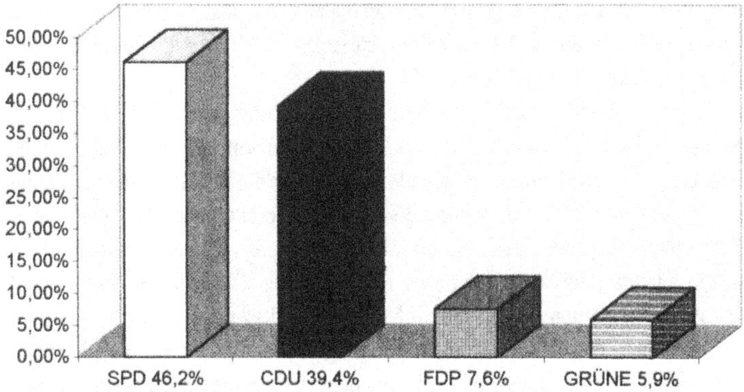

[34] Steinseifer 1996, S.273
[35] Beier 1989, S.422
[36] Kleinert 1994, S.144
[37] Behr/Breit/Lilge/Schissler 1989, S.98; Bürklin/Franz/Schmitt 1984, S.241

Grafik 21.2.: Mandatsverteilung bei der Hessischen Landtagswahl am 25.9.1983

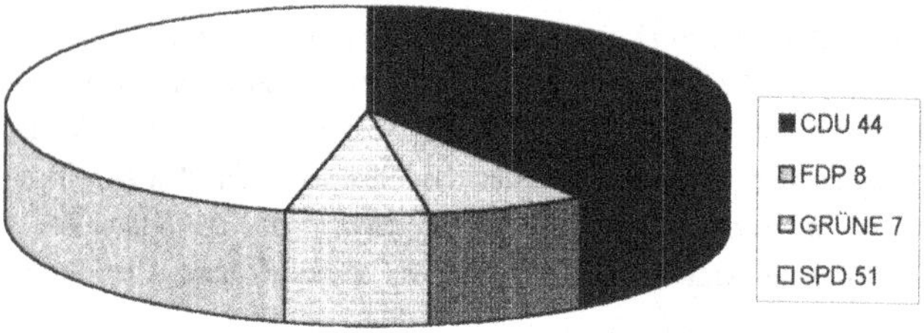

Die SPD konnte Gewinne von CDU und von den GRÜNEN verbuchen; ihr gelangen Steigerungen in den GRÜNEN-Hochburgen von 1982 ebenso wie das Eindringen in CDU-Bastionen der letzten Landtagswahlen.
So schrumpfte der Stimmenanteil der GRÜNEN im Wahlkreis Nr.6, Waldeck-Frankenberg II,[38] von 13,7% auf 4,5%, in den Wahlkreisen Groß-Gerau I und II, die von dem geplanten Ausbau des Frankfurter Flughafens besonders betroffen waren, gingen die Anteile von 12,8 bzw. 17,4% auf 7,7 bzw. 10,2% zurück. In diesen Regionen erreichten die Sozialdemokraten einen Zugewinn von fünf bis sieben Prozentpunkten. Stimmengewinne von der CDU erzielten die Sozialdemokraten am deutlichsten im Nordosten, in mittelhessischen Kreisen und in Limburg-Weilburg, wo sie nur geringere Zugewinne erreichten. Die FDP erzielte herausragende Resultate in Waldeck-Frankenberg, im Vogelsberg und in den Hochtaunus- und Main-Taunus-Kreisen.[39]
Bei den ersten Landtagswahlen mit einheitlich kandidierenden GRÜNEN konnten diese in Hessen 1982 nicht allein ins Landesparlament einziehen, sie verfügten auch über eine mehrheitsentscheidende Position für die nun als Minderheitsregierung auftretende SPD. Umweltpolitische Großprojekte und das grüne Wahlerfolge begünstigende studentische Milieu mehrerer Universitätsstädte ließen Hessen zu einer Hochburg der neuen Partei werden. In Rheinland-Pfalz schaffte sie dagegen 1983 den Einzug in den Mainzer Landtag nicht, dafür profitierte die Landes-Union vom Mobilisierungsschub bürgerlicher Wähler bei der gleichzeitig stattfindenden Bundestagswahl und von dem auf Landesebene noch fehlenden

[38] Für die Landtagswahl 1983 waren die Wahlkreise in Hessen wegen eines zuvor zu stark gewordenen Ungleichgewichts der Bevölkerungszahlen in den Wahlkreisen neu geordnet worden; s. Behr/Breit/Lilge/ Schissler 1989, S.100

[39] Behr/Breit/Lilge/Schissler 1989, S.102/103; "Hessischer Landtag, 11. Wahlperiode", Rheinbreitbach 1984, Anh.6/2; FR vom 27.9.1983, Günter Hollenstein:"Die hessische SPD drang tief in CDU-Regionen vor"

Instrumentarium des Stimmensplittings, was sich negativ für die FDP auswirkte. Das Taktieren der hessischen SPD um einen Landtagsneuwahltermin wurde durch bundespolitische Entscheidungen und aufkommenden Unmut mit der KOHL-Regierung beeinflußt; die hessische SPD konnte von dem offenbar erneut greifenden Mechanismus der landespolitischen Protestwahl gegen Bonn und von der Unzufriedenheit eines Teils der GRÜNEN-Wähler mit dem wenig kompromißbereiten Kurs ihrer Partei profitieren.

8.2. Die erste rot-grüne Koalition und ihr Scheitern: Von BÖRNER zu WALLMANN

Mit der Landtagsneuwahl in Hessen hatten sich die grundsätzlichen Mehrheitsverhältnisse jedoch nicht geändert. Versuche der SPD, mit der geschwächten Union in gemeinsame Verhandlungen zu gehen oder gar mit den Liberalen die Neuauflage des ein Jahr zuvor gescheiterten Bündnisses zu erproben, wurden von WALLMANN und GERHARDT zurückgewiesen. Nachdem die GRÜNEN auf ihrer Landesversammlung in Marbach-Petersberg Anfang Oktober 1983 sich für die Aufnahme von Verhandlungen mit der SPD ohne Vorbedingungen ausgesprochen hatten,[40] erklärte BÖRNER auf dem "Öffnungsparteitag" der SPD in Baunatal am 5. November 1983, daß man ausloten wolle, ob mit den GRÜNEN eine Übereinkunft zur Bildung einer handlungsfähigen Landesregierung erreicht werden könne.[41] BÖRNER meinte zur zukünftigen Rolle der GRÜNEN:"Es wäre von großer Bedeutung für unsere Demokratie, wenn sich die Grünen von einer Aktionsbewegung zu einer berechenbaren politischen Partei entwickelten."[42]

Mitte November 1983 konnten nach dieser Richtungsänderung BÖRNERS langfristige Verhandlungen zwischen SPD und GRÜNEN beginnen, die wegen nicht ausreichender Ergebnisse in Fragen des Ausstiegs aus der Atomenergie oder des Flughafenausbaus für Proteste an der Basis der GRÜNEN Anfang 1984 sorgten. In diesem Zusammenhang erfuhren auch die GRÜNEN den Einfluß der Bundespartei: Ihr Bundesvorstand, in dem die Fundamentalisten die Führung besaßen, versuchte Anfang 1984 die Zustimmung der hessischen Basis zum Verhandlungs-

---

[40] Kleinert 1994, S.145; ZEIT vom 7.10.1983, Horst Bieber:"Ein Sieg der Pragmatiker"

[41] Beier 1989, S.423/424; FR vom 5.11.1983, Jochen Siemens:"Wiesbaden arbeitet an der Annäherung von SPD und Grünen"; FR vom 7.11.1983, Jochen Siemens:"Der Chef garantiert die Solidität des Experiments"

[42] Beier 1989, S.424

ergebnis brieflich zu verhindern, was wiederum zu Auseinandersetzungen mit der Wiesbadener Verhandlungsgruppe der Partei führte.[43]
Nach weiteren Verhandlungsrunden, bei denen die GRÜNEN zum Teil umfassende Änderungsanträge stellten,[44] entwickelte sich ab Anfang 1984 ein mühevoller Annäherungsprozeß zwischen den zukünftigen Regierungspartnern, der durch das Durchsetzen des realpolitischen Flügels bei den hessischen GRÜNEN und durch die strategische Lage der SPD beflügelt wurde. Gerade die Sozialdemokraten hätten für die bei den hessischen Mehrheitsverhältnissen verbliebene anderen Regierungsoption - der Bildung einer Großen Koalition - Einbußen bei den 1985 anstehenden Kommunalwahlen befürchten müssen, da bei den dann zu erwartenden Kompromissen nach Einschätzung von SPD-Abgeordneten auch bei folgenden Landtagswahlen eine dramatische Abwanderung zu den sich gemäßigter gebenden GRÜNEN eingesetzt hätte, die rot und grün die gemeinsame Mehrheit gekostet hätte.[45]
Im Mai 1984 billigte die Landesversammlung der GRÜNEN in Lollar die Verhandlungsergebnisse mit den Sozialdemokraten. Am 7. Juni 1984 wählten SPD und GRÜNE HOLGER BÖRNER wieder zum Ministerpräsidenten,[46] der allerdings bei der Regierungsbildung auf seinen langjährigen Finanzminister HERIBERT REITZ verzichten mußte, da dieser den rot-grünen Kurs seiner Partei nicht mit tragen wollte.[47]
Nach der Wiederwahl BÖRNERS geriet der Annäherungsprozeß zwischen SPD und GRÜNEN aus zweierlei Gründen in erneute Gefahr: Einerseits beklagten sich die Grünen über die schleppende bzw. fehlende Umsetzung von zuvor getroffenen Beschlüssen in der Atompolitik; so befürwortete insbesondere Wirtschaftsminister STEGER (SPD) weiterhin die Erteilung von Teilerrichtungsgenehmigungen für die umstrittenen Hanauer Nuklearbetriebe.[48]
Andererseits wurden strategische Überlegungen von seiten der Bundes-GRÜNEN bekannt, die hinsichtlich der 1985 anstehenden Landtagswahlen im Saarland, in Berlin und in Nordrhein-Westfalen eine mangelnde Unterstützung durch die eige-

[43] Kleinert 1994, S.147; FAZ vom 11.1.1984:"Im Bundesvorstand der Grünen rührt sich keine Hand für den hessischen Kompromiß"
[44] FAZ vom 16.5.1984, Bernd Erich Heptner:"Sie müssen - und dürfen nicht wollen"
[45] FAZ vom 16.5.1984, Bernd Erich Heptner:"Sie müssen - und dürfen nicht wollen"; ZEIT vom 25.5.1984, Gerhard Spörl:"Der Kampf geht weiter!"
[46] Beier 1989, S.430; FAZ vom 8.6.1984:"SPD und Grüne wählen Börner zum Ministerpräsidenten"
[47] FAZ vom 4.6.1984, Bernd Erich Heptner:"Heribert Reitz steht zu seinen Überzeugungen"
[48] Kleinert 1994, S.147/148

ne Wählerschaft befürchteten, falls sich die hessischen GRÜNEN als allzu kompromißbereit in einer Koalition mit den Sozialdemokraten zeigten.[49]
Nachdem die Forderung der GRÜNEN, die Hanauer Betriebe ALKEM und NUKEM zu schließen, in der Politik der SPD-Landesregierung nicht berücksichtigt worden war, erklärte die Ökopartei am 20. November 1984 die Zusammenarbeit mit den Sozialdemokraten für beendet, wobei man sich aber gleichzeitig zu weiteren Verhandlungen bereitfand.[50]
Nach diesem "geordneten Rückzug"[51] der Realos zum Zwecke der Wahrung eigener Positionen und aus strategischen Überlegungen wurde zunächst der Wahltag am 10. März 1985 abgewartet, an dem neben der hessischen Kommunalwahl auch die saarländische Landtagswahl und die Berliner Abgeordnetenhauswahl stattfinden sollten. Die drei Wahlgänge brachten in Berlin die deutliche Bestätigung der CDU/FDP-Koalition, im Saarland das Scheitern der CDU/FDP-Koalition durch die Erringung der absoluten Mehrheit der von OSKAR LAFONTAINE geführten SPD, und in Hessen einen landesweiten Trend zugunsten von SPD und GRÜNEN bei Verlusten für CDU und FDP.[52]
Das hessische Ergebnis, bei dem der neue CDU-Landesvorsitzende WALLMANN nur unter Verlusten die absolute CDU-Mandatsmehrheit im Frankfurter Römer verteidigen konnte,[53] veranlaßte Ministerpräsident BÖRNER, der seine Politik des hessischen Gegengewichts zu Bonn bestätigt sah,[54] zur Bildung von rot-grünen Koalitionen auf kommunaler Ebene aufzurufen.[55]
Innerhalb der sozialdemokratischen Landespolitiker geriet BÖRNER damit allerdings in Konflikt zum nordrhein-westfälischen Regierungschef RAU, der als entschiedener Gegner rot-grüner Bündnisse galt. Da am 12. Mai 1985 die Wahl zum Düsseldorfer Landtag anstand, verschob schließlich der SPD-Bezirk Hessen-Süd den für Ende März geplanten Sonderparteitag zu Thema "Ausstieg aus der Atomenergie" mit Blick auf die Genossen im Nachbarland. Die Rücksichtnahme auf die NRW-Wahl führte auch im Wiesbadener Landtag zu distanzierteren Tönen der SPD-Fraktion gegenüber den GRÜNEN.[56]

---

[49] SPIEGEL vom 26.11.1984:"Die Zusammenarbeit hat sich erledigt"; ZEIT vom 30.11.1984, Gerhard Spörl: "Nichts wird wieder, wie es war"; FAZ vom 4.12.1984, Bernd Erich Heptner:"Mit Blick auf dreitausend Grüne"

[50] FAZ vom 22.11.1984:"Börner: Über die Zusammenarbeit müssen die Grünen entscheiden"

[51] Kleinert 1994, S.148

[52] Behr/Breit/Lilge/Schissler 1989, S.44ff; FR vom 12.3.1985, Otto Jörg Weis:"Hans Apel verläßt nach Wahlschlappe Berlin" und Hans-Helmut Kohl:"Lafontaine fordert Fairneß"

[53] FR vom 12.3.1985, Claus Gellersen:"Wallmann verteidigt seine absolute Mehrheit"

[54] Beier 1989, S.327

[55] FR vom 12.3.1985, Günter Hollenstein:"Börner ruft Grüne zu Bündnissen auf"

[56] FAZ vom 18.3.1985:"Rau in Hessen nicht 'konterkarieren'"

Die nordrhein-westfälische Wahl brachte den Sozialdemokraten mit 52,1% die absolute Stimmenmehrheit, während die GRÜNEN mit 4,6% an der Sperrklausel scheiterten.[57] Für die Sozialdemokraten bedeutete dieses Ergebnis zusammen mit LAFONTAINES Sieg im Saarland, daß eine eher traditionell-konservativ ausgerichtete SPD in Nordrhein-Westfalen genauso wie die ökologischen Fragen aufgeschlossen gegenüberstehende Landespartei im Saarland die GRÜNEN aus den Parlamenten heraushalten und zugleich unter bestimmten Bedingungen gegen CDU und FDP erfolgreich sein konnte. Das schwache Abschneiden der West-Berliner SPD unter ihrem Spitzenkandidaten HANS APEL (der ein Bündnis mit der AL abgelehnt hatte) verdeutlichte zugleich, daß allein innere Ausrichtung und Koalitionspräferenzen nicht den Erfolg der SPD in den Ländern bewirken konnten.

In Hessen nutzte BÖRNER die für die GRÜNEN mißliche Lage Mitte 1985 und bot ihnen am 29. Mai das Ministerium für Umwelt und Energie an, wenn die Landtagsfraktion einem Doppelhaushalt 1986/87 ihre Zustimmung erteilen würde.[58] Nach einer weiteren Verhandlungsrunde, in der die GRÜNEN ein zusätzliches Ministerium für Frauenfragen forderten und den Vorschlag des Doppelhaushalts zurückgewiesen hatten,[59] vereinbarten beide Parteien Mitte Oktober schließlich die Bildung einer Koalition.[60]

Bei den GRÜNEN traten die unterschiedlichen Positionen der Bundespartei und des hessischen Landesverbandes in der Koalitionsfrage deutlich zutage: Der Bundeshauptausschuß forderte die hessischen Mitglieder zur Ablehnung des Koalitionsbeschlusses auf, die Landesversammlung in Neu-Isenburg unterstützte am 27. Oktober Inhalt und Personalvorschläge für die erste rot-grüne Koalition bundesweit.[61]

HOLGER BÖRNER vereidigte am 12. Dezember 1985 den früheren Bundestagsabgeordneten JOSCHKA FISCHER als Hessischen Minister für Umwelt und Energie, die GRÜNEN erhielten weiterhin die Staatssekretärsposten im Umweltministerium und im Frauenministerium, die von KARL KERSCHGENS und von MARITA HAIBACH-WALTER übernommen wurden. Mit der Forderung nach einem von einer GRÜNEN geführten Frauenministerium hatte sich die Ökopartei gegenüber

[57] von Alemann, Ulrich:"Parteien und Wahlen in Nordrhein-Westfalen 1985: Aufforderung zu einer Neuorientierung?", in: von Alemann, Ulkrich (Hrsg.):"Parteien und Wahlen in Nordrhein-Westfalen", Köln 1985, S.211ff

[58] Kleinert 1994, S.150; FAZ vom 30.5.1985:"Börner bietet den Grünen das Ministerium für Umwelt- und Energiepolitik an"

[59] FAZ vom 10.6.1985:"Die hessischen Grünen wollen für die SPD unberechenbar bleiben"

[60] SZ vom 17.10.1985:"SPD und Grüne vereinbaren Koalition in Hessen"

[61] Kleinert 1994, S.151

den Sozialdemokraten nicht durchsetzen können, die SPD verzichtete dafür auf die Durchsetzung des geforderten Doppelhaushalts 1986/87.
Bei der Vereidigung FISCHERS konnte sich dieser im Landtag nur auf die Unterstützung von sechs der sieben Fraktionsmitglieder seiner Partei verlassen, da der letzte erklärte Fundi-Abgeordnete JAN KUHNERT mit der CDU/FDP-Opposition gegen FISCHER stimmte.[62]
Neben distanzierten Äußerungen verschiedener sozialdemokratischer Politiker wie dem Kanzlerkandidaten JOHANNES RAU, dem niedersächsischen SPD-Spitzenkandidaten GERHARD SCHRÖDER, und dem IG-Chemie-Vorsitzenden HERMANN RAPPE zur Bildung der rot-grünen Koalition bot der rheinland-pfälzische Ministerpräsident VOGEL hessischen Unternehmen sein Bundesland als Ausweichmöglichkeit vor einer für Hessen erwarteten industriefeindlichen Politik an.[63]
Die erste rot-grüne Koalition sollte jedoch kaum länger als ein Jahr halten, da es nach Auseinandersetzungen zwischen den Koalitionspartnern bei der Reaktion auf die Reaktorkatastrophe von Tschernobyl im April 1986 zu heftigen Auseinandersetzungen wegen der Atompolitik kam, die Anfang 1987 zum Bruch der Koalition führten. Als bundespolitische Folge von Tschernobyl richtete Bundeskanzler KOHL das neue Amt eines Bundesumweltministers ein, das am 6. Juni 1986 mit Walter WALLMANN besetzt wurde.[64] WALLMANN verstand es in der Zeit bis zur vorgezogenen Landtagswahl in Hessen 1987, durch Insistieren auf Absprachen mit dem hessischen Wirtschaftsministerium auf Erhöhung der Lagermenge für Plutonium bei ALKEM für Konfliktstoff zwischen SPD und GRÜNEN in Hessen zu sorgen.[65]
Ausgelöst wurde der Niedergang der ersten rot-grünen Koalition durch einen Anfang Januar 1987 bekanntgewordenen Genehmigungsentwurf für die Plutoniumverarbeitung bei ALKEM durch Wirtschaftsminister STEGER.[66] Doch bevor der Konflikt zwischen SPD-Wirtschafts- und GRÜNEN-Umweltminister in Hessen weiter eskalieren sollte, sorgte die Bundestagswahl 1987 für eine Veränderung der Positionen zwischen den hessischen Regierungspartnern.

---

[62] Kleinert 1994, S.151; FR vom 18.10.1985, Hans-Helmut Kohl:"Drei Jahre verhandelt - nun reicht's"; SZ vom 28.10.1985:"Landesversammlung der Grünen stimmt der Koalitionsvereinbarung für Hessen zu"; SZ vom 12.12.1985:"Grüner will gegen Koalition in Hessen stimmen"; SZ vom 13.12.1985, Klaus Brill:"Erster Grüner als Minister vereidigt"
[63] SPIEGEL vom 4.11.1985; Gespräch mit Holger Börner:"Diese Koalition ist gut für unser Land"
[64] Müller 1995, S.108/109
[65] Schmitt, Rüdiger:"Die hessische Landtagswahl vom 5. April 1987: SPD in der 'Modernisierungskrise'", in: ZParl 3/1987, S.344/345
[66] Kleinert 1994, S.153

Nach dem Ergebnis der Bundestagswahl vom 25. Januar 1987 konnte sich die christlich-liberale Bundesregierung dank der deutlich verbesserten Freien Demokraten (9,1%) ihre Mehrheit erhalten, die Union mußte dagegen 4,5 Punkte Verlust verkraften. Die SPD mußte unter ihrem auf die Erringung der absoluten Mehrheit im Bund hoffenden Spitzenkandidaten RAU einen weiteren Rückschlag hinnehmen (sie erhielten nur noch 37,0%), die GRÜNEN hatten sich jedoch mit 8,3% der Stimmen als vierte Kraft im Parteiensystem der Bundesrepublik etabliert. Hoffnungen insbesondere der Sozialdemokraten auf einen Integrationseffekt und auf ein Aufsaugen des grünen Wählerpotentials konnten sich bei der Bundestagswahl - zumal unter einem Kandidaten RAU - nicht erfüllen.
Während die Parteien in Rheinland-Pfalz im Landesergebnis nahezu den Bundesdurchschnitt erreichten (lediglich die GRÜNEN erhielten mit 7,5% ein schwächeres Resultat als im Durchschnitt), wich das hessische Landesergebnis vom Bundestrend ab, da hier die SPD überdurchschnittliche Verluste hinzunehmen hatte (-2,9 statt -1,2 Prozentpunkten Verlust bundesweit) und die GRÜNEN sich mit einem Zuwachs von 3,4 Punkten überdurchschnittlich verbesserten und mit 9,4% die hessische FDP (9,1%) überrundeten.[67]
Nach dem herausragenden hessischen Resultat bei den GRÜNEN schien deren Bereitschaft zur Beibehaltung der bestehenden Koalition gemindert zu sein, da man nach einer Neuwahl deutlich gestärkt den Sozialdemokraten gegenüberstehen zu können hoffte.[68]
In Wiesbaden fiel nach dem für die SPD ernüchternden Bundestagswahlergebnis die Entscheidung, die ALKEM-Genehmigung zu erlassen, worauf die GRÜNEN am 8. Februar mit der Erklärung reagierten, daß die Grundlage für die Koalition entfallen sei, wenn es bei der Genehmigung bliebe.[69] BÖRNER erklärte daraufhin am 9. Februar 1987 de facto das Ende der Koalition, indem er an Umweltminister FISCHER, der die Rücknahme auf der Landesversammlung der GRÜNEN in Langgöns im Form eines Ultimatums verkündet hatte,[70] ein Schreiben mit den Worten richtete:"Ich nehme Ihr Rücktrittsangebot an."[71]

---

[67] Feist, Ursula/Hubert Krieger:"Alte und neue Scheidelinien des politischen Verhaltens. Eine Analyse zur Bundestagswahl vom 25. Januar 1987", in: APuZ B12, 21.3.1987, S.33ff; Ritter/Niehuss 1987, S.95/96; ZEIT vom 30.1.1987, Gunter Hofmann:"Einen anderen Akzent suchen" und Margrit Gerste:"Jubel und etwas Größenwahn"
[68] Schmitt 1987, S.345
[69] Kleinert 1994, S.153/154; ZEIT vom 6.2.1987, Gerhard Spörl:"Vertrackte Verhältnisse"; taz vom 7.2.1987, Klaus-Peter Klingelschmitt:"Fischer sieht Ende der rot-grünen Koalition"
[70] Fischer hatte seinen Redebeitrag in Langgöns mit den Worten, daß dies sein "letzter Rechenschaftsbericht als Minister" sei, beendet. s. Beier 1989, S.454
[71] Beier 1989, S.455; FAZ vom 10.2.1987:"Börner nimmt Parteitags-Erklärung des grünen Ministers Fischer als Rücktritt"

Nach der Auflösung des Landtags am 17. Februar wurden erneut vorgezogene Neuwahlen beschlossen, die am 5. April 1987 stattfinden sollten.[72] Im Wahlkampf standen sich die Fronten rot-grün und schwarz-gelb nun klar gegenüber: CDU und FDP erklärten sich zur Übernahme der Regierungsverantwortung bereit. Die SPD, die nach dem Rücktritt HOLGER BÖRNERS als Landesvorsitzendem seinen Stellvertreter HANS KROLLMANN zum neuen Spitzenkandidaten für die Landtagswahl gewählt hatte, sprach sich erst kurz vor der Wahl für die Wiederaufnahme der rot-grünen Koalition aus.[73] Die GRÜNEN standen mit ihren Spitzenkandidaten IRIS BLAUL und JOSCHKA FISCHER eindeutig für die Erneuerung des Bündnisses mit der SPD als "Wiederauflage des Gehabten unter günstigeren Umständen".[74]

Zu eben dieser Neuauflage sollte es am 5. April 1987 nicht kommen, da die CDU gemeinsam mit der FDP die Landtagswahl hauchdünn vor SPD und GRÜNEN gewann, damit sollte erstmals in der Nachkriegsgeschichte des Landes Hessen die Landesregierung ohne Beteiligung der Sozialdemokraten gebildet werden. Das "historische" Ergebnis, das die Zeit der sozialdemokratischen Dominanz in Hessen endgültig unterbrach, lautete im einzelnen:

Grafik 22.1.: Stimmenverteilung bei der Hessischen Landtagswahl am 5.4.1987

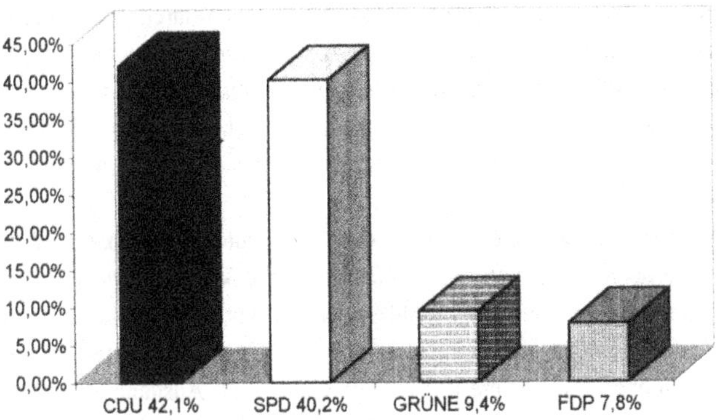

[72] Beier 1989, S.455

[73] Schmitt 1987, S.346; FAZ vom 2.3.1987, Friedrich Karl Fromme:"Es geht um Hessen - und um mehr"

[74] ZEIT vom 27.2.1987, Gerhard Spörl:"Die Macht fest im Blick"

Grafik 22.2.: Mandatsverteilung bei der Hessischen Landtagswahl am5.4.1987[75]

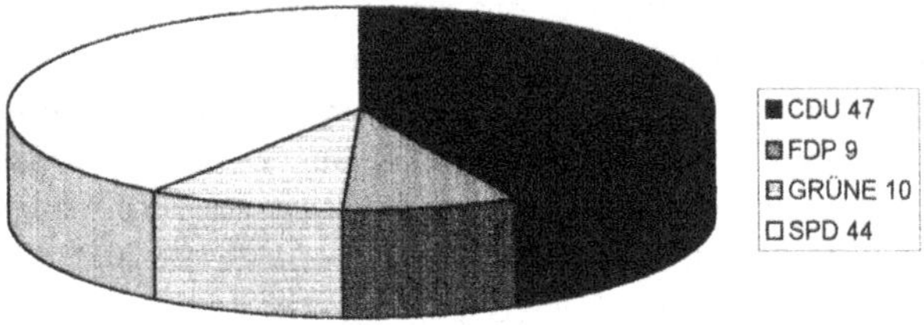

Die Sozialdemokraten waren der große Verlierer der Landtagswahl vom 5. April, sie mußten mit einem Minus von 6,0 Prozentpunkten den höchsten Verlust bei Landtagswahlen in Hessen hinnehmen und büßten damit die erst 1983 errungene Stellung als stärkste Partei wieder ein. CDU und GRÜNE konnten gleichermaßen von den SPD-Verlusten profitieren: Die Union überrundete die SPD zwar, blieb aber von ihren Wahlergebnissen aus den Jahren 1974-1982 entfernt, die GRÜNEN erreichten genau den herausragenden Wert der Bundestagswahl (9,4%). Relativ gering muten die Gewinne der Freien Demokraten an, sie reichten jedoch zum Erhalt eines weiteren Mandats aus.

Die SPD mußte in den einzelnen Regionen Hessens durchgängig Verluste verzeichnen, besonders hoch waren diese in Frankfurt und in den angrenzenden Rhein-Main-Wahlkreisen bis in die Wetterau-Kreise. In den von einem hohen Anteil der Angestellten und Beamten geprägten Gebieten verlor die SPD hessenweit deutlich, dafür bleibt sie in Arbeitergebieten und in kleineren Gemeinden relativ stabil.[76]

Hohe Verluste mußte sie hingegen in den Großstädten verzeichnen: Während die SPD 1983 noch in vier von sechs Frankfurter Wahlkreisen stärkste Partei wurde, mußte sie 1987 im sämtlichen Wahlkreisen mit dem zweiten Rang Vorlieb nehmen. Die CDU wurde in einem Gürtel von Limburg-Weilburg und dem Rheingau im Westen über das gesamte Rhein-Main Gebiet (mit Ausnahme zweier Wiesbadener Kreise) bis zum Main-Kinzig/Offenbacher Gebiet im Osten stärkste Partei; die absolute Mehrheit konnte sie jedoch nur in ihren alten katholisch geprägten Hochburgen Fulda (Wahlkreise 14 und 15) und Limburg-Weilburg I (Wahlkreis

[75] Behr/Breit/Lilge/Schissler 1989, S.105; Hessisches Statistisches Landesamt (Hrsg.):"Statistisches Taschenbuch für das Land Hessen, Ausgabe 1988/89", Wiesbaden 1989, S.107
[76] Schmitt 1987, S.352

21) gewinnen. Die Wahlkreise mit den deutlichen SPD-Verlusten korrespondierten mit den Gebieten, in denen die GRÜNEN sich besonders steigern konnten: In Frankfurt legten sie zum Teil um über fünf Prozentpunkte zu, in der hessischen GRÜNEN-Hochburg, dem Wahlkreis Frankfurt am Main V (Nr.38) steigerten sie sich sogar um 8,1 Punkte auf 22,3% der Stimmen. Die GRÜNEN erreichten weitere herausragende Werte in Darmstadt (Wahlkreis 49: 16,9%, Wahlkreis 50: 12,3%), Wiesbaden, Gießen, Marburg und Kassel. Die FDP hielt ihre Hochburgen in Waldeck-Frankenberg und im Vogelsberg sowie in den Hochtaunus/Maintaunus-Wahlkreisen, in denen sie über 10 Prozent der Stimmen erhielt.[77]
Das Wahlergebnis, bei dem 1500 Stimmen den Ausschlag für die CDU/FDP-Mehrheit gegeben hatten, wurde, was die Mandatsvergabe betrifft, erst durch das erstmals bei Landtagswahlen in Hessen angewendete Hare/Niemeyer-Verfahren ermöglicht, bei einer Mandatsberechnung durch das zuvor gebrauchte Höchstzahlverfahren d'Hondt hätte das Ergebnis zu einem Patt zwischen rot-grün und schwarz-gelb geführt.[78]
Zu dem für die SPD ernüchternden Ergebnis der Wahl führt SCHMITT Faktoren der wachsenden Volatilität als Erklärung an:

- "die wachsende Bedeutung des Dienstleistungssektors gegenüber der produzierenden Industrie, die zur Ablösung der Arbeiterschaft durch den Neuen Mittelstand als größte soziale Statusgruppe geführt hat;
- erhöhte soziale und räumliche Mobilität und zunehmende Verstädterung mit der Folge, daß die Bedeutung traditioneller Sozialmilieus (...) abgenommen hat;
- die Expansion der Bildungschancen, welche die Ressourcenausstattung zur aktiven und passiven Teilnahme am politischen Prozeß (...) erweitert hat."[79]

Die genannten Faktoren führten zur Verringerung der klassischen Stammwählergruppen, während der Anteil der Wähler ohne deutliche Bindung zu einer bestimmten Partei weiter zugenommen hatte. Sachfragen spielen somit eine entscheidende Rolle bei der Gewinnung dieser wahlentscheidenden großen Gruppe nicht-parteigebundener Wähler,[80] was KONRAD SCHACHT mit seiner Analyse zur "Wahlentscheidung im Dienstleistungszentrum"[81] Frankfurt dargelegt hatte.

[77] "Hessischer Landtag, 11. Wahlperiode" 1984, Hessisches Statistisches Landesamt (Hrsg.) 1989, S.111ff
[78] Schmitt 1987, S.350
[79] Schmitt 1987, S.357
[80] Schmitt 1987, S.358; ZEIT vom 10.4.1987, M.Berger/W.Gibowski/D.Roth:"Verluste auf allen Seiten"
[81] Schacht, Konrad:"Wahlentscheidung im Dienstleistungszentrum", Opladen 1986

Die landespolitische Niederlage, die im schwachen Abschneiden der SPD bei der Bundestagswahl im Januar ihren Vorboten hatte - schon hier gab es insbesondere in Frankfurt bzw. im Rhein-Main-Gebiet Einbrüche bei der SPD - hatte auch bundespolitische Folgen, da mit der Regierungsübernahme durch WALTER WALLMANN die CDU-geführten Länder (mit 22 Stimmen) auch ohne die Unterstützung Bayerns (weitere 5 Stimmen) eine Mehrheit im Bundesrat hatten. Die Sozialdemokraten regierten nach der Hessenwahl nur noch in Nordrhein-Westfalen, Hamburg,[82] Bremen und im Saarland (zusammen 14 Stimmen).[83]
Die SPD hatte im April 1987 das "einzige Land, das finanziell nicht notleidend (war) (...) oder unter der Last von Krisenregionen wie JOHANNES RAUS Nordrhein-Westfalen ächzt",[84] verloren. Mit dem Scheitern des ersten rot-grünen Versuchs und dem damit verbundenen Machtverlust der SPD war es auch erstmals in der Geschichte der Landtagswahlen in der Bundesrepublik zu einer Umkehrung des Phänomens gekommen, daß zumeist die Bundestagsopposition bei Länderwahlen Gewinne verzeichnen kann, während die Regierungsparteien Verluste verzeichnen müssen.[85] Die Sozialdemokraten hatten zwar zur Mitte der Legislaturperiode im Bund 1985 einen großen Erfolg durch den Ausbau der absoluten Mehrheit in Nordrhein-Westfalen und durch die Ablösung der CDU/FDP-Regierung im Saarland erringen können, nach der hessischen Landtagswahl schien die Orientierungslosigkeit zwischen Befürwortern und Gegnern rot-grüner Bündnisse einen Höhepunkt erreicht zu haben. Die nächsten Landtagswahlen in Rheinland-Pfalz und in Hamburg sollten bereits einen Monat nach der hessischen Wahl anstehen.
Im Wiesbadener Landtag wurde WALTER WALLMANN am 23. April 1987 mit den Stimmen der Koalitionsparteien zum neuen Hessischen Ministerpräsidenten gewählt. Sein Kabinett bestand aus MANFRED KANTHER (CDU, Finanzen), GOTTFRIED MILDE (CDU, Inneres), KARL-HEINZ KOCH (CDU, Justiz), WOLFGANG GERHARDT (FDP, Wissenschaft und Kunst, außerdem Stellvertreter WALLMANNS), KARL HEINZ TRAGESER (CDU, Soziales), ALFRED SCHMIDT (FDP, Wirtschaft und Verkehr), CHRISTEAN WAGNER (CDU, Kultus) und KARLHEINZ WEIMAR (CDU, Umwelt und Reaktorsicherheit). Neben den Ministern aus den Regierungsfraktionen wurde die parteilose Präsidentin des Deutschen Landfrau-

[82] Wobei der SPD-Senat bei der Bürgerschaftswahl vom 9.11.1986 erneut in eine Minderheitenposition gegenüber CDU und GAL geraten war und Anfang 1987 auf vorgezogene Neuwahlen zusteuerte.
[83] SPIEGEL vom 13.4.1987:"CDU: 'Wir können jetzt durchregieren'"
[84] ZEIT vom 10.4.1987. Gunter Hofmann:"Ein Modell hat versagt"
[85] ZEIT vom 10.4.1987. Gerhard Spörl:"Vom schönen Traum zum bösen Trauma"

enbundes, IRMGARD REICHHARDT, überraschend zur neuen Landwirtschaftsministerin berufen.[86]

8.3. Von der CDU/FDP-Koalition 1987 zur Abwahl VOGELS 1988

Die rheinland-pfälzische CDU, die sich von dem Wahlausgang in Hessen ermutigt fühlte[87] und die Wiedererringung der absoluten Mehrheit in Mainz 1987 für erreichbar hielt,[88] ging mit ihrem populären Spitzenkandidaten, Ministerpräsident BERNHARD VOGEL in die Landtagswahl. Auf seiten der Sozialdemokraten stand ihm zum dritten Mal ein neuer Bewerber gegenüber: Die SPD hatte 1985 RUDOLF SCHARPING zum Nachfolger des aus gesundheitlichen Gründen zurückgetretenen HUGO BRANDT zu ihrem Vorsitzenden gewählt.[89] Auch die Liberalen gingen mit einem neuen Spitzenkandidaten in die Wahl: Der Mainzer Wirtschaftsdezernent RAINER BRÜDERLE hatte Mitte 1983 die Führung der zu diesem Zeitpunkt außerparlamentarischen FDP übernommen und diese bis 1987 intern konsolidiert. Die FDP hatte sich - wie schon 1983 - zur Bildung einer gemeinsamen Regierung mit der Union bereit erklärt, wenn diese die absolute Mehrheit verlieren sollte.[90] Die rheinland-pfälzischen GRÜNEN hofften nach ihrem knappen Scheitern 1983, daß 1987 der Einzug in den Landtag gelingen würde; sie standen mit ihrer Spitzenkandidatin GISELA BILL einer Zusammenarbeit mit den Sozialdemokraten positiv gegenüber.[91]

Schwer einschätzbar erschien vor der Landtagswahl das mögliche Ergebnis für die erstmals auf Landesebene kandidierende "Freie Wählergemeinschaft" (FWG), die kommunalpolitisch in Rheinland-Pfalz die drittstärkste Kraft nach den beiden großen Parteien darstellte. Vertreter von Union und FDP befürchteten eine Aufsplittung der bürgerlichen Wählerschaft, wodurch im ungünstigsten Fall sich FDP und FWG gegenseitig Stimmen wegnehmen und im ungünstigsten Fall gemeinsam an der Fünf-Prozent-Hürde scheitern und damit eventuell eine rot-grüne Mehrheit ermöglichen würden.[92]

Während bei CDU und FDP Zeichen für eine Annäherung für den Fall des Verlusts der eigenen Mehrheit der CDU zu sehen waren, wurde die koalitionspoliti-

---

[86] Müller 1995, S.114/115

[87] FAZ vom 7.4.1987, Eckhard Kauntz:"Aus Mainzer Sicht werden hessische Verhältnisse jetzt zum Modell"

[88] ZEIT vom 8.5.1987, Carl-Christian Kaiser:"Unwägbarkeiten im Land der Mitte"

[89] Billing, Werner:"Die rheinland-pfälzische Landtagswahl vom 17. Mai 1987: CDU verliert alleinige Regierungsmacht - Koalition nach Bonner Muster", in: ZParl 1/1988, S.7

[90] Billing 1988, S.8; Lerch/Lerch 1989, S.124-127

[91] Billing 1988, S.8/9

[92] ZEIT vom 8.5.1987, Carl-Christian Kaiser:"Unwägbarkeiten im Land der Mitte"; FAZ vom 16.5.1987:"Ein Wahlkampf ohne schrille Töne"

sche Lage der SPD und ihres Spitzenmanns RUDOLF SCHARPING durch die Wahlschlappe in Hessen belastet. Der SPD-Kandidat distanzierte sich während des Wahlkampfs immer deutlicher von den GRÜNEN, den er nach der Hessenwahl und nach ihrem Duisburger Parteitag Anfang Mai "Unfähigkeit zu einer sachbezogenen, realistischen, politischen Arbeit" vorwarf.[93]
Das Wahlergebnis vom 17. Mai brachte der CDU unerwartet deutliche Verluste, den Sozialdemokraten geringe Einbußen, FDP und GRÜNE schafften beide den Sprung in den Mainzer Landtag. Das CDU-Ergebnis von 45,1%, was einen Verlust von 6,8 Prozentpunkten ausmachte, bedeutete ihr schwächstes Landtagswahlergebnis seit 1963. Nach absoluten Stimmen mußte die CDU sogar Verluste von über 320.000 Wählern verkraften, wobei allerdings die wesentlich geringere Wahlbeteiligung im Vergleich zur vorhergehenden Wahl zu berücksichtigen ist: 1987 betrug sie nur 77,0% gegenüber dem bisherigen Spitzenwert bei rheinland-pfälzischen Landtagswahlen von 90,4% 1983.[94] Dieser Wert, der die vorherigen Wahlbeteiligungen von 75-81% deutlich übersteigt, läßt sich mit der 1983 gleichzeitig stattfindenden Bundestagswahl, die nach der Bonner "Wende" zu einer überdurchschnittlichen Mobilisierungswelle in der Wählerschaft führte, erklären.

Grafik 23.1.: Stimmenverteilung bei der rheinland-pfälzischen Landtagswahl am 17.5.1987

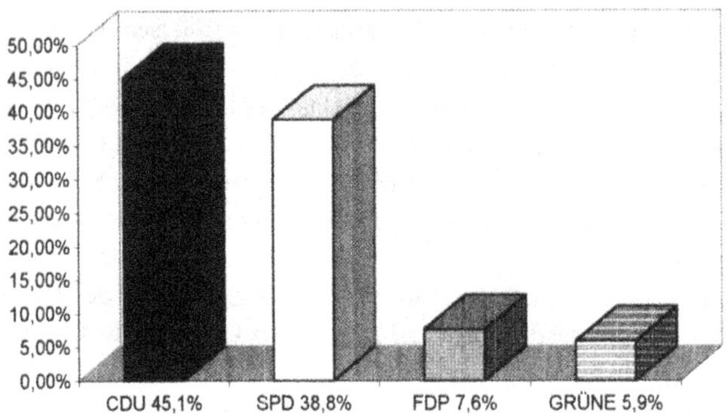

[93] nach: Billing 1988, S.10
[94] Billing 1988, S.13; Statistisches Landesamt RLP (Hrsg.) 1994

Grafik 23.2.: Mandatsverteilung bei der rheinland-pfälzischen Landtagswahl am 17.5.1987

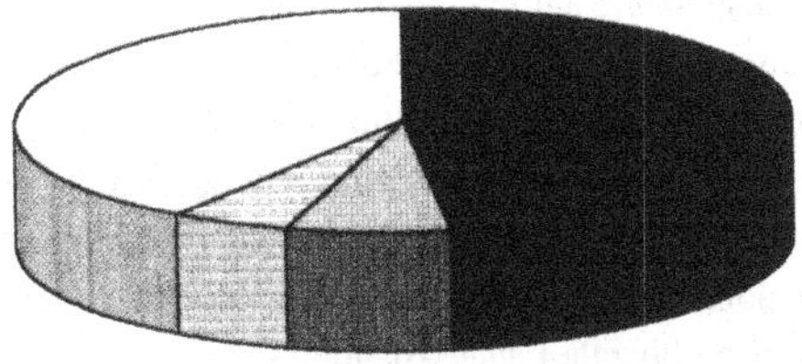

Regional lagen die Gebiete mit den höchsten CDU-Verlusten in den Hochburgen der Union im Norden des Landes. So erreichte sie im Landkreis Daun nur noch 60,6% (-10,1), in Bitburg-Prüm 53,6% (-14,1), in Trier-Saarburg 50,3% (-10,9), in Bernkastel-Wittlich ebenfalls nur noch 50,3% (-14,0). Neben deutlichen Gewinnen der FDP, die jedoch im Landesdurchschnitt lagen, konnten sich hier die Sozialdemokraten entgegen dem Landestrend zum Teil um mehrere Prozentpunkte verbessern. Weitere hohe Verluste mußte die rheinland-pfälzische Union in den südpfälzischen Kreisen hinnehmen, so fiel sie in den Landkreisen Südliche Weinstraße und Pirmasens erstmals seit 1951 bzw. seit 1947 unter die 50-Prozent-Marke. Die FDP konnte besonders herausragende Ergebnisse in den Kreisen Bernkastel-Wittlich (10,4%), Rhein-Hunsrück (9,7%), der Stadt Mainz (8,7%) und dem Kreis Mainz-Bingen (8,7%) erzielen. Die GRÜNEN waren vor allem in den Universitätsstädten Mainz (10,1%) und Trier (8,1%) erfolgreich.[95]
Für die starken Verluste bei der CDU gerade in ihren Hochburgen um Eifel, Hunsrück und Westerwald wurden die verbreitete Unzufriedenheit unter der Bauern- und Winzerschaft als Erklärungsmuster herangezogen. Obwohl nur ein geringer Teil der ländlichen Bevölkerung in den durch Landwirtschaft und Weinbau geprägten Regionen der Landesregierung in einer Befragung zur Landtagswahl der Regierung VOGEL die Verursachung der wirtschaftlich problematischen Lage anlastete, so führte doch der verbreitete Unmut zur Wahl der FDP, zur Enthaltung oder zur Wahl einer Splitterpartei. Von den nicht in den Landtag gelangten Parteien müssen hier vor allem FWG und NPD genannt werden, die mit 1,5 bzw. 0,8% zwar relativ geringe Elektorate auf sich vereinigten, in den Gebieten mit

[95] Statistisches Landesamt RLP (Hrsg.) 1994

den höchsten CDU-Verlusten erreichten die Splitterparteien jedoch zusammen zum Teil Anteile von 4,5 bis 6,5 Prozent der Stimmen.[96]
Andere Themen wie die Arbeitslosigkeit im ländlichen Raum und die Raketenabrüstung konnten in ihrer Auswirkung auf das Wahlverhalten nicht eindeutig mit Wählerbewegungen in Zusammenhang gebracht werden.[97]
Da die Liberalen bei den ebenfalls am 17. Mai stattfindenden Bürgerschaftsneuwahlen in Hamburg neben dem Wiedereinzug ins Parlament auch in die Position eines kleineren Koalitionspartners[98] geraten waren, konnte sich die FDP im Bund nach einer Phase des landespolitischen Niedergangs als deutlich erholt betrachten und zudem durch die erste sozial-liberale Landeskoalition seit dem Bruch in Hessen 1982 zur Auflockerung der sich bislang starr gegenüberstehenden "Blöcke" SPD/GRÜNE versus CDU/FDP beitragen.[99]
Nach der Landtagswahl kam es in Rheinland-Pfalz erwartungsgemäß zu Koalitionsverhandlungen zwischen CDU und FDP, die sich aber überraschenderweise als zäh und konfliktreich erwiesen.[100] Auf großen Widerstand bei der CDU stieß die FDP dabei mit ihren Forderungen nach der Einführung des Zweistimmenwahlrechts bei Landtagswahlen, für die Wahlkreise statt der bisherigen Bezirkslisten eingerichtet werden sollten. Außerdem sollte das Berechnungsverfahren für die Mandatsvergabe vom d'Hondtschen System zu Hare-Niemeyer geändert werden und die Wahl der Landräte in Rheinland-Pfalz durch die Kreistage erfolgen (die bis dahin nach preußischer Tradition Landräte von der Landesregierung ernannt wurden).[101]
In den Verhandlungen konnten sich die Liberalen mit den genannten Punkten schließlich gegenüber dem christdemokratischen Verhandlungspartner durchsetzen: Die außerdem in die Gespräche gebrachte Direktwahl von Landräten und Bürgermeistern und das Recht auf Verbandsklage für Umweltschutzverbände konnten sie hingegen nicht gegenüber der Union festschreiben. Minister in VOGELS neuem Kabinett wurden von freidemokratischer Seite RAINER BRÜDERLE

[96] Billing 1988, S.22; FAZ vom 19.5.1987, Eckhart Kauntz:"Vogel hat ein Brüderle bekommen"; ZEIT vom 22.5.1987, Manfred Berger/Wolfgang G.Gibowski/Dieter Roth:"Viel Bewegung, doch wenig Änderung"
[97] Billing 1988, S.21/22
[98] In Hamburg trat die FDP allerdings als Partner der Sozialdemokraten in die Regierung ein. Saretzki, Thomas:"Die Wahl zur Hamburger Bürgerschaft vom 17. Mai 1987. Zweite Wiederholungswahl bringt erste sozialliberale Koalition seit der Bonner Wende", in: ZParl 1/1988, S.26ff
[99] ZEIT vom 22.5.1987, Robert Leicht:"Auflockerung mit Hindernissen"
[100] FAZ vom 10.6.1987, Eckhart Kauntz:"In Mainz wird erbittert um jedes Komma gerungen"
[101] FAZ vom 11.6.1987:"Die Koalitionsverhandlungen in Mainz vor dem Abschluß"; FAZ vom 15.6.1987, Eckhart Kauntz:"Am meisten Unbehagen bereitet Vogel die Änderung des Wahlverfahrens"

als Wirtschaftsminister und der als linksliberal eingestufte Rechtsanwalt PETER CAESAR als Justizminister.[102]

BERNHARD VOGEL wurde am 23. Juni 1987 mit den Stimmen von CDU und FDP (bei wahrscheinlich einer ungültigen Stimme aus den eigenen Reihen) wiedergewählt, auf die Gegenkandidaten RUDOLF SCHARPING (SPD) und GERNOT ROTTER (GRÜNE) entfielen mit 40 bzw. 5 Voten die Stimmen ihrer Fraktionen. Neben den beiden FDP-Politikern BRÜDERLE und CAESAR nahm VOGEL den bisherigen Fraktionsvorsitzenden der CDU, HANS-OTTO WILHELM, als neuen Umweltminister in sein Kabinett auf.[103]

Mit Letzterem sollte ein möglicher innerparteilicher Konkurrent um die Nachfolge als Regierungschef "neutralisiert" werden; WILHELM hatte in den Jahren 1981-87 die CDU-Fraktion im Mainzer Landtag zu seiner "Hausmacht" aufgebaut. Er verfolgte jedoch auch innerhalb der Regierung, die er mit zu vertreten hatte, weiterhin die Profilierung der Fraktion.[104]

Nach der Bildung der ersten christlich-liberalen Koalition seit 1971 häuften sich mehrere Problemkomplexe zwischen BERNHARD VOGEL, seinen potentiellen Nachfolgern wie HANS-OTTO WILHELM, Innenminister RUDI GEIL und Finanzminister CARL-LUDWIG WAGNER, sowie der CDU-Fraktion und der Landespartei an. Neben erheblichem Unmut über die von der FDP durchgesetzten Änderungen im Landtagswahlrecht[105] sorgten die Liberalen auch für kommunalwahlrechtliche Neuerungen wie der Absenkung der Fünf-Prozent-Hürde, dem Hare-Niemeyer-Verfahren, sowie Möglichkeiten des Kumulierens und des Panaschierens, die allesamt kleineren Parteien zugute kommen und größeren schaden würden.[106] Ministerpräsident VOGEL betonte hinsichtlich der Übereinkünfte mit den Liberalen in der Landesregierung, daß das Verhältnis "immer korrekt und freundlich"[107] gewesen sei. Er ging nach den Koalitionsverhandlungen und den weitreichenden Zugeständnissen der FDP gegenüber von einer harmonischen und längerfristigen Zusammenarbeit aus;[108] die Schwierigkeiten bei der Regierungsbildung und etwaige Unzufriedenheit bei Teilen der Union wurden somit demonstrativ geringgeachtet.

---

[102] FAZ vom 15.6.1987, Eckhart Kauntz:"Am meisten Unbehagen bereitet Vogel die Änderung des Wahlverfahrens"

[103] FAZ vom 24.6.1987:"Bernhard Vogel als Ministerpräsident in Mainz wiedergewählt"

[104] Haungs, Peter:"Der Führungswechsel in der rheinland-pfälzischen CDU: Innerparteiliche Entsolidarisierung oder demokratische politische Kultur?", in: ZParl 4/1989, S.504ff

[105] Zweistimmensystem und Hare-Niemeyer-Verfahren.

[106] Haungs 1989, S.514; FAZ vom 10.3.1988, Eckhart Kauntz:"Vogel will Konturen zeigen"; FAZ vom 7.7.1988:"Neues Wahlrecht in Rheinland-Pfalz"

[107] SWF-Interview mit Vogel, SWF 7952946000

[108] SWF-Interview mit Vogel, SWF 7952946000

VOGELS Überlegungen zu einer Parteireform wurde von vielen CDU-Funktionären nur mit Skepsis aufgegriffen; WILHELM verdeutlichte demgegenüber, daß er einen größeren Einfluß der Mitglieder ohne umfassende Reform durchsetzen wollte. Weiterhin wurde die Einsetzung eines Generalsekretärs für die rheinland-pfälzische CDU, die von VOGEL vorgeschlagen wurde, wegen der befürchteten Kontrollmöglichkeiten gegenüber Funktionären ebenfalls mit Mißtrauen in den Bezirken der Partei verfolgt. Der Regierungschef drängte Kultusminister GEORG GÖLTER dazu, als Generalsekretär zur Verfügung zu stehen; am 12. Oktober präsentierte der Ministerpräsident der Fraktion diesen Personalvorschlag. Daraufhin kündigte WILHELM am 24. Oktober seine Kandidatur gegen VOGEL für das Amt des Landesvorsitzenden an.[109]
Der Frage der Ämtertrennung wurde von VOGEL vor dem Koblenzer Landesparteitag der CDU am 11. November 1988 mit der Koppelung seiner Funktionen in einem Junktim begegnet: Im Falle einer Abwahl als Landesvorsitzender der CDU würde er auch sein Amt als Ministerpräsident zur Verfügung stellen. Der mit großem medialen Aufwand beobachtete Parteitag führte zur überraschend deutlichen Niederlage des langjährigen Landesvorsitzenden und Regierungschefs: VOGEL erhielt lediglich 189, WILHELM dagegen 258 Delegiertenstimmen (bei einer ungültigen Stimme und zwei Enthaltungen). VOGEL erklärte daraufhin seinen Rücktritt als Ministerpräsident zum 12. Dezember 1988, genau 12 Jahre nach seiner Amtsübernahme.[110] Der Ministerpräsident beendete seine kurze Ansprache sichtlich bewegt mit den Worten:"Ich wünsche der rheinland-pfälzischen CDU eine gute Zukunft. Gott schütze Rheinland-Pfalz!"[111]
BERNHARD VOGELS dramatischer Abgang vom Koblenzer Parteitag wirkte sich auf die Mitglieder der rheinland-pfälzischen Union dahingehend aus, daß die Umstände seiner Abwahl und der damit verbundene Rücktritt auch vom Regierungsamt innerparteilich höchst umstritten blieben. Mit dem Sieg WILHELMS über VOGEL wurde erstmals in der bundesdeutschen Parteiengeschichte ein amtierender Landesvorsitzender einer Partei von einem Gegenkandidaten abgelöst, der gleichzeitig Landesminister in einem vom Landesvorsitzenden geführten Kabinett war. Obwohl sich WILHELM nach seiner Wahl mit der Aufforderung an VOGEL richtete, zusammen mit ihm ein "Tandem" aus Landesvorsitzendem und Ministerpräsident zu bilden, verweigerte sich VOGEL, da er nach der Wahlniederlage sei-

---

[109] Haungs 1989, S.507/508

[110] Haungs 1989, S.508-511; SPIEGEL vom 31.10.1988:"Aus dem Tollhaus"; FAZ vom 10.11.1988, Johannes Leithäuser:"In der rheinland-pfälzischen CDU geht es nicht nur um den Parteivorsitz"; FAZ vom 12.11.1988:"Ministerpräsident Vogel tritt zurück"

[111] FAZ vom 12.11.1988:"Ministerpräsident Vogel tritt zurück"; SWF-Berichte vom CDU-Landesparteitag. SWF 7956006800; SWF-Fernseharchiv 577537

ne Basis in der CDU erheblich gefährdet sah, daß er sich auch der Unterstützung von seiten der Fraktion im Landtag nicht mehr sicher glaubte.[112]
Die Einschätzungen der Wahl schwankten während des Parteitags sowie bei späteren Kommentaren zwischen der Zubilligung einer offenen, demokratischen Entscheidung und dem Vorwurf der Selbstzerstörung einer Landespartei, die sich ohne Not von ihrem populären Spitzenmann trenne.[113] Verschiedentlich wurde auf gewisse Parallelen zwischen der Abwahl VOGELS 1988 und der stufenweisen Ablösung ALTMEIERS durch KOHL in den 60er Jahren verwiesen. Beide Vorgänge zeichnen sich jedoch eher durch ihre Differenzen als durch ihre Gemeinsamkeiten aus, da es sich bei der Abwahl ALTMEIERS um einen wirklichen Generationswechsel handelte (zwischen ALTMEIER und KOHL lagen 30 Jahre Unterschied, zwischen WILHELM und VOGEL nur 7 Jahre) und da mit HELMUT KOHLS Wahl auch entscheidende politisch-kulturelle Vorstellungen und politische Ziele verbunden waren, die sich vehement von denen seines Vorgängers unterschieden. Nach der 1988er Entscheidung war dies lediglich hinsichtlich der Frage, wie die Führung der CDU die Politik der Partei attraktiver gestalten könne, der Fall.[114]
Auf der Ebene des Parteiensystems waren zwar beide Führungswechsel in der rheinland-pfälzischen CDU nach dem Verlust der absoluten Mehrheit im Landtag eingeleitet worden. 1963 hatte allerdings die Option auf eine völlige Verdrängung der Union von der Regierungsmacht bestanden,[115] 1987 war dagegen eine Mehrheitsbildung ohne Beteiligung der CDU nicht realistisch gewesen.
Nach VOGELS Rücktritt als Ministerpräsident mußte der Posten des Regierungschefs neu besetzt werden, der neue Landesvorsitzende WILHELM, dessen Ambitionen auf das Regierungsamt bekannt waren, der sich aber wegen der gerade postulierten Ämtertrennung VOGEL nicht in beiden Funktionen beerben konnte, unterstützte dabei die Nominierung von Finanzminister WAGNER. Mit diesem Zug schien WILHELM Sympathien der vornehmlich in VOGELS pfälzischer Heimat anzutreffenden Gegner seiner Person gewinnen zu können, da er die Verbindung zwischen dem neuen Vorsitzenden und einem langjährigen Mitglied des Kabinetts symbolisiere.[116]
WAGNER wurde nach VOGELS Rücktritt im Dezember neuer Ministerpräsident; die danach von seiten WILHELMS vorgebrachte Tandemlösung wurde Mitte 1990 von WILHELM und WAGNER fest vereinbart und schließlich auch auf dem Lan-

[112] SWF-Bericht vom CDU-Landesparteitag, SWF 7956006800
[113] FAZ vom 12.11.1988:"Selbstzerstörung"
[114] Haungs 1989, S.525; ZEIT vom 18.11.1988, Joachim Fritz Vannahme:"Weit übers Ziel hinaus"; FAZ vom 21.11.1988, Johannes Leithäuser:"Aufrecht und regungslos"
[115] vergl. Kap. 6.7.
[116] FR vom 21.11.1988, Michael Grabenströer:"Wilhelm entschied erst einmal gegen Wilhelm"

desparteitag der CDU am 9. September 1990 angenommen. Danach sollte WAGNER die CDU in den Landtagswahlkampf 1991 führen, nach einem Wahlsieg der Union sollte dann Ende 1992 sein Amt an HANS-OTTO WILHELM abgeben.[117] Anfang 1989 bereitete sich das rheinland-pfälzische Tandem WILHELM/WAGNER jedoch zunächst auf die Kommunalwahlen im Juni vor, die ein über die Parteizirkel hinausgehendes Stimmungsbild zur neuen Doppelspitze ergeben sollte. Vor den rheinland-pfälzischen Kommunalwahlen fanden am 12. März 1989 aber zunächst die Wahlen zu den lokalen Parlamenten in Hessen statt: Hier verlor die CDU landesweit über fünf Prozentpunkte, SPD und GRÜNE konnten sich als Wiesbadener Oppositionsparteien größtenteils deutlich verbessern. Zu einem Erdrutsch zuungunsten der CDU kam es vor allem bei der Frankfurter Gemeindewahl, wo die Union unter WALLMANNS Nachfolger BRÜCK 13 Prozentpunkte verlor und SPD (40,1%) und GRÜNE (10,1%) gemeinsam eine Mehrheit in der Mainmetropole erringen konnten. Einen Erfolg konnte die rechtsradikale NPD (6,6%) verbuchen, die 1985 noch nicht zur Wahl angetreten war und die im März 1989 den Sprung in den Römer schaffte.[118]
Auch in anderen Städten und Kreisen konnten SPD und GRÜNE Gewinne verbuchen: So konnten die Sozialdemokraten beispielsweise eine absolute Mehrheit in der Landeshauptstadt Wiesbaden erringen und diese in Kassel ausbauen. Die GRÜNEN steigerten ihren Stimmenanteil in den Städten Gießen (von 8,4 auf 13,8%), Marburg (von 11,4 auf 17,5%) und Darmstadt (von 9,5 auf 19,0%) beträchtlich. In Darmstadt mußten die Sozialdemokraten hingegen ihre größten Einbußen hinnehmen, hier wurde offensichtlich die abweisende Haltung der SPD gegenüber den GRÜNEN auf kommunaler Ebene von den Wählern nicht honoriert. Rechtsextreme Parteien, die nur in wenigen Gemeinden angetreten waren, gelang die Überschreitung der Fünf-Prozent-Hürde in Frankfurt, im Main-Kinzig-Kreis und im Kreis Hersfeld-Rotenburg, in denen die NPD über die Sperrklausel gelangte. Im Wetteraukreis und im Rheingau-Taunus-Kreis konnten hingegen die Republikaner die Fünf-Prozent-Grenze meistern.[119]
Das für die Wiesbadener Regierungsparteien niederschmetternde Ergebnis der hessischen Kommunalwahlen läßt sich in einer Reihe mit anderen Niederlagen von CDU und FDP sehen: Bereits im Mai 1988 hatten die Landesverbände beider

[117] Parlament Nr.52/53, 23./30.12.1988:"Umbildung der Landesregierung"; Werner Billing:"Die rheinland-pfälzische Landtagswahl vom 21. April 1991: Machtwechsel im Mainz nach 44 Jahren", in: ZParl 4/1991, S.586
[118] Behr/Breit/Lilge/Schissler 1989, S.48ff; ZEIT vom 10.3.1989, Gunter Hofmann:"Vor dem Ende einer Ära"; FR vom 14.3.1989, Claus Gellersen:"Die CDU stürzte um 13 Prozent"
[119] Hessisches Statistisches Landesamt (Hrsg.) 1989, S.114/115; FR vom 14.3.1989, Richard Meng:"Wähler honorieren rot-grüne Bündnisse"

Parteien bei der Neuwahl zum schleswig-holsteinischen Landtag infolge der "Barschel-Affäre"[120] dramatische Verluste zu verzeichnen. Die Union sackte dabei auf ein Drittel der Stimmen ab, die FDP mußten aus dem Parlament ausscheiden, die SPD gewann dagegen die absolute Mehrheit in Kiel.[121] In West-Berlin war es nach der Abgeordnetenhauswahl vom Januar 1989 ebenfalls zu einem Regierungswechsel gekommen, da auch hier die CDU herbe Verluste einstecken mußte, die FDP den Wiedereinzug nicht schaffte und SPD und AL Gewinne verzeichnen konnten. In West-Berlin gelang den Republikanern mit 7,5% ein bundesweit beachtetes Resultat, das die rechtsextreme Partei erstmals in ein Landesparlament brachte.[122]

Nach den Wahlen in Berlin und in Hessen wurden Überlegungen laut, die eine Verschiebung der Kräfteverhältnisse auch bundesweit zu einem Fünf-Parteien-System unter Beteiligung der Republikaner antizipierten.[123]

In diesem Zusammenhang sorgte eine Äußerung des rheinland-pfälzischen Ministerpräsidenten WAGNER für Unmut auch in den eigenen Reihen, da dieser öffentlich den Republikanern Verfassungstreue bescheinigte und über mögliche Koalitionen mit ihnen nachdachte, während er gleichzeitig die Verfassungsnähe der GRÜNEN anzweifelte.[124] Die vom Landesvorsitzenden WILHELM und später auch von WAGNER selbst korrigierten Äußerungen[125] wurden im Hinblick auf die anstehende rheinland-pfälzische Kommunalwahl und Befürchtungen laut, rechtsradikale Parteien könnten - gerade wegen der von den Liberalen herbeigeführten Absenkung der Sperrklausel auf 3,03% - in Zukunft in zahlreichen Gemeideparlamenten vertreten sein.

Die gleichzeitig mit der Europawahl im Juni 1989 stattfindenden Kommunalwahlen in Rheinland-Pfalz brachten den Christdemokraten erneut hohe Verluste, die sie erstmals in der Geschichte des Landes nur zur zweitstärksten Partei nach der SPD werden ließen. Bei Einbußen von landesweit 7,8% erreichte die CDU auf kommunaler Ebene nur noch 37,6%, die SPD dagegen 42,5%, die FDP kam auf 5,8, die GRÜNEN auf 7,4%, freie Wählergruppen erreichten gemeinsam 5,8%.[126]

---

[120] Die Verstrickung des späteren SPD-Ministerpräsidenten Engholm in die Affäre um die Bespitzelung seiner Person durch den früheren CDU-Regierungschef Barschel sollte erst 1994 bekannt werden. AG.

[121] Bürklin, Wilhelm P.:"Die schleswig-holsteinische Landtagswahl vom 8. Mai 1988. Eine grundsätzliche Wahl zur politischen Erneuerung", in: ZParl 1988, S.482ff

[122] Schmollinger, Horst W.:"Die Wahl zum Abgeordnetenhaus von Berlin am 29. Januar 1989. Ein überraschender Wandel im Parteiensystem", in: ZParl 1989, S.309ff

[123] So z.B. die ZEIT vom 17.3.1989:"Auf dem Weg zum Fünf-Parteien-System?"

[124] FR vom 21.3.1989, Michael Grabenströer:"Was Wagner anrichtet, muß Wilhelm reparieren"

[125] CWRM vom 5.5.1989, Jürgen Wahl:"Ein Nothelfer hält eigenen Kurs"

[126] Statistisches Landesamt RLP (Hrsg.) 1994; FR vom 23.6.1989, Michael Grabenströer:"Sozialdemokraten sind erstmals stärkste Partei"

Bei den Europawahlen hatte sich bundesweit durch einen spektakulären Erfolg der Republikaner die zuvor vermutete Tendenz zum Fünf-Parteien-System bestätigt: Da vor allem die Unionsparteien drastisch von 46,0% auf 37,8% zurückgefallen waren, konnten sie auch zusammen mit der wieder über die Sperrklausel gelangten FDP nicht die Mehrheit der Abgeordneten für das Straßburger Parlament stellen, da die den Republikanern zugefallenen Stimmen eine Mehrheit für die Bonner Koalition genauso wie für die rot-grüne Opposition verhinderten.[127] Bei den Landesergebnissen der Europawahl wurden die Sozialdemokraten in Hessen wie auch in Rheinland-Pfalz zur stärksten Partei, in Hessen sprangen die REPs jedoch klar über fünf Prozent (6,5%), während sie im Nachbarland unter der Hürde blieben (4,7%).

Nach diesem Europawahlergebnis wurde auf der Bundesebene die Möglichkeit zur Bildung einer "Ampelkoalition" aus SPD, GRÜNEN und FDP für den Fall, daß nach der Bundestagswahl 1990 ein ähnliches Ergebnis auch in Bonn zustandekommen würde, diskutiert.[128] In Rheinland-Pfalz wies der FDP-Landesvorsitzende BRÜDERLE darauf hin, daß in bestimmten Gemeinden und Kreisen die Zusammenarbeit mit den Sozialdemokraten gesucht werden könne; die Tatsache, daß die Liberalen gemeinsam mit der Union die Landesregierung stellten, würde nicht bedeuten, daß man sich andersartigen Bündnissen verschließen müsse.[129] Ein halbes Jahr nach der Abwahl VOGELS verschärften sich nach dem schwachen Abschneiden der rheinland-pfälzischen CDU bei den Kommunal- und Europawahlen die Auseinandersetzungen um die neue Führung: Während WILHELM von einigen Parteifreunden zur raschen Übernahme des Regierungsamts gedrängt wurde, wurde andererseits die Abberufung von drei Landesministern zur Verbesserung des CDU-Images im Land gefordert.[130] Ein weiterer Vorstoß WILHELMS zur Trennung von Amt und Mandat auch bei anderen Funktionsträgern zielte augenscheinlich auf die Entmachtung der drei CDU-Bezirksvorsitzenden RUDI GEIL (Koblenz-Montabaur, außerdem Innenminister), GEORG GÖLTER (Rheinhessen-Pfalz, außerdem Kultusminister) und CARL-LUDWIG WAGNER (Trier, außerdem Ministerpräsident).[131]

[127] FAZ vom 20.6.1989:"Nur in der FDP ungeteilte Freude - CDU, SPD und Grüne unzufrieden"

[128] taz vom 26.6.1989, Gerd Nowakowski:"Das Gespenst einer großen Koalition geht wieder um"; SPIEGEL vom 3.7.1989:"Eine verdammt schwierige Kiste"

[129] FR vom 23.6.1989:"FDP zeigt Interesse an Koalition mit der SPD"

[130] Dabei sollen Sozialministerin Hansen, Landwirtschaftsminister Ziegler und Bundesminister Martin aus der eigenen Partei kritisiert worden sein, SPIEGEL 26.6.1989:"Tandem auf Talfahrt". Hansen und Ziegler wurden schließlich im Juni 1990 von ihren Ämtern entlassen, FAZ vom 21.6.1990:"Wagner tauscht in Mainz zwei Minister aus"

[131] AZMz vom 8.4.1989, Klaus Mümpfer:"Das Wespennest und die Glaubwürdigkeit"; SPIEGEL vom 26.6.1989:"Tandem auf Talfahrt"

Die Streitigkeiten innerhalb der CDU konnten bis zur nächsten Landtagswahl im April 1991 nur vorübergehend beigelegt werden. Vor allem in der Öffentlichkeit verfestigte sich der Eindruck einer nach der Neubesetzung durch WILHELM und WAGNER zutiefst zerstrittenen Partei, die zudem mit der "Tandemlösung" nicht ausreichend überzeugen konnte.[132] Gegenüber einer in personellen Querelen verstrickten CDU nutzte der Landesvorsitzende der SPD, RUDOLF SCHARPING, die Gunst der Stunde und sorgte mit Kreisbereisungen sowie mit einer Öffnung der Sozialdemokraten gegenüber Handwerk, Mittelständlern, Winzern und Landwirten für eine deutliche Verbesserung der Ausgangslage seiner Partei für die kommende Landtagswahl. Ende 1989 wurde für SCHARPING im Rahmen einer Infas-Umfrage bereits ein deutlich höherer Beliebtheitswert ermittelt als für HANS-OTTO WILHELM.[133]

Vor den Landtagswahlen des Jahres 1991 sorgte die ganz im Zeichen der Wiedervereinigung Deutschlands stehende Bundestagswahl vom 2. Dezember 1990 für einen überragenden Sieg der Koalitionsparteien, der vor allem auf das Konto der FDP ging, da Außenminister GENSCHERS Rolle als "Architekt der Einheit" offensichtlich von zahlreichen Wählern goutiert wurde. Bundesweit erzielten die Unionsparteien 43,8%, die FDP 11,0%, die SPD fiel - vor allem wegen ihrer äußerst schwachen Wählerbasis in den neuen Bundesländern - auf insgesamt 33,5% zurück. Da bei dieser Wahl separate Listen in West- bzw. in Ostdeutschland kandidieren konnten und nur in einem der beiden Wahlgebiete die Fünf-Prozent-Grenze überspringen mußten, waren außerdem das aus der Bürgerrechtsbewegung entstandene "Bündnis '90" (6,0% Ost, insgesamt 1,2%) sowie die aus der SED hervorgegangene "Partei des Demokratischen Sozialismus" (PDS) (11,1% Ost, insgesamt 2,4%) im neuen Bundestag vertreten. Die (West-)GRÜNEN erreichten dagegen mit nur 4,8% im Wahlgebiet West den Wiedereinzug in den Bundestag nicht.[134] Die Landesresultate von Rheinland-Pfalz und Hessen unterschieden sich vor allem bezüglich der kleinen Parteien: Die CDU erwies sich in beiden Ländern als stabil, die SPD mußte geringfügige Einbußen hinnehmen, die Liberalen kletterten jedoch in beiden Ländern auf über 10% der Stimmen. Bei den GRÜNEN wurde die unterschiedliche Verankerung in der Wählerschaft erneut deutlich: In Hessen erhielten sie mit 5,6% ein zwar wesentlich schwächeres Re-

[132] Billing 1991, S.596/597

[133] Billing 1991, S.587; StZ vom 19.12.1989, Heidi Parade:"Tandemfahrer ohne Talent zum reibungslosen Gleichtakt"

[134] Emmert, Thomas:"Politische Ausgangslage vor der Bundestagswahl 1994. Entwicklung der Parteien, Themen und Kandidaten in Ost und West"; FAZ vom 20.11.1990, Elisabeth Noelle-Neumann:"Für die Union ein Wahlkampf wie vor 25 Jahren"; FAZ vom 4.12.1990:"Wo die SPD verliert, gewinnt die CDU", ZEIT vom 7.12.1990, Wolfgang G.Gibowski/Dieter Roth:"Die wählerischen Wähler"

sultat als 1987, sie blieben jedoch neben Baden-Württemberg von den westlichen Flächenländern nur in Hessen über der Sperrklausel, während die Ökopartei in Rheinland-Pfalz hingegen klar darunter fiel (4,0%).[135]
Ende 1990 konnten sich die in der Bundestagswahl bestätigten Regierungsparteien CDU/CSU und FDP erneut auf eine Mehrheit unionsregierter Länder im Bundesrat stützen. Mit der niedersächsischen Landtagswahl vom 13. Mai 1990 war diese zwar vorübergehend verloren worden, aber nach dem Beitritt der ostdeutschen Länder zur Bundesrepublik, nach den ersten Landtagswahlen am 14. Oktober 1990 und nach der Wahl zum Berliner Abgeordnetenhaus, die zeitgleich mit der Bundestagswahl verlief, hatte sich im vergrößerten Bundesrat wieder eine Mehrheit für die unionsregierten B-Länder ergeben. Die unionsgeführten Länder

- Baden-Württemberg und Bayern (je 6 Stimmen)
- Rheinland-Pfalz, Hessen, Sachsen, Thüringen, Sachsen-Anhalt (je 4 Stimmen) und
- Mecklenburg-Vorpommern (3 Stimmen)

standen den SPD-geführten Ländern

- Nordrhein-Westfalen und Niedersachsen (je 6 Stimmen)
- Brandenburg und Schleswig-Holstein (je 4 Stimmen) sowie
- dem Saarland, Bremen und Hamburg (je 3 Stimmen)

gegenüber.

Die von CDU, CSU und FDP regierten Ländern verfügten somit über 35 Stimmen, die SPD-geführten Länder[136] über 29 Stimmen, das von einer Großen Koalition regierte Berlin hatte 4 nun voll stimmberechtigte Mitglieder im Bundesrat.
Die 1991 anstehenden Wahlen in Hessen und in Rheinland-Pfalz wurden in dieser Situation in besonderem Maße zu Landtagswahlen, die auch über die Mehrheitsverhältnisse im Bundesrat entscheiden sollten, da bei Niederlagen der Union in beiden Ländern die Mehrheiten in der Länderkammer kippen könnten.
Aber nicht nur bundespolitische Einflüsse waren vor den Landtagswahlen 1991 von Bedeutung, da vor allem in Rheinland-Pfalz nach der Abwahl Ministerpräsident VOGELS die Zerrissenheit innerhalb der Union bezüglich parteiorganisatorischen Fragen und wegen der als zu weitgehend empfundenen Zugeständnisse für den Koalitionspartner FDP für Schwierigkeiten bei der langjährigen Regierungs-

[135] Hessisches Statistisches Landesamt (Hrsg.) 1992. S.112; Statistisches Landesamt RLP (Hrsg.) 1994; FAZ vom 4.12.1990:"Die Wahl zum ersten gesamtdeutschen Bundestag"
[136] Die SPD war dabei auf mehrere Koalitionsregierungen angewiesen: in Brandenburg regierte sie zusammen mit Bündnis'90 und der FDP, in Hamburg mit der FDP und in Niedersachsen mit den GRÜNEN.

partei sorgte. Ein gleichzeitig bei Bauern, Winzern und Kleinbetrieben für die Unterstützung seiner Partei werbender Oppositionskandidat SCHARPING sollte für eine Öffnung der SPD zu wichtigen Wählergruppen im konservativ strukturierten Rheinland-Pfalz sorgen. Im folgenden wird zu klären sein, wie sich die umrissene Konstellation auf die rheinland-pfälzische Landtagswahl ausgewirkt hat, vor welcher aber zunächst der hessische Urnengang stehen sollte.

8.4. Doppelter Regierungswechsel nach dem Jahr der Wiedervereinigung: Von WALLMANN zu EICHEL und von WAGNER zu SCHARPING

Die hessische Landtagswahl wurde durch Einwirken Ministerpräsident WALLMANNS bereits für den 20. Januar 1991 anberaumt, da sich WALLMANN und die Regierungsparteien CDU und FDP erhofften, nach der für sie erfolgreich abgeschlossenen Bundestagswahl "im Windschatten dieses Trends zu segeln".[137] Die Oppositionsparteien SPD und GRÜNE hatten im Wahlkampf das Problem zu bewältigen, daß sie gegen den Trend der Bundestagswahl ankämpfen mußten, die für beide Parteien enttäuschend verlaufen war. In beiden Parteien bestand vor der Wahl wegen der Absicht, die rot-grüne Koalition zu einer Neuauflage zu bringen, Klarheit bezüglich einer möglichen Zusammenarbeit. Diese wurde auf seiten der GRÜNEN durch die Durchsetzung des Realo-Flügels und bei den Sozialdemokraten durch ihren neuen Spitzenkandidaten, den Kasseler Oberbürgermeister HANS EICHEL, verdeutlicht. EICHEL hatte in Kassel 1981, nachdem die SPD ihre langjährige absolute Mehrheit im Stadtparlament verloren hatte, als erster Oberbürgermeister der Bundesrepublik eine Koalition mit den GRÜNEN gebildet. Durch EICHELS Wahl zum Landesvorsitzenden hatte sich ein Politiker bei den Sozialdemokraten durchgesetzt, der einerseits in der traditionellen nordhessischen SPD verankert war, der sich aber andererseits deutlich für zuvor von den GRÜNEN proklamierte Politikziele - wie Frauengleichstellung, Ausstieg aus der Atomenergie und eine ökologischere Verkehrspolitik - eingesetzt hatte.[138] Ministerpräsident WALLMANN, dessen als "glanzlos"[139] beschriebene Regierungszeit kurz vor der Bundestagswahl 1990 vom Rücktritt seines Innenministers MILDE wegen einer Abhöraffäre belastet worden war,[140] mußte Anfang 1991 wegen der überraschend langwierigen Koalitionsverhandlungen in Bonn, die von Diskussio-

[137] Schmitt-Beck, Rüdiger:"Die hessische Landtagswahl vom 20. Januar 1991: Im Schatten der Weltpolitik kleine Verschiebungen mit großer Wirkung", in: ZParl 2/1991, S.227
[138] Rupp 1994, S.97; Schmitt-Beck 1991, S.230
[139] Schmitt-Beck 1991, S.229
[140] FAZ vom 7.11.1990:"Hessischer Innenminister wegen Abhöraffäre zurückgetreten"

nen um die Einführung höherer Steuern und Abgaben begleitet wurden, zunehmenden Unmut in der Wählerschaft erwarten.[141] Die FDP hatte sich unter ihrem Vorsitzenden GERHARDT klar für die Fortführung der Koalition mit der CDU ausgesprochen, nach dem Rücktritt MILDES bestand sie allerdings auf dem Eingeständnis seitens der Union, alleine für den politischen Fehltritt verantwortlich zu sein, was zu einer Verstimmung zwischen den Koalitionspartnern beitrug.[142]
Überschattet wurde die Landtagswahl durch den im Januar beginnenden Golfkrieg, bei dem sich UNO-Truppen unter Führung der USA für eine Befreiung Kuwaits einsetzten, das von Irakischen Einheiten Mitte 1990 besetzt worden war. Gerade die Oppositionsparteien stellten ihren Wahlkampf ganz unter das Thema Golfkrieg, wobei von SPD und GRÜNEN die Militäraktionen der Alliierten am Golf kritisiert wurden.[143]
Das Resultat der Wahl brachte allen Parteien bei einer drastisch fallenden Wahlbeteiligung hohe Verluste an absoluten Wählerstimmen. Da diese jedoch bei den Sozialdemokraten geringer ausfielen als bei den Christdemokraten, konnte die SPD wieder knapp zur stärksten Partei aufstiegen. Da bei dieser Landtagswahl erstmals Wahlkreis- und Landesstimmen - vergleichbar mit den Erst- und Zweitstimmen bei Bundestagswahlen - abgegeben werden konnten, entstanden zwei unterschiedliche Teilresultate im Vergleich zur Landtagswahl 1987. Ausschlaggebend für die Sitzverteilung im Wiesbadener Landtag waren jedoch die Landesstimmen.

Grafik 24.1.: Stimmenverteilung bei der Hessischen Landtagswahl am 20.1.1991

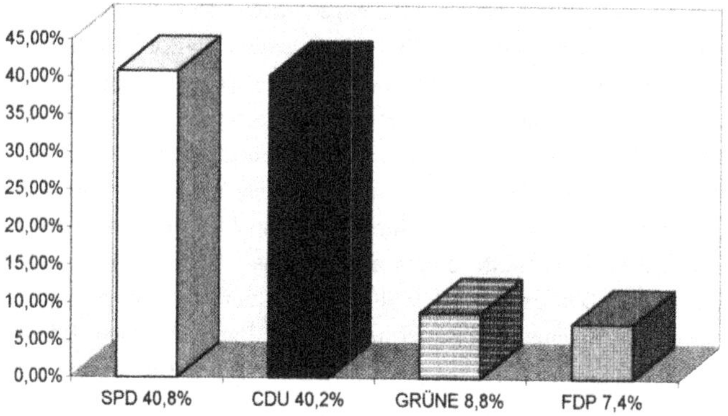

[141] Schmitt-Beck 1991, S.229
[142] Schmitt-Beck 1991, S.229; Staudt 1996, S.134; FAZ vom 20.11.1990:"Gerhardt: CDU soll Fehler eingestehen"
[143] Schmitt-Beck 1991, S.231; Rupp 1994, S.97

Grafik 24.2.: Mandatsverteilung bei der Hessischen Landtagswahl am 20.1.1991

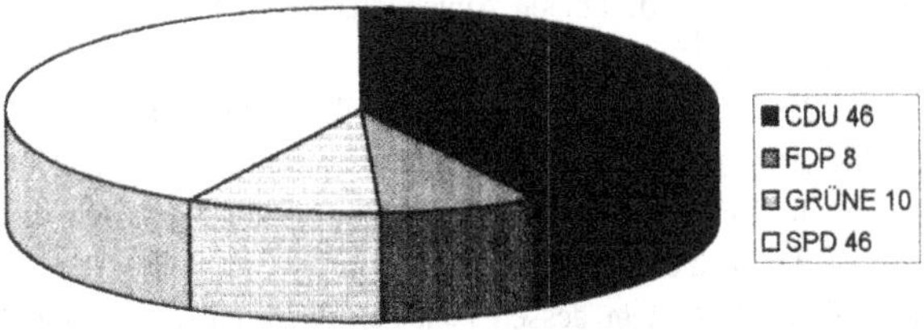

[144]

Bei nur minimalen Veränderungen im Kräfteverhältnis der Parteien zueinander verloren CDU und FDP je ein Mandat, was sich aber bei den knappen Mehrheitsverhältnissen als entscheidend erweisen sollte. Die Sozialdemokraten gewannen zwei Sitze und konnten danach mit den stabil gebliebenen GRÜNEN die neue Landesregierung bilden.

Regional betrachtet siegte die SPD in den nord- und mittelhessischen Wahlkreisen, im Rhein-Main-Gebiet jedoch, und hier insbesondere in Frankfurt, blieb die CDU dagegen die führende Kraft. Bei diesem knappen Wahlausgang ist ein Blick auf die "anderen" Parteien von Interesse: Unter ihnen bilden die Republikaner mit insgesamt 1,7% Landesstimmen die größte Gruppe. Sie erreichten in verschiedenen Wahlkreisen im Rhein-Main-Gebiet mit bis zu drei Prozent bessere Ergebnisse als im Durchschnitt. Stärkeren Zulauf fanden die Republikaner bei den unter 30jährigen männlichen Wählern und bei den 50-60jähringen männlichen Wählern. Auch die GRAUEN als Interessenpartei älterer Menschen erreichten zwar landesweit nur 0,6% der Landesstimmen, doch schienen gerade die geringen Verluste des Regierungslagers ihnen und den Republikanern zugute gekommen zu sein; die Oppositionsparteien SPD und GRÜNE blieben hingegen im prozentualen Saldo (+0,6 bzw. -0,6 Punkte) ausgeglichen.[145]

Obwohl GRÜNE und FDP bei den Wahlkreisstimmen schwächer abgeschnitten hatten als bei den Landesstimmen, bleibt festzuhalten, daß die beiden kleineren Parteien auch bei den Stimmen für die Direktkandidaten jeweils deutlich über der Fünf-Prozent-Marke lagen. Einen wichtigen Hinweis für das wesentlich schwächere Abschneiden von CDU und FDP im Vergleich zur Bundestagswahl lieferten Umfragedaten, die verdeutlichten, daß die hessische Wählerschaft die Bun-

[144] Hessisches Statistisches Landesamt (Hrsg.) 1992, S.114ff; Schmitt-Beck 1991, S.235

[145] Hessisches Statistisches Landesamt (Hrsg.) 1992, S.114ff; Schmitt-Beck 1991, S.235-237; ZEIT vom 25.1.1991, Norbert Kostede: "Nummer eins und Nummer zwei"

desorganisationen beider Parteien als wesentlich kompetenter einschätzte als die beiden Landesparteien. Auch konnte sich Ministerpräsident WALLMANN in der vergangenen Legislaturperiode keinen Amtsbonus gegenüber seinem Herausforderer EICHEL erarbeiten.[146]

Gleichzeitig mit der Landtagswahl wurden zwei Volksabstimmungen zur Änderung der Landesverfassung durchgeführt: Die Direktwahl von Bürgermeistern und Landräten sowie die Verankerung des Umweltschutzes als Staatsziel wurden von 82,0 bzw. 81,6% der Wähler unterstützt.[147]

Die Ablösung WALLMANNS, in dessen Amtszeit sich kein radikaler politischer Umschwung (etwa im Bereich der Schulpolitik) ereignet hatte, wurde nach mehrwöchigen Koalitionsverhandlungen zwischen SPD und GRÜNEN mit der Wahl HANS EICHELS zum neuen Regierungschef am 5. April 1991 problemlos betrieben. Beide Koalitionsparteien fanden dabei unter anderen Bedingungen als während des ersten rot-grünen Experiments zusammen, da bei den Sozialdemokraten die ökologische Themenbereiche im Vergleich zur Regierungszeit BÖRNERS nun auch mehrheitlich von sozialdemokratischer Seite vertreten wurden und da auf seiten der GRÜNEN der realpolitische Flügel mittlerweile eindeutig dominierte. In der neuen Landesregierung stellten die GRÜNEN mit ihren Spitzenkandidaten JOSCHKA FISCHER und IRIS BLAUL den Minister für Umwelt, Energie und Bundesangelegenheiten und die Ministerin für Jugend, Familie und Gesundheit. FISCHER wurde außerdem stellvertretender Ministerpräsident.[148]

EICHELS Kabinett, das - ein Novum in der Geschichte bundesdeutscher Landesregierungen - je zur Hälfte von Männern und Frauen besetzt wurde, wies in einigen Positionen Quereinsteigerinnen auf, die sich nicht auf eine Hausmacht innerhalb der SPD verlassen konnten. HEIDE PFARR, Ministerin für Arbeit, Frauen und Sozialordnung, ANNETTE FUGMANN-HEESING, Finanzministerin, und EVELIES MAYER, Ministerin für Wissenschaft und Kunst (alle SPD) sollten jedoch aufgrund fehlender Unterstützung aus den Reihen ihrer Partei und wegen bürokratischer Hindernisse bis zum Ende der Legislaturperiode 1995 entweder aus dem Amt scheiden müssen oder politisch wirkungslos bleiben.[149]

Weitere Ministerposten übernahmen in EICHELS Regierung die SPD-Politiker HERBERT GÜNTHER (Inneres und Europaangelegenheiten), HARTMUT HOLZAPFEL (Kultus), CHRISTINE HOHMANN-DENNHARDT (Justiz), ERNST WELTECKE (Wirt-

---

[146] Schmitt-Beck 1991, S.231/232; Staudt 1996, S.136

[147] Schmitt-Beck 1991, S.242

[148] Kleinert 1994, S.160/161; taz vom 11.3.1991, Klaus-Peter Klingelschmitt:"Grüne Koalitionäre stehen in der Pflicht"; SZ vom 6.4.1991, Evelyn Roll:"SPD-Politiker Eichel neuer Ministerpräsident Hessens"

[149] Meng, Richard:"Abgekoppelt, aber doch stabil. Parteieliten, Mitglieder und Wähler in Hessen", in: Heidenreich/Schacht (Hrsg.) 1996, S.297

schaft und Technik) sowie JÖRG JORDAN (Landesentwicklung, Wohnen, Landwirtschaft, Forsten und Naturschutz).[150]
Zwischen dem Landtagswahltermin im Januar und der Konstituierung des Parlaments im April entstand innerhalb der Sozialdemokraten wegen des Rücktritts des Frankfurter Oberbürgermeisters VOLKER HAUFF und wegen der Besetzung von Staatssekretärsposten in der Landesregierung einiger Unmut. Nach dem Rücktritt HAUFFS, der einer rot-grünen Koalition in der Mainmetropole vorstand, zeigte die Frankfurter SPD bei der Suche nach einem Nachfolger phasenweise ein chaotisches Bild. In der hessischen SPD zeigten sich gleichzeitig viele Frauen unzufrieden über die Tatsache, daß EICHEL nicht auch auf der zweiten Regierungsebene das gleiche Maß an Geschlechterparität wie bei der Besetzung des Kabinetts durchhalten konnte.[151]
Auf seiten der Christdemokraten wurde durch die Wahl MANFRED KANTHERS zum neuen Fraktionsvorsitzenden, der sich gegen den 32jährigen ROLAND KOCH durchsetzen konnte, Anfang Februar eine Vorentscheidung für die 1992 anstehende Wahl eines neuen Landesvorsitzenden der CDU getroffen. Nach Ankündigungen WALLMANNS, das Amt erst turnusgemäß an einen anderen Politiker übergeben zu wollen, waren gleich nach der verlorenen Landtagswahl Spekulationen über einen sofortigen Rücktritt bekannt geworden; im April gab WALLMANN schließlich doch seinen vorzeitigen Verzicht auf die Führung der Landes-CDU bekannt, so daß auf dem Landesparteitag am 8. Juni 1991 in Frankfurt KANTHER zum neuen Landesvorsitzenden gewählt werden konnte.[152]
Die Konstituierung des neuen Hessischen Landtags fiel - die Wahl war um zwei Monate vorgezogen worden - zusammen mit dem Wahlkampf im Nachbarland Rheinland-Pfalz. Hier waren wegen der Zerstrittenheit innerhalb der CDU beim Koalitionspartner FDP Zweifel über den Fortbestand der Koalition nach der Landtagswahl am 21. April 1991 aufgekommen. Während der FDP-Bundesvorsitzende OTTO GRAF LAMBSDORFF die Koalitionsaussage der Landes-FDP zugunsten der Union als "eindeutig" bezeichnete, so beließ es der Landesvorsitzende BRÜDERLE bei einer Erklärung, die Koalition fortsetzen zu wollen, wobei er allerdings ein mögliches Bündnis mit der SPD nicht kategorisch ausschloß. Die Bildung einer rot-grünen Koalition wurde dagegen von BRÜDERLE ebenso wie eine Große Koaliton energisch bekämpft.[153] Die Liberalen versuchten sich im

[150] SZ vom 6.4.1991:"Die neue Regierung in Hessen"
[151] SZ vom 18.3.1991, Evelyn Roll:"Unter der 'sozial-ökologischen Sonne'"
[152] Opdenhövel, Patrick:"Neuer Aufbruch. Die CDU Hessen unter Manfred Kanther seit 1991", in: Heidenreich/Wolf (Hrsg.) 1995, S.126-130
[153] FAZ vom 5.4.1991:"Brüderle regt Wechsel im FDP-Vorsitz schon für November an"

Wahlkampf als "die treibende Kraft" in der Landespolitik zu präsentieren und sich von dem Negativtrend für die CDU abzusetzen.[154]
Unterschiedlich gestalteten sich die Erwartungen der Oppositionsparteien SPD und GRÜNE an die anstehende Landtagswahl, da sich die SPD unter der Führung RUDOLF SCHARPINGS nach dem sehr guten Kommunalwahlergebnis von 1989 und günstigen Umfragewerten Chancen auf die Ablösung der Union als stärkster Partei im Mainzer Landtag ausrechnete. Die GRÜNEN mußten dagegen um den Wiedereinzug in den Landtag bangen, da sie bei Umfragen lediglich bei fünf Prozent der Stimmen lagen und da ihnen ein wahlkampfträchtiges Thema aus dem Bereich der Umweltpolitik zur eigenen Profilierung fehlte.[155]
Die Sozialdemokraten stellten sich im Wahlkampf mit einem Schattenkabinett vor, das durch die Beteiligung von zwei Spitzenmanagern für die Ämter des Finanz- und des Wirtschaftsministers die höhere Kompetenz, die der rheinland-pfälzischen SPD im Vergleich zu früheren Wahlkämpfen zugesprochen wurde, personifizierte.[156]
Bei der CDU erwies sich neben den innerparteilichen Querelen zwischen den Anhängern WILHELMS, WAGNERS und VOGELS die Bonner Regierungspolitik als Belastung im Wahlkampf, da die von Bundeskanzler KOHL im Bundestagswahlkampf 1990 abgelehnten Steuererhöhungen zur Finanzierung der Deutschen Einheit Anfang 1991 doch beschlossen wurden und zwei Tage vor der Landtagswahl im Bundesrat verabschiedet werden sollten. Die rheinland-pfälzischen Sozialdemokraten nutzten diesen Vorgang, um mit dem Vorwurf der "Steuerlüge" gegen die CDU auftreten zu können.[157]
Das Ergebnis der Landtagswahl vom 21. April 1991 drückte sich in erdrutschartigen Verschiebungen zwischen den beiden großen Parteien aus, die zur erstmaligen Umkehrung der Mehrheitsverhältnisse zwischen CDU und SPD führten.
Die rheinland-pfälzische CDU mußte mit diesem Ergebnis das schlechteste Resultat bei Landtags- oder Bundestagswahlen in Rheinland-Pfalz überhaupt hinnehmen, die SPD konnte die Union dagegen erstmals bei einer Landtags- oder Bundestagswahl als stärkste Partei überrunden. Die FDP konnte sich bei relativ geringen Verlusten behaupten, die GRÜNEN kehrten mit einem unerwartet guten Resultat in den Mainzer Landtag zurück.

---

[154] Billing 1991, S.589
[155] ZEIT vom 12.4.1991, Carl-Christian Kaiser:"Ernten nach langem Ackern"
[156] Billing 1991, S.589
[157] FAZ vom 19.4.1991, René Wagner:"...und dann kamen die Bonner Steuererhöhungen"

Grafik 25.1.: Stimmenverteilung bei der rheinland-pfälzischen Landtagswahl am 21.4.1991

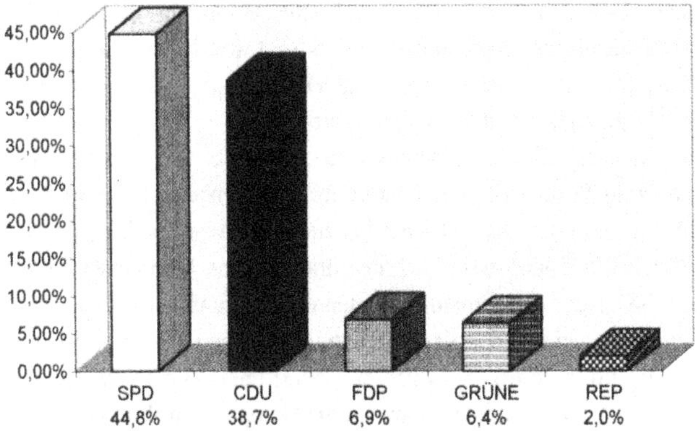

Grafik 25.2.: Mandatsverteilung bei der rheinland-pfälzischen Landtagswahl am 21.4.1991

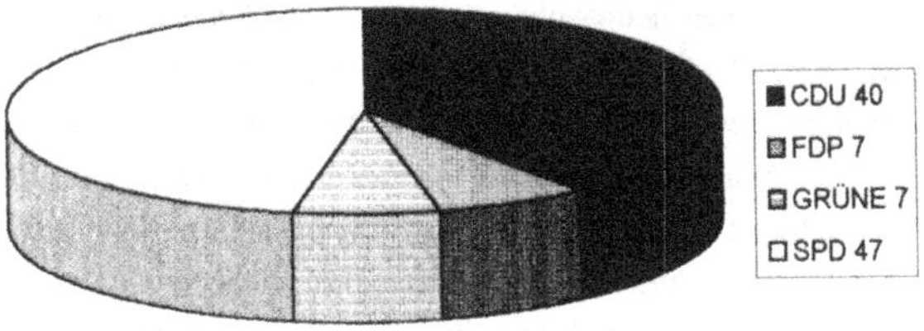

[158]

Das Wahldebakel für die Christdemokraten zeichnete sich bereits in den ersten Prognosen zum Wahlausgang nach Schließung der Wahllokale ab: Innenminister GEIL (CDU) sprach wegen der Eindeutigkeit der Zahlen bereits wenige Minuten nach 18 Uhr von einer "schweren, schmerzlichen Niederlage", die aufgrund einer "Diffamierungskampagne" zustandegekommen sei.[159]

[158] Billing 1991, S.591; Statistisches Landesamt RLP (hrsg.) 1994. Bei den Wahlkreisstimmen erreichte die SPD sogar 46,3%, die CDU dagegen 40,2%, die FDP 6,5% und die GRÜNEN 5,3%.
[159] SWF-Fernseharchiv (Nr.0000580800)

Während der CDU-Landesvorsitzende WILHELM bekannte, daß "die Koalition nicht mehr regierungsfähig"[160] sei und die Bildung einer rot-grünen Koalition von ihm heraufbeschworen wurde, wollte der SPD-Spitzenkandidat SCHARPING keine eindeutige Festlegung seiner Partei auf eine bestimmte Koalition betreiben. SCHARPING meinte zur Koalitionsfrage: "Soweit wir Partner brauchen, gibt es zwei Maßstäbe: ein Höchstmaß an sozialdemokratischer Politik und ein Höchstmaß an Zuverlässigkeit in der Regierungsarbeit."[161]
Regional konnten die Sozialdemokraten gerade in den eindeutigen CDU-Hochburgen im Nordwesten des Landes große Gewinne erzielen. In diesen ländlichen Wahlkreisen fiel die CDU um bis zu zehn Prozentpunkte zurück (so z.B. im Wahlkreis 20, Daun: -9,9), nach den dramatischen Einbrüchen bei der Landtagswahl 1987 lagen die Christdemokraten nun nur noch knapp vor der SPD. So hatte sich beispielsweise das Kräfteverhältnis zwischen CDU und SPD im Landkreis Bitburg-Prüm von 67,5 zu 25,7% (1983) über 53,6 zu 28,5% (1987) auf 44,2 zu 41,1% (1991) verändert. Obwohl die Union in den Wahlkreisen zwischen Eifel und Hunsrück weiterhin ihre Hochburgen hatte, so waren diese vielerorts ähnlich deutlich zusammengeschmolzen. Die SPD konnte hingegen ihre Hochburgen in der Region Nahe/Nordpfalz weiter ausbauen, verzeichnete hier aber geringere Steigerungsraten als im Landesdurchschnitt. Die absolute Mehrheit konnte sie in den Kreisen Kirn/Sobernheim, Nierstein/Oppenheim, Kusel, Donnersberg, Birkenfeld, der Stadt Ludwigshafen sowie außerhalb dieses "roten Gürtels" in den Wahlkreisen Neuwied und Diez/Nassau erzielen.[162]
Während bei einer Analyse nach sozialstrukturellen Merkmalen die CDU weiterhin in hohem Maße von Landwirten, Selbständigen und von katholischen Wählern bevorzugt wurde, wurden die Sozialdemokraten bevorzugt von Arbeitern (60,7%), Angestellten und evangelischen Wählern gewählt. Ein deutlicher Schwerpunkt der FDP-Präferenz ergab sich bei der rheinland-pfälzischen Landtagswahl in der Gruppe der Landwirte, von denen 23% bekannten, die FDP gewählt zu haben.[163]
Nach der Wahl hatte sich für die siegreiche SPD die Möglichkeit ergeben, die neue Landesregierung entweder mit den Liberalen oder mit den GRÜNEN bilden zu können. Die Spitzenkandidatin der GRÜNEN, GISELA BILL, forderte SCHARPING unmißverständlich zur gemeinsamen Regierungsbildung auf, da nur durch eine rot-grüne Koalition ein echter Wechsel in der Landespolitik zu erreichen sei.

[160] SWF-Fernseharchiv (Nr.0000580800)
[161] SWF-Fernseharchiv (Nr.0000580800)
[162] Statistisches Landesamt RLP (Hrsg.) 1994; FAZ vom 23.4.1991
[163] Billing 1991, S.594/595

Auch der rheinland-pfälzische DGB und die Jusos sprachen sich für rot-grüne in Mainz wegen programmatischer Übereinstimmungen aus; der SPD-Bundesvorsitzende BJÖRN ENGHOLM empfahl seinen rheinland-pfälzischen Genossen dagegen die Bildung eines Bündnisses mit der FDP. SCHARPING, dem die Neigung zu den Liberalen nachgesagt wurde, begann mit parallelen Verhandlungen mit beiden kleinen Parteien.[164]

Eine Woche nach der Landtagswahl stimmten auch die Liberalen der Aufnahme von Koalitionsgesprächen mit der SPD zu, da sie sich, nachdem keine Mehrheit mehr für ein Bündnis mit der CDU vorhanden war, nun zur Verhinderung einer rot-grünen Koalition verpflichtet fühlten.[165] In Bonn wurden die Koalitionsverhandlungen von der FDP-Spitze als rein landespolitisches Ereignis bewertet; Vorwürfe von seiten des christsozialen Regierungspartners in Bonn, die rheinland-pfälzische FDP würde sich der SPD "anbiedern" und somit "Absetzbewegungen" von der Bundes-Koalition verdeutlichen, wurden von LAMBSDORFF zurückgewiesen.[166]

Die Verhandlungen zwischen SPD und GRÜNEN wurden erheblich durch die Bundesversammlung der GRÜNEN in Neumünster belastet, die trotz des Rückzugs des radikalökologischen Flügels weiterhin den Eindruck erheblicher Unzuverlässigkeit der Ökopartei vermittelte.[167]

Nach weiteren Gesprächsrunden verkündete SCHARPING schließlich am 15. Mai 1991, daß die Verhandlungen mit den Liberalen "außerordentlich kompakt und sachlich" verlaufen seien und daß man sich auf die Bildung einer Koalition geeinigt habe. Gegenüber den GRÜNEN konstatierte der SPD-Landeschef hingegen "erhebliche Dissenzen".[168] Nach Bestätigung des Verhandlungsergebnisses durch Sonderparteitage von SPD und FDP[169] wählten beide Fraktionen SCHARPING am 21. Mai geschlossen zum ersten SPD-Ministerpräsidenten von Rheinland-Pfalz. In der neuen Landesregierung stellten die Liberalen - wie bereits in der Koalition mit der CDU - mit RAINER BRÜDERLE (Wirtschaft und Verkehr) und PETER CAESAR (Justiz) zwei Minister. Für die SPD übernahmen WALTER ZUBER das Innenressort, EDGAR MEISTER das Finanzministerium, ULRICH GALLE das Ministerium für Arbeit und Soziales, KARL SCHNEIDER das Amt für Landwirtschaft. Umwelt-

---

[164] SZ vom 23.4.1991, Evelyn Roll:"Scharping will mit FDP und Grünen reden"; FAZ vom 34.4.1991:"Freude über den Sieg in Rheinland-Pfalz"

[165] ZEIT vom 26.4.1991, Carl-Christian Kaiser:"Ein Enkel, der es schaffte"

[166] SZ vom 24.4.1991, Udo Bergdoll:"Annäherungsversuche an ein altes Verhältnis"; FR vom 30.4.1991:"Freie Demokraten bekennen sich zur Koalition"

[167] FAZ vom 29.4.1991, Günter Bannas:"Der Frieden von Neumünster blieb ein frommer Wunsch"

[168] SZ vom 16.5.1991:"SPD will Koalition mit der FDP eingehen"; taz vom 16.5.1991:"Scharpings Brüderle heißt 'Sicherheit'"

[169] RZ vom 18.5.1991:"Parteitage beschließen Koalitionsvertrag"

ministerin wurde KLAUDIA MARTINI, Wissenschaftsminister JÜRGEN ZÖLLNER, Bundesrats- und Europaminister FLORIAN GERSTER. Neu geschaffen wurden die Ressorts Bildung und Kultur, sowie ein Ministerium für die Gleichstellung von Frau und Mann, die von den SPD-Politikerinnen ROSE GÖTTE und JEANETTE ROTT übernommen wurden.[170]

Mit der Ablösung der Regierungen WALLMANN und WAGNER durch ihre sozialdemokratischen Nachfolger EICHEL und SCHARPING war die Unterschiedlichkeit der jeweils führenden Parteien in Hessen und Rheinland-Pfalz auch nach dem doppelten Wechsel nicht wieder hergestellt worden. Nach vierzig Jahren der SPD-Dominanz in der hessischen Landesregierung, die in den 70er Jahren durch die großen CDU-Erfolge unter DREGGER bedroht wurde und die 1982-1987 das bundespolitische Experimentierfeld einer ersten rot-grünen Zusammenarbeit durchlaufen hatte, war es Mitte 1987 erstmals zur Gleichfarbigkeit der beiden Landesregierungen gekommen.

Das Bonner Muster einer christlich-liberalen Koalition herrschte in Wiesbaden und in Mainz für die Dauer einer Legislaturperiode vor. Mit den Wahlen des Jahres 1991 konnten sich die Sozialdemokraten in Hessen erneut und in Rheinland-Pfalz erstmals als bestimmende Kraft durchsetzen: Dabei waren sie in ihren früheren Stammland Hessen auf die Unterstützung der GRÜNEN angewiesen, ein sozial-liberales Bündnis hätte hier keine rechnerische Mehrheit gehabt und war wegen der klaren Positionierung der FDP an der Seite der Union seit 1982 und wegen der Akzentuierung zugunsten ökologischer Issues bei der SPD auch politisch kaum denkbar. Eine knappe Wahlentscheidung zwischen den "Blöcken" rotgrün oder schwarz-gelb war in Rheinland-Pfalz ausgeblieben, dafür hatten hier die Sozialdemokraten in einem ländlich-konservativ strukturierten Land die Nähe zu Bauern, Winzern und Mittelständlern gesucht und waren wegen der andauernden Querelen innerhalb der CDU, die ihren personifizierten Ausdruck in der Abwahl VOGELS als Regierungschef fanden, deutlich zur stärksten Partei aufgestiegen. Obwohl eine Mehrheit der SPD-Anhänger in Umfragen für ein Bündnis mit den GRÜNEN votierte,[171] schlug die SPD nicht allein wegen RUDOLF SCHARPINGS Sympathie für ein solches Bündnis den Weg einer Zusammenarbeit mit der FDP ein. Durch die sozial-liberale Koalition mußte SCHARPING zwar größere Kompromißbereitschaft in der Verkehrs- oder der Umweltpolitik beweisen; er brachte die CDU durch die Einbindung ihres früheren Koalitionspartners in eine strategisch problematische Lage innerhalb des Parteiensystems. Würden sich die Christdemokraten im Laufe der Legislaturperiode 1991-1996 wieder erholen, so

[170] FAZ vom 22.5.1991:"Scharping in Mainz zum Ministerpräsidenten gewählt"
[171] Billing 1991, S.598

wäre die Frontstellung gegenüber einer SPD/FDP-Koalition schwieriger als gegenüber einem rot-grünen Bündnis, da die CDU wahrscheinlich nur wieder mit Hilfe der FDP zurück an die Macht finden würde. Vorstellungen zu einer Zusammenarbeit zwischen Union und GRÜNEN sollten zwar nach der Bundestagswahl 1994 aufkommen, doch würden auch entsprechende Annäherungen in Mainz der Grundlage für eine mittelfristige politische Zusammenarbeit auf Landesebene entbehren. Im nächsten Kapitel ist zu untersuchen, wie sich die Landesparteien in Hessen und in Rheinland-Pfalz bis zu den Landtagswahlen der Jahre 1995 und 1996 (in Rheinland-Pfalz wurde ab 1991 eine auf fünf Jahre verlängerte Gesetzgebungsperiode eingeführt) entwickeln würden.

8.5. Parteipolitische Tendenzen und personelle Einflüsse der Landes- auf die Bundesebene 1991-94

Die Landesparteien in Rheinland-Pfalz und in Hessen durchliefen in der Zeit zwischen den Wahlen 1991 und 1995/96 unterschiedliche Entwicklungen: Die rot-gelbe Regierung SCHARPING/BRÜDERLE wie die rot-grüne Regierung EICHEL/FISCHER zeichneten sich zunächst durch Stabilität und zum Teil durch "Unauffälligkeit" in der Gestaltung der Landespolitiken aus.[172] Der hessischen Koalitionsregierung wurde die Abkehr vom "rot-grünen Chaos" attestiert, einer gemeinsamen Regierung von SPD und GRÜNEN positiv gegenüberstehende Beobachter sprachen anfangs sogar von einem "Modell Hessen"[173] als politischer Alternative für die Bundesebene.[174]

Doch relativ bald taten sich Konflikte in Hessen auf, die - anders als beim ersten Annäherungsversuch von SPD und GRÜNEN - in den frühen 90er Jahren zwischen den Ministern und der Landtagsfraktion der Alternativen und ihrer Parteibasis verliefen. Die Landtags- und Regierungs-GRÜNEN versuchten in der neuen Koalition offenbar, den schnellen Konflikt mit dem Seniorpartner zu vermeiden und kamen der SPD in Fragen der Verkehrs- oder der Energiepolitik (z.B. beim Bau einer Stromtrasse zwischen Hessen und Thüringen) entgegen, mußten dafür allerdings größere Vermittlungsprobleme bei der eigenen Basis in Kauf nehmen.[175] Andererseits erzielten die GRÜNEN Erfolge hinsichtlich des Stops bestimmter Straßenbauprojekte wie beispielsweise der A 49 in Nordhessen. Das

[172] FAZ vom 19.5.1992, René Wagner: "Nicht auffallen beim Regieren"
[173] taz vom 25.3.1992, Klaus-Peter Klingelschmitt: "Modell Hessen"
[174] Parlament vom 10.4.1992, Heinrich Halbig: "Vorbild für bundesweite Koalition"
[175] FAZ vom 4.4.1992, Bernd Heptner: "Sehnsucht nach einer Prise Chaos"

zentrale Streitgebiet zwischen Sozialdemokraten und GRÜNEN am Ende der BÖRNER-Ära, die Atompolitik, brachte nach 1991 keine Gefährdung der Koalition mehr mit sich; sie sorgte dafür für anhaltende Auseinandersetzungen zwischen Umweltminister FISCHER und seinem Bonner Kollegen TÖPFER.[176] Auch wurde die knappe Mehrheit der Koalitionäre im Landtag dem Bündnis nicht zum Verhängnis, da einzelne SPD-Abgeordnete, die über weitere Mandate in Kreistagen verfügten, beispielsweise im Falle des Weiterbaus der A 49 in ihrem heimatlichen Parlament für und im Landtag aus Koalitionsräson gegen den Bau votierten. Die Interessenkonflikte verschiedener Abgeordneter führten zwar zu einem gespaltenen Abstimmungsverhalten der Betroffenen, es entstand dabei jedoch keine Koalitionskrise, da der Fortbestand des Bündnisses für wichtiger erachtet wurde als das Durchsetzen von Einzelpositionen.[177]

Stärkeren Friktionen ausgesetzt wurde das Regierungsbündnis durch politische Affären, die Rücktritte von Staatssekretären und Ministerinnen mit sich zogen und die zu Verstimmungen zwischen SPD und GRÜNEN beitrugen. Wegen erheblicher Schwierigkeiten bezüglich der Unterbringung von Asylbewerbern wurde Familienministerin BLAUL (GRÜNE) Mitte 1992 nicht nur von seiten der Opposition angegriffen. Nachdem die Ministerin von ihrem Kollegen, Innenminister GÜNTHER (SPD), eine strikte Durchsetzung von Aufnahmequoten gegenüber den Kommunen gefordert hatte, entwickelte sich eine Auseinandersetzung zwischen den Koalitionspartnern, da GÜNTHER gegenüber unter den Landräten zahlreich vertretenen SPD-Genossen das rigiden Mittel der Kommunalaufsicht nicht gebrauchen wollte.[178]

BLAUL blieb trotz scharfer Angriffe im Amt, sie sorgte jedoch für eine Neubesetzung auf Staatssekretärsebene.[179] Ebenfalls zum Thema Asyl mußte Ministerpräsident EICHEL in seiner Funktion als Landesvorsitzender der SPD Anfang September 1992 eine Niederlage auf dem Parteitag in Baunatal hinnehmen, da sich eine Mehrheit der Delegierten gegen eine von EICHEL befürwortete Verschärfung der Asylgesetzgebung ausgesprochen hatte.[180] Der Ministerpräsident wurde daraufhin von Oppositionsführer KANTHER als "führungsunfähig und -unwillig"[181] in einer entscheidenden Frage bezeichnet und zum Rücktritt aufgefordert. Unter an-

[176] FAZ vom 18.12.1991, Bernd Heptner:"Fischers Ping-Pong-Spiel mit Bonn"; FAZ vom 13.2.1992:"Der hessische Umweltminister Fischer gibt strafrechtliches Gutachten in Auftrag"

[177] FAZ vom 6.4.1993, Bernd Heptner:"Morgens dafür, nachmittags dagegen"

[178] FAZ vom 11.9.1992:"Kanther: Blaul Zuständigkeiten für Asyl entziehen"; FR vom 12.9.1992, Richard Meng:"Land meidet großen Krach mit den Kommunen"

[179] FR vom 12.9.1992, Richard Meng:"Nach Angriffen auf Blaul muß Sellach jetzt gehen"

[180] taz vom 7.9.1992, Klaus-Peter Klingelschmitt:"Hessens SPD verteidigt Grundrecht auf Asyl"; FR vom 7.9.1992, Richard Meng:"Abstimmung über zwei Realitäten - und die Seele der Partei"

[181] FAZ vom 8.9.1992:"Kanther fordert Eichel zum Rücktritt auf"

derem wegen des Themas Asyl, das insbesondere innerhalb der hessischen SPD eine Kluft zwischen Ministerpräsident, Parteiführung und SPD-Landräten einerseits und großen Teilen der Parteibasis andererseits offenbarte, sollte es bei den Kommunalwahlen 1993 zu erheblichen Einbrüchen bei der SPD kommen.
In Rheinland-Pfalz konnte sich gegenüber der hessischen Entwicklung die neue SPD/FDP-Regierung wegen des Fehlens strittiger Fragen von vergleichbarem Ausmaß und wegen der lange andauernden Zerstrittenheit innerhalb der Landes-CDU in ruhigerem Fahrwasser bewegen. In Mainz war es durch die Einwirkung des CDU-Bundesvorsitzenden und Bundeskanzlers KOHL Anfang 1992 zu einer Neubesetzung des Parteivorsitzes gekommen: Nachdem HANS-OTTO WILHELM nach der verlorenen Landtagswahl Landesvorsitzender und erneut Fraktionschef der CDU geworden war, wurde WILHELM nun vom früheren Landwirtschaftminister WERNER LANGEN als rheinland-pfälzischer Parteichef abgelöst.[182] Aber auch dieses neue "Tandem" kam nicht besser in Fahrt als die alte Doppelspitze WILHELM/WAGNER: Wegen anhaltender Reibereien und Versuchen, den jeweils anderen von seiner Funktion zu verdrängen, behinderte sich die rheinland-pfälzische CDU selbst und brachte alle Energie in parteiinternen Machtkämpfen auf, statt gegen die Landesregierung zu opponieren.[183]
Die eklatante Führungsschwäche der Union verdeutlichte sich Ende 1993 durch negative Beliebtheitswerte für WILHELM und LANGEN in landesweiten Umfragen, die CDU sank dabei sogar bis auf eine Unterstützerquote von 30 Prozent ab, während die SPD sich der absoluten Mehrheit näherte.[184] WILHELMS Vorgänger im Vorsitz der Landespartei, BERNHARD VOGEL, erlebte hingegen im Februar 1992 sein politisches Comeback als Ministerpräsident von Thüringen, wo er Nachfolger JOSEF DUCHACS wurde, der, ähnlich wie VOGEL 1988, die Unterstützung seiner Partei verloren hatte.[185]
Während sich in Rheinland-Pfalz die erstmals seit Bestehen des Landes in die Opposition geratene CDU in interne Flügelkämpfe verwickelt war, hatte sich die wieder von der Regierungsmacht verdrängte Union Hessens schnell unter der Führung MANFRED KANTHERS gefangen. KANTHER konnte gegen den Willen sei-

[182] FAZ vom 23.1.1992, René Wagner:"In Kohls eigenem Land"; SZ vom 27.2.1992:"Langen führt rheinland-pfälzische CDU"
[183] SbZ vom 19.7.1993, Michael Backfisch:"Für Helmut Kohl ist die Schmerzgrenze erreicht"; Hbl vom 29.7.1993, Reinhold Noll:"Für Mainzer Union ist kein Hoffnungsträger in Sicht"
[184] INFAS-Politogramm in: RhPf vom 1.10.1993, Hans-Jürgen Reinhard:"Eine Quittung für die Führungsschwäche der Landes-CDU". Auf der von +5 bis -5 reichenden Beliebtheitsskala erreichte Wilhelm -0.8, Langen -0.4, Scharping +2.6. Für die Parteien wurden ermittelt: SPD 47%, CDU 31%, GRÜNE 7%, FDP 6%.
[185] FAZ vom 28.1.1992:"Kohl billigt den Thüringer Vorschlag für die Duchac-Nachfolge"; FAZ vom 29.1.1992:"Vogel will schnell eine neue Regierung für Thüringen bilden"; FAZ vom 6.2.1992:"Bernhard Vogel zum Ministerpräsidenten Thüringens gewählt"

nes Vorgängers WALLMANN nicht nur den Parteivorsitz, sondern auch die Leitung der Landtagsfraktion übernehmen. Von seiten der Fraktion und der Partei wurden nach der Niederlage von 1991 Äußerungen publik, die den Machtverlust nicht einhellig negativ beurteilten, da man unter KANTHERS einen stärkeren Diskurs zwischen Parteibasis, Fraktion und Parteiführung wahrnehmen konnte; zuvor habe man zu häufig einsam getroffenen Entscheidungen WALLMANNS folgen müssen.[186]

Die Kommunalwahl vom 7. März 1993 in Hessen bedeutete eine tiefe Zäsur für die sozialdemokratischen Erfolge der Wahlen von 1985 und 1989. Die SPD mußte zum Teil außerordentlich starke Einbrüche in verschiedenen Städten und Landkreisen hinnehmen und fiel hessenweit mit einem Verlust von 8,4 Prozentpunkten auf nur noch 36,4% zurück. Der Anteil der CDU sank ebenfalls, wenn auch nicht so drastisch, von 34,3 auf 32,0%. Leichte Verbesserungen konnten die Liberalen verzeichnen (+0,3), sie erreichten 5,1%. Deutlichere Gewinne errangen die GRÜNEN, die landesweit auf 11,0% (+1,9) kamen. Die großen Gewinner bei der Kommunalwahl wurden jedoch die rechtsradikalen Republikaner, die sich von 0,7% 1989 (damals hatte die Partei nur in wenigen Gemeinden kandidiert) nun auf 8,3% steigern konnten.[187]

Die Sozialdemokraten mußten landesweit Einbußen hinehmen, geradezu erdrutschartige Verluste hatten sie allerdings in Wiesbaden und in Kassel zu verkraften, wo die Partei 15,8 bzw. 20,7 Prozentpunkte einbüßte und ihre absoluten Mehrheiten verlor. Während in der Landeshauptstadt die Republikaner am deutlichsten von den SPD-Verlusten profitierten und aus dem Stand auf 13,1% kamen, erreichte in der nordhessischen Metropole die Union mit einem Zuwachs von 7,4 Punkten (sie kam auf 36,9%) ein Ergebnis, das sich drastisch von ihren durchschnittlichen Verlusten unterschied.[188] In Frankfurt blieben die Verluste der SPD mit 8,1 Punkten im Landesdurchschnitt, sie sank damit allerdings auf ein Resultat von nur noch 32,0% und wurde somit wieder zweitstärkste Partei hinter der CDU, die bei Verlusten von 3,2 Punkten auf 33,4% kam. SPD und GRÜNE (14,0%) behielten trotz der SPD-Einbrüche ihre Mehrheit gegenüber CDU und den Republikanern (9,3%), die die NPD als Rechtsaußenpartei im Römer verdrängt hatten.[189] Zur stärksten "Partei" stiegen bei den hessischen Kommunal-

---

[186] FAZ vom 25.3.1992, Bernd Heptner:"Kanther in der Mitten"

[187] Hessisches Statistisches Landesamt (Hrsg.):"Statistisches Handbuch Hessen, Ausgabe 1995/96", Wiesbaden 1996, S.143

[188] FR vom 8.3.1993, Richard Meng/Hans-Helmut Kohl:"Die Genossen wirkten zunächst wie 'örtlich betäubt'"; FAZ vom 9.3.1993:"Kasseler SPD in der Krise" und "In Wiesbaden eine Testwahl für Bonn?"

[189] SZ vom 9.3.1993:"Keine große Koalition in Frankfurt"; FR vom 9.3.1993, Claus Gellersen/Jürgen Schubert:"CDU reklamierte 'politschen Führungsauftrag'"

wahlen jedoch die Nichtwähler auf: Rechnet man das Gesamtergebnis auf alle Wahlberechtigten um, so ergeben sich wegen der geringen Wahlbeteiligung von 71,3% (-6,7) folgende Werte: Nichtwähler 28,7%, SPD 25,1%, CDU 22,0%, GRÜNE 7,6%, REP 5,7%, FDP 3,5%.[190]
Die Kommunalwahl wurde, da für den weiteren Verlauf des Jahres 1993 keine anderen Wahlen angestanden hatten, als "Testfall für Bonn"[191] hinsichtlich der Resonanz, die rechtsradikale Parteien nach den ausländerfeindlichen Anschlägen von Mölln und Rostock in der Wählerschaft erhalten könnten, angesehen.
Das katastrophale Ergebnis für die SPD wurde nach der Wahl durch Ministerpräsident EICHEL vor allem dem wenig einheitlichen Erscheinungsbild der Bundes-SPD zugeschrieben; die Partei dürfe nach EICHELS Meinung in Bonn nicht länger als „eine Ansammlung von Solisten", sondern als "geschlossenes Team" antreten.[192] Die Vorsitzende des SPD-Bezirks Hessen-Süd, HEIDE WIECZOREK-ZEUL, äußerte deutlichere Kritik am Kurs des Bundesvorsitzenden BJÖRN ENGHOLM und des Fraktionsvorsitzenden HANS-ULRICH KLOSE, deren Politik der "begrenzten Mitverantwortung" gegenüber der Bundesregierung als "Dauerkooperation" und "informelle große Koalition" bezeichnet wurde.[193] Als Folge aus der Wahlschlappe mehrten sich innerhalb der SPD diejenigen Stimmen, die auf eine Ablösung des Parteichefs ENGHOLM drängten.
Neben der Unzufriedenheit bei vielen sozialdemokratischen Parteianhängern verwiesen Wahlforscher nach der Kommunalwahl auf Zusammenhänge mit politischen Trends, die sich schon bei den Wahlen zur Bremer Bürgerschaft vom September 1991 und bei den schleswig-holsteinischen und den baden-württembergischen Landtagswahlen vom April 1992 angedeutet hatten: Stets hatten der Anteil der Nichtwähler und die Stimmenzahl der Rechtsradikalen zugenommen, während die beiden Volksparteien große Stimmeneinbußen erleiden mußten. Die unter dem Schlagwort der "Politikverdrossenheit" summierten Trends zur Wahlenthaltung und zur Protestwahl umfaßten dabei keinesfalls nur gesellschaftliche "Randgruppen", sondern zur Mitte neigende Gruppen aller Altersschichten und urbaner wie ländlicher Wohngegenden.[194]

---

[190] FR vom 9.3.1993:"Das Ergebnis scheint spektakulär, doch der Trend ist vertraut"; ZEIT vom 12.3.1993, Norbert Kostede:"Ratlos nach rechts"
[191] taz vom 3.3.1993, Klaus-Peter Klingelschmitt:"Hessische Wahlen als Testfall für Bonn"
[192] SZ vom 9.3.1993:"Eichel kritisiert Bundespartei"
[193] FAZ vom 9.3.1993:"Nach der hessischen Schlappe vermeidet die SPD eine öffentliche Debatte über ihre Strategie" und "Mit doppeltem Boden"
[194] INFAS-Analyse in FR vom 9.3.1993:"Das Ergebnis scheint spektakulär, doch der Trend ist vertraut"; ZEIT vom 12.3.1993, Carl-Christian Kaiser:"Verstimmte Bürger", Starzacher, Karl/Konrad Schacht/Bernd Friedrich/Thomas Leif (Hrsg.):"Protestwähler und Wahlverweigerer - Krise der Demokratie?", Köln 1992

Massive Unzufriedenheit mit dem Kurs ENGHOLMS und das Eingeständnis des schleswig-holsteinischen Ministerpräsidenten, bereits früher als zuvor zugegeben von Machenschaften BARSCHELS gewußt und diese für eigene politische Zwecke genutzt zu haben, bewogen ENGHOLM am 3. Mai 1993 zum Rücktritt von beiden Ämtern. In der SPD wurde daraufhin der neue Parteivorsitzende erstmals durch einen Mitgliederentscheid ermittelt, wobei sich als Bewerber um den Vorsitz der rheinland-pfälzische Ministerpräsident SCHARPING, der niedersächsische Regierungschef GERHARD SCHRÖDER und die südhessische Bezirksvorsitzende HEIDEMARIE WIECZOREK-ZEUL gegenüberstanden. Bei der Mitgliederbefragung am 13. Juni 1993 setzte sich SCHARPING bei einer Beteiligung von 58,6% der SPD-Mitglieder mit einem Anteil von 40,3% gegenüber 33,2% für SCHRÖDER und 26,5% für WIECZOREK-ZEUL durch.[195] Bei diesem erstmals bei einer Bundestagspartei zur Ermittlung ihres Vorsitzenden erprobten Verfahren erscheint bemerkenswert, daß sich das Votum offiziell nur auf den Bundesvorsitz der SPD (und nicht über die Kanzlerkandidatur) erstrecken durfte, daß alle Kandidaten die Verbindlichkeit der Entscheidung anerkannten und daß keine Stichwahl durchgeführt wurde. Alle Elemente des Verfahrens schienen SCHARPING zu begünstigen, der sich vor allem bei einem Parteitagsentscheid wie auch bei einer Stichwahl mit SCHRÖDER ungünstigeren Bedingungen ausgesetzt gesehen hätte.[196]

In Rheinland-Pfalz wurde SCHARPING als Landesvorsitzender daraufhin vom Vorsitzenden der Landtagsfraktion der SPD, KURT BECK, abgelöst, der bald für den Fall, daß SCHARPING nach der Bundestagswahl 1994 nach Bonn wechseln würde, als designierter Nachfolger im Regierungsamt gehandelt wurde. Dieser Wechsel wurde vom FDP-Landesvorsitzenden BRÜDERLE mit der Erwartung begleitet, unter einem Ministerpräsidenten BECK mehr Raum zur Selbstentfaltung zu erhalten und damit eine bessere Ausgangslage für die Landtagswahl 1996 zu erhalten.[197]

Bei der rheinland-pfälzischen CDU wurde der Streit um die sich nach wie vor selbst blockierende Doppelspitze WILHELM/LANGEN erneut nach Intervention des Bundesvorsitzenden KOHL entschieden: Nachdem der Bundestagsabgeordnete HEINER GEIßLER, der frühere Junge-Union-Vorsitzende CHRISTOPH BÖHR, der nach Mecklenburg-Vorpommern gewechselte frührere Innenminister RUDI GEIL und der Bundestagsabgeordnete JOHANNES GERSTER zur Nachfolge anstanden, wurde nach Gesprächsrunden in Führungsgremien der Landes-CDU unter Betei-

[195] SZ vom 3.6.1993, Ulrich Deupmann:"Der Wille, das Rad zum Laufen zu bringen"; taz vom 15.6.1993, Tissy Bruns:"Genossen zelebrieren Basisdemokratie"

[196] Leif, Thomas/Joachim Raschke:"Rudolf Scharping, die SPD und die Macht. Eine Partei wird besichtigt", Reinbek bei Hamburg 1994, S.14ff

[197] Hbl vom 29.7.1993, Reinhold Noll:"Für Mainzer Union ist kein Hoffnungsträger in Sicht"

ligung KOHLS im September 1993 beschlossen, daß GERSTER als zukünftiger Landesvorsitzender und Ministerpräsidentenkandidat in die Landtagswahl 1996 ziehen solle.[198]

Auch beim hessischen Landesverband der CDU hatte sich im Laufe des Jahres 1993 eine personelle Veränderung an der Spitze ergeben, da MANFRED KANTHER am 12. Juli Nachfolger des wegen der Umstände der Verhaftung mutmaßlicher Terroristen zurückgetretenen Innenministers SEITERS in Bonn wurde. KANTHER blieb auch nach der Ernennung zum Bundesinnenminister hessischer Landesvorsitzender der CDU, neuer Fraktionsvorsitzender wurde ROLAND KOCH.[199] Die Berufung KANTHERS kann als Maßnahme KOHLS zu einer straffen und harten Durchsetzung insbesondere der neuen gesetzlichen Regelungen zur Asylfrage bei gleichzeitiger Abgrenzung gegenüber ausländerfeindlichen Positionen rechtsradikaler Gruppen und Parteien gesehen werden.[200] Durch das neue Amt sollte KANTHER vor der Landtagswahl 1995 eine hervorgehobene Position für den Wahlkampf in Hessen erhalten, da mit der Übernahme des Bundesinnenministeriums auch ein Bekanntheits- und Popularitätsschub erwartet wurde.

Die hessische Landesregierung geriet Anfang 1994 wegen der "Lotto-Affäre" um hochdotierte Posten und großzügige Pensionen in der landeseigenen Lotto-Gesellschaft erneut in Bedrängnis. Nachdem bereits Ministerin PFARR nach Aufdeckung eines Umzugsskandals mit überhöhten Entschädigungszahlungen ihr Amt verlassen hatte, traten im Zuge der Lotto-Affäre der belastete Staatsekretär GESKE und die mit den beanstandeten Vorgängen nicht kompromitierte Finanzministerin FUGMANN-HEESING zurück, die die politische Verantwortung übernahm.[201] EICHEL berief daraufhin Wirtschaftsminister ERNST WELTECKE zum neuen Finanzminister und betraute den bisherigen SPD-Fraktionschef LOTHAR KLEMM mit dem Wirtschaftsressort.[202]

Die Mitte 1994 anstehenden Wahlen zum Europäischen Parlament und die rheinland-pfälzischen Kommunalwahlen wurden von den Parteien in Hessen und in Rheinland-Pfalz aus unterschiedlichen Ausgangspositionen bestritten: Während SPD und GRÜNE in Hessen durch die genannten Affären und politischen Auseinandersetzungen zwischen den Partnern als belastet angesehen werden mußten,

---

198 SbZ vom 19.7.1993, Michael Backfisch:"Für Helmut Kohl ist die Schmerzgrenze erreicht"; RZ vom 20.8.1993:"CDU-Basis hat Mainzer 'Kasperle-Theater' satt"; RhPf vom 9.9.1993, Andreas Bahner:"CDU bei Personaldebatte in der Zwickmühle"; GeAz vom 20.9.1993, Heidi Parade:"Statt des Tandems jetzt ein Neuanfang mit Gerster"

199 Opdenhövel 1995, S.139

200 Opdenhövel 1995, S.140

201 taz vom 13.1.1994, Klaus-Peter Klingelschmitt:"Tristesse und Lottoglück in Hessen"; SZ vom 14.1.1994:"Staatssekretär in den Ruhestand versetzt"; SZ vom 20.1.1994:"Finanzministerin entlassen"

202 SZ vom 22.1.1994:"Eichel bildet sein Kabinett um"

hatte die rheinland-pfälzische Koalition aus SPD und FDP sich gegenüber den internen Zermürbungen bei der CDU als stabil und funktionsfähig erwiesen; die GRÜNEN hatten es dabei schwerer, sich als kleine Oppositionspartei gegenüber der geschlossen auftretenden Regierungsfraktionen zu profilieren. Nach SCHARPINGS Wahl zum SPD-Bundesvorsitzenden wurde ebenfalls eine "Schubwirkung" für die Landes-SPD vermutet.

Die Umstände der Bundespräsidentenwahl am 23. Mai 1994, bei welcher im dritten Wahlgang der CDU-Kandidat und langjährige Weggefährte KOHLS, ROMAN HERZOG, zum neuen Bundespräsidenten gegen den SPD-Kandidaten und nordrhein-westfälischen Ministerpräsidenten JOHANNES RAU gewann,[203] verursachte jedoch bei SCHARPING und anderen führenden Sozialdemokraten trotzige Reaktionen, die das Image des SPD-Vorsitzenden belasteten und Verwunderung in der Öffentlichkeit hervorriefen.[204]

Mit den Ergebnissen der Europa- und der rheinland-pfälzischen Kommunalwahl wurden Mobilisierungsschwächen in der von SCHARPING geführten SPD offenbar. In den Städten und Kreisen seines Heimatlandes fiel die SPD wieder knapp auf den zweiten Rang hinter der Union zurück. Sozial- wie Christdemokraten blieben gleichermaßen mit 38,5 bzw. 39,4% unter der Vierzig-Prozent-Marke, die FDP sackte auf 4,3% ab, die B'90/GRÜNEN verbesserten sich weiter auf 8,1%.[205]

Bei der Europawahl, die ebenfalls am 12. Juni stattfand, büßte die SPD bundesweit über fünf Prozentpunkte ein und kam insgesamt nur noch auf 32,2%. Die CDU/CSU verbesserte sich dagegen leicht auf 38,8% (+1,0), B'90/GRÜNE kamen bei deutlichen Zugewinnen auf 10,1% (+1,7), PDS (4,7%), FDP (4,1%) und REPs (3,9%) scheiterten an der Sperrklausel.

Während in Rheinland-Pfalz die Verluste für die SPD mit -2,0 Punkten geringer ausfielen, mußte die hessische SPD mit -5,7 Punkten sogar noch höhere Abstriche hinnehmen; in beiden Ländern wurde die Union wieder stärkste Partei (Hessen: 37,0%, Rheinland-Pfalz: 40,7%). Die FDP scheiterte in beiden Ländern an der Fünf-Prozent-Hürde, die Bündnisgrünen erreichten mit 12,2% in Hessen eines ihrer Spitzenergebnisse im Bundesgebiet.[206]

Nach dem schwachen Abschneiden bei der Europawahl befand sich die SPD nur vier Monate vor der Bundestagswahl in dem Dilemma, eine schärfere Profilierung erreichen zu müssen, wenn man zusammen mit einem kleineren Partner eine Chance gegen die Union haben wollte. SCHARPING hatte sich jedoch nach der

[203] SZ vom 24.5.1994:"Roman Herzog wird neuer Bundespräsident"
[204] taz vom 26.5.1994:"Herzog jetzt doch politically correct?" und "Die SPD, das trotzige Kind"; ZEIT vom 27.5.1994, Werner A.Perger:"Unverkrampft die Macht behauptet"
[205] FAZ vom 17.6.1994
[206] Hessisches Statistisches Landesamt (Hrsg.) 1996; Satistisches Landesamt RLP (Hrsg.) 1994

Niederlage vom Juni durch Forderungen des linken Parteiflügels, sich klar für ein Bündnis mit den GRÜNEN für den Bund auszusprechen, diese koalitionspolitische Variante offengehalten.[207] Er trat nach dem Parteitag in Halle schließlich kämpferischer gegenüber der Union und insbesondere gegenüber KOHL auf; vor der Bundestagswahl gelang es ihm, neben dem saarländischen Ministerpräsidenten LAFONTAINE auch seinen Gegenspieler SCHRÖDER in einer Wahlkampf-Troika zusammenzubringen, um somit die Geschlossenheit der SPD zu demonstrieren.

In Hessen trat nach der Europawahl Innenminister GÜNTHER zurück; sein Nachfolger wurde gegen den Widerstand des linken Parteibezirks Hessen-Süd, der für den Gießener Landrat VEIT votiert hatte, der dem rechten Parteiflügel zugeordnete Landrat des Lahn-Dill-Kreises, GERHARD BÖKEL.[208]

Die Wiesbadener SPD trat nach den Juniwahlen und vor allem nachdem im März GERHARD SCHRÖDER mit einer rot-grünen Landesregierung eine knappe absolute Mehrheit der Mandate im niedersächsischen Landtag errungen hatte, selbstbewußter gegenüber dem kleinen Koalitionspartner auf. Gerade weil Innenminister GÜNTHER bis zu seinem Rücktritt vehement auf der Abschiebung abgelehnter Asylbewerber aus Kurdistan bestanden hatte, hatte sich neuer Konfliktstoff zwischen ihm und den Bündnisgrünen aufgestaut.[209]

Die Bundestagswahl vom 16. Oktober 1994 ermöglichte der Koalition aus CDU/CSU und FDP das Weiterregieren trotz zum Teil deutlicher Stimmenverluste vor allem für die Liberalen, die bundesweit mit 6,9% (-4,1) ihr zweitschlechtestes Resultat bei Bundestagswahlen überhaupt verkraften mußten. Die Union mußte ebenfalls Verluste hinnehmen und landete mit 41,5% (-2,3) sogar bei ihrem schwächsten Ergebnis seit 1949. Erfolgreich waren demgegenüber die SPD, die sich auf 36,4% verbesserte (+2,9), und die Bündnisgrünen, die mit 7,3% (+2,2) nicht nur den Wiedereinzug in Fraktionsstärke schafften, sondern erstmals die Freien Demokraten als drittstärkste Kraft im Parlament überholen konnten. Die PDS erreichte zwar insgesamt nur 4,4% der Zweitstimmen (+2,0), sie konnte aber durch die Erringung von vier Direktmandaten ebenfalls mit 30 Abgeordneten in den Bundestag einziehen. Wegen der Vergabe von zahlreichen Überhangmandaten konnten die Regierungsparteien trotz des hauchdünnen Stimmenvor-

[207] SZ vom 15.6.1994:"Parteichef Scharping lehnt Festlegung auf eine rot-grüne Koalition ab"; ZEIT vom 15.6.1994, Robert Leicht:"Mit der Kraft der Ruhe"

[208] FR vom 24.6.1994, Richard Meng:"Ein schneller Abschied für Hans Eichels Ältesten" und "Günthers Nachfolger kommt aus Mittelhessen"

[209] taz vom 12.4.1994, Klaus-Peter Klingelschmitt:"Ein rot-grünes Modell für Deutschland?"

sprungs von nur 0,3% gegenüber SPD, B'90/GRÜNEN und PDS eine Mehrheit von zehn Sitzen für sich bewahren.[210]
Bei dieser Bundestagswahl stammten erstmals der Kanzler und sein Gegenkandidat aus demselben Bundesland: Rheinland-Pfalz. Hier konnten sich CDU und SPD zufrieden mit ihren Landesergebnissen zeigen: Die Union verlor leichter als im Durchschnitt (-1,8) und blieb mit 43,8% stärkste Partei, die SPD gewann leicht überdurchschnittlich (+3,3) und erreichte 39,4%. FDP und B'90/GRÜNE blieben mit 6,9 bzw. 6,2% bei ähnlichen Resultaten wie bei der Landtagswahl 1991. Das Resultat wurde auf seiten der in Mainz regierenden Sozialdemokraten als Signal für eine relativ gute Akzeptanz der SPD im Land gesehen werden; das 1991er Ergebnis muß gleichwohl als Ausnahme betrachtet werden.[211]
In Hessen deutete das Landesergebnis auf einen möglicherweise erneut sehr knappen Wahlausgang bei der im Februar 1995 anstehenden Landtagswahl hin. Hier verlor die CDU nur minimal (-0,6) und blieb mit 40,7% der Zweitstimmen weiterhin stärkste Partei. Die Sozialdemokraten mußten in Hessen entgegen dem bundesweiten Trend mit -0,8 Prozentpunkten sogar Verluste einstecken und erreichten mit 37,2 ihr schwächstes Landesergebnis bei Bundestagswahlen seit 1953. Zwar konnte der grüne Koalitionspartner mit 9,3% (+3,7) wiederum ein Spitzenergebnis erzielen und auch im Lande die FDP (8,1%) überrunden, doch mußten für EICHEL und die SPD geringe Hoffnungen hinsichtlich des nächsten Wahltermins gegenüber der euphorisch wirkenden CDU KANTHERS konstatiert werden.[212] Der CDU-Fraktionsvorsitzende Koch sprach nach diesem für die hessische SPD enttäuschenden Ergebnis von einem "KANTHER-Bonus und EICHEL-Malus" in Hessen, der die Union zuversichtlich in Landtagswahl gehen ließ.[213]
Die Bundestagswahl brachte für rheinland-pfälzische und hessische Parteien personelle Veränderungen in Spitzenpositionen mit sich: Der rheinland-pfälzische Ministerpräsident und SPD-Bundesvorsitzende SCHARPING übernahm die Führung der SPD-Bundestagsfraktion, zu seinem Nachfolger in Mainz wurde erwartungsgemäß KURT BECK gewählt, der mit einer Kabinettsreform für die Auflösung des Frauen- und des Landwirtschaftsministeriums Protestkundgebungen bei Frauenorganisationen und bei Bauern und Winzern hervorrief. In einer weiteren Umstrukturierung entzog BECK das gesamte Schulwesen der umstrittenen Mini-

---

[210] SZ vom 18.10.1994, Stefan Kornelius:"Zwangsvermählte - gottgegeben", Udo Bergdoll:"Davongekommen - ratlos", Ulrich Deupmann:"Zu kurz Gesprungene - Maß nehmen für den Kanzlerwechsel", "Ende der Verdrossenheit"; FAZ vom 18.10.1994:"Kohl: Wir haben eine ausreichende Mehrheit - Sonderparteitag noch in diesem Jahr"; Kurt Reumann:"Kohls Optimismus steckt die Wähler an - er ist seine stärkste Waffe"
[211] SZ vom 18.10.1994:"Der Kanzler verteidigt seinen Stimmkreis"
[212] SZ vom 18.10.1994:"Auguren schauen auf die Landtagswahl"
[213] Opdenhövel 1995, S.143

sterin ROSE GÖTTE und gliederte diesen Bereich dem Wissenschaftsministerium an. Weitere Umgestaltungen im Sozial- und im Bundesratsministerium führten zu einer Verkleinerung des Kabinetts von elf auf acht Posten, wobei Wirtschaftsminister BRÜDERLE einen Machtzuwachs für sich verbuchen konnte, da ihm noch zusätzlich die Bereiche Landwirtschaft und Weinbau zugeteilt wurden.[214]

In Hessen wechselte Umweltminister FISCHER ebenfalls nach Bonn, wo er die Funktion eines Sprechers der GRÜNEN-Fraktion übernahm; sein Nachfolger in Wiesbaden wurde der bisherige Fraktionsvorsitzende RUPERT VON PLOTTNITZ.[215]

Auch bei der hessischen FDP kam es zu einem Wechsel nach Bonn: Hier hatte WOLFGANG GERHARDT den Fraktionsvorsitz im Land schon im Januar 1994 an RUTH WAGNER übergeben, um im Oktober ins Bundesparlament wechseln zu können.[216]

Für die Freie Demokratische Partei war mit dem Wiedereinzug in den Bundestag zwar die parlamentarische Vertretung auf der höheren Ebene gewährleistet. Da die FDP aber in den Landtagswahlen des "Superwahljahrs" 1994 eine Kette von Niederlagen erlitten hatte, stellte sich die Situation der Partei als "Dame ohne (landespolitischen) Unterleib" dar. Die FDP war bereits bei der Neuwahl in Hamburg im September 1993 an der Fünf-Prozent-Hürde gescheitert, danach verfehlte sie in Niedersachsen (4,4%), Sachsen-Anhalt (3,6%), Bayern (2,8%), Brandenburg (2,2%), Sachsen (1,7%), Mecklenburg-Vorpommern (3,8%), Thüringen (3,2%) und im Saarland (2,1%) ebenfalls die Marke von fünf Prozent und konnte auch keine Abgeordneten mehr ins Straßburger Parlament senden.[217] Die hessische Landtagswahl sollte eine Vorentscheidung über den Erfolg der FDP in den Ländern bringen. Nicht nur liberale Landespolitiker, sondern auch der Bundesvorsitzende und Außenminister KLAUS KINKEL hofften auf dem Landesparteitag in Niedernhausen auf die Konsolidierung in Hessen:"Die Landtagswahl in Hessen muß und wird auf Landesebene die Wende bringen. Ich glaube daran. Tun Sie es auch."[218]

---

[214] SZ vom 27.10.1994:"Proteste von Frauen und Winzern"

[215] taz vom 23.11.1994, Klaus-Peter Klingelschmitt:"Hessische Wahl-Lotterie"

[216] Staudt 1996, S.140

[217] SZ vom 18.10.1994, Cathrin Kahlweit:"CDU schwelgt in Champagnerlaune", Ralf Husemann:"Erfurt rüstet zur Elefantenhochzeit; Albrecht Hinze:"Schwer verdauliche Kröte für die SPD"; taz vom 18.10.1994, Hans Monath:"Bloß weiterwursteln geht jetzt nicht mehr"; ZEIT vom 21.10.1994, Martin Klingst:"Endlich nachdenken"

[218] Staudt 1996, S.143

8.6. Neue Strukturen oder Rückkehr zu alten Traditionen: Die Regierungen EICHEL und BECK und die Landtagswahlen 1995/96

8.6.1. Die Hessische Landtagswahl vom 19. Februar 1995

Vor der hessischen Landtagswahl vom 19. Februar 1995 standen die Fronten zwischen den vier Landtagsparteien fest: Sozialdemokraten und Bündnisgrüne traten für die Weiterführung ihres Bündnisses ein, CDU und FDP wollten die rot-grüne Koalition erneut von der Regierung ablösen.[219] MANFRED KANTHER, der am 20. November 1994 zum Herausforderer Ministerpräsident EICHELS nominiert wurde, wandte sich allerdings gegen einen "Koalitionswahlkampf" und sprach sich deutlich gegen eine Zweitstimmen-Kampagne zugunsten der FDP aus.[220] Die CDU erhoffte sich durch einen ganz auf die personelle Alternative KANTHER-EICHEL zugeschnittenen Wahlkampf besser abschneiden zu können als der Regierungschef, der zuweilen als "farblos" und "nicht zupackend" charakterisiert wurde. EICHEL betonte demgegenüber deutlich die Leistungen seiner Regierung im Vergleich zu ihrer Vorgängerin: Die rot-grüne Koalition habe im Wohnungsbau, bei der Schaffung von Kindergartenplätzen und im öffentlichen Nahverkehr deutlich mehr geleistet als die WALLMANN-Regierung.[221] Hinsichtlich der Personalisierung des Wahlkampfs beabsichtigte die SPD, das "Versagen von MANFRED KANTHER als hessische(m) Finanzminister zu beleuchten".[222]

Die auf der Bundesebene angesichts der Schwäche der FDP und wegen erneut aufkommender Uneinigkeit bei den Sozialdemokraten über ihren politischen Kurs aufkommende Überlegungen zu einem schwarz-grünen Bündnis wurden im hessischen Wahlkampf von CDU und GRÜNEN wegen zu geringer politischer Gemeinsamkeiten zurückgewiesen.[223] Die Frontstellung des rot-grünen gegenüber des schwarz-gelben Lagers wurde bei nach der Landtagswahl geführten Interviews mit hessischen Regierungs- wie Oppositionsvertretern von beiden Seiten unterstrichen.[224] Während der innenpolitische Sprecher der CDU, VOLKER BOUFFIER, von "zwei parteipolitischen Lagern" in Hessen sprach und die Landes-FDP eindeutig auf seiten der CDU sah,[225] betonte der parlamentarische Geschäftsfüh-

[219] taz vom 16.1.1995, Klaus-Peter Klingelschmitt:"Hessen vorn - diesmal mit den Grünen"
[220] SZ vom 21.11.1994:"Kanther als Herausforderer nominiert"
[221] zu den Leistungen der SPD: Interview Weidmann; SZ vom 7.1.1995, Cathrin Kahlweit:"Gegen das Image vom blassen Pedanten"
[222] nach: Steinseifer 1996, S.282
[223] FAZ vom 18.12.1994, Roland Koch:"Die Krawatte von Joschka Fischer reicht nicht"; SZ vom 27.1.1995, Cathrin Kahlweit:"Zuerst und vor allem ein Realpolitiker"
[224] Interviews Bouffier, Hahn, Müller, Seitz, Weidmann, Weiss-Thiel
[225] Interview Bouffier

rer der SPD-Fraktion im Landtag, KURT WEIDMANN, die Stabilität der rot-grünen Zusammenarbeit.[226] Einen etwaigen Schwenk der hessischen FDP zurück zur SPD konnte sich WEIDMANN ebensowenig vorstellen wie JÖRG-UWE HAHN, der parlamentarische Geschäftsführer der FDP-Fraktion im Wiesbadener Landtag.[227] Die Frontstellung zwischen SPD/GRÜNEN einerseits und CDU/FDP andererseits wurde auch von ALEXANDER MÜLLER, dem Fraktionsvorsitzenden der Bündnisgrünen in Hessen bestätigt, da er trotz der verglichen mit KANTHER gemäßigteren politischen Linie ROLAND KOCHS oder PETRA ROTHS keine Chancen zu einer schwarz-grünen Zusammenarbeit im Lande sah.[228]

Im Verlauf des Wahlkampfs trat der CDU-Spitzenkandidat KANTHER, der als Innenminister in Bonn einen prononciert konservativen Kurs verfolgte, mit wesentlich moderateren Tönen in Erscheinung, die aber zum Teil auf die geringeren Gestaltungsmöglichkeiten in der Landespolitik zurückzuführen waren.[229] Neben Problemen, die christdemokratische Wählerklientel relativ kurze Zeit nach der Bundestagswahl vom Oktober 1994 erneut mobilisieren zu müssen, wurden auch aus Sicht der Union die Angriffe gegen rot-grün vor 1995 im Wahlkampf zu wenig herausgestellt.[230] KANTHERS Entscheidung allerdings, den Posten seines Schatten-Kultusministers mit dem bayerischen Gymnasiallehrer und Lehrerverbandspräsidenten KRAUS zu besetzen, stieß nicht nur bei den Regierungsparteien, sondern auch auf seiten der FDP auf Widerstand. SPD und Bündnisgrünen wurde durch die Nominierung KRAUS' das Wahlkampfargument gegeben, daß ein Import bayerischer Verhältnisse nach Hessen verhindert werden müsse.[231] Der hessischen FDP wurden durch diese Personalie wie durch KANTHERS Absicht, einen "freiwilligen Polizeidienst" einrichten zu wollen, Gelegenheiten gegeben, sich von der Linie des gewünschten Koalitionspartners abzusetzen und eigene Positionen hervorzuheben.[232]

Das Bündnis aus SPD und GRÜNEN, das erstmals in Hessen eine ganze Legislaturperiode durchgehalten hatte, traf nach anfangs ungünstigen Prognosen unmittelbar vor der Wahl wieder auf bessere Umfragewerte. Gerade die Sozialdemokraten verbanden die stabile wirtschaftliche Lage im Land mit ihrem Spitzenkandidaten, Ministerpräsident HANS EICHEL, in den Slogans "Gute Arbeit verdient Vertrauen" und "Erfolg braucht keine Show". Insbesondere die zweite Bot-

---

[226] Interwiew Weidmann
[227] Interview Hahn
[228] Interview Müller
[229] SZ vom 4.2.1995, Cathrin Kahlweit:"Ein Ledergürtel drückt auch den Wunsch nach dem gestrengen Landesvater aus"
[230] Interview Bouffier
[231] FAZ vom 6.2.1995, Bernd Heptner:"Behutsam die CDU-Linie deutlich machen"
[232] ZEIT vom 10.2.1995, Thomas Kleine-Brockhoff:"Unter dem Beil"

schaft verdeutlichte, daß die SPD über den eher geringen Bekanntheitsgrad EICHELS seine seriöse Arbeit und Erfolge in der Sachpolitik betonen wollte.[233] Beispielhaft für die Funktionsfähigkeit der Koalition trotz erheblicher Bedenken der Bündnisgrünen kann die Entscheidung für den Bau eines Frachtzentrums am Frankfurter Flughafen gesehen werden, mit der sich die SPD in einer ökonomisch wichtigen Frage gegenüber dem kleinen Partner durchgesetzt hatte, was aber dennoch keine Koalitionskrise heraufbeschwor.[234] Kurz vor der Landtagswahl wurde erneut ein bundespolitisches Thema auf der Landesebene aufgegriffen: Wegen der Fehlinvestition von Steuergeldern beim Aufbau der neuen Bundesländer fand die SPD mit dem Wahlslogan "Ab sofort sagt Ihr Geldbeutel 'Nein' zu dieser CDU" ein bundespolitisches Thema gegen ihre Kontrahentin.[235]

Bei der Landtagswahl vom 19. Februar 1995 kam es zur Bestätigung der Koalitionsparteien bei einer Gewichtsverlagerung zugunsten der GRÜNEN. Die FDP schaffte überraschend deutlich den Wiedereinzug ins Parlament, die CDU nahm trotz geringer Verluste erneut den Rang als stärkste Partei in Hessen ein und überflügelte damit wieder die SPD im Lande.

Grafik 26.1.: Stimmenverteilung bei der Hessischen Landtagswahl am 19.2. und am 5.3.1995

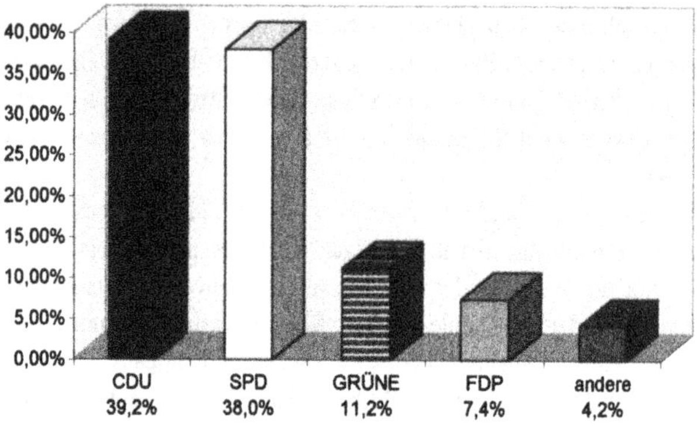

[233] SZ vom 14.2.1995, Cathrin Kahlweit:"Eichel wie Kanther wie Eichel"; Steinseifer 1996, S.284. Die CDU hob in ihrem Wahlkampf hervor, daß in Presseberichten über Eichel dessen Vorname falsch angegeben wurde.
[234] ZEIT vom 10.2.1995, Mario Müller:"Apokalypse nein"; ZEIT vom 17.2.1995, Gunter Hofmann:"Kerosin und Kröten"
[235] Interview Bouffier; Steinseifer 1996, S.283

Grafik 26.2.: Mandatsverteilung bei der Hessischen Landtagswahl am 19.2. und am 5.3.1995

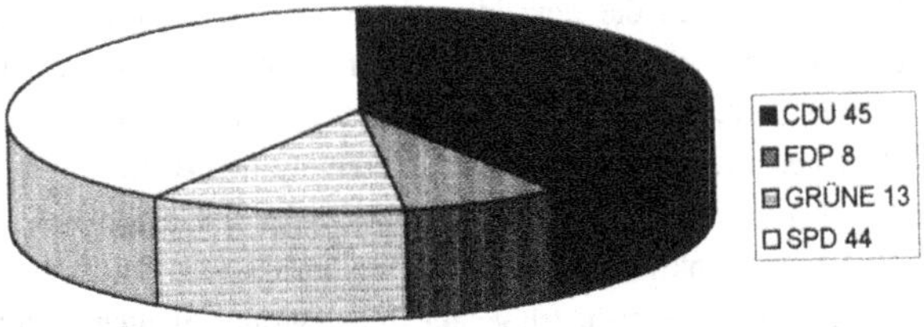

Im einzelnen fielen die Sozialdemokraten mit 38,0% der Landesstimmen (-2,8) auf ihr schlechtestes Ergebnis bei Landtagswahlen seit Kriegsende zurück. Die CDU mußte zwar ebenfalls Einbußen hinnehmen, doch fielen diese geringer aus als bei der SPD, so daß die Union stärkste Partei wurde. Bündnis'90/DIE GRÜNEN steigerten sich deutlich auf über 11% (+2,4) und erreichten damit das bis dahin beste Ergebnis der Bündnisgrünen bei Landtagswahlen in einem Flächenland. Die FDP blieb mit prozentual unverändert gegenüber 1991, sie hätte allerdings nur weitere 804 Stimmen zu einem weiteren Landtagsmandat benötigt.[236]
Das endgültige Ergebnis der Landtagswahl zögerte sich wegen einer Nachwahl im Wahlkreis 55 (Bergstraße II) am 5. März, die wegen des Todes einer Direktkandidatin der Republikaner notwendig wurde, noch um zwei Wochen heraus,[237] es brachte jedoch keine Verschiebungen hinsichtlich der Mandatsverteilung: Die SPD verlor zwei Mandate, die CDU eines, die beiden großen Fraktionen kamen somit auf 44 bzw. 45 Sitze. Die Bündnisgrünen gewannen drei Mandate, ihre Fraktion stellte fortan 13 Mitglieder, die FDP blieb unverändert bei 8 Sitzen.[238]
Mit diesem Ergebnis waren die Koalitionspartner wegen des sehr guten Resultats der GRÜNEN insgesamt gestärkt aus der Wahl hervorgegangen, sie verfügten nun über 57 statt wie bisher 56 Mandate im Landtag.
Die Sozialdemokraten mußten 1995 vor allem in den hessischen Großstädten Stimmenverluste größeren Ausmaßes hinnehmen. Lediglich in Kassel und in Darmstadt blieben die Sozialdemokraten stärkste Partei, in Frankfurt fielen sie um 3,3 Prozentpunkte auf 30,4% der Landesstimmen zurück, in Wiesbaden sank die SPD sogar um 6,3 Punkte auf 34,0%, hier verlor sie auch zwei 1991 noch gehal-

236 Hessisches Statistisches Landesamt (Hrsg.) 1996, S.149/150; Staudt 1996, S.143
237 SZ vom 14.2.1995, Cathrin Kahlweit:"Eichel wie Kanther wie Eichel"
238 Hessisches Statistisches Landesamt (Hrsg.) 1996, S.142

tene Direktmandate an die CDU. Überdurchschnittlich waren auch die SPD-Verluste in Kassel, wo die Partei bei einem Minus von 4,9 Punkten auf 39,7% zurückfiel. Eine relativ unbekannte CDU-Direktkandidatin schaffte es in Kassel sogar, Ministerpräsident EICHEL seinen Wahlkreis abzunehmen. Neben diesen urbanen Wahlkreisen verloren die Sozialdemokraten auch in den Wahlkreisen Main-Kinzig I und II deutlich an Landesstimmen und büßten auch beide Direktmandate ein, was als Protest früherer sozialdemokratischer Wähler, die dem Nuklearstandort Hanau positiv gegenüberstanden gedeutet werden kann.

Die Christdemokraten konnten 1995 erstmals bei hessischen Landtagswahlen alle sechs Direktmandate in Frankfurt und alle drei Direktmandate in Wiesbaden für sich gewinnen, ihre Bilanz fiel ansonsten gerade in den großen Städten uneinheitlich aus. In Kassel verbesserte sich die CDU minimal (+0,3), in Wiesbaden deutlicher (+1,8), in Frankfurt, Offenbach und Darmstadt mußte sie ebenfalls Verluste verzeichnen (s. Karte 8).

Deutliche Verschiebungen ergaben sich landesweit, aber vor allem in den Städten, zugunsten der Bündnisgrünen, die 1995 in Darmstadt 19,5% (+3,3), in Frankfurt 17,0% (+3,5) und in Kassel 15,5% (+4,0) erreichten. Ihr bestes Ergebnis erreichten B'90/GRÜNE erneut im Wahlkreis 38 (Frankfurt am Main V), wo die Partei 26,4% Landesstimmen und RUPERT VON PLOTTNITZ 22,1% Wahlkreisstimmen erhielten.[239]

Nach der hessischen Landtagswahl versuchte Ministerpräsident EICHEL das schwache Abschneiden seiner Partei hinter dem Erfolg der GRÜNEN zu kaschieren, indem er "das sozial-ökologische Reformprojekt" für bestätigt erklärte. Der SPD-Bundesvorsitzende SCHARPING hob hervor, daß das wichtigste Wahlziel in Hessen - weiterhin an der Regierung zu bleiben - erreicht worden sei, er vermied es aber im Gegensatz zu EICHEL, rot-grün zu einer Modellkonstellation für Bonn zu erklären.[240] Die Parteisprecher von B'90/DIE GRÜNEN, KRISTA SAGER und JÜRGEN TRITTIN, bezeichneten das hessische Ergebnis ihrer Partei als "guten Auftakt" für die anstehenden Wahlen in Berlin, Bremen und vor allem in Nordrhein-Westfalen, wo die GRÜNEN auf die Bildung einer Koalition mit der SPD hofften.[241] Im bevölkerungsreichsten Bundesland bemühte sich Ministerpräsident RAU (SPD) nach der Hessenwahl allerdings, parteipolitische Unterschiede zum

[239] Hessisches Statistisches Landesamt (Hrsg.) 1992, S.114ff; Hessisches Statistisches Landesamt (Hrsg.) 1996, S.147ff; SZ vom 21.2.1995:"SPD verliert in allen hessischen Großstädten"; FAZ vom 21.2.1995, Bernd Heptner:"In Hessen stärkt Rot-Grün die Grünen"

[240] SZ vom 21.2.1995:"Eichel will rot-grünes Kabinett verkleinern"; FAZ vom 21.2.1995:"Scharping lobt Eichels Politik - 'Es gibt eine Alternative zur jetzigen Bonner Regierung'"

[241] FAZ vom 21.2.1995:"Rot-grün ein 'bündnisfähiges Modell'"

Nachbarland hervorzukehren und eine Koalition mit den GRÜNEN als nicht notwendig für NRW zu bezeichnen.[242]
Auch bei FDP und CDU wurden Schlüsse aus der hessischen Landtagswahl gezogen: Für die Freien Demokraten bedeutete der Wiedereinzug ins Wiesbadener Parlament ein Abreißen ihrer Kette von Landtagswahlniederlagen, was dem "intern intakten Landesverband" und der klaren Koalitionsaussage zugunsten der Union ebenso wie den eigenen Positionen in den Feldern Mittelstandsförderung und steuerpolitischer Kompetenz zugeschrieben wurde.[243] Mit Blick auf die bundespolitische Lage wurde dieser erste landespolitische Wahlerfolg nach vielen Niederlagen als "wichtige Voraussetzung für den Fortbestand der Bonner Koalition"[244] bezeichnet. Äußerungen von hessischen Christdemokraten, die FDP sei vor allem durch Leihstimmen von der CDU in den Landtag gelangt, traten neben Landes-Liberalen auch der Bundesvorsitzende KINKEL entgegen, der die Bedeutung der ungebundenen Wähler unterstrich.[245] Äußerungen zur Vergabe von "Leihstimmen" beruhten auf Differenzen zwischen dem Landesstimmen- und dem Wahlkreisstimmen-Gesamtergebnis für CDU und FDP: Während die Union bei den Direktstimmen besser abschneiden konnte (41,9% bei 39,2% Landesstimmen), sah das FDP-Resultat wesentlich schlechter aus (4,7% zu 7,4%).[246] Bezüglich der differierenden Ergebnisse liegt die Vermutung nahe, daß zahlreiche Wähler des bürgerlichen Lagers eine rein taktische Wahlentscheidung getroffen haben, da der funktionale Charakter der FDP als notwendiger Koalitionspartner der Union oftmals zur Stimmabgabe für die Liberalen bewogen haben dürfte, auch wenn die eigentlich präferierte Partei die CDU gewesen ist.[247]
Von der Zusammensetzung des Landeskabinetts her standen nach der Landtagswahl SPD und GRÜNE vor dem Problem, der Ökopartei einen größeren Anteil an Mitverantwortung wegen ihrer Gewichtszunahme in der Koalition zukommen zu lassen und gleichzeitig die Landesexekutive insgesamt wegen des erklärten Willens des Regierungschefs verkleinern zu müssen. Dabei wurde über mehrere Wochen einerseits über die Vergabe eines klassischen Ressorts an die Bündnis-

[242] FAZ vom 21.2.1995:"CDU rät der FDP zur Koalitionsaussage"
[243] FAZ vom 21.2.1995:"Die FDP will wieder selbstbewußter in der Bonner Koalition auftreten"; FR vom 21.2.1995, Michael Grabenströer:"Vor der Presse ließ Eichel den Grünen den Vortritt"
[244] FAZ vom 21.2.1995:"Kohl steht zu Kanther"
[245] FAZ vom 21.2.1995:"Die FDP will weiter selbstbewußt in der Bonner Koalition auftreten"; Interview Funk
[246] Hessisches Statistisches Landesamt (Hrsg.) 1996, S.148/150
[247] Interviews Hahn, Seitz. Christdemokraten und Liberale unterscheiden sich in der Interpretation der abweichenden Wahlergebnisse dahingehend, daß von seiten der FDP die frei Wählerentscheidung hervorgehoben wird, während CDU-Vertreter zumindest alle "zusätzlichen" Erststimmen (im Vergleich zu den Landesstimmen) auf ihrem Konto verbuchen möchten.

grünen - im Gespräch waren das Innen-, das Finanz- und das Justizministerium - sowie über einen völligen Neuzuschnitt der Ressorts spekuliert.[248]
Während der bisherige Umweltminister VON PLOTTNITZ als Kandidat der GRÜNEN für die Ressorts Inneres oder Justiz gehandelt wurde, konzentrierten sich Überlegungen zur eventuellen Besetzung des Finanzministeriums auf TOM KOENIGS, den damaligen Stadtkämmerer in Frankfurt am Main.[249]
Die Koalitionsverhandlungen verliefen wegen des Zuschnitts und der personellen Besetzung der Ministerien einerseits, andererseits aber vor allem wegen dem Bekanntwerden eines äußerst rigiden Sparkurses der Landesregierung zäher als 1991. Einsparungen in der Höhe von 200 Millionen Mark wegen sinkender Steuereinnahmen zwangen die rot-grünen Koalitionspartner zum Mittel der Haushaltssperre zu greifen und Personalreduktionen in den Bereichen Schule, Hochschule, Inneres, Justiz und Finanzen zu beschließen.[250] Die drastischen Einsparungen und die Neugestaltung der Exekutive führten nicht nur zu einer Verengung des Spielraums für Landespolitik überhaupt, sondern auch zu den Rücktritten der sozialdemokratischen Minister JÖRG JORDAN und EVELIES MAYER von ihren Ämtern. JORDAN, dessen "Superministerium" in seiner alten Form zur Debatte stand, wechselte daraufhin in einen Geschäftsführerposten einer Bauvermittlungsgesellschaft. Er galt als im Bezirksvorstand der südhessischen SPD verwurzelter, besonders profilierter Minister, der allerdings nach Auseinandersetzungen mit Ministerpräsident EICHEL von diesem nach Meinung von Beobachtern nicht gehalten werden wollte.[251] Wissenschaftsministerin MAYER war im Gegensatz zu JORDAN eine Seiteneinsteigerin in die Landeregierung, die ihren Rückzug mit der Weigerung, die in den rot-grünen Koalitionsvereinbarungen festgeschriebenen Stellenkürzungen im Hochschulbereich nach dem "Rasenmäherprinzip" durchführen zu müssen, begründete.[252]
Begleitet wurden die Koalitionsverhandlungen in Wiesbaden von der mißglückten Magistratsneuwahl in Frankfurt, bei der am 14. März die Wiederwahl der Gesundheitsdezernentin MAGARETHE NIMSCH (B'90/GRÜNE) an drei fehlenden Stimmen scheiterte, die auf seiten der SPD vermutet wurden.[253] Nachdem auch ein weiterer Anlauf, NIMSCH durch einen Verfahrenstrick in den Magistrat zu wählen, scheiterte, stellte sich Oberbürgermeister ANDREAS VON SCHOELER

[248] taz vom 21.2.1995, Klaus-Peter Klingelschmitt:"In Hessen ist alles wie vorher, aber ganz anders"; SZ vom 21.2.1995, Cathrin Kahlweit:"Es gibt ein Leben nach Joschka"
[249] ZEIT vom 24.2.1995, Thomas Kleine-Brockhoff:"Gesucht: ein Meister der Balance"
[250] FR vom 22.3.1995, Richard Meng:"Landesregierung sperrt 200 Millionen Mark" und "Alles offen, alles strittig"
[251] FR vom 9.3.1995, Richard Meng:"Jörg Jordan will nicht länger Minister sein" und "Schade"
[252] taz vom 27.3.1995, Klaus-Peter Klingelschmitt:"Mayer wirft Eichel den Bettel hin"
[253] FR vom 15.3.1995, Claus-Jürgen Göpfert:"Schoeler droht mit Rückzug"

(SPD) am 20. März 1995 zur Abwahl. SCHOELERS Absicht bei diesem Schritt war, sich bei einer auf den Juni 1995 terminierten Direktwahl des Oberbürgermeisters gegen seine Gegenkandidatin PETRA ROTH (CDU) durchzusetzen und damit persönlich durch ein entsprechenden Wählervotum gestärkt für eine Disziplinierung in den eigenen Reihen zu sorgen.[254] Die Wahlschlappe der rot-grünen Römerkoalition offenbarte vor allem die tiefe innere Zerstrittenheit der Frankfurter SPD, an der anderthalb Jahre zuvor bereits die Wahl des GRÜNEN LUTZ SIKORSKI zum Umweltdezernenten gescheitert war.[255]
Die Koalitionsverhandlungen auf Landesebene hatten somit wegen der mangelnden Geschlossenheit bei einer entscheidenden Abstimmung in der größten hessischen Kommune eine weitere Belastung erfahren. Ende März zeichneten sich die Konturen der neuen Landesregierung dann deutlicher ab: Die GRÜNEN erhielten dabei zwar kein drittes Regierungsamt, aber durch eine problematische Zusammenfassung von Einzelressorts einen beträchtlichen Machtzuwachs. An RUPERT VON PLOTTNITZ wurde erstmals ein klassisches Ressort an einen GRÜNEN vergeben, denn der frühere Fraktionschef und bisherige Umweltminister wurde neuer hessischer Justizminister. IRIS BLAUL erhielt neben dem bisher von ihr verwalteten Ministerium für Jugend, Familie und Gesundheit noch zusätzlich das Ministerium für Umwelt und Energie, was ihr die Bezeichnung "Superministerin" einbrachte. Bei der Führung dieses Doppelministeriums sollte es auch wegen einer Verquickung privater und politischer Beziehungen im Laufe des Jahres 1995 zu erheblichen Vorwürfen gegen BLAUL kommen.
Neue Ministerin für Wissenschaft und Kunst wurde die bisherige Justizministerin HOHMANN-DENNHARDT (SPD), der frühere Landtagspräsident KARL STARZACHER (SPD) übernahm das Finanzministerium, neue Ministerin für Frauen, Arbeit und Soziales wurde BARBARA STOLTERFOHT (SPD).[256] Im zweiten Kabinett EICHEL führten lediglich Kultusminister HOLZAPFEL (SPD) und Familienministerin BLAUL (B'90/GRÜNE) die gleichen Ressorts wie zu Beginn der ersten von EICHEL geführten Regierung 1991; im Falle der GRÜNEN-Ministerin ist jedoch auf die fachliche Erweiterung durch die Zusammenlegung mit den Umweltressort zu verweisen. Die große personelle Fluktuation nach nur vier Jahren verweist auf erhebliche Abstimmungsschwierigkeiten zwischen Ministerien verschiedener Parteifarbe, auf eine fehlende Basis vor allem der Seiteneinsteigerinnen bei der SPD

[254] FR vom 22.3.1995, Claus-Jürgen Göpfert/Peter Holle:"OB-Abwahl geriet zum Wahlkampf"; ZEIT vom 24.3.1995, Matthias Geis:"Letzte Ausfahrt Frankfurt"
[255] SZ vom 13.3.1995, Cathrin Kahlweit:"Vier Genossen vor dem Charaktertest"
[256] taz vom 28.3.1995, Klaus-Peter Klingelschmitt:"Die Grünen werden klassisch"; FR vom 6.4.1995:"5.April 1995:Die neue Landesregierung"

(1991) und schließlich auf persönliche Rückzüge wegen der Beschneidung von Kompetenzen und der Beschneidung von Spielräumen (nach der 1995er Wahl).[257]
Bei der nordrhein-westfälischen Landtagswahl vom 14. Mai 1995 konnten die Bündnisgrünen einen großen Erfolg erzielen und ihr Wahlergebnis von 1990 von 5,0 auf 10,0% verdoppeln. Die Sozialdemokraten fielen dagegen auf 46,0% zurück (-4,0), die CDU verbesserte sich nur minimal auf 37,7% (+1,0). In Nordrhein-Westfalen wie bei der gleichzeitig stattfindenden Bürgerschaftswahl in Bremen gelang es den Liberalen nicht, an ihren hessischen Wahlerfolg anzuknüpfen, da sie mit 4,0% (NRW) bzw. 3,4% (Bremen) aus beiden Landesparlamenten ausscheiden mußten. Im kleinen Stadtstaat war die SPD nach schweren Verlusten nahezu gleichauf mit der CDU bei einem Drittel der Stimmen angekommen, auch hier konnten die Bündnisgrünen mit 13,1% (+1,7) einen weiteren Wahlerfolg feiern.[258]
Während nach der Bremer Wahl eine Große Koalition die Regierungsgeschäfte in der Hansestadt übernehmen sollte, liefen die Entwicklungen in Nordrhein-Westfalen nach langwierigen Verhandlungen auf die Bildung einer weiteren rot-grünen Landeskoalition hinaus.[259] Vor Abschluß der Verhandlungen hatte sich der neue Düsseldorfer SPD-Fraktionsvorsitzende und vorherige Landes-Umweltminister KLAUS MATTHIESEN gegen eine Entwicklung zwischen den Koalitionspartnern SPD und GRÜNE ausgesprochen wie er sie in Hessen beobachtete. Die SPD dürfe in Nordrhein-Westfalen nicht wie in Hessen dem kleineren Partner die alleinige Profilierung als fortschrittliche und innovationsfreudige Partei gestatten, sie müsse vielmehr ihre Traditionswähler, etwa aus der Bergarbeiterschaft, klar im Auge behalten, wenn sie nicht weiter an Stimmen verlieren wolle.[260]
In Hessen mußten die rot-grünen Koalitionspartner während des Verlaufs der Koalitionsverhandlungen in Nordrhein-Westfalen bei der ersten Direktwahl des Oberbürgermeisters in Frankfurt am 25. Juni 1995 einen weiteren Rückschlag hinnehmen, als der von SPD und GRÜNEN unterstützte bisherige Oberbürgermeister ANDREAS VON SCHOELER schon im ersten Wahlgang gegen PETRA ROTH

[257] Rücktritte verschiedener SPD-Ministerinnen und SPD-Staatssekretären wurden aus sozialdemokratischer Sicht mit menschlich-persönlichen Problemen erklärt; Interview Weidmann.
[258] FAZ vom 16.5.1995:"Bremens Bürgermeister Wedemeier gibt auf - Rau läßt sich für seine Entscheidung Zeit; Albert Schäffer:"Der größte Umbruch seit Raus Regierungsantritt vor fünfzehn Jahren", FAZ vom 16.5.1995; Walter Jakobs:"SPD braucht etwas Zeit für die Trauerarbeit" und Dirk Aspendorpf:"Wahlverlierer spielen Schlüsselrolle", taz vom 16.5.1995
[259] Walter Jakob:"Bruchpiloten pokern um eine Koalition", taz vom 10.6.1995; Reinhard Voss:"Kein einziges strittiges Problem ist gelöst", FR vom 14.6.1995; Jürgen Kahl:"Der Wille zur Einigung ist da", SZ vom 20.6.1995; SZ vom 3.7.1995:"Rot-grüne Koalition in Nordrhein-Westfalen perfekt - Johannes Rau will wieder Ministerpräsident werden"
[260] FAZ vom 26.5.1995:"Matthiesen zum Vorsitzenden der SPD-Fraktion gewählt"

(CDU) klar mit 45,9% zu 51,9% unterlag.[261] Bei einer Wahlbeteiligung von nur 55,8% hielt sich ROTH dabei relativ stabil in den Wahlbezirken mit einem hohen CDU- und FDP-Stimmenanteil, VON SCHOELER sackte hingegen in den rot-grünen Hochburgen der Mainmetropole deutlich gegenüber den Resultaten der Parteien bei der Landtagswahl vom Februar ab, was der Verärgerung großer Teile vor allem der SPD-Wählerschaft mit den anhaltenden Streitigkeiten in der SPD über Kurs und Personen der Partei zugeschrieben wurde.[262] HANS EICHEL und der Bonner GRÜNEN-Fraktionssprecher JOSCHKA FISCHER bemühten sich nach diesem Ergebnis, die Wahlniederlage als lokales Problem darzustellen, das keine Absage an das Wiesbadener Bündnis oder eine mögliche Koalition beider Parteien in Bonn bedeute.[263] Der Erfolg ROTHS steht allerdings in einer Reihe christdemokratischer Wahlsiege bei Oberbürgermeister-Direktwahlen, die der CDU auch in früheren sozialdemokratischen Hochburgen wie Hanau, Rüsselsheim, Marburg und Kassel die Ämter des Stadtoberhaupts einbrachte. Aus Sicht des Landesgeschäftsführers der hessischen Union, SIEGBERT SEITZ, lassen sich diese sozialdemokratischen Niederlagen mit den Schwierigkeiten der SPD erklären, den Spagat zwischen traditionalistischen Themen einerseits und sozial-ökologischen Fragen andererseits zu bewältigen. Verstärkte die SPD die Konzentration auf "grüne" Themen, so verlöre sie Traditionswähler an die CDU, verhielte sie sich umgekehrt, so profitierten die GRÜNEN stärker.[264]

Während die Frankfurter Schlappe der dortigen SPD zugeschrieben wurde, offenbarten Ende 1995 und Anfang 1996 die Rücktritte von Umwelt- und Familienministerin IRIS BLAUL sowie des Fraktionsvorsitzenden FRITZ HERTLE erhebliche Führungsschwächen beim kleineren Regierungspartner. Der Rücktritt BLAULS am 20. September 1995 entstand durch die Entlassung ihres Staatsekretärs JOHANNES SCHÄDLER (B'90/GRÜNE), mit dem es Auseinandersetzungen um die Führung des Gesundheitsressorts im Zusammenhang mit Vorwürfen gegen die Ministerin zur Verquickung persönlicher Beziehungen mit verwaltungstechnischen Posten gegeben hatte. BLAULS Nachfolgerin wurde die im März in Frankfurt gescheiterte frühere Gesundheitsdezernentin MARGARETHE NIMSCH.[265] Nach dem BLAUL-Rücktritt häuften sich offenbar die Vorwürfe gegenüber Fraktions-

[261] FAZ vom 27.6.1995, Heike Lattka:"Frankfurts Oberbürgermeisterin Roth vor schweren Stunden"; FR vom 27.6.1995, Claus-Jürgen Göpfert:"Viele 'Rot-Grüne' blieben zu Hause"

[262] FR vom 27.6.1995, Claus-Jürgen Göpfert:"Viele 'Rot-Grüne' blieben zu Hause", "Grüne wollen weiter mit SPD zusammenarbeiten", "Eichel nicht um Rat gebeten"

[263] FR vom 27.6.1995:"Das war keine Absage an Rot-Grün" und "Frankfurter Malaise nicht bei Rot-Grün abladen"

[264] Interview Seitz

[265] FR vom 21.9.1995, Richard Meng:"Plötzlich wieder Feuer in der grünen Beziehungskiste"; SZ vom 21.9.1995:"Hessens grüne Umweltministerin tritt zurück"

chef HERTLE, nicht deutlich genug gegenüber seinem SPD-Kollegen CLAUSS vorgegangen zu sein, der im September bekannt hatte:"Die Grünen haben ihre politische Unschuld verloren" und seien fortan eine Partei wie die drei anderen auch.[266] Nach Versuchen, HERTLE abzuwählen, kam es am 18. Januar 1996 zu dessen Rücktritt, sein Nachfolger wurde der frühere Staatssekretär ALEXANDER MÜLLER.[267]

Beide Vorgänge sind nicht nur als personalpolitische Neubesetzungen zu sehen, sie zeigen vielmehr, daß sich bei den hessischen GRÜNEN trotz ihres pragmatisch-realpolitischen Kurses nach innen, der sich während der Legislaturperiode 1991-1995 in einem geschlossenen Auftreten von Fraktion und Ministern äußerte, nach dem Fortgang FISCHERS ein Führungsvakuum und nach der Zusammenstellung des BLAUL'SCHEN Superministeriums ein administrativ nur schwer zu bewältigender Komplex ergeben hatte. Auf der strategischen Ebene taten sich innerhalb der GRÜNEN nach der erfolgreichen Landtagswahl 1995 zwei Fronten auf: Während "Traditionalisten" allenfalls auf einen Ausbau typisch "grüner" Ressorts drängten, forderten "Modernisten" wie FISCHER, PLOTTNITZ und COHN-BENDIT, daß sich die Partei mit Blick auf eine rot-grüne Koalitionsperspektive im Bund auch in klassischen Ministerien bewähren sollten.[268] Der Versuch, in Hessen neben dem Justiz- auch das unglücklich zugeschnittene Umwelt-, Familien- und Gesundheitsministerium zu übernehmen, führte in Verbindung mit personalpolitischen Querelen jedoch zunächst in einen Irrweg.

Auseinandersetzungen um den politischen Kurs wurden 1995 auch bei der hessischen FDP publik, deren damaliger Landesvorsitzender WOLFGANG GERHARDT auf dem Bundesparteitag in Mainz Mitte Juni Außenminister KINKEL in der Parteiführung ablöste. Zum Stellvertreter GERHARDTS wurde der rheinland-pfälzische FDP-Vorsitzende BRÜDERLE gewählt, was für eine starke Präsenz der Spitzenleute aus Mainz und aus Wiesbaden in der Bundes-FDP sorgte. Nicht in den Bundesvorstand der Liberalen gewählt wurde der hessische Landtagsabgeordnete HEINER KAPPEL,[269] der mit einem national-liberalen Programm angetreten war, das im September in Form der "Liberalen Offensive" institutionalisiert wurde. Die "Liberale Offensive", die als Gegengewicht zum linksliberalen "Freiburger Kreis" dezidiert konservative Töne anschlug und sich beispielsweise gegen

---

[266] Clauss sprach von den GRÜNEN als einer "stinknormalen Partei; Interviews Weiss-Thiel/Halsch, Weidmann

[267] FR vom 19.1.1996, Michael Grabenströer:"Hertle als 'Projektionsfläche der Unzufriedenheit'" und "Aus dem Tritt"; FR vom 23.1.1996, Richard Meng/Michael Grabenströer:"Neuer Anlauf der 'mittleren Generation'"

[268] vergl. SZ vom 28.9.1995, Cathrin Kahlweit:"Die Herrin des widerspenstigen Riesen"

[269] SZ vom 12.6.1995:"Der neue FDP-Chef Gerhardt kündigt Gespräche über den Kurs der Bonner Koalition an", Udo Bergdoll:"Vorwärts, aber ganz vorsichtig"; ZEIT vom 16.6.1995, Thomas Kleine-Brockhoff:"Und der Souffleur rief: Weiter so"

Multikulturalismus und die doppelte Staatsbürgerschaft aussprach, sorgte für bundesweites Aufsehen.[270] Ihre Anhänger konnten aber auch auf dem hessischen Parteitag der Liberalen am 10. September in Darmstadt keinen Erfolg erzielen, da ein von ihnen vorgelegtes Papier zum Staatsbürgerschaftsrecht von einer Mehrheit der Delegierten zurückgewiesen wurde.[271] Die Wahl GERHARDTS zum Parteivorsitzenden und die Gründung der "Liberalen Offensive" sind in Zusammenhang mit den bundespolitischen Profilierungsproblemen der Freien Demokraten zu sehen, die personell wie inhaltlich 1994/95 zu wenig Eigenständigkeit gegenüber dem Bundes-Koalitionspartner CDU/CSU bieten konnten und zudem in vielen Ländern und vor allem auf der kommunalen Ebene einen dramatischen Auszehrungsprozeß erfahren mußten.

Große Schwierigkeiten, als zahlenmäßig bedeutsamste Oppositionspartei im Bund mit klaren Konzepten und Positionen gegenüber der Regierung aufzutreten konnten nach der Bundestagswahl vom 16. Oktober 1994 auf seiten der SPD beobachtet werden. Auf seiten der Sozialdemokraten wirkte sich paradoxerweise gerade ihre Stärke in den Ländern - sie verfügten nach den Landtagswahlen bis Mitte 1995 mit 35 Stimmen über eine Mehrheit im Bundesrat[272] - negativ auf die Bundesebene aus, da zu häufig Stimmen aus den Ländern von Positionen des Bundesvorsitzenden SCHARPING abwichen. Obwohl sich vor dem SPD-Bundesparteitag vom 14.-17. November 1995 Spekulationen um eine Gegenkandidatur des niedersächsischen Ministerpräsidenten SCHRÖDER gegen SCHARPING häuften, wurde dieser vom saarländischen Regierungschef LAFONTAINE in einer Kampfabstimmung abgelöst.[273]

Die Abwahl SCHARPINGS verdeutlicht neben der ihm vorgeworfenen Führungsschwäche die Unzufriedenheit bei vielen sozialdemokratischen Delegierten hinsichtlich der unklaren strategischen Positionierung der SPD im Parteiensystem der Bundesrepublik Deutschland: Nach den Bundestags-, Europa- und Landtagswahlen 1994/95 war die SPD durch die Lage zwischen Union und Bündnisgrünen (in den westlichen Bundesländern) vor die Wahl gestellt wurde, entweder in großen Koalitionen oder in rot-grünen Bündnissen zu regieren. Beide Konstellationen verlangten den Sozialdemokraten erhebliche Zugeständnisse ab, durch welche ein Verprellen des rechten, traditionalistischen bzw. des linken, ökologischen Flügels

---

[270] FAZ vom 6.9.1995:"Gegengewicht zum Freiburger Kreis"

[271] FR vom 11.9.1995, Jörg Feuck:"FDP mit einigen Kursschwankungen", Richard Meng:"Nicht von ungefähr"

[272] Hier ist auf die Besonderheit des von SPD und Statt-Partei in einem Kooperationabkommen regierten Hamburgs hinzuweisen. Außerdem stellte die SPD zusammen mit der FDP die Landesregierung in Rheinland-Pfalz (4 Stimmen), in vier weiteren Ländern regierte sie gemeinsam mit der CDU.

[273] SZ vom 16.11.1995:"Lafontaine reißt Parteitag zu Begeisterungsstürmen hin - Kontroverse mit Scharping über Tornado-Kampfeinsatz"; FAZ vom 17.11.1995:"Lafontaine verdrängt Scharping"; SZ vom 17.11.1995:"Lafontaine neuer Vorsitzender der SPD"

der Partei befürchtet werden mußte. In Ostdeutschland ergaben sich zusätzliche Spannungen durch die Neigung einzelner SPD-Vertreter, zumindest Kooperationen mit der PDS zu erwägen, was von der Bonner Führung strikt abgelehnt und unterbunden wurde. Die Wahl LAFONTAINES wurde, nachdem sich SCHARPING zögerlich gegenüber der rot-grünen Option gezeigt hatte, als Signal für ein mögliches Zusammengehen mit den Bündnisgrünen bei Betonung eines schärferen eigenen Profils interpretiert, doch muß gleichzeitig auf die Notwendigkeit bei der SPD verwiesen werden, wegen der Unterschiedlichkeit der von ihr anzusprechenden Wählermilieus einen Spagat mit mehreren Führungspersönlichkeiten bewältigen zu müssen.[274]
Die von dem Mannheimer Parteitag enttäuschte rheinland-pfälzische SPD versuchte der Niederlage ihres früheren Landesvorsitzenden und mit Blick auf die im März 1996 anstehende Landtagswahl positive Seiten abzugewinnen. Ministerpräsident KURT BECK und Landtagspräsident CHRISTOPH GRIMM betonten, daß sich nach der bundespolitischen Entscheidung die SPD "von einer die Partei bedrükkenden Hypothek", dem Streit zwischen führenden Personen, befreit habe.[275]

8.6.2. Die rheinland-pfälzische Landtagswahl vom 24. März 1996

Anfang 1996 schien in Rheinland-Pfalz alles auf eine Umgestaltung der Landesregierung nach der Landtagswahl vom 24. März, die gleichzeitig mit den Urnengängen in Baden-Württemberg und in Schleswig-Holstein erfolgen sollte, hinzudeuten. Im Mittelpunkt der Überlegungen stand erneut die prekäre Lage der Freien Demokraten, die in Umfragen für Rheinland-Pfalz nur bei knappen fünf Prozent gesehen wurden. In Stuttgart und in Kiel schien der Wiedereinzug der FDP in die Landtage ebenfalls stark gefährdet zu sein.[276] In einer Infas-Befragung vom Februar lag die rheinland-pfälzische SPD mit 43% vor der Union, die 40% erreichte, womit die bis zum Mannheimer Parteitag der Sozialdemokraten ermittelte Führungsposition wieder erreicht worden war. Die Bündnisgrünen kamen in der Umfrage auf 9%, die FDP lag mit 4,5% erstmals knapp unter der Sperrklausel. Deutlich führte allerdings Ministerpräsident BECK, der sich offenbar in relativ kurzer Zeit im Lande profilieren konnte, die Umfragen nach dem "besseren Mini-

[274] taz vom 18.11.1995, Franz Walter:"Der politische Anführer"; taz vom 20.11.1995, Jürgen Gottschlich:"Auferstanden aus Ruinen..."; ZEIT vom 24.11.1995, Gunter Hofmann:"Der richtige Mann zur rechten Zeit" und Klaus Hartung:"Hoffnungen auf eine linke Mehrheit"
[275] RZ vom 17.11.1995:"Enttäuschte Rheinland-Pfälzer hoffen nun auf einen Neubeginn"
[276] SZ vom 2.3.1996, Wulf Riemer:"Von der großen Koalition die Nase voll"; Cornelia Bolesch:"Heide Simonis und die Gespenster"; Cathrin Kahlweit:"'Superstar' Kurt Beck setzt auf die FDP"

sterpräsidenten für Rheinland-Pfalz" an: Er erreichte 45-48%, sein Herausforderer GERSTER nur rund 25%. Auch die Resultate für die von den rheinland-pfälzischen Befragten gewünschte Regierungskoalition in Mainz deutete auf einen möglichen Wechsel von der sozial-liberalen zu einer rot-grünen Koalition hin, da sich selbst in dem eher konservativ strukturierten Land 22% für rot-grün, aber nur 11% für die bestehende Koalition aussprachen.[277]

Die Umfragewerte, die entweder auf ein Scheitern der FDP oder auf das Fehlen einer parlamentarischen Mehrheit für die sozial-liberale Koalition hinausliefen, bewirkten unterschiedliche Reaktionen bei den im Mainzer Landtag vertretenen Parteien. Ministerpräsident BECK wies Überlegungen zu einem Zusammengehen mit den GRÜNEN vor der Wahl zurück, er gehe vielmehr vom Fortbestand der SPD/FDP-Mehrheit aus.[278] Ein Bündnis mit der Ökopartei wurde von der SPD zwar nicht angestrebt, aber angesichts der Umfragewerte im Gegensatz zu einer Großen Koalition auch nicht ausgeschlossen,[279] womit die Sozialdemokraten ihren Willen zum Weiterregieren mit den Liberalen verdeutlichten, sich aber auch die andere Koalitionsvariante nicht verschließen wollten.

Die Freien Demokraten legten sich vor der Landtagswahl dagegen eindeutig auf die Fortführung des Bündnisses mit der SPD im Land fest. Der Landeshauptausschuß der Partei votierte am 3. Februar 1996 ohne Gegenstimme und ohne Enthaltungen für die Fortsetzung der SPD/FDP-Koalition, da die Leistungen der vergangenen Legislaturperiode als "erfolgreiche Arbeit" beider Partner bezeichnet wurde.[280] Als wichtigstes strategisches Ziel der FDP wurde von Vertretern der Partei der Kampf gegen Bündnis'90/GRÜNE erklärt, die vor allem wegen umwelt- und industriepolitischer Aussagen als "Arbeitsplatzvernichter" bezeichnet wurden.[281] Im Mittelpunkt des FDP-Wahlkampfs stand neben Sachfragen wie der Sicherung von Arbeitsplätzen, der Inneren Sicherheit, der Bildungspolitik und einer ökologische Belange berücksichtigenden Wirtschaftpolitik der im Lande populäre Parteivorsitzende, Wirtschafts- und Verkehrsminister RAINER BRÜDERLE.[282]

Bei den GRÜNEN wurden - ermuntert durch die guten Umfragen - eindeutige Signale in Richtung Vorbereitung von Koalitionsgesprächen mit der SPD gesetzt: Der "Kleine Parteitag" verabschiedete Anfang Februar ein Papier, das zehn

---

[277] nach: "Infas-Politrend", in: "Politik Südwest" vom 8.2.1996

[278] RZ vom 29.1.1996:"Beck:Rot-Grün für die SPD 'kein Thema'"

[279] Interview Kiehne 18.12.1995; taz vom 23.2.1996:"Eine Große Koalition wird es nicht geben"

[280] RZ vom 5.2.1996:"FDP legt sich eindeutig auf Koalition mit SPD fest"

[281] Interview Ringhoffer/Becker 11.1.1996; RZ vom 5.2.1996:"FDP legt sich eindeutig auf Koalition mit SPD fest"; RZ vom 6.3.1996:"Die rot-grüne Koalitions-Krise macht den Liberalen richtig Laune"

[282] Interview Ringhoffer/Becker 11.1.1996. Nach Infas-Umfragen ('Politik Südwest' 8.2.1996) lag Brüderle in einer Beliebtheitsskala nahzu gleichauf mit Gerster (+0,7 bis +1,0).

"Reformprojekte" zu einer "sozial-ökologischen Veränderung" in Rheinland-Pfalz umfaßte, die unter anderem die Auflösung der Abteilung Verfassungsschutz im Innenministerium, eine Stärkung des öffentlichen Personennahverkehrs und das Ende der bisherigen Müllverbrennungspolitik beinhalteten. Die GRÜNEN gingen in den rheinland-pfälzischen Bezirken mit vier Spitzenkandidatinnen in die Landtagswahl: ISE THOMAS, ELKE KILTZ, FRIEDEL GRÜTZMACHER und GISELA BILL.[283]

Trotz der sehr günstigen Umfragewerte für die Bündnisgrünen wurde nach der Wahl von der früheren Fraktionsvorsitzenden GRÜTZMACHER eine mögliche Annäherung an die SPD im Land als schwierig bezeichnet, da die Sozialdemokraten durch einen eher traditionalistischen Kurs geprägt seien, der durch die Koalition mit der FDP seit 1991 sogar konservative Züge trage.[284]

Problematisch stellte sich die strategische Situation bei der rheinland-pfälzischen Union dar: Frühere Andeutungen zu einer Annäherung zwischen CDU und GRÜNEN waren vor der Landtagswahl entschieden wegen mangelnder Gemeinsamkeiten in allen wichtigen Fragen zurückgewiesen worden,[285] andererseits hatte sich der ehemalige Bündnispartner FDP klar auf die SPD festgelegt, was JOHANNES GERSTER zu der Äußerung veranlaßte, man habe am 24. März nur die "Wahl zwischen Rot-Grün und einer starken CDU".[286] Der FDP wurde zwar keine große Überlebenschance zugesprochen, doch hoffte die Union in ihrem Stammland bei einem Ergebnis von "45 Prozent plus x" die Liberalen wieder auf ihre Seite ziehen zu können.[287]

GERSTER präsentierte der Öffentlichkeit eine achtköpfige "Kernmannschaft", die zwar nicht als Schattenkabinett fungieren sollte, die aber die "programmatischen Schwerpunkte" in der Landespolitik der Union verkörperte. Neben der stärkeren Einbindung von Frauen in Spitzenämtern bei der Union - personifiziert durch MARIA BÖHMER (Frauen-, Familien- und Sozialpolitik) und SUSANNE TIEMANN (Finanzen) - überraschte GERSTER durch die Beteiligung des früheren Regierungssprechers FRIEDHELM OST (Wirtschaft) in seinem Team.[288]

Belastend für die Option rot-grün in Mainz wirkte sich der Streit in der von Sozialdemokraten und GRÜNEN gestellten Regierungskoalition in Nordrhein-Westfalen aus, wo es wegen des geplanten Ausbaus des Regionalflughafens Dort-

---

[283] RZ vom 12.2.1996:"Grüne wollen ökologische und soziale Reformen"
[284] Interview Grützmacher
[285] Interview Feser 12.12.1995; RZ vom 11.3.1996:"Kohls Optimismus ungebrochen:'Unsere Probleme sind lösbar'"
[286] RZ vom 5.2.1996:"FDP legt sich eindeutig auf Koalition mit der SPD fest"
[287] FAZ vom 16.3.1996, Eckhart Kauntz:"Die Widersacher im Kampf um die Macht in Mainz ähneln einander in Barttracht, Leibesfülle, Mundart"
[288] RZ vom 1.2.1996:"Ost als Import im Gerster-Team"

mund, des Weiterbaus einer Autobahn und der Forderung der GRÜNEN nach Einführung einer Ruhezeit am Flughafen Köln/Bonn zu langwierigen Querelen zwischen den Partnern bis zum Rande des Koalitionsbruchs kam.[289] Mit den umstrittenen Projekten, die sich als Konflikt zwischen ökonomisch bedeutsamen, den Standort sichernden Maßnahmen und ökologischen Standpunkten begreifen ließen, wurde der Eindruck vermittelt, daß rot-grüne Bündnisse gerade in wirtschaftlich schwierigen Zeiten nicht zur Sicherung von Arbeitsplätzen fähig seien, was insbesondere der FDP in Rheinland-Pfalz zur Untermauerung ihrer Wahlkampfattacken gegen die Bündnisgrünen nutzte.[290]
Die Angriffe zahlten sich in Rheinland-Pfalz für die FDP aus. An einem in allen drei Bundesländern für sie überraschend positiv verlaufenen Wahlabend konnten die Freien Demokraten den zuvor nur in Hessen unterbrochenen Negativtrend bei Landtagswahlen aufhalten: Die drei Landesverbände der Liberalen erreichten nicht allein das Verbleiben in den Parlamenten von Stuttgart, Kiel und Mainz, sie konnten sich gegenüber 1991/92 sogar deutlich verbessern.
In Rheinland-Pfalz fiel die SPD dabei deutlich auf 39,8% zurück, was einem Verlust von fünf Prozentpunkten entspricht. Sie blieb damit aber immer noch stärkste Partei vor der CDU, die das gleiche Resultat wie 1991 erzielte. Die FDP verbesserte sich deutlich auf knapp neun Prozent, die GRÜNEN konnten dagegen nur geringfügige Gewinne verbuchen.[291]

Grafik 27.1.: Stimmenverteilung bei der rheinland-pfälzischen Landtagswahl am 24.3.1996

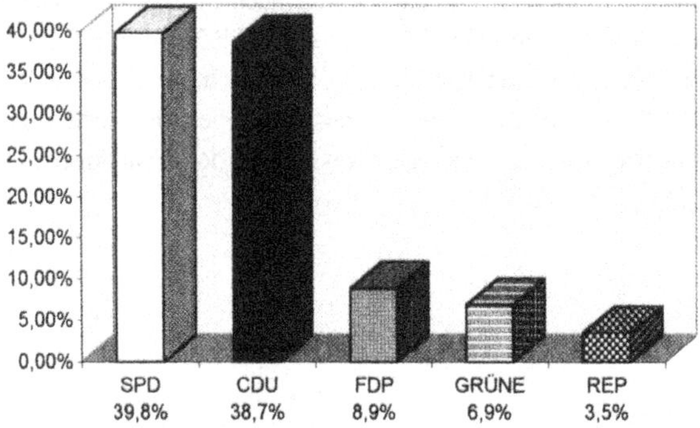

[289] SZ vom 9.3.1996:"Es brodelt an der grünen Basis"; SZ vom 16.3.1996, Jürgen Kahl:"Aussteigen, vertagen, weitermachen?"
[290] RZ vom 6.3.1996:"Die rot-grüne Koalitions-Krise macht den Liberalen richtig Laune"; RZ vom 15.3.1996:"Auf dem Kurs der Mitte 'on tour'"
[291] Statistisches Landesamt RLP:"Landesergebnis Rheinland-Pfalz", Bad Ems 1996

Grafik 27.2.: Mandatsverteilung bei der rheinland-pfälzischen Landtagswahl am 24.3.1996

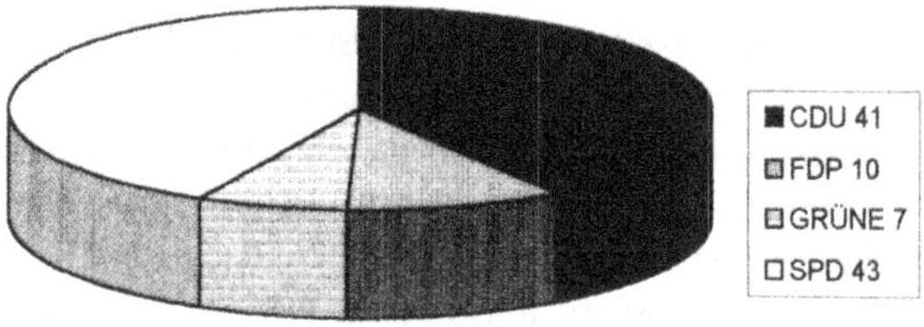

In Schleswig-Holstein und in Baden-Württemberg mußten die Sozialdemokraten am 24. März drastische Rückschläge in der Wählergunst hinnehmen, in Schleswig-Holstein konnten sich die gefährdeten Freien Demokraten gut behaupten, in Baden-Württemberg legten sie sogar 3,7 Prozentpunkte zu.[292] Während in Stuttgart noch am Wahlabend Ministerpräsident TEUFEL (CDU) die Aufnahme von Koalitionsgesprächen mit der FDP befürwortete, kam es in Kiel zu einer Regierungsvereinbarung zwischen SPD und den erstmals ins Parlament gelangten GRÜNEN.[293]

In Rheinland-Pfalz hatte das Wahlergebnis zu folgender Mandatsverteilung geführt: SPD (-4) und FDP (+3) erhielten gemeinsam 53, CDU (+1) und B'90/GRÜNE (unverändert) zusammen 48 Sitze.[294] Damit war die sozial-liberale Koalition bestätigt worden, rein rechnerisch hätte es aber auch für das Zustandekommen einer Mehrheit für CDU und FDP (51 Sitze) gegen SPD und B'90/GRÜNE (50 Sitze) gereicht. Noch am Wahlabend bekundete jedoch der FDP-Landesvorsitzende BRÜDERLE:"Wir stehen zu unserer einstimmig beschlossenen Koalitionsaussage. Wir machen nach der Wahl das, was wir vor der Wahl angekündigt haben".[295]

[292] ZEIT vom 29.3.1996, Thomas Kleine-Brockhoff:"Allein gegen die Wirklichkeit", Jochen Buchsteiner:"Lattenreißer"

[293] SZ vom 24.5.1996:"Heide Simonis verspricht ein 'Öko-Land'"; SZ vom 13.6.1996:"Teufel schafft Wiederwahl erst im zweiten Durchgang"

[294] Statistisches Landesamt RLP 1996

[295] RZ vom 26.3.1996:"Brüderle läßt keine Zweifel an Treue zu Koalition aufkommen"

Karte 8: Die Landtagswahlen 1995/96

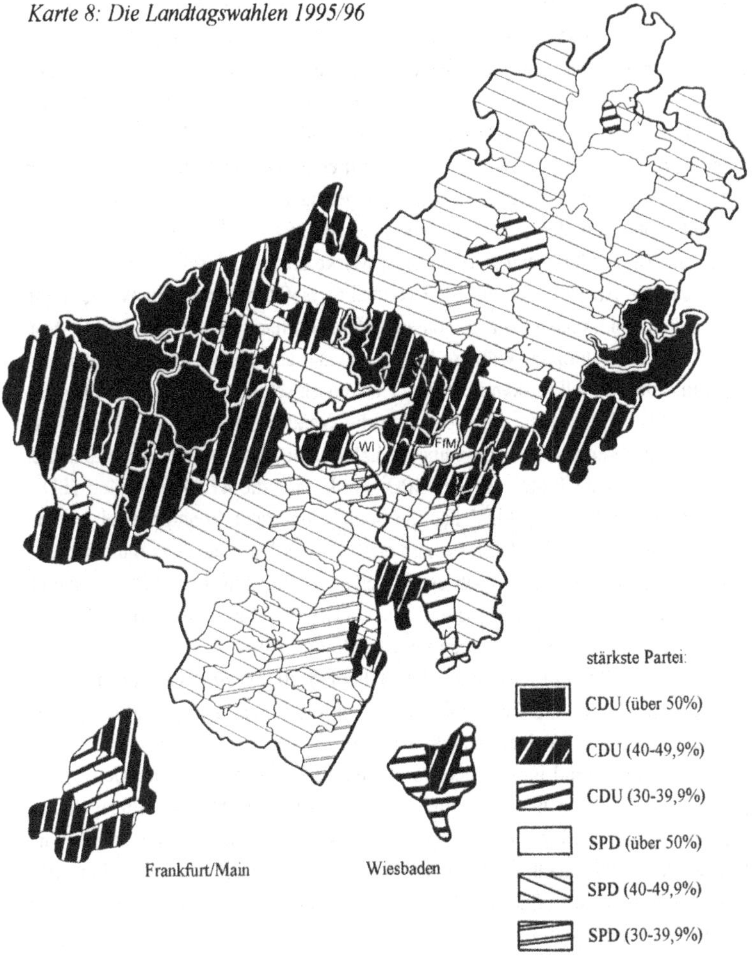

Gewinne und Verluste waren in den einzelnen rheinland-pfälzischen Wahlkreisen unterschiedlich gewichtet. Die SPD mußte zwar landesweit Stimmeneinbußen verkraften, doch waren diese in ihren Hochburgen besonders drastisch ausgefallen: Die SPD hatte in den Wahlkreisen Kirn/Bad Sobernheim, Birkenfeld, Nierstein/Oppenheim, Worms, Alzey, Mutterstadt und Kusel mit Verlusten zwischen 6,1 und 7,6 Prozentpunkten überdurchschnittliche Einbußen hinzunehmen. In den

beiden Wahlkreisen der Stadt Ludwigshafen ging der SPD-Anteil sogar um 9,5 bzw. 9,6 Punkte zurück, hier konnten die Republikaner um über fünf Punkte zulegen und steigerten sich damit zur drittstärksten Partei Ludwigshafens. Relativ gering blieben die sozialdemokratischen Einbußen in den ländlichen Wahlkreisen der Südpfalz; hier konnte die Partei offenbar vom Amtsbonus des aus der Region stammenden Ministerpräsidenten BECK profitieren. Während die Verschiebungen bei CDU und B'90/GRÜNEN landesweit geringere Schwankungen aufwiesen, hatten für die Liberalen zum Teil Zuwächse von fast vier Prozentpunkten und in insgesamt 12 Wahlkreisen die 10-Prozent-Marke überschritten.[296]
Das sehr gute Abschneiden der FDP verdankt sie 50.000 taktischen Wählern, die sich in den Wahlkreisen für Kandidaten anderer Parteien entschieden hatten. Von den FDP-Landesstimmen-Wählern hatten sich laut einer Infas-Analyse doppelt so viele für einen Wahlkreiskandidaten der Union entschieden als für einen Bewerber der SPD.[297] Betrachtet man gesondert die Wahlkreisstimmen, so fällt auf, daß durch das differenzierte Abstimmungsverhalten FDP-naher Wähler die CDU hier mit 42,0% stärkste Partei vor der SPD wurde, auf die 41,3% entfielen (FDP: 6,7%, B'90/GRÜNE: 6,6%).[298] Für die Sozialdemokraten konnten zwei ernüchternde Befunde von den Wahlforschern ermittelt werden: Einerseits mußten sie in den Altersgruppen von 18-35 Jahren doppelt so große Verluste hinnehmen wie im Durchschnitt (hier profitierte neben den GRÜNEN insbesondere die CDU),[299] andererseits wurden Wählerwanderungen größeren Ausmaßes in alle Lager festgestellt. Die SPD verlor dabei an die FDP rund 20.000 Stimmen, an die CDU ebenfalls 20.000, an die GRÜNEN 12.000, an die Republikaner 10.000, weitere 50.000 frühere SPD-Wähler enthielten sich am 24. März.[300]
Ein besonderer Trend hinsichtlich der Wählerbewegungen zwischen den beiden großen Parteien kann für die südpfälzischen Wahlkreise (Nr.46-51) festgehalten werden, da hier die bis 1987 eindeutig führende CDU nach den deutlichen Einbrüchen von 1991 auch 1996 nochmals Verluste hinzunehmen hatte. Die SPD büßte 1996 zwar ebenfalls Stimmen ein, doch lagen die prozentualen Verluste deutlich geringer als im Landesdurchschnitt.
Die Koalitionsverhandlungen zwischen SPD und FDP verliefen reibungslos und in "fairer und vertrauensvoller Zusammenarbeit"[301] beider Partner; bereits am 1.

---

[296] Statistisches Landesamt RLP 1996
[297] FR vom 26.3.1996:"Den Erfolg verdankt die FDP der Taktik ihrer Wähler"; RZ vom 26.3.2996:"In der Krisensituation wollen die Wähler keine Experimente"
[298] Statistisches Landesamt RLP 1996
[299] RZ vom 1.6.1996:"'Jungwähler' für die SPD ein Problem"
[300] FR vom 26.3.1996:"Den Erfolg verdankt die FDP der Taktik ihrer Wähler"; RZ vom 26.3.1996:"In der Krisensituation wollen die Wähler keine Experimente"
[301] RZ vom 3.4.1996:"Koalition: Ohne Hektik und Konflikt"

Mai konnten BECK und BRÜDERLE den neuen Koalitionsvertrag unterzeichnen. Die FDP verzichtete in den Verhandlungen auf die Forderung nach einem dritten Ministerium, sie erhielt aber die Posten einer Staatssekretärin im Justizressort sowie einen führenden Beamtenposten für die Bonner Vertretung für Bundes- und Europaangelegenheiten zugesprochen. Neben inhaltlichen Punkten des Vertrages, die den Machtgewinn der Liberalen widerspiegelten, wie beispielsweise die Festlegung, daß sich Rheinland-Pfalz für die Flexibilisierung der Ladenöffnungszeiten einsetzen solle, erregten SPD und FDP durch eine Entscheidung bezüglich des Abstimmungsverhaltens im Bundesrat bundesweites Aufsehen. Bei zwischen den Regierungspartnern strittigen Punkten solle das Verhalten der rheinland-pfälzischen Vertreter in der Länderkammer nach dem Los entschieden werden, was, nach Meinung Ministerpräsident BECKS, nur "im Extremfall" passieren würde, da zuvor eine "Check-Liste" von festgelegten Kriterien durchgegangen werden müsse.[302] Die Losverfahrensregelung wurde scharf als "unbedacht und gefährlich" kritisiert, Justizminister CAESAR betonte demgegenüber die juristische Unbedenklichkeit des Verfahrens und bezeichnete die Alternative anderer Koalitionsvereinbarungen, die Stimmenthaltung im Bundesrat, als "nicht unbedingt befriedigend".[303]

BECK wurde als Regierungschef am 20.5.1996 mit allen Stimmen der SPD/FDP-Koalition wiedergewählt. Bei der Wahl zum Landtagspräsidium wurde, wie schon 1991, den GRÜNEN kein Platz eingeräumt, sie kamen in Rheinland-Pfalz auch nicht in die Parlamentarische Kontrollkommission und in die G-10-Kommission, die über die Aberkennung von Grundrechten zu entscheiden hat, was von der neuen Fraktionsvorsitzenden Thomas als "Ausgrenzung" kritisiert wurde.[304]

Die Bestätigung der sozial-liberalen Koalition in Mainz veranlaßte verschiedene sozialdemokratische Politiker dazu, dieser landespolitischen Konstellation eine bundesweite Signalwirkung zuzuschreiben. KURT BECK betonte die Möglichkeit zum Zusammengehen von SPD und FDP in Bonn:"Mit der sozialliberalen Koalition wollen wir in Rheinland-Pfalz auch ein bundesweites Signal setzen. Rot-Gelb kann künftig auch wieder eine Option für Bonn sein."[305] Eindeutig sprach sich diesbezüglich der frühere Hamburger Bürgermeister und ehemalige rheinland-pfälzische Spitzenkandidat der SPD, KLAUS VON DOHNANHYI, für die sozial-liberale Bündnisoption aus. Er lehnte eine rot-grüne Koalition für Bonn ab und

---

302 RZ vom 2.5.1996:"Vor dem Los-Entscheid muß eine Check-Liste abgehakt werden" und "FDP wucherte mit ihren Pfunden"

303 SZ vom 2.5.1996:"CSU kritisiert Mainzer Losverfahren"

304 SZ vom 21.5.1996:"Beck als Ministerpräsident wiedergewählt"

305 SZ vom 6.4.1996:"Für eine sozialliberale Koalition"

bezeichnete diese als "eine schändliche Kombination" für die Bundesrepublik Deutschland.[306]

8.7. Enthaltungen, Extremisten, Einbrüche: Elektorale Entwicklungen einer Epoche

Die Trends der Landtagswahlen in den 90er Jahren verdeutlichen, daß einerseits die überragende Stellung der großen Parteien SPD und CDU in den Parteiensystemen der Länder Rheinland-Pfalz und Hessen deutlich geschmälert wurden und daß alle Landtagsparteien mit Ausnahme der Bündnisgrünen unter der sinkenden Wahlbeteiligung der letzten Jahre gelitten haben. Bezüglich des Rückgangs der Wahlbeteiligung stellte allerdings die Bundestagswahl 1994 eine Ausnahme dar, da hier in beiden Ländern - wie auch im Bundestrend - eine leicht gestiegene Wahlbeteiligung im Vergleich zu 1990 zu verzeichnen gewesen ist (Hessen 1994: 82,3%, 1990: 81,1%, Rheinland-Pfalz 1994: 82,3%, 1990: 81,7%).
Bei den Landtagswahlen ist hingegen eine deutliche Abnahme der Wahlbeteiligung zwischen 1987 und 1996 feststellbar: So gingen in Hessen 1987 noch 80,3% der Wahlberechtigten zur Urne, 1991 waren es nur noch 70,8%, 1995 wurde mit 66,3% Wahlbeteiligung der schwächste Wert seit 1950 erreicht.
In Rheinland-Pfalz ist das Absinken der Wahlbeteiligung weniger dramatisch: von 77,0% 1987 sank sie über 73,9% im Jahre 1991 auf 70,8% bei der Landtagswahl 1996. Damit wurde 1996 die schwächste Wahlbeteiligung bei allen rheinland-pfälzischen Landtagswahlen überhaupt erzielt, da nach Ergebnissen um 75-78 Prozent von der Nachkriegszeit bis in die 60er Jahre in den 70er Jahren eine leichte Steigerung auf über 80% zu verzeichnen war. Die Landtagswahl vom 6.3.1983 nimmt mit 90,4% eine Ausnahmestellung ein wegen der gleichzeitig verlaufenden Bundestagswahl, die einen sehr hohen Mobilisierungsschub unter der Wählerschaft erbrachte, erst danach trat der deutliche Rückgang ein. In Hessen wurden dagegen nach dem Einbruch auf 64,9% 1950 seit der Landtagswahl 1954 fast immer Wahlbeteiligungen von 80 und mehr Prozent erreicht (mit einem Höhepunkt 1978, als 87,7% der Wahlberechtigten zur Urne gingen).[307] Eine Erklärung für die schrumpfende Wahlbeteiligung kann in Lockerung traditioneller Wählerbindungen und im schwindenden Vertrauen in Problemlösungskompetenz der Parteien insgesamt gesehen werden, wobei gerade seit Anfang der 90er Jahre

[306] SZ vom 6.4.1996:"Für eine sozialliberale Koalition"
[307] Behr/Breit/Lilge/Schissler 1989, S.53ff; Hessisches Statistisches Landesamt (Hrsg.) 1996; Peckhaus (Hrsg.) 1987, S.169/169; Statistisches Landesamt RLP 1996

gut gebildete, politisch interessierte frühere Wähler das Nichtwählen als Protest gegen die seit langem etablierten Parteien CDU, SPD und FDP nutzen, ohne vom radikaleren Schritt, der Wahl einer systemoppositionellen Partei (vor allem vom rechten Rand des Parteienspektrums) gebrauch zu machen.[308]

Parlamentarische Mehrheiten sind in beiden Ländern knapper geworden, die Hochburgen von SPD und CDU wurden größtenteils abgeschliffen, was sich auch in den Gesamtergebnissen bei den letzten Landtagswahlen widerspiegelt. Hier liegen die beiden Volksparteien in Hessen wie in Rheinland-Pfalz nach den Wahlgängen 1995/96 nahezu gleichauf: Die SPD in Hessen erreichte 38,0%, die CDU in Rheinland-Pfalz 38,7%, die hessischen Christdemokraten kamen auf 39,2% und die rheinland-pfälzischen Sozialdemokraten erzielten mit 39,8% das beste Resultat bei den jüngsten Landtagswahlen. Absolute Mehrheiten wurden von der hessischen wie von der rheinland-pfälzischen CDU und der hessischen SPD nur in jeweils drei Wahlkreisen erreicht, die rheinland-pfälzischen Sozialdemokraten landeten 1996 nur in einem einzigen Wahlkreis bei über 50% der Stimmen.[309]

Von einer beherrschenden Stellung der hessischen SPD oder der rheinland-pfälzischen CDU im jeweiligen Parteiensystem kann somit nicht mehr gesprochen werden, da die großen Parteien aufgrund soziodemographischer Faktoren unter dem schrumpfenden Anteil ihrer Stammwählerschaft (Industriearbeitnehmerschaft und ländliche Bevölkerung mit enger Bindung an die katholische Kirche) gelitten haben und da die neue Mittelschicht, die vor allem in Dienstleistungsberufen tätig ist, über ein großes Maß an Flexibilität in der Wahlentscheidung verfügt. Außerdem rekrutieren B'90/GRÜNE neben ihren Hochburgen unter dem jüngeren, sich in Ausbildung oder Studium befindlichen Bevölkerungsgruppen einen Großteil ihrer Wählerschaft aus den Dienstleistungsberufen.

Klein- und Protestparteien haben auch in Rheinland-Pfalz und in Hessen an Zuspruch gewonnen, obwohl sie aber noch deutlich unter der 5%-Hürde liegen und daher bisher nicht den Einzug in einen der beiden Landtage geschafft haben. Dennoch können auch die relativ wenigen Stimmen für die außerparlamentarischen Kleinparteien entscheidenden Einfluß auf einen Wahlausgang nehmen, was beispielsweise die Landtagswahlen in Hessen 1987 und 1991 gezeigt haben. 1995/96 befanden sich vor allem die REPs in verschiedenen Wahlkreisen in Frankfurt und in Offenbach nahe der 5%-Hürde, in Ludwigshafen und in Frankenthal kon-

[308] vergl. Eilfort, Michael:"1994 - auch ein 'Super-Nichtwahljahr'", in: Oberreuter, Heinrich (Hrsg.): "Parteiensystem am Wendepunkt? Wahlen in der Fernsehdemokratie", München/Landsberg am Lech 1996, S.77ff; Hoffmann-Jaberg, Birgit/Dieter Roth:"Die Nichtwähler. Politische Normalität oder wachsende Distanz zu den Parteien?", in: Bürklin, Wilhelm/Dieter Roth (Hrsg.):"Das Superwahljahr - Deutschland vor unkalkulierbaren Regierungsmehrheiten?", Köln 1994, S.132ff

[309] Hessisches Statistisches Landesamt (Hrsg.) 1996; Statistisches Landesamt Rheinland-Pfalz (Hrsg.) 1996

nten sie sogar Werte von 6-8% erreichen, was sich dort hauptsächlich für die Sozialdemokraten negativ ausgewirkt hat.[310]
Auch hinsichtlich der Mitgliederzahlen der Parteien hat in der Öffnungsphase der Parteiensysteme ein stetiger Rückgang bei CDU, SPD und FDP eingesetzt. Die GRÜNEN können dagegen als einzige der Landtagsparteien trotz gelegentlicher Schwankungen seit 1993 eine positive Mitgliederbilanz aufweisen. Massive Verluste mußte die SPD in Hessen und in Rheinland-Pfalz hinnehmen: So sank die Zahl der SPD-Mitglieder in Hessen 1991 unter einen Wert von 120.000, bis Ende 1996 waren lediglich 104.607 Mitglieder zu verzeichnen. Die hessische SPD fiel dabei von ihrem Höchststand Ende 1978 (142.850) bei leichten Stabilisierungen in der zweiten Hälfte der 80er Jahre in ihrer Größe zurück und hatte bis 1996 rund 38.000 Parteimitglieder verloren.[311] Bei den Sozialdemokraten des Nachbarlandes wurde 1992 erstmals seit den 70er Jahren wieder eine Mitgliederzahl von knapp unter 70.000 ermittelt; Ende 1996 hatte die Landespartei noch 64.787 Mitglieder.[312]
Ähnlich waren die Entwicklungen auf seiten der Christdemokraten, die in Hessen Ende 1996 noch 58.273, in Rheinland-Pfalz zur gleichen Zeit noch 61.547 Mitglieder hatten.[313] Im rheinland-pfälzischen und im hessischen Landesverband der CDU konnten von Anfang der 70er Jahre bis 1983/84 stetige Mitgliederzuwächse verbucht werden, die zur Zeit des Regierungswechsels in Bonn einen Höchststand von 71.200 (Hessen, 1983) bzw. 80.175 (Rheinland-Pfalz, 1984) erbracht hatten. Die hessische Union war damit bezüglich der Mitgliederzahl nur zweitstärkste Landespartei hinter der SPD, die trotz eines Schrumpfungsprozesses seit 1977 zur Zeit der Bonner „Wende" noch über rund 125.000 Mitglieder verfügte. Der rheinland-pfälzischen Landespartei war dagegen die Überflügelung der Sozialdemokraten 1978 gelungen. Nach 1983/84 mußten beide CDU-Landesverbände Parteiaustritte verkraften, die in Rheinland-Pfalz nach den internen Auseinandersetzungen um die Koalitionsvereinbarung mit der FDP, die folgende Abwahl BERNHARD VOGELS (1988) und bedingt durch die Führungsstreitigkeiten nach dem Machtverlust 1991 besonders deutlich ausfielen. Insgesamt hatten die Landesverbände bis Ende 1996 Verluste von rund 18.600 Mitgliedern in Rheinland-Pfalz und von knapp 13.000 in Hessen zu vermelden.[314]

---

310 Hessisches Statistisches Landesamt (Hrsg.) 1996; Statistisches Landesamt Rheinland-Pfalz (Hrsg.) 1996
311 Auskunft des Landesverbands Hessen der SPD
312 Auskunft des Landesverbandes Rheinland-Pfalz der SPD
313 Auskunft des Landesverbands Hessen und der Bundesgeschäftsstelle der CDU
314 Auskunft des Landesverbands Hessen und der Bundesgeschäftsstelle der CDU

Bei der FDP konnten Ende 1996 in Rheinland-Pfalz 4.974 Mitglieder ermittelt werden, was nur einen relativ geringen Verlust zum Vorjahr bedeutet (-85).[315] In Hessen wurde nach deutlichen Einbrüchen bis 1995, in denen die Mitgliederzahl von rund 7.700 Ende der 80er Jahre bis auf 5.853 abgenommen hatte, 1996 wieder ein leichter Zuwachs auf 6.175 erzielt.[316]
Verglichen mit diesen Zahlen entwickelten sich die Mitgliederbewegungen bei den Bündnisgrünen in beiden Ländern zwar positiv, sie bewegen sich allerdings auf dem niedrigsten Niveau der vier Landtagsparteien. In Hessen konnte nach einem nahezu stetigen Anwachsen bis auf 4.800 Mitglieder 1989[317] und einem Rückgang in den Jahren 1990-1992 (4.000) seit 1992 wieder ein Anwachsen der Parteimitgliedschaft festgestellt werden, die Ende mit 4.658 Personen beziffert wurde.[318] Die Landespartei der rheinland-pfälzischen GRÜNEN durchlief eine ähnliche Entwicklung: Nach einem Anstieg auf 1.989 Mitglieder 1989 mußten bis 1993 Verluste hingenommen werden, die jedoch seither wieder mehr als ausgeglichen werden konnten. Ende 1996 hatten die Bündnisgrünen 2.457 Mitglieder im Lande.[319]
Die Landesparteien der Bündnisgrünen werden bei diesen vergleichsweise geringen Mitgliederbeständen in zunehmendem Maße mit dem Problem konfrontiert, für die Ausfüllung aller auf kommunaler Ebene errungenen Sitze auch Mandatsträger zu finden.
Im Vergleich der Parteien nehmen sich die langfristigen absoluten Verluste der hessischen SPD - sie hatte von 1978 bis 1996 über 38.000 Parteiaustritte zu verzeichnen - am bedeutendsten aus; die Landespartei hatte und hat aber weiterhin mit über 104.000 den höchsten Mitgliederbestand aller Landesparteien.
Setzt man die Mitgliederzahlen in Relation zu den erzielten Wählerstimmen, so kamen bei den Landtagswahlen 1995/96 auf je ein Mitglied

- der hessischen SPD: 9 Stimmen
- der rheinland-pfälzischen SPD: 12 Stimmen
- der rheinland-pfälzischen CDU: 13 Stimmen
- der hessischen CDU: 18,5 Stimmen
- der hessischen FDP: 28 Stimmen
- der rheinland-pfälzischen FDP: 36 Stimmen

[315] Auskunft des Landesverbandes Rheinland-Pfalz der FDP
[316] Auskunft des Landesverbandes Hessen der FDP
[317] DIE GRÜNEN HESSEN 1990, S.11
[318] Auskunft des Landesverbandes Hessen von B'90/GRÜNE
[319] Auskunft des Landesverbandes Rheinland-Pfalz von B'90/GRÜNE

- der rheinland-pfälzischen Bündnisgrünen: 57 Stimmen
- der hessischen Bündnisgrünen: 72 Stimmen[320]

RICHARD MENG folgert aus der damit errechneten Tatsache, daß vor allem die GRÜNEN als "Wählerpartei" ein wesentlich größeres "Sympathieumfeld" besäße als die Volksparteien und daß sich dadurch eine andere Mitgliederrekrutierung "aus den politisch flexibler gewordenen Milieus mit gehobenen Bildungsniveaus" ergebe. Für die Volks- oder Mitgliederparteien SPD und CDU wirkten sich Prozesse sozialer Ablösung unterer Schichten der Gesellschaft ungleich deutlicher aus.
Die GRÜNEN konnten zwar von gesellschaftlichen Faktoren wie dem Wertewandel und der zunehmenden Unzufriedenheit mit den etablierten Parteien profitieren, doch mit einer zunehmenden Einbindung der GRÜNEN in Koalitionsregierungen lassen sich Enttäuschungen der Wählerschaft in zum Teil sehr hoch gesteckte Erwartungen durch Kompromißlösungen mit dem (zumeist sozialdemokratischen) Koalitionspartner nicht vermeiden. Wenn diese mit internen Führungsproblemen wie in Hessen 1995/96 zusammentreffen und außerdem ein drastischer Sparkurs propagiert wird, so könnten auch die Bündnisgrünen in der Zukunft Frustration und Wahlenthaltung in ihrer Stammwählerklientel ausgesetzt werden.
Die Parteiensysteme von Rheinland-Pfalz und Hessen unterscheiden sich Mitte der 90er Jahre weniger durch die Dominanz einer Volkspartei, sondern vor allem durch die koalitionspolitisch bedingten Positionierungen der vier Parlamentsparteien zueinander: Während in Hessen eine eindeutige Frontstellung von SPD und GRÜNEN gegenüber CDU und FDP festzustellen ist, sehen sich in Rheinland-Pfalz die sozial-liberalen Mehrheitsfraktionen einer gespaltenen christdemokratischen und bündnisgrünen Opposition gegenüber. Die Frontstellung im hessischen Parteiensystem wird von Vertretern der Regierungs- und der Oppositionsparteien bestätigt;[321] das Zustandekommen einer SPD/FDP-Regierung oder ein schwarzgrünes Koalitionsexperiment müssen momentan als sehr unwahrscheinlich eingeschätzt werden. Wenn es bei dem bisherigen Vier-Parteien-Parlament in Wiesbaden bleibt, dann ist eher ein Fortbestehen der rot-grünen Mehrheit oder ein erneutes Alternieren zu einem CDU/FDP-Bündnis wahrscheinlicher als die koalitionspolitische Neuorientierung einer der vier Akteure.

---

[320] Meng, Richard:"Abgekoppelt, aber doch stabil. Parteieliten, Mitglieder und Wähler in Hessen"; eigene Berechnungen.
[321] Interviews Bouffier, Hahn, Müller, Weidmann

Anders stellt sich die Lage in Rheinland-Pfalz dar: CDU und B'90/GRÜNE traten bislang nicht als oppositionelle Einheit gegen SPD und FDP auf[322] und werden es wegen deutlicher programmatischer Differenzen zumindest schwierig haben, gegen die Landesregierungsparteien gemeinsam anzutreten, weswegen CDU und GRÜNE auf Umorientierungen bei FDP bzw. SPD hoffen müssen um an die Macht in Mainz zu gelangen. Bei den Anfang 1996 für die GRÜNEN prognostizierten Werten (8-9% bei gleichzeitiger Unklarheit über die Rückkehr der Liberalen in den Landtag) und den von der CDU erhofften "45% plus x" wären eine rot-grüne bzw. eine erneute CDU/FDP-Koalition denkbar gewesen; das tatsächliche Resultat und die klare Aussprache der FDP für die Weiterführung der Koalition machten diese Überlegungen jedoch obsolet.
Im folgenden sollen abschließend die Ergebnisse aller Entwicklungsphasen der beiden Parteiensysteme subsumiert und eine Überprüfung der grundlegenden Hypothesen zu den Einflußfaktoren vollzogen werden.

[322] Interviews Beth, Grützmacher

9. SCHLUSSBETRACHTUNG: KONTINUITÄT UND WANDEL IN DEN PARTEIENSYSTEMEN VON HESSEN UND RHEINLAND-PFALZ 1946-1996

Der Vergleich der Landesparteiensysteme von Hessen und Rheinland-Pfalz über einen Zeitraum von fünf Jahrzehnten hat ergeben, daß die vorherrschende Stellung der jeweils größeren Volkspartei durch eine Vielzahl von Faktoren bedingt aufgebaut und beibehalten werden konnte. Vor allem in der Öffnungsphase der Parteiensysteme kam es durch eine Erosion traditioneller Wählerbindungen, durch Entwicklungen innerhalb der Parteiensysteme und durch die Erweiterung des Parteienspektrums durch Etablierung der GRÜNEN zu Prozessen, die die Schrumpfung der Volksparteien hinsichtlich Wähler- und Mitgliederzahlen und erste alternierende Regierungswechsel in den Ländern mit sich brachten.
Nach der Untersuchung der Landesparteiensysteme von Hessen und von Rheinland-Pfalz können zunächst die zuvor aufgestellten Hypothesen bestätigt werden. Vor allem hinsichtlich der Einteilung der Arbeit in *vier Entwicklungsphasen* konnten Belege für die verschiedenen Zäsuren in der Genese der Parteiensysteme angeführt werden.
Hatten sich Sozial- und Christdemokraten in der *Gründungsphase* der Parteiensysteme nach Ende des Zweiten Weltkriegs zunächst in beiden Ländern zur Zusammenarbeit zusammengefunden, so führten das Erreichen einer komfortablen absoluten Mehrheit der SPD in Hessen und die Absicht der rheinland-pfälzischen CDU, die Bundesregierung mit einer "gleichfarbigen" Koalition im Bundesrat unterstützen zu wollen, zum Ende der Großen Koalitionen. Die starke parlamentarische Stellung von CDU und SPD in den ersten Landtagen von Rheinland-Pfalz bzw. Hessen kann auf die politischen Traditionen, die Wählerstrukturen und auf den Zuschnitt der beiden Länder durch die Alliierten zurückgeführt werden.
Die sich anschließende *Phase der Hegemonie* der großen Parteien wurde bestimmt durch die langjährige Etablierung der hessischen SPD und der rheinland-pfälzischen CDU an der Macht, wenngleich diese mit einem Koalitionspartner geteilt wurde. Die Landesbündnisse von SPD und BHE bzw. von CDU und FDP ermöglichten durch personelle und politische Weichenstellungen die Bindung des kleineren Partners an sich für den Fall, daß rechnerisch ein Alternieren möglich gewesen wäre. In den 50er und 60er Jahren war bereits eine Verknüpfung zwischen Landtagswahlen und der Bundespolitik wegen der gesetzgeberischen Mitwirkungsmöglichkeiten der Länder im Bundesrat erkennbar, doch sollte diese nach der Bildung der Bonner SPD/FDP-Regierung 1969 noch deutlicher in Erscheinung treten. Hinsichtlich der Zahl landespolitisch relevanten Akteure ist für

beide Länder eine Zuspitzung auf ein Drei- bzw. Vierparteiensystem feststellbar. Bedeutsam für die Parteiensysteme sind außerdem personalpolitische Faktoren, da den langjährigen Ministerpräsidenten Zinn und Altmeier nicht nur große Sympathien aus der Bevölkerung entgegengebracht wurden, sondern da diesen zumeist kein erkennbarer und profilierter Gegenkandidat der Opposition gegenübergestellt wurde.

In der *Polarisierungsphase* der 70er Jahre nahm einerseits die Bedeutung landespolitischer Wahl- und Koalitionsentscheidungen wegen der Rolle des Bundesrats zu, in dem die Bundesregierungsparteien keine Mehrheit besaßen und der zunehmend für die parteipolitische Auseinandersetzung benutzt wurde. Andererseits kam es neben der Polarisierung zwischen SPD/FDP und CDU/CSU in den Ländern zu sozialstrukturellen Veränderungen, die die Auflösung traditioneller Wählerbindungen mit sich brachten. In Rheinland-Pfalz und in Hessen entstanden während dieses Abschnitts reine Dreiparteiensysteme aus CDU, SPD und FDP. Während die rheinland-pfälzische Union mehrfach die absolute Mehrheit der Stimmen gewinnen konnte, gelang es der hessischen CDU zwar, die Sozialdemokraten als stärkste Kraft im Landtag zu überflügeln, die Ablösung der sich in einer Koalition mit der FDP befindlichen SPD blieb ihr jedoch versagt.

Mit dem Beginn der 80er Jahre ergab sich ein weiterer Umbruch wegen des Aufschwungs und der Etablierung der GRÜNEN als einer neuen Partei, die aus der Umweltschutz- und Friedensbewegung hervorgegangen war und die die Ausprägung eines neuen politischen cleavages entlang der Linie materialistischer versus postmaterialistischer Werte verkörperte. Insbesondere die Volksparteien verlieren in der *Öffnungsphase* an Wählerstimmen und an Mitgliedern. Die Umgestaltung von Vierparteiensystemen in Hessen und in Rheinland-Pfalz führte in Verbindung mit Modernisierungs- und Personalproblemen bei SPD und CDU zu ersten alternierenden Regierungswechseln. Die landespolitische Lage der Parteien in Rheinland-Pfalz und in Hessen ist in den 90er Jahren gekennzeichnet von einer sinkenden Wahlbeteiligung, der Abflachung der Hochburgen von CDU (Rheinland-Pfalz) und SPD (Hessen) und einem Anwachsen der Splitterparteien, unter denen die Republikaner am besten abschneiden. Die Landesparteiensysteme unterscheiden sich vor allem aufgrund der klaren Frontstellung zwischen rot-grüner Regierungsmehrheit und christlich-liberaler Opposition im hessischen Landtag, während im Nachbarland die sozial-liberale Mehrheit einer gespaltenen Opposition aus Union und Bündnisgrünen gegenübersteht.

Hinsichtlich des „Modellcharakters" von Landeskoalitionen für die Bundesebene werden in Hessen und Rheinland-Pfalz in den 90er Jahren zwei koalitionspolitische Optionen vorgefunden, die 1995/96 jedoch gleichermaßen unter Verlusten der Sozialdemokraten im Land (Hessen: -2,8, RLP: -5,0 Prozentpunkte) bestätigt wurden.

In *Hessen* muß von einer eindeutigen Blockbildung zwischen der rot-grünen Mehrheit und der schwarz-gelben Opposition gesprochen werden. Nachdem sich eine auf Stabilität ausgerichtete Annäherung zwischen Sozialdemokraten und GRÜNEN ergeben hatte, ist für die SPD ab 1991 eine Reihe von Rückschlägen zu verzeichnen gewesen: Neben der Kommunalwahl 1993, die drastische Einbußen erbrachte, sind die Rücktritte von 9 Ministern und 9 Staatssekretären während einer Legislaturperiode und ein erneuter Stimmenrückgang bei der Landtagswahl 1995 zu nennen.

Beim Koalitionspartner B'90/GRÜNE hat sich nach dem großen Wahlerfolg 1995 das "Machtvakuum" nach JOSCHKA FISCHERS Wechsel nach Bonn als Belastung für die landespolitische Arbeit erwiesen. Der unglückliche Zuschnitt des "Superministeriums" aus den Bereichen Umwelt/Energie plus Jugend/Familie/Gesundheit, hat in Verbindung mit Führungsproblemen der Ministerin BLAUL zu ihrem Rücktritt geführt. Auf der anderen Seite nimmt Hessen erneut die Stellung eines grünen Experimentierfelds durch die Besetzung des Justizressorts ein, was allerdings einen internen Streit zwischen Modernisierern, die die Machtperspektive Bonn im Auge behalten, und Traditionalisten, die die Betonung klassisch grüner Gebiete für wichtiger erachten, geführt hat.

SPD und B'90/GRÜNE bilden in Hessen die eine Seite des sich in zwei Lagern gegenüberstehenden Parteiensystems, eine Umorientierung der SPD zur FDP erscheint hier kaum wahrscheinlich.

Auf seiten der Opposition in Hessen hat die CDU den Wechsel von einem betont konservativen Fraktions- und Landesvorsitzenden KANTHER zu einem gemäßigt-liberalen Oppositionsführer KOCH vollzogen, was bei einem Umschwenken traditioneller SPD-Anhänger die nächste Landtagswahl entscheiden kann.

Bei der hessischen FDP ist in den 90er Jahren nur eine koalitionspolitische Zusammenarbeit mit der CDU vorstellbar. Im Falle der stärkeren Durchsetzung des liberalen Flügels in der CDU dürfte sich jedoch der Raum zur Profilierung der Liberalen als Teil des bürgerlichen Lagers verengen.

In *Rheinland-Pfalz* stellt die Positionierung der SPD/FDP-Regierungsparteien gegenüber einer gespaltenen Opposition sich als Vorteil der Mehrheitsfraktionen dar, da die CDU auf ein Umschwenken der FDP verbunden mit Wiedererreichen alter Stärke hoffen muß, um erneut an die Macht zu kommen und da B'90/GRÜNE nur zusammen mit einer relativ starken SPD, der der bisherige Koalitionspartner FDP nicht mehr zur Verfügung stehen würde, an die Regierung gelangen könnten.

Auf seiten der SPD ist vor allem nach 1996 ein großes Entgegenkommen gegenüber der FDP zu konstatieren, was möglichen Unmut bei sozialdemokratischen Wählern und Parteimitgliedern für den Fall einer zu klaren Dominanz des kleinen Partners wahrscheinlich macht.
Die FDP kann hingegen hochzufrieden in der Koalition mit der SPD sein (was auch die Koalitionsvereinbarungen bewiesen haben); nach der Landtagswahl 1996 könnte sie bei sich ergebendem Unwillen der SPD auch das Druckmittel des Schwenks zurück zur CDU zur Durchsetzung eigener Positionen verwenden.
Bezüglich der Beziehungen zwischen dem Landes- und dem Bundesparteiensystem kann zunächst auf die Schwierigkeiten der SPD bei der Suche nach einem mehrheitsfähigen Platz im Parteiensystem verwiesen werden: Nach dem Gang auf die Oppositionsbänke im Oktober 1982 zeigte sich die Partei unentschlossen hinsichtlich ihrer Strategie, die Macht in Bonn zurückzuerobern. Da die Liberalen im Bund aufgrund der starken Abhängigkeit von dem Bestehen der Koalition mit der CDU/CSU abhängen, kann mit einer Wiedergewinnung der FDP als Koalitionspartnerin der SPD kaum gerechnet werden. Unter Ausklammerung der Großen Koalition bliebe ihr jedoch nur das Bündnis mit den GRÜNEN, was allerdings mit Rücksicht auf traditionelle SPD-Wähler nur als eine Option unter anderen (einer Großen Koalition) gesehen wird.
In den Ländern konnten verschiedene Koalitionsoptionen experimentell durchgeführt und getestet werden, doch haben sich Mitte der 90er Jahre für die SPD Verluste bei rot-grünen, rot-gelben und rot-schwarzen Koalitionen ergeben, die die Entscheidungsfindung nicht vereinfachen.
Die CDU befindet sich zwar in vielen Ländern in der Opposition, doch beginnt der Neuaufbau mit zahlreichen jungen Kandidaten und vielen Frauen (Rheinland-Pfalz kann hier mit der Auffrischung der Landtagsfraktion nach 1996 als Beispiel dienen). Gerade bei Jungwählern kann der gestiegene Wähleranteil der CDU als richtiges Zeichen für die Modernisierung gewertet werden.
B'90/GRÜNE stehen im Kampf um die Etablierung als dritte Kraft in der linken Mitte des Bundesparteiensystems. In diesem Zusammenhang ist die Übernahme des Justizministeriums in Hessen durch VON PLOTTNITZ zu sehen, die als bundespolitisches Signal und als Demonstration der Kompetenz der Bündnisgrünen auch in "klassischen" Ressorts zu bewerten ist. Wie die Entwicklungen in Hessen weiterhin gezeigt haben, bleiben dabei Auseinandersetzungen zwischen Modernisierern und Traditionalisten (die weiterhin auf der Besetzung typisch grüner Posten und Politikfelder setzen) innerhalb der Partei nicht aus. Nach dem Weggang FISCHERS aus Hessen wurde weiterhin deutlich, daß sich zum Teil eklatante Führungsprobleme bezüglich der Leitung eines Ministeriums und der Fraktion auftaten, die auf starke interne Spannungen verweisen.

Bei der FDP ist nach ihrer langen Niederlagenserie in den Ländern mit den Wahlen vom März 1996 eine spürbare Beruhigung auch auf Bundesebene eingetreten. Dank ihrem klaren wirtschaftsliberalen Profil und wegen Erfolgen bei gutsituierten Jungwählern kann sich die FDP als Korrektiv zur Union bestärkt fühlen. Daß die Landespartei in Rheinland-Pfalz zusammen mit den Sozialdemokraten regiert, kann einerseits aus landespolitischen Faktoren, andererseits wegen der Betonung der Unabhängigkeit gegenüber der Bundes-CDU erklärt werden.
Ein personelles wie strategisches Gegenkonzept zum Justizministerium für die GRÜNEN in Hessen wäre für die rheinland-pfälzische FDP 1996 das Umweltministerium gewesen, denn mit der Besetzung des Wirtschafts- und Verkehrsministeriums und des Umweltressorts (neben der Justiz) hätte es für eine Landes-FDP die Gelegenheit gegeben, sich auf dem ureigensten Feld der GRÜNEN zu profilieren.
Zur Entwicklung der Landesparteiensysteme insgesamt kann festgehalten werden, daß die parteipolitischen Besonderheiten der Länder Hessen und Rheinland-Pfalz einem Trend zur Angleichung der Verhältnisse zwischen den Parteien gewichen sind. Zwar verfügt die hessische SPD nach wie vor über einen hohen Wählerzuspruch in Nordhessen, doch landesweit müssen sich die Sozialdemokraten wegen ihrer schwächeren Ergebnisse aus der Rhein-Main-Region mit der Position als Vierzig-Prozent-Partei zufriedengeben. Drastisch waren die Einbußen der rheinland-pfälzischen CDU in ihren Hochburgen zwischen Eifel und Hunsrück: Hier erreicht sie zwar noch absolute Mehrheiten, doch fallen diese längst nicht mehr in der Größenordnung von zum Teil über 70 Prozent der Stimmen aus. In Rheinland-Pfalz konnte der Machtverlust der früheren dominierenden Kraft des Parteiensystems nicht wie im Nachbarland bereits nach einer Legislaturperiode revidiert werden, was hier auf die Koalitionsentscheidung der Liberalen zurückzuführen ist.
Nach dieser zusammenfassenden Charakterisierung der Landesparteiensysteme sollen nun die für die Gestaltung von Landesparteiensystemen als entscheidend angesehenen Faktoren aufgeführt werden.

1.Politische Traditionen bewirkten von 1945 bis in die 70er Jahre die Herausbildung hegemonialer Positionen von SPD und CDU in Hessen und in Rheinland-Pfalz; daß diese nach dem Ende des Zweiten Weltkriegs wieder aufgenommen werden konnten, ist auch auf die Wählerstrukturen und auf den Zuschnitt der Länder zurückzuführen.

2. Wählerstrukturen waren maßgeblich bestimmend für den Wahlausgang in den Ländern. Durch ländlich-katholische Hochburgen im nördlichen Rheinland-Pfalz

und durch industrielle Ballungsräume in Hessen lagen für CDU und SPD günstige sozialstrukturelle Voraussetzungen für anhaltende Wahlerfolge in den Ländern vor. Strukturelle Veränderungen wie der Wertewandel seit den 70er Jahren, Flexibilisierungen von Wahlentscheidungen bei den neuen Mittelschichten und die Auflösung traditioneller Bindungen an die Volksparteien bestimmten in der Öffnungsphase der Parteiensysteme Wahlausgänge maßgeblich.

3. Das föderative politische System der Bundesrepublik Deutschland wirkt sich bezüglich der Entwicklung der Landesparteiensystem in verschiedener Hinsicht aus:

3.1. Es ergeben sich Interdependezen zwischen Bundes- und Landesorganisationen einer Partei. Vor allem in koalitionspolitischen Fragen können in den Ländern neue Modelle der Zusammenarbeit für die Bundesebene auf ihre Tauglichkeit geprüft werden (wie etwa die rot-grüne Zusammenarbeit in Hessen). Andererseits können Parteien, die sich auf Bundesebene in einer bestimmten Koalition befinden, durch abweichende Bündnisse in den Ländern ihre politische Eigenständigkeit unter Beweis stellen (wie die rheinland-pfälzische FDP durch die Beibehaltung der Koalition mit der SPD 1996). Die Einflußnahme der Bundespartei kann, was die Mehrheitsverhältnisse im Bundesrat betrifft, unerwünschte Entwicklungen auf der Landesebene massive beeinflussen.

3.2. Politische Entwicklungen in anderen Bundesländern haben Einfluß auf die Gestaltung eines jeden Landesparteiensystems. Insbesondere koalitionspolitische Entscheidungen können von den Parteien anderer Länder zunächst auf ihr Gelingen hin beobachtet werden, bevor sich Landesparteien im eigenen Land Ablehnung oder Zustimmung zum jeweiligen "Modell" äußern.

3.3. Durch den Bundesrat existiert im politischen System der Bundesrepublik ein Gremium, das Landesregierungen die Mitgestaltung von Bundespolitik ermöglicht. Landespolitische Wahlentscheidungen sind seit den frühen 70er Jahren in stärkerem Maße neben einer rein landes- auch als bundespolitische Entscheidung betrachtet worden (Landtagswahlen als „Bundesratswahlen“).

4. Personalpolitische Faktoren müssen zur Erklärung von Stärke und Stellung der Landesparteien herangezogen werden. Bekanntheits- und Beliebtheitswerte von Ministerpräsidenten, Parlamentariern, Ministern und Oppositionskandidaten sind mit Wahlerfolgen und -niederlagen verknüpft. Der Aufbau von Gegenkandidaten zu amtierenden Ministerpräsidenten bewirkte eine höhere Wahrnehmung der Op-

position und führte seit der Polarisierungsphase zu einer verschärften Konkurrenz zwischen den großen Parteien. Umgekehrt erbrachten personalpolitische Umbesetzungen, die von der Wählerschaft als Fehlbesetzung eingestuft wurden (z.B. die Abwahl VOGELS 1988), negative Auswirkungen auf die sie betreibende Partei.

5. Die Organisation der Landesverbände und ihre Mitgliederstruktur bestimmen über den Rückhalt bei gesellschaftlichen Gruppen. Parteiorganisatorische Umstrukturierungen und Professionalisierungen bei den Oppositionsparteien (hessische CDU Anfang der 70er Jahre, rheinland-pfälzische SPD Mitte der 80er) begünstigten die Wahlaussichten der Oppositionsparteien.

6. Anzahl und Position der Landesparteien zueinander sind von großer Bedeutung für die Ausprägung der Parteiensysteme. Landespolitische Besonderheiten führen zu einer veränderten Bewertung der politischen Akteure im Land und im Bund (schlechtere Einschätzung der rheinland-pfälzischen CDU nach der Abwahl VOGELS im Vergleich zur Bewertung der Bundespartei).

7. Bezüglich der Wahlverfahren in beiden Ländern kann festgehalten werden, daß verfahrenstechnische Besonderheiten vor allem während der Hegemoniephase zu Verzerrungen bei der Mandatsverteilung geführt haben (Hessische Landtagswahl 1950, rheinland-pfälzisches Reststimmenverfahren). Für die Öffnungsphase ist diesbezüglich das durch die FDP in beiden Ländern durchgesetzte und die beiden kleineren Parlamentsparteien begünstigende Zwei-Stimmen-Wahlrecht in Verbindung mit der Verrechnungsmethode Hare-Niemeyer zu nennen.

8. Das fehlende Alternieren in den Landesparteiensystemen von 1946 bis 1987/91 kann neben der Herausbildung beherrschender Stellungen der jeweils größten Partei durch vorausschauende Absicherungsmaßnahmen und durch die Bindung eines Koalitionspartners an die stärkste Partei erklärt werden. Dabei waren zum Teil bundespolitische Einflüsse (FDP in Rheinland-Pfalz 1963), zum Teil landes- und gesellschaftspolitische Faktoren (GB/BHE in Hessen 1954) ausschlaggebend.

9. Wirtschaftliche Entwicklung diente der Zufriedenheit mit der Landespolitik und trug zur Stabilität in den Parteiensystemen von Hessen und Rheinland-Pfalz bei. Unzufriedenheit mobilisierte umgekehrt zur Wahl der Opposition oder - ein sich verstärkender Trend in der Öffnungsphase - zur zunehmenden Nichtwahl oder der (bislang eher geringen) Wahl von Protestparteien.

10. Landesgeschichtliche Faktoren, hier ist vor allem der auf Betreiben der Alliierten durchgeführte Länderzuschnitt nach Kriegsende zu nennen, waren vor allem in der Gründungsphase der Länder und der Landesparteiensysteme von Bedeutung. Da eine Neugliederung des Bundesgebiets nie umgesetzt worden ist, sind Diskussionen um eine Aufteilung des "Retortenlandes" Rheinland-Pfalz Mitte der 50er Jahre eher theoretischer Natur geblieben.

Die Untersuchung der Landesparteiensysteme über einen Zeitraum von 50 Jahren hat ergeben, daß die sozialstrukturellen Faktoren, denen für die Gründungs- und die Hegemoniephase eine hervorgehobene Bedeutung zugesprochen werden muß, seit Anfang der 70er Jahre gegenüber den institutionellen Faktoren im politischen System an Bedeutung verloren haben. Dabei haben vor allem die föderalen Verflechtungen zwischen Landes- und Bundesparteien und die Auswirkungen politischer Entwicklungen zwischen mehreren Ländern einen größeren Einfluß erlangt. Auch personalpolitischen Faktoren muß eine gewachsene Bedeutung zugeschrieben werden, da die nach Kriegsende zumeist von einem „Landesvater" personfizierte Szenerie durch die professionelle Präsentation von Oppositionskandidaten und durch den personellen Austausch von Politikern zwischen beiden staatlichen Ebenen erweitert wurde. Insbesondere die Beziehungen zwischen den verschiedenen staatlichen Ebenen lassen aber die Parteiensysteme der Länder in einem interdependenten Geflecht erscheinen. Wechselwirkungen entstehen

- durch den Einfluß von Bundesparteien auf ihre Landesorganisationen (beispielsweise bezüglich erwünschter Koalitionsmodelle im Land)
- durch indirekte Auswirkungen bundespolitischer Entscheidungen auf Landesparteien (stellvertretende „Bestrafung" einer Landespartei)
- durch die Berücksichtigung der Mehrheitsverhältnisse im Bundesrat (Landtagswahlen als „Bundesratswahlen")
- durch parteipolitische Entwicklungen anderer Bundesländer auf Wahlen und Koalitionsbildungen in einem Land
- und durch die modellhafte Auswirkung von Koalitionskonstellationen eines Landes auf die Bundesebene .

Andererseits sind aber auch landesinterne Faktoren ausschlaggebend für die Gestaltung der Landesparteiensysteme, da

- gerade in der Nachkriegszeit politische Traditionen einzelner Länder und Regionen auch in den neugeschaffenen Bundesländern fortlebten

- die Wählerstrukturen über lange Zeit für die Bindung an bestimmte Parteien sorgten (katholisch-ländlicher Norden in Rheinland-Pfalz)
- die Leistungen der jeweiligen Regierungs- und Oppositionsparteien im Lande bei Wahlen erkennbar bewertet werden kann
- das politische Personal eines Bundeslandes in der Einschätzung der Landesbevölkerung oftmals entscheidend anders bewertet wird als die politischen Akteure im Bund und da
- landesinterne Spezifika der Parteienkonstellation zu anderen Ergebnissen führen als im Bund (Position und Stärke der Parteien - „Staatspartei" SPD in Hessen in den 60er Jahren auch von Unionsanhängern gewählt).

Die Landesparteiensysteme sind somit wegen verschiedener landesinterner und landesexterner Faktoren von unterschiedlicher Seite beeinflußt und können weder vorwiegend als Resultat der Bundespolitik gesehen werden (Landtagswahlen als „mid-term-elections"), noch als rein landespolitisches Phänomen betrachtet werden: sie befinden sich vielmehr in einem *primär landespolitischen Rahmen, der jedoch permanent auf Einwirkungen von außen* (von seiten des Bundes und anderer Länder) *reagiert und seinerseits auf die parteipolitischen Verhältnisse anderer Länder und des Bundes einwirkt.*
Verallgemeinernd verbindet die folgende Übersicht zuvor genannte Faktoren und zeitliche Entwicklungsphasen der Landesparteiensysteme miteinander und gibt somit ein allgemeingültiges Raster für die Analyse weiterer Länder (Eine Ausnahme stellen dabei Position und Anzahl der Landesparteien dar).
Die Parteiensysteme der Länder Hessen und Rheinland-Pfalz befinden sich somit in einem interdependentem Geflecht der parteipolitischen Ebenen des Bundes, der Länder und zum Teil auch der Kommunen. Trotz geringer gewordener Spielräume der Landespolitik wegen Kompetenzverluste an den Bund und an die europäische Ebene sind eigene Akzente der Länder (z.B. in der Schulpolitik) weiterhin möglich. Die Landespolitik muß sich jedoch, ähnlich wie die politischen Akteure auf der Bundesebene, die Frage stellen, wie dem seit Anfang der 90er Jahre drastisch werdenden Trend zur Wahlenthaltung und zur Protestwahl zu begegnen ist. Beide Phänomene haben bislang zwar zu einer schrumpfenden Zahl von Wählern und Mitgliedern vor allem der großen Volksparteien geführt, sie brachten allerdings noch nicht den Einzug rechtsradikaler Gruppierungen in die beiden Landtage mit sich. Erst die politischen Weichenstellungen der Zukunft werden zeigen, ob die Landesparteiensysteme von Hessen und Rheinland-Pfalz auch weiterhin von Stabilität geprägt sein werden oder wegen wachsenden Unmuts bei der Wählerschaft vor eine neue Herausforderung gestellt werden.

Tabelle 4: Bedeutung einzelner Faktoren für Entwicklungsphasen der Landesparteiensysteme

Phase Faktoren	Gründung (1945-1951)	Hegemonie (1951-1969)	Polarisierung (1969-1982/83)	Öffnung (seit 1982/83)
Politische Traditionen	starke Auswirkung	starke Auswirkung	werden schwächer	nehmen weiter ab
Wählerstrukturen	große Bedeutung	große Bedeutung	abgeschwächte Bedeutung	Lockerung traditioneller Bindungen
Gesellschaftlicher Wandel Neue Soziale Bewegungen	Integration von Flüchtlingen	Dienstleistungsberufe stärker	flexibilisiertes Wahlverhalten von Mittelschichten Friedens-, Umweltbewegung	Friedens-, Umwelt-Frauenbewegung -> GRÜNE
Föderales politisches System: 1. Bundes - Landesparteien 2. Bundesrat 3. andere Länder	 Bundesparteien im Aufbau konstituiert sich	 Vereinheitlichung angestrebt gewinnt Bedeutung geringer Einfluß	 stärkere Verknüpfungen hohe Bedeutung gewinnen Bedeutung	 stärkere Verknüpfungen hohe Bedeutung großer Einfluß
Personalpolitik	geringe Bedeutung	„Landesväter" oft ohne Gegenkandidaten	stärkere Profilierung, Oppositionskandidaten	starke Personalisierung, schwächerer Amtsbonus
Parteiorganisation	im Aufbau	Professionalisierung bei Regierungspartei	starke Mitgliederzuwächse	deutlicher Mitgliederrückgang
Position der Parteien zueinander 1. Volksparteien 2. kleinere Parteien	CDU (RLP) und SPD (Hessen) führend FDP und KPD als Flügelparteien	CDU (RLP) und SPD (Hessen) führend Hessen: FDP rechts, Koalitionspartner: FDP (RLP) BHE (Hessen)	CDU (RLP) führend, SPD (Hs.) von CDU überrundet Hessen: FDP linksliberal, Koalition mit SPD RLP: FDP in Opposition	Angleichung der Resultate, Abschwächung der Hochburgen GRÜNE und FDP als Juniorpartner
Anzahl der Landesparteien	4	RLP: 3 Hessen: 4	3	4
Wahlrechtsspezifika	RLP: Wahlzahlverfahren (1951) Hessen: Mehrheitsbonus (1950)	RLP: Wahlzahlverfahren	RLP: Wahlzahl verfassungswidrig, Großwahlkreise	RLP: Großwahlkreise bis 1987

10. ANHANG: WAHLERGEBNISSE IN RHEINLAND-PFALZ UND IN HESSEN

10.1. Ergebnisse der Reichstagswahlen auf dem Gebiet der späteren Länder Hessen und Rheinland-Pfalz 1871-1912

Regierungsbezirk Wiesbaden

	Wbt.	SPD	Z	DFP	LV	NLP	RP	KON	and.
1871	57,8	-	32,2	34,7	-	4,0	9,6	8,7	10,8
1874	77,2	2,9	28,4	22,7	-	37,1	-	3,6	5,3
1877	70,3	4,6	32,6	33,0	-	21,3	-	3,3	5,2
1878	73,0	5,5	30,3	30,4	-	22,1	-	5,1	6,6
1881	64,9	6,5	30,1	29,7	6,5	6,7	2,7	9,3	8,5
1884	67,4	13,0	20,2	29,3		18,6	7,1	4,3	7,5
1887	79,9	12,0	13,8	28,0		25,3	15,1	-	5,8
1890	72,9	21,8	13,4	31,6		22,0	5,8	-	5,4
1893	73,8	23,0	27,3	11,7	4,8	23,4	-	-	9,9[1]
1898	66,3	30,8	25,5	18,2	0,4	17,3	2,4	-	5,4
1903	69,3	31,0	26,8	5,1	-	22,6	-	-	14,5[2]
1907	85,7	29,5	22,1	5,2	-	21,6	4,7	-	16,9[3]
1912	85,1	35,1	12,3	22,6		16,1	-	5,6	8,3[4]

Anmerkungen: 1: davon 5,4% Süddeutsche Volkspartei
2: davon 5,5% Antisemiten; 4,2% Bund der Landwirte
3: davon 8,0% Antisemiten
4: davon 5,2% Wirtschaftliche Vereinigung

Regierungsbezirk Kassel

<table>
<tr><th></th><th>Wbt.</th><th>SPD</th><th>Z</th><th>DFP</th><th>LV</th><th>NLP</th><th>RP</th><th>KON</th><th>and.</th></tr>
<tr><td>1871</td><td>39,9</td><td>4,3</td><td>20,8</td><td>-</td><td>-</td><td>61,4</td><td>0,1</td><td>10,5</td><td>2,9</td></tr>
<tr><td>1874</td><td>54,4</td><td>10,4</td><td>16,2</td><td>-</td><td>-</td><td>57,9</td><td>4,7</td><td>4,1</td><td>6,7</td></tr>
<tr><td>1877</td><td>56,1</td><td>13,2</td><td>16,3</td><td>4,2</td><td>-</td><td>44,6</td><td>6,8</td><td>7,5</td><td>7,4</td></tr>
<tr><td>1878</td><td>61,4</td><td>8,2</td><td>15,3</td><td>0,3</td><td>-</td><td>42,6</td><td>21,0</td><td>12,4</td><td>0,2</td></tr>
<tr><td>1881</td><td>55,1</td><td>7,5</td><td>9,9</td><td>23,4</td><td>0,5</td><td>17,5</td><td>0,9</td><td>39,9</td><td>0,4</td></tr>
<tr><td>1884</td><td>56,2</td><td>11,9</td><td>12,5</td><td colspan="2">13,2</td><td>20,8</td><td>8,6</td><td>32,7</td><td>0,3</td></tr>
<tr><td>1887</td><td>73,8</td><td>11,4</td><td>12,9</td><td colspan="2">8,9</td><td>9,8</td><td>8,8</td><td>38,4</td><td>9,8</td></tr>
<tr><td>1890</td><td>71,0</td><td>20,7</td><td>11,5</td><td colspan="2">14,2</td><td>4,0</td><td>8,0</td><td>21,0</td><td>20,6[1]</td></tr>
<tr><td>1893</td><td>72,6</td><td>21,6</td><td>16,8</td><td>7,3</td><td>-</td><td>5,5</td><td>8,2</td><td>16,5</td><td>24,0[2]</td></tr>
<tr><td>1898</td><td>57,6</td><td>31,2</td><td>13,1</td><td>6,6</td><td>-</td><td>7,3</td><td>3,2</td><td>7,3</td><td>31,3[3]</td></tr>
<tr><td>1903</td><td>72,0</td><td>30,0</td><td>15,6</td><td>4,9</td><td>-</td><td>13,3</td><td>2,6</td><td>7,0</td><td>26,6[4]</td></tr>
<tr><td>1907</td><td>84,6</td><td>27,8</td><td>11,3</td><td>6,5</td><td>4,4</td><td>13,1</td><td>3,6</td><td>1,8</td><td>31,5[5]</td></tr>
<tr><td>1912</td><td>85,3</td><td>34,1</td><td>11,0</td><td colspan="2">5,4</td><td>16,4</td><td>1,9</td><td>2,0</td><td>29,2[6]</td></tr>
</table>

Anmerkungen: 1: davon 17,9% Antisemiten
2: davon 21,2% Deutsche Reformpartei
3: davon 25,5% Antisemiten
4: davon 23,9% Antisemiten
5: davon 30,6% Antisemiten
6: davon 18,3% Wirtschafliche Vereinigung

Regierungsbezirk Koblenz

	Wbt.	SPD	Z	DFP	LV	LIB	NLP	RP	KON	and.
1871	57,1	-	49,7	-	-	7,2	33,9	4,0	5,1	0,1
1874	80,6	-	60,5	-	-	-	28,4	0,5	2,1	8,5
1877	73,3	-	54,7	0,1	-	4,5	32,7	-	7,9	0,1
1878	72,3	-	60,0	0,1	-	4,9	23,2	8,9	2,6	0,3
1881	65,2	-	59,6	0,1	-	7,9	15,3	8,4	8,3	0,4
1884	65,7	0,4	54,6	-	11,3	-	24,6	-	8,8	0,3
1887	85,1	0,3	56,9	-	2,2	-	21,2	1,5	17,8	0,1
1890	72,2	2,0	51,9	-	8,3	-	34,0	-	-	3,8
1893	76,0	3,3	64,9	1,1	-	-	21,4	-	5,7	3,6
1898	67,2	4,5	57,8	0,0	-	-	24,1	1,6	-	12,1
1903	73,4	6,8	58,8	0,1	-	-	24,0	-	4,2	6,1
1907	86,3	5,5	47,6	-	-	-	20,2	-	13,0	13,7
1912	84,3	9,8	45,9	-	3,8	-	20,6	-	10,2	9,7

Regierungsbezirk Trier

	Wbt.	SPD	Z	DFP	LV	LIB	NLP	RP	KON	and.
1871	54,3	-	46,0	0,1	-	-	17,8	27,5	7,9	0,7
1874	77,0	-	71,5	-	-	-	17,5	10,9	-	0,1
1877	73,2	0,3	69,5	-	-	-	17,9	12,2	-	0,1
1878	72,9	-	64,3	-	-	-	20,8	14,8	-	0,1
1881	62,4	-	68,0	4,9	-	0,5	20,9	5,4	-	0,3
1884	67,0	-	72,3	-	-	-	13,7	13,6	-	0,4
1887	84,9	-	65,3	-	-	-	12,5	15,4	2,6	4,2
1890	71,5	10,9	56,3	-	3,2	-	15,0	13,3	1,0	0,3
1893	71,0	2,4	60,9	0,6	-	-	21,6	14,3	-	0,2
1898	63,6	1,2	68,0	-	-	-	16,4	14,1	-	0,3
1903	78,7	2,2	69,0	0,1	-	-	28,3	-	0,3	0,3
1907	89,1	2,8	67,4	-	-	-	13,1	-	-	16,7
1912	84,0	4,6	66,8	0,0	-	-	28,0	-	0,3	0,3

10.2. Ergebnisse der Reichstagswahlen auf dem Gebiet der späteren Länder Rheinland-Pfalz und Hessen 1919-1933

Wahlkreis 19: Hessen-Nassau (WK HN), Wahlkreis 33/34: Hessen-Darmstadt (WK HD); Wahlkreis 21: Koblenz-Trier (WK KT), Wahlkreis 27: Pfalz (WK PF)

	Wbt.	KPD	USPD	SPD	DDP	Z/BVP	DVP	DNVP	Völkische	andere
19.1.1919										
HN	84,5	-	3,8	41,0	22,0	17,4	6,7	9,1	-	0,0
HD	86,6	-	1,9	44,3	19,0	17,0	11,2	6,6	-	-
KT	85,7	-	-	22,6	17,3	57,9	-	2,2	-	-
PF	86,5	-	1,6	37,9	13,2	27,6	19,7	-	-	-
Reich		-	7,6	37,9	18,5	19,7	4,4	10,3	-	1,6
6.6.1920										
HN	80,3	1,5	12,3	27,3	10,2	17,0	16,1	15,6	-	-
HD	75,4	0,5	12,2	30,3	10,8	16,1	16,0	14,1	-	-
KT	77,1	-	5,6	12,1	3,0	56,1	12,7	4,9	-	5,6
PF	73,5	0,8	10,8	24,3	8,9	26,1	29,1	-	-	-
Reich	79,2	2,1	17,9	21,7	8,3	13,6	13,9	15,1	-	3,3
						BVP 4,2				
4.5.1924										
HN	79,6	9,3	-	25,1	7,1	16,9	12,2	20,3	5,6	3,4
HD	74,1	9,3	-	29,5	7,4	15,5	10,8	6,1	2,9	18,5
KT	78,0	6,1	-	8,8	3,0	59,9	10,1	7,4	1,3	3,8
PF	71,9	13,3	-	23,3	5,6	10,6	16,3	6,4	5,7	1,0
						BVP 17,6				
Reich	77,4	12,2	-	20,5	5,7	13,4	9,2	19,5	6,5	9,4
						BVP 3,2				

	Wbt.	KPD	SPD	DDP	Z/BVP	DVP	DNVP	NSDAP	andere
7.12.1924									
HN	76,7	5,4	31,7	8,5	17,1	12,9	19,1	2,5	2,8
HD	75,1	5,4	35,5	8,7	15,8	11,8	7,7	1,3	13,8
KT	73,6	4,3	11,2	3,2	58,4	8,2	8,6	-	6,1
PF	80,2	8,1	26,8	6,7	11,6	23,6	4,4	1,9	1,3
					BVP 15,6				
Reich	78,8	9,0	26,0	6,3	13,6	10,1	20,5	3,0	7,8
					BVP 3,8				
20.5.1928									
HN	72,0	8,0	32,2	5,7	14,8	10,2	10,0	3,6	11,4
HD	65,9	8,7	32,3	6,3	16,0	11,3	3,5	1,9	20,0
KT	73,0	4,9	12,4	1,9	50,2	6,2	6,7	2,1	15,6
PF	71,0	7,1	29,0	3,9	26,4	14,7	2,8	5,6	10,5
Reich	75,6	10,6	29,8	4,9	12,1	8,7	14,2	2,6	14,0
					BVP 3,1				
14.9.1930									
HN	80,1	10,0	25,8	4,0	14,1	5,6	3,3	20,8	16,4
HD	79,4	11,3	28,9	5,2	13,9	6,7	1,6	18,5	13,9
KT	78,5	6,3	9,3	1,6	46,8	3,8	4,6	14,9	12,7
PF	76,8	10,5	22,4	2,3	24,9	6,6	0,8	22,8	9,7
Reich	82,0	13,1	24,5	3,8	11,8	4,5	7,0	18,3	14,0
					BVP 3,0				
31.7.1932									
HN	84,8	10,5	22,4	0,7	15,0	1,6	4,1	43,6	2,1
HD	87,2	10,2	26,2	0,6	14,8	1,5	2,0	43,1	1,6
KT	81,5	8,6	8,9	0,2	46,2	1,2	4,7	28,8	1,4
PF	87,2	10,7	17,6	0,5	23,8	1,4	1,1	43,7	1,2
Reich	84,1	14,3	21,6	1,0	12,5	1,2	5,9	37,3	3,0
					BVP 3,2				

	Wbt.	KPD	SPD	DDP	Z/BVP	DVP	DNVP	NSDAP	andere
6.11.1932									
HN	82,7	13,4	20,2	0,9	14,0	2,9	5,0	41,2	2,4
HD	84,1	13,7	23,3	0,7	14,0	3,0	3,0	40,2	2,1
KT	75,5	9,6	9,6	0,2	45,8	1,8	5,9	26,1	1,0
PF	84,1	12,9	16,1	0,6	22,5	2,1	1,8	42,6	1,4
Reich	80,6	16,9	20,4	1,0	11,9 BVP 3,1	1,9	8,5	33,1	3,2
5.3.1933									
HN	89,5	9,0	18,7	1,0	13,9	1,7	4,9	49,4	1,4
HD	90,6	10,9	21,7	0,8	13,6	1,7	2,9	47,4	1,0
KT	87,7	6,0	7,0	0,2	40,9	1,0	6,1	38,4	0,4
PF	91,3	9,0	16,8	0,6	22,7	1,2	2,5	46,5	0,7
Reich	88,8	12,3	18,3	0,9	11,2 BVP 2,7	1,1	8,0	43,9	1,6

10.3. Ergebnisse der Reichspräsidentenwahlen auf dem Gebiet der späteren Länder Rheinland-Pfalz und Hessen 1925 und 1932

Wahlkreise: 19, Hessen-Nassau (HN), 21, Koblenz-Trier (KT), 27, Pfalz (PF) und 33, Hessen-Darmstadt (HD)

1. Wahlgang 29.3.1925

Wahlkreis	Wbt.	Thälmann (KPD)	Braun (SPD)	Hellpach (DDP)	Marx (Z)	Held (BVP)	Jarres (DVP, DNVP)	Ludendorff	andere
HD	68,1	4,1	32,7	7,6	18,2	0,4	36,1	0,8	0,1
KT	63,8	2,6	12,3	2,4	59,7	0,5	21,3	0,8	0,2
PF	55,7	7,7	28,4	6,4	12,9	14,0	29,3	1,2	0,1
HD	66,1	3,7	37,2	7,5	17,4	0,3	33,3	0,6	0,0
Reich	68,9	7,0	29,0	5,8	14,5	3,7	38,8	1,1	0,1

2. Wahlgang 26.4.1925

Wahl-kreis	Wbt.	Thälmann (KPD)	Marx (Z,SPD,DDP)	v.Hindenburg (DVP,DNVP, BVP,NSDAP)	andere
HN	77,9	3,8	51,2	45,0	0,0
KT	73,2	2,6	66,8	30,6	0,1
PF	65,9	6,0	48,6	45,3	0,0
HD	77,0	3,5	55,2	41,3	0,0
Reich	77,6	6,4	45,3	48,3	0,0

1. Wahlgang 13.3.1932

Wahl-kreis	Wbt.	Thäl-mann (KPD)	v.Hindenburg (SPD, Z DVP,DStP)	Duester-berg (DNVP)	Hitler (NSDAP)	Winter
HN	84,5	11,3	49,8	4,2	34,5	0,2
KT	83,2	7,6	61,6	7,7	22,8	0,3
PF	87,7	11,4	51,0	2,0	35,4	0,2
HD	86,2	12,6	51,5	2,0	33,7	0,2
Reich	86,2	13,2	49,6	6,8	30,1	0,3

2. Wahlgang 10.4.1932

Wahl-kreis	Wbt.	Thälmann (KPD)	v.Hindenburg (SPD,Z,DVP,DStP)	Hitler (NSDAP)
HN	83,2	7,7	52,2	40,1
KT	82,0	5,6	65,4	29,0
PF	86,5	7,6	52,3	40,1
HD	84,7	8,6	53,1	38,3
Reich	83,5	10,2	53,0	36,8

10.4. Landtagswahlen im Volksstaat Hessen 1919-1932

	KPD	USPD	SPD	DDP	Z	DVP	HBB	DNHVP	NSDAP	andere
28.1. 1919 (70) Wbt.: 81,2[1]	-	1,5 (1)	44,5 (31)	18,9 (13)	17,6 (13)	10,1 (7)	-	7,4 (5)	-	-
7.11. 1921 (70) Wbt.: 67,0	3,9 (2)	3,8 (2)	32,6 (24)	7,3 (5)	17,4 (13)	14,6 (10)	15,1 (11)	5,3 (3)	-	0,1 (-)
7.12. 1924 (70) Wbt.: 75,3	5,4 (4)	-	35,2 (26)	8,5 (6)	16,1 (11)	11,8 (8)	13,2 (9)	7,0 (6)	1,4 (1)	1,4 (-)
3.11. 1927 (70) Wbt.: 54,7	8,6 (6)	-	32,6 (24)	7,8 (5)	17,7 (13)	10,7 (7)	12,7 (9)	4,9 (3)	-	5,0[2] (3)
5.11. 1931 (70) Wbt.: 83,1	13,6 (19)	-	21,4 (15)	1,4 (1)	14,3 (10)	2,3 (1)	2,7 (2)	1,4 (1)	37,1 (27)	5,2[3] (3)
19.6. 1932 (70) Wbt.: 79,6	11,0 (7)	-	23,1 (17)	0,7 (-)	14,5 (10)	3,4 (2)		1,4 (1)	44,0 (32)	1,9[4] (1)

Anmerkungen: 1: Wahlbeteiligung
2: Volksrechtspartei
3: davon: CSVD: 2,1% (1) KPO: 1,9% (1); SAP: 1,0% (1)
4: davon: SAP: 1,6% (1)

10.5. Ergebnisse der Bundestagswahlen in Hessen und in Rheinland-Pfalz 1949-1994

		Wbt.	CDU/ CSU	SPD	FDP	GB/ BHE, GDP[1]	KPD, DFU, DKP[2]	DRP, NPD[3]	andere
14.8.	HES	77,3	21,4	32,1	28,1	-	6,7	-	11,8
1949	RLP	79,6	49,1	28,6	15,8	-	6,2	-	0,3
	BRD	78,5	31,0	29,2	11,9	-	5,7	1,8	20,4
6.9.	HES	86,7	33,2	33,7	19,7	6,4	2,5	-	4,5
1953	RLP	86,0	52,1	27,2	12,1	1,5	2,3	2,5	2,3
	BRD	86,0	45,2	28,8	9,5	5,9	2,2	1,1	7,5
15.9.	HES	89,1	40,9	38,0	8,5	5,6	-	1,2	5,7
1957	RLP	88,3	53,7	30,4	9,8	1,5	-	2,7	2,0
	BRD	87,8	50,2	31,8	7,7	4,6	-	1,0	4,9
17.9.	HES	89,2	34,9	42,8	15,2	4,1	2,3	0,6	-
1961	RLP	88,2	48,9	33,5	13,2	0,5	1,5	2,3	0,1
	BRD	87,7	45,3	36,2	12,8	2,8	1,9	0,8	0,3
19.9.	HES	87,4	37,8	45,7	12,0	-	1,8	2,5	0,1
1965	RLP	88,0	49,3	36,7	10,2	-	1,2	2,5	0,1
	BRD	86,8	47,6	39,3	9,5	-	1,3	2,0	0,3
28.9.	HES	88,2	38,4	48,2	6,7	0,6	-	5,1	1,0
1969	RLP	87,0	47,8	40,1	6,3	-	-	5,2	0,6
	BRD	86,7	46,1	42,7	5,8	0,0	-	4,3	1,0

Anmerkungen: 1: 1953,1957: GB/BHE; 1961,1969:GDP
2: 1949,1953: KPD; 1961,1965: DFU; 1972:DKP
3: 1949-61: DRP; ab 1965: NPD

		Wbt.	CDU/ CSU	SPD	FDP	GRÜNE	DKP	NPD	andere
19.11.	HES	91,7	40,3	48,5	10,2	-	0,4	0,6	0,1
1972	RLP	91,6	45,8	44,9	8,1	-	0,3	0,8	0,0
	BRD	91,1	44,9	45,8	8,4	-	0,3	0,6	0,1
3.10.	HES	91,9	44,8	45,7	8,5	-	0,4	0,3	0,3
1976	RLP	91,5	49,9	41,7	7,6	-	0,3	0,4	0,2
	BRD	90,7	48,6	42,6	7,9	-	0,3	0,3	0,3
5.10.	HES	89,9	40,6	46,4	10,6	1,8	0,2	0,2	0,1
1980	RLP	89,9	45,6	42,8	9,8	1,4	0,2	0,2	0,0
	BRD	88,6	44,5	42,9	10,6	1,5	0,2	0,2	0,1
6.3.	HES	90,2	44,3	41,6	7,6	6,0	0,2	0,2	0,1
1983	RLP	90,4	49,6	38,4	7,0	4,5	0,2	0,3	0,1
	BRD	89,1	48,8	38,2	7,0	5,6	0,2	0,2	0,1
25.1.	HES	85,7	41,3	38,7	9,1	9,4	-	0,8	0,6
1987	RLP	86,7	45,1	37,1	9,1	7,5	-	0,7	0,5
	BRD	84,3	44,9	37,0	9,1	8,3	-	0,6	0,8

		Wbt.	CDU/ CSU	SPD	FDP	B'90/ GRÜNE	PDS	REP	andere
1.12.	HES	81,1	41,3	38,0	10,9	5,6	0,4	2,1	1,8
1990	RLP	81,7	45,6	36,1	10,4	4,0	0,2	1,7	1,9
	BRD	77,8	43,8	33,5	11,0	W:3,9/ O:1,2	2,4	2,1	2,1
16.10.	HES	82,3	40,7	37,2	8,1	9,3	1,1	2,4	1,2
1994	RLP	82,3	43,8	39,4	6,9	6,2	0,6	1,9	1,2
	BRD	79,1	41,5	36,4	6,9	7,3	4,4	1,9	1,6

10.6. Landtagswahlen in Hessen 1946-1995

	Wbt.	SPD	CDU	FDP[1]	B'90/ GRÜNE	GB/BHE, GDP[2]	KPD, DKP[3]	NPD	andere
1.12. 1946 (90)	73,2	42,7 (38)	30,9 (28)	15,7 (14)	-	-	10,7 (10)	-	-
19.11. 1950 (80)	64,9	44,4 (47)	18,8 (12)	31,8* (13)	-	-* (8)	4,7 (-)	-	0,3 (-)
28.11. 1954 (96)	82,4	42,6 (44)	24,2 (24)	20,5 (21)	-	7,7 (7)	3,4 (-)	-	1,7 (-)
23.11. 1958 (96)	82,3	46,9 (48)	32,0 (32)	9,5 (9)	-	7,4 (7)	-	-	4,2 (-)
11.11. 1962 (96)	77,7	50,8 (51)	28,8 (28)	11,5 (11)	-	6,3 (6)	-	-	2,6 (-)
6.11. 1966 (96)	81,0	51,0 (52)	26,4 (26)	10,4 (10)	-	4,3 (-)	-	7,9 (8)	-
8.11. 1970 (110)	82,8	45,9 (53)	39,7 (46)	10,1 (11)	-	-	1,2 (-)	3,0 (-)	0,1 (-)
27.10. 1974 (110)	84,8	43,2 (49)	47,3 (53)	7,4 (8)	-	-	0,9 (-)	1,0 (-)	0,2 (-)
8.10. 1978 (110)	87,7	44,3 (50)	46,0 (53)	6,6 (7)	2,0 (-)	-	0,4 (-)	0,4 (-)	0,1 (-)
26.9. 1982 (110)	86,4	42,8 (49)	45,6 (52)	3,1 (-)	8,0 (9)	-	0,4 (-)	-	0,1 (-)

	Wbt.	SPD	CDU	FDP	B'90/ GRÜNE	REP	DKP	NPD	andere
25.9. 1983	83,6	46,2	39,4	7,6	5,9	-	0,3	-	0,5
(110)		(51)	(44)	(8)	(7)		(-)		(-)
5.4. 1987	80,3	40,2	42,1	7,8	9,4	-	0,3	-	0,2
(110)		(44)	(47)	(9)	(10)		(-)		(-)
20.1. 1991	70,8	40,8	40,2	7,4	8,8	1,7	-	-	1,1
(110)		(46)	(46)	(8)	(10)	(-)			(-)
19.2./ 5.3. 1995[4]	66,3	38,0	39,2	7,4	11,2	2,0	0,1	0,3	1,8
(110)		(44)	(45)	(8)	(13)	(-)	(-)	(-)	(-)

Anmerkungen: *: FDP und GB/BHE bildeten eine gemeinsame Liste, die 21 Mandate erhielt. Nach der Wahl gründeten beide Parteien separate Fraktionen im Landtag.

1: 1946: LDP
2: 1954, 1958: GB/BHE;
1962, 1966: BHE/GDP
3: 1946-54: KPD;
ab 1970: DKP
4: Nachwahl in einem Wahlkreis am 5.3.1995

Karte 9: Wahlkreisaufteilung bei Wahlen zum Hessischen Landtag

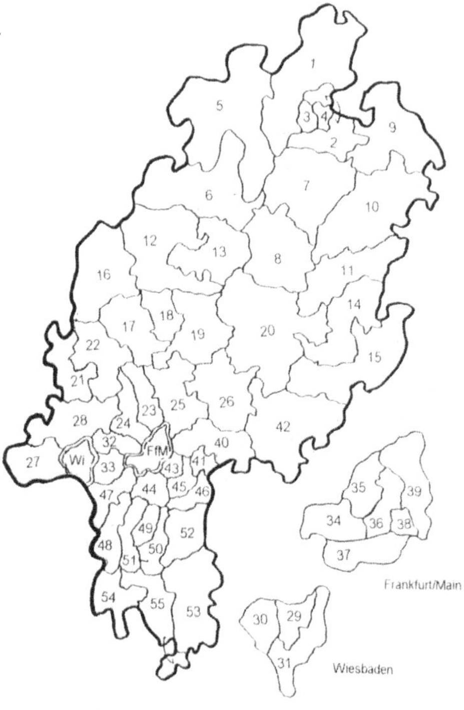

10.7. Hessen: Landtagswahlergebnisse in den Wahlkreisen 1987, 1991 und 1995 (Landesstimmen)

Wahlkreis	LTW	Wbt.	SPD	CDU	B'90/ GRÜNE	FDP	REP	andere
WK 1	87	84,9	53,8	31,6	6,5	7,9	-	0,1
Kassel-	91	77,4	53,9	31,6	5,6	7,2	1,1	0,6
Land I	95	72,1	50,8	31,4	8,2	6,9	1,1	1,6
WK 2	87	86,1	55,7	29,9	7,8	6,2	-	0,4
Kassel-	91	77,5	55,4	29,1	6,9	6,6	1,1	0,7
Land II	95	73,4	50,1	30,9	9,5	6,6	0,9	2,0
WK 3	87	81,6	39,2	37,4	13,5	9,3	-	0,6
Kassel-	91	73,2	38,3	36,6	13,5	9,5	1,1	1,0
Stadt I	95	69,1	34,7	35,5	17,6	9,1	1,0	2,1
WK 4	87	75,7	52,9	31,0	9,5	6,0	-	0,6
Kassel-	91	65,4	51,8	29,7	9,3	6,5	1,7	1,0
Stadt II	95	59,6	45,5	31,6	13,0	5,9	1,9	1,7
WK 5	87	82,3	43,5	37,4	5,5	12,8	-	0,8
Waldeck-	91	73,5	43,9	38,7	4,6	10,3	1,2	1,3
Frankenberg I	95	64,6	42,7	37,6	6,4	10,2	1,7	1,4
WK 6	87	79,3	42,8	38,0	6,3	12,4	-	0,5
Waldeck-	91	69,3	42,4	39,7	5,5	9,9	1,2	1,3
Frankenberg II	95	61,7	41,9	38,1	6,8	10,0	1,7	1,5
WK 7	87	87,8	54,3	29,9	7,0	8,5	-	0,3
Schwalm-	91	80,9	54,7	29,3	6,2	8,3	1,0	0,5
Eder I	95	76,4	51,6	28,8	8,6	8,4	1,0	1,6
WK 8	87	85,2	49,8	35,0	6,5	8,5	-	0,2
Schwalm-	91	76,1	51,4	34,0	5,6	6,9	1,5	0,6
Eder II	95	72,4	47,1	34,7	7,1	7,3	2,0	1,8
WK 9	87	83,6	51,5	35,1	6,4	6,7	-	0,3
Eschwege-	91	73,9	51,1	34,1	6,6	6,6	0,9	0,7
Witzenhausen	95	68,4	48,2	33,9	8,2	7,3	1,0	1,4
WK 10	87	85,7	51,3	36,5	5,7	6,4	-	0,1
Rotenburg	91	77,8	51,8	36,3	5,2	5,2	1,0	0,5
	95	72,9	49,2	35,8	6,4	6,1	1,3	1,2

Wahlkreis	LTW	Wbt.	SPD	CDU	B'90/ GRÜNE	FDP	REP	andere
WK 11	87	83,9	51,4	35,2	6,0	7,2	-	0,2
Hersfeld	91	76,5	51,7	34,1	5,6	5,9	1,8	0,9
	95	72,0	49,4	33,7	7,1	5,8	1,8	2,2
WK 12	87	80,2	46,7	39,6	6,8	6,6	-	0,2
Marburg-	91	71,3	47,6	37,0	6,4	6,1	1,3	1,6
Biedenkopf I	95	66,8	45,9	36,3	7,9	6,4	2,2	1,3
WK 13	87	81,2	36,9	41,3	13,7	7,2	-	0,9
Marburg-	91	72,7	37,2	38,7	14,9	6,9	1,4	0,9
Biedenkopf II	95	68,1	34,4	37,6	17,5	6,3	2,5	1,7
WK 14	87	81,5	24,7	62,4	5,5	6,9	-	0,5
Fulda I	91	72,3	26,3	59,4	5,1	6,7	1,6	0,9
	95	65,4	25,7	58,3	7,3	5,6	1,6	1,5
WK 15	87	85,4	25,4	62,4	5,4	6,1	-	0,8
Fulda II	91	76,0	28,0	58,4	4,6	6,1	1,8	1,1
	95	68,6	27,0	58,2	6,5	5,0	1,6	1,7
WK 16	87	73,2	44,1	42,9	6,1	6,7	-	0,2
Lahn-	91	62,7	44,6	40,7	5,4	5,8	1,6	1,9
Dill I	95	57,7	42,0	40,6	6,3	5,6	2,0	3,5
WK 17	87	78,5	46,0	38,2	7,6	7,9	-	0,3
Lahn-	91	67,1	46,7	36,0	7,2	7,4	1,8	0,9
Dill II	95	59,8	43,4	36,2	8,8	7,5	1,6	2,5
WK 18	87	78,0	39,9	39,8	11,8	8,2	-	0,3
Gießen I	91	68,9	40,1	35,7	13,5	7,8	1,4	1,5
	95	66,4	37,8	35,3	14,6	7,8	2,1	2,4
WK 19	87	83,0	42,5	39,5	8,6	9,2	-	0,2
Gießen II	91	73,6	42,8	38,4	7,9	8,4	1,5	1,0
	95	69,1	40,8	37,9	9,2	7,8	2,4	1,9
WK 20	87	82,9	43,6	37,2	5,8	12,9	-	0,5
Vogelsberg	91	73,3	44,4	38,2	5,6	9,5	1,6	0,7
	95	68,0	41,9	38,5	7,5	7,7	2,8	1,6
WK 21	87	81,4	36,3	52,2	5,9	5,4	-	0,2
Limburg-	91	70,4	34,8	53,3	5,3	4,6	1,1	0,9
Weilburg I	95	61,7	34,2	52,0	6,4	5,3	0,8	1,3

Wahlkreis	LTW	Wbt.	SPD	CDU	B'90/ GRÜNE	FDP	REP	andere
WK 22	87	81,7	42,9	43,9	6,9	6,1	-	0,2
Limburg-	91	71,5	44,2	43,2	5,4	5,4	1,1	0,7
Weilburg II	95	62,1	42,2	43,0	6,7	5,4	0,9	1,8
WK 23	87	80,9	31,4	48,3	9,7	10,3	-	0,3
Hochtaunus I	91	71,4	30,8	46,6	9,7	10,3	1,8	0,8
	95	68,5	28,4	43,5	12,4	10,9	1,7	3,1
WK 24	87	83,1	30,0	49,0	10,1	10,6	-	0,3
Hochtaunus II	91	74,3	28,9	48,2	10,2	10,0	1,6	1,1
	95	71,1	26,4	44,4	12,1	12,4	1,5	3,2
WK 25	87	81,4	37,5	45,2	8,5	8,2	-	0,6
Wetterau I	91	71,5	37,8	43,4	8,2	7,8	1,8	1,0
	95	69,8	34,9	42,0	11,5	7,6	1,7	2,3
WK 26	87	80,7	42,6	41,7	7,0	8,1	-	0,6
Wetterau II	91	69,0	44,2	39,2	6,0	7,6	1,9	1,1
	95	64,3	41,1	38,3	9,1	7,0	1,6	2,9
WK 27	87	80,4	33,0	49,6	8,4	8,4	-	0,6
Rheingau-	91	70,3	34,5	45,5	8,5	8,2	2,3	1,1
Taunus I	95	68,2	32,0	44,8	10,1	8,5	2,8	1,8
WK 28	87	81,2	38,3	41,9	10,0	9,3	-	0,5
Rheingau-	91	71,4	39,4	38,9	9,8	9,1	2,1	0,8
Taunus II	95	70,0	35,4	39,9	12,3	8,6	1,8	2,0
WK 29	87	76,7	31,9	44,9	12,4	10,4	-	0,4
Wiesbaden I	91	67,5	34,1	40,8	12,0	10,3	1,7	1,1
	95	66,3	28,7	42,1	15,5	9,7	1,9	2,1
WK 30	87	73,3	41,1	40,3	11,1	6,9	-	0,6
Wiesbaden II	91	63,5	43,4	36,2	10,2	6,6	2,3	1,3
	95	61,2	36,4	38,1	14,1	5,5	3,4	2,5
WK 31	87	75,5	41,4	41,2	8,8	8,1	-	0,5
Wiesbaden III	91	66,4	43,7	37,5	8,0	7,7	2,1	1,0
	95	63,2	37,0	39,6	11,4	6,9	2,8	2,3
WK 32	87	82,1	28,7	49,3	10,5	11,4	-	0,1
Main-	91	73,2	28,5	48,4	9,9	10,6	1,6	1,0
Taunus I	95	70,3	26,5	44,8	11,3	12,1	1,6	3,7

Wahlkreis	LTW	Wbt.	SPD	CDU	B'90/ GRÜNE	FDP	REP	andere
WK 33	87	82,2	31,0	50,4	10,1	8,4	-	0,1
Main-	91	72,5	32,0	47,6	9,9	7,9	1,7	0,9
Taunus II	95	70,6	30,1	45,4	11,8	8,1	1,9	2,7
WK 34	87	74,3	38,5	46,7	9,3	4,9	-	0,6
Frankfurt/	91	63,0	37,0	45,5	8,1	5,1	2,7	1,6
Main I	95	60,7	33,8	42,4	10,8	5,7	4,2	3,1
WK 35	87	76,3	36,6	41,6	15,1	5,8	-	0,9
Frankfurt/	91	67,3	35,6	39,8	14,6	6,5	2,2	1,4
Main II	95	64,8	32,7	36,8	17,7	7,1	2,9	2,8
WK 36	87	75,7	31,9	45,1	14,6	7,6	-	0,7
Frankfurt/	91	66,7	31,4	43,4	14,0	7,9	2,0	1,3
Main III	95	64,1	28,4	38,8	17,7	10,1	2,1	2,9
WK 37	87	76,1	32,5	46,3	13,4	7,1	-	0,6
Frankfurt/	91	67,5	31,9	45,4	12,2	7,3	1,7	1,5
Main IV	95	65,1	28,4	41,6	15,6	8,8	2,5	3,1
WK 38	87	74,4	31,3	39,6	22,3	5,8	-	1,0
Frankfurt/	91	65,6	32,0	36,8	21,9	6,2	1,7	1,4
Main V	95	64,0	28,3	33,4	26,4	7,1	2,0	2,8
WK 39	87	77,4	36,8	45,4	10,8	6,5	-	0,5
Frankfurt/	91	67,2	34,6	45,5	9,4	6,9	2,1	1,5
Main VI	95	65,4	31,5	42,4	12,7	7,5	3,0	2,9
WK 40	87	81,7	39,7	42,9	9,3	7,2	-	0,9
Main-	91	70,9	41,1	40,7	8,5	6,7	1,7	1,3
Kinzig I	95	65,1	36,8	42,0	10,8	6,3	2,3	1,8
WK 41	87	76,6	38,0	43,6	10,1	7,5	-	0,8
Main-	91	65,4	40,6	40,1	8,7	6,7	2,6	1,3
Kinzig II	95	61,9	35,3	42,1	10,7	6,4	3,4	2,1
WK 42	87	82,4	39,2	45,4	7,1	8,0	-	0,3
Main-	91	71,7	40,6	43,3	6,5	6,6	2,0	1,0
Kinzig III	95	66,4	37,4	42,8	8,8	6,1	3,0	1,9
WK 43	87	72,8	38,7	43,1	11,2	6,4	-	0,6
Offenbach-	91	62,8	37,8	40,9	10,2	7,1	2,9	1,1
Stadt	95	59,3	35,7	39,0	12,8	6,6	4,0	1,9

Wahlkreis	LTW	Wbt.	SPD	CDU	B`90/ GRÜNE	FDP	REP	andere
WK 44	87	79,6	34,9	44,4	12,2	7,9	-	0,6
Offenbach-	91	70,4	35,9	42,1	10,7	8,5	1,6	1,2
Land I	95	67,1	33,1	40,5	13,3	8,7	2,1	2,3
WK 45	87	80,2	33,9	47,2	10,8	7,8	-	0,3
Offenbach-	91	70,5	34,5	44,7	9,4	8,4	1,9	1,1
Land II	95	65,8	32,3	43,7	11,7	7,8	2,2	2,3
WK 46	87	81,2	34,3	49,0	10,3	6,2	-	0,2
Offenbach-	91	71,8	34,3	47,5	9,1	6,5	1,5	1,1
Land III	95	68,0	32,5	46,2	11,1	6,2	1,9	2,1
WK 47	87	80,4	44,6	37,3	11,0	6,5	-	0,6
Groß-	91	70,7	45,7	35,2	9,3	6,7	2,0	1,1
Gerau I	95	68,0	44,3	33,8	11,5	5,9	2,1	2,4
WK 48	87	81,3	43,5	37,8	11,9	6,0	-	0,8
Groß-	91	71,2	45,8	35,4	10,0	5,9	1,6	1,3
Gerau II	95	67,7	44,0	33,6	12,7	5,6	1,6	2,5
WK 49	87	77,5	37,8	36,0	16,9	8,9	-	0,4
Darmstadt-	91	68,3	39,2	32,1	17,5	8,1	1,4	1,7
Stadt I	95	64,6	35,9	30,6	20,5	8,5	1,1	3,4
WK 50	87	80,2	39,0	38,9	12,3	9,4	-	0,4
Darmstadt-	91	71,7	41,1	34,7	12,3	8,8	1,5	1,6
Stadt II	95	68,3	38,3	33,1	15,7	8,8	1,1	3,0
WK 51	87	80,1	41,6	38,9	11,4	7,7	-	0,4
Darmstadt-	91	71,1	43,8	34,8	10,6	7,8	1,4	1,6
Dieburg I	95	67,9	41,5	33,2	13,7	7,6	1,2	2,8
WK 52	87	81,6	39,6	44,1	8,8	6,9	-	0,6
Darmstadt-	91	71,5	41.5	39,7	8,7	6,9	1,8	1,4
Dieburg II	95	68,3	39,1	38,3	11,2	6,7	1,5	3,2
WK 53	87	83,4	47,4	37,5	7,9	7,0	-	0,2
Odenwald	91	73,5	47,8	36,1	7,6	6,0	1,6	0,9
	95	68,9	46,5	34,4	9,8	5,5	1,9	1,9
WK 54	87	78,0	40,6	45,5	7,3	6,1	-	0,5
Bergstraße I	91	67,5	41,3	43,1	7,0	5,9	1,9	0,9
	95	61,0	38,3	41,4	9,5	5,8	2,9	2,1
WK 55	87	81,1	38,2	45,9	8,1	7,3	-	0,5
Bergstraße II	91	71,9	38,6	44,2	7,4	7,0	1,7	1,0
	95	52,4	34,9	39,0	10,6	11,6	2,6	1,3

10.8. Landtagswahlen in Rheinland-Pfalz 1947-1996

	Wbt.	CDU	SPD	FDP[1]	B'90/ GRÜNE	KPD, DFU, DKP[2]	DRP, NPD[3]	andere
4.5. 1947	77,9	47,2	34,4	9,8	-	8,7	-	-
(101)[4]		(48)[4]	(34)	(11)		(8)		
29.4. 1951	74,8	39,2	34,0	16,7	-	4,3	0,5	5,3
(100)		(43)	(38)	(19)		(-)	(-)	(-)
15.5. 1955	76,0	46,8	31,7	12,7	-	3,2	-	5,9
(100)		(51)	(36)	(13)		(-)		(-)
19.4. 1959	77,2	48,4	34,9	9,8	-	-	5,1	1,9
(100)		(52)	(37)	(10)			(1)	(-)
31.3. 1963	75,5	44,4	40,7	10,1	-	1,3	3,2	0,2
(100)		(46)	(43)	(11)		(-)	(-)	(-)
23.4. 1967	78,5	46,7	36,8	8,3	-	1,2	6,9	0,1
(100)		(49)	(39)	(8)		(-)	(4)	(-)
21.3. 1971	79,4	50,0	40,5	5,9	-	0,9	2,7	-
(100)		(53)	(44)	(3)		(-)	(-)	
(100)[5]		(52)[5]	(42)[5]	(6)[5]		(-)	(-)	
9.3. 1975	80,8	53,9	38,5	5,6	-	0,5	1,1	0,3
(100)		(55)	(40)	(5)		(-)	(-)	(-)
18.3. 1979	81,4	50,1	42,3	6,4	-	0,4	0,7	0,1
(100)		(51)	(43)	(6)		(-)	(-)	(-)
6.3. 1983	90,4	51,9	39,6	3,5	4,5	0,2	0,1	0,1
(100)		(57)	(43)	(-)	(-)	(-)	(-)	(-)

	Wbt.	CDU	SPD	FDP	B'90/ GRÜNE	REP	NPD	andere
17.5. 1987 (100)	77,0	45,1 (48)	38,8 (40)	7,6 (7)	5,9 (5)	-	0,8 (-)	2,0 (-)
21.4. 1991 (101)	73,9	38,7 (40)	44,8 (47)	6,9 (7)	6,4 (7)	2,0 (-)	-	1,2 (-)
24.3. 1996 (101)	70,8	38,7 (41)	39,8 (43)	8,9 (10)	6,9 (7)	3,5 (-)	0,4 (-)	1,8 (-)

Anmerkungen: 1: 1947 als LP: 6,1% und als SV: 3,6%
2: 1947-55: KPD; 1963, 1967: DFU; ab 1971: DKP
3: 1951-63: DRP; ab 1967: NPD
4: nach Rückgliederung und Nachwahl im Kreis Saarburg erhöhte sich die Mandatszahl durch ein zusätzliches Mandat für die CDU auf 101
5: nach einer Entscheidung des Bundesverfassungsgerichts zum Landeswahlgesetz nachträglich korrigierte Mandatsverteilung

Karte 10: Wahlkreisaufteilung bei Wahlen zum Landtag Rheinland-Pfalz

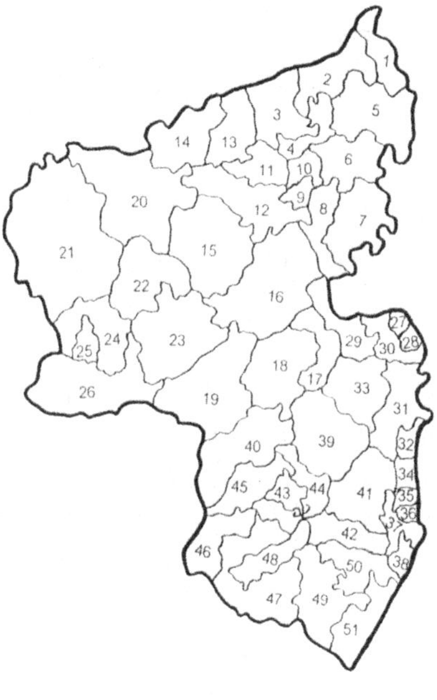

10.9. Rheinland-Pfalz: Landtagswahlergebnisse in den Wahlkreisen 1987 (umgerechnet auf die späteren Wahlkreise), 1991 und 1996 (Landesstimmen)

Wahlkreis	LTW	Wbt.	CDU	SPD	FDP	B'90/ GRÜNE	REP	andere
WK 1	87	76,7	46,9	38,5	8,8	3,8	-	2,0
Betzdorf/	91	74,7	41,6	44,9	7,4	4,4	1,1	0,6
Kirchen	96	67,5	42,0	40,4	8,7	5,7	1,7	1,5
WK 2	87	79,0	46,5	39,6	7,3	4,7	-	1,9
Alten-	91	76,0	41,8	44,4	6,8	4,8	1,6	0,6
kirchen	96	71,7	43,3	39,6	7,9	6,0	1,5	1,7
WK 3	87	79,7	52,5	32,6	7,1	4,6	-	3,2
Linz/Rengs-	91	75,8	46,3	39,9	6,6	4,7	1,4	1,1
dorf	96	70,2	45,1	35,7	8,9	6,6	1,9	1,8
WK 4	87	74,2	37,4	48,5	6,4	6,1	-	1,6
Neuwied	91	71,2	34,1	52,5	5,4	5,7	1,5	0,8
	96	68,7	36,3	46,2	7,4	6,4	2,0	1,7
WK 5	87	76,8	44,0	42,5	6,5	5,0	-	2,0
Bad Marien-	91	74,0	39,2	47,2	6,3	5,2	1,6	0,5
berg/Westerbg.	96	68,9	39,0	42,9	8,3	5,6	2,6	1,6
WK 6	87	79,1	55,1	30,9	6,1	5,2	-	2,7
Montabaur	91	75,3	46,8	38,1	7,0	6,1	1,4	0,6
	96	71,2	46,3	34,4	8,7	6,7	2,1	1,8
WK 7	87	78,2	38,3	47,3	6,8	5,1	-	2,5
Diez/	91	75,1	35,3	50,3	6,5	5,9	1,5	0,5
Nassau	96	69,2	33,4	45,7	9,2	7,2	2,9	1,6
WK 8	87	78,1	43,6	42,6	6,8	5,0	-	2,0
Koblenz/	91	75,9	38,4	46,8	6,4	6,0	1,7	0,7
Lahnstein	96	71,5	38,4	43,0	8,8	6,1	2,1	1,6
WK 9	87	72,1	44,6	38,5	8,6	6,6	-	1,7
Koblenz	91	70,5	39,1	44,0	7,2	7,4	1,5	0,6
	96	65,7	40,6	38,6	9,2	7,7	2,1	1,8
WK 10	87	76,0	45,9	40,9	6,4	5,4	-	1,4
Bendorf/	91	74,7	39,9	46,2	5,8	6,1	1,3	0,7
Weißenthurm	96	70,0	41,0	42,1	7,9	5,6	1,8	1,5

Wahlkreis	LTW	Wbt.	CDU	SPD	FDP	B'90/ GRÜNE	REP	andere
WK 11	87	74,9	46,5	41,2	6,0	4,8	-	1,5
Andernach	91	72,4	40,9	45,2	5,8	6,0	1,5	0,6
	96	68,7	42,3	41,3	7,0	5,5	2,8	1,1
WK 12	87	79,7	52,3	34,9	6,3	4,7	-	1,8
Mayen	91	76,7	44,8	41,3	6,4	5,7	1,0	0,8
	96	72,8	45,2	38,2	8,3	5,3	1,6	1,4
WK 13	87	75,0	55,9	28,2	7,6	5,0	-	3,3
Remagen/	91	70,8	47,8	37,6	7,0	5,0	1,1	1,5
Sinzig	96	67,8	44,9	34,4	9,8	6,9	2,0	2,0
WK 14	87	79,5	62,8	21,0	9,1	4,4	-	2,7
Bad Neuenahr-	91	74,7	54,3	28,9	8,1	4,4	1,3	3,0
Ahrweiler	96	70,7	52,3	26,0	11,9	5,7	1,5	2,6
WK 15	87	83,1	58,9	25,2	7,5	5,1	-	3,3
Cochem-	91	80,3	54,6	31,9	6,4	5,0	1,5	0,6
Zell	96	74,3	54,0	29,1	9,3	4,6	1,6	1,4
WK 16	87	81,5	47,1	35,4	9,7	5,6	-	2,2
Rhein-	91	79,4	43,2	40,8	8,4	5,9	1,0	0,7
Hunsrück	96	75,2	43,8	35,7	10,0	6,8	2,0	1,7
WK 17	87	76,0	42,0	40,1	9,3	5,9	-	2,7
Bad Kreuz-	91	71,2	37,2	44,4	8,9	7,2	1,4	0,9
nach	96	67,5	37,1	39,1	11,2	7,8	2,0	2,8
WK 18	87	79,5	36,3	48,6	6,7	5,3	-	3,1
Kirn/Sobern-	91	76,5	32,0	52,7	7,4	6,0	1,2	0,7
heim	96	74,0	33,7	45,9	9,2	7,0	2,2	2,0
WK 19	87	74,5	37,7	47,2	8,0	5,0	-	2,1
Birkenfeld	91	70,5	33,6	50,8	8,3	5,3	1,4	0,6
	96	65,2	33,4	44,0	12,1	5,3	3,4	1,8
WK 20	87	78,0	60,6	24,8	6,5	4,2	-	3,9
Daun	91	74,5	50,7	35,5	6,7	4,6	1,4	0,9
	96	71,4	52,5	30,7	9,0	4,8	1,5	1,5
WK 21	87	74,7	53,6	28,5	6,7	4,8	-	6,4
Bitburg/	91	73,4	44,2	41,1	6,5	5,2	1,3	1,7
Prüm	96	70,9	46,3	34,6	9,7	5,1	1,3	3,0

Wahlkreis	LTW	Wbt.	CDU	SPD	FDP	B'90/ GRÜNE	REP	andere
WK 22	87	75,6	52,2	27,8	9,3	5,5	-	5,2
Wittlich	91	73,6	45,5	37,1	8,2	6,3	2,0	0,9
	96	71,1	46,2	33,2	10,0	6,6	2,1	1,9
WK 23	87	75,8	48,8	30,5	11,4	5,0	-	4,3
Bernkastel-	91	74,8	41,3	40,2	9,3	5,9	2,6	0,7
Kues/Morbach	96	71,5	41,6	35,3	13,0	5,8	2,5	1,8
WK 24	87	78,5	48,1	35,3	5,7	6,0	-	4,9
Trier/	91	77,3	38,9	46,3	5,5	6,6	1,7	1,0
Schweich	96	71,5	40,3	40,5	8,1	7,1	2,1	1,9
WK 25	87	68,6	47,3	35,7	6,4	9,4	-	1,2
Trier	91	68,4	39,2	43,6	5,7	9,2	1,1	1,2
	96	63,9	39,4	36,1	7,9	12,5	2,0	2,1
WK 26	87	78,8	51,7	34,5	5,0	5,4	-	3,4
Konz/	91	78,0	40,1	46,8	5,6	5,3	1,4	0,8
Saarburg	96	73,3	41,8	40,5	7,2	5,9	2,8	1,8
WK 27	87	72,4	39,3	40,5	7,1	11,0	-	2,1
Mainz I	91	67,8	32,9	43,4	7,4	12,2	2,4	1,7
	96	66,5	33,7	37,8	9,0	12,8	4,4	2,3
WK 28	87	78,5	42,9	35,9	10,2	9,4	-	1,6
Mainz II	91	74,7	36,6	38,7	10,2	10,6	1,9	2,0
	96	73,7	38,9	33,1	11,5	10,8	3,5	2,3
WK 29	87	79,8	43,7	37,9	7,9	6,7	-	3,8
Bingen	91	76,8	37,8	43,3	8,2	8,3	1,6	0,8
	96	71,8	37,5	40,2	11,1	7,3	2,0	1,9
WK 30	87	79,3	42,5	36,3	9,4	8,3	-	3,5
Ingelheim	91	76,2	35,6	41,7	9,8	9,9	1,8	1,2
	96	73,0	36,8	37,3	11,8	9,5	2,5	2,1
WK 31	87	80,5	33,9	45,3	8,5	6,2	-	6,1
Nierstein/	91	75,6	30,1	50,3	8,2	7,6	2,4	1,4
Oppenheim	96	73,0	29,3	44,2	12,1	7,7	4,2	2,2
WK 32	87	71,2	38,7	45,8	6,1	6,3	-	3,1
Worms	91	66,8	32,2	49,8	6,1	7,7	3,4	0,8
	96	65,0	34,2	42,2	7,3	7,7	5,8	2,8

Wahlkreis	LTW	Wbt.	CDU	SPD	FDP	B'90/ GRÜNE	REP	andere
WK 33	87	80,3	36,1	45,5	8,5	6,5	-	3,4
Alzey	91	76,8	30,4	49,9	8,6	7,6	2,4	1,1
	96	73,3	31,3	43,3	12,0	8,1	3,0	2,3
WK 34	87	77,9	42,6	42,7	6,5	5,9	-	2,3
Franken-	91	74,6	36,4	46,9	6,2	6,4	3,5	0,6
thal	96	73,0	35,9	41,9	8,0	5,8	6,3	2,1
WK 35	87	75,3	40,9	45,6	5,1	6,7	-	1,7
Ludwigs-	91	64,9	34,2	50,4	4,7	6,6	3,3	0,8
hafen I	96	63,8	34,3	40,9	6,4	7,5	8,5	2,4
WK 36	87	80,9	39,3	48,2	5,2	5,7	-	1,6
Ludwigs-	91	70,9	33,4	52,9	4,7	5,2	3,0	0,8
hafen II	96	70,0	34,2	43,3	6,7	5,5	8,0	2,2
WK 37	87	81,6	43,0	40,9	7,5	6,3	-	2,3
Mutter-	91	77,8	36,1	46,6	7,2	6,3	2,9	0,9
stadt	96	75,9	36,1	40,2	9,3	6,5	5,5	2,4
WK 38	87	76,2	51,5	33,2	6,2	6,8	-	2,3
Speyer	91	72,9	41,5	40,0	6,4	7,2	3,1	1,8
	96	70,9	40,5	34,8	7,7	8,2	6,1	2,7
WK 39	87	79,4	34,7	48,4	7,7	6,1	-	3,1
Donners-	91	74,6	29,9	53,1	7,3	6,0	2,3	1,4
berg	96	72,0	29,8	48,2	8,8	6,7	4,1	2,4
WK 40	87	77,8	30,4	54,8	4,5	5,7	-	4,6
Kusel	91	74,9	25,5	60,5	4,3	5,5	3,4	1,8
	96	71,3	25,4	53,3	6,3	5,8	7,3	1,9
WK 41	87	80,2	41,3	39,2	10,0	6,3	-	3,2
Bad Dürk-	91	76,4	37,1	43,5	8,8	7,0	2,9	0,7
heim	96	74,9	35,3	38,3	12,0	7,6	4,4	2,4
WK 42	87	78,1	44,8	39,4	6,3	6,1	-	3,4
Neustadt	91	74,6	39,3	44,4	5,9	6,1	2,4	1,9
a.d.W.	96	73,2	39,3	39,8	7,4	6,9	3,7	2,9
WK 43	87	66,2	39,2	44,4	7,0	7,0	-	2,4
Kaisers-	91	62,8	34,1	49,1	6,0	6,1	3,1	1,6
lautern I	96	61,9	34,7	42,5	7,4	7,2	5,7	2,5

Wahlkreis	LTW	Wbt.	CDU	SPD	FDP	B'90/ GRÜNE	REP	andere
WK 44	87	78,4	39,6	44,4	6,8	6,2	-	3,0
Kaisers-	91	74,8	34,3	49,2	6,2	6,2	2,4	1,7
lautern II	96	73,0	33,7	44,4	7,9	7,0	4,9	2,1
WK 45	87	78,9	44,1	42,6	5,0	5,1	-	3,2
Kaisers-	91	76,0	37,7	48,3	4,7	4,8	2,8	1,7
lautern-Land	96	73,4	38,9	42,6	5,4	5,1	6,2	1,8
WK 46	87	74,3	40,8	44,0	7,8	4,4	-	3,0
Zweibrücken	91	70,3	33,8	49,9	7,4	4,2	2,2	2,5
	96	67,7	33,2	45,5	8,4	4,9	3,7	4,3
WK 47	87	80,7	48,5	34,7	8,0	5,8	-	3,0
Pirmasens-	91	78,0	39,9	42,2	7,0	6,8	2,8	1,3
Land	96	75,8	38,2	40,7	7,2	6,3	4,4	3,2
WK 48	87	71,2	47,1	39,5	5,2	4,6	-	3,6
Pirmasens	91	67,3	39,9	43,0	4,5	8,5	2,4	1,7
	96	66,1	38,4	39,1	6,3	7,6	5,0	3,6
WK 49	87	80,7	47,7	34,9	8,0	6,1	-	3,3
Südliche	91	77,2	39,1	42,9	7,0	6,9	2,5	1,6
Weinstraße	96	77,9	35,3	42,3	8,9	7,5	2,6	3,4
WK 50	87	78,0	44,9	36,0	8,6	6,8	-	3,7
Landau in	91	75,7	37,6	43,9	7,4	7,0	2,5	1,6
der Pfalz	96	73,4	34,9	41,2	9,4	7,9	4,3	2,3
WK 51	87	78,4	51,0	33,6	6,4	6,1	-	2,9
Germers-	91	74,5	41,6	40,6	5,5	6,2	3,6	2,5
heim	96	73,3	38,3	39,5	6,0	6,8	6,4	3,0

10.10. Ergebnisse der Europawahlen in Hessen und in Rheinland-Pfalz 1979-1994

		Wbt.	CDU/ CSU	SPD	FDP	B'90/ GRÜNE	PDS	REP	andere
10.6.	HES	66,5	44,8	45,4	6,2	2,8	-	-	0,8
1979	RLP	78,1	49,2	41,1	6,4	2,4	-	-	0,9
	BRD	65,7	49,2	40,8	6,0	3,0	-	-	0,8
17.6.	HES	58,9	41,4	41,8	5,0	7,8	-	-	0,7
1984	RLP	76,3	46,6	38,6	5,0	6,6	-	-	0,8
	BRD	56,8	46,0	37,4	4,8	8,2	-	-	3,6
18.6.	HES	60,2	33,3	40,5	5,5	9,9	-	6,5	4,3
1989	RLP	77,2	38,7	40,2	5,7	7,3	-	4,7	3,4
	BRD	62,4	37,8	37,3	5,6	8,4	-	7,1	3,7
12.6.	HES	56,4	37,0	34,9	4,7	12,2	0,8	4,6	4,3
1994	RLP	74,3	40,7	38,2	4,0	8,7	0,4	3,7	4,3
	BRD	60,0	38,8	32,2	4,1	10,1	4,7	3,9	6,3

Die Wahlergebnisse wurden aus folgenden Quellen entnommen:

Falter/Lindenberger/Schumann 1986, S.67ff; Ritter/Niehuss 1980; Hessisches Statistisches Landesamt (Hrsg.) 1950/1953/1972/1989/1992/1996; Statistisches Landesamt RLP (Hrsg.) 1948/1956/1959/1963/1994/1996

10.11. Mitgliederentwicklung der Landesparteien

10.11.1. Hessen

Jahr	SPD	CDU	FDP	B'90/GRÜNE
1946	73.843			-
1950	62.238	15.741		-
1960	75.549	15.914		-
1965	94.547			-
1970	115.032	26.565	5.202	-
1971	118.978	30.153	5.193	-
1972	131.782	38.940	6.860	-
1973	137.530	41.927	7.615	-
1974	137.756	49.986	8.376	-
1975	138.576	54.736	8.451	-
1976	140.386	61.346	9.381	-
1977	140.473	65.681	9.668	-
1978	142.850	67.497	9.747	-
1979	139.328	66.611	8.875	200
1980	138.257	67.394	9.990	900
1981	133.722	68.721	10.290	1.500
1982	127.869	70.339	8.513	1.951
1983	126.455	71.200	8.326	2.620
1984	124.422	70.344	8.013	2.995
1985	124.636	68.950	7.833	4.260
1986	122.795	68.275	7.665	4.065
1987	122.126	68.884	7.703	4.715
1988	121.419	66.575	7.754	4.501
1989	122.709	64.599	7.635	4.803
1990	121.140	64.064	7.759	4.430
1991	119.455	62.620	7.574	4.134
1992	114.101	61.240	7.484	4.000
1993	112.652	59.900	7.365	4.075
1994		58.722	6.960	4.219
1995	104.630	58.373	5.853	4.493
1996	104.607	58.273	6.175	4.658

10.11.2. Rheinland-Pfalz

Jahr	SPD	CDU	FDP	B'90/GRÜNE
1950	37.380			
1960	37.399			
1965	45.273			
1970	54.999	42.562	3.618	-
1971	59.080	45.711	3.582	-
1972	68.693	49.699	3.741	-
1973	71.751	54.024	4.268	-
1974	70.694	61.619	5.313	-
1975	72.415	65.537	5.505	-
1976	74.357	71.446	5.828	-
1977	73.620	72.890	5.852	-
1978	73.104	74.605	6.018	-
1979	74.559	76.495	6.325	-
1980	74.450	77.320	6.305	
1981	73.361	77.740	6.221	
1982	71.276	78.435	5.584	
1983	71.457	80.032	5.394	1.100
1984	71.690	80.175	5.168	1.450
1985	71.571	78.467	4.908	1.764
1986	71.227	78.045		1.700
1987	71.456	77.540	4.980	1.915
1988		74.284	5.013	1.845
1989		73.110	5.142	1.989
1990	71.687	71.913	5.389	1.955
1991	71.446	69.672	5.176	1.947
1992	69.386	67.134	5.174	1.872
1993	68.552	65.064	5.132	1.807
1994	69.239	64.436		2.301
1995	66.978	63.088	5.059	2.392
1996	64.787	61.547	4.974	2.457

11. VERWENDETE LITERATUR, AUDIOVISUELLE MEDIEN UND INTERVIEWS

11.1. LITERATURVERZEICHNIS

Abromeit, Heidrun:"Die Funktion des Bundesrats und der Streit um seine Politisierung", in: ZParl 1982, S.462ff

dies.:"Der verkappte Einheitsstaat", Opladen 1992

Adams/Czempiel/Ostendorf/Shell/Spahn/Zöller (Hrsg.): "Länderbericht USA I - Geschichte - Politik - Kultur - Politisches System - Wirtschaft", Bonn 1990

Adams, Angela/Willi Paul Adams (Hrsg.):"Alexander Hamilton/James Madison/ John Jay: Die Federalist-Artikel - Politische Theorie und Verfassungskommentar der amerikanischen Gründerväter - Mit dem englischen und deutschen Text der Verfassung der USA", Paderborn 1994

von Alemann, Ulrich (Hrsg.):"Parteien und Wahlen in Nordrhein-Westfalen", Köln 1985

ders.:"Die Parteien in den Wechsel-Jahren? Zum Wandel des deutschen Parteiensystems", in: APuZ B6/1996, S.3ff

Andel, Rüdiger:"Die rheinland-pfälzische Landtagswahl vom 9.März 1975. Erster Test für einen Kanzlerkandidaten der Opposition?", in: ZParl 4/1975, S.464ff

Aplin, Graeme/S.G.Foster/Michael McKernan/Ian Howie-Willis (Hrsg.): "Australians - A Historical Dictionary", Netley 1987

Appel, Reinhard (Hrsg.):"Helmut Kohl im Spiegel seiner Macht", Bonn 1990

Arias-Salgado, Rafael:"Planung und Improvisation im Prozeß des Übergangs zur Demokratie in Spanien", in: ZParl 3/1988, S.315ff

Behr, Alfred/Gotthard Breit/Herbert Lilge/Jakob Schissler: "Wahlatlas Hessen 1946-1989", Braunschweig 1989

Beier, Gerhard:"SPD Hessen - Chronik 1945 bis 1988", Bonn 1989

Benz, Arthur:"Anpassungsprozesse in der föderativen Staatsorganisation der Bundesrepublik Deutschland - Teilstudie im Rahmen des Projektes 'Wohlfahrtsstaatliche Entwicklung und föderalstaatliche Reaktion", Speyer 1987

ders.:"Perspektiven des Föderalismus in Deutschland", in: DÖV 1991, S.586ff

Benz, Wolfgang:"Potsdam 1945 - Besatzungsherrschaft und Neuaufbau im Vier-Zonen-Deutschland", München 1986

Berger, Rainer:"SPD und Grüne - Eine vergleichende Studie ihrer kommunalen Politik: sozialstrukturelle Basis - programmatische Ziele - Verhältnis zueinander", Opladen 1995

Berg-Schlosser, Dirk/Thomas Noetzel (Hrsg.):"Parteien und Wahlen in Hessen 1946-1994", Marburg 1994

Bermbach, Udo:"Stationen der Regierungs- und Oppositionsbildung 1976", in: ZParl 2/1977, S.159ff

Bernecker, Walther L.:"Spanien", in: Wende (Hrsg.) 1981, S.639ff

ders.:"Spanien und Portugal zwischen Regime-Übergang und stabilisierter Demokratie", in: APuZ B51/1990, S.15ff

Bernecker, Walther L./Josef Oehrlein (Hrsg.):"Spanien heute - Politik - Wirtschaft - Kultur", FfM 1991

Best, Heinrich:"Politische Regionen in Deutschland: Historische (Dis-) Kontinuitäten", in: Oberndörfer/Schmitt (Hrsg.), 1991, S.39ff

Beyle, Thad L.:"Governors", in: Grey/Jacob/Vines (Hrsg.) 1983 (4)

von Beyme, Klaus:"Das politische System der Bundesrepublik Deutschland - Eine Einführung", München 1979 (3)

ders.:"Parteien in westlichen Demokratien", München 1984 (2)

ders.:"Parteiensystem", in: Nohlen, Dieter (Hrsg.):"Wörterbuch Staat und Politik", München 1991, S.458ff

Bick, Wolfgang:"Landtagswahlen in Nordrhein-Westfalen von 1947 bis 1985: Trends und Wendepunkte in der politischen Landschaft", in: von Alemann (Hrsg.) 1985, S.189ff

Bick, Wolfgang/Konrad Schacht:"Alte und neue Wachstumsregionen: Indikatoren zum Vergleich der politischen Entwicklung in Duisburg und Frankfurt", in: Oberndörfer/Schmitt (Hrsg.) 1991, S.315ff

Bick, Wolfgang:"Kommunalwahlen in Hessen 1946-1993. Trends und Wendepunkte in der kommunalpolitischen Landschaft", in: Heidenreich/ Schacht (Hrsg.) 1996, S.195ff

Biefang, Andreas:"Die Wiederentstehung politischer Parteien in Deutschland nach 1945", in: APuZ B18/19 1995, S.34ff

Biege, Hans-Peter/Hans-Joachim Mann/Hans-Georg Wehling:"Die Landtagswahl vom 23. April 1972 in Baden-Württemberg", in: ZParl 1972, S.331ff

diess.:"Die Landtagswahl vom 4. April 1976 in Baden-Württemberg. Bewährungsprobe für die Thematik des Bundestagswahlkampfes?", in: ZParl 1976, S.329ff

diess.:"Die baden-württembergische Landtagswahl vom 16. März 1980", in: ZParl 1980, S.211ff

Biege, Hans-Peter:"Die baden-württembergische Landtagswahl vom 25. März 1984: Die Grünen etablieren sich als dritte Kraft", in: ZParl 1984, S.254ff

ders.:"Die baden-württembergische Landtagswahl vom 20. März 1988. Ein strahlender Verlierer und keine Gewinner", in: ZParl 1988, S.468ff

Billing, Werner:"Die rheinland-pfälzische Landtagswahl vom 17.Mai 1987: CDU verliert alleinige Regierungsmacht - Koalition nach Bonner Muster", in: ZParl 1/1988, S.5ff

ders.:"Die rheinland-pfälzische Landtagswahl vom 21.April 1991: Machtwechsel nach 44 Jahren", in: ZParl 4/1991, S.584ff

Böhme, Klaus/Walter Mühlhausen (Hrsg.):"Hessische Streiflichter - Beiträge zum 50. Jahrestag des Landes Hessen", FfM 1995

Bohnsack, Klaus:"Die Koalitionskrise 1981/82 und der Regierungswechsel 1982", in: ZParl 1/1983, S.5ff

ders.:"Regierungsbildung und Oppositionsformierung 1983", in: ZParl 4/1983, S.476ff

Boldt, Hans/Roland Lhotta:"Nordrhein-Westfalen", in: Esche/Hartmann (Hrsg.) 1990, S.329ff

Boldt, Hans:"Föderalismus im Widerstreit der Interessen. Die Bundesrepublik vor und nach der Finanzreform von 1969", in: Huhn/Witt (Hrsg.), 1992, S.145ff

Bürklin, Wilhelm P./Gerhard Franz/Rüdiger Schmitt:"Die hessische Landtagswahl vom 25.September 1983: Politische Neuordnung nach der 'Wende'?", in: ZParl 2/1984, S.237ff

Bürklin, Wilhelm/Dieter Roth (Hrsg.):"Das Superwahljahr - Deutschland vor unkalkulierbaren Regierungsmehrheiten?", Köln 1994

Brommer, Peter (Bearb.):"Quellen zur Geschichte von Rheinland-Pfalz während der französischen Besatzung. März 1945 bis August 1949", Mainz 1985

ders.:"Zur Allparteienregierung unter Ministerpräsident Altmeier 1947-1948", in: Wünschel (Hrsg.) 1997, S.137ff

Bundesrat (Hrsg.):"Der Bundesrat als Verfassungsorgan und politische Kraft - Beiträge zum fünfundzwanzigjährigen Bestehen des Bundesrates der Bundesrepublik Deutschland", Bad Honnef/Darmstadt 1974

ders. (Hrsg.):"Vierzig Jahre Bundesrat", Baden-Baden 1989

Burg, Peter:"Der Föderalismus im Kaiserreich - Politische Strukturen und Prozesse", in: Huhn/Witt (Hrsg.), 1992, S.55ff

Bürklin, Wilhelm P.:"Die schleswig-holsteinische Landtagswahl vom 13. September 1987: Politische Affäre und parlamentarisches Patt", in: ZParl 1988, S.43ff

ders.:"Die schleswig-holsteinische Landtagswahl vom 8. Mai 1988. Eine grundsätzliche Wahl zur politischen Erneuerung", in: ZParl 1988, S.482ff

Bürklin, Wilhelm/Stephan Layritz:"Die schleswig-holsteinische Landtagswahl vom 5. April 1992: Knappe SPD-Mehrheit bei andauernder Schwäche der CDU", in: ZParl 1992, S.604ff

Bürklin, Wilhelm/Dieter Roth (Hrsg.):"Das Superwahljahr - Deutschland vor unkalkulierbaren Regierungsmehrheiten?", Köln 1994

Buse, Michael:"Die neue spanische Demokratie: Parteiensystem und Wählerorientierungen 1976 bis 1984", Baden-Baden 1985

Calot, Gérard/Peter Bohley:"Die Wechselwähler in Hessen - Die Anwendung eines Regressionsmodells", in: Zeitschrift für die gesamte Staatswissenschaft, Bd.126/1970, S.126ff

Crittenden, John A.:"Parties and Elections in the United States", Englewood Cliffs 1982

Czerwick, Edwin:"Die niedersächsische Landtagswahl vom 21. März 1982. Erfolg der CDU im Bundestrend", in: ZParl 1983, S.53ff

Dachs, Herbert:"Parteien und Parteiensystem in Österreich", in: Wehling (Hrsg.) 1988a, S.107ff

Dachs, Herbert/Peter Gerlich/Herbert Gottweis/Franz Horner/Helmut Kramer/ Volkmar Lauber/Wolfgang C.Müller/Emmerich Talos (Hrsg.):"Handbuch des Politischen Systems Österreichs", Wien 1991

Dachs, Herbert (Hrsg.):"Bundesländer und Gemeinden", in: Dachs u.a. (Hrsg.) 1991, S.729ff

ders.:"Parteiensysteme in den Bundesländern", in: Dachs u.a. (Hrsg.) 1991, S.785ff

Delary, George A.(Hrsg.):"World Encylopedia of PoliticalSystems", 2 Bde., Harlow 1983

Deuerlein, Ernst:"Föderalismus - Die historischen und philosophischen Grundlagen des föderativen Prinzips", Bonn 1972

Dinkel, Reiner:"Der Zusammenhang zwischen Bundes- und Landtagswahlergebnissen", in: PVS 1977, S. 348ff

Doeker, Günther:"Parlamentarische Bundesstaaten im Commonwealth of Nations: Kanada, Australien, Indien. Ein Vergleich" (Bd.1), Tübingen 1980

Dörr, Manfred:"Restauration oder Demokratisierung? Zur Verfassungspolitik in Hessen 1945/46", in: Zparl 1/1971, S.99ff

Dorfey, Beate:"Die Teilung der Rheinprovinz - Zur Diskussion um eine Zonengrenze", in: Geschichte im Westen. Zeitschrift für Landes- und Zeitgeschichte, Köln 1989, S.7ff

Düwell, Kurt:"Die Entwicklung des westdeutschen Föderalismus bis zur Mitte der 1960er Jahre", in: Huhn/Witt (Hrsg.), 1992, S.127ff

Eichenberger, Kurt:"Föderalismus und Regionalismus in Europa - Landesbericht Schweiz", in: Ossenbühl (Hrsg.) 1989, S.17ff

Eicher, Hermann:"Der Machtverlust der Landesparlamente", Berlin 1988

Elazar, Daniel J.(Hrsg.):"Federal Systems of the World - A Handbook of Federal, Confederal and Autonomy Arrangements", Exeter 1991

Ellwein, Thomas:"Krisen und Reformen - Die Bundesrepublik seit den sechziger Jahren", München 1989

Engel, Andreas:"Wahlen und Parteien im lokalen Kontext", FfM 1988

Engelmann, Frederic C./Mildred A.Schwartz:"Canadian Political Parties: Origin, Character, Impact", Scarborough 1975, S.75ff

Esche, Falk/Jürgen Hartmann (Hrsg.):"Handbuch der deutschen Bundesländer", FfM/NY 1990

diess.:"Hamburg", in: Esche/Hartmann (Hrsg.) 1990, S.219ff

Eschenburg, Theodor/Hans-Peter Schwarz/Klaus Hildenbrand/Wolfgang Jäger/ Kurt Link:"Geschichte der Bundesrepublik Deutschland", Stuttgart 1983

Faber, Karl-Georg:"Die südlichen Rheinlande von 1816 bis 1956", in: Petri, Franz/Georg Droege (Hrsg.):"Rheinische Geschichte in drei Bänden - Neuzeit", Düsseldorf 1976, S.367ff

Fabritius, Georg:"Der Bundesrat: Transmissionsriemen für die Unitarisierung der Bundesrepublik?", in: ZParl 1976, S.448ff

ders.:"Wechselwirkungen zwischen Landtagswahlen und Bundespolitik", Meisenheim am Glan 1978

ders.:"Landtagswahlen und Bundespolitik", in: Hans-Georg Wehling (Hrsg.): "Westeuropas Parteiensysteme im Wandel", Stuttgart 1983, S.113ff

Fack, Alexander:"Die Gruppe der 'sonstigen' Parteien - Interessenvertretung und Protestartikulation 'im Schatten der Macht'", in: Berg-Schlosser/ Noetzel (Hrsg.) 1994, S.197ff

Falke, Andreas:"Die föderale Struktur", in: Adams u.a. (Hrsg.) 1990, S.412ff

Falter, Jürgen:"Die bayerische Landtagswahl vom 15.Oktober 1978: Anti-Strauß-Wahl oder Mobilisierungsschwäche einer 'Staatspartei'?", in: ZParl 1979, S.50ff

ders.:"Die bayerische Landtagswahl vom 10. Oktober 1982. Im Süden - beinahe - alles beim alten", in: ZParl 1983, S.82ff

Falter, Jürgen/Thomas Lindenberger/Siegfried Schumann:"Wahlen und Abstim mungen in der Weimarer Republik - Materialien zum Wahlverhalten 1919-1933", München 1986

Falter, Jürgen W./Jürgen R. Winkler:"Die FDP vor dem Aus? Anmerkungen zum Niedergang und den Überlebenschancen der FDP", in: APuZ B6/1996, S.45ff

Fechtner, Detlef/Matthias Hannes:"Lessons from american federalism: Länder und Regionen in der Europäischen Gemeinschaft", in: ZParl 1/1993, S.133ff

Feist, Ursula/Klaus Liepelt:"Die nordrhein-westfälische Landtagswahl vom 11. Mai 1980", in: ZParl 1980, S.237ff

diess.:"Stärkung und Gefährdung der sozialliberalen Koalition. Das Ergebnis der Bundestagswahl vom 5.Oktober 1980", in: ZParl 1/1981, S.34ff

Feist, Ursula/Hans-Jürgen Hoffmann:"Die nordrhein-westfälische Landtagswahl vom 13. Mai 1990", in: Zparl 1990, S.429ff

Feist, Ursula:"Rechtsruck in Baden-Württemberg und Schleswig-Holstein", in: Starzacher u.a. (Hrsg.) 1992, S.69ff

Feist, Ursula/H.-J. Hoffmann:"Die Hamburger Bürgerschaftswahl vom 19. September 1993: Rundumangriff auf die Etablierten", in: ZParl 1994, S.217ff

Fenske, Hans:"Rheinland-Pfalz und die Neugliederung der Bundesrepublik", in: Haungs (Hrsg.) 1986, S.103ff ders.:"Deutsche Parteiengeschichte - Von den Anfängen bis zur Gegenwart", Paderborn 1994

Fitzmaurice, John:"Belgium", in: Jacobs (Hrsg.) 1989, S.2ff

Flechtheim, Ossip K.:"Die Parteien der Bundesrepublik Deutschland", Hamburg 1973

Fogt, Helmut:"Die Grünen in den Bundesländern. Das regionale Erscheinungsbild der Partei und ihrer Wählerschaft 1979-1988", in: Oberndörfer/Schmitt (Hrsg.) 1991, S.231ff

Forschungsgruppe Wahlen:"Die Konsolidierung der Wende. Eine Analyse der Bundestagswahl 1987", in: ZParl 2/1987, S.253ff

Franz, Eckhart G. (Hrsg.):"Die Chronik Hessens", Dortmund 1991

Franz, Eckhart G./Manfred Köhler (Bearb./Hrsg.):"Parlament im Kampf um die Demokratie - Der Landtag des Volksstaates Hessen 1919-1933", Darmstadt 1991

Franz, Eckhart G.:"Einheit aus der Vielfalt - Die geschichtlichen Wurzeln", in: Heidenreich/Schacht (Hrsg.) 1993, S.58ff

ders.:"Politische Parteien im Großherzogtum und im Volksstaat Hessen", in: Berg-Schlosser/Noetzel (Hrsg.) 1994, S.34ff

ders.:"Wer oder was ist eigentlich hessisch?",in: Böhme/Mühlhausen (Hrsg.) 1995, S.13ff

Franz, Gerhard/Robert Danziger/Jürgen Wiegand:"Die hessische Landtagswahl vom 26.September 1982: Unberechenbarkeit der Wählerpsyche oder neue Mehrheiten?", in: ZParl 1/1983, S.62ff

Frenz, Wilhelm:"Die SPD in Nordhessen und ihre Bedeutung für die politische Kultur", in: Schiller/von Winter (Hrsg.) 1993, S.208ff

Fromme, Friedrich Karl:"Gesetzgebung im Widerstreit. Wer beherrscht den Bundesrat? Die Kontroverse 1969-1976", Stuttgart 1976

Frommelt, Reinhard:"Mitregieren-Wollen und Opponieren-Müssen. Die CDU Hessen unter Wilhelm Fay 1952-1967", in: Heidenreich/Wolf (Hrsg.) 1995, S.37ff

Führer, Jochen/Thomas Noetzel:"Die Landtags- und Kommunalwahlen in Hessen -Trends und Zäsuren in der politischen Entwicklung des Landes", in: Berg-Schlosser/Noetzel (Hrsg.) 1994, S.239ff

Fülberth, Georg:"Die Kommunistische Partei Deutschlands (KPD) und die Deutsche Kommunistische Partei (DKP) in Hessen 1945-1992", in: Berg-Schlosser/Noetzel (Hrsg.) 1994, S.188ff

Gabriel, Oscar W.:"Das lokale Parteiensystem zwischen Wettbewerbs- und Konsensdemokratie: Eine empirische Analyse am Beispiel von 49 Städten in Rheinland-Pfalz", in: Oberndörfer/Schmitt (Hrsg.) 1991, S.371ff

Gabriel, Oscar W./Angelika Vetter:“Die Chancen der CDU/CSU in den neunziger Jahren“, in: APuZ B6/1996, S.9ff

Gembries, Helmut:“Krisenfall Pfalz. Der pfälzische Raum in den frühen Jahren der Weimarer Republik“, in: Jahrbuch für westdeutsche Landesgeschichte, Bd.20/1994, S.251ff

Götz, Wolfgang:"Entstehung und politische Entwicklung", in: Staatskanzlei Rheinland-Pfalz (Hrsg.):"Rheinland-Pfalz - Heute und Morgen", Mainz 1974, S.19ff

Grass, Karl Martin:"Politiker-Porträts", in: Haungs (Hrsg.) 1986, S.255ff

Gray, Virginia/Herbert Jacob/Kenneth N.Vines (Hrsg.):"Politics in the American States - A Comparative Analysis", Boston 1983

Grebing, Helga:“Arbeiterbewegung - Sozialer Protest und kollektive Interessenvertretung bis 1914“, München 1985

"Grenz-Echo - Die deutschsprachige Tageszeitung in Ostbelgien", Eupen, Sonderbeilage vom 13.3.1993

Greß, Franz (Hrsg.):"Die Rolle der Bundesländer in einem geeinten Deutschland und geeinten Europa - Eine Herausforderung für Landesparlamentarismus und Föderalismus", Wiesbaden 1992

ders.(Hrsg.):"Europa - Ende des Föderalismus? Fachtagung des Hessischen Landtags und der Hessischen Landeszentrale für politische Bildung am Donnerstag, dem 11. März 1993, im Hessischen Landtag in Wiesbaden", Wiesbaden 1993

DIE GRÜNEN HESSEN:"10 Jahre DIE GRÜNEN HESSEN - Wildwuchs unter Sachzwang", Sondernummer "Stichwort GRÜN", Wiesbaden 1990

Gruner, Erich:"Die Parteien in der Schweiz", Bern 1977 (2)

ders.:"Schweiz", in: Wende (Hrsg.) 1981, S.599ff

ders.:"Parteien", in: Klöti (Hrsg.) 1984, S.135ff

Gunlicks, Arthur G./Rüdiger Voigt (Hrsg.):"Föderalismus in der Bewährungsprobe: Die Bundesrepublik Deutschland in den 90er Jahren", Bochum 1991

Hansmeyer, Karl-Heinrich:"Die Entwicklung von Finanzverfassung und Finanzausgleich in der Bundesrepublik Deutschland bis zum Jahre 1990 aus finanzwissenschaftlicher Sicht", in: Huhn/Witt (Hrsg.), 1992, S.165ff

Hartmann, Jürgen:"Belgien", in: Raschke (Hrsg.) 1978, S.46ff

Haungs, Peter:"Parteiendemokratie in der Bundesrepublik Deutschland", Berlin 1980

Haungs, Peter/Eckhard Jesse:"Die rheinland-pfälzische Landtagswahl vom 18.März 1979. Anfang vom Ende der CDU-Mehrheit?", in: ZParl 2/1980, S.153ff

Haungs, Peter:"Koalitionen und Koalitionsstrategien in der Bundesrepublik - Geschichte und Systematik", in: Hans-Georg Wehling (Hrsg.):"Westeuropas Parteiensysteme im Wandel", Stuttgart 1983

Haungs, Peter/Eckhard Jesse:"Die rheinland-pfälzische Landtagswahl vom 6.März 1983: Erste 'Doppelwahl' in der Geschichte der Bundesrepublik", in: ZParl 4/1983, S.517ff

Haungs, Peter (Hrsg.):"40 Jahre Rheinland-Pfalz - Eine politische Landeskunde", Mainz 1986

ders.:"Regierung und Opposition", in: Haungs (Hrsg.) 1986, S.173ff

ders.:"Rheinland-Pfalz im Bundesstaat", in: Haungs (Hrsg.) 1986, S.617ff

ders.:"Der Führungswechsel in der rheinland-pfälzischen CDU: Innerparteiliche Entsolidarisierung oder demokratische Politische Kultur?", in: ZParl 4/1989, S.504ff

Heidenreich, Bernd/Konrad Schacht (Hrsg.):"Hessen - Eine politische Landeskunde", Stuttgart/Berlin/Köln 1993

diess. (Hrsg.):"Hessen - Gesellschaft und Politik", Stuttgart/Berlin/Köln 1995

diess. (Hrsg.):"Hessen - Wahlen und Politik", Stuttgart/Berlin/Köln 1996

Heidenreich, Bernd/Werner Wolf:"Die strategische Planung von Landtagswahlkämpfen am Beispiel des Wahlkampfs der hessischen CDU 1982", in: Heidenreich/Schacht (Hrsg.) 1996, S.12ff

Helms, Ludger:"Parteiensysteme als Systemstruktur. Zur methodisch-analytischen Konzeption der funktional vergleichenden Parteiensystemanalyse", in: ZParl 4/1995, S.642ff

Hennig, Eike:"Demokratische Sammlung nach 1945: Wahlanalytische und politisch-kulturelle Bemerkungen zur politischen Entwicklung in Hessen (1946-1954)", in:Tel Aviver Jahrbuch für deutsche Geschichte, 1990, S.339ff

Hennig, Eike/Manfred Kieserling:"Eine Stadt - viele Welten: Urbane Probleme im Brennspiegel der Frankfurter Kommunalwahl vom 12.3.1989", in: Oberndörfer/Schmitt (Hrsg.) 1991, S.333ff

Hennig, Eike:"Kontinuität im Wandel: Ein Vergleich der hessischen Ergebnisse der Reichstagswahl vom 31.7.1932 mit der Bundestagswahl vom 14.8.1949", in:Emig, Dieter u.a. (Hrsg.):"Sprache und politische Kultur in der Demokratie", FfM 1992, S.113ff

ders.:"Wahlen und Parteien im Kasseler Raum 1989-1991. Soziale Segmentierung und politische Fragmentierung", in: Schiller/von Winter (Hrsg.) 1993, S.125ff

ders.:"Das hessische Parteiensystem 1932 und 1949: Kontinuität im Wandel und beim Neubeginn", in: Heidenreich/Schacht (Hrsg.) 1996, S.112ff

Heptner, Bernd:"Viel gescholten und in Nöten. Hessens Parteien suchen ihre Wähler", in: Heidenreich/Schacht (Hrsg.) 1996, S.313ff

Herf, Jeffrey:"Multiple Restaurations: German Political Traditions and the Interpretation of Nazism, 1945-1946", in: Central European History, 26/1993, S.21ff

Herles, Helmut:"Das Parlament der Regierenden - 40 Jahre Bundesrat - Eine Chronik seiner Präsidenten", Stuttgart 1989

Herzog, Werner:"Spanien", in: Raschke (Hrsg.) 1978, S.496ff

ders.:"Spanien", München 1989

"Hessischer Landtag, 9. Wahlperiode", Darmstadt 1979

"Hessischer Landtag, 10. Wahlperiode", Darmstadt 1983

"Hessischer Landtag, 11. Wahlperiode", Darmstadt 1984

Hessisches Statistisches Landesamt (Hrsg.):"Beiträge zur Statistik Hessens: Hessen wählt zum Bundestag - Das amtliche Ergebnis der Wahl zum ersten Bundestag in Hessen am 14. August 1949", Wiesbaden 1950

dass.:"Statistisches Handbuch für Hessen 1953", Wiesbaden 1953

dass.:"Statistisches Handbuch für Hessen 1957", Wiesbaden 1957

dass.:"Statistisches Taschenbuch für das Land Hessen, Ausgabe 1988/89", Wiesbaden 1989

dass.:"Statistisches Taschenbuch für das Land Hessen, Ausgabe 1992/93", Wiesbaden 1993

dass.:"Statistisches Handbuch Hessen. Ausgabe 1995/96", Wiesbaden 1996

Heyen, Erk Volkmar:"Der Bundesrat - Ein Rat der autonomen Kabinette?", in: „Der Staat", 21. Bd., 1982, S.191ff

Heyen, Franz-Josef (Hrsg.):"Rheinland-Pfalz entsteht - Beiträge zu den Anfängen des Landes Rheinland-Pfalz in Koblenz 1945-1951", Boppard 1984

Hildenbrand, Andreas/Dieter Nohlen:"Regionalismus und politische Dezentralisierung in Spanien nach Franco", in: Bernecker/Oehrlein (Hrsg.) 1991, S.41ff

Hirscher, Gerhard (Hrsg.):"Parteiendemokratie zwischen Kontinuität und Wandel. Die deutschen Parteien nach den Wahlen 1994", München 1995

Hirschner, Gerhard:"Die Zukunft des kooperativen Föderalismus in Deutschland", Bayreuth 1991

Hohmann, Eckart/Konrad Schacht:"Landtagswahlen in Hessen", in: Heidenreich/Schacht (Hrsg.) 1996, S.164ff

Hrbek, Rudolf:"Das Problem der Neugliederung des Bundesgebietes", in: APuZ Nr. 46/1971, S.3ff

ders.(Hrsg.):"Miterlebt - Mitgestaltet - Der Bundesrat im Rückblick", Stuttgart 1989

ders.:"Die Auswirkungen der EU-Integration auf den Föderalismus in Deutschland", in: APuZ B24/1997, S.12ff

Hudemann, Rainer:"Entstehung des Landes und seiner Verfassung", in: Haungs (Hrsg.) 1986, S.65ff

ders.:"Sozialpolitik im deutschen Südwesten zwischen Tradition und Neuordnung 1945-1953", Mainz 1988

Huhn, Jochen/Peter-Christian Witt (Hrsg.):"Föderalismus in Deutschland - Traditionen und gegenwärtige Probleme - Symposion an der Universität Kassel 10. bis 12. April 1991", Baden-Baden 1992

Huhn, Jochen:"Die Aktualität der Geschichte. Die westdeutsche Föderalismusdiskussion 1945-1949", in: Huhn/Witt (Hrsg.), 1992, S.31ff

Ismayr, Wolfgang/Gerhard Kral:"Bayern", in: Esche/Hartmann (Hrsg.) 1990, S.112ff

Jackson, Robert J./Doreen Jackson:"Politics in Canada - Culture, Institutions, Behavior an Public Policy", Scarborough/Ontario 1990 (2), S.433ff

Jacobs, Francis:"Western European Politcal Parties - A Comprehensive Guide", Harlow 1989

Jäger, Wolfgang:"Die Innenpolitik der sozial-liberalen Koalition 1974-1982", in: "Geschichte der Bundesrepublik Deutschland", Bd.5/II, Stuttgart 1987

Jeffery, Charlie/Peter Savigear (Hrsg.):"German Federalism Today", Leicester/ London 1991

Jensch, Dean:"The Australian Party System", Sydney 1983

ders.:"The Liberal Party", in: Summers/Woodward/Parkin (Hrsg.) 1990 (4)

Jesse, Eckhard:"Die Wahl zum Abgeordnetenhaus von Berlin am 2. Dezember 1990: Die Korrektur der Korrektur von 1989", in: ZParl 1991, S.390ff

Jesse, Eckhard:"Parteien in Deutschland. Ein Abriß der historischen Entwicklung", in: Mintzel/Oberreuter (Hrsg.) 1992, S.41ff

ders.:"Die CSU im vereinigten Deutschland", in: APuZ B6/1996, S.29ff

John, Jürgen:"Die Reichsreformdiskussion in der Weimarer Republik", in: Huhn/Witt (Hrsg.), 1992, S.101ff

Jun, Uwe:"Koalitionsbildung in den deutschen Bundesländern. Theoretische Betrachtungen, Dokumentation und Analyse der Koalitionsbildungen auf Länderebene seit 1949", Opladen 1994

Jung, Gabriele/Günter Rieger:"Die bayerische Landtagswahl vom 25. September 1994. Noch einmal gelang der CSU ein machiavellistisches Lehrstück", in: ZParl 1995, S. 232ff

Jung, Helmut:"Regionale politische Kulturen und die Umfrageforschung: Offene Fragen, Lösungsmöglichkeiten und Grenzen", in: Oberndörfer/Schmitt (Hrsg.), 1991, S.65ff

ders.:"Stabilisierung auf hohem Niveau. Die CDU Hessen und ihre Wähler zwischen 1983 und 1995". in: Heidenreich/Wolf (Hrsg.) 1995, S.203ff

Jüttner, Wolfgang/Klaus Wettig:"Die niedersächsische Landtagswahl am 4. Juni 1978: Wem schadeten die 'Grünen', wem die Nichtwähler?", in: ZParl 1979, S.17ff

Kaack, Heino:"Geschichte und Struktur des deutschen Parteiensystems", Opladen 1971

Kaack, Heino/Ulrich Sarcinelli:"Parteien und Wahlen", in: Haungs (Hrsg.) 1986, S.131ff

Kaltefleiter, Werner:"Vorspiel zum Wechsel - Eine Analyse der Bundestagswahl 1976 - Verfassung und Verfassungswirklichkeit, Jahrbuch 1977", Berlin 1977

Kappmeier, Walter:"Die hessische Landtagswahl vom 27.Oktober 1974. Kein Umschwung nach dem Kanzlerwechsel?", in: ZParl 4/1975, S.419ff

Kempf, Udo/Hans J.Michelmann/Theo Schiller (Hrsg.):"Politik und Politikstile im kanadischen Bundesstaat - Gesundheits- und energiepolitische Entscheidungsprozesse im Provinzenvergleich", Opladen 1991

Kirchheimer, Otto:"Der Wandel des westeuropäischen Parteiensystems", in: PVS 6/1965, S.20ff

Kisker, Gunter:"Die bundesstaatliche Ordnung vor den Herausforderungen der europäischen Integration (1945-1990)", in: Huhn/Witt (Hrsg.), 1992, S.217ff

Klaas, Helmut (Bearb.):"Die Entstehung der Verfassung für Rheinland-Pfalz. Eine Dokumentation", Boppard 1978

Klatt, Hartmut:"Parlamentarisches System und bundesstaatliche Ordnung", in: APuZ B 31/1982, S.3ff

ders.:"Bundestag und föderatives System", in: Uwe Thaysen/Roger H.Davidson/ Robert G.Livingston (Hrsg.):"US-Kongreß und Deutscher Bundestag - Bestandsaufnahmen im Vergleich", Opladen 1988, S.175ff

Klein, Thomas:"Parteien und Wahlen in der preußischen Provinz Hessen-Nassau 1867-1933", in: Berg-Schlosser/Noetzel (Hrsg.) 1994, S.12ff

Kleinert, Hubert:"Die Grünen in Nordhessen", in: Schiller/von Winter (Hrsg.) 1993, S.246ff

ders.:"DIE GRÜNEN in Hessen", in: Berg-Schlosser/Noetzel (Hrsg.) 1994, S.133ff

ders.:"Bündnis 90/DIE GRÜNEN: Die neue dritte Kraft?", in: APuZ B/1996, S.36ff

Klingemann, Hans-Dieter/Martin P. Wattenberg:"Zerfall und Entwicklung von Parteiensystemen: Ein Vergleich der Vorstellungsbilder von den politischen Parteien in den Vereinigten Staaten von Amerika und der Bundesrepublik Deutschland", in: Max Kaase/Hans-Dieter Klingemann (Hrsg):"Wahlen und Wähler - Analysen aus Anlaß der Bundestagswahl 1987", Opladen 1990, S.325ff

Klöti, Ulrich (Hrsg.):"Handbuch Politsches System der Schweiz, Bd.2: Strukturen und Prozesse", Bern 1984

Klöti, Ulrich/Franz-Xaver Risi:"Neueste Entwicklungen im Parteiensystem der Schweiz", in: Pelinka/Plasser (Hrsg.) 1988, S.717ff

Knippers-Black, Jan:"Kingdom of Spain", in: Delary (Hrsg.) 1983, S.922ff

Kohl, Helmut:"Die politische Entwicklung in der Pfalz und das Wiedererstehen der Parteien nach 1945", Heidelberg 1958

Kolinsky, Eva:"Das Parteiensystem der Bundesrepublik: Forschungsthemen und Entwicklungslinien", in: Niedermayer/Stöss (Hrsg.) 1993, S.35ff

Kramer, Jutta (Hrsg.):"Föderalismus zwischen Integration und Sezession - Chancen und Risiken bundesstaatlicher Ordnung", Baden-Baden 1993

Kropat, Wolf-Arno:"Hessens Weg in die Bundesrepublik Deutschland (1945-1949)", in: Heidenreich/Schacht (Hrsg.) 1993, S.77ff

ders.:"Von Zinn bis Eichel - Die hessische Landespolitik im Wandel der Zeit", in: Böhme/Mühlhausen (Hrsg.) 1995, S.68ff

Küppers, Heinrich:"Staatsaufbau zwischen Bruch und Tradition. Geschichte des Landes Rheinland-Pfalz 1946-1955", Mainz 1990

Kusch, Kathrin:"Die Wiedergründung der SPD in Rheinland-Pfalz nach dem Zweiten Weltkrieg (1945-1951)", Mainz 1989

Lancaster, Thomas:"A New Phase for Spanish Democracy? The General Election of June 1993", in: West European Politics, Vol. 17, Nr.1, S.183ff

Lange, Klaus:"Die Landesverfassung - Fundament des politischen Lebens", in: Heidenreich/Schacht (Hrsg.) 1993, S.95ff

ders.:"Verfassungsrechtliche und gesetzliche Grundlagen des Wahlrechts in Hessen", in: Heidenreich/Schacht (Hrsg.) 1996, S.81ff

Langer, Ingrid (Hrsg.):"Alibi-Frauen? Hessische Politikerinnen I - In den Vorparlamenten 1946-1950", FfM 1994

Langer, Ingrid/Ulrike Ley/Susanne Sander:"Alibi-Frauen? Hessische Politikerinnen II - Im 1. und 2. Hessischen Landtag 1946-1954", FfM 1995

Laufer, Heinz:"Der Föderalismus der Bundesrepublik Deutschland", Stuttgart 1985

Lehmbruch, Gerhard:"Parteienwettbewerb im Bundesstaat", Stuttgart 1976

Leif, Thomas/Joachim Raschke:"Rudolf Scharping, die SPD und die Macht - Eine Partei wird besichtigt", Reinbek bei Hamburg 1994

Lepszy, Norbert/Wichard Woyke:"Belgien - der schwierige Weg zur politischen und wirtschaftlichen Stabilität", in: APuZ B5/1984, S.3ff

Lerch, Helga/Michael Lerch:"40 Jahre F.D.P. in Rheinland-Pfalz", Mainz 1989

Lhotta, Roland:"Der 'verkorkste Bundesstaat'- Anmerkungen zur bundesstaatlichen Reformdiskussion", in: ZParl 1/1993, S.117ff

Lilge, Herbert:"Hessen in Geschichte und Gegenwart", Wiesbaden 1992

Linder, Wolf:"Die Schweiz zwischen Isolation und Integration", in: APuZ Nr.B 47-48/1992, S.20ff

Lipset, Seymour Martin/Stein Rokkan (Hrsg.):"Party Systems and Voter Alignments", New York 1967

Lösche, Peter:"Die SPD nach Mannheim: Strukturprobleme und aktuelle Entwicklungen", in: APuZ B6/1996, S.20ff

Loth, Wilfired:"'Ein vertracktes Gelände' - Das Bundesland Saarland 1957-1989", in: Saarland/Chef der Staatskanzlei (Hrsg.) 1989, S.111ff

Luckemeyer, Ludwig:"Liberale in Hessen 1848-1980", Melsungen 1980

Mann, Günter:"Niedersachsen", in: Esche/Hartmann (Hrsg.) 1990, S.289ff

Männle, Ursula:"Grundlagen und Gestaltungsmöglichkeiten des Föderalismus in Deutschland", in: APuZ B24/1997, S.3ff

Marko, Joseph:"Die Verfassungssysteme der Bundesländer: Institutionen und Verfahren repräsentativer und direkter Demokratie", in: Dachs (Hrsg.) 1991, S.729ff

Martin, Albrecht:"Möglichkeiten, dem Bedeutungsverlust der Landesparlamente entgegenzuwirken", in: ZParl 1984, S.278ff

Martin, Anne:"Die Entstehung der CDU in Rheinland-Pfalz", Mainz 1995

dies.:“Die Gründung einer neuen Partei - die rheinland-pfälzische CDU“, in: Wünschel (Hrsg.) 1997, S.97ff

Massing, Peter:“Berlin“, in: Esche/Hartmann (Hrsg.) 1990, S.153ff

Mathy, Helmut:"Landeshauptstadt Mainz", in: Haungs (Hrsg.) 1986, S.93ff

McRae, Kenneth D.:"Conflict and Compromise in Multilingual Societies, Vol.1: Switzerland", Waterloo/Ontario 1983

ders.:"Conflict and Compromise in Multilingual Societies, Vol.2: Belgium", Waterloo/Ontario 1986

Meng, Richard:"Modell rot-grün? Auswertung eines Versuchs", Hamburg 1987

ders.:"Links der Mitte. Welche Chancen hat Rot-Grün?", Marburg 1993

ders.:"Abgekoppelt, aber doch stabil. Parteieliten, Mitglieder und Wähler in Hessen", in: Heidenreich/Schacht, (Hrsg.) 1996, S.290ff

Mewes, Horst:"Einführung in das politische System der USA", Heidelberg 1990 (2)

Mintzel, Alf:"Die Christlich-Soziale Union in Bayern e.V.", in: Stöss (Hrsg.) 1986, S.661ff

ders.:"Die Bayernpartei", in: Stöss (Hrsg.) 1986, S.395ff

ders.:"Großparteien im Parteienstaat der Bundesrepublik", in: APuZ B11/1989, S.3ff

ders.:"Regionale politische Traditionen und CSU- Hegemonie in Bayern", in: Oberndörfer/Schmitt (Hrsg.), 1991, S.125ff

Mintzel, Alf/Heinrich Oberreuter (Hrsg.):"Parteien in der Bundesrepublik Deutschland", Opladen 1992

Mintzel, Alf:"Die Christlich-Soziale Union in Bayern", in: Mintzel/Oberreuter (Hrsg.) 1992, S.217ff

Mommsen-Reindl, Margaretha:"Österreich", in: Wende (Hrsg.) 1981, S.441ff

Moreau, Patrick/Jürgen P. Lang:"Aufbruch zu neuen Ufern? Zustand und Perspektiven der PDS", in: APuZ B6/1996, S.54

Mühlhausen, Walter:"Hessen 1945-1950 - Zur politischen Geschichte eines Landes in der Besatzungszeit", FfM 1985

ders.:"Von der Befreiung zum Bundesland - Hessen in der Nachkriegszeit", in: Böhme/Mühlhausen 1995, S.49ff

ders.:"Wie Hessen entstand", in: Hessischer Rundfunk (Hrsg.):"Hessen wird 50. Eine Illustrierte zu Zeitgeist und Geschichte", FfM 1995, S.14ff

Müller, Helmut:"Von der Opposition in die Regierungsverantwortung. Die CDU Hessen unter Walter Wallmann 1982-1991", in: Heidenreich/Wolf (Hrsg.) 1995, S.97ff

Müller, Wolfgang C.(Hrsg.):"Parteiensystem - Politische Bewegungen", in: Dachs u.a.(Hrsg.) 1991, S.179ff

Naßmacher, Hiltrud/Herbert Uppendahl (Hrsg.):"Kanada - Wirtschaft, Gesellschaft, Politik in den Provinzen", Opladen 1989

Naßmacher, Karl-Heinz:"Parteien im Abstieg: Wiederbegründung und Niedergang der Bauern- und Bürgerparteien in Niedersachsen", Opladen 1989

ders.:"Die FDP als Regionalpartei", in: Oberndörfer/Schmitt (Hrsg.), 1991, S.207ff

Neidhart, Leonhard:"Die Schweizer Konkordanzdemokratie", in: Wehling (Hrsg.) 1988b, S.128ff

ders.:"Das Parteiensystem in der Schweiz", in: Wehling (Hrsg.) 1988b, S.181ff

Neumann, Franz:"Der BHE 1950-1960", Meisenheim am Glan 1968

Nick, Rainer:"Die Bundesländer und das österreichische Parteiensystem", in: Pelinka/Plasser (Hrsg.) 1988, S.401ff

Niclaus, Karlheinz:"Das Parteiensystem der Bundesrepublik Deutschland - Eine Einführung", Paderborn 1995

Niedermayer, Oskar/Richard Stöss (Hrsg.):"Stand und Perspektiven der Parteienforschung in Deutschland", Opladen 1993

Nohlen, Dieter/Andreas Hildenbrand:"Politische Dezentralisierung in Spanien: Ergebnisse und Probleme der Bildung eines Autonomiestaates", in: ZParl 3/1988, S.323ff

Nohlen, Dieter:"Wahlrecht und Parteiensystem - Über die politischen Auswirkungen von Wahlsystemen", Opladen 1990

ders.:"Wörterbuch Staat und Politik", München 1991

Nohlen, Dieter/José Juan Gonzáles Encinar (Hrsg.): "Der Staat der Autonomen Gemeinschaften in Spanien", Opladen 1992

Oberndörfer, Dieter/Karl Schmitt (Hrsg.):"Parteien und regionale politische Traditionen in der Bundesrepublik Deutschland", Berlin 1991

Oberreuter, Heinrich (Hrsg.):"Parteiensystem am Wendepunkt? Wahlen in der Fernsehdemokratie", München/Landsberg am Lech 1996

Oebbecke, Janbernd:"Föderalismus und Kommunalverfassung", in: Huhn/Witt (Hrsg.), 1992, S. 185ff

Opdenhövel, Patrick:"Neuer Aufbruch. Die CDU Hessen unter Manfred Kanther seit 1991", in: Heidenreich/Wolf (Hrsg.) 1995, S.125ff

Ossenbühl, Fritz (Hrsg.):"Föderalismus und Regionalismus in Europa", Baden-Baden 1989

Parkin, Andrew:"Commonwealth of Australia", in: Delary 1983, S.34ff

Paul, Gerhard:"Von der Bastion im Westen zur Brücke der Verständigung - Politische Geschichte 1815-1957", in: Saarland/Chef der Staatskanzlei (Hrsg.) 1989, S.41ff

Peckhaus, Doris M./Robert Hess:"40 Jahre Landtag Rheinland-Pfalz - Parteien - Wahlen - Parlament - Ein politisches Lese- und Bilderbuch zur Ausstellung", Mainz 1987

Peckhaus, Doris M.:"Zwischen Trümmern und Aufbruch", in: Peckhaus/Hess 1987, S.9ff dies.:"Wahlen und Wahlkampf 1947 bis 1987", in: Peckhaus/Hess 1987, S.27ff

Pelinka, Anton:"Österreich", in: Raschke (Hrsg.) 1978, S.412ff

Pelinka, Anton/Fritz Plasser (Hrsg.):"Das österreichische Parteiensystem", Wien 1988

Pernthaler, Peter:"Österreichs Länder und Gemeinden", in: Wehling (Hrsg.) 1988a, S.95ff

Pernthaler, Peter/Karl Weber:"Landesregierung", in: Dachs u.a. (Hrsg.) 1991, S.755ff

Pieroth, Stephan:"Parteien und Presse in Rheinland-Pfalz 1945-1971. Ein Beitrag zur Mediengeschichte unter besonderer Berücksichtigung der Mainzer SPD-Zeitung 'Die Freiheit'", Mainz 1994

Pieth, Reto:"Schweiz", in: Raschke (Hrsg.) 1978, S.478ff

Plöhn, Jürgen:"Die Landtagswahl in Sachsen-Anhalt vom 26. Juni 1994: Die Mehrheitsbildung bleibt dem Landtag überlassen", in: ZParl 2/1995, S.215ff

Projektgruppe Parteiensystem:"Bundesrepublik Deutschland", in: Raschke (Hrsg.)1978, S.70ff

Quinn, Dennis:"Dominion of Canada", in: Delary (Hrsg.) 1983, S.143ff

Raschke, Joachim (Hrsg.):"Die politischen Parteien in Westeuropa - Geschichte - Programm - Praxis - Ein Handbuch", Reinbek bei Hamburg 1978

Renzsch, Wolfgang:"Föderale Finanzbeziehungen im Parteienstaat. Eine Fallstudie zum Verlust politischer Handlungsmöglichkeiten", in: ZParl 3/1989, S.331ff

Ripley, Randall B.:"Kongreß und Einzelstaaten: Zentralisierter Interessensausgleich", in: Thaysen, Uwe/Roger H.Davidson/Robert G.Livingston (Hrsg.): "US-Kongreß und Deutscher Bundestag - Bestandsaufnahmen im Ver gleich", Opladen 1988, S.156ff

Ritter, Gerhard A.(Hrsg.):"Gesellschaft, Parlament und Regierung - Zur Geschichte des Parlamentarismus in Deutschland", Düsseldorf 1974 ders.(Hrsg.):"Regierung, Bürokratie und Parlament in Preussen und Deutschland von 1848 bis zur Gegenwart", Düsseldorf 1983

Ritter, Gerhard A./Merith Niehuss:"Wahlgeschichtliches Arbeitsbuch - Materialien zur Statistik des Kaiserreiches 1871-1918", München 1980

diess.:"Wahlen in der Bundesrepublik Deutschland - Bundestags- und Landtagswahlen 1946-1987", München 1987

Rönsch, Horst-Dieter:"Die hessische Landtagswahl vom 8.10.1978: Beginn eines neuen Trends?", in: ZParl 1/1979, S.34ff

Rode, Reinhard:"USA", München 1992

Rohe, Karl:"Regionale (politische) Kultur: Ein sinnvolles Konzept für die Wahl- und Parteienforschung?", in: Oberndörfer/Schmitt (Hrsg.), 1991, S.17ff

ders.:"Wahlen und Wählertraditionen in Deutschland - Kulturelle Grundlagen deutscher Parteiensysteme im 19. und 20. Jahrhundert", FfM 1992

Rosenfeld, Michael:"The Failures of Federalism in the United States", in: Kramer (Hrsg.) 1993

Roth, Reinhold:"Die Bremer Bürgerschaftswahl vom 25. September 1983: Regierbarkeit schon durch Regierungsmehrheit?", in: ZParl 1984, S.226ff

ders.:"Die niedersächsische Landtagswahl vom 15. Juni 1986: Normalität des Wählerverhaltens", in: ZParl 1987, S.5ff

ders.:"Die Bremer Bürgerschaftswahl vom 13. September 1987: Die SPD als Regierungspartei ohne Alternative?", in: ZParl 1988, S.59ff

ders.:"Die niedersächsische Landtagswahl vom 13. Mai 1990", in: ZParl 1990, S.449ff

ders.:"Bremen", in: Esche/Hartmann (Hrsg.) 1990, S.188ff

ders.:"Die Bremer Bürgerschaftswahl vom 29. September 1991: Ende der SPD-Alleinherrschaft durch eine Ampelkoalition", in: ZParl 1992, S.281ff

ders.:"Die niedersächsische Landtagswahl vom 13. März 1994: Rot-grün honoriert und doch beendet", in: ZParl 1995, S.204ff

Rowold, Manfred:"Im Schatten der Macht. Zur Oppositionsrolle der nicht-etablierten Parteien in der Bundesrepublik Deutschland", Düsseldorf 1974

Rudzio, Wolfgang:"Das politische System der Bundesrepublik Deutschland - Eine Einführung", Opladen 1991 (3)

Rüschenschmidt, Heinrich:"Gründung und erste Jahre. Die CDU Hessen unter Werner Hilpert 1945-1952", in: Heidenreich/Wolf (Hrsg.) 1995, S.13ff

Rupp, Hans Karl:"Die SPD - Staatspartei und demokratische Bewegungspartei", in: Berg-Schlosser/Noetzel (Hrsg.) 1994, S.79ff

ders.:"Die hessische Parteienlandschaft", in:Böhme/Mühlhausen (Hrsg.) 1995, S.111ff

Saarland/Chef der Staatskanzlei (Hrsg.):"Das Saarland - Politische, wirtschaftliche und kulturelle Entwicklung", Saarbrücken 1989

Sahner, Heinz:"Die schleswig-holsteinische Landtagswahl vom 13. März 1983: Wahl im politischen Umbruch", in: ZParl 1983, S.531ff

Sander, Hartmut:"Die politischen Wahlen im Regierungsbezirk Koblenz 1918 bis 1924", in: Jahrbuch für westdeutsche Landesgeschichte, 1980, S.331ff

Sandschneider, Eberhard:"Regierungsbildung 1987: Koalitionsverhandlungen und Personalentscheidungen", in: ZParl 2/1987, S.203ff

ders.:"Die saarländische Landtagswahl vom 28. Januar 1990: Ein Sieg der SPD ohne bundespolitische Signalwirkung", in: ZParl 1990, S.418ff

Sarcinelli, Ulrich:"Wahlen und Wahlkampf in Rheinland-Pfalz", Opladen 1984

Saretzki, Thomas:"Die Wahl zur Hamburger Bürgerschaft vom 9. November 1986: Ende des Traums von der eigenen Mehrheit oder: Die SPD vor der Bündnisfrage", in: ZParl 1987, S.16ff

ders.:"Die Wahl zur Hamburger Bürgerschaft vom 17. Mai 1987: Zweite Wiederholungswahl bringt erste sozial-liberale Koalition seit der Bonner Wende", in: ZParl 1988, S.26ff

Sartori, Giovanni:"Parties and Party Systems. A Framework for Analysis", Cambridge 1976

Schäffer, Heinz:"Gesetzgebung und Kontrolle", in: Dachs (Hrsg.) 1991, S.744ff

ders.:"Der österreichische Föderalismus - Rechtskonstruktion und politische Realität", in: Kramer (Hrsg.) 1993, S.171ff

Scharpf, Fritz W.:"Die Politikverflechtungs-Falle: Europäische Integration und deutscher Föderalismus im Vergleich", in: PVS 4/1985, S.323ff

ders.:"Optionen des Föderalismus in Deutschland und Europa", FfM/New York 1994

Scheuer, Angelika:"Die rheinland-pfälzische Landtagswahl vom 24. März 1996: SPD/FDP-Erfolg trotz struktureller Nachteile", in: ZParl 4/1996, S.617ff

Schiller, Theo/Thomas von Winter (Hrsg.):"Politische Kultur im nördlichen Hessen", Marburg 1993

Schiller, Theo:"Die FDP in Nordhessen", in: Schiller/von Winter (Hrsg.) 1993, S.246ff

ders.:"Die Freie Demokratische Partei (FDP) in Hessen", in: Berg-Schlosser/ Noetzel (Hrsg.) 1994, S.167ff

Schilling, Jörg/Rainer Täubrich:"Belgien", München 1989

Schissler, Jakob:"Die Herausbildung des Parteiensystems in Hessen nach 1945", in: Berg-Schlosser/Noetzel (Hrsg.) 1994, S.53ff

Schmid, Josef:"Die CDU - Organisationsstrukturen, Politiken und Funktionsweisen einer Partei im Föderalismus", Opladen 1990

Schmitt, Karl:"Parteien und regionale politische Traditionen. Eine Einführung", in:Oberndörfer/Schmitt (Hrsg.), 1991, S.5ff

ders.:"Die Landtagswahlen 1994 im Osten Deutschlands. Früchte des Föderalismus: Personalisierung und Regionalisierung", in: ZParl 2/1995, S.261ff

Schmitt, Rüdiger:"Die hessische Landtagswahl vom 5.April 1987: SPD in der 'Modernisierungskrise'", in: ZParl 3/1987, S.343ff

Schmitt-Beck, Rüdiger:"Die hessische Landtagswahl vom 20. Januar 1991: Im Schatten großer Weltpolitik kleine Verschiebungen mit großer Wirkung", in: ZParl 2/1991, S.226ff

Schmitz, Karl Thomas:"Opposition im Landtag - Merkmale oppositionellen Verhaltens in Länderparlamenten am Beispiel der SPD in Rheinland-Pfalz 1951-1963", Hannover 1971

Schmollinger, Horst W.:"Die Wahl zum Berliner Abgeordnetenhaus vom 10. Mai 1981. Einbruch der Sozialliberalen", in: ZParl 1983, S.38ff

ders.:"Die Sozialistische Reichspartei", in: Stöss (Hrsg.) 1986, S.2274ff

ders.:"Die Wahl zum Abgeordnetenhaus vom Berlin am 29. Januar 1989. Ein überraschender Wandel im Parteiensystem", in: ZParl 1989, S.309ff

Schneider, Hans-Peter:"Die bundesstaatliche Ordnung im vereinten Deutschland", in: Huhn/Witt (Hrsg.), 1992, S.239ff

Schneider, Herbert:"Länderparlamentarismus in der Bundesrepublik", Opladen 1979

ders.:"Baden-Württemberg", in: Esche/Hartmann (Hrsg.) 1990, S.73ff

Schulze, Rainer-Olaf:"Politik und Gesellschaft in Kanada", Meisenheim am Glan 1977

ders.:"Strukturprobleme politischer Repräsentation in föderalen Systemen: Der Fall Kanada", in: Haungs, Peter (Hrsg.):"Res Publica - Studien zum Verfassungswesen - Dolf Sternberger zum 70. Geburtstag", München 1977

ders.:"Entwicklungen des Föderalismus in Deutschland, Kanada und Australien: Wider den Fatalismus unbefragter Unitarisierungsannahmen", in: ZParl 2/1984, S.291ff

ders.:"Die bayerische Landtagswahl vom 12. Oktober 1986: Stabile Verhältnisse wie nachhaltige Veränderungen", in: ZParl 1987, S.38ff

ders.:"Föderalismus als Alternative? Überlegungen zur territorialen Reorganisati on von Herrschaft", in: ZParl 3/1990, S.475ff

ders.:"Die bayerische Landtagswahl vom 14. Oktober 1990: Bayerische Beson derheiten und bundesrepublikanische Normalität", in: ZParl 1991, S.40ff

ders.:"Föderalismus (1) - Demokratien", in: Nohlen, Dieter (Hrsg.):"Wörterbuch Staat und Politik", München 1991, S.139ff

Schulze, Rainer-Olaf/Bernhard Keller:"Von Trudeau zu Mulroney: Politik und Wahlen in Kanada", in: ZParl 2/1990, S.200ff

Schulze, Rainer-Olaf:"Widersprüchliches, Ungleichzeitiges und kein Ende in Sicht: Die Bundestagswahl vom 16.Oktober 1994", in: ZParl 2/1995, S.325ff

Schüler, Winfried:"Kaiserherrlichkeit und Siegeszug der Technik 1871-1918", in: Franz (Hrsg.) 1991, S.264

Schumacher, Martin:"Die schleswig-holsteinische Landtagswahl vom 13. April 1975. In der Trendwende Entscheidung für den Kanzlerkandidaten der Opposition?", in: ZParl 1975, S.475ff

ders.:"Die schleswig-holsteinische Landtagswahl vom 29. April 1979", in: ZParl 1980, S.181ff

Schüttemeyer, Suzanne S.:"Schleswig-Holstein", in: Esche/Hartmann (Hrsg.) 1990, S.434ff

Schüttemeyer, Suzanne S./Roland Sturm:"Wozu Zweite Kammern? Zur Repräsentation und Funktionalität Zweiter Kammern in westlichen Demokratien", in: ZParl 3/1992, S.517ff

Schwarz, Hans-Peter:"Adenauer. Band 1: Der Aufstieg 1876-1952", Stuttgart 1986

ders.:"Adenauer. Band 2: Der Staatsmann 1952-1967", Stuttgart 1991

Schweizerisches Jahrbuch für Politische Wissenschaft:"Politische Parteien und neue Bewegungen", Bern 1986

Schweizerisches Jahrbuch für Politische Wissenschaft:"Abstimmungen und Wahlen", Bern 1987

Seier, Hellmut:"Parteien und Landespolitik in Hessen 1946-1950", in: Heidenreich/Schacht (Hrsg.) 1996, S.147ff

Shamsullah, Ardel:"The Australian Democrats", in: Summers/Woodward/Parkin (Hrsg.) 1990 (4)

Shell, Kurt L. (Hrsg.):"Verfassungsordnung und politisches System", in: Adams u.a. (Hrsg.) 1990, S.327ff

Smith, Gordon:"Kingdom of Belgium", in: Delary (Hrsg.) 1983, S.83ff

Sommer, Karl-Ludwig:"Der Bundesrat als außenpolitische Kontrollinstanz in den Anfangsjahren der Bundesrepublik Deutschland", in: ZParl 3/1992, S.537ff

Sontheimer, Kurt:"Die Adenauer-Ära - Grundlegung der Bundesrepublik", München 1991

Springorum, Ulrich:"Entstehung und Aufbau der Verwaltung in Rheinland-Pfalz nach dem Zweiten Weltkrieg (1945-1947)", Berlin 1982

Starzacher, Karl/Konrad Schacht/Bernd Friedrich/Thomas Leif (Hrsg.): "Protestwähler und Wahlverweigerer - Krise der Demokratie?", Köln 1992

Statistisches Landesamt Rheinland-Pfalz (Hrsg.):"Die Wahlen und Volksabstimmungen in Rheinland-Pfalz in den Jahren 1946/1947", Bad Ems 1948

dass.:"Die Wahl zum ersten Bundestag am 14.August 1949", Bad Ems 1950

dass.:"Die Wahlen zum Landtag und Bundestag in Rheinland-Pfalz 1947-1955", Bad Ems 1956

dass.:"Die Volksbegehren nach Artikel 29 Absatz 2 des Grundgesetzes vom 9. bis 22. April 1956 in Rheinland-Pfalz", Bad Ems 1956

dass.:"Die Wahl zum Landtag in Rheinland-Pfalz am 19. April 1959", Bad Ems 1959

dass.:"Die Wahl zum Landtag in Rheinland-Pfalz am 31. März 1963", Bad Ems 1963

dass.:"Die Volksentscheide in Rheinland-Pfalz am 19. Januar 1975", Bad Ems 1975

dass.:"Landesinformationssystem: Landtags-/Bundestagswahlen 1967-1991", Bad Ems 1994

dass.:"Endgültiges Landesergebnis Rheinland-Pfalz 1996", Bad Ems 1996

Staudt, Wolfgang:"Liberale in Hessen seit 1945 - Materialien zum 50jährigen Bestehen der F.D.P. in Hessen", Sankt Augustin 1996

Steffani, Winfried:"Die Republik der Landesfürsten", in: Gerhard A. Ritter (Hrsg.): "Regierung, Bürokratie und Parlament in Preußen und Deutschland von 1848 bis zur Gegenwart", Düsseldorf 1983, S.181ff

ders.:"Der parlamentarische Bundesstaat in Deutschland heute", in: ZParl 1985, S.219ff

Steiner, Günter:"Waldecks Weg ins Dritte Reich - Gesellschaftliche und politische Strukturen eines ländlichen Raumes während der Weimarer Republik und zu Beginn des Dritten Reiches", Marburg 1990

Steinseifer, Anita:"'Ohne mich? Nein! Mit mir!' - Wahlkämpfe und Wahlkampfthemen in Hessen", in: Heidenreich/Schacht (Hrsg.) 1996, S.244ff

Stevenson, Garth:"Unfulfilled Union: Canadian Federalism and National Unity", Toronto 1982

Storbeck, Anna Christine:"Die Regierungen des Bundes und der Länder seit 1945", München 1970

Stöss, Richard (Hrsg.):"Parteien-Handbuch - Die Parteien der Bundesrepublik Deutschland 1945-1980", 4Bde., Opladen 1986

ders.:"Einleitung: Struktur und Entwicklung des Parteiensystems der Bundesrepublik Deutschland - Eine Theorie", in: Stöss (Hrsg.) 1986

Strecker, Gabriele:"Der Hessische Landtag - Beispiel des deutschen Nachkriegsparlamentarismus", Bad Homburg vor der Höhe/Berlin/Zürich 1966

Sturm, Roland:"Die baden-württembergische Landtagswahl vom 5. April 1992: Rechtsruck oder Protestwahl?", in: ZParl 1992, S.622ff

Suetens, Louis Paul:"Föderalismus und Regionalismus in Europa - Landesbericht Belgien", in: Ossenbühl (Hrsg.) 1989, S.263ff

Sütterlin, Sabine/Werner Wolf:"Die CDU in Hessen", in: Berg-Schlosser/Noetzel (Hrsg.) 1994, S.109ff

Summers, John/Dennis Woodward/Andrew Parkin (Hrsg.): "Government, Politics and Power in Australia", Melbourne 1990 (4)

Summers, John:"Parliament and Responsible Govermnent in Australia", in: Summers/Woodward/Parkin (Hrsg.) 1990 (4)

Thaysen, Uwe:"Mehrheitsfindung im Föderalismus - Thesen zum Konsensualismus der westdeutschen Politik", in: APuZ B35/1985, S.3ff

Vogel, Bernhard:"Machtkontrolle und Machtbalance - Zur Rolle des Bundesrats", in: Peter Haungs (Hrsg.):"Res Publica - Studien zum Verfassungswesen. Dolf Sternberger zum 70. Geburtstag", München 1977

Voigt, Johannes H.:"Geschichte Australiens", Stuttgart 1988

Vorbeck, Antje:"Regierungsbildung 1990/91: Koalitions- und Personalentscheidungen im Spiegel der Presse", in: ZParl 3/1991, S.377ff

Wagner, Helmut:"Strukturen und Typen deutscher Länder - Eine Untersuchung über den Regionalismus in Deutschland", in: PVS 1/1969, S.80ff

Walter, Franz:"Die SPD nach der deutschen Vereinigung - Partei in der Krise oder bereit zur Regierungsübernahme?", in: ZParl 1/1995, S.85ff

Wasser, Hartmut:"Die politischen Parteien" und "Wahlen", in: Adams u.a. (Hrsg.) 1990, S.438ff

Wattenberg, Martin P.:"The Decline of American Political Parties, 1952-1980", Cambridge/Mass. 1984

Wehling, Hans-Georg (Hrsg.):"Österreich", Stuttgart/Berlin/Köln/Mainz 1988 (1988a)

Wehling, Hans-Georg (Hrsg.):"Schweiz", Stuttgart/Berlin/Köln/Mainz 1988 (1988b)

Weitzel, Kurt:"Vom Chaos zur Demokratie - Die Entstehung der Parteien in Rheinland-Pfalz 1945-1947", Mainz 1989

Welz, Wolfgang:"Das amerikanische Parteiensystem im Wandel" in: APuZ, B37/38, 1986, S.31ff

ders.:"Präsidentielles Regierungssystem und bundesstaatliche Ordnung - Zur Reorganisation und Politisierung des föderativen Systems in der Reagan Ära", in: APuZ, B44, 1988, S.3ff

Wende, Frank (Hrsg.):"Lexikon zur Geschichte der Parteien in Europa", Stuttgart 1981 ders.:"Belgien", in: Wende (Hrsg.) 1981, S.9ff

Wettig, Klaus:"Die niedersächsische Landtagswahl vom 9. Juni 1974. Entscheidung der mittelständischen 'Nichtwähler' zugunsten der CDU?", in: ZParl 1975, S.404ff

Wieck, Hans-Georg:"Christliche und Freie Demokraten in Hessen, Rheinland-Pfalz, Baden und Württemberg 1945/46", Düsseldorf 1958

Winkler, Hans-Joachim:"Die nordrhein-westfälische Landtagswahl vom 4. Mai 1975. Stabilisierung der Regierungskoalition?", in: ZParl 1975, S.487ff

Winkler, Jürgen R.:"Die saarländische Landtagswahl vom 16. Oktober 1994: Bestätigung der SPD-Mehrheit, Debakel der FDP", in: ZParl 2/1995, S.249ff

von Winter, Thomas:"Wählerverhalten in den östlichen Bundesländern: Wahlsoziologische Erklärungsmodelle auf dem Prüfstand", in: ZParl 2/1996, S.298ff

Wolf, Werner/Sandra Schmitt:"Die Christlich-Demokratische Union in Nordhessen: Gründung, Wahlergebnisse und Perspektiven", in: Schiller/von Winter (Hrsg.) 1993, S.225ff

Wolf, Werner:"Neubeginn und Kampf um die Mehrheit. Die CDU Hessen unter Alfred Dregger 1967-1982", in: Heidenreich/Wolf (Hrsg.) 1995, S.59ff

Woyke, Wichard:"Stichwort: Wahlen - Ein Ratgeber für Wähler und Kandidaten", Opladen 1992 (7)

Wünschel, Hans-Jürgen (Hrsg.):"Rheinland-Pfalz. Beiträge zur Geschichte eines Landes", Landau 1997

von Zezschwitz, Friedrich:"Die Hessische Verfassung - ein Markstein der Verfassungsgeschichte nach 1945", in: Böhme/Mühlhausen (Hrsg.) 1995, S.82ff

Ziller, Gebhard:"Der Bundesrat", Düsseldorf 1984

11.2. Audiovisuelle Medien

Hörfunk- und Fernseharchiv des Südwestfunks, Landesstudio Mainz

- Stellungnahme zur Regierungserklärung der Regierung Boden, 6.12.1946 (7950140001)
- Parteien zur Landtagswahl: Konrad Adenauer, 13.5.1955 (7950732001)
- Parteien zur Landtagswahl: Thomas Dehler, 1955 (7950732002)
- Parteien zur Landtagswahl: Wilhelm Nowack, 1955 (7950732003)
- „Die Augen rechts! Rechtsradikale, laut und leise", 25.3.1960 (7950946000)
- „20 Jahre Rheinland-Pfalz", 18.5.1967 (7950101100)
- Zur Neurodnung des Volksschulwesens in Rheinland-Pfalz", 3.2.1967 (7950747000)
- Aussprache über die Regierungserklärung, 21.5.1969 (7950106001)
- Landesparteitag der FDP in Pirmasens, 20.3.1972 (7950187005)
- 25 Jahre CDU in Rheinland-Pfalz, 23.9.1972 (7950113000)
- Wahlkampf-Konzepte der Parteien, 21.2.1975 (7950209004)
- Rückblick auf die 7. Legislaturperiode des Landtags, 1.3.1975 (7950213000)
- „Stationen eines Politikers. Portrait Helmut Kohl", 28.6.1975 (7950124000)
- „Krach bei der SPD in Rheinland-Pfalz", 11.9.1975 (7950290001)
- Interview Dröscher zur Situation der SPD, 4.10.1975 (7953761501)
- 35. Landesparteitag der FDP in Kaiserslautern, 9.5.1981 (7954764306)
- „Sein Weg nach Bonn - Helmut Kohl", 28.9.1982 (0000253822)
- Selbstportrait Hermann Eicher, 18.1.1983 (7954201102)
- „Ausgefragt: Bernhard Vogel, Rudolf Scharping", 26.3.1987 (0000286208)
- Geschichte der Parteien, 30.4.1987 (0000286211)
- Wahlkampf in Rheinland-Pfalz, 13.5.1987 (0000283895)
- Sondersendung zur Landtagswahl, 17.5.1987 (0000286214)
- Koalitionsgespräche vor 20 Jahren, 31.5.1987 (7953962114)
- Interview Ministerpräsident Vogel zur Zukunft der CDU, 27.8.1987 (7952946000)
- Gespräch mit SPD-Fraktionvorsitzenden Scharping, 10.9.1987 (7952948000)
- Vor dem CDU-Landesparteitag in Koblenz, 10.11.1988 (7953004000)
- CDU-Landesparteitag, Teil 1, 11.11.1988 (7956006800)
- CDU-Landesparteitag, Teil 2, 11.11.1988 (7956006900)
- „Die Ära Bernhard Vogel", 2.12.1988 (0000577537)
- „Vier Tage vor der Wahl", 17.4.1991 (0000580930)
- „Transparent: CDU in der Zerreißprobe", 2.5.1991 (0000580329)
- „Rheinland-Pfalz hat gewählt", 21.4.1991 (0000580800)
- „Der Enkel - Rudolf Scharping", 25.4.1991 (0000579849)
- „Der Nachfolger - Portrait Kurt Beck", 26.10.1994 (0000585329)

Dokumentationen zum Hessischen Landesjubiläum im September 1995

- „Georg August Zinn - Weg und Werk eines sozialen Demokraten", Portrait von Siegfried Quandt und Peter Vinzens
- „Hessen - Von Null auf Fünfzig", Dokumentation von Dietrich Wagner
- Dokumentatiionsserie „Hessens Weg nach '45:"
  „Teil 1: 1945: Die Stunde Null"
  „Teil 2: 1946/47: Die Anfänge der Demokratie"
  „Teil 3: 1948/49: Das neue Fundament"
  „Teil 4: 1949-53: Das Ende der Nachkriegszeit"
  „Teil 5: 1954-56: Reformen im Schatten Bonns"
  „Teil 6: 1957-59: Signale für die Zukunft"
  „Teil 7: Die 60er Jahre: Demokratie in der Bewährung"
  „Teil 8: Die 60er Jahre: Wohlstand und Zuversicht"
  „Teil 9: Die 70er Jahre: Die Grenzen des Fortschritts"
  „Teil 10: Die 70er Jahre: Skandale und Randale"
  Teile 1-6 von Jürgen Corleis, Teile 7-10 von Dietrich Wagner

11.3. Interviews

- Josef Becker , Landesgeschäftsführer der FDP Rheinland-Pfalz und Franz Ringhoffer, Mitarbeiter der FDP Rheinland-Pfalz

- Dr. Alfred Beth, stellvertretender Fraktionsvorsitzender der CDU-Fraktion im Landtag Rheinland-Pfalz, 17.9.1996

- Volker Bouffier, stellvertretender Fraktionsvorsitzender der CDU-Fraktion im Hessischen Landtag, 14.8.1996

- Karl-Peter Bruch, Parlamentarischer Geschäftsführer der SPD-Fraktion im Landtag Rheinland-Pfalz, 12.9.1996

- Thomas Feser, Organisationsleiter der CDU Rheinland-Pfalz, 12.12.1995

- Matthias Frey, Mitglied der FDP-Fraktion im Landtag Rheinland-Pfalz, 11.7.1996

- Jürgen Funk, Landesgeschäftsführer der FDP Hessen, 18.1.1996

- Friedel Grützmacher, Mitglied der Fraktion B'90/GRÜNE im Landtag Rheinland-Pfalz, 22.7.1996

- Jörg-Uwe Hahn, Parlamentarischer Geschäftsführer der FDP-Fraktion im Hessischen Landtag, 23.7.1996

- Reimer Hamann, Landesvorstandssprecher von B'90/GRÜNE Hessen, 24.1.1996

- Wolfgang Kiehne, Landesgeschäftsführer der SPD Rheinland-Pfalz, 18.12.1995

- Alex Müller, Fraktionsvorsitzender der Fraktion B'90/GRÜNE im Hessischen Landtag, 4.10.1996

- Siegbert Seitz, Landesgeschäftsführer der CDU Hessen, 13.12.1995

- Kurt Weidmann, Parlamentarischer Geschäftsführer der SPD-Fraktion im Hessischen Landtag, 14.10.1996

- Axel Weiss-Thiel und Volker Halsch, Referenten bei der SPD Hessen, 18.1.1996